三品和広

経営戦略の実戦 3
STRATEGY IN ACTION 3
市場首位の目指し方

THE
HIGH
ROAD
TO
MARKET
LEADERSHIP

東洋経済新報社

シリーズ序文

　この『経営戦略の実戦』シリーズは、企業の前途を左右する経営幹部候補生専用の教科書と位置づけている。言うまでもなく、粋狂で教科書を書く物好きはいない。以下では本シリーズの必要性を、需要面と供給面に分けて確認したうえで、一貫した特徴をまとめておく。

　まず需要側から始めよう。戦後の日本では追風を帆で受けていればよく、極言するなら、誰も経営戦略など必要としなかった。それが、1990年代に入って一変する。日米構造協議に引きずり出された霞ヶ関が護送船団の調整役から降りてしまい、日本企業は荒れ狂う大海に放り出された。そして地価と株価の暴落に見舞われ、含み益という守護神まで失った。輸出攻勢に出ようにも、未曾有の円高が立ちはだかる。2000年頃に日本企業が雇用という聖域に手をつける一方で、企業内大学を設けて選抜教育に乗り出したのは、存亡の危機を痛切に意識したからであろう。

　こうして経営幹部候補生が選ばれると、教室では悪戦苦闘が始まった。日本企業が白羽の矢を立てた幹部候補生は仕事と管理に精通する組織人で、そもそも自らの意志に基づいて経営の舵を切るという概念を受けつけない。狭い部門内で異動を繰り返してきたせいか、自社の打ち手を見ているようで見ていないし、ましてや戦略と業績の対応関係も見えていない。打ち手の成否が確定するには時間がかかり、その間には様々なことが起こるため、仕方ないと言えば仕方ないが、実務のエースが仕事を通して身につけた処世訓は戦略の発想と掛け離れており、まさに出帆は多難であった。

　苦戦が続く教室の外ではグローバリゼーションが容赦なく進み、経営すべき企業は複雑性を増していく。経営の神様と称された松下幸之助ですら社

長として経営したのは2010年価額の5,000億円までなのに、いまや売上高が5,000億円水準を超える企業が日本には300社以上もひしめき、当のパナソニックに至っては何と20倍の10兆円に近づいている。一社員から選ばれた経営者が「神様」を超える試練に立ち向かわなければならない時代を如何に乗り切ればよいのか。こういう時代だからこそ手に入る「知識の体系」を武器として身につけるしか、乗り切る方法はないのではないか。そこに、私が構想する教科書のニーズがある。

　次に供給側に目を転じてみよう。経営戦略の教科書なら掃いて捨てるほどあるが、幹部候補生のニーズに応えるものは見当たらない。アカデミックな教科書の金字塔と目されるポーターの『競争の戦略』も、実はハーバードMBAの1年次に向けたものであり、「業界と競合の分析手法」という副題が示唆するように、分析に焦点を当てている。だからこそ、ウォール街やコンサルティング業界で働くことを夢見る若き学生たちから絶大な支持を受けてきたのである。ハーバードMBAの2年次用に書かれた『競争優位の戦略』は「より高い業績の出し方と保ち方」と副題に掲げるが、当時は30代のポーターがHOWまで書き切ったとは言い難く、前作ほど活用されていない。アメリカの教科書が学生向けに集中するのは、企業がMBAを採用して経営職に登用する結果、経営幹部は戦略を体で覚えるからで、要は幹部用教科書のニーズがないのである。

　戦略を必要とせず、実務能力に重きを置いてきた日本では、学生向けの教科書すら大きな市場を形成していない。おそらく最も売れたのは、実務家が試行錯誤しながら築き上げてきた現実を正当化する日本的経営論の系譜と、戦略を経営企画部の実務に落とし込んだ手引き書の類いであろう。

　売れたという意味では、コンサルタントたちのプラグマティックなビジネス書にも言及しておく必要がある。その草分けは『エクセレント・カンパニー』で、ポーターの『競争の戦略』原著初版本の2年後に登場して、瞬く間にベストセラーの世界記録を塗り替えた。ところが、範例としたエクセレ

ント・カンパニーが10年も経つと経営に行き詰まり始めて、威光が陰ってしまう。そこに登場したのが、エクセレンスの持続条件を掲げた『ビジョナリー・カンパニー』である。こちらも売れに売れたところを見ると、一般社員階層の琴線が企業風土にあることは間違いない。経営戦略はベストセラーを生みにくいため、供給も限られてくる。

　需要はあるのに供給がないなら、時代の要請に即した教科書は私が書くしかない。そう覚悟を決めて出すのが、この『経営戦略の実戦』シリーズである。いまや企業の業績は社員や顧客や取引事業者の精神状態だけでなく、株主や政府の収入、ひいては青少年の教育機会や年金受給者の暮らし向きまで大きく左右する。自分が経験した事業や地域や時代とは異なる事業や地域や時代に向けて、経営戦略を組み立てなければならない幹部候補生のニーズを放置しては、社会的な損失を避けられない。ここは、知識体系の構築を仕事とする学者の出番と考えた次第である。

　一口に教科書と言っても、散在する知識を要領よくまとめるアプローチが経営領域では成り立たない。そのため、実態は限りなく研究書に近くならざるをえない。経営幹部候補生を向こうに回して教鞭を執るようになって私も15年以上を数えるが、教育コンテンツの不足には常に苦しんできた。それゆえ、ここでは新たに知識を開発するところから手をつけている。そのための研究にも工夫を凝らしており、それを以下で5点にまとめ、シリーズの特徴として掲げておく。

1 　単一ケースからケース群へ

　このシリーズは帰納法を採用する。すなわち、一定の基準を満たすケースを吟味して、共通点を抽出し、そこから経営戦略の理論を導いていく。ただし、事業や地域や時代に戦略が依存することは許容して、高度な普遍性は求

めない。これは、部分集合において成立する局所普遍性に重きを置くと言い換えてもよい。収録するケース数が異様に大きくなる点は、真理に近づくための代償と理解していただきたい。

　産業組織の経済学に基づいて演繹法を採用したポーターは、自らの理論を例証するためにケース一握りを都合よく引用した。その点は『エクセレント・カンパニー』と『ビジョナリー・カンパニー』も同じで、建前上は帰納法を採りながら全優良企業に共通する特徴に拘泥したので組織文化しか語ることがなくなってしまい、その組織文化をもってしても全ケースの説明には窮したので一部ケースの誇張に終始したものと思われる。ここで採択するアプローチは180度逆で、あくまでも選ばれたケース群が先に来て、理論は後から姿を現す。

　ハーバードのケース・メソッドは学生に総計数百ものケースを与えるが、科目間に壁が立っていることもあり、横串は刺せていない。個別のケースが「そういうこともある」で終わってしまうのは、いかにも惜しい。このシリーズは、ケース多数を結びつけることで、ケース・メソッドの進化を図る面もある。

2 ｜ 「優良」から3つの率へ

　帰納法で吟味すべきケースを選ぶには、何らかの選出基準が必要になる。従来は、そこで「優良企業」という曖昧模糊とした基準が黙認されてきた。その弊害は随所に現れており、たとえば『ビジョナリー・カンパニー』もケースを選出する段階で現役経営者やコンサルタントの他薦を募ってしまったので、結局のところ「世間の耳目を集めて好印象を与える必要条件」を抽出したことになっている。正確を期すならば、「ビジブル（visible）・カンパニー」と名乗るべきであった。

　また、優良企業の為すことは何でも正しく見えてしまうため、成功と無縁

な特徴を成功のエンジンと混同してしまいやすい。これをローゼンツワイグは「後光効果」と名付けて警鐘を鳴らしたが、『エクセレント・カンパニー』も『ビジョナリー・カンパニー』も見事なまでに罠に落ちてしまった。本格的に帰納法を採用するなら、「優良」にまつわる後光効果を回避する工夫が必要にして不可欠となる。

このシリーズでは、戦略の標的を利益率、成長率、占有率と明示的に切り分けて、それぞれを引き上げるための必要十分条件を巻ごとに探りに行く。どの指標を狙うかで戦略は異なるものだし、後光効果を断ち切るには説明すべき成果を定量化するのが最も効果的だからである。薄い教科書1冊で片付けるには、戦略は余りに大きい。

3 BE から DO へ

これまでの戦略論には、好業績につながると考えられる「状態」を記述するものが多かった。差異化ができている状態、経営資源の蓄積が厚い状態、部門部署間のベクトルが合った状態、などなどである。その一方で、望ましい「状態」を生み出すアクションには踏み込んでいないため、経営戦略の傍観者は納得しても、当事者は困惑するだけであった。

経営教育の現場で呵責の念が積もる最大の原因は、このギャップにある。わかりやすく喩えるなら、特定の場所に橋を架けようという人に世界で最も優れた橋の姿を解説するようなもので、痒いところに手が届かない。自分はどういう順番で何に手を着けるべきなのかという問いに答えを出さなければならない幹部候補生を前にして、それでは辛いのも当然である。

このシリーズでは、当事者のアクションを終着点とする。言い換えるなら、戦略の5W1Hをうやむやにしない。幸い、2010年あたりから図書館システムのIT化が飛躍的に深化して、アカデミックなケース・スタディの精度を上げると同時に、ケースの数を積み重ねることができるようになってきた。

それを活かしてアクションの是非を解き明かし、経営幹部候補生を触発するに足る教育コンテンツを築いていく。

4 自社から世の中へ

　これまでの経営戦略論には自社への関心を奨励するものが多かった。我々の強みは何なのか、我々の弱みは何処にあるのか、我々の技術や販路と打ち手の親和性は高いのか。こうして自社を見つめれば見つめるほど、皮肉なことに戦略性は薄れていく。なぜなら、戦略の成否を決めるのは顧客の側だからである。

　なかでも新規事業の議論では、視点の設定が決定的に重要になる。従来は、自社が現状では手がけていない事業という意味で「新規」と言うことが多かった。それゆえ「自社・新」であっても世の中から見れば何の驚きもない事業に資源投入することが平然と起きている。新規事業で問うべきは、世の中が待ち焦がれていた事業なのか否かである。これを便宜上「世の中・新」と呼ぶことにする。

　このシリーズでは「世の中から見て」という視点を貫くことにより、偏屈な独り善がりを排除する。そうするだけで戦略に関する議論は格段に充実の度合を増すこと請け合いである。ぜひ念頭に置いていただきたい。

5 実践から実戦へ

　これまでの戦略論には、アンゾフやホファー＆シェンデルのように、戦略の実践を計画の策定と実行の二段階に分けて説くものが多かった。それらは経営企画の仕事の進め方に寄り添うあまり、戦略を計画と履き違えている。社員やアナリストに向けて説明する計画と、社外で起こる変化に向けて打つ

戦略は、基本的に別物である。計画策定段階では想定していなかった変化が起きたあと、新たな現実に適応するところに戦略の使命があり、戦略は計画から離れてこそ本物になる。

このシリーズは実戦に向けて実戦に材を取る。具体的には、寝ても覚めても自社の未来を考える経営者が良かれと考えて打った手の功罪を、結果が確定するまで待って検証する作業を黙々と繰り返し、そこから立ち上がってくるパターンを各巻で有用な教訓として整理する。経営幹部候補生を教育する価値があるのは、戦略の主体が企画部門でなく、経営者であるからにほかならない。戦略を意識して語る経営者は多くないが、彼らの言動が揺らがないとしたら、そこには半固定的な作業仮説のようなものがあると考えたほうがよい。そういう暗黙の仮説こそ、戦略の正体なのである。

なお、類書はサイエンスの伝統に則って理論家以外の人名を持ち出すことを拒んできたが、このシリーズでは可能な限り当事者個人に光を当てていく。経営幹部候補生専用の教科書を標榜する以上、誰が経営しても結果は変わらないと決めつけるのでは筋が通らないからである。

企業内大学という器はできた。そこから先は魂が入るかどうかの勝負である。このシリーズが新たなフェーズを呼び込む一助となればと願う次第である。

経営戦略の実戦(3)

市場首位の目指し方

目次

シリーズ序文　　　　　　i

序章　取扱説明書　　　　　　1

1 ┃ テーマ……………………………………………………………………1
2 ┃ ケース……………………………………………………………………6
3 ┃ パターン…………………………………………………………………10
4 ┃ プレゼンテーション……………………………………………………14
5 ┃ インストラクション……………………………………………………20
6 ┃ レファレンス……………………………………………………………24

第1部　成長市場の狙い目

第1章　立地間競争　　　　　　29

1 ┃ 立地再定義の功罪………………………………………………………30

1-1-1　独創的な立地選択　37

ケース **901** ｜ 中華料理の素（味の素×丸美屋食品工業）　37
　　　902 ｜ 低圧開閉器・制御機器（日立製作所×立石電機）　42
　　　701 ｜ 一般用エンジン発電機（東芝×本田技研工業）　47
　　　702 ｜ ソーセージ類（伊藤ハム×日本ハム）　52
　　　703 ｜ 送風機（日立製作所×荏原製作所）　56
　　　704 ｜ 押出成形機および付属装置（三菱重工業×日本製鋼所）　59

903	整地機械（小松製作所×酒井重工業）	64
705	両替機（神鋼電機×グローリー工業）	68
904	電磁気分析機器（島津製作所×日本電子）	72
706	エチレンプロピレンゴム（日本合成ゴム×住友化学工業）	77

1-1-2　独善的な立地選択　82

ケース 707	液晶テレビジョン受信機（カシオ計算機×シャープ）	82
708	騒音防止装置（石川島播磨重工業×日本碍子）	86
905	平版印刷機械（小森印刷機械×三菱重工業）	90
906	機械プレス（アイダエンジニアリング×小松製作所）	95

2　立地の組み合わせ　100

1-2-1　総合力による逆転　105

ケース 907	レトルトカレー（大塚食品×ハウス食品工業）	105
709	缶コーヒー（上島珈琲×日本コカ・コーラ）	110
710	制汗剤（ライオン×花王）	115
711	小型ディーゼルトラック（いすゞ自動車×トヨタ自動車工業）	118
712	クローラクレーン（神戸製鋼所×日立建機）	123

第2章　構えの再編　128

1　意図しない競合凍結　129

2-1-1　川下の再編成　134

ケース 713	ポリカーボネート（帝人×三菱化学）	134
714	鼻炎薬（スミスクラインビーチャム×大正製薬）	138
715	大容量全自動洗濯機（松下電器産業×日立製作所）	142

2-1-2　川上の再編成　149

ケース 716	液晶ポリマー（住友化学工業×ダイセル化学工業）	149
717	切符自動販売機（神鋼電機×立石電機）	153
718	フィルム粘着テープ類（積水化学工業×日東電工）	157

2-1-3　最上流の選択　162

| ケース 908 | 歯付ベルト（三ツ星ベルト×ニッタ） | 162 |

2 ｜ 狙い打ちの競合凍結 …………………………………………………… 167

2-2-1　弱点を突くオフェンス　171

- ケース 909 ｜ 電気ドリル（日立工機×マキタ電機製作所）　171
- 910 ｜ マニラボール塗工紙（大昭和製紙×北越製紙）　176
- 911 ｜ 水中ポンプ（荏原製作所×鶴見製作所）　180
- 719 ｜ 針状ころ軸受（NTN東洋ベアリング×日本精工）　183

2-2-2　オフェンスの空転自滅　188

- ケース 720 ｜ ダイカストマシン（東芝機械×宇部興産）　188

第3章　世代間競争　193

1 ｜ 旧世代の盟主の呪縛 …………………………………………………… 194

3-1-1　医療業界の世代交代　198

- ケース 721 ｜ コンタクトレンズ（メニコン×ジョンソン・エンド・ジョンソン）　198
- 912 ｜ 消化性潰瘍用剤（アステラス製薬×武田薬品工業）　202
- 913 ｜ 血圧降下剤（萬有製薬×武田薬品工業）　205
- 914 ｜ 血管拡張剤（バイエル薬品×ファイザー製薬）　208

3-1-2　精密機械の世代交代　212

- ケース 722 ｜ カメラ用交換レンズ（ニコン×キヤノン）　212
- 723 ｜ 集塵装置（三菱重工業×日立プラント建設）　217

第2部　成熟市場の攻め口

第4章　立地の取捨選択　223

1 ｜ 事業ポートフォリオの機微 …………………………………………… 224

4-1-1　立地の振り替わり　229

- ケース 915 ｜ 小形棒鋼（東京製鐵×共英製鋼）　229
- 724 ｜ ベーン型油圧ポンプ（ダイキン工業×カヤバ工業）　233

725	ポリエチレンパイプ（日立化成工業×呉羽化学工業）	237
916	塩ビ平板（筒中プラスチック工業×タキロン）	241
917	ベルトコンベヤ（日本コンベヤ×三機工業）	244
726	豆菓子（ブルボン×でん六）	248

4-1-2　立地寿命の見誤り　252

| ケース 918 | 飲用牛乳（雪印乳業×明治乳業） | 252 |
| 727 | 小型ブルドーザー（小松製作所×新キャタピラー三菱） | 258 |

4-1-3　事業立地の集団化　264

| ケース 728 | 麦茶（ハウス食品×伊藤園） | 264 |
| 729 | 田植機（井関農機×クボタ） | 268 |

2　盟主を守勢に追い込む秘技 ……… 273

4-2-1　立地の微小シフト　276

ケース 919	ソース（ブルドックソース×オタフクソース）	276
730	射出成形機（日精樹脂工業×住友重機械工業）	280
920	電縫鋼管（新日本製鐵×丸一鋼管）	285
731	純白ロール紙（紀州製紙×王子製紙）	290
732	円錐ころ軸受（日本精工×光洋精工）	294
733	ガス遮断器（三菱電機×日立製作所）	298

3　他社を見ずに我が道を行く ……… 303

4-3-1　前衛的な立地選択　305

ケース 921	整腸薬（大幸薬品×ビオフェルミン製薬）	305
922	鎮咳去痰薬（堀内伊太郎商店×エスエス製薬）	308
923	収縮包装機（日立造船×京都製作所）	312
924	ケース詰機（京都製作所×三菱重工業）	315
734	基礎工事用機械（神戸製鋼所×日立建機）	318
735	一般用軟質塩ビフィルム（オカモト×アキレス）	323

第5章　構えの周期適応　327

1　時機を見据えたシフト ……… 328

5-1-1　川上の再編成　334

- ケース 736　なめ茸（ナガノトマト×丸善食品工業）　334
- 　　　925　布帛シャツ（トミヤアパレル×山喜）　337
- 　　　737　電気グラインダ（日立工機×マキタ）　340
- 　　　926　ゴムホース（十川ゴム製造所×東海ゴム工業）　345

5-1-2　川下の再編成　349

- ケース 927　ソース（カゴメ×ブルドックソース）　349
- 　　　928　味噌（宮坂醸造×マルコメ味噌）　352
- 　　　738　洗面化粧台（松下電工×東陶機器）　356
- 　　　739　特殊用途変圧器（日立製作所×東芝）　360

5-1-3　総合力の発揮　364

- ケース 740　浴用石鹸（牛乳石鹸共進社×花王石鹸）　364
- 　　　741　パップ剤（第一製薬×久光製薬）　368
- 　　　742　ピッキングシステム（トーヨーカネツ×ダイフク）　372
- 　　　743　18リットル缶（日本製罐×東洋製罐）　376

5-1-4　突破力の発揮　380

- ケース 929　大形形鋼（新日本製鐵×東京製鐵）　380
- 　　　744　高炭素線材（新日本製鐵×神戸製鋼所）　385

5-1-5　最上流の設計　390

- ケース 930　ロックウール（日本ロックウール×JFEロックファイバー）　390
- 　　　931　フレグランス製品（資生堂×ブルーベル・ジャパン）　393

2 ｜ 後の先による競合凍結　398

5-2-1　非可逆性の罠　400

- ケース 745　小型ガソリントラック（日産自動車×トヨタ自動車工業）　400

第6章　製品の改善改良　406

1 ｜ 日用品と食品の本質改善　407

6-1-1　リ・インベンション　412

| ケース932 | ジャム（明治屋×青旗缶詰） 412
| 933 | 漬物（新進×東海漬物製造） 415
| 934 | 風味かまぼこ（一正蒲鉾×スギヨ） 419
| 935 | 鎮痒剤（金冠堂×池田模範堂） 422

6−1−2　海外からの技術移転　426

| ケース746 | 衣料用液体合成洗剤（花王×P&Gファー・イースト） 426
| 747 | 台所用洗剤（ライオン×P&Gファー・イースト） 431
| 748 | 非標準変圧器（東芝×日立製作所） 435

6−1−3　経営管理の実質強化　439

| ケース749 | 金属皮膜固定抵抗器（松下電器産業×コーア） 439
| 750 | 固定式クレーン（石川島播磨重工業×三菱重工業） 443
| 751 | 入浴剤（ツムラ×花王） 447

2　辺境投資による競合凍結　451

6−2−1　技術開発投資の選別　453

| ケース752 | 耕耘機（ヤンマーディーゼル×久保田鉄工） 453
| 753 | コンベヤベルト（ブリヂストン×横浜ゴム） 458

第3部　衰退市場の抜け道

第7章　立地の転換　465

1　捨てるが勝ち　466

7−1−1　下位市場間移動　471

| ケース936 | ビール（麒麟麦酒×アサヒビール） 471
| 754 | ステンレス浴槽（タカラスタンダード×川鉄建材） 477
| 755 | 動力脱穀機（井関農機×三菱農機） 482
| 937 | 清酒（月桂冠×白鶴酒造） 485

7−1−2　上位市場内移動　489

| ケース756 | 水道メーター（金門製作所×愛知時計電機） 489
| 938 | カーステレオ（クラリオン×パイオニア） 493

757 | 電気絶縁紙（巴川製紙所×三菱製紙） 497

第8章 構えの一新 501

1 痩せるが勝ち ……………………………………………… 502

8-1-1 川上の再編成 505

ケース 758 | ダイアジノン粒剤（日本農薬×日本化薬） 505
759 | DEP粉剤（北興化学工業×日本バイエルアグロケム） 508
760 | 軸受ユニット（日本精工×NTN） 511
761 | 橋形クレーン（石川島播磨重工業×三井造船） 514
762 | 標準三相誘導電動機（日立製作所×東芝） 518

第9章 実務の強化 522

1 溜めるが勝ち ……………………………………………… 523

9-1-1 製品次元 525

ケース 763 | 婦人用腕時計（セイコー×シチズン時計） 525

9-1-2 管理次元 529

ケース 764 | 電動移動棚（日本ファイリング×ダイフク） 529

終章 市場支配への正攻法 533

命題1 | 市場首位をいつでも目指すことなど許されない 534

命題2 | 市場首位をどこでも目指すことなど許されない 541

命題3 | 市場首位を目指すなら時機を待ち味方につけよ 547

命題4 | 攻めるなら首位企業が反攻できない弱点を狙え 552

| 命題5 | 攻めるより新立地を
上位市場の系内で切り拓け | 555 |

あとがき　561

序章 Introduction
取扱説明書

1 | テーマ

　シリーズの第3巻は《占有率の逆転現象》を取り上げる。利益率、成長率、占有率と並べても違和感を覚えることはないかもしれないが、第1巻の利益率と第2巻の成長率は高ければ高いほど良いのに対して、第3巻の占有率は必ずしもそうと限らない。さらに、占有率は肝心要の定義にも揺らぎがあり、その点においても利益率や成長率と毛色が違う。冒頭では、そのあたりに注意を喚起しつつ、テーマを精緻化しておきたい。

　まずは定義の揺らぎから始めよう。正確を期す場合、占有率は市場占有率と表記する。占有するのは市場だからである。算式としての占有率は特定企業が市場のなかで占める割合を示すだけなので単純極まりないが、実は市場のほうが曲者で、これが揺らぎの元となっている。

　およそ市場はマトリョーシカ人形（図0-1）のような入れ子構造になっており、序列や大小にかかわらず市場と呼ぶ慣わしがある。ゆえに四輪自動車も市場を形成するし、それを分解した乗用車も商用車も市場を形成する。商用車を分解したトラックもバスも市場を形成するし、バスを分解した大型バスもマイクロバスも市場を形成する。大型バスは、さらに

図0-1 マトリョーシカ人形

表0-1 経営戦略の実戦シリーズ概要

シリーズ	第1巻	第2巻	第3巻
テーマ	利益率	成長率	占有率
スパン	10年	50年	40年
レベル	事業	企業	部課
ターゲット	カンパニー・子会社 事業本部の経営幹部	ホールディングス グループ本社の 経営幹部・取締役	実務階層組織ユニットの 管理者 担当者
ケース選別 データソース	有価証券報告書	有価証券報告書	日本マーケットシェア事典
選別基準	高収益事業	高成長企業	首位交代製品群
ケース数	151	102	102
企業数	139	102	150
企業属性	東名阪1部上場 東京2部上場	東京1部上場	未上場・外資系を含む
備考	事業レベルで直に制御できるのは利益率だけ。成長率は事業レベルでは外部要因に大きく左右されるため制御しきれない。占有率は下位レベルに降りないと意味を成さない。	企業レベルで直に制御できるのは成長率だけ。利益率も占有率も企業レベルでは単なる加重平均指標に過ぎない。成長率は事業ポートフォリオの組み替えを通して制御できる。	実務レベルで直に制御できるのは占有率だけ。利益率は技術や販路を共有する他の製品群と合わせて定義されるべき指標。売上高や成長率は顧客が決める。予測できても制御しきれない。

　鉄道を補完する短距離バスと、鉄道を代替する長距離バスに分解できて、それぞれが独自の市場を形成する。

　市場占有率は、この入れ子構造のどの段階を想定するかによって、上げ方が異なってくる。最小の人形、すなわち階層

図0-2 占有率の有意性に関する標準的な想定

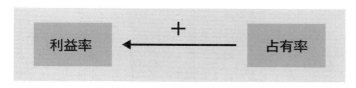

のボトムでは、顧客の顔が特定でき、売る物もイメージが定まってくる。私独自の戦略用語を用いるなら、この階層では《事業立地》に市場が一致することになる。売り先も売り物も既決という条件で占有率を上げるには、売り方——顧客が持つ多面的なニーズへの対処の仕方——あたりを工夫するしかない。そこから上位階層へ上がっていくにつれ、事業立地が変数になり、売り先や売り物の工夫が利くようになる。そして最上位階層に近い市場で占有率を上げるには、伸びない下位市場から経営資源を引き上げて、伸びる下位市場に投入し直さなければならない。言うなれば事業立地間の取捨選択が鍵を握るのである。

こうした揺らぎがあるため、実務階層で奮闘する人々が関心を寄せる占有率は、戦略論のなかで最も未成熟な領域にとどまっている。そこに敢えて切り込んでいこうとする本書では、市場の入れ子構造における位置を絶えず意識していく。タイトルに《市場首位の目指し方》と謳っているが、それは市場の階層次第なのである。

次に戦略命題としての占有率を吟味してみよう。広く流布しているのは図0-2の見方で、占有率を上げると利益率が上がると想定するがゆえ、占有率を上げることが至上命題となる。広く知られた製品ポートフォリオ・マトリックス（PPM）も、占有率が上がると規模の経済や経験曲線を通して事業効率が改善することを根拠に、この見方を前提とする。ほかにも、顧客多数が支持するという事実は購入者に安心をもたらすため、販売促進経費を節減できる面も考慮に値

する。ここでは占有率の高さがネットワークの経済を通して事業効率を改善することになっている。

　しかしながら、冷静に考えてみると、上記俗論には疑義を挟む余地がある。一般にニッチ戦略と言われるように、一部の顧客を捨てることにより利益の額が増える可能性は広く認識されている。乗用車事業を例として見たとき、占有率の低いドイツ車メーカーが占有率の高い日本車メーカーを利益額で凌駕するのは、ニッチ戦略の典型と言えよう。ここでは占有率を下げて利益率を上げることになっている。

　より積極的な疑義もある。実は占有率は利益率を犠牲にして「買う」ことができるのである。価格を他社より目立って低く設定する行為が、ここで言う「買う」そのもので、広告宣伝費や販売促進費を積み増す行為や、価格据え置きのまま敢えて高価な原材料を使って製品の魅力を引き上げる行為も、間接的ながら「買う」に該当する。

　包括性の高い上位市場では、さりげなく占有率を「買う」行為も横行する。たとえば、四輪自動車の台数で占有率を定義したとしよう。その向上を命じる号令は、それを実現する手段が多岐にわたるため、意図しない結果を生むことになりやすい。手段の一例は軽自動車の増産で、利幅の小さい軽自動車の車種構成比が上昇すれば、四輪自動車事業の利益率は確実に下がるはずである。占有率を「買う」ことによって、図0-2の符号はマイナスに転じるのである。

　こうした「買う」行為によって引き上げた占有率に、本書は寸分も関心がない。幸いなことに「買う」ための財布は有限で長続きしないので、財源の持続可能限界を超えて占有率の測定期間を長く取れば、直接的な手段に訴えて占有率を引き上げた事例は原理的に排除できる。そう考えて占有率を長期で測ったうえで、なおかつ占有率を上げて良かったのかどうかを、本書では冷静に吟味する。《市場首位の目指し方》と謳いはするが、何が何でも首位になればよいという発想

図0-3　占有率の可変性に関する市場分布

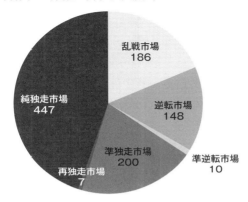

は、本書には微塵もない。

　以上を踏まえたうえで、図0-3をご覧いただきたい。これは次節で詳述する本書のデータソースを鳥瞰したグラフである。母集団を構成する998市場のうち、1社が首位に立ち続けた市場が447もある。一時的な陥落も許容すれば、明確な首位企業が支配する市場の数は654にまで跳ね上がる。逆に分析対象期間の過半を制する企業が見当たらない乱戦市場は186しかない。そして片方が過半を制覇する首位企業のあいだで新旧交代劇が見られたのは148市場で、さらに少ない。世の中は、B2Cを中心に首位が頻繁に交代する市場と、B2Bを中心に首位が不動に近い市場と二極化傾向を見せているが、割合としては後者が圧倒的に多いのである。

　本書では、全体の2割を占める乱戦市場は蚊帳の外に置き、残る8割の「重い」市場に焦点を合わせることにした。乱戦市場では占有率を逆転しても一日天下で終わりやすく、戦略を突き詰めて考える甲斐がないからである。逆に「重い」市場では、起こりにくい首位企業の交代劇が最長40年で2割弱起きており、難度が高くても逆転が不可能でないとなれば、まさに戦略の出番と考えられる。本節の冒頭で《占有率の逆転現象》と表現したが、それを絞り込んで《首位企業の

交代劇》につながる大技に迫るのが本書の趣旨と、ご理解いただきたい。

　以上をまとめると、占有率には特有の難しさがあって、利益率や成長率のように無邪気に扱うわけにはいかない。それゆえ、本書はシリーズの二番手として送り出すことになった。ちなみに成長率を取り上げる第2巻は、分析対象期間が著しく長くて労力を要することから、三番手として送り出す。

2 ケース

　帰納法は、母集団を定め、そこに選出基準を課し、選出されたケース群に共通する特徴を抽出するという手順を踏んでいく。以下では各々のステップで下した判断を説明しておきたい。

　なお、上場企業を対象とする第1巻と第2巻は母集団を厳密に定めることができるのに対して、第3巻に同じ水準の厳密性や網羅性はない。これは占有率という指標につきまとう限界であることを、予め断っておく。

●**データソース：矢野経済研究所『日本マーケットシェア事典』**
　統計法を根拠法として収集された政府統計もしくは業界統計から分母を定め、分母の市場区分に見合う個社データを独自に収集・推計して分子を定めたデータソースである。各年版を1972年から発行しており、最新版は1,500ページを超える大部となっている。40年以上に及ぶデータの蓄積があるうえ、市場の括り方が小さめで、これに優る資料は見当たらない。ただし、調査対象とする市場の選別については機会主義的で、必ずしも基準があるわけではない点に注意が要る。

　田淵泰男の『日本の主要産業における企業のシェア変動―長期時系列調査』も有力なデータソースながら、2008年で更新が止まっている。調査対象市場の数も相対的に小さいの

で、本書では『日本マーケットシェア事典』と突き合わせてデータの整合性を確認する使い方にとどめることにした。

◉母集団：998市場

予備的な調査段階で『日本マーケットシェア事典』の1975年版、1980年版、1985年版、1990年版、1995年版、2000年版、2005年版、2010年版、2015年版の9冊を入手して、いずれかに登場する市場をリストアップしたところ、掲載市場総数は1,991と判明した。分析対象期間の中間点にあたる1995年版以降に掲載のない古い市場を消し、1冊にしか登場しない市場を消し、複数市場を合算しただけの「合計」市場を消していき、ほかの市場に分類できない残余を集めた「その他」市場を消していくと、残ったのは998市場である。この998市場を本書の出発点とした。

占有率を分析の俎上に載せるうえで、市場の階層を選ぶ余地は小さい。分母の市場データを、政府や業界団体が編纂する統計資料に頼らざるをえないからである。同じ理由から、市場の定義（どこまで狭く絞るか）のみならず、企業の定義（単体か連結か）、測定の期間（年度か暦年か）、測定の単位（物量か金額か）、測定の時点（生産か出荷か販売か）についても第三者の選択を受け入れざるをえない。研究者にできるのは、危うい占有率データを無視することくらいである。入れ子構造になっている場合は、本書では一貫して最もボトムに近い市場だけを分析の対象とした。

◉分析対象期間：40年間

分析段階では『日本マーケットシェア事典』の1975年版から2015年版までの各年版を参照した。版を重ねるにしたがって過去の数字が改訂されることが多いデータソースなので、データは改訂が落ち着くのを待って確定している。なお、事典の版と掲載データには2年か1年のタイムラグがあ

表 0-2 **市場分類用語の再定義**

市場分類	定義
純独走市場	唯一の支配企業が占有率データの存在する全期間を支配する安定市場
準独走市場	唯一の支配企業が過半期間を支配するも全期間を支配しない安定市場
乱戦市場	全期間の過半を支配する企業が存在しない不安定市場
逆転市場	支配企業2社のあいだで交代が起きた安定市場
準逆転市場	逆転市場のうち第3の企業が交代のあいだに割って入った安定市場
再独走市場	逆転市場のうち旧支配企業が返り咲いた安定市場

ることにも注意が要る。

●除外した逆転ケース:52ケース

上記『日本マーケットシェア事典』の5年おきの版で二時点連続で首位に立った企業を「支配企業」と定義する。加えて、占有率データの存在する期間全体の半分以上を同一企業が支配する市場を「安定市場」と定義する。この二つの用語を使うと、図0-3で暫定的に導入した市場分類は表0-2のように再定義できる。

このうち逆転市場をケース選出の母体としたが、分析のメッシュを5年おきから各年に狭めた時点で疑義の生じたケースは除外することにした。以下では理由別にケースを挙げておく。

首位企業が不安定(11ケース)

ローラーコンベヤ、自動二輪車(251cc以上)、インクジェット・プリンタ、電気冷蔵庫(140ℓ以下)、グラスウール、強化PET(ポリエチレンテレフタレート)、ハム類、マニラボール非塗工紙、女性週刊誌、ヘアリンス、ゴルフ用品

データが不整合(12ケース)

パラフィン、海洋汚染防止装置、MRI(核磁気共鳴画像診

断装置)、電気冷蔵庫 (401ℓ超)、ステレオセット、集積回路、バイポーラリニア、POM (ポリアセタール)、PBT (ポリブチレンテレフタレート)、インスタント・クリーミングパウダー、透明炭酸飲料、軟膏

市場分類が現実に不適合 (3ケース)

ラッカー、水系塗料、塩化ゴム塗料

上記以外の理由で除外した市場は以下のとおりである。

M&Aの単純合算効果で逆転に至ったと判明して除外 (8ケース)

厚板、一般用直流機、標準単相誘導電動機、セメント、高密度ポリエチレン、水産缶詰、新聞巻取紙、軽量コート紙

逆転の経緯が調査しても解明できず除外 (15ケース)

B重油、穿孔機、食品自動販売機、日用品自動販売機、製本機械、肉類及び水産加工機械、真空包装機、カメラ用三脚、硬質塩ビフィルム、陽イオン活性剤、電気絶縁塗料、マシン油乳剤、内装用ライナー、特しん、色ボール

ケース内容が一致するため合体もしくは片方を除外 (3ケース)

天井走行クレーンとジブクレーン、水晶式婦人用腕時計と機械式婦人用腕時計、香水とオーデコロン

◉選出した逆転ケース：102ケース

本書で採択したのは、逆転前の旧支配企業も、逆転後の新支配企業も、支配期間が原則として10年を超える重量級の交代劇である。短命の首位、またはシーソーゲームは無視している。逆転市場148から上記52を除外して残る96ケースに次の6ケースを追加してトータルは102ケースとなっている。

準逆転市場ながら10年基準を満たす交代劇

　飲用牛乳

首位交代が2回起きて乱戦市場に分類されたものの10年基準を満たす交代劇

　収縮包装機（2回目）、ケース詰機（2回目）、洗面化粧台（1回目）、ソース（1回目）、ソース（2回目）

　これらのケースでは、二度の逆転劇のあいだに20年の歳月が流れている。

　採択ケースの一覧については本書目次を参照していただきたい。第3巻に固有の特徴として、未上場企業が37社登場する点は特筆に値する。そのうち9社は外資系企業である。未上場も外資も第1巻と第2巻には登場しない。

3 パターン

　戦略が概念として意味を持つとしたら、その理由は普遍性に求めるべきであろう。逆転ケースが個別の勝因を持つようなら、それは単なる「工夫」に過ぎない。勝因が「戦略」の名に値するのは、それを共有するケースが複数あって、他社に適用できる可能性が見えるからである。それゆえ、本巻では複数の逆転ケースにまたがるパターンを探しにいく。

　パターンを抽出する段階では、恣意性に対する防御策が欠かせない。個々のケースは多面体のようなもので、覗き込む角度に応じて見える面が違ってくる。下手に先入観を持ち込むと、それに呼応する面しか見えなくなってしまうので、パターン抽出は見かけ以上に難度が高い。試行錯誤の末に私が編み出した手法は、規律を三重に課すものである。

まず当該事業の逆転フェーズを調べて3つのカテゴリーに分類してしまう。

- 成長市場：逆転年（もしくは5年以内の直近年）にかけて過去4年で3分の1以上は拡大した市場
- 衰退市場：逆転年（もしくは5年以内の直近年）にかけて過去4年で5分の1以上は縮小した市場
- 成熟市場：上の定義で成長も衰退もしていない中間市場

　市場の成長率は、経済全体の成長率と比べて相対化（正規化）するのが理想的とされているが、市場の多様性を目の当たりにすると、画一的にGDP成長率で正規化するアプローチに自信が持てなかったので、本巻では正規化しないままケースを分類した。裏返して言えば、正規化したうえでの分類作業は、読者ができるようになっている。その点については、各部の解題部で詳述する。

　次に勝因（逆転を生んだアクション）に見当をつけて、立地、構え、その他の3カテゴリーに分類してしまう。立地と構えは拙著『戦略不全の因果』で生まれた概念で、戦略は先後関係を織り込んだ重層構造を成すという洞察が基底にある。すなわち、管理の前に製品があり、製品の前に構えがあり、構えの前に立地がある。

- 立地：誰を相手に何を売るのか
- 構え：売ると決めたものをいかに入手して売ると決めた相手に届けるのか
- 製品：個々の製品をいかに魅力的に仕立てるのか
- 管理：いかにして各製品のQ（品質）C（原価）D（納期）を守るのか

　以上を踏まえて、本書全体のスキームは次のようになる。

ケースを読むうえで必要となる予備知識	序章		
逆転ケース	作用した次元		
	事業の立地	事業の構え	その他
逆転時点のライフサイクル　成長市場	第1章	第2章	第3章
逆転時点のライフサイクル　成熟市場	第4章	第5章	第6章
逆転時点のライフサイクル　衰退市場	第7章	第8章	第9章
ケース群を通して浮かび上がる一般法則	終章		

　第三の規律としては、戦略を構成する多面体を特定し、すべての面をすべてのケースについて吟味するよう自らに課していく。その詳細については次節で詳述する。

　市場カテゴリーは別人が判定しても10割、勝因のほうは8割程度の一致を見るであろうというレベルにおいて客観的である。そういう客観基準に基づいて章と章のあいだに壁を立ててしまい、パターン抽出の恣意性を抑制する。そして戦略多面体の各面を個別に吟味していくことで、一面に捕らわれる傾向を抑制する。そのうえで、逆転の経緯、すなわち複数面を貫通する戦略を解明していこうというのが本シリーズの趣向である。

　章立てを先に決めてしまうと極端に長い章と短い章ができることは避けられない。そこは、ケースが均等に散るように章立てを後で決めた『戦略暴走』と大きく異なる点である。ケース分布の偏りは、それ自体に意味があるので、章ごとの長短は一つの見所と受け止めていただきたい。その点は該当ケース数の降順に並べた節や項の次元にもあてはまる。

　なお、本書では独自の工夫として、各章におけるパターン

抽出段階で以下に述べる共通の戦略類型を用いることにした。事業利益率にフォーカスする第1巻、企業成長率にフォーカスする第2巻とは異なり、製品占有率にフォーカスする第3巻では多様な戦略が登場する余地があるからである。

- 企業戦略：事業ポートフォリオの選択もしくは変更
- 事業戦略：重層構造の選択もしくは変更
- 競争戦略：競合の応手を見越した臨機応変な打ち手

　百家争鳴の状態にある戦略論を策定プロセスの観点から整理したミンツバーグの分類によると、ここでいう企業戦略と事業戦略は「デザイン学派」の立場を採る。その内容は固定度の高いデザイン要素の初期選択もしくは事後変更で、選択もしくは変更自体に競合の追随を妨げる防壁は内包しない。最大の防壁となるのは時間差で、先攻した場合は有効に防壁が立つ可能性がある。

　競争戦略は、私の解釈では固定度の低い打ち手（move）のことで、それ自体に競合の追随を妨げる防壁を内包していなければならない。ポーターは分野を切り拓いた原著の中核部にゲーム理論的なオフェンスとディフェンスを据えており、丁々発止の応酬に関心があったことは明白である。そのなかで相手の応答を阻止するような打ち手を競争戦略と目していた。この解釈は、ポーターを「分析学派」と位置付けるミンツバーグの分類とは相容れないが、それはミンツバーグが戦略の策定プロセスに分類基準を求めたためであり、とりたてて問題視する必要はない。

　分析を通して抽出できたパターンは、部、章、節を先導する解題部の冒頭で概観している。そこで登場する図表の見方については、頁を改めて説明する。

4 プレゼンテーション

　この節では、全ケースに共通するフォーマットを説明しておく。まず、ケース本文のフォーマットは逆引き用の図0-4に示したとおりである。標題の市場名を見ても見当がつかない場合は【製品】の項に飛んでいただくと中核製品のイメージが掴めるように説明を加えてある。一貫して「A社」は逆転した側の新支配企業、「B社」は逆転された側の旧支配企業を指す。上場企業の子会社が事業主体となっている場合、開発・製造・販売の独立性が高い場合は子会社、独立性が低い場合は親会社のケースと見なしている。

　ケースの概要を把握するために注目すべきポイントはビジュアル化した。最初のポイントは標題部の社名の前の丸記号で、これで小が大を逆転したケースなのか、または大が小を逆転したケースなのか、すぐに判定できる。

　次は企業戦略部の横向き三角形で、これはB社とA社にとっての当該市場の重要性を表示する。黒い三角形が右にあればあるほど本社幹部が注目する主戦場での攻防、左にあればあるほど本社幹部が注視しない僻地での攻防と解釈してよい。

　事業戦略部の横向き三角形は、事業着手のタイミングを表示する。黒い三角形が右にあればあるほど新参市場での攻防、左にあればあるほど古参市場での攻防と解釈してよい。これら2つの横向き三角表示では、B社とA社のあいだの対称性または非対称性も注目すべきポイントとなる。

　各ケースは企業戦略、事業戦略、戦略旗手の三部構成として、3つの戦略類型を漏れなく検討している。独自の項を立てていない競争戦略については、逆転を導いた打ち手の有無を【好手】または【悪手】の項で検討した。

　戦略旗手の部を設けたのは、本シリーズのポリシーによ

図0-4　ケース共通フォーマットの読み方

```
                      ┌── 逆転確定年版の『日本マーケットシェア事典』が採用した市場名（例外あり）
                      │
┌─────┐  中華料理の素／1998年 ──────── 市場を支配する首位企業の交代が
│ケース│                                  起きた年
│ 901 │  B社：◉味の素 → A社：◎丸美屋食品工業    ○ 売上高が100億円未満
└─────┘            │            │                ◎ 売上高が100億円以上
  │           旧支配企業の    新支配企業の            1,000億円未満
  │           逆転時点の社名  逆転時点の社名         ◉ 売上高が1,000億円以上
  │              下線を引いた側が収益から見た勝者     1兆円未満
  │                                                ● 売上高が1兆円以上
```

701〜799　A社にとって国内本業以外の逆転ケース
901〜999　A社にとって国内本業の逆転ケース

ボックスが黒色：クリアカットな逆転ケース
ボックスが灰色：クリアカットでない逆転ケース

クリアカットな逆転：逆転した側が収益面で優勢を築き、かつ逆転後の直近データで占有率の差が5％ポイントを超える域まで拡大した場合

●**企業戦略**▶▷▷▷▷／▷▷▷▶▷ ──────── 左側がB社、右側がA社

【B社】
【A社】
　　　▷▷▷▷▶　注目市場の売上高が全社売上高の50％以上
　　　▷▷▷▶▷　注目市場の売上高が全社売上高の25％以上50％未満
　　　▷▷▶▷▷　注目市場の売上高が全社売上高の12.5％以上25％未満
　　　▷▶▷▷▷　注目市場の売上高が全社売上高の6.25％以上12.5％未満
　　　▶▷▷▷▷　注目市場の売上高が全社売上高の6.25％未満

●**事業戦略**▷▷▷▶▷／▷▷▷▶▷ ──────── 左側がB社、右側がA社

【製品】
　　　▶▷▷▷▷　注目市場への参入が1945年以前
【B社】
　　　▷▶▷▷▷　注目市場への参入が1945年から1960年のあいだ
　　　▷▷▶▷▷　注目市場への参入が1960年から1975年のあいだ
【A社】
　　　▷▷▷▶▷　注目市場への参入が1975年から1990年のあいだ
【時機】
　　　▷▷▷▷▶　注目市場への参入が1990年以降

【収益】

【好手】

●**戦略旗手**▶▷▷▷▷**創業経営者**

【人物】
　　　▶▷▷▷▷　創業経営者
【着想】
　　　▷▶▷▷▷　非直系を含む同族経営者
　　　▷▷▶▷▷　他社から移籍してきた外来経営者
　　　▷▷▷▶▷　30歳までに入社した生え抜きの操業経営者
　　　▷▷▷▷▶　まだ経営階層に登用されていない段階の一社員

　　　─────── 取締役会に同姓の姻戚関係者がいれば名前表記

序章　取扱説明書　15

る。戦略の属人性を否定する風潮は根強いが、ケース分析を重ねれば重ねるほど《戦略は人に宿る》と結論せざるをえない。ゆえに戦略を宿した人物に焦点を当てている。

　ほかに工夫したのは【収益】の項である。先に触れたように、占有率と利益率の間に正の因果関係を想定する命題は、盲目的に受け入れると危ないので、ここでは逆転後の利益の動きを追ってみた。もちろん、入れ子構造のボトムに近い市場ほど、そこから得られた利益を推計することは難しくなる。無理を承知のうえで尽くした最善と受け止めていただければ幸いである。

　【時機】の項は、事業環境が吹かせる強風を背中で受けないと速く前に進めないし、大技も決まらないという私の戦略観に基づいて追加した。この戦略観については、2009年の論文に詳述したので、ここでは繰り返さない。

　次に各ケースのサイドバーを説明する。図0-5に逆引き用のサマリーを掲示しておいたが、まずは一番上に注目していただきたい。ここにはケース標題に記した市場が所属する上位カテゴリーの名称と、その特性を括弧内に記してある。括弧内の二つの数字は、相互に近ければ近いほど、その上位カテゴリーでは首位交代が起きにくく、相互に離れていれば離れているほど、その上位カテゴリーでは首位交代が起きやすいことを示している。カテゴリーの安定性の指標と言い換えてもよい。

　続く二つの比率には、次のような意味がある。

●戦略C/C比率

　経営戦略論には、経営資源を巡って組み合わせ学派と蓄積学派のあいだに絶えざる緊張がある。1997年の論考で取り上げた時点では蓄積学派が優勢であったが、ここに来て世の中はオープンイノベーションに傾いており、組み合わせ学派

図0-5 **サイドバーの読み方**

当該市場を含む上位分類の名称　　　　右の数字は分類内の市場総数、左の数字は安定市場の内数
　　　　　　　　　　　　　　　C/Cの前のCはCombinatory、後のCはCumulativeの頭文字

即席食品（10/12）　　　　　　◀◁◇▷　当該市場の逆転を可能にしたのは新たな組合せ
戦略 C/C 比率◀◁◇▷　　　　　◁◀◇▷　当該市場の逆転を円滑にしたのは新たな組合せ
　　　　　　　　　　　　　　　◁◁◇▶　当該市場の逆転を円滑にしたのは過去の蓄積
戦略 D/E 比率◀◁◇▷　　　　　◁◁◇▶　当該市場の逆転を可能にしたのは過去の蓄積

　　　　　　　　　D/EのDはDeliberate、EはEmergent の頭文字
　　　　　　　　　◀◁◇▷　戦略の形成時点は早く高度に意図的
　　　　　　　　　◁◀◇▷　戦略の形成時点は比較的早く少しだけ意図的
　　　　　　　　　◁◁▶▷　戦略の形成時点は比較的遅く少しだけ創発的
　　　　　　　　　◁◁◇▶　戦略の形成時点は遅く高度に創発的

■**丸美屋食品工業（単）**　　　　逆転時点における社名、括弧内は決算が連結か単独かを示す
逆転決算期：1998.12
実質売上高：推定260億円　　　　全社の売上高（2000年の貨幣価値表示）
営業利益率：―　　　　　　　　　未上場企業の場合は企業年鑑類を参照した
筆頭大株主：創業家　　　　　　　名目上は分散保有された株式も併合して実質ベースで特定している
東名阪上場：―　　　　　　　　　東名阪1部または東京2部に上場した年月、―の場合は未上場

■**該当セグメント**　　　　　　2000年度から2009年度のあいだの当該市場を含むセグメントの名称
B社：国内食品
A社：―

■**10年間利益率**　　　　　　2000年度から2009年度のあいだのセグメント利益率
B社営業利益率：4.0%　　　　　期間中加重平均ベース（第1巻のケース採択基準は10%以上）
A社営業利益率：―

■**10年間勝敗数**　　　　　　売上高営業利益率が二桁に乗った決算数と乗らなかった決算数
B社得点掲示板：0-10　　　　　（第1巻のケース採択基準は8-2か9-1か10-0）
A社得点掲示板：―

■**シェアの測定単位**
出荷金額

■**中華料理の素**
市場規模：180億円　　　　　　2000年の貨幣価値表示。出典は『日本マーケットシェア事典』
　　　　　　　　　　　　　　　数量シェアの場合は手を尽くして金額を推計するよう努めた

■**B社の首位君臨期間**
1989年～1997年　　　　　アンダーラインを引いた年は、そこから当該市場が事典に登場するか、
　　　　　　　　　　　　　　そこを最後に当該市場が不掲載となったことを示す
　　　　　　　　　　　　　　アンダーラインのない年は、その前または後に別の企業が首位に
　　　　　　　　　　　　　　立っていたことを示す
■**A社の首位君臨期間**
1998年～　　　　　　　　　～の前に数字がない場合は、既に1975年版で首位に立っていたことを示す
　　　　　　　　　　　　　　～の後に数字がない場合は、2015年版で首位に立ち続けていたことを示す

が面目を一新した観がある。C/C比率は、当該ケースがどちらの学派に適合するかを表示する。

◉戦略D/E比率

　経営戦略論では、アンゾフの『企業戦略論』以来、戦略を事前に策定するものと見る能動学派が主流を成している。これに異議を唱える創発学派については、ミンツバーグの『戦略サファリ』に詳しい。D/E比率は、当該ケースがいずれの理論と親和性を持つのかを表示する。

　事業戦略の部のサイドバーには、当該市場に呼応する事業セグメントの収益性をシリーズ第1巻のフォーマットで表示した。分析対象期間は2000年度から2009年度である。第1巻の採択基準は、10決算中8決算以上で利益率が10％を超え、かつ通算した加重平均利益率が10％を超えることであった。この高収益事業の基準に、新旧支配企業の事業が適合するのか、適合しない場合はどこまで基準から遠いのかが、注目すべきポイントとなる。また新旧支配企業間の収益性比較の視点も【収益】の項では不可欠である。

　次に掲げたのは占有率に関する情報である。B社とA社の首位君臨期間を見比べると、どちらが市場の安定化に寄与したのか、第三の企業が絡んでいるのか否か、どこまで乱戦市場に近いのか、そのあたりがわかる。市場規模の金額表示は、B社とA社の売上高と同様に実質表示として、10億円単位に四捨五入してある。

　次にサイドバーに割って入れたグラフに図0-6で説明を加えておく。これは逆転年の市場全体を100として指数化したうえで、市場全体とB社およびA社の推移を前後4年ずつ追ったものである。横方向に眺めれば市場の成長性や安定性がわかり、縦方向に眺めれば市場の寡占性がわかる。市場全体のグラフと個社のグラフの高さに大きな開きがあれば、1

図0-6　グラフの読み方

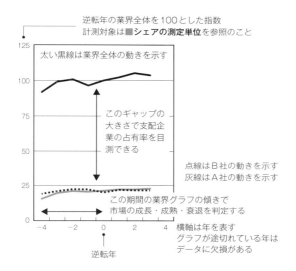

社への集中を許さない分散市場と言ってよい。逆に高さの開きが小さければ、寡占が目立つ集中市場と言ってよい。さらにB社とA社のグラフを縦横に追うと、逆転が僅差で起きたのか、それとも劇的に起きたのか、それなりの判断がつく。

　なお、縦軸も横軸も目盛間隔は固定して、ケース間の比較ができるように工夫してある。縦に長いグラフは成長市場で、縦に短いグラフは成熟市場である。これもビジュアル化の一環と受け止めていただきたい。横方向に空白の生じているグラフは、データソース側におけるデータの欠損を意味している。欠損の理由は、調査の打ち切りか、測定単位の変更である。データの接続性が失われると、占有率の計算はできても、指数化に支障を来す。

　戦略旗手の部のサイドバーには、シリーズ第1巻と同様に略歴をまとめておいた。月表示部の00は不明を意味することに注意していただきたい。

　最後にダッシュボードについて説明しておく。これは、

部、章、節の冒頭で、それぞれの位置付けが一目でわかるように工夫したビジュアル図表のことである。部のレベルでは当該部のテーマと本書全体に占める比重、章のレベルでは当該章のテーマと当該部内に占める比重を示しておいた。節のレベルでは、企業規模と参入時期の2点においてB社とA社の相対関係がわかる散布図二つに加えて、戦略の特徴を分類したマトリックスを掲示しておいた。

5 インストラクション

　本書は、ページ順に前から後ろへと読んでいく本ではない。そうしてもかまわないが、それでは読書効果を上げにくい。それゆえ、私が意図した読み方を提示しておく。

　序章のあとは、進路が二つに分かれる。時間に余裕がある場合は、第1章から第9章まで順に読むことをお勧めする。ただし、じっくり読むのは各部・各章・各節の解題部に限定しておいて、ケースはスキップしてしまう。そのうえで終章に進んで結論を熟読すると、占有率を巡る攻防戦の全体像を理解しやすい。時間に余裕がない場合は、序章のあとは終章に飛んで、本書の結論を先に把握したうえで各部・各章の解題部に進んでいただいてもよい。ケースおよび節レベルの解題部をスキップすれば、本書を短時間で理論書として読むことができるはずである。

　問題は、その先である。戦略の力を身につけたいと願う経営幹部候補生には、ケースに次ぐケースが待ち受けている。《愚者は経験に学び、賢者は歴史に学ぶ》という至言に従うなら、仕事に終始していてはいけない。経験した事象は確かに深く記憶に刻み込まれるが、1人の人間が自ら経験できる範囲など所詮限られており、その範囲に未来が収まる確率は極めて低い。経験学習だけでは、不確実性の高い未来と向き

合う経営職が務まるはずはない。未来に立ち向かうつもりがあるなら、できる限り足下の仕事を部下に委ね、自らは歴史、すなわち他人の経験から学ぶ時間を確保すべきであろう。そのための好適教材が、ケースなのである。

　ケースについては、3回読むコースをお勧めする。初回は節レベルの解題部を含めてケースを前から順に読んでいく。ここでのポイントは嚙みしめて読むところにあるので、読み流すスピードを競っても意味がない。理想を述べるなら、毎朝一番に1ケースだけ読んで自宅を出る。そのあとは移動時間中や休憩時間中に何度も「本日のケース」を振り返るのである。字面から離れた振り返りのポイントは、戦略旗手になりきってみる点にある。私自身、ケースを書くプロセスで実践しているが、戦略旗手が視界に捉えていたはずの競合状況や社内状況を頭のなかで再現し、決断に至る思考過程を辿ってみる作業が最も血肉となることを実感している。読者諸氏にもぜひトライしていただきたい。

　この段階では、頭の使い方の能動性を高める点に狙いがあるので、いわゆる正解にこだわる必要はまったくない。それより複数の可能性を思い描くプロセスを楽しんでいただくのがよい。インターネットや図書館を活用して戦略旗手の顔写真を見ておくと、想像は膨らませやすくなると思う。本社や工場や製品の写真も同じである。

　長らく経営教育に携わってきた身として述べるなら、《頭で理解しても体が動かない》人は意外と多い。もちろん、責めるべきは受講者でなく、力が及ばなかった私自身である。その反省をシリーズ序文では「BEからDOへ」と表現した。読者諸氏にはDOバイアスをかけて、ぜひアクション次元で戦略旗手に近づいていただきたい。言い換えるなら、いつ、どこで、誰に向かって何をするかを考え続けることである。

　その際、占有率と利益率の関係は図0-7のように捉えたほうがよい。図0-2に第三の変数を導入して、矢印の符号を不

図0-7　占有率の有意性に関する本書の想定

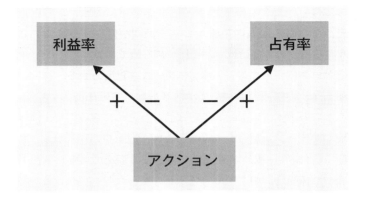

定としておくのである。符号は左右独立で、プラスとなる可能性もあれば、マイナスとなる可能性もある。占有率を「買う」アクションは、利益率にマイナス、占有率にプラスの効果が及ぶ事例と言ってよい。逆に顧客を選別するアクションは、利益率にプラス、占有率にマイナスに作用する事例と言えよう。

読者諸氏は、思考過程に浮かんだアクションがどのように利益率と占有率に作用するのかを意識すると、各ケースの奥深さを噛みしめることができると思う。戦略旗手は、寝ても覚めても事業について考え抜いた人々であることが多い。その思考の深さは、1日の思考でとても追いつけるものではなく、過小評価しないほうがよい。

さて、そろそろ2回目に移ろう。ここでは焦点を戦略旗手からパターンに移す。自らの置かれた状況や関心の向かう先を基準としてケースをセレクトし、セレクトしたケース群に共通のパターンを見出せないか考えながら読んでいく。セレクトしたケースは一塊として読んでしまい、それから考えるのでもよい。

ケースを選ぶ基準としては、自分が所属する業界と同じ業界のケースという単純な基準も悪くないが、パターン抽出に

慣れてきたら、小さな専業メーカーを逆転したケースという具合に、より抽象度の高い基準に挑戦することをお勧めする。その際は、上述したケースごとのビジュアル表示——記号とグラフとダッシュボード——を上手に活用すると、素早くケースをセレクトできるはずである。節や章、場合によっては部の壁を越えてもかまわない。

　パターンを見出す作業は、1回目以上に頭を能動的に使わないと前に進まない。それを承知のうえで個別ケースから理論を形づくる作業に挑戦し続けると、応用が利いて、体が動くようになる。集中力を高めてトライしていただきたい。

　3回目は、仕事で難題にぶつかった折に、ヒントを求めて関連するケースを拾い読みする読み方である。「山」と声をかけられて「川」と返すような単純な応答が、ビジネスの世界では往々にして命取りになる。それは拙著『戦略暴走』で証明済みで、円高に応じて国際M&Aに走ったり、コスト削減が不可避となり人件費の安い国に工場を建てたり、リゾート法の成立を見てリゾート開発に乗り出した企業が、過去に大挙して酷い目にあっている。手拍子で意思決定する前に一晩寝かせて考える癖は、ぜひ身につけていただきたい。そしてケースを拾い読みすれば、意外なヒントが見つかるものである。逆に探し求めなければ、何も見つからない。

　当事者として経営を学びたければ、最終的には先人たちに尋ねるほかはない。しかしながら、偉業を成し遂げた経営者に関する本となると、経営幹部候補生とは立場の異なる創業経営者に関するものばかりというのが現実である。僅かな例外も、戦略に関する洞察を体系化したとは言い難い。その穴を埋めるべく、無名のヒーローを発掘し、彼らの知恵を結晶化する「経営考古学」に徹したのが本シリーズにほかならない。活かしていただければ幸いである。

6 レファレンス

　本書で言及した文献は、ケースの文中に登場するものを除いて本節にまとめて掲げておく。文献からの引用については出典をサイドバーで開示するように努めたが、スペースを節約するために、アカデミックな表記ルールには従っていない。セグメント名称やインタビュー内容については、ケース間の比較を容易にすべく私の判断で表記の統一を心掛けたことを断っておく。

Buzzell, Robert D., and Brradley T. Gale, *The PIMS Principles: Linking Strategy to Performance*. New York: Free Press, 1987.（邦訳『新PIMSの戦略原則』ダイヤモンド社）

Buzzell, Robert D., Brradley T. Gale, and Sultan G. M. Ralph, *Market Share, Profitability, and Business Strategy*. Cambridge, MA: Marketing Science Institute, 1974.

Chamberlin, Edward, *The Theory of Monopolistic Competition*. Cambridge, MA: Harvard University Press, 1933.

Chandler, Alfred D. Jr., *Scale and Scope: The Dynamics of Industrial Capitalism*. Cambridge, MA: Belknap Press, 1990.（邦訳『スケールアンドスコープ』有斐閣）

Christensen, C. Roland, Kenneth R. Andrews, and Joseph L. Bower, *Business Policy: Text and Cases*. Homewood, IL: R.D. Irwin, 1973.

Christensen, Clayton M., *The Innovator's Dilemma: When New Technologies Cause Great Firms to Fail*. Boston, MA: Harvard Business School Press, 1997.（邦訳『イノベーションのジレンマ』翔泳社）

Henderson, Bruce D., *Henderson on Corporate Strategy*. Cambridge, MA: Abt Books, 1979.（邦訳『経営戦略の核心』ダイヤモンド社）

Henderson, Bruce D., *The Logic of Business Strategy*. Cambridge, MA: Ballinger, 1984.

Hofer, Charles W., and Dan Schendel, *Strategy Formulation: Analytical Concepts*. St. Paul: West Pub. Co., 1978.（邦訳『戦略策定』千倉書房）

伊丹敬之『経営戦略の論理』日本経済新聞社、1980年

伊丹敬之『経営戦略の論理』日本経済新聞社、2012年

伊丹敬之・軽部大編著『見えざる資産の戦略と論理』日本経済新聞社、2004年

加護野忠男『〈競争優位〉のシステム』PHP研究所、1999年

加護野忠男・井上達彦『事業システム戦略』有斐閣、2004年

Kaplan, Robert S., and David P. Norton, *Strategy Maps: Converting Intangible Assets into Tangible Outcomes*. Boston, MA: Harvard Business School Press, 2004.（邦訳『戦略マップ』ランダムハウス講談社）

Koehn, Nancy F. ed., *The Story of American Business: From the Pages of The New York Times*. Boston, MA: Harvard Business School Press, 2009.

Mayo, Anthony J., and Nitin Nohria, *In Their Time: The Greatest Business Leaders of the Twentieth Century*. Boston, MA: Harvard Business School Press, 2005.

Miniter, Richard, *The Myth of Market Share: Why Market Share Is the Fool's Gold of Business*. New York: Crown Business, 2002.（邦訳『なぜ企業はシェアで失敗するのか！』日本経済新聞社）

Mintzberg, Henry, Bruce Ahlstrand, and Joseph Lampel, *Strategy Safari: A Guided Tour Through The Wilds of Strategic Management*. New York: Free Press, 1998.（邦訳『戦略サファリ』東洋経済新報社）

三品和広「『蓄積』対『組み合わせ』――日米経営比較の仮説」『ビジネスレビュー』第45巻第2号、1997年

三品和広『戦略不全の論理』東洋経済新報社、2004年

三品和広編著『経営は十年にして成らず』東洋経済新報社、2005年

三品和広『経営戦略を問いなおす』ちくま新書、2006年

三品和広『戦略不全の因果』東洋経済新報社、2007年

三品和広「役員階からの展望――時機読解の戦略論」『組織科学』Vol.42 (3)、2009年

三品和広『戦略暴走』東洋経済新報社、2010年

三品和広『どうする？ 日本企業』東洋経済新報社、2011年

三品和広『ハンドブック経営学』ミネルヴァ書房、2011年（第1章）

三品和広編著『リ・インベンション』東洋経済新報社、2013年

三品和広『高収益事業の創り方：経営戦略の実戦 (1)』東洋経済新報社、2015年

Porter, Michael E., *Competitive Strategy: Techniques for Analyzing Industries and Competitors*. New York: Free Press, 1980.（邦訳『競争の戦略』ダイヤモンド社）

Porter, Michael E., *Competitive Advantage: Creating and Sustaining Superior Performance. New York: Free Press, 1985.（邦訳『競争優位の戦略』ダイヤモンド社）

Porter, Michael E., *The Competitive Advantage of Nations*. New York: Free Press, 1990.（邦訳『国の競争優位』ダイヤモンド社）

Rosenbaum, David I. ed., *Market Dominance: How Firms Gain, Hold, or Lose It and the Impact on Economic Performance*. Westport, CT: Praeger, 1998.

Rosenzweig, Phil, *The Halo Effect: ... and the Eight Other Business Delusions that Deceive Managers*. New York: Free Press, 2007.（邦訳『なぜビジネス書は間違うのか』日経BP社）

Rumelt, Richard P., "How Much Does Industry Matter?" *Strategic Management Journal*, March 1991, 12, pp.167–185.

榊原清則『企業ドメインの戦略論』中公新書、1992年

Schmalensee, Richard, "Do Markets Differ Much?" *American Economic Review*, June 1985, 75, pp.341–351.

Schoeffler, Sidney, Robert D. Buzzell, and Donald F. Heany, *PIMS: A Breakthrough in Strategic Planning*. Cambridge, MA: Marketing Science Institute, 1973.

Schumpeter, von Joseph, *Theorie der wirtschaftlichen Entwicklung*. Leipzig: Duncker & Humblot, 1912.（邦訳『経済発展の理論』岩波書店）

Stalk, George Jr., and Thomas M. Hout, *Competing Against Time: How Time-Based Competition is Reshaping Global Markets*. New York: Free Press, 1990.（邦訳『タイムベース競争戦略』ダイヤモンド社、1993年）

田淵泰男『日本の主要産業における企業のシェア変動―長期時系列調査』税務経理協会、2009年

山田英夫『逆転の競争戦略』生産性出版、2004年

吉原英樹『「バカな」と「なるほど」』同文舘出版、1988年（PHP研究所、2014年）

成長市場の狙い目

Part 1

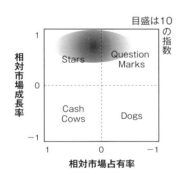

　成長市場は激しい首位攻防戦の土俵となりやすい。PPM（製品ポートフォリオ・マトリックス）理論が想定するロジックは以下のとおりである。市場が経済全体の速度を超えて成長するのは、様子見を決め込んでいた潜在顧客が次から次へと市場に雪崩れ込んでくるからで、新たに市場に加わる顧客はまだどのプレーヤーにも囲われておらず、争奪戦の対象となる。この争奪戦の結末はプレーヤーたちの出方次第であり、既存顧客に対する新規顧客の割合が高ければ高いほ

ど、占有率の変動幅は大きくなる。それゆえ、流動性が高い成長市場は、2位以下に甘んじるプレーヤーにとっては首位奪取を試みる絶好の舞台となる。

　ちなみに、PPM理論自体は首位奪取の方法について何も推奨していない。その成り立ちから推量すると、想定するのは占有率を「買う」施策で、経験曲線に基づくコスト優位で損失を取り戻すシナリオを描いている。しかしながら、このシナリオの有効性はゲーム理論が真っ向から否定する。それでうまく行くなら「買う」競争が過熱して、あとで手にするはずの利益を事前に持ち出す結果に落ち着いてしまうからである。

　本巻第1部は、そういう成長市場における首位攻防戦を俎上に載せる。登場するケース総数は37で、全102ケースの36％に相当する。ただし、首位を奪取してよかったと言い切れるクリアカットな逆転ケースに絞ると母数は102から63に減少し、第1部の該当ケース総数は37から27に減少、そして第1部の比重は36％から43％に上昇する。相対市場成長率の定義に反して一律に年率7.4％を成長市場と成熟市場の境界値と定めたため、経済の停滞期に起きた成長市場の首位交代劇は第2部に回る傾向があることを勘案すると、首位奪取劇の過半は実質的な成長市場で起きており、PPM理論の想定どおりと言ってよかろう。

　第1部の焦点は、新規顧客を誘引する鍵が製品の工夫にあるのか、それとも製品以外の工夫にあるのかに絞られる。一般には前者の想定に基づいて参戦するプレーヤーが自社の開発部隊や営業部隊を鼓舞する姿ばかり目につくが、大量ケース分析が支持するのは後者であった。目に見える製品ではなく、目に見えない立地や構えの選択が逆転劇を生むのである。そういう逆転劇が市場の入れ子構造と密接に結びつくダイナミックスを捉えた戦略論は、本巻以外に見当たらない。シーソーゲームを除外したリサーチデザインの成果と言えよう。

第1章

Chapter 1

立地間競争

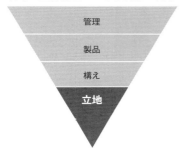

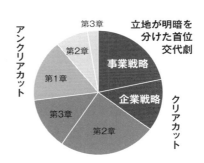

　成長市場で首位奪取を成功させたければ、立地か構えに働きかけるのがよい。製品・管理次元に働きかけて奪取に成功したケースも浮上しているが、相対的に数が少ない。

　事業立地が有力な切り口となるケースには、大きく分けて二つのパターンがある。一つは事業戦略のパターンで、既存の市場の隣に別の市場を新たに創造する。これは立地の再定義と表現してよかろう。この場合は、旧来の市場は沈滞していることが多く、新たな隣接市場が急成長を遂げることで上位市場が成長市場と識別されてくる。事業立地を興すという意味では、シリーズ第1巻の第3部に連なる面がある。

　もう一つは企業戦略のパターンで、特化型の企業が作り上げた成長市場を、総合力に勝る企業が後から来て奪い去る。ケースの絶対数では事業戦略のパターンが優勢ながら、成功の確度では企業戦略のパターンのほうが勝っている。

1 立地再定義の功罪

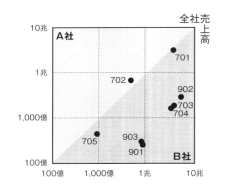
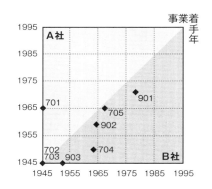

勝者＼敗者	追随	傍観
先攻	3	4
後攻	1	0

年代区分	'75-79	'80-84	'85-89	'90-94	'95-99	'00-04	'05-09
実質GDP成長率	4.2%	3.2%	4.1%	0.4%	1.3%	2.6%	0.8%
該当ケース数	2	1	4	0	1	0	0

　本節に登場するのは総数14ケースで、そのうちクリアカットな逆転劇となっているのは8ケースである。その8ケースの特徴をビジュアル化したダッシュボードをご覧いただけばわかるように、1ケースを例外として、小が大を食うケースばかりである。小が大を食う図式は第2項の「負けるが勝ち」のケース群にも漏れなく当てはまる。そこを踏まえると、本節で議論する立地再定義の戦略は、勝ち目が薄いと思われているアンダードッグが巨大企業に挑戦する際に検討すべき有力な戦略オプションと言えよう。なお、逆転のタイミングがバブル経済崩壊前の経済成長率が高い時期に集中するのは、想定どおりと言ってよい。

　事業立地の再定義は、市場の入れ子構造と絡み合っている。序章で写真を掲載したマトリョーシカ人形になぞらえて

表現するなら、大きな人形の中に入っている小さな人形を残したまま、別の小さな人形を同じスペースに詰め込むのが再定義のイメージである。衣替えや置き換えではなく、追加・併存である点に注意していただきたい。そして、二つの小さな人形が互いに似ても似つかないところに成功の秘訣がある。

　首位交代劇に焦点を合わせる本巻が再定義の節で幕を開けるのは、不本意と言えば不本意である。なぜなら、この節にはＢ社とＡ社が競合関係にあるという意識の希薄なケースが多数登場するからである。本節を読んで当事者が首位交代に初めて気づくとなれば、違和感を覚える読者が続出しても何ら不思議はない。

　しかしながら、一呼吸置いて考えてみると、戦略と呼ぶにふさわしい極意の塊が本節に詰まっている。相手のレーダースクリーンに映ることなく、いつの間にか首位に立っている。強烈な反撃を誘わないので、まるで無血革命のように首位交代が実現する。派手さはないが犠牲を払わなくてもよい点は、エレガントと表現しても許されるのではなかろうか。

　この戦法を象徴するケースとしては、701の一般用エンジン発電機を挙げておきたい。これは、重電機器が回転電気機械と静止電気機械に分かれ、前者の回転電気機械が直流機と交流機と電動機に分かれ、中央の交流機がタービン発電機とエンジン発電機に分かれ、後者のエンジン発電機が一般用と舶用に分かれるなかで、最後の一般用と一致する市場区分である。内燃機関から取り出した回転軸で交流発電機を回すことによって電気を供給する機器のうち、船に設置しないものと考えればよい。

　この市場を長らく支配してきたＢ社は重電機器全般を手掛けるメーカーで、顧客の電力会社とは別の市場区分で密接な関係を築いていた。その顧客が発電所に非常用電源を設置する必要に迫られていると知り、事業化に踏み切ったものと思われる。事業化と言っても、手持ちの発電機に少し手を加え

て流用するだけなので、ハードルは低かった。

　エンジンメーカーのA社は、B社の製品や顧客に目もくれていない。川下の二輪車に搭載するエンジンとオルタネーターを流用して、新しい市場を創出しただけと受け止めているはずである。現にA社の製品はポータブルで、据置型のB社製品とは似ても似つかない。用途にしても、コンセントのないところで電球を灯すのが中心で、A社製品を何台束ねても発電所全体を動かすに足るパワーはない。同じ一般用エンジン発電機に分類されること自体が一種の方便なのであろう。

　このケースを純化すると、A社は既に存在するB社の市場から技術的な原理だけを借りてきて、それを異なるパッケージに落とし込み、まったく別の顧客に持って行ったことになっている。製品に構成要素が二つあり、B社が一方（発電機）、A社が他方（エンジン）の構成要素を得意としていた点が好対照を成しており、それが事業立地の異なる解釈につながったようである。いずれにせよ、このケースでA社は事業立地を絶妙にシフトさせており、それは本シリーズ第1巻で「高収益事業の創り方」の王道と判明した戦略パターンと何ら変わらない点が極めて興味深い。

　ケース902の低圧開閉器もパターンは酷似している。総合電機メーカーのB社が発電所や変電所に設置する大型品を手掛けてきたのに対して、ベンチャーのA社は電子機器に搭載される小型品の市場を立ち上げた。いずれも電流を自由にオン、オフする役割を果たす点だけ共通しているが、製品は似ても似つかず、互いに競合する場面もない。ここでもA社は事業の立地を見事にシフトさせたことになっている。

　ケース901の中華料理の素は、ケース701や902より複雑で味わい深い。市場の定義変更に伴う首位交代なので、額面どおりに受け止めると狐につままれたような印象を拭えないが、これも実は事業立地の選択もしくは解釈の相違が争点を

形成するケースにほかならない。ケース701や902と異なるのは、立地をシフトさせた側が逆転されるB社に回った点で、早計な一般化を戒めるケースと言えよう。その意味では、本節第2項の論点も内包する。

　このケースでA社は中華料理の素の下位市場に相当する麻婆豆腐の素を世に送り出したパイオニアで、調味料メーカーのB社は同じ原理を麻婆豆腐以外に拡げて後発参入に成功した。B社製品群の躍進によって市場区分が認知され、上位の中華料理の素という次元で出荷統計が整備されたところまではB社の成功物語である。しかしながら、下位市場の水平拡大が進行するにつれ中華料理の境界線が曖昧になるだけでなく、結局は麻婆豆腐の素がドミナントであり続けることが明白になり、中華料理＝麻婆豆腐と定義が改訂された時点で名目上の首位交代が実現した。B社が水平拡大に邁進する姿には目もくれず、A社が麻婆豆腐を深耕した結果としての首位交代、と解釈するのが妥当であろう。

　ケース901を第1章の先頭に置いたのは、A社とB社のステルス性が互いに低く、両社とも立地の定義を巡る攻防戦に意識的に突入したという意味において、古典的な戦略観と親和性が高いからである。また、後続ケースすべての要素を持ち合わせており、代表性が高い点も勘案した。相対的に知名度の高くないA社の戦略旗手が、検証してみると戦略家として秀でており、読者に勇気を与える効果も狙っている。

　ソーセージ類の702は宿敵が相まみえたケースで、ステルス性はない。この市場区分では試行錯誤の末に、売り先は子供という立地定義に落ち着いていたものの、成長を模索するB社が大人向けの事業立地を開拓すべく先攻した。B社は欧州の著名レストランと組んでハイエンドを狙ったが、マスマーケットに焦点を合わせ直したA社が先に成功し、新たな事業立地を押さえ込んだ。微妙な立地定義の相違が明暗を分けたケースである。

送風機の703もステルス性は低いケースで、大型品のカスタム設計を続けたB社に対して、A社は汎用化を推進した。

　押出成形機の704もステルス性は低く、川中の樹脂加工用途に陣取ったB社に対して、A社は最上流の樹脂ペレット生産用途に陣取った。

　両替機の705は売り物より売り先が争点となったケースである。主に鉄道事業者を売り先としたB社に対して、A社は主に金融機関を売り先とした。

　整地機械の903は、かつては高かったステルス性が経済の成熟化に伴って低下したケースである。専業メーカーのA社は、戦前から道路の舗装工事に不可欠なローラーを手掛けていた。建機メーカーのB社は、得意とするブルドーザーの顧客に向かって荒れ地を整えるグレーダーを供給していたが、列島開発ブームが一巡してローラーが今後の本命と知るに至る。そこで事業立地のシフトを試みたが、A社が立ちはだかった。

　ここまでが第1項のクリアカットな逆転劇のケースである。共通しているのは立地選択の独創性で、時機読解は第二義的な重要性しか持たないことがわかる。本質を見極める思考が決め手になると言えようか。

　続く第2項は「負けるが勝ち」の4ケースを収録する。負けたのは占有率においてで、勝ったのは収益率においてである。もちろん、製品群次元の収益率は開示されていないので、あくまでも最善の推量に基づくふるい分けと理解していただきたい。ここで学ぶべき教訓は、飛びついてはいけない新興立地が存在するという一点である。特にバンドワゴン立地には背を向けたほうがよい。

　この第2項を代表するのは、液晶テレビのケース707である。いまでこそ液晶テレビと言えば大画面の据置型が当たり前になっているが、逆転当時は草創期で、1インチ1万円の壁をまだ誰も破っていなかった。そういう状況で、A社が

早々にテレビの液晶化宣言をして大画面据置型に舵を切ったのに対して、ポータブル機種に絞って液晶テレビ事業を展開してきたＢ社は、そこに踏みとどまる選択をした。

　両社の選択が分かれたこと自体は驚くに値しない。Ａ社がブラウン管テレビを手掛けてきて、Ｂ社がブラウン管テレビを手掛けてこなかった経緯を認識すると、双方とも自然な意思決定をしただけと思えてくる。しかしながら、手持ちの液晶技術をどう活かすかについて、それぞれが選択肢を持っていたことも事実である。

　新たに生まれた液晶技術の出口、すなわち大画面据置型テレビの事業立地は、Ａ社の目論見どおり急成長していったが、それゆえに熾烈な価格競争を呼び込んだ。参入企業の大半は赤字の山を築いただけで、逆転時点から10年後に事業継続するところは数えるほどもなかった。Ａ社は周知のとおり台湾企業に救済を仰ぐことになり、母屋を失った。踏みとどまったＢ社は首位から転落したものの、結果的には正しい選択をしたことになる。

　ケース707に酷似するのはケース905の平版、またはオフセット印刷機械である。このケースで大画面据置型の液晶テレビに相当するのは、新聞のカラー化をもたらしたオフセット輪転機であった。それに賭けて事業を海外へ拡大したＡ社は絶好調に見えたのも束の間、需要が一巡するや否や工場稼働率の維持に苦しむ羽目に陥った。ここでも「負けるが勝ち」の図式が成立する。

　ケース906の機械プレスも似ている。このケースで大画面据置型の液晶テレビに相当するのは、自動車のボディパネル用トランスファープレスであった。日本車に攻め込まれた北米の自動車メーカーが設備の近代化を図って巻き返しに出ようとした時点で特需が発生したが、ここでも投資が一巡すると、あとは荊の道が待っていた。踏みとどまったＢ社は「負けるが勝ち」を地で行ったことになっている。

残るケース708の騒音防止装置では、外生的な特需は発生していない。セラミックスを得意とするＡ社が騒音防止の世界に新素材を持ち込んで、内生的に新たな事業立地を切り拓いたが、ここでも狙った市場は遅かれ早かれ飽和する。蓋を開けてみると、笑ったのは事業の焦点をハードウェアからソフトウェアに移したＢ社であった。ここには「負けるが勝ち」だけでなく、第１項で取り上げた事業立地の定義を巡る攻防戦を垣間見ることができる。

　以上が第１章第１節の概要である。逆転を狙う方々は、正面から短期決戦を挑むのではなく、ずらした事業立地に布石を打って、あとは狙いが成就する日の到来を気長に待つオプションを考えてみていただきたい。事業立地をずらせば何でもよいのかと言えば答えはノーで、世の中に未だ存在しない事業立地を創造する意気込みを持ったほうがよい。

　この戦略にネガティブな面があるとすれば、仕込みから刈り取りまで時間を要する点である。老舗の巻き返しと映るケースが多いのも、忍耐の為せる業にほかならない。結果を急ぐなら、仕込みの数を増やすことであろう。なお、ずらす先の事業立地は目立たないほうがよい。誰の目にも魅力的と映る事業立地は、往々にして戦略暴走の温床になる。先人たちが語り継いできたように、急がば回れと心得たい。

　シリーズ第１巻は、高収益事業の多くは事業立地の取り方そのものに工夫があることを明らかにした。逆に言うと、そういう深い次元で他社と異なる選択をしないと、高収益は手に入らないということである。この命題と、本巻の第１章第１節の内容は驚くほど親和性が高い。成果測定の尺度を利益率から占有率に切り替えても事業立地の取り方が明暗を分けるとなれば、そこに経営戦略の奥義があると考えても、あながち的外れではないと思えてくる。

1-1-1　独創的な立地選択

ケース 901　中華料理の素／1998年

B社：◉味の素　→　A社：◉丸美屋食品工業

即席食品（10/12）
戦略C/C比率◀◇▷▷
戦略D/E比率◀◇▷▷

■味の素（連）
逆転決算期：1999.03
実質売上高：7,930億円
営業利益率：3.5%
筆頭大株主：金融機関
東名阪上場：1949.05

■丸美屋食品工業（単）
逆転決算期：1998.12
実質売上高：推定260億円
営業利益率：—
筆頭大株主：創業家
東名阪上場：—

◉企業戦略▶▷▷▷▷／▷▷▷▶▶

【B社】味の素は1925年に東京で鈴木商店として設立された会社である。祖業は海藻由来のヨードで、源流は1888年までさかのぼる。1908年には東京帝国大学の池田菊苗博士の特許に基づき小麦蛋白由来のグルタミン酸を「味の素」と命名して消費者向けに発売した。そこから販路を事業者や海外に拡げ、原料や製法の転換を図ってコストを下げ、事業基盤を確立した。その後は卓上塩やサラダ油、冷凍食品、低カロリー甘味料、加工食品、医薬品、飲料、飼料用アミノ酸などへ展開している。企業戦略としては、祖業の国際化、祖業の販路を活かした水平多角化、祖業の技術を活かした水平多角化、祖業の川下に降りた垂直多角化と、ありとあらゆる可能性を追求してきた結果、多核・多国化に近づいている。ドメイン定義は物理的で、「調味料」と「アミノ酸」という二つの異なる路線が微妙に交錯しているようである。

中華料理の素は祖業の川下展開に相当する。1998年当時、売上高の18％を調味料部門に依存していたが、その部門内で「Cook Do」の生産シェアは11％に達していた。部門を牽引するのは汎用の「味の素」で、全社を牽引するのは飲料・乳製品および加工食品であった。

【A社】丸美屋食品工業は1951年に東京で設立された会社である。祖業は「是はうまい」というふりかけで、源流は1927年までさかのぼる。1960年に発売した「のりたま」は、蛋白源を魚粉から鶏卵に置き換えるものであったが、これがナショナルブランドに育っていった。その途上で宣伝広告費を使い過ぎて窮地に陥り、それを契機として三井物産と提携し、経営基盤が固まった。そして

1970年にレトルトで「とり釜めしの素」、1971年に「麻婆豆腐の素」を発売して、今日に至る長寿商品の3本柱が出揃った。企業戦略としては、川上統合で競争優位を確保しつつ、売場と販促手法を共有する水平多角化を牛歩で進めている。ドメイン定義は機能的で、代弁するなら「手軽においしく」というあたりであろうか。

中華料理の素は丸美屋食品工業にとって水平多角化に相当する。1998年当時の売上高構成比は開示されていないが、1982年時点でふりかけとレトルトが半々で、レトルト比率が上昇の一途を辿っていたことはわかっている。

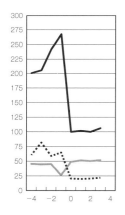

■半々
総合食品 1982.12

■該当セグメント
B社：国内食品
A社：—

■10年間利益率
B社営業利益率：4.0％
A社営業利益率：—

■10年間勝敗数
B社得点掲示板：0-10
A社得点掲示板：—

■シェアの測定単位
出荷金額

■中華料理の素
市場規模：170億円

●**事業戦略**▷▷▷▶▷／▷▷▶▷▷

【製品】中華料理の素は、馴染みがあっても家庭では調理が難しい中華のメニューを、調理済みの専用調味料として提供するものである。たとえば麻婆豆腐であれば、豆腐を用意するだけで主菜が完成する。

これは要注意のカテゴリーで、逆転年の日本マーケットシェア事典からマーボーソースという限定が括弧書きで加わった。それ以前は多様なメニューを包含していたのに対して、逆転年以降はメニューを一品に限定したことになっている。この定義改訂に伴って市場規模は半減した。逆から見れば、麻婆豆腐という一品が市場の半分を占めていたことになる。

定義改訂の理由は説明されていないが、おそらく中華料理の境界が問われるほどメニューが増大したからであろう。たとえば「Cook Do」には本書執筆時点でゴーヤチャンプルーがラインアップされている。

隣接市場にはレトルトのカレーがあり、これが麻婆の4倍の市場に育っていた。すしの素は麻婆の半分を超える程度にとどまっている。

製品（麻婆）には豆腐だけ別売のものと、豆腐に加えて肉や葱が別売のものがあった。前者は即席食品、後者は調味料という色彩が濃い。逆転時点で市場は成熟化しており、首位に躍り出た丸美屋食品工業だけで50％前後の占有率を誇っていた。怖ろしいまでの寡占市場である。

【B社】中華料理の素について味の素は、1978年に6品目をシリーズ化した「Cook Do」を発売している。当初のラインアップは、八宝菜、焼肉醤、麻婆豆腐、酢豚、干焼蝦仁、回鍋肉であったが、1979年に4品目、1980年に2品目を追加している。「Cook Do」はあくまでも調味料で、食材は消費者が用意する仕立てになっていた。価格は他社並であったが、食材は別売という点を考慮すると決して安くはない。これがプレミアムシリーズであることは、同社が後に廉価版を市場投入したことからも明らかである。

　生産面では、味の素はレトルト食品の専門メーカーに委託して「Cook Do」を立ち上げた。売上が事前の想定を凌駕したことから1979年に自社の川崎工場にも生産ラインを新設している。

　販売面では、家庭用ルートに加えて業務用ルートも無視できない。味の素は「味の素」の業販展開で成功体験を積んでおり、当然のように「Cook Do」も飲食店に売り込んでいた。メニューの水平拡大は、味以上に選択肢の多さで勝負する飲食店（たとえばドライブイン）を攻略するために要請された動きと推察される。

　即席食品カテゴリーでは、ほかにインスタントスープで首位を堅持していたが、それ以外で上位に顔を出す市場は見当たらない。

【A社】中華料理の素について丸美屋食品工業は、1971年に「麻婆豆腐の素」を発売している。当初のラインアップは単品のみであったが、1979年に甘口、中辛、辛口の基本ラインアップが完成した。2014年に追加した大辛は、通年商品としては35年ぶりの新アイテムであった。「麻婆豆腐の素」は挽肉入りで、消費者が用意する食材は豆腐だけという仕立てになっていた。先駆者ということもあり、価格設定は競合他社より高めで、少なくとも廉売には走っていない。

　生産面では、丸美屋食品工業もレトルト食品の専門メーカーに委託して「麻婆豆腐の素」を立ち上げた。委託先は三井物産の系列メーカーばかりで、のちに資本を入れたところも少なくない。なお、「麻婆豆腐の素」の開発に際して丸美屋食品工業は「とり釜めしの素」と同じく旭化成食品研究所の指導を受けたという。これは、提携した三井物産が「旭味」という「味の素」のライバル製品を扱っていたことによる。

■B社の首位君臨期間
1986年～1997年

■A社の首位君臨期間
1998年～

第1章　立地間競争　39

販売面では、全国に張り巡らせた自社拠点網に頼っていたが、業務用ルートは1986年まで持っていなかった。丸美屋食品工業が「麻婆豆腐の素」を売り出した時点で、日本における麻婆豆腐の知名度は2%に過ぎなかったが、同社は「営業車のトランクにフライパンと"麻婆豆腐の素"を積み、徹底して小売店を回った」ことで見事に克服してみせた。小売店は小売店で「豆腐やネギなど関連商品と組み合わせて売れる商材」を評価したようである。

　即席食品カテゴリーでは、ふりかけでも首位を堅持していたが、お茶漬けと吸い物では永谷園の後塵を拝していた。電子レンジ用食品では泡沫の5位に甘んじていた。

【時機】逆転が起きた頃、日本では消費税率が3%から5%に引き上げられ、個人消費は不振を極めていた。

【収益】このケースにおける逆転は、市場定義の改訂に伴って起きている。味の素は改訂によって3分の1まで縮小を余儀なくされたのに対して、丸美屋食品工業は無傷のままで、自ずと逆転が成立した。中華料理の素というカテゴリーの主役が麻婆豆腐であることは公知の事実であったのに、味の素は品揃えを水平拡大することで一種の水増し状態に陥っていたことになる。現に味の素は1982年に利久焼、三州焼、くわ焼、南蛮焼を追加して焼肉のたれ市場に進攻し、その後は洋風や和風の市場にも手を拡げていた。

　この逆転は収益面から見ると祝福に値するものと思われる。丸美屋食品工業が未上場で財務情報を開示していないため、確たることは何も言えないが、創業者自身が「利益率は悪くない」と口にしている。会社四季報や帝国データバンク年鑑を参照しても、同社の利益は順調に推移している。直近では丸美屋食品工業が1社で市場の過半を制し、2位の味の素に35%ポイント級の大差をつけてしまった。

【好手】1990年2月、丸美屋食品工業はローズテクノを合弁で設立して、「麻婆豆腐の素」の味のベースとなる親鳥チキンエキスを内製化した。隠し味となる別添のトロミ粉も1985年から内製化している。詳細は不明ながら、味の決め手となる豆板醤とオイスターソースも1989年から外販しており、どこかで内製化しているものと思われる。

こうして丸美屋食品工業が麻婆豆腐を極める体制を着々と固めていったのとは対照的に、味の素は同じ時期に調味料多角化戦略を進めて行った。これは単品の汎用調味料であまねく「おいしい」を追求するのではなく、多彩な調味料をメニューごとに組み合わせて個別の「おいしい」を追求するもので、メニューの水平拡大を必然とした。

■主要記事
日経産業　1984.6.1
日経産業　1986.7.12
日経流通　1991.1.22
日経産業　1995.10.4
日経流通　1996.4.27

◉戦略旗手▶▷▷▷▷創業経営者

【人物】このケースで好手を放ったのは丸美屋食品工業を創業した阿部末吉氏と思われる。ローズテクノを設立したのは社長就任直後の佐藤守氏ながら、このケースにおける逆転は定義改訂に伴うもので、1998年というタイミングに厳密な意味はない。要衝は、麻婆豆腐にコミットして、これを長寿商品に育てていくための諸施策と、ほかの中華メニューへの水平展開を自制する忍耐にあり、それは発売開始時点から始まっていることを考えると、やはり1984年に永眠した末吉氏を挙げるのが妥当であろう。

　ちなみに、丸美屋食品工業は1980年に干焼蝦仁、回鍋肉、酢豚の3品を「大飯店中華ソース」シリーズとして市場に投入しているが、この動きは競争戦略上の「Cook Do」対抗策と思われる。現在も水平展開メニューは「中華の素」シリーズとして残っているが、麻婆の陰に隠れている。

【着想】末吉氏の決断は「のりたま」の成功体験に由来する。これは、旅館の朝食は海苔と卵がセットになっているという末吉氏の洞察から開発した商品で、旨味のベースを魚粉から卵に置き換えた。卵を粉状にする難所を独自技術で乗り越えたことにより他社の追随を許さず、ふりかけから魚臭さを取り除いた点が画期的であったことから長寿の定番品に育っている。

　「麻婆豆腐の素」が「のりたま」を超える長寿定番品に育ったのは、末吉氏が試行錯誤を経て体得したノウハウを注ぎ込んだからである。一球入魂型の末吉氏が多産多死の後追い商品開発を嫌ったことは明白で、市場の開拓者となることと、追随を許さない障壁を商品に入れ込むことを重視していたように思われる。その点に関して末吉氏は「自分の生まれた家が商家でしたから、その点で何

■あべ・すえきち
誕生：1902.12
社員：―
役員：1951.04-1984.02
社長：1951.04-1982.10
会長：1982.10-1984.02

■自分の生まれた家…
　まあ、創業者ですから…
　手を拡げて…
総合食品　1982.4

第1章　立地間競争　41

か販売感覚がある程度すぐれておったかもしれません」、「まあ、創業者ですからね。すべてが自分の責任にかかってくるでしょう。売れないものをつくったって、これは駄目ですよ」と語っていた。

　水平展開を自制した理由については、「手を拡げて、設備投資をやりすぎたり、本業を外れたようなところは苦しんでいますね。中小企業では優秀な人材をたくさん今まで持っておらなかったから、多面的にいろんなものをやろうといっても無理ですよ」と答えている。

［参照社史］
『味の素グループの百年　新価値創造と開拓者精神』2009年
『丸美屋食品50年史』2001年
［参照文献］
「新分野切り開く味の素クックドゥ」『総合食品』1981年3月
「五年目で六〇億円を見込む味の素クックドゥの浸透作戦」『総合食品』1982年10月
「食卓の名脇役〝のりたま〟」『近代企業リサーチ』1994年9月

ケース902　低圧開閉器・制御機器／1985年

B社：●日立製作所　→　A社：◎立石電機

開閉制御装置（4/6）
戦略C/C比率◀◁◁◁▷
戦略D/E比率◁◁◁▶▷

■日立製作所（連）
逆転決算期：1986.03
実質売上高：5兆3,840億円
営業利益率：6.1%
筆頭大株主：金融機関
東名阪上場：1949.05

■立石電機（連）
逆転決算期：1986.03
実質売上高：2,980億円
営業利益率：4.5%
筆頭大株主：創業家
東名阪上場：1965.08

●企業戦略▶▷▷▷▷／▷▷▶▷▷

【B社】日立製作所は1920年に茨城県で久原鉱業からスピンアウトして設立された会社である。祖業は鉱山用電気機械の修理で、源流は1910年までさかのぼる。戦後は水力・火力発電機用機器、家庭電器、電子機器の製造へと事業を多核化しつつ、日本を代表する総合電機メーカーの地位を確固たるものとした。独自の工場プロフィットセンター制を築き上げ、旧い工場から新しい工場群をスピンオフすると同時に、本体から日立金属や日立化成工業をスピンオフしてきた歴史は日本でも異彩を放っている。企業戦略としては、多彩な事業を擁しており、多核・多国化に相当する。

　低圧開閉器は日立製作所にとって祖業の周辺事業であった。1985年当時、売上高の21%を電力機器・重電機部門に依存していたが、その部門内で低圧開閉器の生産シェアは12%に達している。

部門を牽引するのはボイラや原子炉で、全社を牽引するのは電子部門であった。

なお、日立製作所は本シリーズ第1巻に子会社の成功事例がケース644、同じく子会社の暴走事例がケース306、拙著『戦略暴走』に子会社がケース036、ケース110、ケース116として登場した。

【A社】立石電機は1948年に大阪で設立された会社である。祖業はレントゲン写真撮影用タイマーおよび誘導形保護継電器で、源流は1933年までさかのぼる。飛躍の原点となったのはマイクロスイッチで、それを無接点リレーに置き換えつつ、川下の応用商品を次から次へと市場に投入していった。1955年に研究子会社、1960年に中央研究所を立ち上げるなど、早くから研究重視の姿勢を打ち出し、1963年には自社でコンピューターも開発している。製品は多岐にわたるが、いずれもオートメーションの実現という点で共通している。企業戦略としては、中核部品を内製し、その川下展開に自ら挑む垂直多角化を選びつつ、多国化も追求している。ドメイン定義は機能的で、「サイバネティックス」である。

低圧開閉器・制御機器は立石電機にとって祖業の発展型と言ってよい事業である。1985年当時、売上高の66％を制御機器部門に依存していたが、その部門内で低圧開閉器・制御機器の生産シェアは32％に達していた。

なお、立石電機は拙著『戦略暴走』のケース050に登場するが、これは数少ない前向きの事例である。現社名はオムロンで、1990年に変更した。

● **事業戦略** ▷▷▶▷▷/▷▶▶▶▷

【製品】低圧開閉器・制御機器の定義には特別な注意が要る。日本マーケットシェア事典では1984年まで「低圧開閉器」となっていた分類が1985年から「低圧開閉器・制御機器」となっており、このケースの逆転劇は定義の変更と無縁でないからである。

機械統計年報を見ると、1984年に調査品目の改正が行われていることがわかる。旧来の「低圧開閉器」は電路を「オン・オフするスイッチのうち電路にかかる電圧が直流750ボルト、交流600ボルト以下のもので、電子機器用のスイッチを除くこと」となってい

■ **該当セグメント**
B社：電子デバイス
A社：コンポーネンツ

■ **10年間利益率**
B社営業利益率：0.4％
A社営業利益率：8.6％

■ **10年間勝敗数**
B社得点掲示板：0-8
A社得点掲示板：4-6

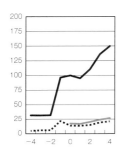

■シェアの測定単位
生産金額

■低圧開閉器
市場規模：3,100億円

■B社の首位君臨期間
1977年～1984年

■A社の首位君臨期間
1985年～2001年
2005年～

た。これは改正を経て「その他の低圧器具」という名称に変わっている。改正後の「低圧開閉器・制御機器」は、従来の「継電器」と従来の「制御装置」に含まれていたプログラマブルコントローラを足した分類となっている。継電器は一般にリレーと呼ばれる。

改正前後で中身が一変したのは、技術が変わったからである。かつては電路を物理的に接続したり遮断するタイプの装置が主流で、アクチュエーターに手動レバーや電磁石を採用していたが、半導体技術の進歩によって物理的な開閉を排除することが可能になったのである。そして用途も過電流による焼損防止から機器の自動制御に移行してきた経緯がある。改正後の「低圧開閉器・制御機器」はトランジスタを組み合わせたユニット回路にほかならない。

改正前の隣接市場には高圧開閉器と低圧遮断器があった。後者は一般にブレーカーと呼ばれている。改正後の隣接市場には、これというものがない。

改正後の「低圧開閉器・制御機器」は逆転時点で急成長を遂げていて、低迷していた改正前の「低圧開閉器」を規模において凌駕するに至っていた。言うまでもなく、重厚長大から軽薄短小への移行が背後にある。しかしながら、改正後の「低圧開閉器・制御機器」も1990年前後には成熟期に突入している。総合電機メーカーが新旧両市場に参入していることもあり、寡占度は高くない。

【B社】低圧開閉器について日立製作所は戦前に事業を立ち上げていたが、リレーについては1955年11月の日立評論に掲載された技術論文が初めてと思われる。これは電話交換機用の有接点リレーで、無接点リレーに関する論文は1964年まで出ていない。用途としても、関心は通信機器と計算機に向かっていたようである。管轄も電力機器・重電機部門とは異なり、情報・通信システム/電子デバイス部門であった。

生産面では亀戸工場が開閉器に加えて自動販売機や卓上電子計算機を担っており、立石電機を包含するかのような構成になっていた。その亀戸工場が閉鎖されたあとは、新潟県の中条工場が主務の移管を受けている。日立製作所にとってデバイス事業の本流は、武蔵工場が担う集積回路であった。

開閉制御装置カテゴリーでは、低圧遮断器と真空遮断器を除く市場で首位に立っており、黄金時代を築いていた。

【A社】 低圧開閉器・制御機器について立石電機は、1959年に無接点リレーの試作品を日本メーカーとして初めて発表し、キーデバイスを手にすると、それを外販して得た資金を活用しながら自動制御装置の開発に立ち向かっていった。

生産面でも立石電機はユニークな試みを行ってきた。それがネオ・プロデューサー・システムで、地方で地元経済界から出資を募って工場を系列子会社として設立し、そこで地元の人々を雇用していくのである。長野県飯田市と福岡県直方市からスタートして、高度成長期に全国でフルバージョンを19拠点、小型バージョンを20拠点設けている。

開閉制御装置カテゴリーでは、リレー以外に参画する市場は見当たらない。

【時機】 逆転が起きた頃、世界中がFA（ファクトリーオートメーション）のブームに沸いていた。ドライバーとなったのはIBMの初代PCにも採用されたインテルのMPU、8088の登場で、1979年7月に端を発した革命が1980年代も半ばになると世界を飲み込む奔流となっていた。

【収益】 このケースにおける逆転は、業界の定義が変わる節目で起きている。その節目で業界は一気に大きくなり、日立製作所が明け渡した首位の座を、番外にいた立石電機が奪い取ることになった。

この逆転は収益面から見ると祝福に値する。日立製作所がバブル後に利益が出なくなっていったのに対して、「低圧開閉器・制御機器」を根底に据える立石電機は最高益を更新していった。直近では両社間の占有率の差は5％ポイントほどである。

【好手】 1958年5月、立石電機は創業25周年を記念する式典を開いたが、そのなかで社長が無接点スイッチおよび無接点リレーの開発を指令したという。そして翌年には中央研究所の建設を機関決定し、2000年価額に置き換えると約10億円かけて1960年10月に開所式を迎えた。これを契機として立石電機は無接点リレーの用途を次から次へと開拓していき、中核部品に対する需要を創造していった。

■主要記事
日経産業 1983.9.26
日経産業 1984.5.22
日経産業 1985.6.14

■たていし・かずま
誕生：1900.09
社員：―
役員：1948.05–1991.01
社長：1948.05–1979.06
会長：1979.06–1987.06

■あと5〜6年もしたら…
社史

　日立製作所は1952年に米国のRCA社と包括的な技術援助契約を結んでおり、トランジスタを取り込むタイミングは立石電機より早かった。しかしながら、トランジスタで回路を組んだデバイスより、その先にある集積回路を本命視したことから、立石電機とは歩む道が異なった。日立製作所は投資に投資を重ねた集積回路で大火傷を負い、1999年から事業をスピンオフしていった。

　トランジスタから構想すべき事業がリレーであったという展開は、極めて示唆に富んでいる。当時のメディアは集積回路をもてはやし、リレーには目もくれていなかった。

◉戦略旗手▶▷▷▷▷創業経営者

【人物】このケースで好手を放ったのは立石電機の創業者、立石一真氏である。一真氏は記念式典で「あと5〜6年もしたら、我々の現在の商品は斜陽商品となるのではないか。なぜなら、その間に新しい技術革新によって斬新な製品が出てくるに違いない。それは無接点リレーとスイッチであろう。これが現在の商品の重要な用途に取って代わるときがくるのではないか。我が社も既にその準備にはかかっているが、スピードアップする必要がある。それが4〜5年のうちに量産化できたら、我が社の経営能率と相まって、従来どおりの伸びが約束されるのではないか」と語っており、自ら事業立地を選び取ったことは明白である。

【着想】一真氏の決断は、デバイスの先にある用途を見据えていたからこそ可能になったものと思われる。一真氏は産業能率短大を創立した上野陽一氏が主宰する勉強会に参加しており、そこで米国がオートメーションの時代に突入したというニュースを耳にした。そして自身の目で確かめるべく米国に飛び、トランジスタを知る。こうして未来を覗き見たことが、一真氏を無接点リレーの開発、そして自動制御機器の事業化に駆り立てたという。

　中央研究所の設立については社内外から疑問視する声があがったそうであるが、一真氏は「システム産業はまだまだ伸びる。したがって私どもは目前の損益を度外視してどんどん投資する」と言って警告を歯牙にもかけなかった。その一方で「清水寺の舞台にのぼり、ここから飛び降りるより決心がいる」とも述懐しているが、

■システム産業は…
　清水寺の舞台に…
サンデー毎日 1970.1

決してサイコロを投げたわけではなく、決断は行動力の賜物と解釈すべきであろう。

［参照社史］
『開拓者たちの挑戦 日立100年の歩み』2010年
『創る育てる 立石電機55年のあゆみ』1988年
［参照文献］
コンラト・ザンバーガー「ヨーロッパにおける低圧開閉器の開発動向」『OHM』1977年9月

■主要記事
政経人 1979.1

ケース 701 一般用エンジン発電機／1985年

B社：●東芝 → A社：●本田技研工業

回転電気機械（6/14）
戦略C/C比率 ◁◁◁▶▷
戦略D/E比率 ◁◁◁◇▶▷

■東芝（連）
逆転決算期：1986.03
実質売上高：3兆6,240億円
営業利益率：3.9%
筆頭大株主：金融機関
東名阪上場：1949.05

■本田技研工業（連）
逆転決算期：1986.02
実質売上高：3兆1,260億円
営業利益率：10.5%
筆頭大株主：金融機関
東名阪上場：1957.12

●企業戦略▶▷▷▷▷／▶▷▷▷▷

【B社】東芝は1904年に東京で芝浦製作所として設立された会社である。祖業は電信機で、源流は1875年までさかのぼる。1909年に米国GE社から技術を導入し、発電機と電球を組み合わせて業容を拡大し、1939年には東京電気と合併した。戦時中は合併に次ぐ合併で巨体化したが、戦後は東芝テックを分離して再スタートを切り、電力インフラの構築に邁進することになった。その後は東芝ケミカルなどをスピンオフしつつも、高度に多核化した総合電機メーカーとして君臨し続ける。企業戦略としては、多彩な事業を擁しており、多核・多国化に該当する。

一般用エンジン発電機は東芝にとって中核に相当する発電機の応用事業であった。1985年当時、売上高の30%を重電機部門に依存していたが、その部門内で一般用エンジン発電機の生産シェアは1%を切っていた。部門を牽引するのは原子力発電機器で、全社を牽引するのに通信・電子機器部門である。

なお、東芝は本書執筆時点で上場廃止の危機に瀕している。その元凶が原子力発電機器とは、皮肉としか言いようがない。

【A社】本田技研工業は1948年に浜松で設立された会社である。祖業は内燃機関および工作機械で、源流は1946年にさかのぼる。研究に基づいて1949年に二輪車、1952年に汎用製品、1963年に四輪

車を立ち上げて、企業としての基盤を確立した。後発ゆえの国内販路の弱さを補うべく、早くから海外展開に注力しており、逆転年時点では日本有数のグローバル企業として知られていた。企業戦略としては、すべての事業に横串を刺すエンジンが光り輝いており、垂直多角化を追求しているが、多国化も抜かりない。ドメイン定義は物理的で、「川下を自ら手掛けるエンジンメーカー」の趣がある。

　一般用エンジン発電機は本田技研工業にとって原点と言うべき事業である。1985年当時、売上高の9％を汎用製品部門に依存しており、その部門内で一般用エンジン発電機の生産シェアは10％前後であった。部門を牽引するのは農機具で、全社を牽引するのは四輪車であった。

●**事業戦略**▶▷▷▷▷/▷▷▶▷▷

【製品】　一般用エンジン発電機は、内燃機関が生む回転力を用いて発電する機械である。電力会社は一般に高温ガスや蒸気や水流をタービンに吹き付けて回転力を得るが、装置は巨大で、いったん据え付けたら移設することはできない。それに対してエンジン発電機は、出力が小さく、発電効率も劣るが、可搬性があるため、独自の市場を築いている。「一般用」という限定句は、船内で電力を賄う「舶用」と区別するためにある。

　隣接市場には一般用タービン発電機があるが、生産金額で見ると、1980年代前半に一般用エンジン発電機に逆転されてしまった。

　製品には発電能力に応じて3階級の区別が設けられている。200kVAを超えるものは単価が1千万円級ながら生産台数は千の桁にとどまっており、トレンドも下降気味である。それより小さいが10kVAを超えるクラスは単価が百万円前後で生産台数は万の桁に乗っており、市場も安定している。最後に10kVAより小さいクラスは単価が10万円前後で生産台数は十万の桁に乗っており、市場も漸増傾向を見せていた。用途としては、大から小の順に並べると、ビルや工場の非常電源、工事現場の仮設電源、行楽地における携帯電源などがある。

　参入メーカーが30社前後を数える事実は技術的な参入障壁が低

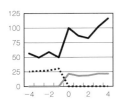

■該当セグメント
B社：社会インフラ
A社：汎用・その他

■10年間利益率
B社営業利益率：4.2％
A社営業利益率：2.9％

■10年間勝敗数
B社得点掲示板：0-10
A社得点掲示板：0-10

■シェアの測定単位
生産金額

■一般用エンジン発電機
市場規模：660億円

■B社の首位君臨期間
1976年～1982年
1984年

■A社の首位君臨期間
1985年～

いことを、上位3～4社で市場の過半を押さえている事実は信頼性が高い障壁となることを、それぞれ示唆している。近年は、騒音低減の要求が強くなっており、それが障壁を引き上げている面もある。

【B社】一般用エンジン発電機について東芝は125年史で1ページも割いていないが、主力事業が電力会社や通信会社を売り先としており、彼らのニーズに応える補完製品として非常用発電機を扱っていたものと推察される。そのアプリケーションについても、逆転時点で東芝は燃料電池に注力し始めており、ディーゼル発電機は1976年にグループ企業の西芝電機に移管した。一般用タービン発電機は市場を支配していたが、こちらは日立製作所による逆転を許したのち、再逆転に持ち込んでいる。

　確認する術はないが、おそらく東芝は社外からディーゼルエンジンを調達して、それを自家製の発電機や制御盤と組み合わせるアプローチを採用していたものと思われる。本当にやりたい事業は大型の原子力および火力発電機で、それを側面援助するために一般用エンジン発電機も手掛けていたに違いない。

　回転電気機械カテゴリーでは、船舶用直流機を除く全市場で首位争いに絡んでいた。

【A社】一般用エンジン発電機について本田技研工業は片手で持てる名機、E300を1965年に発売した。同社は汎用製品に1952年から取り組んでおり、最初は二輪の技術に基づくエンジンを単体で販売していたが、1959年から川下に降りてエンジンを組み込んだ機器を売る方向に戦略を転換している。E300は、その延長線上に誕生した。逆転時点ではラインアップの上位機種に四輪自動車と同じアーキテクチャーの水冷4サイクルDOHCエンジンを搭載しており、超低騒音を訴求する戦術を採っていた。

　生産面では浜松製作所が主体で、エンジン発電機に搭載するエンジンは耕耘機や除雪機にも搭載していた。

　販売面では、海外を主戦場としており、汎用を明確に第三の柱と位置付けた1980年頃から米国で汎用機に特化した販売店網の構築に乗り出していた。輸出比率は逆転時点で90％を超えていた。本田技研工業は一般用エンジン発電機ではフルラインを敷いてい

たものの、販売価格の中央値は5万円前後であった。同社の場合は、ガソリンエンジンが先にあって、それに外部調達した補機を組み合わせているので、エンジン発電機以外の発電機は一切手掛けていない。

　回転電気機械カテゴリーでは、一般用エンジン発電機に顔を出すだけで、ほかは何も手掛けていない。

【時機】 逆転が起きた頃、日本は円の急騰が一大関心事となっていた。1985年の9月にはプラザ合意が成立している。本来ならば、これは本田技研工業にとって不利な展開であるのに、同社はものともしなかった。

【収益】 このケースにおける逆転は、表面上は市場が階段を一段上ったかのように伸びるなかで起きている。そこを境にして東芝は番外に転落し、本田技研工業は初登場で首位に躍り出た。東芝が消えたあとは、わずかにグループ企業の西芝電機が最下位に顔を出すだけである。

　その背後にはトリック、すなわち統計分類の改正がある。日本マーケットシェア事典が出典とする機械統計年報は、エンジン発電機を「発電機本体」と「エンジン付」に分解していたが、1985年1月分から機械器具関係生産動態統計調査の調査方式と調査対象に見直しが入り、「エンジン付」は調査対象から外れてしまった。この措置により逆転前の「発電機本体」が逆転後の「エンジン発電機」と等価になっている。そして逆転年に10kVA以下の小区分だけ台数ベースで2倍弱、金額ベースで4倍強も生産実績が跳ね上がった。その増分が、本田技研工業の躍進を反映するものと思われる。

　この逆転は収益面から見ると祝福に値する。東芝も本田技研工業もエンジン発電機の収益は開示しておらず、また全社業績に及ぼす影響が小さいことから推測もできないが、本田技研工業の有価証券報告書が「二輪車、四輪車と並ぶ第三の柱として着実に成長しております」と述べており、戦略が的中したことを窺い知ることができる。2000年度の10決算で汎用事業の収益率が低く出ているのは、リーマンショックで2決算が大幅赤字に転落したことによるもので、それ以前の収益率は決して低くない。直近でも本田技

研工業は首位を独走している。

【好手】 1982年2月、本田技研工業は浜松製作所の設備拡充工事に乗り出した。この時点で汎用製品の生産能力は月産8万台を割っていたが、180億円規模の投資を振り向けた結果、1985年2月時点の生産能力は月産19万台を超えるに至っていた。二輪および四輪の現地生産が軌道に乗って、ホンダのブランドが浸透するのを見計らったかのような大攻勢が、このケースでは功を奏したようである。

● **戦略旗手** ▷▷▷▶▶ **操業経営者**

【人物】 このケースで好手を放ったのは本田技研工業の河島喜好氏である。河島氏は2代目の社長で、社長就任時点で二輪、四輪、汎用の「三本柱構想」を打ち出していた。そして当時は年産20万台にとどまっていた汎用製品部門に対して、100万台売れるエンジンの開発を命じたという。

【着想】 河島氏の決断は深謀遠慮の域に属するものである。この見方を裏付けるのは1979年本社入社式における社長講話で、河島氏は「トヨタ、ニッサンと質的な中味で勝負できるための布石は着々と打ってきたし、ここ1～2年のうちにその成果が出てくるものと確信しております」と語ったそうである。ここでいう布石とは、「ホンダの強味は二輪、四輪、汎用という三本の柱を持って世界的な商売をしているという、他社にはないユニークな体質です」、「二輪、四輪、汎用の三部門は非常に似通った生産技術、管理技術というもので共通しています」、「三本柱のトータルメリット…これを武器にして世界の車メーカーとして遮二無二に生き残っていきたい」という言葉が示すとおりである。

1981年全国ベスト販売店大会での挨拶では、もう一歩踏み出し「コンパクトで効率のよいエンジンを軸にした二輪、四輪、汎用という、それぞれにユニークな評価を受けている商品群を持つこと、しかも年間合計500万台の生産販売規模を持っていること」がホンダの「他社に見られない違い＝強味」と述べている。特に規模への言及が興味深い。

本田技研工業がトヨタ自動車や日産自動車に立ち向かうには、

■主要記事
日経産業 1976.7.15
日経産業 1982.7.21
日経産業 1982.11.16
日経産業 1984.3.8

■かわしま・きよし
誕生：1928.02
社員：1947.03-1962.C4
役員：1962.04-1990.C6
社長：1973.10-1983.10
会長：―

■トヨタ、ニッサン…
　ホンダの強味は…
　　二輪、四輪、汎用の…
　　三本柱のトータル…
　　コンパクトで効率…
　　他社に見られない…
『TOP TALKS』

素手で闘いを挑んでも勝ち目はない。草創期の経営陣は、頭を捻りに捻って独自の武器を探したはずである。そこで出てきた答えが、二輪と汎用を大手には不可侵のキャッシュカウとする戦略であったに違いない。エンジン発電機で占有率トップに登り詰めたのは、決して狙ったわけではなく、誰もいないところに挑戦した結果と解釈すべきであろう。

［参照社史］
『東芝125年史』2002年
本田技研工業『TOP TALKS 先見の知恵』1984年
本田技研工業『語り継ぎたいこと チャレンジの50年』1999年
［参照文献］
総合技研株式会社『82年エンジン発電機の現状と将来性』1982年

ケース 702 ソーセージ類／1989年

B社：●伊藤ハム → A社：●日本ハム

食肉加工品（0/2）
戦略C/C比率 ◁◇▷▷
戦略D/E比率 ◁◇▷▷

■伊藤ハム（連）
逆転決算期：1990.03
実質売上高：4,600億円
営業利益率：2.0％
筆頭大株主：創業家
東名阪上場：1961.10

■日本ハム（連）
逆転決算期：1990.03
実質売上高：6,750億円
営業利益率：3.8％
筆頭大株主：三菱商事
東名阪上場：1962.02

●**企業戦略** ▷▷▶▷▷／▷▷▶▷▷

【B社】伊藤ハムは1948年に神戸で伊藤栄養食品工業として設立された会社である。祖業は海苔、佃煮、魚肉でんぶで、源流は1928年までさかのぼる。戦中・戦後は鮫から作った代用ソーセージがヒットして、企業基盤を整えた。その後は端肉の寄せハムに切り替えて躍進を遂げ、全国展開を進めていった。企業戦略としては、ハム・ソーセージから川上方向の生肉にも川下方向の総菜にも展開しており、垂直多角化と言えよう。ドメイン定義は物理的で、「食肉」である。

ソーセージは伊藤ハムにとって実質上の祖業にほかならない。1989年当時、売上高の30％をハム・ソーセージ部門に依存しており、その部門内でソーセージの販売シェアは50％に達していた。部門を牽引するのはソーセージで、全社を牽引するのは生肉であった。

【A社】日本ハムは1951年に徳島県で徳島ハムとして設立された。祖業はハムで、源流は1942年までさかのぼる。戦後は工場と営業

拠点の拡充を急ぎ、1963年には鳥清ハムと対等合併し、1964年には業界首位に躍り出た。1968年には食肉生産、1973年には球団経営、1978年には加工食品にも乗り出している。企業戦略としては、ハム・ソーセージから主に川上方向の生肉に展開しており、垂直多角化と言えよう。ドメイン定義は物理的で、「食肉」である。

　ソーセージは日本ハムにとって祖業の隣接事業にほかならない。1989年当時、売上高の24％をハム・ソーセージ部門に依存しており、その部門内でソーセージの販売シェアは58％に達していた。部門を牽引するのはソーセージで、全社を牽引するのは食肉であった。食肉に次ぐ部門は加工食品で、ハム・ソーセージは意外と影が薄い。ただしソーセージも、1980年から1985年にかけて市場が2倍以上に膨らんだ。

●事業戦略▶▷▷▷▷／▶▷▷▷▷
【製品】ソーセージは、挽肉とパン粉を塩とスパイスで調味して、動物の腸などに詰め、保存が利くように加熱した加工食品である。兵士の携行食として欧州では太古から重宝されてきたが、日本では1980年代に爆発的に市場が拡大した。手づくりという宣伝文句が使われたこともあったが、1987年を最後に使われていない。

　隣接市場にはハムがあり、市場規模はソーセージの1.5倍に達している。ただしソーセージも、1980年から1985年にかけて市場が2倍以上に膨らんだ。

　製品には、オーストリア系のウインナーやイタリア系のボロニアのように、原産地に由来した種別がいくつもあった。市場は、上位4社で過半を押さえ込んでおり、寡占化が進んでいた。

【B社】ソーセージについて伊藤ハムはセロハンウインナーを発売した1934年から取り組んでいる。1974年にはスキンレスウインナーの「パルキー」、1985年には手づくりウインナーの「バイエルン」、1988年には超ミニサイズの「ポークビッツ」を投入している。

　生産面では、北は札幌から南は佐賀まで全国にちりばめた6工場でソーセージを手掛けていた。

　販売面では、全国に展開した営業所が量販店や食肉小売店をカバーしていた。

■該当セグメント
B社：全社
A社：加工事業

■10年間利益率
B社営業利益率：0.7％
A社営業利益率：2.8％

■10年間勝敗数
B社得点掲示板：0-10
A社得点掲示板：0-10

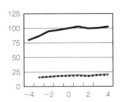

■シェアの測定単位
生産金額

■ソーセージ
市場規模：3,780億円

■B社の首位君臨期間
〜1988年
1995年

■A社の首位君臨期間
1989年～1994年
1996年～

　食肉加工品カテゴリーでは、ハムもソーセージも支配してきたが、ハムでは日本ハムと抜きつ抜かれつの展開に移行し、ソーセージでは日本ハムに首位の座を譲ることになった。

【A社】ソーセージについて日本ハムは1942年から取り組んでいる。1966年には「ウイニー」、1985年には「シャウエッセン」を投入した。

　生産面では、北は旭川から南は広島まで全国にちりばめた7工場でソーセージを手掛けていた。

　販売面では、全国に展開した営業所が量販店などをカバーしていた。

　食肉加工品カテゴリーでは、チャレンジャーの立場にいたが、ハムでは伊藤ハムと抜きつ抜かれつの展開に移行し、ソーセージでは伊藤ハムから首位の座を奪取した。

【時機】逆転が起きた頃、日本では食が空腹を満たすものから、五感を満たすものへと変貌を遂げつつあった。ファミリーレストランの草分け、すかいらーくが上場したのは1984年のことである。

【収益】このケースにおける逆転は穏やかに市場が成長する途上で起きている。逆転と言っても僅差にとどまっていたが、直近では5%ポイントに近いところまで差は拡大している。

　この逆転は収益面から見ると祝福に値する。逆転に際して日本ハムが無理をした痕跡は見られない。売上原価が上昇した分、広告宣伝費や販売手数料は対前年比で下げている。逆に伊藤ハムは広告宣伝費と販売手数料を大幅に増額しており、必死で抵抗した痕跡を読み取ることができる。

【好手】1985年2月、日本ハムは「シャウエッセン」を発売した。これは「10億円売れればヒット、50億円ならホームランと言われる食品業界にあって、発売以来わずか2年で200億円」という記録的な大ヒット商品となった。「シャウエッセン」はターゲットを子供から大人に切り替えて、熟成させた粗挽きポークを羊の腸に詰め、ボイルしマスタードを添える食べ方を提案した。価格も従来の98円や198円というポイントを外し、定価320円、実売298円というハイエンド市場を開拓している。

■10億円売れれば…
激流 1987.4

　伊藤ハムは、「シャウエッセン」より2年早く紐巻きロングサイズの「手造りウインナー」を発売したが、これは市場に火を付ける

に至っていない。そして「シャウエッセン」が世に出ると、5ヵ月後に「手造りウインナー・バイエルン」、7ヵ月後に「グルメウインナー・あらびき」、そして8ヵ月後に「今夜のごちそう」を投入して、「シャウエッセン」包囲網を完成させた。追撃に燃えたのは他社も同じであったが、1987年になると「ウインナーソーセージ市場は2年前に手作り高級品が登場して以来、急速に拡大してきた。しかし大手5社をはじめ各メーカーとも高級ウインナーを中心に新製品を投入した結果、販売競争が激化、大都市圏では価格が乱れ気味だ」と報道されていた。後発82品目の半分が1987年2月までに店頭から姿を消したという。

　こうしてみると均整をとりながら新たな事業立地を開拓した日本ハムが、先発の利を活かして定番化に成功したケースと言えようか。事業立地を支えた支柱は、すぐれた製品企画と販売促進政策であることは付記しておきたい。

■主要記事
日経産業 1984.2.10
日経朝刊 1985.9.21
日経流通 1987.4.30

◉戦略旗手▷▷▷▷▶文系社員

【人物】このケースで好手を放ったのは日本ハムの藤井良清氏である。藤井氏は1980年11月に商品計画室次長に昇進し、「シャウエッセン」の開発を主導した。1984年には営業企画部長と市場開発室長を兼務して、「シャウエッセン」の市場投入に向けて入念に準備を積み重ねた。取締役に選任されたのは、「シャウエッセン」の実績に基づいてのことと思われる。

【着想】藤井氏の決断は、ドイツで目撃した「大人がビールと一緒にウインナーを楽しんでいる姿」に基づいているという解釈もあるし、「原点はパリッという歯切れのよさだということをはっと思い出した」酒席談義に基づいているという解釈もある。いずれも後付けの説明で、真相は藪の中である。

■ふじい・よしきよ
誕生：1940.03
社員：1962.04-1988.06
役員：1988.06-2009.06
社長：2002.08-2007.04
会長：2007.04-2009.06

■大人がビールと…
宣伝会議 2013.10

■原点はパリッと…
週刊読売 1989.7.30

■主要記事
畜産コンサルタント 2009.5

［参照社史］
『私の履歴書 伊藤傳三』日本経済新聞、1979年3月
『日本ハムグループ70年史』2012年
［参照文献］
「日本ハム vs 伊藤ハム」『週刊読売』1989年7月30日
「日本ハム"シャウエッセン"」『宣伝会議』2013年10月

ケース 703　送風機／1979年

B社：●日立製作所　→　A社：●荏原製作所

ポンプ（6/8）
戦略C/C比率 ◁◁◇▷▶
戦略D/E比率 ◁◁◇▶▷

■日立製作所（連）
逆転決算期：1980.03
実質売上高：3兆7,670億円
営業利益率：9.1％
筆頭大株主：金融機関
東名阪上場：1949.05

■荏原製作所（連）
逆転決算期：1980.04
実質売上高：1,860億円
営業利益率：6.2％
筆頭大株主：金融機関
東名阪上場：1949.05

●企業戦略 ▶◇◇◇◇／▶◇◇◇◇

【B社】日立製作所は1920年に茨城県で久原鉱業からスピンアウトして設立された会社である。祖業は鉱山用電気機械の修理で、源流は1910年までさかのぼる。戦後は水力・火力発電機用機器、家庭電器、電子機器の製造へと事業を多核化しつつ、日本を代表する総合電機メーカーの地位を確固たるものとした。独自の工場プロフィットセンター制を築き上げ、旧い工場から新しい工場群をスピンオフすると同時に、本体から日立金属や日立化成工業をスピンオフしてきた歴史は日本でも異彩を放っている。企業戦略としては、多彩な事業を擁しており、多核・多国化に相当する。

　送風機は日立製作所にとって祖業の流れを汲む事業であるものの、次第に影が薄くなっていた。1979年当時、売上高の12％を産業機械部門に依存していたが、その部門内で送風機の生産シェアは4％にとどまっていた。部門を牽引するのはポンプや圧縮機で、全社を牽引するのは電子、家電、重電の3本柱であった。

　なお、日立製作所は本シリーズ第1巻に子会社の成功事例がケース644、同じく子会社の暴走事例がケース306、拙著『戦略暴走』に子会社がケース036、ケース110、ケース116として登場した。

【A社】荏原製作所は1920年に東京府荏原郡で設立された会社である。祖業は渦巻きポンプで、源流は1912年創業の大学ベンチャーにさかのぼる。社史に登場する「ポンプの巨人」という言葉が象徴するように、上下水道向けに各種ポンプを展開しつつ、1930年にはターボ冷凍機、1931年には水処理装置、1961年にはゴミ焼却炉、1968年には産業用圧縮機と、祖業の川下開拓を精力的に進めている。企業戦略としては、川下に展開した装置事業があるものの規模は小さく、羽根の技術を核に据えた水平多角化を主に追求している。ドメイン定義としては、「ポンプ」という物理的定義から「環境」という機能的定義に移行する動きを見せていた。

　送風機は荏原製作所にとって水平多角化事業に相当する。1979

年当時、売上高の80%を風水力機械部門に依存していたが、その部門内で送風機の生産シェアは6%にとどまっていた。部門および全社を牽引するのはポンプである。

●**事業戦略**▶▷▷▷▷／▶▷▷▷▷
【製品】送風機は回転翼によって気体を圧送する機械である。用途は、発電所や製鉄所などに据え付ける産業用、トンネル換気用、風洞設備用、空調や排煙を担う建築用など、多岐にわたる。軸流送風機の起源は20世紀初頭にさかのぼり、基礎的技術は1950年までに出揃ったと言われているが、市場は2000年前後まで拡大基調を保っており、逆転時点はライフサイクルの成長期に該当する。

隣接市場には送風機より送風圧力の高い圧縮機があり、わずかながら送風機より大きな市場を確保していた。圧縮機にはピストンの往復運動を利用するタイプもあるが、送風機と同様にファンの回転運動を利用するタイプもある。

送風機は遠心型と軸流型に分かれ、動かす気体の量、種別、温度や粘度、出力速度などに応じて様々な形式やサイズのものが存在する。それゆえコモディティにはなりにくく、業界には特定用途に特化する小規模メーカーが乱立していた。それもあって参入メーカーは40社を数え、寡占度は低い。

【B社】送風機について日立製作所は久原鉱業向けに1912年から取り組んでおり、トンネルの排気用や鉱山の空調用などエンジニアリングを伴う大型一品生産機種を得意とした。

生産面では、亀有工場の閉鎖に伴って1974年に新設された土浦工場が機械研究所を併設して受注生産体制を敷いていた。開所以来の大型受注案件には、官需では東京電力袖ケ浦火力発電所用の押込通風機や笹子トンネル用の大型送風機や中山トンネル用の大口径ジェットファン、民需では国内最大の脱硝ファンや住友金属工業鹿島製鉄所用の主排風機などがあった。

ポンプカテゴリーでは、渦巻きポンプと斜流ポンプと回転ポンプと圧縮機で首位を狙う第2集団につけていた。

【A社】送風機について荏原製作所は1921年にターボブロアーの初号機を完成させて以来、主にビルの空調用途を得意としてきた。

■**該当セグメント**
B社：電力・産業システム
A社：風水力

■**10年間利益率**
B社営業利益率：2.7%
A社営業利益率：3.9%

■**10年間勝敗数**
B社得点掲示板：0-10
A社得点掲示板：0-10

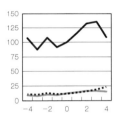

■**シェアの測定単位**
生産金額

■**送風機**
市場規模：560億円

■**B社の首位君臨期間**
〜1978年
1982年〜1983年

■**A社の首位君臨期間**
1979年〜1981年
1984年〜

逆転年以降も1982年に超低周波音公害の解消を目指した大型送風機、1985年に摩耗の少ないセラミックス羽根を採用した送風機を世に送り出している。このあたりは「環境」重視路線の影響と思われる。

　生産面では、外注加工を多用していた。大型および中型の送風機は羽田工場、小型の送風機は子会社の荏原工機、汎用の送風機は藤沢工場というのが、基本的な分業体制である。

　販売面では、風水力機械部門は受注生産機が2に対して、汎用量産機を1の割合で手掛けており、汎用機の販売は特約店に委ねていた。

　ポンプカテゴリーでは、渦巻きポンプと軸流ポンプと斜流ポンプと回転ポンプと水中ポンプで首位を堅持していた。

【時機】逆転が起きた頃、日本は高度成長の終焉を受けて、重厚長大から軽薄短小への転換を迫られていた。その流れのなかで、住友重機械工業、日立造船、日本鋼管あたりが続々と送風機への新規参入意図を表明していた。

【収益】このケースにおける逆転は安定市場の微細な上下動のなかで起きている。安定操業を維持した日立製作所に対して、荏原製作所が上昇局面で強気に増産し、わずかながら逆転した。その後、日立製作所による再逆転を許したが、ほどなく再々逆転を遂げて、直近では10%ポイント以上の差をつけるに至っている。

　この逆転は収益面から見ると祝福に値する。荏原製作所は逆転に際して売上高営業利益率の低下に見舞われていない。その後の低迷はポンプの輸出不振によるものと有価証券報告書では説明されている。

【好手】1967年2月、荏原製作所はP30型を発売した。これが標準スリーエース送風機シリーズの第1弾で、これにP20型とP10型が続き、シリーズは5年内外で完成を見た。P30型が主に建築用で、P10型とP20型は一般産業用である。

　荏原製作所の有価証券報告書を辿ってみると、1976年度に「汎用風水力機器部門の着実な伸び」、1977年度に「汎用風水力機器部門も着実に伸長」、1979年度に「標準送風機も堅調に推移」という記述が見つかる。日本経済が第一次石油ショックでダメージを受

■主要記事
日立評論　1972.1
エバラ時報　1973.11
エバラ時報　1974.12
エバラ時報　1975.9
日経産業　1976.10.5
日経朝刊　1977.2.26
エバラ時報　1977.4
日経産業　1978.4.13
エバラ時報　1980.4
日経産業　1980.7.15
日経産業　1984.7.26

け、重厚長大から軽薄短小に構造転換を試みるなかで、荏原製作所にとっては10年前に蒔いた種が実を結んだと見て間違いなかろう。

■なまい・きさぶろう
誕生：？
社員：？
役員：―
社長：―
会長：―

●戦略旗手▷▷▷▷▶理系社員
【人物】このケースで好手を放ったのは羽田工場送風機部に在籍した生井喜三郎氏と思われる。スリーエース送風機の誕生に際して、エバラ時報に紹介論文を執筆したのは生井氏であった。その後もスリーエースシリーズに言及する論文は生井氏しか書いていない。スリーエースとは、高効率性と低騒音性とリミットロード性の3点で他を凌駕することを意味するそうである。

【着想】生井氏の決断は経験によるところが大きい。エバラ時報の100号記念特集号で生井氏は、量産化によって価格を低く抑えた機種の受注台数が40倍に膨らんだ事象を記述したあとに、「両吸込形スリーエース送風機も1971年に標準化を完了した。このように汎用品については次々と設計と製造面の合理化を図ってきた」と結んでいる。

［参照社史］
『土浦工場十年の歩み』1985年
『荏原 環境の総合エンジニアリング企業をめざして』1996年
［参照文献］
生井喜三郎「エハラ・スリーエース送風機について」『エバラ時報』
　1968年6月
生井喜三郎「遠心送風機」『エバラ時報』1977年4月
押田良輝「送風機・圧縮機の歴史」『ターボ機械』1979年2月
林弘「最近の送風機」『ターボ機械』1982年2月

ケース 704　押出成形機および付属装置／1979年

B社：●三菱重工業　→　A社：◎日本製鋼所

合成樹脂加工機械（0/2）
戦略C/C比率◁▷▷▷
戦略D/E比率◁▷▷▷

■三菱重工業（連）
逆転決算期：1980.03
実質売上高：3兆2,300億円
営業利益率：2.2%

●企業戦略▶▷▷▷／▶▷▷▷
【B社】三菱重工業は1950年に神戸と東京で設立された会社である。祖業は船舶補修で、源流は1884年までさかのぼるが、旧三菱

筆頭大株主：金融機関
東名阪上場：1950.05

■**日本製鋼所（連）**
逆転決算期：1980.03
実質売上高：1,620億円
営業利益率：4.5%
筆頭大株主：金融機関
東名阪上場：1951.06

重工業は戦後の財閥解体により清算の憂き目を見た。事業は西日本重工業、中日本重工業、東日本重工業の3社に継承されたものの、日本がIMF8条国に移行するや否や再合同し、元の鞘に収まっている。1970年に自動車事業をスピンオフし、そこから絶え間なく多様な事業の再編整理を行ってきた。企業戦略としては、多彩な事業を擁しており、多核化に相当する。

　押出成形機は三菱重工業にとって祖業の周辺から派生した事業であった。1979年当時、売上高の16%を機械部門に依存しており、その部門内で押出成形機の生産シェアは1%に過ぎない。部門を牽引するのはプラントで、全社を牽引するのは原動機部門であった。

【A社】日本製鋼所は1907年に室蘭で日英同盟の賜物として設立された会社である。祖業は鉄鋼および兵器で、巨大な鋼塊の加工設備を保有する点にユニークな特徴がある。苦難の時代に三井財閥の傘下に入り、さらに製鉄事業を切り離すことになったが、砲身などの軍需で多忙を極めるに至り、経営は安定した。戦後は民需転換を余儀なくされ、原子炉用鋼板などに活路を見出したが、重厚長大が時流から取り残されるにしたがって大型の鋳鍛鋼品は陰りを見せ、川下の大型機械類への依存度が高まっている。企業戦略としては、祖業の川上または川下を開拓する垂直多角化の道を歩んでいる。ドメイン定義は機能的で、「通常のレンジの上限を超える」がキーワードになっている。

　押出成形機は日本製鋼所にとって川下の事業に相当する。1979年当時、売上高の56%を機械部門に依存しており、その部門内で押出成形機の生産シェアは5%である。部門および全社を牽引するのは金属加工機械であった。

■**該当セグメント**
B社：中量産品
A社：機械製品

■**10年間利益率**
B社営業利益率：0.3%
A社営業利益率：8.3%

●**事業戦略**▷▷▶▷▷／▷▶▷▷▷

【製品】押出成形機は、加熱溶融した樹脂を圧送し、金型を通過させながら冷却することで所望の形状に仕立てる機械装置である。圧送のメカニズムとしては、螺旋状のスクリューを回転させるものが多い。樹脂成形には他の方法もあるが、長尺物は連続成形が可能な押出成形に頼るしかない。市場は1990年頃まで急成長したが、それ以降は漸減傾向を見せている。

隣接市場には射出成形機とブロウ成形機がある。押出成形機に比べると、前者は3倍、後者は5分の1ほどの市場を形成している。

　押出成形機には所望する加工形状に応じて、異なるタイプがある。それゆえ複数のメーカーが群雄割拠して、共存しやすい業界と言えよう。参入メーカーは10社ほどに限られているが、占有率のバラツキは驚くほど小さい。

【B社】押出成形機について三菱重工業は1963年に市場参入した。これは、財閥解体によって誕生した中日本重工業（サンフランシスコ講和条約が発効したあとは新三菱重工業）が造船所では規模の小さい神戸しか継承しておらず、苦肉の策として海外から技術を導入しながら機械への傾斜を強めた文脈のなかに位置付けられる動きである。特に名古屋製作所が航空機の生産を禁じられていた間は、機械事業を主軸とせざるをえなかった。

　しかしながら、三菱重工業の社史は押出成形機にまったく言及していない。プラスチック機械自体が大きく扱われていないが、そのなかでも常に前に出るのは射出成形機であった。それでも押出成形機で首位に立ったのは、フィルム形状の押出に独自の強味を築いたからと思われる。

　生産面では、名古屋機器製作所がプラスチック機械を担当していた。

　合成樹脂加工機械カテゴリーでは、射出成形機で首位争いに絡まない6位につけていた。

【A社】押出成形機について日本製鋼所は1950年に初号機を昭和電線電纜に納入している。同社が狙ったのは、勃興しつつあった塩化ビニール樹脂の加工で、当初のアプリケーションは電線被覆である。それに続くアプリケーションにはフィルムや硬質管などがある。中核部品の次元で米国から技術を導入し、シリンダの耐磨性および耐食性を引き上げる努力を重視していた。

　生産面では、主力の室蘭製作所が鋳鍛鋼品に特化するなかで、広島製作所と横浜製作所が担当していた。広島製作所は大型押出機をコアに据えたペレット製造装置、横浜製作所は小型押出機をコアに据えた二次加工機と、分業体制が確立していた。前者は川上の石油化学コンビナートに納入するもので、後者でも繊維産業

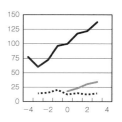

■10年間勝敗数
B社得点掲示板：0-10
A社得点掲示板：2-8

■シェアの測定単位
生産金額

■押出成形機・付属装置
市場規模：250億円

■B社の首位君臨期間
～1978年

■A社の首位君臨期間
1981年～

の最上流となる紡糸用の押出機に強味を築いている。

　合成樹脂加工機械カテゴリーでは、射出成形機で首位争いに絡まない5位につけていた。これは1961年にドイツから技術を導入して進出した市場である。

【時機】逆転が起きた頃、日本の産業界はポスト高度成長期への移行過程にあり、事業内容の高度化を求められていた。そのなかで1970年代の開発を、三菱重工業は機械の高性能化という方向に振り向け、日本製鋼所は原料の複合化という方向に振り向けていった。この対照を象徴する論文は、参照文献の項に掲げたとおりである。

【収益】このケースにおける逆転は、第一次石油ショック後の急成長期に起きている。日本製鋼所がブームを牽引したのに対して、三菱重工業はブームから取り残されてしまい、1979年に首位の座から陥落した。そこで首位に浮上した石川島播磨重工業も日本製鋼所が1981年に逆転した。

　この逆転は収益面から見ると祝福に値する。日本製鋼所の広島製作所と横浜製作所は石油ショックで赤字に転落したが、押出成形機が黒字転換を牽引した。同じ時期に三菱重工業は同じ事業をリストラクチャリングの対象としたようである。その後に「選択と集中」の時代が来ると、この事業はスピンオフの対象となってしまった。2006年11月に日本製鋼所に事業譲渡した時点で事業規模は60億円で、譲渡価格から判断すると利益はほとんど出ていなかった模様である。直近では日本製鋼所が2位に10%ポイント以上の差をつけて、独走体制に入っている。

【好手】1957年1月、日本製鋼所は三井石油化学工業から高密度ポリエチレン用ペレット製造プラントの初号機を受注した。同社は1950年にプラスチック加工システムを昭和電線電纜に納入して以来、電線被覆において実績を築いていたが、ここで樹脂加工の最上流に転進した。時代が下ると設備投資の矛先が川中の樹脂加工に移り、日本製鋼所は首位の座を明け渡すことになったようであるが、エンジニアリングプラスチックの台頭に伴って設備投資の矛先が川上の樹脂供給に戻り、首位に復帰することになったものと思われる。

■主要記事
日経産業 1975.5.21
日経産業 1982.1.14

●戦略旗手▷▷▷▷▷操業経営者

■こばやし・ささぶろう
誕生：1906.03
社員：1927.03-1947.05
役員：1947.05-1983.06
社長：1965.11-1973.11
会長：1973.11-1983.06

【人物】このケースで好手を放ったのは日本製鋼所の小林佐三郎氏と思われる。小林氏が社長に就任したのは1965年と遅いが、「従来小林は実質的に当社の生産、技術、営業各般をみてきた。だから、社長就任も、まず予定された人事と言われている」と指摘されている。小林氏は1949年12月に常務、1957年11月に専務に昇進していた。

■従来小林は実質的に…
ダイヤモンド 1966.1.10

【着想】小林氏の決断は研究に基づいている。その点は専務時代の「企業を意欲的に伸ばすためには、まず進むべき方向を確実に把握しなければならない。そういうことで企業内容の分析研究を進めてきた」という発言から明白である。

■企業を意欲的に伸ばす…
先見経済 1960.10

　主業である大型鋳鍛鋼の顧客と競合する事態を回避しようと思えば、進出可能な領域は限られる。「そこで、これからますます需要が増大するであろうという見地から、化学装置類の生産を広島製作所で開始したわけです。当初はアンモニア製造向けのコンプレッサーなど、引き続いてプラスチックの加工機…というように、逐次発展して参りました」と小林氏は述べていた。最上流を狙った背景については「素材、機械、化学プラントなど各種のものを生産しているわけですが、それぞれは1個の機械であり、装置に過ぎません。これらをシステムとして取り上げ、たとえば石油精製プラントを建設するような大きなプロジェクトを事業化していきたい」と説明していた。

■そこで、これから…
　素材、機械、化学…
プラント エンジニア 1971.4

［参照社史］
『海に陸にそして宇宙へ2 三菱重工業社史』2014年
『日本製鋼所百年史』2008年
［参照文献］
岡田敏夫「プラスチックス・ペレットの製造法について」『日本製鋼技報』1962年5月
山本道明「複合プラスチック用造粒押出機の性能と構造」『プラスチックス』1974年12月
向後宣彦・田村幸夫「高性能単軸押出機の構造と機能」『プラスチックス』1976年2月

建設鉱山機械（7/13）
戦略C/C比率 ◁◇▷
戦略D/E比率 ◁◆◇▷

■小松製作所（連）
逆転決算期：1984.12
実質売上高：7,820億円
営業利益率：6.8%
筆頭大株主：金融機関
東名阪上場：1949.05

■酒井重工業（連）
逆転決算期：1984.10
実質売上高：310億円
営業利益率：1.5%
筆頭大株主：酒井智好
東名阪上場：1964.09

ケース 903　整地機械／1984年

B社：◉小松製作所　→　A社：◉酒井重工業

◉企業戦略▶▷▷▷▷／▷▷▷▷▶

【B社】小松製作所は1921年に小松で設立された会社である。祖業は鉱山機械で、竹内鉱業からスピンオフされて発足した。1931年に農耕用トラクター、1943年にブルドーザーを国産化したが、それらに先だって早くも1924年にプレスの市販を始めている。戦後は1953年にダンプトラック、1956年にショベルローダー、1968年に油圧ショベルと建設機械のラインアップを拡充し、米国のキャタピラー社に次ぐ建設機械メーカーに成長していた。企業戦略としては、技術と販路の双方を核に据えた水平多角化を基調として、川上で垂直多角化も試みていた。ドメイン定義は物理的で、「土木工事機械」と言ってよかろう。

整地機械は小松製作所にとって水平多角化事業に相当する。1984年当時、売上高の86％を建設機械部門に依存していたが、その部門内で整地機械の生産シェアは1％に届いていなかった。部門および全社を牽引するのはブルドーザーで、それにパワーショベルが続いていた。

なお、小松製作所は拙著『戦略暴走』に傍流の多結晶シリコン事業がケース035として登場している。

【A社】酒井重工業は1949年に東京で酒井工作所として設立された会社である。祖業は蒸気機関車で、源流は1918年までさかのぼる。蒸気機関を利用したロードローラーの製造に着手したのは1929年のことで、蒸気機関がガソリンまたはディーゼルエンジンに置き換わる流れのなかで、結果としてロードローラー専業になった。クレーン等への多角化を試みたこともあるが、いまは子会社が散水車を手掛けるだけである。企業戦略としては、建設機械の仕入販売を副業としており、販路を核とした水平多角化を追求している。ドメイン定義は物理的で、「道路工事機械」と言ってよかろう。

整地機械は酒井重工業にとって主業である。1984年当時、売上高の53％を建設機械部門に依存しており、その部門内で整地機械

の生産シェアはほぼ100%であった。産業機械部門の構成比は40%ながら、その実態は商社で、生産シェアは全社の3%に過ぎなかった。

●**事業戦略**▷▶▷▷▷/▶▷▷▷▷

【製品】整地機械は道路の建設や補修に用いられる特殊建設機械のカテゴリーで、路盤を整地するモーターグレーダーや転圧を担う振動ローラー、道路清掃車を含む。アスファルト舗装が普及したのは1920年代のことで、技術革新は一巡した観があるものの、日本では第一次石油ショックから1982年まで目覚ましい成長を遂げていた。

隣接市場にはアスファルト舗装機械があるものの、市場規模は整地機械の3分の1程度にとどまっていた。

製品には多種多様な区分があり、1978年時点でも過半がグレーダーで、残りがローラーであった。そのローラーにおいても、ロードローラーがタイヤローラーに取って代わられ、タイヤローラーが振動ローラーに取って代わられた経緯があり、1983年時点では整地機械といえば振動ローラーとなっていた。多様性を反映して参入メーカーの数も多く、寡占度は高くない。

【B社】整地機械について小松製作所は1952年にモーターグレーダーの生産を開始している。建設機械のデパートを指向する同社としては比較的早く手をつけたカテゴリーと言ってよい。

生産面では、5割超の占有率を占めるモーターグレーダーを内製する一方で、振動ローラーについては豊和工業から中小型機種のOEM供給を受けていた。

販売面では、一般建設機械で築いた国内販売網の強さに定評があった。

建設鉱山機械カテゴリーでは、道路工事用機械および基礎工事用機械に弱点を抱えていたものの、機械式ショベルを除く建設機械では無類の強さを発揮していた。

【A社】整地機械について酒井重工業は1929年から着手していたが、手掛けるのはローラーだけで、グレーダーには手を出していない。ローラーでは小型から大型までフルラインの製品構成を維持し

■**該当セグメント**
B社:建設・鉱山機械
A社:全社

■**10年間利益率**
B社営業利益率:9.4%
A社営業利益率:0.5%

■**10年間勝敗数**
B社得点掲示板:4-6
A社得点掲示板:0-10

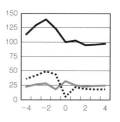

■**シェアの測定単位**
生産金額

■**整地機械**
市場規模:460億円

■**B社の首位君臨期間**
1975年～1983年

■**A社の首位君臨期間**
1974年
1984年～

ていた。

　生産面では、エンジンをいすゞ自動車から購入していたものの、それ以外は鋼材から内製する構えを敷いていた。外注比率も1割を切っている。

　販売面では、国内に代理店やサービス指定工場を網のように張り巡らせており、人後に落ちない。売上の6割弱を占める輸出では、商社と組む案件が多かったようである。

　建設鉱山機械カテゴリーでは、ローラー以外に顔を出す市場が見当たらない。

【時機】逆転が起きた頃、小松製作所は実質的な創業者にあたる河合良成氏の長男、良一氏が社長の座を降りて、トップダウン経営からの転進を図る途上にあった。

【収益】このケースにおける逆転は、ピークを打った市場が後退する局面で起きている。小松製作所が大幅に生産をカットするなかで強気に攻めた酒井重工業が一気に抜き去った。直近では、両社間に5%ポイント以上の差がついている。

　この逆転は収益面から見ると祝福に値する。酒井重工業は1980年前後には売上高営業利益率を二桁に載せていたが、1990年前後にも二桁を再現している。固定費が高く、収益率が景気に左右される傾向は否めないものの、新製品攻勢で小松製作所の挑戦を退けた効果が二桁の再現につながったものと見てよかろう。なお、バブル後遺症で日本全体が冷え切った1990年代の半ばに経営者が交代したあとは、酒井重工業も業績の悪化に見舞われている。

【好手】1980年1月、酒井重工業はイラク政府から大型振動ローラーを中心に450台の受注を獲得したと発表した。翌年4月にもイラク政府から大型受注を獲得し、総台数は1,000台を超えるとされていた。イラク政府はイランとの戦争で荒んだ道路の再建を急いでいたようである。1981年12月にはイラク向けだけではなく、アジア向けの輸出も好調と報道されており、酒井重工業は受注残を1984年に入っても抱えていたものと思われる。

　それに対して小松製作所は、一般建機において米社に価格競争を中近東で仕掛けられ、当時の社長が「キャタピラーの政策転換で、うちも含め建機輸出の高品質・高価格時代が終わった」と言

■キャタピラーの政策転換…
日経朝刊 1983.11.30

い切っていた。1983年10月に大型振動ローラーへの参入を表明したのは、一般建機を見切って、活況を呈する振動ローラーに進路を取り直そうとしたのであろう。ところが1984年の3月には酒井重工業がイラク政府と長期国産化契約を結ぶと発表したことから、小松製作所は早々に野望を断たれてしまったようである。

●戦略旗手▷▷▷▷第2世代同族経営者

【人物】このケースで好手を放ったのは、酒井重工業の酒井智好氏である。創業者の養子となった智好氏は26歳で社長になり、戦災で工場が焼失して解散状態にあった酒井工作所を再建してみせた。実質的な創業経営者であり、すべての意思決定は彼に由来すると見て間違いなかろう。

【着想】智好氏の決断は達観に由来する。道路工事用建設機械への転地を決断したのも1954年に制定された道路整備計画を見てのことであったという。1980年代に入っても智好氏は「業績は輸出が伸び悩んでいるために目先パッとしないが、中長期的には道路舗装機械の専業メーカーとして伸びていく余地は十分あると思う。（中略）車の数も増え続け、舗装工事の必要性はさらに高まるはずだ。車は麻薬のようなもので、ガソリン代や税金がかさんでも、一度乗り始めたらやめられなくなる。我が社の工場の駐車場も車でびっしり埋まっている。日本中が舗装し尽くされても、道路は改修が必要であるだけに、仕事は減らないだろう」と語っていた。まさに達観である。

［参照社史］
『小松製作所五十年の歩み』1971年
［参照文献］
小山富士夫「ロードローラ タイヤローラ 振動ローラ」『建設機械』
　1978年2月

■主要記事
日経産業 1980.1.22
日経朝刊 1981.4.9
日経朝刊 1981.12.18
日経朝刊 1983.10.24
日経産業 1984.2.6
日経産業 1984.5.12

■さかい・ともよし
誕生：1923.05
社員：—
役員：1949.05-1995.C3
社長：1949.05-1995.C3
会長：—

■業績は輸出が伸び…
日経産業 1984.5.1

■主要記事
建設の機械化 1995.5

自動販売機（6/10）
戦略C/C比率◀◁◇▷
戦略D/E比率◁◁◇▷▶

■神鋼電機（連）
逆転決算期：1986.03
実質売上高：870億円
営業利益率：4.8%
筆頭大株主：神戸製鋼所
東名阪上場：1952.03

■グローリー工業（単）
逆転決算期：1986.03
実質売上高：440億円
営業利益率：9.1%
筆頭大株主：龍田紡績
東名阪上場：1983.11

ケース 705　両替機／1985年

B社：⊙神鋼電機　→　A社：⊙グローリー工業

●企業戦略▶▷▷▷▷／▷▶▷▷▷

【B社】神鋼電機は1949年に神戸製鋼所の財閥解体に伴って設立された会社である。民需転換を図るなかで創発的に手掛けた電動機、発電機、金銭登録機、扇風機などの事業を継承したが、三次にわたる人員整理を余儀なくされ、家電からは撤退した。その結果、重電機器を主力として、それを振動機器、産業車両、航空機用電装品、事務用機器が補完する稀有なポートフォリオが完成した。企業戦略としては、各工場が別々の核を持つ多核化に該当する。

　両替機は神鋼電機にとって一つの核事業であった。1985年当時、売上高の18%を電子精密機器部門に依存していたが、その部門内で両替機の生産シェアは6%に過ぎなかった。部門を牽引するのは一般電子機器で、全社を牽引するのは重電機器部門であった。

　なお、神鋼電機は2009年に社名をシンフォニアテクノロジーに変更している。その背景として、神戸製鋼所の持株比率が劇的に下がった事実がある。

【A社】グローリー工業は1944年に姫路で国栄機械製作所として設立された会社である。祖業は電球製造機の修理で、源流は1918年までさかのぼる。戦前・戦中は発動機に活路を見出し、戦後も三井造船の下請を務める傍らで小型ディーゼルエンジンの自社製品化に挑戦したが、頓挫した。ところが苦境のなかで1950年に開発した硬貨計数機が主業に育ち、M&Aを通して1968年には紙幣計算機にも進出した。そこから日本の津々浦々まで自動販売機を普及させたのは、グローリー工業の功績と言ってよい。企業戦略としては、技術と販路を共有する水平多角化と言ってよい。ドメイン定義は機能的で、「貨幣ハンドリング」である。

　両替機はグローリー工業にとって準主力の位置を占めていた。1985年当時、売上高の12%を自動サービス機器部門に依存しており、その部門内で両替機の生産シェアは68%に達していた。全社を牽引するのは貨幣を出し入れして計算する金融向け機器部門で

ある。

　なお、グローリー工業はグローリー商事を吸収したのに伴い、2006年に社名をグローリーに変更している。

●事業戦略▷▷▶▷▷／▷▷▶▷▷

【製品】両替機は、紙幣や貨幣を等価分の小額貨幣に自動で置き換える機械である。偽札や不正硬貨は拒絶しなければならないため、見かけ以上に工夫を要する面がある。日本では1960年代半ばから開発が始まって、1990年前後にピークを打ち、2000年前後には統計調査の対象から外れている。

　隣接市場にに釣り銭を出す機能を備えた自動販売機がある。これは両替機を代替する面があり、逆転時点で両替機の20倍以上の市場規模を誇っていた。

　製品には取り扱う紙幣や硬貨の額に応じた機種展開があるものの、基本的には単能機であるため、バリエーションは限られていた。売り先には銀行、公共交通運営機関、コインロッカーやコインランドリー、遊技場のオペレーターなどがあった。上位2社で市場の優に過半、上位5社では4分の3を押さえ込んでおり、技術面でも販路面でも参入障壁が高いことを物語っていた。

【B社】両替機について神鋼電機は、1967年に初号機を送り出し、百円硬貨または五十円硬貨を十円硬貨に両替するニーズが旺盛な時代に、一世を風靡した。

　生産面を担ったのは伊勢事業所で、ここはリレーも内製していた。

　販売面では、製品ラインアップに自動切符販売機や乗車券印刷発行機が並んでおり、駅務機器にフォーカスしていたことが窺える。神鋼電機は電気機関車を事業化しており、鉄道会社につながる販路が製品よりも前に確立していたものと思われる。

　自動販売機カテゴリーでは、切符用で第3集団に名を連ねていただけである。

【A社】両替機についてグローリー工業は、1965年に初号機を送り出し、紙幣を硬貨に替えるニーズを満たしていった。同社は、それ以前に銀行の省力化ニーズに応える方向に舵を切っており、紙

■**該当セグメント**
B社：モーション精密機器
A社：自動サービス機器

■**10年間利益率**
B社営業利益率：4.2%
A社営業利益率：10.1%

■**10年間勝敗数**
B社得点掲示板：0-10
A社得点掲示板：4-6

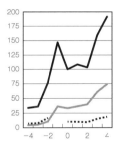

■**シェアの測定単位**
生産金額

■**両替機**
市場規模：90億円

■**B社の首位君臨期間**
1975年〜1983年

■**A社の首位君臨期間**
1985年〜2001年

第1章　立地間競争

幣や硬貨の扱いには慣れていた。そして銀行向けに開発した技術を、スーパーマーケットや遊技場などの民生市場に下ろしていって業容を拡大する道を歩んでいた。特筆すべきは200人の陣容を誇る研究開発部門の存在で、明らかに本体の力点は技術にあった。

生産面を担うのは主に本社工場であった。

販売面では、保守管理および改造業務までグローリー商事に委ねていた。このグローリー商事が、コインランドリーやコインロッカーを含めて、両替機の零細な売り先を地道に開拓していったものと思われる。

自動販売機カテゴリーでは、たばこ用で首位を堅持していたが、それ以外は少なくとも上位に食い込んでいなかった。

【時機】逆転が起きた頃、両替機の市場は祭りの後の静けさに直面していた。1984年は一万円札で聖徳太子から福沢諭吉に、五千円札で聖徳太子から新渡戸稲造に、千円札で伊藤博文から夏目漱石に肖像が替わる新紙幣の発行があり、それに向けて大きな特需が発生した。ちなみに、硬貨では1982年に初めて五百円硬貨が導入されている。

【収益】このケースにおける逆転は急成長を遂げる市場の反動局面で起きている。神鋼電機が市場の急成長に追随しかねるなかで、グローリー工業は積極的に増産し、大きく神鋼電機を突き放した。最終的に両社間の差は15％ポイント以上に拡大している。

この逆転は収益面から見ると祝福に値する。グローリー工業は1984年度の特需で大幅な増収増益を記録したが、その記録を1987年度と1988年度に更新している。それから30年を経て売上高は当時の5倍弱、営業利益は3倍強に達しており、逆転にあたって無理をした痕跡は露ほども見られない。

【好手】1949年7月、グローリー工業は造幣局からインゴットケースの受注を勝ち取った。そして同年12月、納めた製品が高く評価されて、硬貨計数機の製作依頼を受けている。そこからグローリー工業と日本の金融界の間に橋が架かり、新たな主業が立ち上がった。

累損を抱える神鋼電機は1981年に5カ年中期経営計画を策定していたが、赤字決算が続くなかで見直しを余儀なくされ、1984年4

月から新規に3カ年の中期経営計画をスタートさせていた。その骨子は脱重電、FA/OAシフトで、工場やオフィス作業の自動化に商機を見出す方向性を打ち出すもので、鉄道からは距離を置くことを意味していた。ちなみに、駅務機器の事業はキャッシュレス化の進行に伴って縮小の一途を辿っている。

　このケースには、事業立地の相違に加えて別の面もある。1984年の新札発行に向けて発生した局所的な特需に対して、グローリー工業はプロジェクトチームを編成し、入念に対策を練り上げたうえで、約4万台の既設機を7ヵ月で改造して顧客に喜ばれたという。この機動力の背後には、1983年に念願の上場を果たし、そこで社員1人あたりの保有株式が1千万円以上の値をつけたという事情がある。さらに経営陣は社員食堂を新築し、そこで株式上場謝恩家族慰安会も開いている。社員の志気を高める諸施策がライバルと差をつける結果につながったと社史は示唆するが、その前に事業立地の選択がなされていたことを強調しておきたい。

●戦略旗手▷▶▷▶▷第2世代同族経営者

【人物】このケースで好手を放ったのはグローリー工業の尾上仙次氏である。仙次氏は、2代目社長の実弟で、当時は常任監査役の職にあり、本社工場次長を兼ねていた。

　発動機事業の頓挫により窮地に陥ったグローリー工業では、幹部や社員が顧客探しに奔走していた。そのなかで仙次氏は、戦中に役員を務めていた姉妹会社が造幣局の食堂に食器を納めていたことから、その伝手を頼ったという。そして懇願して、インゴットケースの受注を勝ち取った。それが今日に至るまでグローリー工業の事業立地を定めることになるとは、仙次氏も夢想だにしなかったに違いない。

　仙次氏は1957年までグローリー工業の取締役を務めたあとグローリー商事に転じ、1969年に副社長の職位で退任している。グローリー工業の社長が商事の社長も兼任していたので、仙次氏は実質上のトップであった。

【着想】仙次氏の決断は熟慮のうえとは言い難い。やむにやまれず、藁にもすがる心境であったと思われる。

■主要記事
日経朝刊　1983.10.22
日経産業　1984.8.1
日経産業　1986.2.22
日経朝刊　1987.8.16

■おのうえ・せんじ
誕生：1906.08
社員：―
役員：1944.11-1957.02
社長：―
会長：―

■硬貨・紙幣両替機…
　金融機関の経営戦略…
証券アナリストジャーナル
1984.1

　なお、逆転当時の社長、松下寛治氏は「硬貨・紙幣両替機などの自動サービス機器も、時代の趨勢として今後も安定した伸びを期待できよう」と語っていた。この楽観があったからこそ投資の手を緩めなかったと思われるが、その背後には「金融機関の経営戦略が大きく転換されつつあることに伴って、貨幣処理機や情報処理機・貨幣端末機に対する需要が一段と強まっていくことは間違いない。（中略）当社としては（中略）長年培ってきた固有技術に加え、メカトロニクス、オプトエレクトロニクス等の最先端技術を応用し、積極的に新製品開発を推進していく方針だ」という達観があったことは付け加えておきたい。

［参照社史］
『神鋼電機』1970年
『独創の軌跡　グローリー株式会社90年史』2009年
［参照文献］
「両替機を解剖する」科学朝日、1973年10月

計測用機器（6/8）
戦略C/C比率◀◇◇▷
戦略D/E比率◀◇◇▷

■島津製作所（連）
逆転決算期：1983.03
実質売上高：1,300億円
営業利益率：8.2%
筆頭大株主：金融機関
東名阪上場：1949.05

■日本電子（連）
逆転決算期：1983.03
実質売上高：490億円
営業利益率：7.5%
筆頭大株主：金融機関
東名阪上場：1962.04

ケース904　電磁気分析機器／1982年
B社：●島津製作所　→　A社：◉日本電子

企業戦略▶▷▷▷▷／▷▷▶▷▷

【B社】島津製作所は1917年に京都で設立された会社である。祖業は教育用の理化学機器で、源流は1875年までさかのぼる。日本で初めてX線装置や蓄電池を実用化して、後者の蓄電池は切り離して1917年に日本電池を設立した。戦後は海外の技術を導入しつつ、1956年に化学工業向けのガスクロマトグラフ、1960年に鉄鋼業向けの発光分析装置、1961年に医療機関向けのX線テレビジョンを送り出し、分析機器、ライフサイエンス研究機器、測定機器、環境計測機器、プロセス計測制御機器、試験検査機器、医用機器、産業機器、航空宇宙機器、センサ・デバイスなどの分野で多種多様な製品を手がけるに至っている。企業戦略としては、蓄電池は切り離したものの、航空・産業機器が残っており、多核化に該当する。

電磁気分析機器は島津製作所にとって祖業の流れを汲む事業である。1982年当時、売上高の74％を計測・医用機器部門に依存しており、その部門内で電磁気分析機器の生産シェアが5％にとどまっていたのは、製品群の数が多いからである。部門および全社を牽引するのは光分析装置およびX線装置であった。

なお、島津製作所は本シリーズ第1巻に計測機器が高収益事業のケース859として登場している。

【A社】日本電子は1949年に東京で日本電子光学研究所として設立された会社である。祖業は電子顕微鏡で、海軍技術研究所の流れを汲む。電子顕微鏡分野では早くも1950年代から欧米に輸出するほど高い評価を確立した。1952年に完成させた高周波誘導加熱装置で産業機器、1956年に完成させた核磁気共鳴装置で分析機器、1967年に完成させた電子ビーム描画装置で半導体機器にそれぞれ足がかりを築き、電子顕微鏡を越える活躍を見せている。1970年代の前半に経営危機に遭遇したが、三菱銀行の支援を得て乗り切った。企業戦略としては、製品は多彩ながら技術と販路を共有しており、水平多角化と目される。

電磁気分析機器は日本電子にとって主力事業である。1982年当時、売上高の81％を電子光学・分析機器部門に依存しており、その部門内で電磁気分析機器の生産シェアは16％に達していた。

● **事業戦略** ▶▷▷▷▷／▷▶▷▷▷

【製品】電磁気分析機器は、X線より短い波長の電磁波を利用した分析機器のカテゴリー総称である。具体的には、蛍光X線分析装置、磁気共鳴吸収装置、質量分析装置、電子線マイクロアナライザなどを包含する。1995年あたりまで急成長を続けたが、その後は成熟期を迎えている。

隣接市場には、赤外光、可視光、紫外光を利用する光分析機器や、クロマトグラフがあり、光分析機器の市場が相対的に大きいものの、大差はない。

製品には計測手法やアプリケーションによるバリエーションが少なくない。顧客も製薬、食品、化学、電気、素材、機械、資源など、大きな拡がりを見せている。それにもかかわらず上位2社が

■該当セグメント
B社：計測機器
A社：理科学機器

■10年間利益率
B社営業利益率：14.2％
A社営業利益率：4.2％

■10年間勝敗数
B社得点掲示板：8-2
A社得点掲示板：0-10

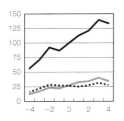

■シェアの測定単位
生産金額

■電磁気分析機器
市場規模：170億円

■B社の首位君臨期間
〜1981年

■A社の首位君臨期間
1982年〜

市場の過半を押さえ込んでいた事実は、技術的な原理次元における参入障壁の高さを物語る。

【B社】電磁気分析機器について島津製作所は1934年に着手している。入口は、独占的地位を築いたX線撮影装置の隣に位置するX線分析装置であった。そのあとは1947年に電子顕微鏡にも進出しているが、同社は計測機器と医用機器の区分を重視する一方で、計測原理の相違を重視していなかった可能性が高い。X線撮影装置によって医療系ユーザーと太いパイプを築いていたせいか、核磁気共鳴の技術は医用機器のMRIに展開していたものの、科学研究向けの計測機器としては展開していない。島津製作所の金城湯池は、何と言っても隣接する光分析機器とクロマトグラフであった。

生産面では内製を貫き、販売面でも自販を基本としていた。多様な機器を手掛けるべく長らく事業部制を敷いてきたが、事業刷新を合い言葉として、1978年に機能別組織の要素を取り入れたマトリックス組織を採用した。

計測用機器カテゴリーでは、光分析機器とクロマト装置で圧倒的な首位の座を堅持していた。

【A社】電磁気分析機器について日本電子は1949年に着手している。入口は祖業の電子顕微鏡で、これが光学顕微鏡の限界を克服する試みであった。顕微鏡以外では、X線分析装置、質量分析装置、核磁気共鳴装置などの電磁気分析機器を手掛けている。日本電子は隣接する光分析機器やクロマトグラフも手掛けていたが、そちらは番外にとどまっており、あくまでも電磁気にコミットしていた。

生産面では内製を貫き、販売面でも自販を基本としていた。多様な機器を手掛けるべく長らく事業部制を敷いていたが、第一次石油ショックで在庫管理の甘さが露呈したことから、1975年から機能別組織に切り替えている。

計測用機器カテゴリーでは、光学測定機で不安定ながら首位の座を堅持する一方で、他の市場には注力していなかった。

【時機】逆転が起きた頃、第一次石油ショックの洗礼を受けた両社は、経営管理を強化すると同時に、海外を含めた営業力の強化をテーマに掲げていた。

【収益】このケースにおける逆転は、爆発的に伸びる市場に合わせて生産を拡大した日本電子が、なぜかフラットに推移した島津製作所を追い抜いたものである。直近でも両社間の差は3％ポイント程度で、接戦が続いている。

　この逆転は収益面から見ると祝福に値する。日本電子の財務諸表を見るうえで注意すべきは、研究開発費の大きさである。たとえば逆転が起きた年度では、売上高研究開発比率は37.9％に達しており、営業利益率と足し併せると45.4％になる。島津製作所が初めて研究開発費を開示したのは1999年度決算で、売上高比率は2.8％にとどまっていた。同年度の日本電子の売上高比率は31.9％である。それだけ研究開発に資金を投じることができるのは、日本電子の稼ぐ力が強いことによる。そこを勘案すると、軍配は日本電子に上げるべきであろう。

【好手】1959年8月、日本電子はマグネット工場を建設した。同社は1956年8月に核磁気共鳴装置の初号機を完成させたものの、解像度を上げるには磁場の均一性を高める必要があり、電磁石の内製化投資に踏み切ったものである。この固定投資により、日本電子は退くに退けないポジションに自らを追い込んだ。

　逆転に至るまで四半世紀に近い時間を要したが、それは核磁気共鳴装置が幾多の技術革新を経て熟成し、市場の拡大を見るまでに経過した時間であった。そして参入に踏み切った日本電子と、参入を見送った島津製作所の間で、結果として明暗が分かれることになったというのが、このケースにほかならない。

● 戦略旗手 ▶▷▷▷ 創業経営者

【人物】このケースで好手を放ったのは日本電子の風戸健二氏である。風戸氏は海軍機関学校を卒業して、海軍技術研究所で終戦を迎えたが、基礎科学が国力を左右すると考えて、戦後は電子顕微鏡の製作に没頭したという。

　核磁気共鳴の原理は米国で1945年に発表され、1950年に事業化されていた。戦後の混乱が続く日本で、そういう最先端分野に挑戦し、1956年8月に初号機を完成させたのは、紛れもなく創業者の風戸氏であった。電子顕微鏡が生んだ利益を注ぎ込んでの開発で

■主要記事
日経朝刊　1981.6.17
日経産業　1981.7.22
日経産業　1981.11.20

■かざと・けんじ
誕生：1917.07
社員：―
役員：1949.05-1989.06
社長：1949.05-1975.05
会長：―

あったことは言うまでもない。

【着想】 風戸氏の決断は電子顕微鏡の成功体験の上に成り立っている。風戸氏は大手の東芝が自発的に電子顕微鏡から撤退するのを目撃し、また海外市場で米国のRCA社を向こうに回して勝つ経験を自ら積み重ね、「うちは会社は小さいが、顕微鏡にかけているエネルギーは余所に比較して相当大きいんじゃないかと思います」と総括している。要は大手が好む手離れの良い大量生産分野を避け、小さい市場に特化すれば、ベンチャーにも勝ち目があることを早々に悟ったのである。社史が「極めて特殊な研究機器」で「市場性は不明」と形容する核磁気共鳴装置に勝機を見出したのは、この成功体験の上に立ってのことと思われる。

ちなみに、電子顕微鏡では高周波高圧電源を搭載したことが決め手となっていた。マグネットの内製化に踏み切ったのは、その成功体験が背中を押したものと思われる。正式に磁気部を設置したのは1958年1月で、その後マグネットを内製化したことにより、電子スピン共鳴装置も生まれている。ここで日本電子は電磁気分析装置で首位に立つ地盤を固めたと見てよかろう。

社史は「当時、電子顕微鏡では無機物質の結晶構造の解析が行われるようになっていたが、風戸社長は有機物質の構造解析もできる機器はないものかと考えていた。また、経営の安定化のためにも新しい商品が欲しいと考えていた時期でもあった」と記し、1年かけて検討したうえで、最後は「特徴のある独自の商品になりうる」という判断に基づいて開発が決まったと記している。それも事実ではあろうが、それだけで一見したところ無謀に見える決断を下すとは思えない。やはり「何と言っても私どものような小企業は特徴あるもの、余所に類のないもの、小さいものでもよいから優秀なものをつくりあげていくことが大切だと思います」という事業観が最後は背中を押したに違いない。

［参照社史］
『科学とともに百二十年 島津製作所の歩み』1995年
『日本電子三十五年史』1986年
［参照文献］
「電磁気分析装置特集」『日立評論』1971年12月

■うちは会社は小さい…
別冊中央公論 1962.10

■何と言っても私ども…
実業の日本 1957.10

■主要記事
経済界 1974.2
The Invention 1971.10

ケース 706

エチレンプロピレンゴム／1984年

B社：●日本合成ゴム → A社：●住友化学工業

合成ゴム（4/5）
戦略C/C比率◀▷◇▶
戦略D/E比率◀▷◇▶

■日本合成ゴム（連）
逆転決算期：1985.03
実質売上高：2,310億円
営業利益率：5.2%
筆頭大株主：ブリヂストン
東名阪上場：1970.10

■住友化学工業（連）
逆転決算期：1984.12
実質売上高：9,100億円
営業利益率：8.9%
筆頭大株主：金融機関
東名阪上場：1949.05

●企業戦略 ▷▶▷▷／▶▷▷▷

【B社】日本合成ゴムは1957年に国策会社として設立された会社である。祖業はタイヤの原料となる汎用合成ゴムで、政府が株式の40％を保有した。汎用のスチレンブタジエンゴム（SBR）の原料となるスチレンとブタジエンを流用して1964年にABS樹脂に進出し、コモディティ化したSBRへの依存度を下げる多角化が始まった。裁定によって特殊合成ゴムは日本ゼオンの不可侵領域とされていたが、1969年に国策会社の位置づけを解かれると、ゴムの総合化にも打って出た。企業戦略としては、内製するブタジエンの川下における垂直多角化と分類できよう。

エチレンプロピレンゴムは日本合成ゴムにとって祖業の新展開に相当する。1984年当時、売上高の78％を合成ゴム部門に依存しており、その部門内でエチレンプロピレンゴムの生産重量シェアは9％であった。部門および全社を牽引するのはコモディティと化した汎用合成ゴムである。

なお、日本合成ゴムは拙著『戦略暴走』にイランで着手したプロジェクトがケース015として登場する。

【A社】住友化学工業は1925年に新居浜で住友肥料製造所として設立された会社である。祖業は過燐酸石灰肥料で、源流は1913年までさかのぼる。当初は銅の精錬から発生する亜硫酸ガスの処理に主眼を置いていたが、すぐに肥料の生産が事業目的になり、アンモニアやアルミニウムに手を拡げていった。戦後は石油化学に進出し、大阪、千葉、大分やシンガポールでもコンビナートを運営するに至っている。企業戦略としては、ナフサから川下に降りた垂直多角化を基調とするが、アルミニウムが飛び地となっており、多核・多国化展開に相当する。

エチレンプロピレンゴムは住友化学工業にとって川下展開の一例であった。1993年当時、売上高の5％をアドバンスト・マテリアル部門に依存していたが、部門を牽引するのはフォトレジストで、

全社を牽引するのは汎用の基礎化学品部門である。

なお、住友化学工業は拙著『戦略暴走』にアルミニウム事業がケース060として登場した。

■該当セグメント
B社：エラストマー
A社：石油化学

■10年間利益率
B社営業利益率：6.2%
A社営業利益率：0.7%

■10年間勝敗数
B社得点掲示板：2-8
A社得点掲示板：0-10

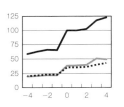

■シェアの測定単位
生産重量

■EPR
市場規模：9万7千トン

■B社の首位君臨期間
1977年～1983年
2000年～2003年

■A社の首位君臨期間
1984年～1999年

●事業戦略▷▷▶▷▷／▷▷▶▷▷

【製品】エチレンプロピレンゴム（EPR）は、エチレンとプロピレンのモノマーを共重合させた合成ゴムである。第三の成分としてジエン類を加えたものはEPDMと呼ばれ、これは加硫が可能になることからSBRとポリブタジエンに次ぐ第三の汎用合成ゴムとして期待されたが、その方向では開花しなかった。結果的には、絶縁性、耐熱性、耐候性、耐水性に優れる点が買われて、主に特殊合成ゴムとして市場を形成した。用途には電線の被覆材や自動車のシール材のほか、高温になるエンジンルーム内のホース類などがある。基本特許を有するのはイタリアのモンテカチーニ社で、同社は1957年に企業化した。日本では2000年あたりまで需要は増加の一途を辿っている。

隣接市場には特殊合成ゴムのニトリルゴムやポリクロロプレンがある。いずれも重量ベースでは僅差ながらEPRの後塵を拝している。

製品には、2種類のモノマーの混合比率を変えたり、重合の方法を変えることで、多彩な品番を生み出す余地がある。用途としては、大きく分けてゴム代替の方向と、ポリプロピレンの改質剤があった。市場は3社だけで支えており、占有率は均衡していた。

【B社】EPRについて日本合成ゴムは、ゴム事業の総合化を狙って1970年から取り組んでいる。原料モノマーを自製しない日本合成ゴムは、四日市にコンビナートを構える三菱油化と組んで、当初は折半合弁の日本イーピーラバーを事業主体とした。ところが、生産が立ち上がったあとも市場が立ち上がらず、日本イーピーラバーは累損を抱えて1975年に仕切り直しを余儀なくされてしまった。その後はグレードを切り替えて増設ラッシュとなったが、第二次石油ショックで三菱油化の業績が悪化したことから日本合成ゴムが日本イーピーラバーの持分を買い取って、以後は単独事業として運営している。

生産面では、主力の四日市工場にEPDM年産7,500トンのプラントを建ててスタートしたが、1974年に9千トン、1975年に1万3千トン、1979年に1万6千トンと小まめに増設していった。

　販売面では、大口需要家には直販しつつも、商社経由の販路も重視していた。最終顧客としては自動車メーカーの割合が高く、1978年に開発したグレードがバンパーの樹脂改質用途を切り拓いたことから、1985年には計画より早く年産4万トンに到達したが、そこには改質用途のEPMが含まれていた。

　合成ゴムカテゴリーでは、汎用のSBRとポリブタジエンで首位を堅持していた。ニトリルゴムではマイナーな二番手に甘んじ、ポリクロロプレンは手掛けていなかった。

【A社】 EPRについて住友化学工業は、川上で規模の経済を確保する狙いから1970年に着手した。当時はエチレンセンターの大型化がテーマとなっており、技術課題もさることながら、アウトプットの捌け口を確保する知恵がボトルネックとなっていた。住友化学工業は、既に川下で合成樹脂と合成繊維原料を手掛けており、第三の分野として合成ゴムへの進出を企て、そこでEPDMに着目したというわけである。技術は、英国ダンロップ社と米国ユニロイヤル社から導入した。

　生産面では、千葉製造所にEPDM年産1万トンのプラントを建ててスタートしたが、1978年に1万5千トン、1979年に2万トン、1985年に2万6千トンへと増設を重ねていった。

　販売面では、大口需要家への直販を重視しつつも、商社経由の販路も維持していた。1970年代半ばから顕著になった自動車エンジンの高温化に商機を見出し、ラジエターホース、ヒーターホース、ドアやウインドーのシールなどのゴム用途が主力となったようである。

　合成ゴムカテゴリーでは、一点絞りでEPRだけを手掛けていた。

【時機】 逆転が起きた頃、自動車のバンパーが大きく変貌を遂げつつあった。従来はスティール製であったが、1979年に初めてポリプロピレン系のバンパーが採用され、1983年になるとポリプロピレン系が先行するウレタン系を追い抜いた。ポリプロピレン系も、当初はゴム変性ポリプロピレンが主流であったが、あっという間に複

合系の硬質ポリプロピレンに主役の座を奪われた。

【収益】このケースにおける逆転は市場が急拡大したタイミングで起きている。両社とも増産したが、その幅で住友化学工業が日本合成ゴムを上回り、逆転に成功した。

この逆転は収益面から見ると祝福に値するものと思われる。1990年前後の状況を社史の記述によって比較すると、住友化学工業は「EPゴムの需要は自動車部品用途を中心に順調に拡大し、タイヤ用を除いた自動車用ゴム材料としては最も使用量の多いゴムとなった」とアップトーンであるのに対して、日本合成ゴムは「四日市工場のEPプラントは年産4万5千トンの能力を持つまでになっていたが、小規模な能力増強を重ねてきた結果、効率的とは言いがたいプラントとなっていた」と自省している。そこで日本合成ゴムは鹿島工場に2万2千トンのEPRプラントを新設したが、社史は「EP事業は日本の多くの石油化学製品と同様に"利益なき繁栄"に陥ってしまったのである」と結んでいる。

【悪手】1981年1月、日本合成ゴムは新7カ年計画として3V-IIを始動させた。そこでEPRについてはBIG EP作戦を打ち出して、樹脂ブレンドという新たな用途の開発を重点テーマに据え付けた。視野の中心にあったのが自動車バンパーであることは疑う余地がない。

伸びると言われていた分野なので、当然の選択に思えたが、そこにはEPRの第三のプレーヤー、三井石油化学も注力してきた。そのため、住友化学工業が静観するなかで、日本合成ゴムは三井石油化学と激闘を繰り広げることになってしまったようである。しかも三井石油化学が触媒技術で先行したことから、日本合成ゴムはコスト劣位に陥り、敗色濃厚の苦戦を強いられた。冬の時代を経て首位に返り咲いたのは、鹿島にプラントを新設して、矛先をゴム用途に戻したことによる。樹脂改質用のグレードは全面的に廃止した。

このケースを悪手の事例と見なすには、いささか抵抗があるかもしれない。三井石油化学の出方次第では、好手になった可能性も無視できないからである。ただし、競争戦略の視点から言うなら、三井石油化学の動きを封じ込めることなく動いたのは無防備で

■主要記事
日経産業 1980.7.3
日経産業 1982.8.14
日経産業 1983.12.19
日経産業 1984.11.17

あり、その意味において打った瞬間からの悪手と言えよう。

●**戦略旗手**▷▷▷▶▷**操業経営者**

【人物】このケースで悪手を放ったのは日本合成ゴムの上野哲也氏である。上野氏は、通産省主導で日本合成ゴムが設立された時点で同省から日本合成ゴムに転身した。合成ゴムの営業一筋で、最後は副社長まで登り詰めている。

悪手の構想段階では化工品および販売の担当取締役で、3V-IIの始動に合わせて常務取締役合成ゴム本部長に昇進した事実は、上野氏が計画を策定し、推進役に任じられた証左と受け止めてよかろう。

【着想】上野氏の決断は経験に基づいている。EPRが1975年に仕切り直しを迫られた記憶が鮮明に残るなかで、コモディティ化するSBRの価格維持に四苦八苦する日々を送りつつ、EPRのゴム代替用途に自信が持てなかったとしても驚くには値しない。「年商百億円級の特殊ゴムはまだまだ出るはず」という発言には、起死回生の一手を模索する執念が滲み出ており、樹脂改質用途に賭けたくなる心理もよくわかる。ただし、それは同業他社にしても同じことで、そこに落とし穴が潜んでいるところに戦略の難しさがある。

［参照社史］
『可能にする、化学を。―JSR50年の歩み』2008年
『住友化学工業株式会社史』1981年
『住友化学工業最近二十年史』1997年
［参照文献］
「EPDMの需要が好調、3社が相次ぎ増設」『化学経済』1985年7月

■うえの・てつや
誕生：？
社員：？
役員：1977.06-1991.06
社長：―
会長：―

■年商百億円級の…
日経産業 1985.5.8

■主要記事
日経産業 1982.4.7

1-1-2 独善的な立地選択

ケース 707　液晶テレビジョン受信機／2003年

B社：●カシオ計算機　→　A社：●シャープ

音響電子機器（15/25）
戦略C/C比率 ◁◁◇▷
戦略D/E比率 ◀◁◇▷▷

■カシオ計算機（連）
逆転決算期：2004.03
実質売上高：5,490億円
営業利益率：5.3%
筆頭大株主：金融機関
東名阪上場：1970.09

■シャープ（連）
逆転決算期：2004.03
実質売上高：2兆3,670億円
営業利益率：5.4%
筆頭大株主：金融機関
東名阪上場：1949.05

●企業戦略 ▶▷▷▷▷／▷▶▷▷▷

【B社】カシオ計算機は1957年に武蔵野で設立された会社である。祖業は機械加工業で、源流は樫尾製作所が創業した1946年までさかのぼる。6年の歳月をかけてリレー素子を用いた純電気式の計算機を世界に先駆けて開発した時点でカシオ計算機を設立し、オフィス市場を開拓した。トランジスタが普及期を迎えた1972年にはパーソナル電卓を発売し、その後は電子楽器や腕時計などに同じ手口の水平展開を試みている。企業戦略としては、ノウハウを共有した水平多角化を追求していたが、1990年前後に部品やモジュールの事業化に乗り出し、垂直多角化の同時追求に挑戦している。電卓以降のドメイン定義は機能的で、「安くて便利なエレクトロニクス」とでも言えようか。

液晶テレビジョン受信機はカシオ計算機にとって踏み台であった。2003年当時、売上高の77%をエレクトロニクス機器部門に依存していたが、部門を牽引するのはデジタルカメラで、それに電子辞書や腕時計や携帯電話が続いていた。いずれも液晶をディスプレイに使う製品ばかりである。

なお、カシオ計算機は本シリーズ第1巻にデバイス事業が暴走のケース439として登場した。

【A社】シャープは1935年に大阪で早川金属工業研究所として設立された会社である。祖業はシャープペンシルで、源流は1912年までさかのぼる。関東大震災で債務だけが残ったことからシャープペンシルの特許を手放して、ラジオとテレビに転地して会社設立に漕ぎつけた。戦後は米国RCA社の技術でテレビの量産に乗り出し、白物家電製品にも多角化していった。1964年にはトランジス

タを用いた電子式卓上計算機を世界に先駆けて開発し、そこから主要部品の内製化に乗り出している。なかでも液晶パネルは製品の差異化につながるキーデバイスと捉え、1980年前後から持続的に力を入れている。企業戦略としては、技術と販路を共有する水平多角化からスタートしたが、川上のデバイス群に強みを築いたことから、垂直多角化の色彩も濃くなっていた。長らく松下電器産業の周辺でニッチなポジションを占めていたが、そこから脱却する夢を液晶に託していた面もある。

　液晶テレビジョン受信機はシャープにとって社運を賭けて挑む中興の事業であった。2003年当時、売上高の64％をエレクトロニクス機器部門に依存していたが、部門および全社を牽引するのは液晶カラーテレビジョン受信機とカメラ付き携帯電話であった。

●**事業戦略**▷▷▶▷／▷▷▷▶

【製品】液晶（LCD）テレビジョン受信機は、従来のCRT（ブラウン管）テレビジョン受信機と互換性があり、完全な代替品として登場した。液晶自体は19世紀の末から20世紀の初頭に発見された物質で、1960年代に米国RCA社の研究者がディスプレーへの応用を試みた。1970年代に電子式卓上計算機、1980年代に家電製品への搭載が始まり、1991年以降はPCのディスプレーとして普及し、2000年代にテレビへの応用が定着している。

　隣接市場にはCRTテレビ、プロジェクションテレビ、プラズマテレビがあった。CRTテレビは小型から大型まで松下電器産業が支配していたが、ほかは揺籃期ということもあり、流動性が高かった。像を結ぶ原理は、CRTが電子銃の打ち出す電子によって画面裏側の蛍光体を発光させるのに対して、LCDはバックライト光源から出る光を液晶層が透過させたり遮ることで結像する。そしてCRTが一筆書きで画面を走査するのに対して、LCDは画面を膨大な数の画素に分割して、画素ごとに光の透過率を制御する点も大きく異なっていた。プラズマはLCDと同じく画素を持つが、自発光する点で異なっている。プロジェクションは、LCDを背面から投影するもので、結像原理自体は液晶と同じである。

　内部を真空に保つCRTはガラスの塊で、大画面化すると重くな

■該当セグメント
B社：エレクトロニクス
A社：エレクトロニクス

■10年間利益率
B社営業利益率：5.3％
A社営業利益率：2.6％

■10年間勝敗数
B社得点掲示板：1-9
A社得点掲示板：0-10

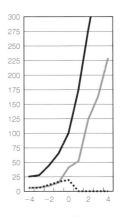

■シェアの測定単位
出荷台数

第1章　立地間競争　83

■液晶テレビジョン受信機
市場規模：153万台

■B社の首位君臨期間
1990年～1999年
2001年～2002年

■A社の首位君臨期間
2000年
2003年～

り、奥行き方向にも寸法が拡大する。そのため30インチ前後が実質的な上限となっていたが、薄くて軽いLCDはその上限を取り払うことができた。代わる制約条件は製造コストの高さであったが、それは経験曲線で克服したことから、LCDはCRTを民生市場から駆逐してしまった。

製品には画面サイズのバリエーションがあった。逆転時点では技術的な難易度が高く、どのサイズにおいても寡占度は異様に高かった。

【B社】液晶テレビジョン受信機についてカシオ計算機は白黒で2.7インチの機種を1982年、カラーの2.6インチの機種を1984年に発表している。同社の場合、液晶パネルに力点を置いており、テレビは搭載製品の1つにすぎなかった。逆に液晶以外のテレビジョン受信機には何の興味も示していない。

生産面では子会社の甲府カシオが担当していたが、2002年に高知カシオにも120億円を投下して液晶パネルの新ラインを立ち上げている。

販売面では、主力製品が2.5インチ型で、定価はインチあたり1万円を割っていた。商品コンセプトは屋外や風呂で気軽に観るポータブルテレビであった。

【A社】液晶テレビジョン受信機についてシャープは1987年に出したカラーの3インチ機から取り組んでいる。

生産面では亀山工場を主力として、1995年に10.4インチ、1998年に15インチ、1999年に28インチと大型化を先導してきた。

販売面では、2001年1月から従来の「液晶ウィンドウ」に代わる「アクオス」ブランドを前面に出している。それ以降は、2001年に30インチ、2002年に37インチとCRTでは対抗馬のないレベルまで大型化を推進した。

【時機】逆転が起きた頃、米国のデル社も参入を表明し、液晶テレビの市場が活況を呈し始めていた。矢野経済研究所も2000年2月号のヤノ・レポートで「液晶パネルに新分野！ 急速に拡大する大型液晶テレビ市場」という特集企画を組んでいる。

【収益】このケースにおける逆転は2000年あたりから急伸し始めた市場で、あたかもカシオ計算機がレースからドロップアウトするよ

うにして実現した。実際にカシオ計算機は画面の大型化に背を向けており、逆転翌年には番外に姿を消している。ただし狙いを定めたニッチ市場から撤退したわけではない。

この逆転は収益面から見ると祝福に値しない。周知のとおり、シャープは液晶テレビジョン受信機の拡大路線が命取りとなり、逆転から10年も経たないうちに経営危機を迎えるに至っている。その責任をとって、2003年に取締役、2007年に社長に就任した片山幹雄氏は2012年に退任を迫られた。この片山氏がシャープの液晶技術およびテレビジョン受信機の大型化を牽引してきた立役者にほかならない。

他方、カシオ計算機は特段の経営危機に直面することもなく、高収益企業への道を着実に歩んでいる。

両社の対比は結果論に過ぎないのではないかと考える向きもあろうが、1999年3月号で『Technology and Market』誌は「液晶ディスプレイパネルの危機」という論考を載せている。十分に予見可能な結末と言ってよかろう。

【好手】2000年6月、カシオ計算機は液晶パネルの新工場を高知県に建設すると発表した。注目すべきは、このタイミングで建設する工場が第1世代のガラス基板（32センチ×40センチ）を想定していた事実である。第1世代は1991年に立ち上がっており、すでに業界は第4世代に突入していた。第4世代では20インチのテレビ用パネルが4枚とれるが、第1世代では1枚しか取れない。敢えて第1世代の工場を建てることにより、カシオ計算機はコスト競争に入ることが必定の大型テレビ市場に背を向けたに等しい。

代わりにカシオ計算機が狙っていたのはモバイルデバイスに搭載する高精細・低消費電力のパネルであった。こちらは現在に至るまで伸び続けている。

■主要記事
日経産業 2002.12.11

● 戦略旗手 ▷ ▶ ▷ ▷ 第1世代同族経営者

【人物】このケースで戦略を推進したのはカシオ計算機の樫尾和雄氏である。同社においては樫尾四兄弟が経営をグリップしていることが知られており、当時は三男の和雄氏が全権を持っていたことは疑う余地がない。和雄氏は樫尾四兄弟のなかで、一人だけ営業

■かしお・かずお
誕生：1929.01
社員：―
役員：1957.06-
社長：1988.12-2015.06
会長：2015.06-

■魅力ある市場は…
日経朝刊 1998.2.13

■カシオはいわば…
日経産業 1998.3.16

■製品の仕様とは…
日経産業 1999.1.6

■主要記事
日経朝刊 2001.10.29

畑を歩んできた人物である。

【着想】和雄氏の決断は揺らぎなき確信に由来する。それを表しているのが「魅力ある市場はメーカーが創造しなくてはならない」とか、「カシオはいわば市場創造型企業だ」とか、「製品の仕様とは本来、顧客の価値観にしたがってつくるもの」という言葉である。

カシオ計算機は、成長するとわかっている巨大市場に背を向ける。ゆえにコンピューターではなく電卓を選び、据付テレビではなく持ち運びテレビを選ぶ。小さい市場は成長を約束されているわけではなく、どこまで大きくできるかはメーカーの腕次第である。そういう市場に、これでもか、これでもかと挑戦し続けるのがカシオ計算機の伝統で、その点を和雄氏が深く理解するのは、創業時から経営に関与してきたからに違いない。

[参照社史]
『カシオ35年史』1994年
『シャープ100年史 "誠意と創意" の系譜』2012年
[参照文献]
鷲塚諫・武宏「CRTに対抗できる TFT液晶は各社が参入して激戦地に」『エレクトロニクス』1995年8月

環境機械 (7/13)
戦略C/C比率◀◁◇▷▶
戦略D/E比率◀◁◇▷▶

■石川島播磨重工業（連）
逆転決算期：1993.03
実質売上高：1兆円
営業利益率：4.8%
筆頭大株主：東芝
東名阪上場：1949.05

■日本碍子（連）
逆転決算期：1993.03
実質売上高：2,320億円
営業利益率：5.5%
筆頭大株主：金融機関
東名阪上場：1949.05

ケース 708 騒音防止装置／1992年

B社：●石川島播磨重工業 → A社：●日本碍子

●企業戦略▶▷▷▷▷／▶▷▷▷▷

【B社】石川島播磨重工業は1893年に隅田川の河口で東京石川島造船所として設立された会社である。祖業は造船で、源流は1853年までさかのぼる。1960年には播磨造船所と戦後最大の合併を実現して、造船業で世界一の座に躍り出たが、それが石油ショック以降は重荷となり、リストラクチャリングを余儀なくされている。造船事業から派生したプラント事業や物流・鉄構事業などを包含する陸上部門が、逆転時点では主柱となっていた。企業戦略としては、機会主義的に技術連鎖から派生した事業を集積しており、多核化に相当する。

騒音防止装置は石川島播磨重工業にとって社内向け技術の外販事業に相当する。有価証券報告書の主要営業品目欄に記載する必要がないほど、規模は小さい。

【A社】日本碍子は1919年に名古屋で設立された会社である。祖業は高圧送電線用の碍子で、源流は日本陶器（現ノリタケカンパニーリミテド）が輸出にたえる陶磁器の開発に乗り出した1904年までさかのぼる。言うなれば陶磁器技術の産業応用を担うために設立された会社で、1971年には電子工業用途、1976年には自動車用途を開発し、多角化を遂げてきた。企業戦略としては、セラミックス応用で展開した事業群と、顧客つながりで展開した事業群と、原料応用で展開した事業群が混在していたが、すべてルーツは共有している。水平多角化と垂直多角化の同時追求と言ってよかろう。

騒音防止装置は日本碍子にとってセラミックス応用の一例に相当する。1992年当時、売上高の24%をエンジニアリング部門に依存していたが、その部門内で騒音防止装置の生産シェアは3%に過ぎなかった。部門を牽引するのは上下水の処理装置で、全社を牽引するのは電力用碍子であった。

なお、日本碍子は本シリーズ第1巻にセラミックス製の排気ガス浄化用触媒担体が高収益事業のケース646として登場した。

●事業戦略▷▶▷▷▷▷/▷▷▶▷▷

【製品】騒音防止装置は騒音防止という目的に沿う製品の総称で、特定の形を指すものではない。市場は成熟していたが、1990年代に一過性の飛躍的な拡大を遂げている。近年は逆位相の音を出して音をキャンセルするアクティブ騒音制御システムが伸びているようである。

隣接市場には振動防止装置があったが、こちらは市場が立ち上がる前に消滅した。

製品には音を減衰させる消音・吸音、音を発生させない防振・制振、音を遮る遮音という3つの方向性があり、売り物も売り先も多様を極めていた。それもあって約30社が参入しているが、上位3社で市場の3分の2近くを押さえていた。

【B社】騒音防止装置について石川島播磨重工業は子会社の石川島

■該当セグメント
B社：—
A社：エンジニアリング

■10年間利益率
B社営業利益率：—
A社営業利益率：6.4%

■10年間勝敗数
B社得点掲示板：—
A社得点掲示板：1-6

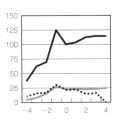

第1章 立地間競争

■ シェアの測定単位
生産金額

■ 騒音防止装置
市場規模：80億円

■ B社の首位君臨期間
1977年～1991年

■ A社の首位君臨期間
1976年
1992年～

■ 当社における…
産業機械 1978.2

防音工業で取り組んでおり、1977年から外販に乗り出している。それ以前は、親会社の開発現場の環境を改善するための研究が続けられていた。特に騒音対策を必要としたのは航空機や船舶のエンジンで、そこで積んだノウハウを活かして事業化が企画されたようである。古くは1958年10月の社内技報に「艦船の騒音防止に関する考察」という論文が掲載されており、船員の睡眠を確保する必要に迫られていたことがわかる。

　販売面では、防衛省、環境省、宇宙航空研究開発機構、三菱重工業などが主要顧客である。設立翌年には、石川島防音工業の技術者が、ガラス繊維補強セメントで製作した防音壁が新東京国際空港や新幹線用に採用されたと技報に記している。また、同社の営業部長は「当社におけるコンサルティングは対策工事施工と共に重要なる販売品目であり、特に力を入れている分野である」とも記していた。

　環境機械カテゴリーでは、排ガス処理装置と海洋汚染防止装置を除く全市場に参画していたが、上位集団に食い込んでいる市場は皆無に等しかった。

【A社】騒音防止装置について日本碍子は1971年から事業化している。得意とするセラミックスで多孔板ができたことから、そのアプリケーションを探るなかで、吸音体が浮上したようである。電機事業部が新製品開発の一環として既設変圧器の騒音防止に向けた共同研究を電力会社と進めて事業化に至ったが、この市場が10年程度で飽和したことから、売り先は日本道路公団や大阪市営地下鉄に転じていった。それもあり、上下水道や焼却施設と向き合ってきた環境装置事業部に1983年時点で騒音防止装置事業は移管されている。なお、NGK水環境システムズは2008年4月に富士電機水環境システムズと合併したことにより、日本碍子の連結対象から外れているが、騒音防止装置は合併前に切り離されたものと思われる。

　生産面では、社外委託していた可能性が高い。

　環境機械カテゴリーでは、汚泥処理装置で首位を堅持しており、多くの水処理系市場で番外に名を連ねていた。排気系には参画していなかった。

【時機】逆転が起きた頃、PCというキラーアプリケーションがファ

ンディングすることで、CPUの高速化が急速に進展していた。その恩恵を受けてアクティブ騒音制御の性能も飛躍的に向上しており、そこで石川島防音工業は新技術に舵を切ったものと思われる。アクティブ騒音制御は、マイクロフォンとスピーカーと演算装置だけあれば実現できるもので、おおがかりなハードウェアを必要としない。ゆえに、事業規模は犠牲とせざるをえないが、会社の成り立ちから石川島防音工業は宿命を甘受したのであろう。

【収益】このケースにおける逆転は、市場が目覚ましい勢いで伸びたあとの踊り場で起きている。伸びる市場で石川島播磨重工業が縮小に転じたことが主因である。

この逆転は収益面から見ると祝福に値しない。石川島防音工業は1997年にアイ・エヌ・シー・エンジニアリングと社名を変更したが、おそらくエヌはノイズ、シーはキャンセレーションで、アクティブ騒音制御を進むべき道と明確に位置付けたに違いない。そして、ソリューションを売り物として、現在に至るまで存続している。それに対して日本碍子の騒音防止装置は、2008年度からエンジニアリング事業の製品名一覧から姿を消してしまった。一時の栄華と引き替えに未来を犠牲にした観を拭えない。

【好手】1977年4月、石川島播磨重工業は石川島防音工業をスピンアウトさせた。その結果、技術者たちはグループ外の市場にも目を向けるようになったばかりでなく、計数管理から解放されて防音というミッションに専心できたのではなかろうか。

■主要記事
日経朝刊 1992.8.6
日経産業 1993.4.30
日経産業 1994.3.9

●戦略旗手▷▷▷▷▶理系社員

【人物】このケースで好手を放ったのは石川島播磨重工業の中野有朋氏である。中野氏は防音一筋で歩んできた技術者で、1975年にIHI防音技術センターの所長、1977年に石川島防音工業の初代社長に任命された事実に鑑みると、彼が上層部に独立の必要性を訴えたものと思われる。中野氏は石川島防音工業の社長を7年にわたって務めたあと、石川島播磨重工業の技監を経て、母校の早稲田大学で講師に転じている。

【着想】中野氏の決断は熟慮に基づいている。「音というものは、どんな分野にも関係するから、航空機部門のなかでやるより、本社

■なかの・ありとも
誕生：1900.00
社員：1956.00-1991.00
役員：—
社長：—
会長：—

■音というものは…
　最終的には100%…
週刊ダイヤモンド 1977.7.9

第1章　立地間競争　89

機構に属するとか、独立した形でやったほうがいいと以前から考えていた。それを会社の子会社化政策がマッチして、たまたま私がやることになった」というのは中野氏自身の弁である。同じ記事には「最終的には100％のソフト会社になることを目指している」とも記されており、脱ハードウェアも当初からの路線であったことが窺える。

［参照社史］
『日本ガイシ75年史』1995年
［参照文献］
中野有朋「騒音防止技術」『石川島播磨技報』1973年5月
「IHI-GFRC防音壁の概要」『石川島播磨技報』1978年7月
古賀正輔・松原暁美・国枝純雄「超高圧変電所変圧器の騒音防止対策」『NGKレビュー』1980年6月
武藤満・林光昭・川井貴・井上保雄・高田公久・佐藤文男・神戸喜一郎「アクティブ騒音制御技術とその適用例」『石川島播磨技報』1995年11月

■主要記事
工場管理 1976.10

印刷機械（0/2）
戦略C/C比率◀◀◇▶
戦略D/E比率◀◀◇▶

■小森印刷機械（単）
逆転決算期：1988.05
実質売上高：580億円
営業利益率：17.1％
筆頭大株主：創業家
東名阪上場：1983.04

■三菱重工業（連）
逆転決算期：1988.03
実質売上高：1兆9,770億円
営業利益率：4.3％
筆頭大株主：金融機関
東名阪上場：1950.05

ケース 905　平版印刷機械／1987年

B社：⊙小森印刷機械 → A社：●三菱重工業

●企業戦略 ▷▷▷▷▶／▶▷▷▷▷

【B社】小森印刷機械は1946年に東京で小森印刷機械製作所として設立された会社である。祖業はオフセット印刷機械で、源流は1923年の関東大震災直後までさかのぼる。当時は、雑誌のなかに発行部数が100万部を超えるものが出始めて、多色刷りのオフセット印刷機が普及期を迎えていた。そこに小森印刷機械は飛び込んで、輸入機に負けないよう高速化や自動化に向けた改善改良に取り組んだ。国内の生産体制が整うと、1982年に米国、1984年に英国と海外展開を図り、近年はアジア展開も進めている。企業戦略としては多国化で、川上と川下で自前化率を高めることによって競争力を強化してきた。ドメイン定義は機能的で、文字通り「商業印刷ソリューション」である。

平版印刷機械は小森印刷機械にとって掛け値なしの主業であっ

た。1987年当時、売上高の91%をオフセット印刷機部門に依存しており、部門内における平版印刷機械の生産シェアはほぼ100%と見てよい。

なお、小森印刷機械は海外展開を進めるなかで1990年に小森コーポレーションに社名を変更した。2001年には東芝機械のオフセット輪転印刷機事業を譲り受け、主業へのコミットメントを強化している。

【A社】三菱重工業は1950年に神戸と東京で設立された会社である。祖業は船舶補修で、源流は1884年までさかのぼるが、旧三菱重工業は戦後の財閥解体により清算の憂き目を見た。事業は西日本重工業、中日本重工業、東日本重工業の3社に継承されたものの、日本がIMF8条国に移行するや否や再合同し、元の鞘に収まっている。1970年に自動車事業をスピンオフし、そこから絶え間なく多様な事業の再編整理を行ってきた。企業戦略としては、機会主義的に技術連鎖から派生した事業を集積しており、多核化に該当する。

平版印刷機械は三菱重工業にとって祖業の水平多角化に相当する。1987年当時、売上高の23%を機械部門に依存しており、その部門内で平版印刷機械の生産シェアは11%にとどまっていたが、三原製作所にとっては不可欠の主柱であった。部門を牽引するのはプラントで、全社を牽引するのは原動機部門であった。

● **事業戦略** ▶▷▷▷▷／▷▷▶▷▷

【製品】平版印刷機械は凹凸のない版を用いて印刷する機械で、リソグラフィーと同じ原理を用いている。親水性の原版の上に撥水性の感光層を形成し、それを露光することで印刷イメージを転写する。撥水層が残った部分にのみインクが乗るため、写真のような精細なイメージを転写できる点が特長である。原版と紙のあいだにゴム筒を介在させて耐久性を上げる方式が普及していることから、版が紙と接触しないオフセット印刷と同義に扱われることが多い。20世紀初頭から商用化され、局所的な改善改良が続いている。

隣接市場には凸版印刷機と凹版印刷機があったものの、新聞印刷に用いられてきた凸版の輪転機は消滅の危機に瀕していた。凹

■該当セグメント
B社：全社
A社：中量産品

■10年間利益率
B社営業利益率：6.7%
A社営業利益率：0.3%

■10年間勝敗数
B社得点掲示板：2-8
A社得点掲示板：0-10

■シェアの測定単位
生産金額

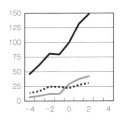

■平版印刷機械
市場規模：1,620億円

■B社の首位君臨期間
～1986年

■A社の首位君臨期間
1987年～

版印刷機にしても、市場規模は平版印刷機の5％に満たない。それだけ平版印刷機械が技術的に優れていたということであろう。

製品には長巻式と枚葉式が並存していたが、市場規模が大きいのは枚葉式のほうである。ただし長巻式は、新聞の高速印刷に用いられてきた凸版の輪転機を置き換えるもので、一般にはオフセット輪転機と呼ばれている。これは新聞のカラー化に伴い著しく伸びていた。逆転時点では上位2社で市場の半分程度を押さえていた。

【B社】平版印刷機械について小森印刷機械は1928年に初号機を世に送り出している。創業時から平版印刷機械専業の道を選択したのは、創業者の叔父がリソグラフィー機械の製造販売を行っていたことと、独立のタイミングがオフセット印刷の黎明期に重なったことによる。1958年から紙幣印刷機も納めており、技術指向の企業、または印刷機械の専業トップメーカーとして認知されている。

生産面では、鍵となる構成部品を子会社で内製し、修理も社内で行う体制を敷いていた。製造はグループ内、販路も直販を基本とする。

印刷機械カテゴリーでは、凹版には参画せず、平版専業を貫いていた。

【A社】平版印刷機械について三菱重工業は1963年に後発参入した。参入の理由は、ディーゼルエンジンの技術提携先であるドイツのマン社が印刷機械を手掛けているのを1959年に目撃したところにあるという。そして大日本印刷の助言を仰ぎ、最終的にはフランスの技術を導入して国産化に漕ぎつけた。売り物は枚葉機を主軸としたが、創業当初から産経新聞に食い込んだ経緯もあり、輪転機にも果敢に挑んでいる。

生産面では、開発と製造の機能を持つ三原製作所が事業を推進していた。

販売面では代理店を活用していた。数多い印刷所を売り先とする以上、直販は無理という判断があったようである。

印刷機械カテゴリーでは、凹版には参画せず、平版専業を貫いていた。

【時機】逆転が起きた頃、日本では白黒が相場であった新聞紙面が、カラフルに変身する途上にあった。新聞は凸版輪転機の牙城で

あったが、オフセット輪転機の登場によって、カラー印刷する道が開けたからである。平版の枚葉印刷機は毎時1万枚のオーダーが限界であったが、新聞は毎時10万部の印刷能力を必要としていた。

【収益】このケースにおける逆転は、市場が爆発的に伸びるなかで、停滞気味の小森印刷機械を三菱重工業が一気に追い抜いたものである。ここまで派手な逆転劇も珍しい。直近では、両社間の差は10％ポイントに近い。

この逆転は収益面から見ると祝福に値しない。三菱重工業は事業規模を拡大するのには成功したが、必ずしも収益がついてこなかった。それに対して小森印刷機械は逆転後も増益決算を連発してみせた。

【好手】1977年2月、小森印刷機械は枚葉機の対米輸出に乗り出すべく、インペリアル社と総代理店契約を締結した。それに合わせて同社は従来の高級機路線を修正し、低価格帯の製品開発も強化すると同時に、千葉で新工場の建設に乗り出している。まさに三位一体の戦略である。70年史は1970年代の前半に出現した状況を「国産印刷機業界は、貿易自由化による外国機の攻勢、三菱重工業の参入、そしてこの"オイルショック"という経済的な荒波により…当社を除いて総崩れとなったのである」と記しており、それに対する応手として三位一体の戦略が構想されたことを窺わせる。

他方で三菱重工業は、1982年11月に印刷機械事業を機能制組織から事業部制組織に転換した。その翌年1月に業界最高速の商業印刷用オフセット輪転機を市場投入して、「同社が新開発した日刊紙用大型オフセット輪転機と、多色印刷装置の性能が評価され、1982年度は北海道新聞社、中国新聞社、山梨日日新聞社などから相次いで受注できたとしている」という記事が日経産業新聞の紙面を飾ることとなった。そして1985年には生産能力を2割増強する設備投資を実行した。こうして見ると戦果は華々しいが、新聞のカラー化に伴う更新需要が一巡した後は、三菱重工業は事業拠点の稼働率を維持するのに苦戦を強いられているようで、最初の一手が悪手であったと言わざるをえない。

■**主要記事**
日経産業 1976.10.7
日経産業 1982.11.17
日経産業 1983.1.20
日経産業 1983.1.25
日経産業 1983.4.20
日経産業 1985.2.9
日経産業 1985.7.3

■こもり・ぜんいち
誕生：1902.03
社員：―
役員：1946.12-1979.08
社長：1962.03-1979.08
会長：―

■アメリカの印刷…
証券アナリストジャーナル
1983.5

■ライバルの印刷機械…
日経産業 1983.6.14

■主要文献
印刷雑誌 1972.4
『小森善一と印刷機械 八十路の足跡』1986年

◉戦略旗手▶▷▷▷▷創業経営者

【人物】 このケースで好手を放ったのは実質的な創業者の小森善一氏である。善一氏は兄の善七氏を社長に推し、自らは代表取締役専務を務めていたが、兄の逝去に伴い、社長に就任した。国際化への道をつけたのは間違いなく善一氏である。

　善一氏のあとを継いだ長男の一郎氏は「アメリカの印刷関連の総売上高は約20兆円で日本の約5倍である」と投資家に説明して、1982年に米国現地法人を設立した。

【着想】 善一氏の決断は成り行きの観がある。端緒は大阪万国博覧会で、そこに出展した機械が英国のエージェントの目にとまり、オーストラリアやイギリスへの輸出が始まった。それまで東南アジアには輸出していたが、こうして欧米諸国への扉が開き、善一氏は自社の技術に自信を深めたという。そこからは欠かさず国際的な印刷機材展に新鋭機種を出展するようになり、自ずと北米商談につながったそうである。

　ちなみに、三菱重工業の快進撃を率いた人物は常務取締役に昇進し、「ライバルの印刷機械、紙工機械メーカーは社長自らが営業の陣頭指揮をとっており、大口商談では社長が膝詰め談判しているケースが多い。ウチが受注を増やすには同じことをしなくては…」と語っていた。

［参照社史］
『小森コーポレーション70年史』1994年
『三菱印刷機械20年史』1982年
［参照文献］
「三菱重工三原製作所を訪ねて」『印刷界』1983年4月
「小森印刷機械取手工場」『証券調査』1986年12月
布村雅則「オフセット枚葉機とオフセット輪転機」『印刷雑誌』
　　1991年1月
松本剛正・田阪範文・広川紀夫・門前唯明「新聞オフセット輪転機
　　用統合生産管理システムの開発」『三菱重工技報』1991年7月

ケース 906

機械プレス／1982年

B社：◉アイダエンジニアリング → A社：◉小松製作所

金属加工機械（1/5）
戦略C/C比率◀◁▷▷
戦略D/E比率◀◁▷▷

■アイダエンジニアリング（連）
逆転決算期：1983.03
実質売上高：320億円
営業利益率：11.9%
筆頭大株主：金融機関
東名阪上場：1962.06

■小松製作所（連）
逆転決算期：1982.12
実質売上高：9,300億円
営業利益率：8.5%
筆頭大株主：金融機関
東名阪上場：1949.05

◉企業戦略 ▷▷▶▷／▶▷▷▷▷

【B社】 アイダエンジニアリングは1937年に東京で会田鉄工所として設立された会社である。祖業は機械プレスで、源流は1917年までさかのぼる。上場する3年前には相模原に工場を新設し、その5年後には創業の地を引き払ったことが発展の礎となっている。同時にドイツからいち早く技術導入した結果、1970年代には海外でもトランスファープレスの名門として知られるようになっていた。企業戦略は機械プレス専業でわかりやすい。

機械プレスはアイダエンジニアリングにとって押しも押されぬ主業であった。1982年当時、売上高の100%を機械プレス部門に依存しており、その部門内で狭義の機械プレスの生産シェアは30%強ながら、残りは周辺機器類または各種ソリューションが占めていた。

【A社】 小松製作所は1921年に小松で設立された会社である。祖業は鉱山機械で、竹内鉱業からスピンオフされて発足した。1931年に農耕用トラクター、1943年にブルドーザーを国産化したが、それらに先だって早くも1924年にプレスの市販を始めている。戦後は1953年にダンプトラック、1956年にショベルローダー、1968年に油圧ショベルと建設機械のラインアップを拡充し、米国のキャタピラー社に次ぐ建設機械メーカーに成長していた。企業戦略としては、技術と販路の双方を核に据えた水平多角化を基調として、川上で垂直多角化も試みていた。ドメイン定義は物理的で、「土木工事機械」と言ってよかろう。

機械プレスは小松製作所にとって垂直多角化の一例に相当する。1982年当時、売上高の6%を産業機械部門に依存していたが、その部門内で機械プレスの生産シェアは40%近くに達していた。部門を牽引するのは機械プレスで、全社を牽引するのは建設機械部門であった。

なお、小松製作所は拙著『戦略暴走』に傍流の多結晶シリコン

事業がケース035として登場している。

■該当セグメント
B社：全社
A社：産業機械

■10年間利益率
B社営業利益率：3.0%
A社営業利益率：4.8%

■10年間勝敗数
B社得点掲示板：0-10
A社得点掲示板：0-10

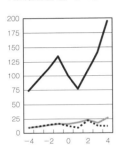

■シェアの測定単位
生産金額

■機械プレス
市場規模：1,080億円

■B社の首位君臨期間
～1981年

■A社の首位君臨期間
1982年～1984年
1986年～

● **事業戦略** ▶▷▷▷▷／▷▷▶▷▷

【製品】機械プレスは、モーターの回転運動をクランク等で上下運動に変換し、加工対象物に金型を押しつけて加圧・変形する。金型が保持する設計情報の高速転写を可能にすることから、機械プレスは大量生産に不可欠の装置となっている。その起源は19世紀前半の蒸気機関を活用したプレスにさかのぼり、基本技術は成熟している。自動車工業の国際的な伸長に伴って市場は1990年頃まで急成長したものの、その後は成熟期に入ったようである。

隣接市場には液圧プレスがあるものの、市場規模としては機械プレスの3分の1程度にとどまっている。面白いことに、方式の異なるプレスをまたいで手掛ける大手メーカーは見当たらない。

製品には加圧の大きさに応じた階層があるほか、生産性と精密さのあいだにターゲットのスペクトラムがある。売り先は板金業を営む中小企業多数から、板金加工を内製化した大手自動車メーカーまで、多岐にわたる。参入メーカーは60社を数え、群雄割拠の状態が続いていた。機械プレスは用途が多岐にわたることもあり、意外と奥が深い。

【B社】機械プレスについてアイダエンジニアリングは創業時から手掛けている。液圧プレスには参入していない。

生産面では、全体の10%前後を外注に出すほかは自社生産している。注力しているのは「スタンピングセンター」で、機械プレス自体は汎用品であるのに対してエンジニアリングは個別対応なので、本シリーズ第1巻で詳述したマスカスタマイゼーションによって高収益を指向したものと思われる。

販売面では、機械プレスというモノを売るより、それを手段として提供するソリューションに関心が向かっていた。それは1970年に改称した社名に謳われている「エンジニアリング」が示すとおりで、販売も直販に絞っていた。

金属加工機械カテゴリーで参画するのは機械プレスだけであった。

【A社】機械プレスについて小松製作所は1963年にドイツのワイン

ガルテン社から技術を導入して後発参入した。水圧プレスは1924年から手掛けており、国産自動車メーカーの草創期を支えたが、機械プレスは、1961年にドイツのマイプレッセン・バウ社から冷間鍛造用プレスの技術を導入してからの取り組みとなっている。その後は逆に機械プレスで首位に立ち、液圧プレスでは下位に甘んじていた。

　生産面では、主力の粟津工場が機械プレスを担当していたが、外注に頼る割合は高かった。1994年に産業機械部門は分社化されている。

　販売面では、主に自動車メーカーのプレス工場に食い込んで、彼らのニーズを満たす機種を提供する方向に発展した。それゆえ大型機を得意とする。

　金属加工機械カテゴリーで参画するのは機械プレスだけであった。

【時機】逆転が起きた頃、自動車業界では日米貿易摩擦が激化していた。特に米国の自動車メーカーは日本批判を強める一方で、日本から部品や機械を導入する動きを見せ始めており、小松製作所の産機事業は相次ぐ大型受注に沸いたそうである。

【収益】このケースにおける逆転は、市場が急上昇したあと急降下する過程で起きている。市場に合わせて生産を絞ったアイダエンジニアリングが、絞らずに突っ張った小松製作所に抜き去られてしまったように見える。

　この逆転は収益面から見ると祝福に値しない可能性が高い。アイダエンジニアリングは1980年代を通して売上高営業利益率が10％を割り込むことを阻止してみせたが、小松製作所の売上高営業利益率は著しい低下傾向を見せ、1980年代を通して10％前後から3％前後へと落ち込んでいる。もちろん、小松製作所の業績を左右するのは建設機械で、ここから産業機械の動向を推し量ることは難しいが、産業機械の事業部長が1981年、1984年、1988年と目まぐるしく交代していることを勘案すると、順調に推移したとは言い難く、円の急騰が事業採算を悪化させたのかもしれない。

　コマツ産機の社史にも「1980年代後半からは、板金プレスが大幅に需要伸長してきたことにより、自らの生産性を追いかけ、生産

■主要記事
日経産業 1979.5.12
日経産業 1979.11.2
日経産業 1979.12.18
日経産業 1979.12.21
日経産業 1980.4.4
日経産業 1980.5.19
日経産業 1980.6.5
日経産業 1980.11.15
日経産業 1981.9.8

■あいだ・けいのすけ
誕生：1922.11
社員：1943.10-1947.05
役員：1947.05-1996.05
社長：1959.02-1992.04
会長：1988.11-1996.05

設備としてのプレスシステムではなく、プレス単体をつくって売るビジネスへと変化しました。同時に、新興国のプレスメーカーの台頭もあり、その結果として現在、プレス単体ビジネスは厳しいコスト競争に身を置いている状況です」と記されていることを考慮すると、アイダエンジニアリングの舵取りは正しかったように思われる。

【好手】1982年2月、アイダエンジニアリングはスイスのブルーダラー社から技術導入する契約に調印した。狙いはリードフレームやコネクタなどの電子部品向け超精密高速自動プレスで、ブルーダラー社の精度要求に応える意欲を見せたのがアイダエンジニアリングだけだったと言われている。そういう成り行きもあって、アイダエンジニアリングの1980年代は、自動車の大型商談ではなく、高度な精度技術の追求に費やされることになった。経営陣は1981年4月に世界のトップを目指すWTC計画、1983年4月にTQCの本格導入計画も打ち出していた。

◉戦略旗手▷▶▷▶▷**第２世代同族経営者**

【人物】このケースで好手を放ったのはアイダエンジニアリングの会田啓之助氏である。同社の社史によると、小松製作所が受注した大型案件は同社にも当然のごとく引き合いがありながら、「啓之助社長は、この商談に応じるべきではない、という結論をくだした」そうである。

　創業者の会田陽啓氏は1946年の正月に当時23歳の三男、啓之助氏に「これだけ何もかも世の中が変わってしまったんだから、これからは、おまえがやれよ」と勇退を決断した。陽啓氏は57歳で余力を残していたが、この決断により、啓之助氏が戦後の再建を一から担うことになったのである。相模原集結も、技術導入も、すべて啓之助氏の決断で、啓之助氏を実質的な創業者と見なすこともできよう。

　なお、アイダエンジニアリングも啓之助氏が退いたあとは業績がふるわない。いまや業界四番手に後退し、トップ集団から脱落した。

【着想】啓之助氏の決断は熟慮のうえである。対米輸出の商談を拒否した理由について社史は「天下のGMに納入することの米国市

場における波及効果は非常に大きい。受注金額も巨額である。どの点から見ても、大喜びすべき商談であった。にもかかわらず、そうした結論をくだしたのは、一つには、大型トランスファプレス10数台という大口受注を抱え込んでしまうと、国内ユーザーなど従来からの顧客の受注を断らざるをえない状況になり迷惑をかける、と判断したからである。そうしてもう一つは、遠隔集中制御方式の完全無人運転システムを求めるGM社側の要求に、完璧に応えうる製品づくりへの危惧を感じたからであった」と説明する。

　啓之助氏は、野田経済のインタビューでプレス需要の山と谷の落差の大きさに言及し、対抗策として市場の多様化および製品の多様化が重要と指摘していた。ロジカルと言えばロジカルで、企業の栄枯盛衰を見つめて来た30年以上の経営経験の為せる業とも言えよう。

［参照社史］
『AIDA75年』1992年
『マイプレス物語 コマツ産機事業90周年記念』2015年
［参照文献］
小松勇「最近のプレス機械」『機械の研究』Vol.32-9
小松勇「プレス機械システムの将来」『塑性と加工』Vol.22-250

■**主要記事**
野田経済 1979.10.31
型技術 1987.9

2 | 立地の組み合わせ

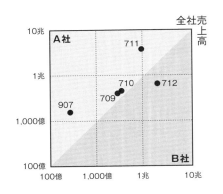
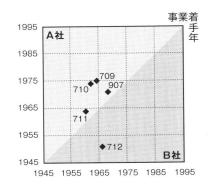

勝者＼敗者	追随	傍観
先攻	0	1
後攻	1	3

年代区分	'75-79	'80-84	'85-89	'90-94	'95-99	'00-04	'05-09
実質GDP成長率	4.2%	3.2%	4.1%	0.4%	1.3%	2.6%	0.8%
該当ケース数	0	1	3	0	0	0	1

　本節に登場するのは総数5ケースで、そのすべてがクリアカットな逆転劇となっている。その5ケースの特徴をビジュアル化したダッシュボードをご覧いただけばわかるように、ここでは第1節と逆に、後発の大が先発の小を食う図式が成立している。唯一の例外も、B社を上場親会社ではなく事業会社と捉え直すと、同じ図式に従う。なお、逆転のタイミングがバブル経済崩壊前の経済成長率が高い時期に集中するのは、想定どおりと言ってよい。

　なぜ、図式が第1節とは逆になるのであろうか。B社の側から見れば、事業立地の定義に独自の工夫が足りないため、A社の追撃を許してしまうからである。シリーズ第1巻の用語を使って言い換えるなら、防壁に守られていない事業立地で勝負に出たところに敗因がある。

同じ図式をＡ社の側から見れば、持てる総合力を活かせる事業立地で戦闘状態に入ったところに勝因がある。もしかすると、そうと知りつつＢ社を泳がせて、事業立地を開拓するのに必要なコストをＢ社に負担させたのかもしれない。そういう事業立地でモルモット役を買って出たことになっているＢ社は、立地選択を間違えた面があることを否めない。その意味で、この第2節は第1節の失敗版と見ることもできよう。

　標題にある事業立地の組み合わせという表現は、総合力と置き換えてもよい。Ｂ社は当該事業立地の魅力に惹かれて起業するものの、Ａ社は相互補完的な事業立地を既に組み合わせて手掛けており、当該事業立地で交戦するうえにおいて隣接事業から経営資源を援用することができる。それゆえ、冷静に考えてみると、戦う前からＡ社の優位が確立している。ここでは、そういう優位を支えるＡ社の企業戦略を称えるトーンを前に出すことにした。王者が勢力拡大する際の教科書的戦法、すなわち弱者にモルモットを演じさせる戦法の極意がここにある。

　この戦法を象徴するケースとしては、907のレトルトカレーを挙げておきたい。食品メーカーのＡ社はルーカレーで王者の地位を築いていたが、化学メーカーを親会社とするＢ社は包材と滅菌の複合技術を確立して、レトルトカレーという事業立地をルーカレーの隣に開拓した。レトルト技術自体は、戦後史に残る食品イノベーションと言ってよい。それが調理の手間を省いたうえに、食品の保存性を飛躍的に高め、買い置きを可能にしたからである。ここまでは本章第1節第1項に登場したＡ社たちの手口と酷似している。

　しかしながら、首位に立つこと20年ほどで、イノベーターのＢ社は敢えなく逆転を許してしまう。包材メーカーおよび装置メーカーを通してレトルト技術が拡散すると、レトルトカレーへの参入が相次いで、競争の焦点がレトルトからカレーそのものに移行していったからである。そうなると、

ルーカレーで培ったA社の材料調達ルート、調合技術、販路、そして量産技術が活きてくる。B社は知名度の高いオリジナル製品を守り抜こうとするが、A社は消費者の目移りを誘う多品番展開を加速し、最後は低価格の量産品と高価格の嗜好品でB社を挟撃することによって首位の座を奪取することに成功した。

　ついでに述べておくと、B社はレトルトカレーと同様に、スポーツドリンクという事業立地も開拓している。そのパイオニア精神は見上げたもので、まさにシリアルイノベーターの名に値する。ところが、スポーツドリンクでも大手の追撃を受け、首位の座から転落してしまった。

　ケース709の缶コーヒーでは、コーヒーの老舗かつ総合メーカーがB社となっている。一見したところ本節のテーマに反するが、ここに登場するA社は大手の総合飲料メーカーで、コーヒーを含む上位カテゴリーの王者なのである。それゆえ、本節のテーマに見事に合致する。

　このケースは、コーヒー豆を輸入、焙煎、ブレンド、卸売するB社が、川下展開の一環として缶コーヒーの小売に乗り出したところからスタートする。そこに後発参入した外資系のA社は、主力の炭酸飲料で築いた強力な販路を頼みとしていた。そして手売りを基本とするB社に対して、A社は自動販売機チャネルを前面に押し出す戦略に訴えた。しかも、取り扱う商品の点数やバラエティを世界で類を見ないほど増やす方向に自動販売機の開発を誘導し、自前のセールスドライバーに補充を担当させたので、コーヒー以外の商材を持たないB社は対抗できなくなってしまい、首位の座から転落した。そこには競争戦略の要素を垣間見ることができる。

　ケース709は、食品における包材のイノベーションという点で先述したケース907と同じである。ともに逆転を許した事実は、この手のイノベーションが防衛不能であることを示唆しており興味深い。

なお、B社は缶コーヒーでA社のコカ・コーラに敗れたのみならず、レギュラーコーヒーの卸売や小売（カフェ）ではスターバックスに押される事態に直面している。缶コーヒーに挑戦するくらいなら、スターバックスが創業する前に日本発でスターバックスの業態を開発するチャンスがあったのに…と悔やまれる。

　また、直前のケース907に登場したB社をスポーツドリンク首位の座から追い落としたのも、このケースのA社にほかならない。両ケースとも手口は共通しており、A社が追求する企業戦略の威力を窺い知ることができる。戦略巧者と言ってよかろう。

　ケース710の制汗剤では、宿敵同士が傍流事業で衝突した。先発した3社を抜き去ったA社は、本流事業で問屋機能を内部に取り込む動きに出て、それと補完的にプロダクトラインの拡幅にも乗り出していた。このコンビネーション戦略により、自販部隊が売場を訪問する頻度を上げ、小売店のニーズに木目細かい対応を重ねた結果、自ずと逆転が実現したようである。自販化の方を重視すれば第2章のケースとなるが、その論点はシリーズ第1巻で取り上げたので、ここではプロダクトライン拡幅に基づく範囲の経済の方を重視して第1章に分類しておいた。

　ケース711の小型ディーゼルトラックでは、トラック専業色の濃いB社を、四輪車でフルラインを敷くA社が抜き去っている。面白いことに決め手となったのは乗用車である。

　石油ショック後に市場ニーズの変化を読み取ったA社は、乗用車に向いたディーゼルエンジンを開発して、走行距離が延びる商用バンにも搭載し始めた。当時のB社はデザイン重視の乗用車も展開しており、そちらにはディーゼル車を設定していたが、商用バンに対抗する術は持たなかった。それゆえA社の攻勢を傍観するほかはなく、そうこうするうちに逆転を許してしまった。乗用車でも商用バンはトラックに分類

されるからである。A社が統計上の逆転を目指したとは思わないが、結果として逆転が実現したことは間違いない。なお、ここでは事業立地間の補完性に着目して711を企業戦略のケースと扱ったが、これは競争戦略のケースと捉え直すことも可能である。

ケース712のクローラクレーンは見立てに自信が持てないケースなので、ここでは取り上げないが、建機の製品ライン幅においてA社がB社を凌駕していることだけは確かである。それゆえ、第1章第2節に配置した。

以上が第1章第2節の概要である。一般に事業立地間の相乗効果はシナジーと呼ばれることが多い。この曖昧な表現は随所で使われているが、それが発現した実例は意外と少ない。この第1章でも、第2節は第1節に比べてケースが少ない。他の章でも相乗効果のケースはマイノリティにとどまるか、まったく登場しないし、シリーズ第1巻でも適合するケースは数えるほどしか登場しなかった。おそらく、相乗効果を狙ったのに、うまく発現しなかったケースのほうがはるかに多いに違いない。そういう視点から眺めると、第2節に登場したA社はいずれも戦略巧者で、安易に真似すると火傷を負う可能性がある。そこを承知のうえで相乗効果を狙うなら、くれぐれも慎重にシナリオを練り上げていただきたい。

また、本章第1節との関連で述べるなら、事業立地の特性を事前に見極めておく作業の重要性はいくら強調しても強調し足りない。第1節第2項はバンドワゴン立地の危険性を再認識させてくれたが、第2節は防衛不能立地に深入りする愚を戒める。何はともあれ、事前の競合分析を入念に進めておくことである。

1-2-1　総合力による逆転

ケース 907　レトルトカレー／1989年

B社：◉大塚食品 → A社：◉ハウス食品工業

即席食品（10/12）
戦略C/C比率 ◁◁◇▷▶
戦略D/E比率 ◀◁◇▷▷

■大塚食品（単）
逆転決算期：1990.04
実質売上高：250億円
営業利益率：3.9%
筆頭大株主：創業家
東名阪上場：―

■ハウス食品工業（連）
逆転決算期：1990.03
実質売上高：1,580億円
営業利益率：7.2%
筆頭大株主：創業家
東名阪上場：1971.07

◉企業戦略 ▷▷▷▷▷／▷▷▷▶▶

【B社】 大塚食品は1955年に東京でシービーシー食品工業として設立された会社である。祖業はスパイスで、この会社が大阪の大塚化学の傘下に入り、大塚食品工業と社名を変更した1964年が実質上の出発点に相当する。そして1968年に発売した世界初のレトルトパウチ食品「ボンカレー」が大ヒットして、企業基盤が固まった。その後も新規性の高い食品を送り出し続けたが、大ヒットの再来には恵まれていない。親会社の企業戦略としては多核化に該当する。

レトルトカレーは大塚食品にとって実質上の祖業である。1989年当時、売上高の52%をレトルト部門に依存しており、その部門内でレトルトカレーの販売シェアは7割程度と思われる。

なお、2002年に大塚食品は大塚化学ホールディングスの完全子会社となり、大塚化学ホールディングスは大塚製薬の持分法適用会社となった。2009年以降の大塚食品は、上場した大塚ホールディングスの連結対象子会社となっている。

【A社】 ハウス食品工業は1947年に大阪で浦上糧食工業所として設立された会社である。祖業は薬種化学原料で、源流は浦上商店が創業した1913年までさかのぼる。漢方生薬原料の一部がカレー粉に使われるのに触発されて、1931年に「ハウスカレー」の生産を軌道に乗せている。戦後は取扱商品を増やす一方で、1960年に固型ルウカレーを追加して、業績が飛躍した。長寿商品の「バーモントカレー」は1963年に送り出している。企業戦略としては、販路と工場を共有する水平多角化に相当する。

レトルトカレーはハウス食品工業にとって主業の包装形態を変えた水平展開に相当する。1989年当時、売上高の25%をレトルト

第1章　立地間競争

食品部門に依存していたが、その部門内でレトルトカレーの販売シェアは45％程度と思われる。部門を牽引するのは「ククレカレー」で、全社を牽引するのは「バーモントカレー」を筆頭とする香辛食品部門であった。

なお、ハウス食品工業は2013年にハウス食品グループ本社に社名を変更している。

●**事業戦略**▷▷▶▷▷／▷▷▶▷▷

【製品】レトルトカレーはレトルト食品の代表的なカテゴリーで、レトルト食品自体は「プラスチックフィルムもしくは金属箔、またはこれらを多層に合わせたものを袋状、その他の形に成形した容器（気密性および遮光性を有するものに限る）に調製した食品を詰め、熱溶融により密封し、加圧加熱殺菌したものをいう」と定義されている。加圧加熱殺菌による保存性の向上という点では缶詰と同じながら、軽量で空き容器の減容に困らないという点では缶詰を凌駕する。米国では、軍用食を研究していた陸軍ネイティック研究所が1959年に開発プロジェクトを立ち上げて、アポロ11号に搭載されたという。

隣接市場には、いわゆるインスタントカレーがあり、レトルトカレーの1.8倍ほどの規模を誇っていた。両者を併せるとカレーカテゴリーは1,150億円を超えており、即席食品のなかでは3,550億円という絶対王者の麺カテゴリーに次ぐ市場を形成していた。

製品には味覚で差異化する余地が大きく残っている。それにもかかわらず、レトルトカレーの市場は上位2社で8割以上を押さえ込んでおり、設備投資負担が参入障壁を形成しているように見えなくもない。しかしながら、レトルトでないカレーの市場でも上位2社で9割以上を占めている。寡占化の真因は味で、川上のスパイスを内部化しないと生き残るのは難しいのであろう。

【B社】レトルトカレーについて大塚食品は他社に先駆けて1968年に「ボンカレー」を80円で試験発売した。ボンはおいしい、すぐれたという意味のフランス語である。当初のパウチは2層構造で、賞味期間は15日しかなかったが、翌年には3層構造のパウチに切り替えて、賞味期限は2年に延びた。1970年には「ボンシチュー」

■該当セグメント
B社：—
A社：食料品

■10年間利益率
B社営業利益率：—
A社営業利益率：4.7％

■10年間勝敗数
B社得点掲示板：—
A社得点掲示板：0-10

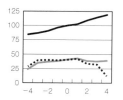

■シェアの測定単位
販売金額

■レトルトカレー
市場規模：430億円

■B社の首位君臨期間
〜1988年

■A社の首位君臨期間
1989年〜

でレトルト食品の横展開に乗り出したが、競合の芽を摘むべく1978年には香辛料やフルーツを贅沢に使った「ボンカレーゴールド」を、1988年には「ボンカレービーフ」を追加投入している。

　生産面では、自社の徳島工場を主力とする。そこで大塚食品はレトルト釜を自製するところからスタートしている。その際、ベースになったのは兄弟会社の大塚薬品が持つ点滴液の殺菌技術と紹介されているが、裏で東洋製罐が開発を支えていたようである。

　販売面では、専属の営業部隊が涙ぐましいまでの活躍を見せて、レトルト食品の市場を開拓してきた。

　即席製品カテゴリーでは、ほかに即席デザートと電子レンジ用食品でハウス食品工業の牙城に挑戦していた。

【A社】レトルトカレーについてハウス食品工業は1971年に「ククレカレー」を100円で発売している。その前年には「ククレシチュー」を発売しており、カレーはレトルト食品の第2弾であった。「ククレカレー」は林檎とマンゴーチャツネの甘みを前面に出しており、看板の「バーモントカレー」の系列に連なるが、それとは別系統で牛肉とマッシュルームと生クリームを前に出した「カレーマルシェ」を1983年に追加投入している。

　生産面では、業務用を含めたレトルト食品をすべてサンハウス食品に委ねていた。これは1970年に設立された関連会社で、ハウス食品工業は株式の50％を所有していた。1983年以降は新設された静岡工場が戦列に加わった。

　販売面では、大手の食品問屋を頼っている。

　即席製品カテゴリーでは、インスタントカレーと即席デザートと電子レンジ用食品で首位を堅持し、袋入り即席麺で第3集団の先頭に立っていた。

【時機】逆転が起きた頃、レトルトカレーの市場には江崎グリコや永谷園本舗などの参入が相次いでいた。その余波で、定番の「ボンカレー」と「ククレカレー」が売場設営競争を演じるフェーズから、消費者の目移りを誘う製品開発競争に焦点が移りつつあった。

【収益】このケースにおける逆転は、新規参入に刺激されて市場全体が伸び続けるなかで起きている。大塚食品が早々に停滞フェーズに突入したのに対して、ハウス食品工業は緩やかながら伸び続

け、伸び率の差で逆転した。即席食品は流動性の低いカテゴリーで、そこで起きた逆転は珍しい。

　この逆転は収益面から見ると祝福に値する。ハウス食品工業は逆転後も食品メーカーとしては高水準の売上高営業利益率を保ってみせた。逆に大塚食品は、大塚グループ内で第3階層から第2階層に上がるかと思われたが、結局のところ大塚化学の傘下に置かれたままで、第3階層から抜け出せていない。

【好手】1981年12月、ハウス食品工業は袋井工場の建設を開始した。総投資額の100億円を賄うために、同年8月には転換社債を発行して50億円を調達し、翌年4月には500万株の公募増資で残る50億円を調達した。

　1983年1月に完成した袋井工場に、ハウス食品工業は基幹製品の「ククレカレー」を投入して、少品種大量生産によるコスト競争力の向上を実現した。そして空いたサンハウス食品には「カレーマルシェ」などを投入して、製品ラインの両翼、すなわちハイエンドの定番とハイサイクルの短命商品を拡充していった。

　「ボンカレー」を価格競争と品種競争で挟撃された大塚食品は、不動に見えた首位の座をあえなく明け渡すことになり、そのまま2位の座もエスビー食品に奪われてしまった。ハウス食品工業との差は、直近では優に10％ポイントを超えている。

●戦略旗手▷▶▷▷▷第2世代同族経営者

【人物】このケースで好手を放ったのはハウス食品工業を創業した浦上靖介氏の長男、28歳で社長に就任した郁夫氏である。上場に漕ぎつけたのは郁夫氏であり、実質上の創業経営者と言ってもよい。

　新工場の建設に際して郁夫氏は自ら「量産型の品種は袋井工場に集中する。消費の多様化はさらに進むので、既存工場はさらに多品種生産型の工場に転換を図る。サンハウス食品は機動力を発揮させ、レトルト食品分野の拡大を図る」と構想を明瞭に語っていた。

　類い稀なる経営者と称賛を集めていたが、御巣鷹の尾根に墜落した日本航空123便に乗り合わせており、郁夫氏は47歳で早世し

■主要記事
日経産業　1983.7.14
日経産業　1987.3.13
日経朝刊　1988.9.19
日経流通　1989.4.13

■うらかみ・いくお
誕生：1937.10
社員：1960.03-1960.11
役員：1960.11-1985.08
社長：1966.03-1985.08
会長：―

■量産型の品種は…
日経産業　1982.4.22

た。

【着想】 郁夫氏の決断は熟慮に基づいている。それは「大塚製薬さんの強力な先発製品がありますので、あるところまで行くけれども、抜けません。壁が厚いんです」というコメントから窺い知ることができよう。厚い壁の破り方を考えに考え抜いていたことは、明らかである。

そして郁夫氏の辿り着いた答えが、機が熟すのを待って仕掛ける搦め手の戦略であった。興味深いことに郁夫氏は「食品業は基本的に変わりにくい面を持っているようである。その変化はカタツムリの歩みのようなもので、じっとみていると動いているようには見えないが、しばらく経ってみるともうそこにカタツムリはいない。食品業はこういう変化をする仕事ではなかろうかと私は考えている」と語っていた。念頭にあったのは、純カレー（カレーパウダー）の盟主であったエスビー食品をインスタントカレーで抜き去った父親の成功体験に違いない。

さらに郁夫氏は別の機会においても「簡便な食事であればあるほど、スパイスで個性を出さなくてはならないんです（中略）スパイスというものは、量、金額ともに、そう大きなものではないので、地道に着々と伸ばしていく、カタツムリが歩くのを眺めるような気持ちで、じっくりと取り組んで、質の良い仕事をしていきたいと思っています」と吐露している。レトルトという包装技術の革新で優位を築いた大塚食品を追い落とすうえで、郁夫氏はスパイス資産による差異化に活路を見出していたものと思われる。

［参照文献］
「インスタントを凌駕するか レトルト食品」『財界にっぽん』
　　1971年3月
「激戦展開するレトルト食品販売合戦」『財界にっぽん』1972年4月
春川淳「ボンカレー」『食品と科学』1998年1月、2月、3月
葛良忠彦「レトルト食品包装」『PACKPIA』2001年1月

■大塚製薬さんの強力な…
野田経済 1977.12

■食品業は基本的に…
証券アナリストジャーナル
1972.11

■簡便な食事であれば…
総合食品 1980.1

■主要記事
日経産業 1982.4.12

|ケース 709| 缶コーヒー／1986年

B社：●上島珈琲 → A社：●日本コカ・コーラ

その他飲料（12/21）
戦略C/C比率 ◁◁◇▶▷
戦略D/E比率 ◁◁◇▶▷

■上島珈琲（連）
逆転決算期：1987.03
実質売上高：2,500億円
営業利益率：―
筆頭大株主：創業家
東名阪上場：―

■日本コカ・コーラ（単）
逆転決算期：1986.12
実質売上高：―
営業利益率：―
筆頭大株主：コカ・コーラ
東名阪上場：―

●企業戦略 ▷▷▶▷▷／▷▷▶▷▷

【B社】上島珈琲は1951年に神戸で設立された会社である。祖業はバターおよびジャムの卸売で、源流は上島忠雄商店を旗揚げした1933年までさかのぼる。創業直後からコーヒーに着眼し、焙煎卸ならびに生豆卸に乗り出し、戦後は自社輸入も始めて「UCC」ブランドを確立していった。顧客である喫茶店に対して珈琲豆だけでなくソリューションを提供する体制を整える傍らで、1958年からUCCコーヒーショップを展開し、1981年には海外でコーヒー農園の経営にも乗り出している。企業戦略としては、川上から川下まで垂直統合を極めた専業と言えよう。

缶コーヒーは上島珈琲にとって毛色の違う消費者向け事業ながら、4本柱の1本に成長していた。

なお、上島珈琲は1991年にUCC上島珈琲に社名を変更している。

【A社】日本コカ・コーラは1957年に東京で日本飲料工業として設立された会社である。祖業はコカ・コーラで、源流は輸入販売されていた戦前にさかのぼる。1960年には原液の国内生産を立ち上げ、1967年には日本で清涼飲料ナンバーワンの座に登り詰めた。その後は1958年から非コーラ飲料の「ファンタ」、「スプライト」、「HI-C」、そして1975年に缶コーヒーの「ジョージア」を投入して、ラインアップの拡充を図っている。企業戦略としては、川上から川下まで垂直統合を極めた飲料専業である。

缶コーヒーは日本コカ・コーラにとって飛び地の事業に見えたが、9割以上の市場占有率を誇るコーラ飲料を補完する第二の柱に育ちつつあった。

■該当セグメント
B社：―
A社：―

●事業戦略 ▷▷▶▷▷／▷▷▶▷▷

【製品】缶コーヒーは、すぐ飲める状態に仕上げたコーヒー飲料を缶に詰めたものである。砂糖とミルクが入った飲料は容器内部で

細菌が繁殖しやすいため加熱殺菌を必要とするが、加熱すると風味を損なうことから、実現までの道程は長かった。ほかの飲料が成熟するなかで、缶コーヒーは数少ない成長カテゴリーとして注目を浴びるに至ったが、2000年頃に市場は成熟期に移行した。

　隣接市場には、水分補給という観点から非コーヒー飲料を挙げることもできるが、コーヒーの代替形態を挙げるほうが適切であろう。日本では全量を輸入に頼るコーヒー豆のうち、55％がインスタント市場、45％がレギュラー市場に流れていた。液体のコーヒーを顆粒にしたインスタントコーヒーは、ネスレとゼネラルフーズというグローバルな巨大企業が押さえ込んでおり、豆からいれるレギュラーコーヒーはUCCブランドの上島珈琲とKEYで知られる木村コーヒー店が支配していた。上島珈琲が西の雄なら、木村コーヒー店は東の雄である。

　製品には加糖・加乳したミルクコーヒーと、ブラックコーヒーがあった。両極のあいだでフルライン構成を採る企業が多いものの、前者に絞って参入する乳業メーカーもあった。参入メーカーは多かったが、上位2社で市場の過半を押さえていた。

【B社】缶コーヒーについて上島珈琲は1964年から取り組み始め、1969年に世界に先駆けて製造販売を開始した。同社はレギュラーコーヒーの世界で中小の焙煎業者をグループ化して、業務用市場でドミナントな地位を築いてきたが、1961年に輸入が自由化されたインスタントコーヒーは参入を見送った。同社にとって缶コーヒーは、レギュラーコーヒーの枠を出ることなく伸びゆく消費者市場に食い込む有力な手段と映ったに違いない。

　生産面では、大阪、福岡、富士に自社工場を構えていた。

　販売面では、三井物産と伊藤忠商事を代理店として、有力食品問屋72社を特約店に迎え入れていた。1973年から導入し始めた自動販売機が17万台まで増えて、缶コーヒーでは自動販売機売上比率が65％に達していたという。主力は「ミルクコーヒー」であったが、コーヒー専業の優位を前面に打ち出すためか、産地の別を含めて25種類を超える多品種展開を繰り広げていた。

　その他飲料カテゴリーでは、缶コーヒーだけに参画していた。隣接する嗜好飲料カテゴリーでは、業務用レギュラーで盤石の首

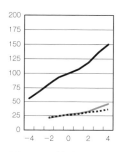

■10年間利益率
B社営業利益率：―
A社営業利益率：―

■10年間勝敗数
B社得点掲示板：―
A社得点掲示板：―

■シェアの測定単位
販売金額

■缶コーヒー
市場規模：3,710億円

■B社の首位君臨期間
～1984年

■A社の首位君臨期間
1986年～

■17万台
65％
宝石 1988.10

位を堅持していたが、家庭用レギュラーでは木村コーヒー店の後塵を拝していた。

【A社】缶コーヒーについて日本コカ・コーラは「ジョージア」で1975年に参入した。ジョージアはコカ・コーラの本社のある州名で、コーヒー豆の産地とは関係ない。

生産面では、コカ・コーラは世界中でボトラーとの協業体制を築いていた。ボトラーは外部資本を募った独立事業者で、コカ・コーラから原液を購入し、それにシロップなどを加えたうえで容器に詰め、与えられたテリトリー内で販売する。ただし缶コーヒーの導入に際しては、ボトラーは日本コカ・コーラから完成品を購入して市場開拓に専念していた。

販売面では、セールスドライバーをボトラーの基幹従業員としていた。彼らは担当する区域内において社有トラックで飲料を運ぶと同時に、新たな顧客を開拓する役割を担っており、独立事業者の色彩を帯びている。日本コカ・コーラは1965年には缶入りコーラを導入しており、自動販売機の設置台数は70万台に達していたという。

■70万台
宝石 1988.10

その他飲料カテゴリーでは、嗜好飲料カテゴリーと同様、缶コーヒー以外には影も形も見えなかった。隣接する清涼飲料では多くの市場を支配していた。

【時機】逆転が起きた頃、上島珈琲は複数正面で戦闘状態に入っていた。1978年の暮れに木村コーヒー店が流し始めたテレビコマーシャルが上島珈琲の定番コマーシャルに酷似しており、上島珈琲は「ウチに対する明確な挑戦広告」と受け止めていた。こうしてレギュラーコーヒーが戦闘状態に入るや否や、上島珈琲は1979年2月にインスタントコーヒーに進出して、グローバルな巨人たちへの挑戦を開始した。そして1980年4月にはドトールが1号店を出店したことにより、コーヒーショップ業態の防衛戦にも火が付いた。

上島珈琲は1980年7月に創業社長から長男の2代目にバトンを渡しており、そのタイミングを狙い打ちするかのような揺さぶりを受けてしまった。引退前に、創業経営者は「業務用は…もう頭打ちです。（中略）家庭方面に力を入れようというのが現在の私の願いです」という言葉を残していた。そして引退後の1981年10月に

■業務用は…
総合食品 1978.3

ジャマイカにブルーマウンテンコーヒー直営農園を開設して、10年越しの悲願を成就している。

【収益】 このケースにおける逆転は市場が急伸するなかで起きている。日本コカ・コーラが成長速度で上島珈琲を上回り始めたと思いきや、逆転から数年で完全に突き放し、独走体制に入っていった。逆転年の前に市場の計測単位が販売数量から販売金額に変更されたが、単価の違いが際立つわけではないので、このケースでは無視してよい。

この逆転は収益面から見ると祝福に値する。日本コカ・コーラは未上場なので収益性を窺い知ることはできないものの、有力ボトラーの何社かは上場しており、目覚ましい勢いで収益性が改善していたことがわかっている。日本経済新聞は、有力ボトラー5社が1988年度に最高益の記録を更新したと伝えていた。

他方で上島珈琲は、缶コーヒーではサントリー、アサヒ、キリンのほかダイドーにも追い抜かれてしまい、本業のレギュラーコーヒーでもスターバックスなどに押されてしまっている。もはやコーヒーと言えば上島珈琲とは言い難い。日本コカ・コーラとの直近の差は30％ポイントを超えている。

【好手】 1975年6月、日本コカ・コーラは缶コーヒーの「ジョージア」を発売した。販路は自動販売機を主力としたことから、上島珈琲は主戦場の店頭販売データでは1990年代半ばに入っても首位の座を守り続けたことになっていた。日本コカ・コーラは相手に気づかれにくい側面攻撃を仕掛けたと解釈する余地もある。

上島珈琲はサントリーフーズと業務提携して1976年1月に「サントリーUCCコーヒー」を発売した。上島珈琲が製造した缶コーヒーをサントリーの販路で売るはずであったが、いつのまにか商品は姿を消してしまった。これが、恐らく上島珈琲にとっての最大の逸機と思われる。

サントリーは、のちに京都の福寿園と組んで、先行する伊藤園の緑茶を追撃するうえで望外の戦果を挙げている。お茶のスペシャリストというイメージがない自社の弱点を、サントリーは福寿園と組むことで補ったわけである。缶コーヒーでも、神戸の上島珈琲と組んで同じ体制を築くことを狙ったに違いないが、先行する上

■主要記事
日経産業 1975.6.20
日経産業 1976.1.16
日経産業 1983.4.14
日経産業 1986.2.28
日経流通 1987.7.16
日経朝刊 1989.1.7

■いわむら・まさおみ
誕生：1921.11
社員：1957.00-1963.12
役員：1963.12-?
社長：1971.12-1975.10
会長：1975.10-1983.05

■主要記事
エコノミスト 1982.3

島珈琲は自社ブランドで展開する事業を優先して、サントリーの失望を買ってしまったのかもしれない。

いずれにせよ、缶コーヒー以外の有力商品を持たない上島珈琲が、自動販売機で日本コカ・コーラに対抗するのは至難の業であった。範囲の経済をフルに活かしてみせた日本コカ・コーラの強さが光るケースと言えようか。

◉**戦略旗手** ▷▷▷▶▷ **操業経営者**

【人物】このケースで好手を放ったのは日本コカ・コーラで初めて誕生した日本人社長、岩村政臣氏である。岩村氏は、日本に駐留中の米軍兵士にコカ・コーラを売るところから職業人生を歩み始め、生え抜きの技術者であった。この岩村氏の社長在任期間中に、日本独自商品の「ジョージア」は発売に漕ぎつけている。

【着想】岩村氏の決断は苦汁を嘗めた末のものである。能動的に「ジョージア」を導入していれば正真正銘のヒーローと扱われたに違いないが、岩村氏は自ら「ジョージア」について何も語っていないし、岩村氏をヒーロー視する言説も見当たらない。

実は炭酸飲料に占めるコーラのシェアが1971年から3年で10%ポイントも落ち、数量ベースで事業が縮小したことにより、ボトラーの離反が始まっていた。セールスドライバーの生活を守る責務を負うボトラーのなかには明治屋の「マイ・コーヒー」を売るところが出てきたのである。こうした離反を抑制すべく岩村氏がアトランタの本社と深夜に電話でかけあった末に発売に漕ぎつけたのが「ジョージア」ということになる。まさに災い転じて福となすケースである。

［参照社史］
『UCCのあゆみ 60年史』1995年
日本コカ・コーラ株式会社『愛されて30年』1987年
［参照文献］
「日本コカ・コーラ岩村政臣 第二の試練」『経済界』1975年8月

ケース
710

制汗剤／1985年

B社：●ライオン → A社：●花王

雑貨（17/24）
戦略C/C比率◁◁◇▷▶
戦略D/E比率◀◁◇▷▷

■ライオン（連）
逆転決算期：1985.12
実質売上高：3,080億円
営業利益率：2.7%
筆頭大株主：金融機関
東名阪上場：1949.05

■花王（連）
逆転決算期：1986.03
実質売上高：4,660億円
営業利益率：5.8%
筆頭大株主：金融機関
東名阪上場：1949.05

●**企業戦略**▶▷▷▷▷／▶▷▷▷▷

【B社】ライオンは1918年に神田で小林商店として設立された会社である。祖業は石鹸およびマッチの原料卸売で、源流は1891年までさかのぼる。1896年に粉歯磨の国産化に成功すると専業化を決断し、石鹸部門は1919年にスピンオフした。ライオン石鹸は1940年に日本化成工業と提携したことにより、ライオン油脂と社名を変えている。小林商店は戦後にライオン歯磨と社名を変更したものの専業化に背を向けて、米ブリストルマイヤーズ社のバファリンや、米マコーミック社のスパイスを戦列に加えていった。企業間競争が激化した1980年にライオン歯磨とライオン油脂は合併し、そこから先は後方垂直統合を進めている。企業戦略としては、洗剤や歯磨に薬品や食品を合流させており、多核化に該当する。

　制汗剤はライオンにとって社外から加わった核の一つである。1985年当時、売上高の11％を香粧品部門に依存していたが、その部門内で制汗剤の生産シェアは7％に過ぎない。部門を牽引するのは男性用化粧品で、全社を牽引するのは洗剤部門であった。

【A社】花王は形式的には1940年に日本有機として設立された会社である。祖業は洋物小売で、源流は1887年までさかのぼる。早くも1890年に花王石鹸の製造販売に乗り出して、1902年に直営工場を立ち上げると、1911年には長瀬商会を設立した。これが実質上の設立年に相当する。そこから先は多角化を進め、1928年に食用椰子油、1932年にシャンプー、1938年に家庭用合成洗剤と戦線を拡大した。戦時中は3社に分かれたが、1954年に再統合を完了させると、卸売機能の内部化を推し進め、生理用品や化粧品や工業素材までも戦線に加えている。企業戦略としては、油脂化学と界面科学の川下を開拓する垂直多角化に該当する。ドメイン定義は機能的で、自ら「清浄」を旗印にしている。

　制汗剤は花王にとって異色の上流に由来しない事業である。1985年当時、売上高の28％を香粧品部門に依存していたが、その

部門内で制汗剤は2％を占めるだけであった。部門を牽引するのは化粧石鹸で、全社を牽引するのは香粧品と衛材品と洗剤の3部門であった。

なお、花王は本シリーズ第1巻に衣料用洗剤が高収益事業のケース869、拙著『戦略暴走』にフロッピーディスク事業がケース104として登場した。

■該当セグメント
B社：家庭品
A社：ビューティケア

■10年間利益率
B社営業利益率：4.9％
A社営業利益率：9.7％

■10年間勝敗数
B社得点掲示板：0-10
A社得点掲示板：6-4

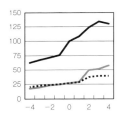

■シェアの測定単位
出荷金額

■制汗剤
市場規模：100億円

■B社の首位君臨期間
1977年～1984年

■A社の首位君臨期間
1985年～

● **事業戦略** ▷▷▶▷▷／▷▷▶▷▷

【製品】制汗剤は、脇から出た汗が酸化したり、細菌によって分解されて不快臭が発生するのを防ぐ医薬部外品または化粧品のことを指す。市場は爆発的に拡大したが、1985年頃にピークを打って成熟化ステージへ移行した。

隣接市場には特記すべきものが見当たらない。

製品には発汗自体を妨げるものと、細菌による分解を妨げる系統のものがある。剤形も多様化が進んでいたが、主流はエアゾールまたはローションで、後者にはロールオンのタイプも含まれる。市場は寡占が目立ち、上位3社で85％以上を占有する。

【B社】制汗剤についてライオンは1962年に「バン」を発売している。これは米国のブリストルマイヤーズ社とライオン歯磨が提携したことに伴って導入されたブランドで、緒戦の戦果を反映して提携関係は1965年に合弁事業へと発展した。大きく開花したのは男性用化粧品の「バイタリス」と大衆薬の「バファリン」で、日本初の制汗剤となった「バン」は相対的に影が薄かった。ちなみに、ローションタイプの「バン」はアメリカではトップブランドであった。

雑貨カテゴリーでは、いくつかの例外を除いて、市場多数で上位に食い込んでいた。

【A社】制汗剤について花王は1974年に「8×4」または「エイトフォー」を発売している。これはドイツのバイヤスドルフ社が開発したブランドで、日本では合弁のニベア花王の事業となっている。「エイトフォー」はパウダースプレーという新剤形を採用して登場した経緯があり、ローションからエアゾールへの転換を促した。ただし、これにはライオンも間髪を容れず追随してきた。

花王は1968年にバイヤスドルフ社から「ニベアクリーム」を技

術導入しており、当初計画どおり1971年に折半出資でニベア花王を設立していた。ニベア花王はコスメティックスとトイレタリーの中間領域を開拓する事業体と位置付けられたが、逆転時点では花王の連結対象には含まれていなかった。それゆえ、有価証券報告書には何の記載もない。

　雑貨カテゴリーでは、ごく一部の例外を除いて、ほぼ全市場で上位に君臨していた。

【時機】逆転が起きた頃、日本ではコンビニエンスストアの店舗が増えつつあった。

【収益】このケースにおける逆転は、市場が急成長を遂げる途上で花王がライオンを追い上げて、逆転後は大差で突き放したものである。花王による怒濤の攻勢の前に、ライオンがあえなく敗れた観がある。ライオンは、のちに資生堂にも逆転され、直近では花王に10％ポイント以上のリードを許している。

　この逆転は収益面から見ると祝福に値する。外資系企業総覧によると、逆転前後でニベア花王の収益は凄まじい勢いで伸びている。

【好手】1971年10月、花王はバイヤスドルフ社と合弁でニベア花王を設立した。このときの取り決めで、生産は花王の東京工場が担い、販売は花王を総代理店として花王の販売網を活用することになっていた。10年ほどして化粧品に本格参入した花王にしてみれば、トイレタリーから一歩踏み出してコスメティックスへの足がかりとする意味合いを持たせた動きであったに違いない。だとすると、花王の販路を拡幅するという行き方は合点が行く。

　それに対してライオンは多角化が先に戦略目標となっており、そこにブリストルマイヤーズ社が現れたことになる。それゆえ、ライオンの販路に乗らない男性化粧品と大衆薬を導入したことは理解できるし、新たな流通経路を打ち立てるうえで力のある代理店に協力を仰いだことも合理的と言えよう。問題は、制汗剤の「バン」だけが多角化とは言い切れない点にあった。それなのに新しい枠組みのなかに「バン」も取り込んだ結果、チグハグが生じ、ジワジワと攻めてくる花王の締め上げに耐えきれなくなったのではなかろうか。

　組み合わせという視点から補足しておくと、花王には別の知恵

■主要記事
日経流通 1986.5.19
日経流通 1986.12.23
日経産業 1987.10.16
日経流通 1988.7.30
日経流通 1989.8.3

■まるた・よしお
誕生：1914.12
社員：1935.03-1944.01
役員：1944.01-1994.06
社長：1971.10-1990.06
会長：1990.06-1994.06

■たとえいままでは…
経団連月報 1978.11

■主要記事
『「一心不乱」丸田芳郎の仕事』2007年

もあった。制汗剤は夏場の季節商品で、工場の稼働率と末端の売場を維持するうえで、冬場の裏作を必要とする。ニベア花王では冬場に売れる「ニベアクリーム」を裏作として夏場の「エイトフォー」を導入した経緯があるのに対して、ライオンの「バン」は冬場対策を欠いていた。この差も、ライオンの首をジワジワと絞め上げたに違いない。

◉戦略旗手▷▷▷▷操業経営者
【人物】このケースで好手を放ったのは花王の丸田芳郎氏である。1966年にバイヤスドルフ社を訪問して協業の形を決めたのも丸田氏であれば、合弁を花王の全体戦略のなかに位置付けたのも丸田氏であった。

【着想】丸田氏の決断は一にも二にも熟慮の産物と言ってよい。「たとえいままでは消費者のニーズにこたえてきたとしても、その小成のうえに安閑としていると、やがては市場から見離されることになる。ここに企業の努力があるのであり、企業間の叡智の磨き競べが展開されるのである」という丸田氏の言葉が、その点を物語っている。丸田氏は、磨き競べを経営の醍醐味と感じていたに違いない。

［参照社史］
『ライオン歯磨80年史』1973年
『ライオン100年史』1992年
『花王史100年』1993年

［参照文献］
渡辺洋二「制汗デオドラント剤～最近10年の進歩と発展」『フレグランス ジャーナル』1983年7月
冨澤宣夫・阪東里加「剤形からみた最近の制汗・デオドラント剤の傾向」『フレグランス ジャーナル』1995年6月

四輪車（8/10）
戦略C/C比率◁◁◁▷▶
戦略D/E比率◀◁▷▷▷

■いすゞ自動車（連）
逆転決算期：1980.10
実質売上高：8,440億円

ケース711　小型ディーゼルトラック／1980年

B社：◉いすゞ自動車 → A社：●トヨタ自動車工業

◉企業戦略▷▷▶▷▷／▶▷▷▷▷
【B社】いすゞ自動車は1937年に3社が合流して東京自動車工業と

して設立された会社である。祖業は軍用保護自動車で、源流は1916年までさかのぼる。合流したのは石川島自動車製作所、東京瓦斯電気工業自動車部、ダット自動車製造である。戦前はディーゼルエンジンの製造を独占したこともあり、1941年にヂーゼル自動車工業と社名を変えている。戦後は英国ルーツ社から技術を導入して乗用車にも進出したが、土台はトラックメーカーである。資本自由化対策として1971年に米GM社と全面提携するに至って以来、同社の世界販売網に向けて車輛をOEM供給する事業を拡大している。ただし、乗用車については1990年代に入ってから撤退を決断した。企業戦略としては、商用車事業以外に手掛けるものがなく、単純明快な専業である。

　小型ディーゼルトラックはいすゞ自動車にとって準主力事業であった。1980年当時、売上高の36％を小型トラック部門に依存していたが、正確なディーゼル比率はわからない。

【A社】トヨタ自動車工業は1937年に豊田自動織機製作所からスピンアウトして愛知県で設立された会社である。祖業は自動車で、源流は1933年までさかのぼる。1938年以降は軍用トラックの生産に特化することを余儀なくされ、戦後はドッジラインの余波で倒産の憂き目を見たが、朝鮮動乱に付随する特需で立ち直ってからは純国産車の開発に邁進した。資本自由化対策は日野自動車工業およびダイハツ工業との提携、日米貿易摩擦対策もGM社との合弁や輸出自主規制にとどめたところに慎重な社風を垣間見ることができる。企業戦略としては、1970年代の半ばに挑戦を開始した住宅事業を無視できないが、売上は逆転時点で0.2％ほどに過ぎず、実質的には準垂直統合の利いた自動車専業と見てよかろう。

　小型ディーゼルトラックはトヨタ自動車工業にとって辺境に位置する事業であった。1980年当時、売上高の22％をトラック・バス部門に依存していたが、同じ小型トラックでも台数ベースでガソリン車がディーゼル車の5倍を超えていた。

　なお、トヨタ自動車工業は1982年にトヨタ自動車販売と合併し、社名をトヨタ自動車に変更した。

営業利益率：2.4％
筆頭大株主：GM
東名阪上場：1949.05

■**トヨタ自動車工業（単）**
逆転決算期：1980.06
実質売上高：3兆9,810億円
営業利益率：7.0％
筆頭大株主：金融機関
東名阪上場：1949.05

■該当セグメント
B社:全社
A社:自動車

■10年間利益率
B社営業利益率:3.5%
A社営業利益率:6.6%

■10年間勝敗数
B社得点掲示板:0-10
A社得点掲示板:0-10

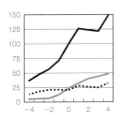

■シェアの測定単位
生産台数

■小型ディーゼルトラック
市場規模:推定3,500億円

■B社の首位君臨期間
〜1979年

■A社の首位君臨期間
1980年〜

●事業戦略▷▷▶▷▷／▷▷▶▷▷

【製品】小型ディーゼルトラックとは、4トン積み未満の商用トラック、およびディーゼルエンジンを搭載した商用バンを指す。乗室がエンジンルームの上方に位置するキャブオーバー型の小型商用トラックは、トルクと燃費に優るディーゼルエンジンを搭載するのが一般的で、特に税制が軽油を優遇する日本ではガソリンエンジンを搭載する商用トラックは滅多に見かけない。逆に輸出の最大仕向地である北米でディーゼルエンジンを搭載する小型トラックは滅多に見かけない。小型ディーゼルトラックは1990年前後にピークを打つまで目覚ましい勢いで市場が拡大した。

隣接市場には小型ガソリントラックがあり、小型ディーゼルトラックの3.5倍以上の市場を築いていたが、成長はしていなかった。普通トラックではディーゼルとガソリンが拮抗しており、ディーゼルでは普通が小型を上回っていた。

製品には、キャブオーバー型と、乗客がエンジンルームの後方に座るボンネット型の別があった。上位3社で市場の6割以上を制しており、寡占市場と言ってよい。

【B社】小型ディーゼルトラックについていすゞ自動車は、1960年になって最初の製品を世に送り出している。ディーゼルエンジン自体は戦前に完成させていたが、いずれも大型のもので、小型トラックへの搭載は1959年にガソリンエンジンを搭載してデビューした「エルフ」に積んだ2,000ccの52馬力が最初である。ちなみに「エルフディーゼル」は発売直後から大ヒット車種となった。

生産面では藤沢工場を主力としていたが、外注比率が80%前後と極めて高かった。

販売面では、輸出比率が67%に達しており、GM社の販売力に頼る面が大きかった。

四輪車カテゴリーでは、普通トラックで3強の一角を占めており、特にトラックとディーゼルエンジンの組み合わせに強かった。ライバルは日野自動車と三菱自動車である。小型トラックに分類される代表車種はエルフで、これは1車型を除いてディーゼルエンジンを搭載していた。

【A社】小型ディーゼルトラックについてトヨタ自動車工業は、

1964年に「ダイナ」に2,336ccのエンジンを搭載したのが最初である。これはいすゞ自動車の「エルフ」対抗車種であった。その後の代表車種としては、キャブオーバー型ではトラック然とした「ダイナ」のほかに多彩な車型を持つ「ハイエース」、ボンネット型では「ハイラックス」、乗用車の派生型では「クラウンバン」がある。これらの車種には漏れなくディーゼルエンジンの設定があった。なお、「ランドクルーザー」は普通トラック、マイクロバスの「コースター」はバスに分類されるため、この小型トラックには含まれない。普通トラックは、グループ内で日野自動車が手掛けている。

生産面では、本社工場、元町工場、高岡工場と田原工場で組み立てる体制を敷いていたが、外注比率が70％前後と極めて高かった。

販売面では、トラック・バスの輸出比率が61％で、トヨタ自動車販売を頼っていた。

四輪車カテゴリーでは、普通乗用車と小型乗用車のほか、ガソリンエンジンを積んだ普通トラックおよび小型バスで首位を堅持していた。

【時機】 逆転が起きた頃、日本では小型トラックのディーゼル化が頂点に近づいていた。その原動力となったのは第一次石油ショックである。たとえば2トン積みキャブオーバー型のトラックでは、1969年に52％だったディーゼル車比率が1975年になると80％、1977年に90％を超えたという。

【収益】 このケースにおける逆転は市場が爆発的に拡大するなかで起きている。その勢いに乗ったトヨタ自動車工業が、停滞気味のいすゞ自動車を一気に抜き去り、そして引き離してしまった。直近では、両社間の差は15％ポイント近くにまで拡大している。

この逆転は収益面から見ると祝福に値する。いすゞ自動車の営業利益が低迷したのに対して、トヨタ自動車工業は無理をした痕跡を欠片も残していない。

【好手】 1978年9月、トヨタ自動車工業は2,200ccのL型ディーゼルエンジンを搭載した「クラウン」のバンを発売した。1年後には「コロナマークⅡ」のバンにも同じエンジンを搭載している。そして1982年になると1,800ccの1C型ディーゼルエンジンを新規開発し、「コロナ」、「カリーナ」、「カローラ」のバンに搭載してきた。

いすゞ自動車も1977年10月に乗用車の「フローリアン」にディーゼルエンジンを追加設定していた。これは2,000ccのエンジンであったが、1979年11月には1,800ccの新開発ディーゼルを「ジェミニ」に設定した。特に「ジェミニディーゼル」は人気を博したというが、この車種に商用バンはなかった。「フローリアン」には商用バンもあったが、そちらに搭載したエンジンは「エルフ」からの流用で、乗用車に適したディーゼルエンジンを新規開発してきたトヨタ自動車工業に対抗するのは難しかった。仮にエンジン単体で対抗できたとしても、「フローリアン」では「クラウン」に対抗するのも難しかったに違いない。

いすゞ自動車にトラックそのもので対抗するのは得策でないと考えたトヨタ自動車工業は、乗用車ベースの商用バンに狙いを定めたものと思われる。そこで新たな市場を創造することで逆転を実現したのは、見事である。

●戦略旗手▷▷▷▷▷第2世代同族経営者

【人物】このケースで好手を放ったのはトヨタ自動車工業の豊田英二氏と考えられる。英二氏は1979年時点で社長の座にあった。このケースの好手は、一般に社長が腐心する次元のものではないと言えなくもないが、こと自動車メーカーは単一の事業を営む巨大なピラミッド組織で、なかでもトヨタ自動車工業はトップが現場の事情に精通していた。「財界活動の必要度はわかるが、私は財界とは何だかよくわかっていない。現役社長が実際のところ会社以外のことで一日時間をつぶすのがもったいないのです」とは英二氏自身の弁である。英二氏はトラック事業の草創期にも精通しており、好機に無関心であったとは到底考えられない。

【着想】英二氏の決断は、石油ショック以降は燃費に関心が向かうようになった現実に対する極めて順当なレスポンスで、ひねりらしき要素は見当たらない。

[参照社史]
『いすゞ自動車50年史』1988年
『いすゞディーゼル技術50年史』1987年
『トヨタトラック50年の歩み』1985年

■主要記事
日経産業 1977.6.14
日経産業 1978.4.26
日経産業 1979.7.3
日経産業 1980.2.23

■とよだ・えいじ
誕生：1913.09
社員：1937.08-1945.05
役員：1945.05-1992.09
社長：1967.10-1982.07
会長：1982.07-1992.09

■財界活動の必要度…
経済展望 1971.12

■主要記事
名古屋商工会議所月報
1972.8

[参照文献]

大鹿澄男・大島耕治・村上亘可「トヨタL型ディーゼルエンジン」『トヨタ技術』1978年6月

大鹿澄男・大島耕治・村上亘可「新開発 トヨタ1C型ディーゼルエンジン」『トヨタ技術』1982年6月

ケース712 クローラクレーン／2005年

B社：●神戸製鋼所 → A社：●日立建機

建設鉱山機械（7/13）
戦略C/C比率◀◁◇▷
戦略D/E比率◀◁◇▷

■神戸製鋼所（連）
逆転決算期：2006.03
実質売上高：1兆7,900億円
営業利益率：13.2％
筆頭大株主：金融機関
東名阪上場：1949.05

■日立建機（連）
逆転決算期：2006.03
実質売上高：6,730億円
営業利益率：9.1％
筆頭大株主：日立製作所
東名阪上場：1981.12

●企業戦略▶▷▷▷▷／▶▷▷▷▷

【B社】神戸製鋼所は1911年に神戸で設立された会社である。祖業は鋳鍛鋼品で、源流は鈴木商店が小林製鋼所を買収した1905年までさかのぼる。早くから鉄と並んでアルミも手掛け、戦後は1959年に高炉を新設して鉄鋼メーカーとしての基盤を固めると、そこから多角化路線に舵を切り、機械およびプラント、建設機械、電子・IT、不動産などの事業を手掛けるに至っている。企業戦略としては、典型的な多核化と言えよう。鉄鋼のデパートを指向する同業他社に、非鉄金属を手掛けるところは見当たらない。ましてや建機や産機まで手掛けるとなると、異色中の異色である。

クローラクレーンは神戸製鋼所にとって核の1つであった。2005年当時、売上高の13％を建設機械部門に依存しているが、その部門内でクローラクレーンの生産シェアは10％未満にとどまっている。部門を牽引するのはパワーショベルで、全社を牽引するのは鉄鋼関連事業であった。

なお、神戸製鋼所は拙著『戦略暴走』に半導体事業がケース102として登場した。

【A社】日立建機は1970年に東京で設立された会社である。祖業はパワーショベルで、源流は日立製作所が初号機を完成させた1949年までさかのぼる。日立製作所は1955年にサービス部門、1969年に製造部門を分社化し、両社が合流した時点で日立建機が誕生した。製品ラインが限定的な同社は、175億円近い特別損失を計上したばかりの住友重機械工業と折半出資で日立住友重機械建機ク

レーンを2002年に設立し、クローラクレーン事業を統合した。製造機能は両親会社に残したままの新会社を日立建機は連結子会社、住友重機械工業は持分法適用会社と位置づけていた。企業戦略としては、社名が体現するとおり、建機専業である。

クローラクレーンは日立建機にとって祖業の周辺事業である。2005年当時、売上高の91%を建設機械部門に依存していたが、その部門内でクローラクレーンの生産シェアは4%にとどまっていた。部門および全社を牽引するのはパワーショベルで、それをホイールローダが追っていた。

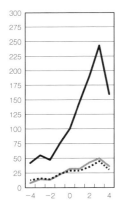

■該当セグメント
B社：建設機械
A社：建設機械

■10年間利益率
B社営業利益率：4.0%
A社営業利益率：7.9%

■10年間勝敗数
B社得点掲示板：0-10
A社得点掲示板：2-8

■シェアの測定単位
生産金額

■クローラクレーン
市場規模：670億円

■B社の首位君臨期間
1978年～2004年

●事業戦略▷▷▶▷▷/▷▶▷▷▷

【製品】クローラクレーンは移動式クレーンの一種で、無限軌道式履帯で移動するところに特徴がある。軟弱地盤に強いが、公道を自走することはできない。作業現場への搬入・搬出にはクレーンを分解輸送する必要があり、それもあって設計上の工夫の余地は大きい。主に米国で戦後になってから開発が進み、ドミナントデザインと呼べるものが1970年代半ばに出現したが、まだまだ改善改良が続いている。

隣接市場にはトラッククレーンやラフテレーンクレーンがある。前者はトラックのシャーシーにクレーンを搭載したもので、後者はシャーシーを専用設計とする。ともにホイール式なので、公道を自走できる。ラフテレーンクレーンがドミナントになりつつあり、クローラクレーンの1.5倍ほどの市場規模を持つに至っている。ラフテレーンクレーンには専業メーカーが君臨しており、寡占度が著しく高い。

製品には、定格荷重に応じた区分がある。ほかにノーマル仕様とヘビーデューティ仕様の種別がある。基礎工事や港湾整備など連続的に荷重がかかる用途では、ヘビーデューティ仕様の出番となる。参入メーカーは10社ほどあったが、上位3社で4分の3近くを占める寡占市場になっていた。

【B社】クローラクレーンについて神戸製鋼所は1966年に初号機を完成させている。建設機械事業は電気ショベルから立ち上がり、トラッククレーンは1953年、ホイールクレーンは1962年に完成さ

せていたが、クローラクレーンに着手するのは遅かった。

　事業を担当するのは、1999年に分社化したコベルコ建機で、これは1983年に神戸製鋼所の傘下に入った油谷重工、神戸製鋼所の建設機械部門、神鋼コベルコ建機の寄り合い所帯にほかならない。主力製品は油谷重工が培ってきた油圧ショベルであった。その後はクレーン事業が2004年に切り離されて、神戸製鋼所の直轄事業となったのは、米国マニトワック社と互恵契約を締結したことによる。コベルコクレーンがクローラクレーンをOEM供給し、逆にホイールクレーンのOEM供給をマニトワック社から受けることになっていたが、この契約は2012年に解消され、コベルコクレーンは2016年にコベルコ建機に再び吸収された。

　コベルコ建機はパワーショベルを主力とするものの、その市場ではトップ集団に食い込めていない。トップ争いに参画するのはクローラクレーンだけである。

　生産面では、エンジンを外部から、そして基幹部品をグループ会社から調達し、自社工場でクレーンを組み立てる構えになっていた。超大型カテゴリーに強みを築いていたが、クレーン事業は「採算が厳しい」と指摘されている。

　建設鉱山機械カテゴリーでは、全クレーン市場に参画し、その応用分野の基礎工事用機械で首位に立っていた。

【A社】クローラクレーンについて日立建機は1951年に初号機を出荷している。同社はパワーショベルで小松製作所を追う第2集団を新キャタピラー三菱とともに形づくっており、建設機械事業の規模では神戸製鋼所の倍の水準にあった。

　日立建機と合流した住友建機は、ことクローラクレーンにおいては盤石の2位の座を確保しており、日立建機の2.5倍ほどの事業規模を誇っていた。それもあって、住友建機の経営危機が1999年に表面化してからは、ラフテレーンクレーンの雄、タダノが救済に乗り出す気配を見せたが、最終的にパワーショベルをキャッシュカウとする日立建機が単独で主導権を握ることに落ち着いた。

　生産面では、日立住友重機械建機クレーンは組立を両親会社の工場に委託していた。日立建機はプラント建設用途、住友重機械工業は港湾荷役用途に強いと言われていたのは、それぞれが営む

■A社の首位君臨期間
2005年～

■採算が厳しい
日経産業 1999.8.4

事業群との補完関係に基づいている。

　建設鉱山機械カテゴリーでは、主要な市場には漏れなく挑戦していたが、立場は基本的にチャレンジャーであった。

【時機】逆転が起きた頃、クローラクレーンは建設工事が相次ぐ中国で活況に沸いていた。中古機が海外に流れてしまい、移動式クレーンの数が半減した日本でも、クレーン不足が顕在化したという。

【収益】このケースにおける逆転は、市場が急伸するなかで起きている。日立建機が、2002年の事業統合で2社の事業を足し合わせるだけでは逆転に至らなかったが、接戦のなかでコベルコクレーンに増産ペースに競り勝って、統合から4年目で逆転を成し遂げたものである。直近では、両社間の差は10％ポイント以上に拡大している。

　この逆転は収益面から見ると祝福に値する。日立建機の建設機械事業は2006年度と2007年度にそれぞれ対前年度比18％増、25％増という売上成長を記録し、売上高営業利益率は10％を突破した。その後の推移を見ても、増産投資が功を奏したことは明らかである。

【好手】2002年9月、日立住友重機械建機クレーンは上海に中国の営業統括拠点を設置した。事業統合から2ヵ月半後の発表で、これは日立建機と住友建機の統合作業（PMI）を中国優先で進める意志の表れと言えよう。この時点で、アジアのなかで中国に絞り込むだけでなく、90トン以上のクローラクレーンに絞り込む決断が下されていた事実は、注目に値する。早くも2003年4月には90トンの新型機、同年12月には120トンの新型機を市場投入したうえで、2004年の8月には現地生産も立ち上げており、明確な戦略の存在は疑う余地がない。

　他方でコベルコ建機は、米国企業と提携して対抗しようとしたものの、得られた効果は製品ラインの拡充だけで、中国のような第三国での事業展開は逆にスピードが落ちた可能性を否定できない。

■主要記事
日経朝刊　1998.9.22
日経産業　1999.3.29
日経産業　1999.10.15

◉**戦略旗手** ▷▷▷▶▷**操業経営者**

【**人物**】このケースで好手を放ったのは日立建機の中西英久氏であろう。土浦工場の生産管理畑を歩んできた中西氏は、1997年に関西支社長に登用されて営業経験を積み、2002年に日立住友重機械建機クレーンが発足した時点で初代社長に選ばれた。

【**着想**】中西氏の決断は経験に基づいているものと思われる。2001年から本社で販売企画を担当するなかで建機の盗難問題に直面し、中西氏は「海外で日本の中古建機への需要が高い」とコメントしていた。ここで建機に関する事業観が一変したに違いない。

［参照社史］
『神戸製鋼100年』2006年
『日立建機史2』2001年
［参照文献］
田路勉「コベルコ建機、新世紀への礎」『建設機械』2001年1月

■**なかにし・ひでひさ**
誕生：1942.04
社員：1970.10-1999.06
役員：1999.06-2007.03
社長：―
会長：―

■**主要記事**
日経産業 2001.10.2
日経産業 2005.6.22

第2章 構えの再編

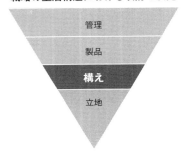

戦略の重層構造における攻防の次元

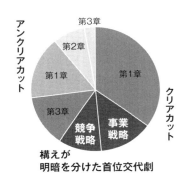

構えが明暗を分けた首位交代劇

　成長市場で首位奪取を成功させたければ、立地に加えて構えに働きかけるアプローチも有効である。構え次元の仕掛けも、競合の追随を許しにくい。

　構えを切り口とするケースには、大きく分けて二つのパターンがある。一つは自社都合だけで構えを変更する場合で、もう一つは競合が応答できないことを見越したうえで構えを変更する場合である。前者は事業戦略、後者は競争戦略に該当する。クリアカットに逆転したケースでは、いずれの場合も競合は実質的に追随できていない点で似通っており、そこが興味深い。構えは、それだけ固定度が高く、変更することが難しいからに違いない。

　ケースの絶対数では事業戦略のパターンが優勢ながら、成功の確度では競争戦略のパターンのほうが僅かながら勝っている。ただし、競争戦略は裏目に出て火傷する可能性も秘めているので、高等技と受け止めていただきたい。

1 意図しない競合凍結

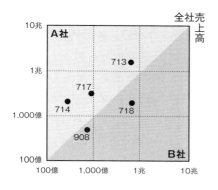
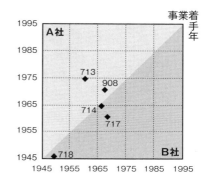

勝者＼敗者	追随	傍観
先攻	0	4
後攻	0	1

年代区分	'75-79	'80-84	'85-89	'90-94	'95-99	'00-04	'05-09
実質GDP成長率	4.2%	3.2%	4.1%	0.4%	1.3%	2.6%	0.8%
該当ケース数	0	1	1	0	3	0	0

　本節に登場するのは総数7ケースで、そのうち5ケースがクリアカットな逆転劇となっている。その5ケースの特徴をビジュアル化したダッシュボードをご覧いただけばわかるように、ここでは大が小を食う図式が優勢である。そして何よりも印象的なのが食われた側のレスポンスで、どのケースでも逆転をただ傍観している。いったん据え付けた構えは、それだけ変えにくいということなのであろう。なお、逆転のタイミングがバブル経済崩壊後の経済成長率が低い時期に集中するのは、想定外の傾向である。この転換期に構えの再編成に手を着けた企業と、表面的な対応に終始した企業で、明暗が分かれたのかもしれない。

　意図しない競合凍結とは、A社が事業環境の大きな変化を見据えて断行する構えの再編成が奏功し、それをB社が傍観

することから成立するクリアカットな逆転劇のことである。ポイントは、A社が構えの再編に乗り出す時点で、必ずしもB社を意識していない点にある。それゆえ、競争戦略というよりは、事業戦略の色合いが濃い。

ケース713のポリカーボネートでは、B社が高級グレードを開発して、オプティカルディスク用途を押さえ込んでいた。B社が確立した構えは、国内のオプティカルディスクメーカーに原料レジンを供給するというもので、石油化学業界では普遍的に見られるアレンジメントであった。そこに割って入ろうとしたA社は、有力顧客を確保できなかったためか、川下に垂直統合をかけて自らディスクを成形する構えを敷いたものの、成形事業で海外勢にコスト競争を挑まれ、窮地に追い込まれてしまった。そこで繰り出した起死回生の一手が、海外の競合を取り込むという逆説的な再編策であった。自らは成形事業を縮小し、海外の競合に原料と金型を供給する一方で彼らからディスクを買い取り、自社ブランドで販売するという再編策が功を奏し、A社はB社の顧客からシェアを奪っていき、結果的に川上のポリカーボネートでも逆転が実現した。

このケースでB社が追随できないのは、A社の後を追うと優良顧客を裏切ることになるからである。ここでは緒戦の勝利が仇となっている。それは、海外の成形メーカーとの向き合い方について苦慮していたA社にとっては、必ずしも狙った効果ではないに違いない。

ケース714の鼻炎薬も、意図せず競合を凍結するという点においては、ケース713に勝るとも劣らない。ここではドラッグストアの台頭が外生的な変化で、それに危機感を抱いたA社は従来のプッシュ型のマーケティングをプル型に大転換する再編成をいち早く成し遂げた。B社は傍観するしかなく、逆転が成立している。

このケースには、第1章第2節の要素もある。外資系のB

社は、大衆用鼻炎薬というニッチな立地に集中することで、利益の出る条件を整えたものと思われる。それに対してA社は、大衆薬でフルラインを指向し、総合感冒薬でも圧勝していた。その総合力が鼻炎薬にも及んだと見るなら、これは第1章第2節と同じ企業戦略のケースである。しかしながら、総合力が逆転の鍵を握るなら、なぜ10年前、20年前に逆転が起きていないのかという疑問が持ち上がる。ケース714を事業戦略のケースと解釈すれば、品揃えが豊富なドラッグストアの台頭が時機と見ることになり、答えに窮することはない。

ケース715の大容量全自動洗濯機ではA社が収益を犠牲にした可能性があり、クリアカットな逆転劇と言えないため、ここでは説明を割愛する。

ここまでは構えの販路面、すなわち下流サイドのケースが続いたが、次は調達面、すなわち上流サイドのケースを見ていこう。

ケース717の切符自動販売機は、B社が販路面で優位に立つ事業立地にA社が進攻し、逆転に成功した事例である。外生的な変化はマイクロコンピューターの登場で、それによって切符自動販売機にできることが一変した。明暗を分けたのは、この新技術を社内に取り込んで内部化するか否かである。A社は逆転に至る10年ほど前からシリコンバレーに進出し、そこで素地を築いていたこともあり、内部化に躊躇しなかった。重電系のB社は構えを変えることなくA社の施策を傍観するだけで、逆転を許してしまった。

ケース718のフィルム粘着テープ類では、テープメーカーのA社と樹脂成形メーカーのB社が攻防戦を戦った。ここで起きた外生的な変化はプラザ合意による円の高騰で、それを機にA社は海外現地生産を立ち上げた。そうして食い込んだ海外顧客の幅広いニーズに応えていくなかで、多品種少量生産をマスターしている国内工場からの出荷も増えたものと思

われる。少品種大量生産によるコスト戦略を追求していたB社は、この動きを静観し、逆転される側に回ってしまった。このケースには、微妙な事業立地のコントラストも影を落としているが、第1章第1節に配置するほどドミナントな影響とは言い難い。

なお、ケース716の液晶ポリマーはクリアカットな逆転劇ではないものの、ケース自体はケース718の逆のパターンとなっており、興味深い。ここでは同じ円の高騰を逆手にとって、また製品が経験曲線の利くフェーズにあることに鑑みて、A社が技術導入元の米国企業から製品輸入する策に出た。B社は、頼るべき海外パートナーを持っておらず、コスト劣位状態のままフリーズした。A社が国産に切り替えたあとに再逆転が実現したのは、為替相場に頼るコスト優位が一過性であることを雄弁に物語っている。

最後に908の歯付ベルトはモノの流れと異なる意味で構えを問うケースとなっている。争点となったのは、海外勢から技術を導入してパートナーを組むのか、自主独立路線を歩むのかである。前者を選択した方がA社、後者を選択した方がB社に回り、ここでは逆転が成立した。外生的に変わったのは、自動車のエンジン型式である。カムがヘッドに組み込まれ、バルブとカムの数が倍加し、カムを駆動する歯付ベルトにかかる負荷が上がるにつれ、A社の技術優位が明確になったケースと言えよう。

以上が第2章第1節の概要である。全ケースの共通項は、外生的な変化である。変化を傍観した企業が、積極的に対応して構えを再編した企業に首位の座を譲り、逆転に至ってしまう。または、異なる構えを敷いていた企業間の優劣が、外生的な変化によって初めて明確になる。そういうパターンが、この節では浮き彫りになったと言えよう。外生的な変化には、全国紙の一面を飾るマクロ経済的なものもあれば、業界紙だけが取り上げるミクロ経済的なものもあるので、その

点には留意されたい。いずれにせよ時機読解が重要となる点は前章と異なっており、興味深い。

　逆転を狙う方々は、第1章第1節と同じで、ここでも息の長い長期戦を覚悟したほうがよい。積年の劣勢を跳ね返すには往々にして自社の力だけでは難しいため、時機の勢いを借りる必要がある。しかしながら、時機が到来するタイミングは制御できないため、焦ってはいけない。ひたすら時機の到来を待ち、兆候を掴んだ瞬間に、誰よりも早く機敏に反応する。それが、ここでの勝ち方となっている。

　このパターンにとって障害となるのが、人事である。年功序列への反動で評価や報酬を単年度業績に連動させる企業は増える一方ながら、成果主義に傾き過ぎると事業経営責任者を短期指向に駆り立ててしまう。組織を挙げて足元の落ち穂拾いに終始するのでは、首位奪取などかなうはずもない。執行役員クラスの指名や報酬に関与する方々には、自分たちが万年2位以下の原因とならないよう、ぜひ熟慮していただきたい問題である。

　最後にシリーズ第1巻との関連で述べておくと、本節の内容は第1巻第6章に呼応する。そこに登場したのは4ケースだけで、全151の高収益事業の3％にも満たなかった。ライフサイクルの成長フェーズで構えを変えるのは、外生的な変化に背中を押されでもしない限り、難しいということなのであろう。

2-1-1 川下の再編成

ケース 713　ポリカーボネート／1999年

B社：●帝人　→　A社：●三菱化学

エンプラ（4/9）
戦略C/C比率 ◀◁◇▷
戦略D/E比率 ◀◁◇▷

■帝人（連）
逆転決算期：2000.03
実質売上高：5,950億円
営業利益率：4.3％
筆頭大株主：金融機関
東名阪上場：1949.05

■三菱化学（連）
逆転決算期：2000.03
実質売上高：1兆6,450億円
営業利益率：4.2％
筆頭大株主：金融機関
東名阪上場：1950.06

●企業戦略 ▷▶▷▷▷／▶▷▷▷▷

【B社】帝人は1918年に山形県で帝国人造絹絲として設立された会社である。祖業はレーヨンで、源流は鈴木商店の金子直吉が上杉藩の製糸廃工場を買収した1915年にさかのぼる。戦後はレーヨンに注力する傍らで合成繊維への転進が遅れたが、1957年に東レと共同で英国のICI社から技術導入したポリエステル繊維が合成繊維の王者となり、1970年にはレーヨンからの撤退を完了した。また、ポリエステル繊維の川上に進出する一方で、1960年のポリカーボネートからスタートして樹脂事業への傾斜を深めていった。それ以降の多角化の矛先は多岐にわたっている。企業戦略としては、医薬品が全社売上の14％まで伸びていたことから、多核化に相当する。

ポリカーボネートは帝人にとって有力な核の一つであった。1999年当時、売上高の19％を化成品部門に依存していたが、部門を牽引するのはポリエステルフィルムで、全社を牽引するのは繊維部門であった。

なお、帝人は拙著『戦略暴走』のケース012に繊維事業で登場した。

【A社】三菱化学は1950年に東京で日本化成工業として設立された会社である。祖業はコークスで、源流は旭硝子と三菱鉱業が合弁で日本タール工業を設立した1934年にさかのぼる。戦後の財閥解体によって旭硝子および新光レイヨン（現三菱レイヨン）とは袂を分かつことになったが、1952年には三菱化成工業と社名を変更し、石炭化学から石油化学に事業を展開していった。1994年には、石油化学に挑戦すべく三菱グループ各社と英シェル社が1956年に設

立した三菱油化との統合を果たし、名実ともに三菱グループを代表する化学会社となっている。企業戦略としては、多岐にわたる事業を抱えており、多核化に相当する。

ポリカーボネートは三菱化学にとって辺境の事業であった。1999年当時、売上高の56％を機能商品部門に依存していたが、部門を牽引するのは機能化学品で、全社を牽引するのは石油化学部門であった。

なお、三菱化学は2005年に三菱ケミカルホールディングスの傘下に入り、上場を廃止した。2017年には三菱樹脂および三菱レイヨンと合併して、三菱ケミカルと社名を変更している。

●**事業戦略** ▷▷▶▷▷／▷▷▶▷▷

【製品】 ポリカーボネートは熱可塑性樹脂の一つで、ガラスのように透明でありながら、ガラスとは比較にならないほど衝撃に強いことを特長とする。そのため航空機や新幹線の窓、自動車のヘッドライトなど、至る所でガラスを置き換えている。市場にデビューしたのは1958年で、先駆者はドイツのバイエル社である。日本市場では、バイエル社から技術導入した帝人化成と三菱瓦斯化学が第1集団を形成し、自社技術で参入した出光石油化学および同社の技術を導入した三菱化成が第2集団を形成していた。

隣接市場にはPOM（ポリアセタール）やPBT（ポリブチレンテレフタレート）などがある。そのなかでポリカーボネートは群を抜いて市場が大きかった。

製品には使途に対応して様々なグレードがある。日本では1960年から工業生産が始まり、2005年前後にピークアウトするまで成長軌道を辿っていた。上位2社で市場の3分の2弱、上位5社で市場の99％を押さえ込んでおり、寡占度は高い。そこに米GE社、米ダウ社、独バイエル社が輸出品を持ち込んで参入機会を探っていた。

【B社】 ポリカーボネートについて帝人は1960年に生産を開始している。帝人は、CDの市場導入に先立つ1980年にレコードメーカーから要請を受け、翌1981年に世界で初めてCD用のグレード開発に成功した経緯があり、この用途で支配的な占有率を保っている。

■**該当セグメント**
B社：化成品
A社：機能化学

■**10年間利益率**
B社営業利益率：6.1％
A社営業利益率：6.6％

■**10年間勝敗数**
B社得点掲示板：2-8
A社得点掲示板：0-10

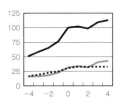

■**シェアの測定単位**
出荷重量

■**ポリカーボネート**
市場規模：35万トン

■**B社の首位君臨期間**
～1993年
1995年～1998年
2001年

■**A社の首位君臨期間**
1994年
1999年～2000年
2002年～

同業他社も開発はしているが、CDグレードの必要条件を満たしながら、生産性の向上を求める顧客の要求に追随するのに苦戦しているようである。

生産面では連結子会社の帝人化成が、販売面では帝人本体が事業主体となっていた。

エンジニアリングプラスチックのカテゴリーでは、強化PETでも首位を堅持していたが、あくまでも参入は選択的であった。

【A社】 ポリカーボネートについて三菱化成は1975年に生産を開始している。三菱油化はポリカーボネートに進出することはなかったが、その原料となるビスフェノールAには紆余曲折を経たうえで三井東圧化学と組んで1988年に進出した。また、三菱製紙系列の江戸川化学工業は1961年にポリカーボネートの生産を開始していたが、1971年に日本瓦斯化学工業と対等合併して三菱瓦斯化学となった。この三菱瓦斯化学と三菱化成はエンジニアリングプラスチック事業を統合することを決め、1994年に三菱エンジニアリングプラスチックスを折半出資で設立した。逆転の主体となったのは、この三菱エンジニアリングプラスチックスである。

生産面では、三菱エンジニアリングプラスチックスは両親会社からレジンの供給を受けて、自らはコンパウンドの生産に特化している。川上のレジンの供給量では三菱ガス化学が三菱化学を凌駕していたが、川下の光学ディスク事業は三菱化学だけが展開していた。曲がりなりにも川上から川下まで一貫体制が整っていたのは、三菱化学の特徴と言えよう。

販売面では、三菱エンジニアリングプラスチックスが主体となっていた。

エンジニアリングプラスチックのカテゴリーでは、いわゆるデパートのアプローチを採っていた。ただし、首位を堅持する市場はポリカーボネート以外に見当たらない。

【時機】 逆転が起きた頃、CD-Rの登場により、光ディスクの市場が急伸していた。しかしながら、CDからDVDへの移行期を迎え、陣営間の規格争いが激化して、不確実性も増していた。

【収益】 このケースにおける逆転は市場が急伸するなかで三菱エンジニアリングプラスチックスが帝人化成を増産速度で上回ることに

よって実現した。帝人化成は逆転年から生産量を一定に維持しており、市場の成長に追随するのを止めたように見えていた。直近では、両社間の差は10%ポイント以上に拡大している。

この逆転は収益面から見ると祝福に値する。東洋経済新報社の会社四季報未上場版によると、三菱エンジニアリングプラスチックスの純利益は逆転後に急拡大したのに対して、帝人化成の純利益は停滞している。親会社の帝人もITバブルの崩壊で化成品は赤字に転落し、2003年度から合成樹脂事業を「その他」セグメントに格下げしてしまった。2009年3月期の有価証券報告書では、ついにポリカーボネート樹脂を成長事業から課題事業に分類し直して、構造改革の対象に挙げている。

【好手】1994年11月、三菱化学はCD-Rの生産拠点をシンガポールに設置する決定を下した。それを報道する新聞記事は「CD-Rの国外量産は日本企業としては初めて」と記している。三菱エンジニアリングプラスチックスも三菱化学に引っ張られるように、タイに生産拠点を設けるプロジェクトを1995年に始動させている。

■ CD-Rの国外量産…
日経朝刊 1994.11.22

三菱化学がCD-Rで先行できたのは、三菱エンジニアリングプラスチックスの存在を無視できない。ポリカーボネートに対する技術要求が光学ディスクの規格に依存するなかで、川上と川下の統合は大きな優位になる。また、三菱化学のレジンではなく三菱ガス化学のレジンに頼ることができた面も貢献要因であった可能性がある。

いずれにせよ、好手を繰り出した時点で三菱化学は情報電子分野で数百億円の売上をあげており、「価格下落などで利益は減る傾向にある」ことを知っていた。生産拠点を海外に移すことにより為替変動を中立化し、コスト優位を築いた三菱化学は、世界市場でCD-Rの覇者となっていき、川上のポリカーボネートにおいても三菱グループに派生需要をもたらしたものと思われる。

■ 価格下落などで…
日経産業 1995.5.9

■ 主要記事
日経産業 1995.4.20
日経産業 1995.10.27
日経産業 1996.3.26
日経産業 1996.8.29
日経産業 1996.10.15
日経産業 1996.12.5
日経産業 1997.4.8
日経産業 1998.2.3
日経産業 1999.2.23

他方で帝人化成は1995年に入ってからも松山工場で増産体制を築いていた。海外に販売拠点を設けると発表したのは1996年8月、シンガポールでの生産に乗り出したのが1999年夏のことで、増産体制が整う前にITバブルの崩壊に遭遇する羽目に陥ってしまった。

■こばやし・よしみつ
誕生：1946.11
社員：1974.12-2003.06
役員：2003.06-
社長：2007.04-2012.04
会長：2012.04-

■世界のハードディスク…
　記憶媒体はまだまだ…
日経産業 1997.5.2

■総合化学メーカー…
日経金融 1997.12.26

■主要記事
毎日新聞 2016.8.2

●戦略旗手▷▷▷▷▶理系社員

【人物】このケースで戦略を推進したのは三菱化学の小林喜光氏である。小林氏は1994年の4月に薄膜研究所の部長研究員から記憶材料事業部の主席に異動していた。その主席時代に乱戦を制するための戦略構想を立て、1996年の6月に記憶材料事業部長に昇進したあとは次から次に先手を打つことによって、記憶材料事業を世界一にしてみせた。その功績で、小林氏は三菱化学の社長の座を射止め、経済同友会の代表幹事にも就任している。

【着想】小林氏の決断は確かな見識に基づいている。生産拠点としてシンガポールを選んだ理由を問われて「世界のハードディスクメーカーもシンガポールやマレーシアに拠点を移している」と答えることは、一般の日本人にはまず無理であろう。入社前にイスラエルやイタリアに留学した経験や、ハードディスク事業に携わった経験が、視点の置き方を変えたに違いない。

　同じ取材のなかで小林氏は「記憶媒体はまだまだ流動的な市場だ。需要の流れを見極めて素早く対応する俊敏さが必要だ」とも語っていた。その年の末には「総合化学メーカーが多角化事業として手掛ける記憶ディスク事業に格差が生じている」と報じられ、三菱化学の独り勝ちが明らかになっている。

［参照文献］
布施正孝「CDに使用されるポリカーボネート樹脂」『JETI』1996年10月
中田道生「ポリカーボネートの現状と将来展望」『高分子』1997年8月
布施正孝「ポリカーボネート」『プラスチックス』1999年1月
高田聡明「ポリカーボネートの需給動向」『工業材料』1999年4月

大衆薬（15/23）
戦略C/C比率◀◇◇▷
戦略D/E比率◀◇◇▷

■スミスクライン
　ビーチャム（単）
逆転決算期：1995.12
実質売上高：270億円
当期利益率：2.9%

ケース 714　　**鼻炎薬／1995年**

B社：◉スミスクラインビーチャム → A社：◉大正製薬

●企業戦略▷▶▷▷▷／▶▷▷▷

【B社】スミスクラインビーチャムコンシューマーヘルスケアは1987年にスミスクライン・住薬として設立された会社である。設

立母体となったスミスクラインの源流は1830年、ビーチャムの源流は1843年までさかのぼる。スミスクラインは処方薬について1977年に藤沢薬品工業と日本で合弁を設立して1982年に営業を開始したが、大衆薬については住友化学と組むことにして、1987年に合弁をスタートさせていた。企業戦略としては、単純な専業である。

鼻炎薬はスミスクラインビーチャムコンシューマーヘルスケアにとって主力中の主力製品であった。

なお、米国のスミスクライン・ベックマンは1989年に英国のビーチャムグループと合併し、さらに2000年に英国のグラクソ・ウエルカムと合併している。スミスクライン・住薬は、1991年に住友製薬が株式を譲渡してスミスクラインビーチャムコンシューマーブランズとなり、社名をスミスクラインビーチャムコンシューマーヘルスケアに変更したのち、処方薬を扱うスミスクラインビーチャム製薬に1997年に吸収されている。

【A社】大正製薬は1928年に東京で大正製薬所として設立された会社である。祖業は滋養強壮剤で、源流は1912年までさかのぼる。設立直後から薬局の系列化を進め、戦後はいち早くラジオを宣伝媒体として活用した。こうして知名度を高めたうえで1962年に発売した「リポビタンD」が大ヒットして、盤石の体制ができあがった。その後は大衆薬で日本の頂点に登り詰め、1980年代から処方薬への進攻と海外展開を試みている。企業戦略としては、滋養強壮ドリンク剤と大衆薬が2本柱で、販路を活かした水平多角化になっている。

鼻炎薬は大正製薬にとって主力製品から分岐した枝であった。1995年当時、売上高の45％を薬剤部門に依存しており、その部門内で鼻炎薬の生産シェアは4％であった。部門を牽引するのは風邪薬や胃腸薬で、全社を牽引するのは滋養強壮剤部門であった。

なお、大正製薬の滋養強壮ドリンク剤は本シリーズ第1巻に高収益事業のケース875として登場した。

■筆頭大株主：親会社
東名阪上場：―

■**大正製薬**（単）
逆転決算期：1996.03
実質売上高：2,140億円
営業利益率：25.4％
筆頭大株主：実質創業家
東名阪上場：1963.09

●**事業戦略**▷▷▷▷▷／▷▷▶▶▷

【製品】鼻炎薬は風邪薬のサブカテゴリーで、医薬品として鼻炎に

■該当セグメント
B社：―
A社：セルフメディケーション

第2章 構えの再編

対する薬効を認められたものである。1990年前後から鼻炎薬の主流は抗アレルギー剤に移行していった。鼻炎薬の市場は1975年から20年で4倍以上に拡大している。

隣接市場には総合感冒薬があり、鼻炎薬の5倍以上の市場規模を保っていた。症状別の感冒薬のなかでは、解熱鎮痛剤や咳止め薬が鼻炎薬を上回っている。

製品には点鼻薬と服用薬の種別がある。参入メーカーが多く、寡占度は中庸を保っている。

【B社】鼻炎薬についてスミスクラインビーチャムコンシューマーヘルスケアは1966年に上市した「コンタック600」で勝負していた。これはケトチフェンを有効成分とするアレルギー性鼻炎治療薬で、1日2回服用タイプであった。総合感冒薬の「コンタック」は、そこから派生した隣接薬である。

生産面では、群馬県の高崎市に工場と研究所を設けていたが、アイルランドやシンガポールやイギリスの拠点を補完する役割を担う存在と思われる。

販売面では、医薬卸に頼っていた。

大衆薬カテゴリーでは、鼻炎薬に顔を出すだけで、ほかの市場には名を連ねていない。

【A社】鼻炎薬について大正製薬は1965年に上市した「パブロン点鼻薬」と後続の改良製品で勝負していた。これは、1927年に上市された「パブロン」シリーズの派生商品で、1978年には「パブロン鼻炎カプセル」、1984年には「パブロン鼻炎カプセルL」を追加している。点鼻薬は血管収縮薬の塩酸ナファゾリン、カプセルは血管収縮薬の塩酸フェニルプロパノールアミンを主たる有効成分としていた。総合感冒薬では「パブロン」が首位の座を揺るぎなきものとしており、そのブランドの傘の下で展開する鼻炎薬には有利な状況があった。

生産面では、大宮と岡山に自社工場があり、東西分業体制が整っていた。

販売面では、中間流通マージンを省く直販制度を採るほか、薬局を株主とする株主特約店制度を敷き、薬局経由のプッシュ販売を重視する戦略を追求してきた。薬局を側面支援する広告宣伝でも他社

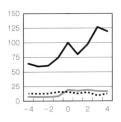

■10年間利益率
B社営業利益率：―
A社営業利益率：21.7%

■10年間勝敗数
B社得点掲示板：―
A社得点掲示板：10-0

■シェアの測定単位
出荷金額

■大衆向け鼻炎薬
市場規模：190億円

■B社の首位君臨期間
1983年～1994年

■A社の首位君臨期間
1995年～

を凌駕しており、大衆薬ナンバーワンの地位は揺るぎそうにない。

　大衆薬カテゴリーでは、一部のニッチ市場を例外として、ほぼ全市場に参入し、首位争いに絡んでいた。まさに大衆薬の王者である。

【時機】 逆転が起きた頃、日本では日米構造協議の余波が小売業界に及び始めていた。1992年の1月には大規模小売店舗法が改正され、さらに1993年の4月には再販売価格維持契約の見直し第1弾が施行されている。後者の対象品目には鼻炎薬も含まれていた。

　こうした動きと並行するようにして、ドラッグストアの出店が目立つようになり、薬局もカウンターを取り払い、半セルフサービス型に移行し始めた。たとえばマツモトキヨシは1990年に株式を店頭登録して、ドラッグストアの出店攻勢を1994年に始めている。

　それとは別に、1991年に花粉症の患者が1千万人を超えるという推計値が発表され、厚生省が本格的な研究に乗り出すというニュースも流れていた。

【収益】 このケースにおける逆転は市場が急伸するなかで一気に起きている。スミスクラインビーチャムコンシューマーヘルスケアがフラットに推移したのに対して、大正製薬は1年で生産金額を倍にしてみせた。

　この逆転は収益面から見ると祝福に値する。大正製薬の営業利益は1995年度も1996年度も大幅増益を記録し、売上高営業利益率も上昇した。他方でスミスクラインビーチャムコンシューマーヘルスケアのコンタックは、その後も凋落が著しい。直近では、両社間の差は優に10%ポイントを超えている。

【好手】 1994年12月、大正製薬はBJ（ビッグジャンプ）プロジェクトをスタートさせた。これは「商品の選択からライフプランに至るまで、生活者が自分で判断する時代が到来した」という認識のうえに立ち、カウンター越しの対面販売型（OTC）事業をセルフメディケーション事業に転換しようとする試みであった。言い換えると、従来のプッシュ型マーケティングをプル型マーケティングに切り替える180度の方向転換を意味していた。

　この大転換によって、大正製薬は興隆著しいドラッグストアに食い込むことができたのではなかろうか。それに対してスミスクラ

■商品の選択から…
90年史

■主要記事
日経産業 1987.8.4
日経朝刊 1991.8.18
日経朝刊 1993.7.26
日経流通 1995.3.25

■うえはら・あきら
誕生：1941.04
社員：1977.04-1977.06
役員：1977.06-
社長：1982.06-
会長：—

■商売は戦いだ…
日経ベンチャー 1996.7

■主要記事
財界にっぽん 1993.8

家庭電器製品（18/25）
戦略C/C比率◀◁◇▷
戦略D/E比率◀◁◇▷

■松下電器産業（連）
逆転決算期：1995.03
実質売上高：6兆6,700億円

インビーチャムコンシューマーヘルスケアは、組織変更が相次いだことにより、マーケティング手法の切り替えが遅れたのかもしれない。

●戦略旗手▷▶▶▶▷第3世代同族経営者

【人物】このケースで好手を放ったのは大正製薬の上原明氏と考えられる。明氏は、住友銀行の頭取を務めた堀田庄三氏の二男である。大学卒業後はNECに勤務していたが、大正製薬創業者の長男で2代目社長を務めていた昭二氏の長女と結婚して婿養子となり、3代目社長に就任した。90年史は、この明氏が時代の変化を真摯に受け止めて、180度転換の号令をかけたと記している。

【着想】明氏の決断は入念な事業環境の観察に基づいている。明氏は、昭二氏の後継指名を受けるに際して熟慮しており、全力を尽くす決意で受諾した。受諾すると創業者夫妻による講義が始まり、明氏は毎夜の特訓に耐え抜いたという。その特別講義のなかに「商売は戦いだ。ただ、この戦いは進行がきわめて緩慢だから、なかなか戦っているという実感を持ち得ない人が多い。ところが、本人たちが気づかない間にじりじりと進み、優勝劣敗が決まってしまう。勝者は繁栄して業界に君臨し、敗者は倒産して陋巷（ろうこう）に斃死（へいし）してしまう」という一節があり、その教訓を胸に秘め、明氏は変化への感度を研ぎ澄ませたに違いない。

［参照社史］
『大正製薬80年史』1993年
『大正製薬90年史』2002年
［参照文献］
江阪宏「鼻炎治療剤の市場動向」『国際商業』1997年2月

ケース715 大容量全自動洗濯機／1994年

B社：●松下電器産業　→　A社：●日立製作所

●企業戦略▶▷▷▷▷／▶▷▷▷▷

【B社】松下電器産業は1935年に大阪で設立された会社である。祖

業は配線器具で、源流は1918年までさかのぼる。個人創業した後はM&Aを駆使してラジオや乾電池や家電製品に手を拡げ、1933年に事業部制を導入した。戦後は1957年にオランダのフィリップス社と提携し、テレビに進出している。そこから白物と黒物を包含する総合家庭電器メーカーとして日本トップの座に登り詰め、垂直統合体制を固めていった。企業戦略としては、販路を核として家電製品の水平多角化を進める傍らで、コストリーダーシップを狙って垂直統合を同時に推進してきた。エンターテイメントを提供する黒物については多国化も追求している。子会社を通じて官需に手を拡げたのは、技術を核とした水平多角化に相当する。

　洗濯機は松下電器産業にとって水平多角化の一例である。1994年当時、売上高の14%を家庭電化機器部門に依存していたが、部門を牽引するのは冷蔵庫で、全社を牽引するのは情報・産業機器部門であった。

　なお、松下電器産業は拙著『戦略暴走』に子会社の松下寿電子工業が情報機器でケース112として登場した。この寿のような子会社群を完全子会社化したうえで、松下電器産業は社名を2008年にパナソニックと変更した。さらに兄弟企業に相当する三洋電機とパナソニック電工も2011年に完全子会社化している。

【A社】日立製作所は1920年に茨城県で久原鉱業からスピンアウトして設立された会社である。祖業は鉱山用電気機械の修理で、源流は1910年までさかのぼる。戦後は水力・火力発電機用機器、家庭電器、電子機器の製造と事業を拡大しつつ、日本を代表する総合電機メーカーの地位を確固たるものにした。独自の工場プロフィットセンター制を築き上げ、古い工場から新しい工場群をスピンオフすると同時に、本体から日立金属や日立化成工業や日立建機をスピンオフしてきた歴史は日本でも異彩を放っている。企業戦略としては、電気の需要サイドと供給サイドを別々に技術の核として水平多角化を進めると同時に、素材まで遡及する包括的な川上の統合を推進してきたが、1980年前後からソフトウェアによる制御を新たな核とし直す再編が静かに進行している。グループとしては多核化に該当する。

　洗濯機は日立製作所にとって需要サイドにおける水平多角化の

営業利益率：3.7%
筆頭大株主：金融機関
東名阪上場：1949.05

■日立製作所（連）
逆転決算期：1995.03
実質売上高：7兆2,890億円
営業利益率：4.0%
筆頭大株主：金融機関
東名阪上場：1949.05

一例である。1994年当時、売上高の10％を家庭電器部門に依存していたが、部門を牽引するのは冷蔵庫で、全社を牽引するのは情報・エレクトロニクス部門であった。

なお、日立製作所は拙著『戦略暴走』にグループ企業の日立工機のプリンター事業がケース036、日立金属の磁気ヘッド事業がケース110、日立電線の光ファイバー事業がケース116として登場した。逆に本シリーズ第1巻には日立粉末冶金の黒鉛塗料が高収益事業のケース644として登場している。

●事業戦略 ▷▶▷▷▷／▷▶▷▷▷

【製品】全自動洗濯機は、モーターと洗剤の力で衣類を洗浄する家庭電器製品のうち、注水から脱水までの全工程を自動で進める機種を指す。大容量とは、一度に洗える衣類の量が、乾燥重量にして5キロ以上であることを意味していた。内部機器の小型化が進んだことから、境界線は1994年度から6キロに引き上げられている。

洗濯槽と脱水槽を一体化した全自動洗濯機は、1937年に米国で特許が成立したが、初号機は床に固定するタイプであった。それが1950年代に現在と同じフリースタンディングとなり、1970年代に入って普及期を迎えるに至っている。その頃はタイマー制御に頼っていたが、1990年代にはマイコン制御に置き換わった。家事を電化する白物家電製品としては、冷蔵庫と並んで双璧を成している。

隣接市場には大容量でない全自動洗濯機や全自動でない洗濯機があった。逆転当時は、洗濯機の8割弱が全自動タイプで、全自動洗濯機の3台に1台が大容量であった。全自動化および大容量化の流れは今日まで続いており、大容量の全自動洗濯機は、家電製品のなかでも成長著しいカテゴリーとなっている。

製品には洗浄力や静粛性のほか、省エネや節水という軸で特長を打ち出す競合機種が併存していた。ほかに洗濯可能な対象を拡大したり、洗濯時間を短縮したり、日常の手入れが簡単で、衣類が傷まない工夫をしたり、メーカー側の訴求点には際限がない。ただし、消費者にしてみれば何年にもわたって毎日のように使う製品だけに、メーカーの信用力を問うのであろう。市場は上位2社で5

■該当セグメント
B社：アプライアンス
A社：民生機器

■10年間利益率
B社営業利益率：5.1％
A社営業利益率：▲2.6％

■10年間勝敗数
B社得点掲示板：0-10
A社得点掲示板：0-10

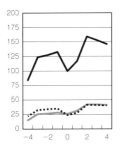

■シェアの測定単位
出荷台数

■大容量全自動洗濯機
市場規模：130万台

■B社の首位君臨期間
1979年～1987年
1989年～1993年

■A社の首位君臨期間
1988年
1994年～2006年
2012年～

割、上位5社で9割を制していた。

【B社】 洗濯機について松下電器産業は1951年に丸形の攪拌式、1954年に角形の噴流式を投入している。逆転時点では、非全自動が12％、中小型全自動が51％、大型全自動が37％という構成（台数ベース）になっていた。商品としては、洗濯槽のステンレス化で後れをとったものの、「ニューロファジィ」と「W滝洗い」を挽回策として投入していた。

生産面では、電化調理機器および乾燥機も担当していた大阪の三国工場と、洗濯機専業の静岡工場が主要拠点となっていた。のちに国内生産は静岡工場に集約されている。基幹部品のモーターは別部門で内製していた。

販売面では、家電全般を扱うリビング営業本部が取り仕切り、系列のナショナルショップ主体に商品を卸す体制を敷いていた。この販路が売上に占める割合は、全体の半分を超えていた。

家庭電器製品カテゴリーでは、冷蔵庫、洗濯機、電気掃除機、扇風機、電気コタツ、電気毛布、電子レンジ、電気炊飯ジャー、電気アイロン、ジューサーミキサー、トースターと主要製品分野で首位を堅持していた。例外は換気扇くらいなもので、ほぼ全制覇と言ってよい。

【A社】 洗濯機について日立製作所は1952年に角形の攪拌式を投入している。逆転時点では、非全自動が22％、中小型全自動が41％、大型全自動が37％という構成（台数ベース）になっていた。商品としては、洗濯槽の大型化やステンレス化、脱水時間の短縮、風呂の残り湯を利用した節水機能などで先陣を切り、「静御前・カラッと脱水・お湯取物語」という訴求点の重畳化で勝負に出ていた。

生産面では、日立市にある多賀工場が洗濯機と掃除機を包含する電化機器事業部の拠点となっていた。基幹部品のモーターは別部門で内製していた。

販売面では、子会社の日立家電が営業を担っていたが、ナショナルショップに匹敵する系列店は抱えていなかった。

家庭電器製品カテゴリーでは、全製品分野に参戦はしていたものの、首位争いに絡むのは洗濯機と冷蔵庫だけであった。

【時機】逆転が起きた頃、日本では家電量販店が全国展開の基盤を整えつつあった。現金・大量仕入を武器にして安値を実現する手口が頼みの綱であったことから、いずれも多店舗化を競い合い、1980年代の半ばまでは発祥の地の北関東にとどまっていたものの、1980年代後半には上信越や東北・北海道まで戦線は拡大していった。1990年代に入ると、大規模小売店舗法の規制緩和を受けて、店舗の大型化も始まった。「Windows 95」が発売されたあとは、PCを目玉商材として、本格的な全国展開のフェーズに入っている。

【収益】このケースにおける逆転は急伸した市場が反動で揺り戻す踊り場で起きている。松下電器産業が市場に合わせて生産を落としたのに対して、日立製作所が強気を貫いたことにより、大差が一気に埋まって逆転が実現した。

　このケースはボーダーラインに位置するもので、ほかと比べると占有率が安定しているとは言い難い。前後を視界に取り込むと、1988年に日立製作所が首位を奪取したことがあるものの、このときは松下電器産業が1年で巻き返しに成功している。また、2007年から2011年のあいだは東芝が首位に躍り出た。直近では日立製作所が首位に返り咲いているものの、上位3社間で小数点領域を争う接戦が続いている。消費者向けの製品としては、相対的に安定した逆転のケースと見なして、ここでは取り上げることにした。

　この逆転は収益面から見ると祝福に値しない。日立製作所の家庭電器事業は赤字基調で推移しており、1996年度に念願の黒字転換を果たしたものの、また赤字圏に沈んでいる。それに対して松下電器産業は堅調に黒字で推移していた。

　強い販路を持たない日立製作所にしてみれば、家電量販店の台頭は渡りに船と映ったに違いない。奇しくも、YKKと呼ばれたヤマダ電機、コジマ、カトーデンキ販売（のちにケーズデンキ）は、いずれも日立製作所と同じ北関東をホームグラウンドとしており、彼らと取り引きすれば、物流や倉庫の管理が不要となる。大幅に仕切り値を下げても、損して得を取る方法が視野に入ることから、楽な商売に走ったのではなかろうか。言うなれば、市場占有率を買ったわけである。

【好手】1988年1月、松下電器産業はナショナルショップの抜本改革に着手する方針を社内で共有した。狙いは単純明快で、台頭する家電量販店への対抗策であった。

ナショナルショップは全国に2万5千店ほどあったが、それを地域ごとに「パナチェーン」として組織化することにより、量販店とは逆方向から「多店舗化」を実現する。そのために地域ごとに強い販社を作り、その販社とショップをオンラインで結ぶ。さらに量販店のような統一感を持たせるために、各ショップは規模に合ったモデル店舗に倣って改装する。以上が改革の骨子であった。その背後には、必要な投資に耐えられないショップは切り捨てて、強いショップを集中支援する構想が透けて見えていた。そして、残るショップのオーナーを実質上の店長に格下げして、本部から統制することにより、家電量販店の相似形に持ち込む狙いも明らかであった。

ナショナルショップは1990年代に顕著となった量販店の店舗大規模化に追随できず、当初の狙いが完全に実現したとは言いがたい。しかしながら、2003年時点で電化製品の売上の4割は系列ショップ店経由であり、松下電器産業にしてみれば、家電量販店に対抗する代替販路として見事に機能していた。この代替販路の存在が、家電量販店との交渉を有利に進めるカードとなることは言うまでもない。それゆえ短期的に市場占有率が犠牲になっても、ショップ強化策は功を奏したと評価すべきであろう。

●**戦略旗手**▷▷▷▶▶**操業経営者**
【人物】このケースで好手を放ったのは松下電器産業の佐久間昇二氏である。1983年2月に取締役に就任した佐久間氏は、その時点で中部家電総括部長から経営企画担当に職責が変わり、その9ヵ月後に家電営業本部長に抜擢された。1985年2月には常務、1986年2月には専務、1987年2月には副社長とトントン拍子で昇進していることから、社長や会長からの信任が厚かったことがわかる。

信任の素地となったのは、佐久間氏が1985年1月に始めた「変身ショップ作戦」と思われる。この作戦は1年後に大阪府摂津市内のモデル店舗に結実し、そこにナショナルショップのオーナーを集

■**主要記事**
日経産業 1995.5.9
日経産業 1998.10.20

■**さくま・しょうじ**
誕生：1931.11
社員：1956.04-1983.02
役員：1983.02-1992.03
社長：—
会長：—

めて研修会を催すという流れができあがった。そこから形を現した「新ナショナル・ショップ」構想が周囲を納得させ、1988年1月の方針発表につながったと解釈するのが自然であろう。バイタリティ溢れる行動力には、目を見張らざるを得ない。

【着想】 佐久間氏の決断は「10年間のうちに全店を"変身"させる」という言葉に滲み出ている。訪問販売中心の営業指導を重ねてきた結果、店舗のリフレッシュが立ち遅れたとみたに違いない。

［参照社史］
『開拓者たちの挑戦―日立100年の歩み』2010年
［参照文献］
「最新電子機器の徹底解剖 全自動洗濯機」『電子技術』1991年11月

■**10年間のうちに全店…**
日経産業 1986.3.6

■**主要記事**
日経夕刊 1986.2.28

2-1-2 川上の再編成

ケース 716

液晶ポリマー／1993年

B社：●住友化学工業 → A社：●ダイセル化学工業

エンプラ（4/9）
戦略C/C比率◁◇▷▷
戦略D/E比率◁◇▷▷

■**住友化学工業**（連）
逆転決算期：1993.12
実質売上高：8,970億円
営業利益率：3.9%
筆頭大株主：金融機関
東名阪上場：1949.05

■**ダイセル化学工業**（連）
逆転決算期：1994.03
実質売上高：2,070億円
営業利益率：1.7%
筆頭大株主：金融機関
東名阪上場：1949.05

●**企業戦略**▶▷▷▷▷／▶▷▷▷▷

【B社】 住友化学工業は1925年に新居浜で住友肥料製造所として設立された会社である。祖業は過燐酸石灰肥料で、源流は1913年までさかのぼる。当初は銅の精錬から発生する硫酸の処理に主眼を置いていたが、すぐに肥料の生産が事業目的になり、アンモニアやアルミニウムに手を拡げていった。戦後は石油化学に進出し、大阪、千葉、大分やシンガポールでもコンビナートを運営するに至っている。企業戦略としては、ナフサから川下に向けた垂直多角化を基調とするが、アルミニウムも扱っており、多核・多国化に相当する。

液晶ポリマーは住友化学工業にとって垂直多角化の一例である。1993年当時、売上高の5%をアドバンスト・マテリアル部門に依存していたが、部門を牽引するのはフォトレジストで、全社を牽引するのは汎用の基礎化学品部門であった。

なお、住友化学工業は拙著『戦略暴走』にアルミニウム事業がケース060として登場した。

【A社】 ダイセル化学工業は1919年に堺で大日本セルロイドとして設立された会社である。社名が示唆するように、これはセルロイドメーカー8社が第一次世界大戦後の不況下において大同団結して生まれた会社で、源流は1908年までさかのぼる。1934年に富士写真フイルムをスピンオフして、自らは有機合成事業に手を拡げ、1958年には煙草フィルタートウ、1987年にはエアバッグを事業化している。企業戦略としては、祖業のセルロースと酢酸をコアとして、その川下で誘導品を広く展開する垂直多角化に相当する。

液晶ポリマーはダイセル化学工業にとって垂直多角化の一例で

第2章 構えの再編

ある。1993年当時、売上高の18%を合成樹脂部門に依存していたが、部門を牽引するのはASやABSの非汎用樹脂であった。会社を牽引するのは有機合成部門である。

なお、ダイセル化学工業の酢酸セルロース事業は高収益をあげており、本シリーズ第1巻にケース854として登場した。

■該当セグメント
B社：情報電子化学
A社：合成樹脂

■10年間利益率
B社営業利益率：3.3%
A社営業利益率：6.5%

■10年間勝敗数
B社得点掲示板：2-8
A社得点掲示板：0-10

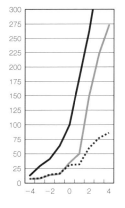

■シェアの測定単位
出荷重量

■液晶ポリマー
市場規模：推定30億円

■B社の首位君臨期間
1988年～1992年
2008年～

■A社の首位君臨期間
1993年～2007年

◉事業戦略▷▷▷▶▷/▷▷▷▶▶

【製品】液晶ポリマーは、固体と液体の性質を兼ね備えた状態を示す樹脂の総称で、寸法安定性、流動特性、機械的強度、耐熱性などに優れることから、スーパーエンジニアリングプラスチックの一つに数えられる。起源は新しく、米国イーストマン・コダック社の研究成果に触発されて、1974年頃から開発レースがスタートした。

隣接市場には高温に耐える結晶性のPPS（ポリフェニレンスルファイド）樹脂などがあり、成長途上の液晶ポリマーとは比較にならないほど大きな市場を形成していた。

製品には様々なバリエーションが存在するにもかかわらず、上位2社で市場の7割を押さえ込んでおり、寡占度は異様に高かった。

【B社】液晶ポリマーについて住友化学工業は1975年から取り組んでいる。米国のカーボランダム社から技術を導入したものの先方が撤退してしまい、自主開発に切り替えて全芳香族ポリエステル系で耐熱性の高いグレードの製造を1983年に開始した。1986年には、冷凍庫から出した直後に260度のオーブンに入れることができる食器を世に問い、1993年に投入した改良品は電子部品の封止材に採用されたという。

エンジニアリングプラスチックのカテゴリーでは、総合化学メーカーと言われながら、参画できている市場は液晶ポリマーに限られていた。

【A社】液晶ポリマーについてダイセル化学工業は、1962年に米国のセラニーズ社から持ちかけられて設立した55%合弁のポリプラスチックスに事業展開を委ねていた。そのポリプラスチックスはセラニーズ社から液晶ポリマーを輸入して、1985年12月から国内販売を開始している。市場投入しているグレードは全芳香族ポリ

エステル系で、耐熱性を犠牲にして成形性を引き上げたものであった。照準を合わせたのは電子部品や自動車部品用とされている。

　エンジニアリングプラスチックのカテゴリーでは、ポリプラスチックスがPOM（ポリアセタール）で圧倒的な首位の座を堅持していた。ほかにもPBT（ポリブチレンテレフタレート）とPPS（ポリフェニレンスルファイド）でも首位争いを演じており、横断的に存在感を発揮している。

【時機】 逆転が起きた頃、Windows 3.1の登場により、パーソナルコンピューターが本格的に普及し始めていた。しかも、米国のアップルコンピューター社が1991年に液晶パネルを搭載したパワーブックを市場投入したことから、ノート型の市場が初めて立ち上がる気配を見せていた。それに伴い、電子基板は高密度実装を迫られるようになり、耐熱性と成形性を併せ持つスーパーエンジニアリングプラスチックが脚光を浴びるようになっていた。

【収益】 このケースにおける逆転は市場が垂直に立ち上がるなかで投資速度においてダイセル化学工業が住友化学工業を凌駕することで実現している。

　この逆転は収益面から見ると祝福に値する。投資負担が重いため、ポリプラスチックスは逆転後に減益路線を歩んだが、経験曲線の理論に照らせば合理的な投資行動と言えよう。

【好手】 1984年6月、ポリプラスチックスはセラニーズ社とコンパウンディングおよび原料供給契約を締結し、紡糸用途を除く液晶ポリマーの日本における販売権を確立した。注目に値するのは輸入で市場を立ち上げようとした点である。

　ダイセル化学工業は、セラニーズ社が開発したPOM樹脂を販売すべく、1962年にポリプラスチックスを設立したが、早くも1967年には国産化を成し遂げている。同様にPBT樹脂もラインアップに追加して、国産汎用エンジニアリングプラスチックの品揃えを拡充していた。液晶ポリマーの追加は、スーパーエンジニアリングプラスチックにステップアップすることを意味していた。

　興味深いことに、ポリプラスチックスの社史は液晶ポリマーについて「1キロあたり数千円という価格水準は、従来のプラスチック

に対する感覚では高価であるとの印象を与えていた。セラニーズ社での製造の効率化が進み原価低減の方向に向いていたこともあり、ここで市場価格を修正することによってなおいっそう市場拡大を図ることを目的に、1986年10月値下げを断行した。そしてその後も需要動向や競合メーカーの動向を見極めながら、数回にわたり価格改定を実施し、市場拡大に努めた」と記している。立ち上げのフェーズで、経験曲線を念頭においたシェア争いが起きていたことが行間に滲み出ている。

そこで、米国からの輸入に頼ったポリプラスチックスには円高という追い風が吹いたことは特筆に値する。コストが円ベースで発生する住友化学工業に対して、図らずもポリプラスチックスはコスト優位を築いたことになる。ただし、国産化を遅らせた理由はPOM樹脂のときと同じで、いきなり国産化するのでは市場が想定どおり立ち上がらなかったときの損失が大きいという類である。

■主要記事
日経産業 1986.10.21
日経朝刊 1987.7.31
日経産業 1987.9.25
日経産業 1989.2.7
日経産業 1990.10.31

■かすが・たくぞう
誕生：1927.04
社員：1952.04-1964.00
役員：―
社長：―
会長：―

■仕事の進め方や…
日化協月報 1991.9

●戦略旗手▷▷▷▶▶操業経営者
【人物】このケースで戦略を推進したのはポリプラスチックスの春日卓三氏と思われる。春日氏は大日本セルロイドの合成樹脂調査室に在籍し、ポリプラスチックスには設立時点から関与してきた人物である。設立後はポリプラスチックスに転身して、営業、製造、研究開発と全主要部門を経験したうえで、1980年に取締役、1983年に常務取締役、1986年に専務取締役、1989年に社長に指名されている。液晶ポリマーの国産化を遅らせたのは、春日氏と考えるのが自然であろう。
【着想】春日氏の決断は、セラニーズ社に対する信頼に基づくものと思われる。春日氏はダイセル化学工業に在籍していたときに休職して、米国のケース工科大学に留学を果たしている。それについて当人は「仕事の進め方やアメリカ人のものの考え方などは、勉強になりました」と述べていた。また、春日氏はPOM樹脂の国産化プロジェクトにも工場の建設段階から携わった経験を持つ。

　［参照社史］
　『住友化学株式会社史 開業百周年記念』2015年
　『ポリプラスチックス30年のあゆみ』1994年

[参照文献]
「期待拡がる液晶ポリマー」『プラスチックス』1988年9月
岡田常義「液晶ポリマー」『プラスチックス』1989年1月

ケース 717 切符自動販売機／1984年

B社：⊙神鋼電機 → A社：◉立石電機

自動販売機（6/10）
戦略C/C比率◀◁◇▷
戦略D/E比率◀◁◇▷

■神鋼電機（連）
逆転決算期：1985.03
実質売上高：880億円
営業利益率：4.4%
筆頭大株主：神戸製鋼所
東名阪上場：1952.03

■立石電機（連）
逆転決算期：1985.03
実質売上高：3,220億円
営業利益率：10.3%
筆頭大株主：創業家
東名阪上場：1965.08

◉企業戦略 ▶▷▷▷▷／▶▷▷▷▷

【B社】神鋼電機は1949年に神戸製鋼所の財閥解体に伴って設立された会社である。民需転換を図るなかで創発的に手掛けた電動機、発電機、金銭登録機、扇風機などの事業を継承したが、三次にわたる人員整理を余儀なくされ、家電からは撤退した。その結果、重電機器を主力として、振動機器、産業車両、航空機用電装品、事務用機器が補完する稀有なポートフォリオが完成した。企業戦略としては、工場ごとの多核化に該当する。

切符自動販売機は神鋼電機にとって核の一つである。1984年当時、売上高の20%を電子精密機器部門に依存していたが、その電子精密機器部門のなかで切符自動販売機の生産シェアは5%にとどまっていた。部門を牽引するのは一般電子機器で、全社を牽引するのは重電機器部門であった。

なお、神鋼電機は2009年に社名をシンフォニアテクノロジーに変更している。その背景として、神戸製鋼所の持株比率が劇的に下がった事実がある。

【A社】立石電機は1948年に大阪で設立された会社である。祖業はレントゲン写真撮影用タイマーおよび誘導形保護継電器で、源流は1933年までさかのぼる。飛躍の原点となったのはマイクロスイッチで、それを無接点リレーに置き換えつつ、川下の応用商品を次から次へと市場に投入していった。1955年に研究子会社、1960年に中央研究所を立ち上げるなど、早くから研究重視の姿勢を打ち出し、1963年には自社でコンピューターも開発している。製品は多岐にわたるが、いずれもオートメーションの実現という点で共通している。企業戦略としては、中核部品を内製し、その川

下展開に自ら挑む行き方を選んでおり、垂直多角化と言えよう。ドメイン定義は機能的で、「サイバネティックス」である。

切符自動販売機は立石電機にとって川下の基幹事業であった。1984年当時、売上高の7％を公共サービスシステム部門に依存していたが、その公共サービスシステム部門のなかで切符自動販売機の生産シェアは14％である。部門を牽引するのは自動券売機で、全社を牽引するのはリレーやスイッチから成る制御機器部門であった。

なお、立石電機は拙著『戦略暴走』のケース050に登場するが、これは数少ない前向きの事例である。現社名はオムロンで、1990年に変更している。

■該当セグメント
B社：電子精密機器
A社：ソーシアルシステムズ

■10年間利益率
B社営業利益率：4.2％
A社営業利益率：4.5％

■10年間勝敗数
B社得点掲示板：0-10
A社得点掲示板：0-10

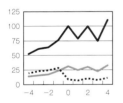

■シェアの測定単位
生産金額

■切符自動販売機
市場規模：100億円

■B社の首位君臨期間
1975年〜1983年

■A社の首位君臨期間
〜1974年
1984年〜

◉事業戦略 ▷▷▶▷▷／▷▷▶▷▷

【製品】切符自動販売機は、ユーザーに選択肢多数を示し、ユーザーが選んだ選択肢と符合する切符と、投入金額と徴収代金の差額を釣り銭として自動排出する機械である。本格的なものは20世紀前半に登場していたが、日本で広く普及し始めたのは、100円硬貨と新50円硬貨が発行された1967年からのことである。国鉄は早くも1967年に都市部の近距離乗車券用に自動券売機を導入している。その後は機能改善の連続で、コモディティ化も進んでいなかった。

隣接市場には両替機があり、市場の規模では切符自動販売機と肩を並べていた。プレーヤーは切符自動販売機と重なっていたが、両替機には専業メーカーもいた。両者とも紙幣・硬貨のハンドリング機構を必要としたが、切符自動販売機は券に文字を印刷する機構も不可欠で、その分だけ難度、そして参入障壁が高かった。

製品には単能式か多能式かの種別があり、上位2社が市場の過半を握り続けていた。

【B社】切符自動販売機について神鋼電機は1968年に「三八四駅型」という多能式券売機を発表していた。これはキャッシュレジスターを手掛けていた部門が母体となって開発した機械であった。

生産面では、伊勢工場が早くから無接点リレーを内製・外販しており、それを土台として切符自動販売機も手掛けていた。

販売面では、キャッシュレジスターに販売子会社があり、そこが販路開拓にあたったものと思われる。

自動販売機カテゴリーでは、両替機と切符自動販売機で首位争いに絡む以外、参画する市場は見当たらない。

【A社】切符自動販売機について立石電機は早くも1961年から取り組んでいる。自社開発に成功した無接点リレーを活かす手段として、偽硬貨を排除するメカニズムをトップダウンで研究テーマ化したところから傾斜が始まり、初号機は食券自動販売機として大丸京都店に設置されている。

販売面では、駅務機器という切り口で事業に取り組み、自動販売機への横展開は子会社に委ねていたようである。

自動販売機カテゴリーでは、両替機と切符自動販売機で首位争いに絡む以外、参画する市場は見当たらない。

【時機】逆転が起きた頃、世の中ではマイクロプロセッサーの応用が本格化していた。その好例は、1981年8月にIBMが発売した初代PCであり、また1984年1月にアップルが発売した初代マッキントッシュであった。

それに伴い券売機にも変化の波が押し寄せており、ICロジックに基づいた印版式からMPUに基づいたサーマル式に印刷メカニズムもシフトしていった。その成果は、券売機のフレキシビリティの向上、具体的には発券できる切符の種類の増加に現れた。

【収益】このケースにおける逆転は市場が急拡大を続ける途上で起きている。立石電機は市場と連動して事業を伸ばしたが、神鋼電機は逆に売上を大きく落としてしまった。直近では立石電機が市場の過半を支配し、神鋼電機に45%ポイント以上の差をつけている。

この逆転は収益面から見ると祝福に値するものと思われる。個別事業の利益率は開示されていないが、立石電機は順調に業績を伸ばしており、逆転に際して無理をした形跡は見られない。

【好手】1975年1月、立石電機はオムロン・リサーチ・インスティチュート（ORI）を設立した。シリコンバレーの拠点としては1970年にオムロンR&D（ORD）を設立していたが、こちらは拙著『戦略暴走』に記したとおり1975年3月をもって活動を停止した。にも

かかわらず、立石電機は先端技術情報の収集は不可欠と判断して後継会社を用意したわけである。社内の反対論を抑えての措置であったに違いない。

立石電機が1978年12月に米国モトローラ社と半導体の販売契約を締結したのは、おそらくORIの仲介によるものであろう。ちなみに、立石電機で当該販売実務を担ったのは、制御機器事業本部である。単に売上を積み増す商材としてモトローラ社のマイクロプロセッサーを位置付けていたなら、販売系の組織が登場するはずである。現に立石電機は1984年にマイクロプロセッサーの開発支援システムの外販に乗り出している。それに先だってマイクロプロセッサーの研究を積み重ねたであろうことは推して知るべしであろう。

こうしてみると、1981年に立石電機が論文発表した券売機が、演算制御部にインテルの8080を、紙幣判定のメカニズム部にモトローラの6800を採用したことも驚くには値しない。対照的に、神鋼電機はマイクロプロセッサーの使いこなしが遅れたようである。

■主要記事
オール生活 1967.10

■やまもと・みちたか
誕生：1928.12
社員：1947.09-1959.02
役員：1959.02-1987.06
社長：―
会長：―

●戦略旗手▷▷▷▶▷操業経営者

【人物】このケースで戦略を推進したのは立石電機の山本通隆氏と思われる。山本氏は創業経営者の構想を具現化するべく早くから中央研究所の所長を務めており、無接点リレーの応用についても解説記事を書くほど詳しかった。1969年から専務として研究開発を指揮していたが、ORIの設立時に初代社長となり、住居をシリコンバレーに移すに際し、立石電機専務取締役から平取締役への降格を受け入れているが、山本氏はORDの社長であったことから、社史は「降格」と記しているが、海外事業と電卓事業が失敗しており、その責任をとったものと思われる。山本氏は50代で退任するまで再び昇格することなく、米国在住のままORIの社長に徹していた。

ちなみに、立石電機では1979年6月に創業経営者が長男に社長の座を譲っている。インテルの8088が登場したのは1979年7月、モトローラの68000が登場したのは同年9月のことで、奇しくもこの世代交代と時期が重なった。それゆえ、創業経営者が旗手とは

見なしがたい。

【着想】山本氏の決断は勤勉の賜物である。1963年に公刊した論文で「制御回路においては、情報の処理はすべてON、OFFという2つの状態の信号の組み合わせによって行われる。(中略)これを数学的に取り扱ったのがブール代数であり、1847年にGeorge Booleが論理を数学的に解析する記号論理学を提案したのに始まる。その後1938年にはC. E. Shannonがこれを自動交換機や計算機の論理回路の設計に適用することを唱えている」と述べており、無接点リレーの開発を進める傍らで、デジタル技術の可能性を早々に見通していたことがわかる。

[参照社史]
『ポケット社史 神鋼電機』1970年
『創る育てる―立石電機55年のあゆみ』1988年
[参照文献]
山本通隆・安部章「無接点制御方式の展望」『オートメーション』1963年2月
浜瀬勝・中村宏之「神鋼多能式自動切符販売機CAP-M」『神鋼電機』1969年3月
立石電機株式会社情報システム事業部「券売機」『経済人』1971年1月
平原和晃「券売機におけるマイクロプロセッサの応用」『計測技術』1981年10月
岡享「自動券売機」『精密機械』1984年1月
森脇忠行・溝口英次「多目的券売機」『神鋼電機技報』1992年2月

■主要記事
オートメーション 1963.2
金属 1970.3.10
日経朝刊 2012.11.18

ケース 718　フィルム粘着テープ類／1988年

B社：●積水化学工業 → A社：●日東電工

接着剤（9/11）
戦略C/C比率◀◁▷▷
戦略D/E比率◀◁▷▷

■積水化学工業（連）
逆転決算期：1989.03
実質売上高：6,610億円
営業利益率：5.7%
筆頭大株主：旭化成工業
東名上場：1953.03

■日東電工（連）
逆転決算期：1989.03

●企業戦略▶▷▷▷／▷▶▷▷▷

【B社】積水化学工業は1947年に大阪で積水産業として設立された会社である。祖業は樹脂成形品で、日本窒素肥料からスピンアウトしてスタートを切っている。1948年に酢酸ビニル重合品および接着剤、1949年にセロハンテープ、1950年に可塑剤、1951年に硬質塩ビ管と矢継ぎ早に事業の土台を多角化すると、その後は基

実質売上高：2,010億円
営業利益率：6.8％
筆頭大株主：商産
東名阪上場：1962.08

盤固めに専念した。1960年に積水ハウスをスピンオフしたが、1971年にセキスイハイムを発売して、住宅事業には再参入を果たしている。こうして今日の主要事業が出揃った。企業戦略としては、押出成形の技術を共有しない住宅事業もあり、多核化に相当する。

フィルム粘着テープ類は積水化学工業にとって祖業から派生した事業である。1988年当時、売上高の10％を工業資材部門に依存していたが、その部門内でフィルム粘着テープ類の販売シェアは20％前後にとどまっていた。部門を牽引するのは包装用テープで、全社を牽引するのは住宅部門であった。フィルム粘着テープ類には包装用途と工業用途があり、包装用テープには基材を異にするものもある。

【A社】 日東電工は1918年に東京で日東電気工業として設立された会社である。祖業は電気絶縁材料で、源流は日東商会製作所につながっている。経営は容易に安定せず、1937年に競合の日立製作所と提携したが、1948年から自主再建の道を歩んでいる。1966年に半導体封止材、1973年にフレキシブル回路基板、1975年にLCD偏光フィルム、1976年に高分子分離膜、1983年に経皮吸収型テープ製剤と業容を拡げる一方で、1969年から海外展開にも挑んでいる。消費財事業（乾電池・磁気テープ）は1961年にマクセル電気工業としてスピンオフした。企業戦略としては、すべての事業は樹脂に根ざしており、水平多角化に該当する。ただし、樹脂そのものは手がけておらず、革新の連打を要するため、三新（新製品、新用途、新需要）活動を重視している。

フィルム粘着テープ類は日東電工にとって第二の祖業である。マクセル電気工業をスピンオフした時点で「テープの日東」を旗印としたからである。1988年当時、売上高の28％を工業用テープ部門と包装材料部門に依存しており、これら部門内でフィルム粘着テープ類の販売シェアは31％前後に達していた。部門を牽引するのは包装用テープで、全社を牽引するのは産業用資材部門であった。

なお、日東電工は本シリーズ第1巻にフッ素樹脂加工品が高収益事業のケース639として登場した。

●事業戦略 ▷▶▷▷▷/▷▶▷▷▷

【製品】フィルム粘着テープは、テープの基材に樹脂フィルムを用いた粘着テープのことである。代表例はセロハンテープで、これは米国の3M社が1930年に上市している。用途には封緘、密封、結束、防食、マスキング、電気絶縁などがある。

　隣接市場には紙粘着テープと布粘着テープがある。面積ベースで最大なのは紙で、それにフィルムが続く。布は全体の1割に満たない。伸びているのは、基材に多様性があるフィルムである。

　製品には基材による多様性がある。セロハンが市場の5割、塩ビが3割で、残りはポリプロピレンやポリエステルが占めている。売り先は文具用、包装用、工業用に分類されることが多い。参入メーカーが180社に達するなかで、市場の過半は上位2社で押さえている。参入障壁は低いのに寡占度が高いという不思議な市場になっている。

【B社】フィルム粘着テープについて積水化学工業は1949年から取り組んでいる。包装用では基材となるフィルム事業、工業用では販路を確立している管材事業とのシナジーが利いていた。さらに積水化学工業は接着剤も内製している。

　生産面では、1953年に西の拠点として尼崎工場、1962年に東の拠点として武蔵工場を開設している。

　販売面では、包装資材の販売子会社をグループ内に抱えていた。取り扱う製品ラインは相対的に狭い。

　接着剤カテゴリーでは、1985年にはクラフトテープの原反内製化を成し遂げたことにより、紙粘着テープで2位の座を確保していた。それ以外では、布粘着テープの第2集団と天然ゴム系接着剤の番外に名を連ねている。

【A社】フィルム粘着テープについて日東電工は、絶縁工事用のブラックテープを発売した1946年から取り組んでいる。基材にレーヨンを採用し、さらに塩化ビニールも追加することで、1954年までにテープのトップメーカーの地位を確立した。

　生産面では、1962年には従来の茨木工場に次ぐ豊橋工場を立ち上げた。豊橋の2期完成に合わせて、1965年から包装用や事務用テープにも取り組んでいる。その後は台湾とベルギーに輸出拠点を

■該当セグメント
B社：高機能プラスチックス
A社：工業用材料

■10年間利益率
B社営業利益率：6.7%
A社営業利益率：7.5%

■10年間勝敗数
B社得点掲示板：0-10
A社得点掲示板：2-8

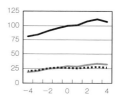

■シェアの測定単位
出荷面積

■フィルム粘着テープ類
市場規模：420億円

■B社の首位君臨期間
1976年～1987年

■A社の首位君臨期間
1988年～1998年

設け、茨木工場は操業を停止した。

販売面では、包装資材も扱う販売子会社をルート別に抱えていた。「あらゆるテープを手掛ける」のが基本方針で、実際にフィルム粘着テープと紙粘着テープではフルライン展開を図っている。

接着剤カテゴリーでは、紙粘着テープで首位の座を堅持していた。布粘着テープでも第2集団につけていたが、それ以外に社名は見当たらない。

【時機】逆転が起きた頃、1985年のプラザ合意に端を発した円の急騰が、日本の自動車産業や電機産業を苦しめ始めており、単純な量の拡大は見込めなくなっていた。

【収益】このケースにおける逆転は、市場が右肩上がりで成長していくなかで、積水化学工業の伸びが止まったことで実現している。

この逆転は収益面から見ると祝福に値するものと思われる。少なくとも日東電工が逆転に際して無理をした形跡は見当たらない。直近では、両社間の差は5%ポイント以上に拡大している。

【好手】1988年7月、日東電工は米国のエイブリー社から子会社のパーマセル社を買収した。本巻では国内M&Aによる逆転を対象外としているが、この買収は海外案件であるうえ、買収によって占有率が垂直シフトする効果が見られないため、取り上げるべきと判断した。買収金額は40億円強と言われており、桁が小さい。

老舗と呼ばれるパーマセル社は粘着テープで3M社に次ぐ占有率を米国で維持しており、なかでも自動車メーカー向けの工業用テープに強味を築いていた。それゆえ、赤字を垂れ流していたにもかかわらず、世界各地から8社が入札に応じたという。日東電工にしてみれば、既設の台湾およびベルギー拠点に加えて、円高を克服する手段を手に入れたことが効果的であったと考えられる。言うなれば、自社の優位製品を現地生産する空きスペースと販路を取りに行ったわけである。

● 戦略旗手 ▷▷▷ ▶▷ 操業経営者

【人物】このケースで好手を放ったのは日東電工の土方三郎氏である。土方氏はカリスマ型の人物で、中興の祖と呼ばれていた。

パーマセル社の案件は広い人脈を持つ土方氏のところに持ち込

まれた関係で、最後まで土方氏が采配をふるっていたようである。買収の15年以上前に「今後も海外の有力企業と技術協力なり、業務提携なり、あるいは合弁会社の設立を諮って、当社製品の売上の拡大を図るとともに、海外の情報収集にも努力して、海外企業の分析を行って、今日の国際化に対処していきたい」と土方氏は語っていた。

■今後も海外の有力…
証券アナリストジャーナル
1971.7

【着想】 土方氏の決断は、事業観に基づいている。その土台となるのは「長い目で見れば、海外で利益の半分を稼げるようにならないと、自ずから成長に限界がくる」という認識である。そして克服すべき障害については、「3M社はマンモス企業で、テープだけでも月商1,000億円以上に達している。(中略)3M社の次は当社だが、月商1,000億円と37～38億円では桁が違う」と冷徹に捉えていた。そのうえで日東電工の勝機を、3M社が手掛けていない防食材料や保護用粘着フィルムに見出したうえで、「海外に工場を建設して、そこで生産・販売しないと、在庫の問題もあってサービスも行き届かない。当社としては海外の工場建設を中心に海外進出をはかっていきたい」と述べていたのは、優位製品を北米投入する機会を探し求めていた証左と考えられる。

■長い目で見れば…
　3M社はマンモス…
　海外に工場を建設…
証券アナリストジャーナル
1976.2

[参照社史]
『積水化学工業株式会社 創立50周年記念誌』1997年
『日東電工50年の歩み』1968年
[参照文献]
小野清・北崎寧昭「日本における粘着テープの歩み」『日本接着協会誌』1978年3月
石山久「粘着テープの基材」『日本接着協会誌』1979年6月
「粘着テープの全体市場と基材別市場の動向」『ヤノ・レポート』1998年11月
江里口敦子『粘着テープ物語～現代編』2001年8月

2-1-3 最上流の選択

ケース 908

歯付ベルト／1997年

B社：⊙三ツ星ベルト → A社：⊙ニッタ

ゴム製品（4/7）
戦略C/C比率◀◁▷▷
戦略D/E比率◀◁▷▷

■三ツ星ベルト（連）
逆転決算期：1998.03
実質売上高：720億円
営業利益率：6.4%
筆頭大株主：金融機関
東名阪上場：1958.07

■ニッタ（連）
逆転決算期：1998.03
実質売上高：490億円
営業利益率：4.8%
筆頭大株主：創業家
東名阪上場：1996.09

●企業戦略▷▷▶▷▷／▷▷▷▶▷

【B社】三ツ星ベルトは1932年に神戸で三ツ星商会として設立された会社である。祖業は動力伝達用の平ベルトで、源流は1919年までさかのぼる。当初は木綿製であったが、すぐにゴム製に転換し、1936年にはコンベアベルトに事業を拡大した。戦後は、戦中に手掛けたVベルトの雄、米国ディコ社から技術を導入し量産工場を小牧に新設した。1970年代には自動車の内装部品および外装部品にも事業を拡げ、海外展開にも乗り出している。企業戦略としては、ベルト以外に化成品や建材・素材を手掛けており、多核化に該当する。

歯付ベルトは三ツ星ベルトにとって祖業から派生した事業であった。1997年当時、売上高の57%をベルト部門に依存しており、その部門内で歯付ベルトの出荷シェアは35%前後を占めていた。部門および全社を牽引するのはVベルトである。

【A社】ニッタは1945年に大阪で新田帯革製造所として設立された会社である。祖業は製革業で、源流は1885年までさかのぼる。なめし剤のタンニンや、膠やゼラチンに事業を展開するなかで、1916年に平ベルトの製造にも乗り出し、ベルトのパイオニアと自負している。戦後は革ベルトの斜陽に直面し、長期計画を立てるなかで米国企業と合弁を設立して多角化する道を選び、1968年に樹脂ホース、1971年に歯付ベルト、1983年にシリコンウエハ研磨用パッドを事業ポートフォリオに加えていった。1991年にはオランダのベルトメーカーを買収して、主業の国際展開にも意欲を見せている。企業戦略としては、ゴムを中核に据えた水平多角化に相当するが、多国化も同時に進めている。

歯付ベルトにニッタにとって主力事業であった。1997年当時、売上高の37%をベルト部門に依存しており、その部門内で歯付ベルトの出荷シェアは100%に近かった。全社を牽引するのはベルト部門である。

● **事業戦略** ▷▷▶▷▷／▷▷▶▷▷

【製品】歯付ベルトは、平ベルトの内面に歯がついたもので、滑らない。形状からコグベルトと呼ばれることもあれば、機能からタイミングベルトと呼ばれることもある。エンジンのクランクシャフトとカムシャフトを同期させる目的や、プリンタの印字ヘッドと紙送りを同期させる目的で使用されることが多い。自動車用途では耐熱性と耐久性を要求されることから、金属製のチェーンと競合関係にあるが、ゴム製ベルトのほうが摩擦損失が少ないため燃費上は有利である。1990年代に市場は劇的に拡大した。

隣接市場にはVベルトがあり、規模では僅かながら歯付ベルトを上回っていた。

製品には歯の形状や間隔、ベルトの幅や材質を主要な変数として無限のバリエーションがある。ゆえに受注生産となるのが普通である。信頼性が求められるからか、市場は3社で押さえ込んでいた。

【B社】歯付ベルトについて三ツ星ベルトは、ドイツのコンチネンタル社から1967年に技術を導入して、事業を立ち上げた。事業化の検討を始めたのは1957年であったが、自社開発を試みるうちに10年が経過したことになっている。

生産面では、名古屋工場と神戸工場と四国工場がベルトを担当していた。外注依存度は4分の1ほどである。

販売面では、直販と代理店の経路があった。ベルトで前者を使うのは自動車メーカー向けと鉄鋼メーカー向けであり、歯付ベルトの売り先としては、自動車のほかにOA機器、家電、一般産業機械が挙がっている。

ゴム製品カテゴリーでは、Vベルトで首位を堅持していたほか、コンベアで下位に顔を出していた。全社的に自動車メーカーへの依存度が高く、日産自動車とトヨタ自動車の2社で売上の4分の1

■ 該当セグメント
B社：ベルト
A社：工業用製品

■ 10年間利益率
B社営業利益率：14.3%
A社営業利益率：6.5%

■ 10年間勝敗数
B社得点掲示板：8-2
A社得点掲示板：0-10

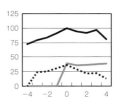

■ シェアの測定単位
出荷金額

■ 歯付ベルト
市場規模：350億円

■ B社の首位君臨期間
～1996年

■ A社の首位君臨期間
1997年～

を占めていたが、それは補機類を駆動するVベルトに強いからと思われる。

【A社】歯付ベルトについてニッタは1971年から取り組んでいる。技術は歯付ベルトの基本特許を保有する米国ユニロイヤル社から導入した。ユニロイヤル社の動力伝達事業部は、1986年に米国のゲイツラバー社が買収している。

生産面では、連結子会社のユニッタに依存していた。ユニッタは、ユニロイヤル社との対等合弁として1971年に設立された会社で、1966年に代理店契約を結んだニッタが輸入販売で実績を上げたことから誕生した経緯がある。合弁パートナーの交代に伴って、ユニッタは2002年にゲイツ・ユニッタ・アジアに社名を変更した。

販売面では、自社営業を貫いていた。歯付ベルトの売り先としては、自動車のほかに複写機、ミシン、印刷機械が挙がっている。

ゴム製品カテゴリーでは歯付ベルト以外に社名は見当たらない。

【時機】逆転が起きた頃、自動車エンジンではカムの位置がシリンダの横から上に移動する流れができていた。すなわちOHV（オーバーヘッドバルブ）形式からOHC（オーバーヘッドカム）形式への移行である。カムがクランク軸から離れることによって、ギアによる動力伝達が不可能になり、チェーンまたはベルトへのニーズが生まれていた。

もともとOHC形式のエンジンはレース用とされていたが、燃費向上の要請から、OHC形式の大衆化が始まった経緯がある。先導したのは日本の自動車メーカーである。

【収益】このケースにおける逆転は、順調に伸びてきた市場が下降に転じるなかで起きている。1995年1月の阪神・淡路大震災で準主力の神戸工場が被災した三ツ星ベルトが出荷金額を落としていったのに対して、それまで番外に甘んじていたニッタが入れ替わるようにして首位に躍り出た。不運のケースに見えなくもないが、三ツ星ベルトの神戸工場は延焼を免れており、1ヵ月で復旧した事実は注目に値する。停止中の1ヵ月間も、四国工場が名古屋工場への原材料供給の役割を肩代わりしており、震災で逆転を説明するのは難しい。現に直近ではニッタが三ツ星ベルトに30％ポイント以上も差をつけている。

この逆転は収益面から見ると祝福に値する。三ツ星ベルトはバブル経済が崩壊してから業績の悪化に苦しんでいたが、ニッタは逆転翌年こそ減益を記録したものの、そこから先は目覚ましい増益基調を実現している。2000年代のセグメント利益率が相対的に低いのは、工業用製品がベルト製品以外にコンベヤ、ホース・チューブ製品、空調フィルタまで含むからと考えられる。

【好手】1966年9月、ニッタはユニロイヤル社のタイミングベルトの輸入販売を開始した。同社による発明は1945年前後にさかのぼるが、バンドー化学と三ツ星ベルトが自社開発の道を選んだことから、後発のニッタが代理店契約を結ぶことに成功したようである。

　当初は非自動車用途が主力で、技術要求も厳しくなかったが、自動車のエンジンがOHC化し、トルクが増し、高温化し、さらに小型化を求められるにつれ、歯付ベルトの個々の歯にかかる負荷が増大していった。そして高耐久化レースから競合他社が脱落していくなかで、予成型という技術を持つ本家本元が生き残った。差が決定的になったのは、1994年にユニッタが発売した第三世代のGTベルトにおいてである。これは日本ゼオンの水素化ニトリルゴムを採用し、インボリュート噛み合いを実現するよう歯形状を変えていた。

　こうしてみると、これは生産技術の優劣で明暗が分かれたケースと言えよう。ただしニッタから見れば、自社開発を捨てて技術導入を選んだ経営判断の勝利にほかならない。

●戦略旗手▷▷▶▷▷▷**第三世代同族経営者**
【人物】このケースで好手を放ったのはニッタの新田長夫氏である。長夫氏は設立時の初代社長、新田長三氏の長男で、長三氏は創業者、新田長次郎氏の三男であった。

　ニッタがユニロイヤル社のタイミングベルトに目をつけたのは、1965年にスタートを切った長期経営計画が「新製品あるいは新規事業は総力をあげて調査、立案、開発を行う」と定めたからである。この点について社史は「常務時代に、長期経営計画の樹立と推進（中略）などにより業績を著しく向上させた功績は大きかった」と長夫氏を称えている。

■主要記事
日経朝刊 1986.10.16
日経産業 1991.4.9
日経産業 1992.7.20

■にった・たけお
誕生：1914.12
社員：1939.00-1945.02
役員：1945.02-1987.06
社長：1969.05-1977.11
会長：1977.11-1987.06

【着想】長夫氏の決断の背景は、知る術がない。従兄弟にあたる祐一氏と併せて、社史が「青年期から壮年期にかけての十数年間、新田系企業の経営を指揮し、豊富な経営キャリアと技術革新時代の体質改善の指導者にふさわしい能力、感覚をもっていた」と記すのみである。ちなみに、長夫氏は大阪大学工学部応用化学科卒で、祐一氏は慶應大学経済学部卒で、図らずも文理融合のペアとなっていた。

1965年には別の事業でも長夫氏は海外パートナーと組む道を選択していた。長期経営計画で謳った調査が主に海外を向いていたことは疑う余地がない。ニッタの創業者は1893年に半年にわたって欧米視察に出ており、1900年のパリ万博に自社製品を出展していた。長夫氏は、開明的な創業者の薫陶を陰に陽に受けて、海外からの技術導入に躊躇しなかったのかもしれない。

［参照社史］
『三ツ星ベルト50年史』1969年
『三ツ星ベルト80年史』2000年
『ニッタ株式会社百年史』1985年
『ゼオン50年のあゆみ』2000年
［参照文献］
窪田明「歯付ベルト～その現状と今後の展望」『Polyfile』1996年8月

2 狙い打ちの競合凍結

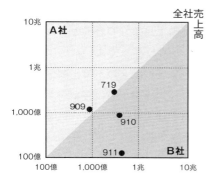
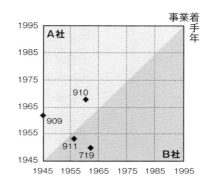

勝者＼敗者	追随	傍観
先攻	1	3
後攻	0	0

年代区分	'75-79	'80-84	'85-89	'90-94	'95-99	'00-04	'05-09
実質GDP成長率	4.2%	3.2%	4.1%	0.4%	1.3%	2.6%	0.8%
該当ケース数	0	3	0	1	0	0	0

　本節に登場するのは総数5ケースで、そのうち4ケースがクリアカットな逆転劇となっている。その4ケースの特徴をビジュアル化したダッシュボードをご覧いただけばわかるように、ここでは小が大を食う図式が浮かび上がっている。逆転された側が追随したと分類したケースが一つあるものの、その内実は形式上の追随にとどまっている点まで考慮すると、この節も前節と同様に競合の追随や反撃を封じたケースばかりと言ってよい。なお、逆転のタイミングがバブル経済崩壊前の経済成長率が高い時期に集中するのは、想定どおりである。

　狙い打ちの競合凍結は、前節と異なって、逆転する側が競合の弱点を見据えたうえで仕掛け方を選ぶパターンである。ここで契機となる変化は、外生的な場合もあれば、内生的に

逆転される側が自ら生み出す場合もある。重要なのは、あくまでも競合の弱点を突く発想である。

　パターンを象徴するのはケース909の電気ドリルで、ここでは容量の大きいニッケル・カドミウム二次電池の登場が契機となっている。これは電動工具業界の外で起きた技術革新であり、外生的な変化の一例と言ってよい。B社は、電池メーカーを抱える企業グループのメンバーで、間接的に電池メーカー各社とは競合関係にあった。特にニッケル・カドミウム二次電池は供給元が実質上1社に限られる状態が続いたことから、A社が早々にニッケル・カドミウム二次電池を採用して電気ドリルのコードレス化を実現したのは、B社が電池の供給を受けにくい立場にあることを見越したうえのことと考えられる。

　ケース910のマニラボール塗工紙では、B社が長年放置してきた公害問題を解消するための投資を強く迫られるに至ったことが契機となっている。これは内生的な変化の一例である。第一次石油ショックの渦中、A社が社運を賭した設備投資を敢行しB社を突き放したのは、B社が公害対策以外の目的に設備投資を振り向けることが財務的にも社会的にも難しいことを見越しての判断であったに違いない。B社が身動きの取れない期間に、A社はマニラボール塗工紙事業で盤石の体制を整備して、新たな盟主に躍り出ている。

　ケース911の水中ポンプでは、B社がハードウェアの製造業からソリューションのクリエーターに自己転換を図ったことが契機となっている。日本は折しも円高に苛まれ、そのうえバブル経済の崩壊まで視野に入り始めていた。そこで日本を代表する総合ポンプメーカーのB社は戦略転換を志向したが、その機を捉えてA社は水中ポンプの大幅な設備増強に乗り出した。このA社は、水中ポンプの専業メーカーなので、勢力を拡大する好機を見逃さなかったのであろう。それに対して、B社にしてみれば水中ポンプは事業領域の辺境に過ぎ

ず、A社の攻勢に危機感を募らせることもなかったものと思われる。

ケース719の針状ころ軸受（ニードルベアリング）では、自動車業界の日米貿易摩擦が契機となっている。為替相場や米国世論を巡る不確実性に直面した日本の自動車メーカーは、それを好機と捉えて海外現地生産に早々に乗り出す中位メーカーと、国内の輸出拠点の活用策を優先する上位メーカーに割れていた。そのような状況で中位メーカーを主力顧客とするB社が国内設備投資計画を抑制したのに対して、上位メーカーを主力顧客とするA社は水面下で積極投資に打って出た。このコントラストが、逆転につながったものと思われる。このケースにおける変化は外生的と言えなくもないが、A社とB社が自動車メーカーと密接に結びついていることを考えると、内生的な面も無視できない。

さて、ここまではA社の仕掛けが奏功したケースばかりであったが、狙い打ちの競合凍結は強気の戦略だけに、それ相応のリスクもある。そのリスクを象徴するのが次のケースである。

ケース720のダイカストマシンでは、ココム規制違反事件が契機となっている。これは当事者たるB社が引き起こしたものなので、内生的な変化と言ってよかろう。いずれにせよ、B社グループが米国から排斥され、親会社の社長が辞任を余儀なくされるなかで、A社は川下進出と米国進出を同時に果たす。この動きには自動車ホイールのアルミ化という外生的な変化への対応という側面もあるが、ライバルの窮状は連日のごとく全国版で報道されており、それを意識していなかった可能性はゼロと言ってよい。

結果として逆転が実現する経緯を見るとA社の機敏な対応を称賛したくなるが、そのあとがよくなかった。アルミホイールは拙著『戦略暴走』のケース017が示すように難しいビジネスで、A社も例に漏れず苦難の道を歩む羽目に陥った

からである。ライバルの弱点を突く発想自体はよいとしても、そのために選んだ手段がよくなかったのは、好機を捉えようとするあまり急ぎ過ぎたのかもしれない。

　以上が第2章第2節の概要である。第1節と同じで、競合を凍結する、または金縛りにする戦略は、好機を捉えて打つ必要がある。そのためタイミングを選ぶ自由は著しく限定されてしまう。凍結を意図しない場合も、意図する場合も、その点は同じである。時機を捉えて動くことは戦略の一般則として重要ながら、なかでも構えの変更は時機を捉えない限り成り立たない。それゆえ時機の読解が本質的に重要となる。やっと自分がしかるべきポジションに就任して「さて、いよいよ」と力んでも、そのタイミングで競合凍結を狙えるかどうかはわからないという点は心得ておいたほうがよさそうである。

　狙い打ちの競合凍結は、マイケル・ポーターを始祖とする競争戦略論の中核的な概念である。ゲーム論の言葉に置き換えるなら、これは競合にとって応戦しないことが合理的となるような均衡点、もしくは攻め口やタイミングを選ぶことに等しい。競合をフリーズまたは金縛り状態に追い込んで逆転するのはエレガントな勝ち方であり、これこそ戦略のなかの戦略と考えたくなるのも無理はない。

　しかしながら、本節で小が大を食うパターンが浮かび上がっているところを見ればわかるように、この戦略を使えるのは、しがらみの少ない専業メーカーに限られる。弱者の戦略と見れば痛快ではあるが、万能とは言い難い。しかも、攻め口やタイミングの選択を間違えると自爆に追い込まれることもあるので、その意味においても使い手を選ぶ戦略である点には留意していただきたい。

2-2-1　弱点を突くオフェンス

ケース 909　電気ドリル／1984年

B社：⊙日立工機　→　A社：●マキタ電機製作所

機械工具（5/7）
戦略C/C比率◀◁◇▷
戦略D/E比率◀◁◇▷

■日立工機（連）
逆転決算期：1985.03
実質売上高：870億円
営業利益率：10.7%
筆頭大株主：日立製作所
東名阪上場：1949.05

■マキタ電機製作所（連）
逆転決算期：1985.02
実質売上高：1,190億円
営業利益率：16.8%
筆頭大株主：金融機関
東名阪上場：1968.08

●企業戦略▷▷▶▷▷／▷▷▶▷▷

【B社】日立工機は1948年に茨城県勝田で設立された会社である。源流は1939年設立の日立兵器にさかのぼり、祖業は機関銃であった。戦後は日立製作所戸塚工場から移管を受けて電動工具で再スタートを切り、1964年には超高速回転技術を活かしてコンピューター用のラインプリンターを国産化した。1971年には販売機能を日立製作所から移管されて、それまでの委託生産モードから脱却し、海外展開に力を入れていった。企業戦略としては、技術応用の水平多角化に相当するが、事業間の関連は薄く、多核化に近い趣がある。

電気ドリルは日立工機にとって文字どおりの主柱であった。1984年当時、売上高の64%を電動工具部門に依存しており、その電動工具部門のなかで電気ドリルの生産シェアは25%を超えていた。

なお、日立工機は拙著『戦略暴走』のケース036としてプリンター事業が登場した。その後遺症を引きずって、2009年には日立製作所の連結子会社に逆戻りしたが、日立製作所は2017年に日立工機を米国のファンドに転売している。

【A社】マキタ電機製作所は1938年に名古屋で牧田電機製作所として設立された会社である。源流は1915年にさかのぼり、祖業はモーター等の修理業になる。戦中に安城へ疎開し、そこで戦後はモーターの製造に取り組んだが大手メーカーに対抗できず、やむなく待避した先が川下の電気カンナであった。1970年頃から海外市場の開拓を積極的に進め、円高が進行したあとは多角化を試みている。企業戦略としては、電動工具専業でわかりやすい。

電気ドリルはマキタ電機製作所にとって重要な脇役であった。1984年当時、売上高の78％を電動工具部門に依存しており、その電動工具部門のなかで電気ドリルの生産シェアは20％弱に達していた。部門を牽引するのは木工用の電動カンナや電動ノコギリであった。

なお、マキタ電機製作所は1991年に社名をマキタに変更している。

■該当セグメント
B社：電動工具
A社：全社

■10年間利益率
B社営業利益率：7.9％
A社営業利益率：14.0％

■10年間勝敗数
B社得点掲示板：3-7
A社得点掲示板：6-4

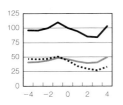

■シェアの測定単位
生産金額

■電気ドリル
市場規模：330億円

■B社の首位君臨期間
〜1983年

■A社の首位君臨期間
1984年〜

● **事業戦略** ▶▷▷▷▷／▷▷▶▷▷

【製品】電気ドリルはボール盤をポータブルにしたもので、減速した電気モーターのトルクで加工対象物に穴をあける。先端のツールを交換して、ネジを締める作業に転用されることもある。その起源は19世紀末にさかのぼるが、電気ドリルが現在の形になったのは第一次世界大戦の終結前とされている。生産金額は1970年代の後半に倍増した。パワーを大きくすれば大きく重くなるというトレードオフがあり、設計には工夫の余地が大きい。それゆえコモディティになりにくい。

隣接市場には電気ノコギリや電気グラインダがあるものの、規模としては電気ドリルが一番大きい。圧縮空気で駆動する工具は組立ラインで使われることが多く、プレーヤーの顔ぶれが電動工具とは異なっていた。

製品には出力に応じたヒエラルキーのほか、日々仕事で使う職人用の高級機種から、たまにしか使わないアマチュア向けの入門機種まで、大きな幅がある。上位2社が実質的に市場を占拠するという寡占度の高さは、内製化によってコストダウンが進んでいるためと推察される。

【B社】電気ドリルについて日立工機は1918年から取り組んでいる。米国シンシナティ社製の電気ドリルの修理を引き受けて、そこから国産化への道を歩み始めたという。そして完成した製品は航空機の生産ラインで広く使われたそうである。それゆえ戦後の民需転換に際しては、いの一番に電気ドリルが事業化されている。

生産面では、基幹部品のモーターを内製したうえで自社組立しており、1948年から「一貫して電動工具のトップメーカー」と自

負していた。

　販売面では、全国に張り巡らせた営業所経由で特約店に卸す流れを確立していた。1977年に高橋豊吉社長が就任すると、同社は「世界の日立工機」路線を打ち出し、世界各国に販社を設立していくことで、1985年には輸出比率を30％以上に引き上げた。そして海外展開と同時並行して、建設現場を売り先とすべくコンクリート用製品ラインの多様化にも注力していった。

　機械工具カテゴリーでは、電気系に絞って参画し、全市場で首位争いを演じていた。

【A社】電気ドリルについてマキタ電機製作所は1962年に初号機を発売している。

　生産面では、基幹部品のモーターを内製したうえで自社組立している。

　販売面では、全国に張り巡らせた特約店に卸す構えを確立していた。早くから大工を売り先に選んだことからアフタサービスに注力しており、サービス拠点は国内で2万カ所を超えていた。また、米国現地法人を1970年に設立して以来、海外市場の開拓に取り組んでおり、早くも1976年に輸出比率は30％を突破した。1980年には50％を突破しており、海外進攻は破竹の勢いと言ってよかった。

　機械工具カテゴリーでは、電気系に絞って参画し、全市場で首位争いを演じていた。

【時機】逆転が起きた頃、日立工機は中速漢字レーザープリンターの日本IBM向けOEM生産を受託したばかりで、そのニュースに沸いていた。「日本IBMとの生産受託契約は量産メリットと同時に、電動工具依存からの脱皮、成長力向上というメリットがある」と評価されていたが、この路線は戦略暴走に終わっている。

■日本IBMとの生産…
投資経済 1982.3

【収益】このケースにおける逆転は、安定市場における穏やかな下降局面で起きている。市場動向以上に生産を絞った日立工機に対し、マキタ電機製作所が同様の下方調整を拒否して、一瞬のうちに抜き去った。直近では、両社間の差は15％ポイント近くにまで拡大している。

　この逆転は収益面から見ると祝福に値する。マキタ電機製作所の逆転以降の業績は、1990年代に入って円高進行の影響が顕著に

第2章　構えの再編　173

なるまで好調を維持しており、無理をした形跡は見当たらない。むしろ1990年代に入ると相対的に日立工機の退潮が目立つ結果になっている。

【好手】1978年12月、マキタ電機製作所は電池ドリルを発売して、これが大ヒットになったことで「コードレスのマキタ」の名をほしいままにした。

コードレスのドリル自体は1969年に市場投入していたが、重くてパワーがなかったせいか、広く普及するには至っていなかったが、それが1970年代に一変したのは、高出力用途に適したニッケル・カドミウム（ニッカド）電池の登場による。この新世代電池の有力サプライヤーが三洋電機で、同社をマキタ電機製作所が電池サプライヤーとして押さえ込んだことは疑う余地がない。三洋電機の社史には「カドニカ電池（三洋電機の登録商標）は電動工具など米国向けの需要急増によって、その生産量を前年比50％増の勢いで急伸させた。1983年度には年産1億個を突破、世界市場でも米国のGE社を抜いてトップに躍り出た」と記されている。マキタ電機製作所の1986年2月期の有価証券報告書、買掛先の欄に初めて三洋電機の名が登場したのは、同社の洲本新工場が竣工して、増産が勢いづいたからであろう。

抜かれた日立工機の側も1979年4月にコードレスのドリルを上市しているが、採用した電池の種別に関する言及は社史のなかに見当たらない。写真から判断すると、マキタ電機製作所の製品がハンドル部に電池を格納したのに対して、日立工機の製品は筐体部にモーターとギアと電池を格納しており、それではユーザーの手首に過大な負荷がかかるため、製品としての完成度は高いと思えない。多くの電池メーカーが日立グループのマクセルとは競合関係にあったこともあり、日立工機は仕様面で満足のいくニッカド電池の調達に苦労したのではなかろうか。

■**主要記事**
日経朝刊 1985.2.21
地方経済面（中部）
日経産業 1985.5.31

■**ごとう・じゅうじろう**
誕生 : 1897.10
社員 : 1915.03-1941.01
役員 : 1953.04-1977.05
社長 : 1955.04-1973.04
会長 : 1973.04-1977.05

●**戦略旗手▶▷▷▷創業経営者**

【人物】このケースで戦略を推進したのはマキタ電機製作所の実質的な創業者、後藤十次郎氏である。十次郎氏は創業時の社員4人のうちの1人で、当初は修理のオペレーションからスタートして、

次第に自社製品の設計と生産に軸足を移していたが、不況に直面した1927年に営業に転向した。1941年には自ら開設した岡崎支店とともに独立したが、創業者の牧田茂三郎が保有株式をワシノ製機に譲渡して退任し、ワシノ製機から送り込まれた社長が続々と辞任する経営危機のなかで、請われて社長に就任することになったという。

祖業のモーターから電動工具への転地を実現させたのは、57歳で社長になった十次郎氏にほかならない。十次郎氏は本格的な電池ドリルの登場を見届けて他界したが、その後のマキタ電機製作所は既定路線をひた走っただけに見える。十次郎氏のあとは娘婿の修宏氏が継いで、1985年時点では3代目にバトンが渡っていたが、戦略を描いたのは十次郎氏と見て間違いなかろう。

【着想】十次郎氏の決断は熟慮に基づいている。大工不足が顕在化していた日本では、大工仕事の省人化を図れば自ずと会社は伸びるという図式があり、そこに事業立地を定めて以来、十次郎氏は大工仕事全般のニーズをとことん掘り下げていった。アフタサービスを徹底したのも、工具の小形軽量化を推進したのも、すべて同根である。電動工具の電池工具への転換、またはコードレス化に注力したのも、その一環と言ってよい。

ただし、その域を超えていた可能性も無視できない。十次郎氏は、マキタ電機製作所を二度と経営危機に遭遇させないという堅い決意の下に、設計や生産は言うに及ばず資金繰りから経営計画まで、目配りを欠かさなかった。その入れ込みようからすると、十次郎氏が仇敵にあたる日立工機の攻略法を考え抜いた挙げ句の果て、電池に目をつけたとしても何の不思議もない。公言する類いの内容ではないだけに、確証がないからと言って十次郎氏の深謀遠慮を過小評価すべきではなかろう。

■**主要記事**
エコノミスト 1969.9

［参照社史］
『日立工機二一五年史』1973年
『日立工機史2』1998年
『マキタ100年の歩み』2015年
『三洋電機五十年史』2001年
［参照文献］
「会社研究 マキタ電機製作所」『証券調査』1977年6月

ケース910 マニラボール塗工紙／1980年

B社：◉大昭和製紙 → A社：◎北越製紙

板紙（6/16）
戦略C/C比率 ◀◁◇▷
戦略D/E比率 ◀◁◇▷

■大昭和製紙（連）
逆転決算期：1981.03
実質売上高：3,740億円
営業利益率：7.5%
筆頭大株主：創業家
東名阪上場：1961.06

■北越製紙（単）
逆転決算期：1981.04
実質売上高：890億円
営業利益率：4.1%
筆頭大株主：金融機関
東名阪上場：1949.05

◉企業戦略 ▶▷▷▷▷／▷▷▶▶▶

【B社】大昭和製紙は1938年に静岡県で設立された会社である。祖業は製紙原料の仲買で、源流は1921年までさかのぼる。仲買からメーカーに転じ、経営合理化を名目に大同団結を仕掛け、5社が統合して大昭和製紙が誕生した。海外原木への切り替えに先行し、コスト優位を築いたが、1965年頃から田子の浦のヘドロ公害が社会問題となり、後ろ向きの公害対策投資に追われることになった。企業戦略としては、洋紙が70%、板紙が25%の売上構成で推移しており、高度に垂直統合した紙専業と言ってよい。

マニラボール塗工紙は大昭和製紙にとって主業の周辺事業である。1980年当時、売上高の27%を板紙に依存しており、その部門内でマニラボール塗工紙の生産シェアは17%であった。部門を牽引するのは特殊白板紙で、全社を牽引するのは洋紙であった。

なお、大昭和製紙は1980年代に同族経営による混乱を招き、2001年に上場を廃止して日本製紙に合流した。

【A社】北越製紙は1907年に新潟県で設立された会社である。祖業は板紙ながら、1917年には洋紙に進出し、1932年に原木から一貫生産体制を確立した。1964年までに白板紙メーカーとして地位を確立して、1968年にはマニラボール塗工紙の生産で先陣を切った。1971年には川下の紙加工にも進出している。企業戦略としては、原料確保のために林業を営んでおり、高度に垂直統合した紙専業と言ってよい。

マニラボール塗工紙は北越製紙にとって主業の一角を占める存在である。1980年当時、売上高の89%を紙部門に依存しており、その部門内でマニラボール塗工紙の生産シェアは17%であった。部門を牽引するのは高級紙である。

なお、北越製紙は2009年に紀州製紙を完全子会社化して、北越紀州製紙と社名を変更した。

●事業戦略 ▷▷▶▷▷／▷▷▶▷▷

【製品】 マニラボールは、もともとは強靭なマニラ麻を原料とする白板紙を指していたが、ほかの原料でも同等性能の紙ができるようになり、高級白板紙や特殊白板紙を指す言葉に変質している。白板紙の3分の2は今でもマニラボール塗工紙である。ちなみに、塗工紙とは表面に塗料を塗った紙のことで、綺麗に印刷できるという特長を持つ。マニラボールの9割方は塗工紙で、1990年代の半ばまで成長路線に乗っていた。非塗工紙は衰退の傾向にある。

マニラボール塗工紙の用途としては、医薬品や食品など高額品のパッケージのほか、雑誌や書籍の表紙、カレンダーやカタログあたりが主力となっている。同じ板紙でも、いわゆる段ボールとは似ても似つかない。

隣接市場には白ボール塗工紙があった。紙の表裏を均一に仕上げたマニラボールに対して、白ボール塗工紙は片面だけ白色度が高いという特徴がある。白ボールはマニラボールの1.5倍ほどの市場を形成していた。

製品には高級紙と特殊紙の区別がつきまとう。高級紙は綴じて使うことが多く、特殊紙はラミネートを施したり、折って箱状に組み立てる用途が多い。参入メーカーは20社以上を数え、上位2社以下は団子状態となっている。

【B社】 マニラボール塗工紙について大昭和製紙は、1960年代に立ち上げたものと思われる。1960年には吉永工場に10号抄紙機が、1963年には白老工場に7号抄紙機、そして1970年には吉永工場に22号抄紙機が据え付けられている。

生産面では、戦前から継承した吉永工場と、1959年に遠く離れた北海道に建てた白老工場を主要生産拠点としていた。いずれも特殊紙のみで高級紙は生産していないため、アウトプットの半分以上は紙器用途向けとなっている。

販売面では、大倉紙パルプ商事、岡本、大一洋紙店、大昭和紙工といった代理店がアウトプットの8割をさばいていた。アウトプットの向かう先は食品および薬品の包装カートンであった。

板紙カテゴリーでは、選択的に事業を展開しており、首位争いを演じる市場もあれば、下位集団に甘んじる市場もあった。マニラ

■該当セグメント
B社：日本製紙
　　　　紙・パルプ
A社：パルプ・紙

■10年間利益率
B社営業利益率：3.7%
A社営業利益率：6.3%

■10年間勝敗数
B社得点掲示板：0-10
A社得点掲示板：1-9

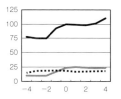

■シェアの測定単位
生産重量

■マニラボール塗工紙
市場規模：推定990億円

■B社の首位君臨期間
～1979年

■A社の首位君臨期間
1980年～

ボール塗工紙以外ではワンプで首位を堅持していた。

【A社】マニラボール塗工紙について北越製紙は、1968年に高級白板紙「パーフェクト」および「ノーバック」を立ち上げている。

生産面では、主力の新潟工場と新鋭の勝田工場を主要生産拠点としていた。前者は高級紙のみで、後者は高級紙と特殊紙の設備を有している。

販売面では、丸大紙業と大倉紙パルプ商事がアウトプットの4割をさばいていた。アウトプットの半分以上は出版と商業印刷に向かっており、前者では図鑑の本文ページに強かった。

板紙カテゴリーでは、白ボール塗工紙で2位の座を確保していたが、それ以外は参入すらしておらず、見事なまでに絞り込みができていた。

【時機】逆転が起きた頃、紙パルプ業界は供給過剰に苦しんでおり、1981年5月から3品種で不況カルテルが認可されていた。なかでも大昭和製紙には1980年末から経営不安説が飛び交い、実際に1981年3月期決算では経常赤字に転落した。これは有利子負債が6,000億円を超えるためで、1981年にはメインバンクの住友銀行主導で経営再建に乗り出している。

【収益】このケースにおける逆転は市場が急成長を遂げるなかで、能力増強を控えた大昭和製紙を、果敢に投資した北越製紙が一気に抜き去ったものである。直近でも、北越製紙は10％ポイントのリードを保っている。

この逆転は収益面から見ると祝福に値する。北越製紙は1982年度から営業増益基調にのり、大昭和製紙が再建モードに入っていったのと好対照を描くことになった。

【好手】1972年6月、北越製紙は勝田工場に特殊白板紙の設備新設方針を内示した。この設備は1975年5月に立ち上がり、稼働率が上がるにつれて北越製紙は大昭和製紙を抜き去った。この展開を社史は「社運をかけた設備投資」と形容する。第一次石油ショックの余波で立ち上げが予定より1年遅れたものの、当初計画を曲げずに完遂した姿勢は社史の表現どおりである。

北越製紙にしてみれば、1968年に新潟4号抄紙機で世界初の長網3層高級紙設備を立ち上げており、その後の技術蓄積を現場投入

する機会を求めたということなのであろう。ただし、技術的な観点に加えて、同社には戦略的な観点があったことも社史には記されている。それが白板紙のピラミッド計画なるもので、目指すは「白板紙の総合メーカー」であった。具体的には、ピラミッドの底辺を市川工場の白ボール塗工紙が担い、頂点を新潟工場の高級紙が担い、その中間層を勝田工場の特殊紙が担う構想を描いていた。

　北越製紙は勝田工場で大昭和製紙の牙城にあたる特殊紙に進攻した。本来なら大昭和製紙が高級紙に逆進攻して、全面戦争に至る可能性を無視できないが、大昭和製紙は公害対策で身動きが取れなかった。社史には記されていないが、第一次石油ショックをものともせず稼働を急いだのは、相手の窮状を見越してのことであったかもしれない。

■主要記事
日経産業 1975.4.15
日経産業 1981.10.2
日経産業 1982.7.15

◉戦略旗手▷▷▷▶▶操業経営者

【人物】このケースで戦略を推進したのは北越製紙の内山誠一氏と思われる。社内では技術重役として知られる内山氏の専務時代に、北越製紙は勝田工場の用地を取得し、新潟4号抄紙機も稼働させている。後者の建設時には、内山氏が臨時建設本部長を兼任していた。そして社長に就任すると、内山氏は1975年に向けて「50年ビジョン」の策定へと組織を駆り立てた。前任社長が電力会社から、後任社長は銀行から招聘された事実を併せ考えると、白板紙のピラミッド計画を構想し、推進したのは内山氏と推量するほかはない。だが、内山氏は病に倒れ、ピラミッドの完成を見ることなく1973年9月に他界した。

【着想】内山氏の決断は技術者としての確信に基づいているものと思われるが、彼自身は多くを語っていない。

■うちやま・せいいち
誕生：1903.01
社員：1927.03-1950.12
役員：1950.12-1972.12
社長：1968.06-1972.12
会長：―

■主要記事
紙パ技協誌 1962.4

［参照社史］
『北越製紙百年史』2007年
［参照文献］
「増設よりも公害対策にかけた大昭和製紙」『ヤノ・レポート』1975年8月25日
「好調持続する塗工マニラボール」『ヤノ・レポート』1988年10月7日

ポンプ（6/8）
戦略C/C比率◀◁◇▷
戦略D/E比率◀◁◇▷

■荏原製作所（連）
逆転決算期：1994.03
実質売上高：4,220億円
営業利益率：4.6%
筆頭大株主：金融機関
東名阪上場：1949.05

■鶴見製作所（単）
逆転決算期：1994.03
実質売上高：250億円
営業利益率：5.3%
筆頭大株主：創業家
東名阪上場：1988.07

ケース911　水中ポンプ／1993年

B社：●荏原製作所 → A社：⊙鶴見製作所

●企業戦略 ▶▷▷▷▷／▷▷▷▷▶

【B社】荏原製作所は1920年に東京府荏原郡で設立された会社である。祖業は渦巻きポンプで、源流は1912年創業の大学ベンチャーにさかのぼる。社史に登場する「ポンプの巨人」という言葉が象徴するように上下水道向けに各種ポンプを展開しつつ、1930年にはターボ冷凍機、1931年には水処理装置、1961年にはゴミ焼却炉、1968年には産業用圧縮機、1985年には半導体製造装置と、祖業の川下開拓を精力的に進めてきた。企業戦略としては、川下に展開した装置事業があるものの規模は小さく、羽根の技術を核に据えた水平多角化を主に追求している。ドメイン定義としては、「ポンプ」という物理的定義から「環境」という機能的定義に移行していた。

　水中ポンプは荏原製作所にとって主力事業のなかの辺境製品であった。1993年当時、売上高の40%を風水力機械部門に依存していたが、その部門内で水中ポンプの生産シェアは12%にとどまっていた。部門を牽引するのは祖業の渦巻きポンプであった。

【A社】鶴見製作所は1951年に大阪で設立された会社である。祖業は灌漑用のバーティカルポンプで、源流は鶴見商会機械部がポンプの製造を開始した1924年までさかのぼる。水中ポンプの開発に成功したのは1953年で、1960年代は全国をカバーする販売体制の構築に邁進した。1970年代から先は海外展開に注力している。企業戦略としては、水中ポンプ専業と見なしてよい。

　水中ポンプは鶴見製作所にとって中核事業である。1993年当時、売上高の69%を水中ポンプ部門に依存していたが、残る31%は外部調達した陸上ポンプや送風機を自社販路にのせた売上に過ぎなかった。

■該当セグメント
B社：風水力
A社：全社

●事業戦略 ▷▶▷▷▷／▷▶▷▷▷

【製品】水中ポンプは水没した状態で稼働するポンプのことで、防

水型のモーターを内蔵する。圧力を生む機序もさることながら、防水性や耐食性を始めとして周辺技術が問われることになる。

隣接市場には水没しない通常のポンプがあり、水中ポンプの5倍以上の規模を誇っていた。水中ポンプは、そうした通常ポンプの市場を侵食するもので、ゆえに成長余力に恵まれていた。

製品には清水用と汚水用の基本種別のほか、工業用、農業用、土木用、水道用、防災用から家庭用まで、実に幅広い用途があった。設置工事が不要で、騒音の心配も無用なため、価格差さえ十分に小さければ、通常ポンプに比して魅力は大きい。技術的難度が高いせいか、上位4社の合計市場占有率は80％を超えていた。

【B社】水中ポンプについて荏原製作所は、1956年に初号機を送り出した小型標準ポンプシリーズを展開するなかで、追加した。ラインアップは揚水・排水用途に絞り込んでいたようで、深井戸清水用以外に用途開発は進めていない。

生産面では、外注を多用するものの、垂直統合が進んでいた。工場は、小型ポンプ、汎用ポンプ、真空ポンプ、冷凍機などと共有していたものと思われる。

販売面では、特約店に頼る体制で、売り先は官公庁に全社的な強みを築いていた。

ポンプカテゴリーでは、水没しない通常ポンプの全主要カテゴリーにおいて首位の座を確保していた。

【A社】水中ポンプについて鶴見製作所は初号機を1953年に発売して、小は浴槽の残り湯を洗濯機に汲み上げるポンプから、大は洪水で冠水した地域の非常排水を担うポンプまで、フルライン体制を整えていた。より正確に表現するなら、新製品を投入することで新たな用途を切り拓く仕事を地道に積み重ねてきた結果として、3,000内外の製品数を誇るに至っている。

生産面では、囲い込みを避けている。モーターを含めた主要構成部品は社外から調達し、自社工場は主に組立に徹している。

販売面では、都道府県数を上回る数の営業拠点を全国に張り巡らせ、すべての設置現場に2時間以内に駆けつける体制を敷いていた。ただし、ユーザーと密に接するのは都合2,000店弱の登録販売店である。それら販売店とは別に保守・修理を担当する事業者も

■10年間利益率
B社営業利益率：3.9％
A社営業利益率：7.9％

■10年間勝敗数
B社得点掲示板：0-10
A社得点掲示板：0-10

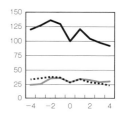

■シェアの測定単位
生産金額

■水中ポンプ
市場規模：410億円

■B社の首位君臨期間
1977年～1992年

■A社の首位君臨期間
～1976年
1993年～

200社以上を組織化している。民需主体で、特に工事現場の揚排水や汚水用途を得意とする。

ポンプカテゴリーでは、水没しない通常のポンプは手掛けていない。

【時機】 逆転が起きた頃、荏原製作所は脱官需、脱ポンプを経営のテーマに掲げていた。上下水道向けが主体の大型ポンプが売上の過半を占める姿を悲観し、「財政主導で業容は安定しているが、大きな成長は見込めない。ポンプ専門からの脱皮が当社の課題」として、1988年の夏に発表した中期経営計画で多角化路線を鮮明に打ち出したのである。水中ポンプも、1975年から15年で市場は2.5倍に成長したが、その後は翳りを見せていた。それゆえ、活路を多角化に求めることになったものと思われる。

【収益】 このケースにおける逆転は、バブル崩壊の影響を受けて市場が収縮局面に向かうなかで、相対的に強気を貫いた鶴見製作所が成し遂げたものである。両社間の差は、その後20%ポイント近くまで拡大している。

この逆転は収益面から見ると祝福に値する。鶴見製作所は逆転後も順調に利益を出し続けただけでなく、利益率も大きく改善したからである。多角化に走った荏原製作所のほうは売上を伸ばしたものの、利益は伸び悩むことになった。

【好手】 1992年7月、鶴見製作所は運転資金需要の増加に対処すべく、保有株式の売却を進めると同時に棚卸資産を圧縮する方針を公表した。その6日後、京都工場の増強計画も発表している。何と、1982年に完成した工場で、生産能力を倍にするというのである。

一連の動きの背後にあるのは、官公需の取り込みであった。荏原製作所が多角化に向かう隙を突いて水処理施設向けの大型ポンプに注力した結果が、予想以上に好調であったらしい。京都工場増強工事は1994年の10月に完成している。

■ 財政主導で業容は…
日経産業 1988.8.30

■ 主要記事
日経産業 1984.9.1
日経産業 1988.7.29
日経金融 1992.7.2

■ つじもと・はるお
誕生：1928.12
社員：1945.04-1951.12
役員：1951.12-2005.06

◉戦略旗手 ▷▶▷▶▷ **第2世代同族経営者**

【人物】 このケースで戦略を推進したのは鶴見製作所の辻本治男氏である。治男氏は創業者の長男として生まれ、技術者を自称する

が、実質的には創業経営者にほかならない。水中ポンプ一筋というのは、治男氏の生き様そのものである。

【着想】治男氏の決断は緻密である。官公需では実績がものを言うことを承知のうえで、タイミングを見計らっていたようである。瀬戸大橋の工事で実績を積み、明石海峡大橋でも受注が決まったあたりで官需攻勢の大号令をかけている。東京証券取引所2部に上場するに際して官需比率30％というビジョンを掲げた背後には、政府の内需拡大政策への転換を好機と捉える視点もあったことは間違いない。

社長：1961.01-1998.06
会長：1998.06-2005.06

■主要記事
証券アナリストジャーナル
1988.9

［参照社史］
『ポケット社史 荏原』1996年
［参照文献］
「鶴見製作所 京都工場」『オートメーション』1982年10月
西中間純孝「工事用水中ポンプ」『建設の機械化』1988年2月
「新規上場会社紹介 鶴見製作所」『証券』1988年9月

ケース 719

針状ころ軸受／1984年

B社：●NTN東洋ベアリング → A社：●日本精工

ベアリング（4/7）
戦略C/C比率 ◀◁◇▷
戦略D/E比率 ◁◁◇▶

■NTN東洋ベアリング（連）
逆転決算期：1985.03
実質売上高：2,800億円
営業利益率：9.0％
筆頭大株主：金融機関
東名阪上場：1949.05

■日本精工（連）
逆転決算期：1985.04
実質売上高：2,970億円
営業利益率：6.8％
筆頭大株主：金融機関
東名阪上場：1949.05

●企業戦略 ▷▶▷▷▷／▷▶▷▷▷

【B社】NTN東洋ベアリングは1934年に大阪でエヌチーエス製作所として設立された会社である。祖業はボールベアリングで、源流は第一次世界大戦によって輸入が途絶えた1918年までさかのぼる。NTN東洋ベアリングの主力顧客は本田技研工業と言われており、そのニーズを満たすためか、戦後は総合化と国際化と多角化を同時に推進している。企業戦略としては、ベアリングのデパートを指向しつつ、FF自動車用の等速ジョイントに代表される川下を開拓する垂直多角化の道を歩んでいる。

針状ころ軸受はNTN東洋ベアリングにとって主業の一翼である。1984年当時、売上高の71％を軸受部門に依存していたが、その部門内で針状ころ軸受の生産シェアは9％にとどまっていた。部門および全社を牽引するのは玉軸受である。

なお、NTN東洋ベアリングは1989年にNTNに社名を変更している。

【A社】日本精工は1916年に東京で設立された会社である。祖業はベアリングで、源流は1914年にさかのぼる。政府の補助を得て1926年から鋼球も内製化しており、早くも戦前には一貫総合ベアリングメーカーとしての陣容を整えた。主力顧客は日産自動車である。1960年から川下に降りて自動車用ユニット部品も手掛ける一方で、1972年からは生産拠点の海外展開も進めてきた。企業戦略としては、ベアリングのデパートを指向しつつ、無段変速機（CVT）に代表される川下を開拓する垂直多角化の道を歩んでいる。

針状ころ軸受は日本精工にとって主業の一翼であった。1984年当時、売上高の68％を軸受部門に依存していたが、その部門内で針状ころ軸受の生産シェアは14％にとどまっている。部門および全社を牽引するのは玉軸受である。

なお、日本精工は拙著『戦略暴走』に英国で実施したM&A案件がケース023として登場する。

●事業戦略 ▷▷▶▷▷／▷▶▷▷▷

【製品】軸受（ベアリング）は回転軸を支える役割を担う機構部品で、回転体をハウジングに封入した構造を持つ。回転体を鋼球で支持するものは玉軸受（ボールベアリング）、鋼棒で支持するものはころ軸受（ローラーベアリング）と分類されている。ハウジングとの接地面積が大きい分、ローラーベアリングは耐荷重が高くなる。なかでも支持体が針状になっている針状ころ軸受（ニードル・ローラーベアリング）はコンパクトなため、自動車のロッカーアームの支点やトランスミッション、またはコンプレッサーに使われることが多い。ベアリングの原型は紀元前にさかのぼるが、近代的なニードル・ローラーベアリングは1950年代の終盤に姿を現して、いまも素材や形状の改良改善が続いている。

隣接市場には各種のローラーベアリングがあり、ニードル・ローラーベアリングはテーパード・ローラーベアリングに次ぐ市場規模を誇っていた。

■該当セグメント
B社：全社
A社：軸受

■10年間利益率
B社営業利益率：5.9％
A社営業利益率：8.0％

■10年間勝敗数
B社得点掲示板：0-10
A社得点掲示板：4-6

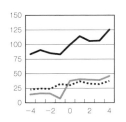

■シェアの測定単位
生産金額

製品にはサイズや素材によるバリエーションが豊富にある。特殊なノウハウの蓄積を要するため、参入障壁は極めて高く、日本では上位2社が市場全体の3分の2ほどを占有している。ただし、互換性を保つために工業規格が決められており、既存プレーヤーの間では価格競争に陥りやすい。平均単価は200円未満であった。

【B社】ニードル・ローラーベアリングについてNTN東洋ベアリングは、1961年に西ドイツのINA社から技術を導入して、翌年に生産を立ち上げた。

生産面では、磐田製作所が主力拠点で、ローラーを内製し、ニードル・ローラーベアリングを自家消費する等速ジョイントの主力生産拠点にも育っている。

販売面では、直販と代理店経由を併立させていた。

軸受カテゴリーでは、玉軸受ところ軸受で首位の座を堅持していた。

【A社】ニードル・ローラーベアリングについて日本精工は、1950年に細々と生産を立ち上げた。1961年に東京ベアリングを系列化し、その翌年に英国のトリントン社と提携したうえで事業をNSKトリントンに集約したのは、社外の技術を取り込むことによって拡大を指向する戦略に転換したことを表している。NSKトリントンの株主構成は日本精工が35％、トリントン社が35％、東京ベアリングが30％であった。現在は日本精工が98.1％を保有し、NSKニードルベアリングと社名を変えている。

生産面では、1967年を最後に日本精工の生産はゼロになっている。NSKトリントンの高崎工場への生産移管が完了したものと思われる。

販売面では、直販と代理店・特約店経由を併立させていた。

軸受カテゴリーでは横断的に事業を展開し、2位争いを演じていた。

【時機】逆転が起きた頃、日米貿易摩擦への対応として、日本の自動車メーカーは現地生産の立ち上げに追われていた。

【収益】このケースにおける逆転は、趨勢として右肩上がりで伸びる市場の上昇局面で起きている。直前の踊り場で力を溜めた日本精工が、生産を倍以上に拡大して、一気に抜き去っており、劇的

■針状ころ軸受
市場規模：540億円

■B社の首位君臨期間
1977年～1983年

■A社の首位君臨期間
1984年～

と言ってよい。直近では、両社間の差は10％ポイントを超えている。

　この逆転は収益面から見ると祝福に値する。日本精工もNTN東洋ベアリングも1980年代の後半は旺盛な需要に直面した。ニードル・ローラーベアリングは軽薄短小化の波に乗っていたこともあり、国内でも市場成長が続いていた。そこでシェアを伸ばした日本精工にしてみれば、成功と言ってよかろう。

【好手】1983年5月、日本精工は藤沢工場でニードル・ローラーベアリングの設備増強に乗り出した。新聞報道はされておらず、社史でも言及されていないが、有価証券報告書から推し量ることができる。

　日本精工は1983年まで日本マーケットシェア事典に登場しておらず、代わりにNSKトリントンが4位につけていた。ところが、1984年から日本精工がいきなり首位に登場して、NSKトリントンは姿を消している。これは藤沢工場の新鋭設備が稼働し始めたタイミングに一致する。

　当時、ニードル・ローラーベアリングはOA機器や自動車の派生需要に沸いており、NTN東洋ベアリングも1984年8月に磐田製作所に増設投資すると発表していた。有価証券報告書によると1984年7月着工、1987年3月完工予定で、100億円を超える予算がついたことはわかるものの、日本マーケットシェア事典から増産効果を読み取ることは難しい。業績が1985年度から急降下したことにより、計画は立ち消えになった可能性が高い。日本精工は、そこで初志を翻すことなく、逆転を成し遂げたことになっている。

■主要記事
日経産業　1983.6.29
日経朝刊　1984.8.17
日経産業　1996.4.22

■はにゅうだ・よしはる
誕生：1922.12
社員：1942.10-1976.07
役員：1976.07-1985.06
社長：―
会長：―

●戦略旗手▷▷▷▷▶操業経営者

【人物】このケースで好手を放ったのは日本精工の羽生田良春氏と思われる。羽生田氏は生産企画部長を経て1981年の12月まで藤沢工場長を務めていた。藤沢工場にニードル・ローラーベアリングのラインを敷いたのは、生産本部長に昇進したあとの羽生田氏と考えるのが自然であろう。1985年6月に常務取締役を「勇退」と報道されたのは、好手を打つ過程で敵をつくりすぎたからかもしれない。

逆転年前後の社長は銀行家で、国際化はリードしたものの、国内の開製販に介入した形跡は見られない。

【着想】 羽生田氏の決断の背景は知る術がない。

　［参照社史］
『日本精工五十年史』1967年
　［参照文献］
森山信吾「日本精工 システム化と新分野へも意欲」『時評』1983年
　　6月

2-2-2 オフェンスの空転自滅

ケース 720

ダイカストマシン／1988年

B社：◉東芝機械 → A社：◉宇部興産

金属加工機械（1/4）
戦略C/C比率◁◁◁▷▶
戦略D/E比率◁◁▷▷

■東芝機械（連）
逆転決算期：1989.03
実質売上高：1,410億円
営業利益率：5.0%
筆頭大株主：東芝
東名阪上場：1949.08

■宇部興産（連）
逆転決算期：1989.03
実質売上高：6,080億円
営業利益率：8.2%
筆頭大株主：金融機関
東名阪上場：1949.05

●**企業戦略**▶▷▷▷▷／▶▷▷▷▷

【B社】 東芝機械は1938年に東京で芝浦工作機械として設立された会社である。祖業は大型の工作機械ながら、戦後は煙草機械、繊維機械、包装機械などの産業機械を主力とし、そこに樹脂成形機が加わった。市場や用途は多彩でも、多くの機械は油圧回路やサーボモーターやコントローラーを共有しており、それらを内製するところに東芝機械の競争優位が根ざしている。企業戦略としては、要素技術を川下へ広く展開していく垂直多角化と理解できよう。

ダイカストマシンは東芝機械にとって主柱の一つである。1988年当時、売上高の20%を産業機械部門に依存しており、その産業機械部門内でダイカストマシンの生産シェアは20%弱であった。部門を牽引するのはダイカストマシンで、全社を牽引するのはプラスチック加工機械部門であった。

【A社】 宇部興産は1942年に4社合同により宇部で設立された会社である。祖業は炭鉱業、鉄工業、セメント業、および窒素工業で、最古の前身母体は1897年にさかのぼる。戦後に石油の輸入が自由化されると素早く転進を図り、炭鉱業からは1970年までに撤退する一方で、1960年代から石油化学工業に進出していった。鉄工業は機械事業部とプラント事業部に姿を変えて、セメント業はエネルギー源を輸入炭に切り替えて、窒素工業はアンモニアを活かしたナイロン原料事業に姿を変えて、それぞれ存続している。企業戦略としては、社名が体現するように宇部の地に産業を興していく点にプライオリティがあり、必要な技術は導入すればよいというスタンスが目立つ。日本では珍しいコングロマリット型の多核化企業で

ある。

　ダイカストマシンは宇部興産にとって数ある核の一つである。1988年当時、売上高の13%を機械・プラントエンジニアリング部門に依存しており、その部門内でダイカストマシンの生産シェアは10%弱であった。部門を牽引するのはダイカストマシンで、全社を牽引するのはセメント部門と化学部門の2本柱であった。

● **事業戦略** ▷▷▶▷▷▷／▷▷▶▷▷

【製品】ダイカストマシンは非鉄金属加工用の鋳造装置で、鋳型に金型を採用し、そこに溶融した非鉄金属を圧入する。もともとは活版印刷用の活字を造るために19世紀前半に発明されたそうで、ライフサイクルとしては成熟しているように思われるが、自動車の軽量化が社会的な要請になって以来、新たな普及期を迎えている。

　隣接市場には、これというものがない。原理は射出成形機と似ているが、成形素材が樹脂と金属では違いが大きすぎて、比較対照されることは皆無に近い。

　製品には型締に油圧を用いるタイプと、電動モーターを用いるタイプがある。コンセプトに応じて製品はシリーズ化され、型締力の異なる機種がラインアップされることが多い。売り先は、ダイカスト部品の量産メーカーに限られ、その先には主に自動車メーカーが控えている。ダイカストマシンは、溶融した高温の非鉄金属と接触する部品が多いため、技術的な難度が高い。顧客のニーズを満たすうえで、溶湯を金型に注入する際の圧力や速度を変えることができるなど、技術の奥行きも深い。溶湯が空気を巻き込むとダイカスト部品に巣ができて強度が落ちることから、ミッションクリティカリティが高い。日本ダイカストマシン工業会は会員を24社ほど擁しているが、上位2社で市場の過半を占めるという寡占度の高さは、技術的難度の高さを物語る。

【B社】ダイカストマシンについて東芝機械は1953年に初号機を送り出している。そこから一貫して技術開発力を前面に打ち出してきた。

　生産面では、相模製作所を拠点に据え、フルラインの新機種攻勢で差異化を図ってきた。

■**該当セグメント**
B社：成形機
A社：機械・金属成形
A社：宇部興産機械

■**10年間利益率**
B社営業利益率：7.5%
A社営業利益率：3.2%
A社営業利益率：6.4%

■**10年間勝敗数**
B社得点掲示板：3-7
A社得点掲示板：0-10
A社得点掲示板：4-6

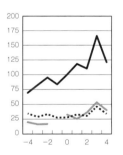

■**シェアの測定単位**
生産金額

■**ダイカストマシン**
市場規模：150億円

■**B社の首位君臨期間**
〜1987年

■**A社の首位君臨期間**
1988年〜2012年

販売面では、直販を基本としており、商社経由の輸出は全体の1割から2割の間で推移していた。

金属加工機械カテゴリーでは、ダイカストマシン以外に展開している様子はない。隣接するプラスチック加工機械では、射出成形機で首位、押出成形機で2位の座を堅持していた。

【A社】 ダイカストマシンについて宇部興産は1962年に初号機を送り出している。それ以来、大型機に注力し、当初はトラブルも多かったが古河鋳造やリョービのような寛大なユーザーに育てられたと社史は記している。

生産面では、宇部機械製作所を拠点に据えていたが、その母体は炭鉱機械事業であり、力点は大型の受注生産品に偏っていた。見込生産品の始点は、米国のレーク・エリー・マシナリー社から1960年に技術導入した液圧プレスで、そこから派生したのがダイカストマシンである。1986年に中型機種をモデルチェンジすると同時に、小型機種を新たに開発し、汎用機専用の生産ラインを敷設した。売り先は主に欧米の自動車メーカーで、このような経緯がなければ専用ライン路線は成り立たなかったに違いない。見事な戦略転換と言えよう。

販売面では、自ら川下に展開しており、そこが同業他社と大きく異なっている。1987年1月に設立を発表したアルミホイールの生産子会社は同年4月から生産を開始して、1988年5月に増設し、生産能力を倍にしたが、主たる納入先は米国のゼネラル・モーターズ社であったという。

金属加工機械カテゴリーでは、ダイカストマシン以外に展開している様子はない。

【時機】 逆転が起きた頃、東芝機械はココム規制違反事件の渦中にあった。1987年3月に、東芝機械がソビエト連邦に輸出した工作機械の性能が高過ぎて、同国の潜水艦のスクリュー音が検知しにくくなり、国防上のリスクが増大したと米国政府が発表したのである。

問題とされた輸出は1982年から1983年にかけて行われたもので、1987年4月には警視庁が東芝機械に捜索に入り、5月には通産省が東芝機械に対して共産圏向けの輸出を1年間にわたって禁止したことから、その時点で社長が辞任した。さらに幹部社員2名が逮

捕され、不正輸出の容疑を大筋で認めるに至り、6月には取締役2名が退任に追い込まれたが、それでも事態は収束せず、7月に入ると米国上院で東芝制裁法案が可決され、親会社の東芝では会長と社長が引責辞任している。1988年に入っても、外国為替及び外国貿易管理法違反の罪状で東京地裁が東芝機械に有罪判決を言い渡したり、その刑罰を軽すぎるとする米国議会が東芝制裁条項を含む包括通商法案を可決したり、余震が続いていた。

【収益】 このケースにおける逆転は、市場の急激な上昇局面で、停滞する東芝機械を、宇部興産が瞬発的に追い抜いたものである。逆転後の序列は定着しているが、両社の間では息の抜けない接戦が続いている。

　この逆転は収益面から見ると祝福に値しない。東芝機械の産業機械事業は1992年度に赤字転落したが、そこから見事に立ち直っている。ココム事件によって一時的に販路を制限されたものの、事業そのものが弱体化することはなかったということであろう。

　それに対して宇部興産の機械・金属成形セグメントは奇妙なことになっている。ダイカストマシンを扱う子会社の業績が東芝機械の近傍にとどまっているにもかかわらず、セグメント全体の収益性は芳しくない。それは機械事業ではなく、金属成形事業が足を引っ張るからである。

【悪手】 1988年4月、宇部興産は米国のアルミダイカスト部品メーカー、ドーラー・ジャービス社とアルミ製エンジンブロックの共同開発契約を締結した。そこには川下からダイカストマシンに対する需要を創り出す効果を読み取ることができる。当時の米国では、地場の自動車メーカーが日米間の品質格差を埋めるべく日本製の部品や装置に関心を示し始めていた。米国に出入り禁止となった東芝機械が傍観するしかないなかで、宇部興産は機敏に動いたかに見えた。

　しかしながら、宇部興産はダイカストマシンで逆転に成功したものの、必ずしも事業立地が良好とは言えない川下のダイカスト事業を抱え込んでしまった。その悪影響は、じわじわと宇部興産を苦しめた。

■主要記事
日経朝刊 1987.7.10
日経朝刊 1987.8.1
日経産業 1987.8.1
日経産業 1987.8.22
日経朝刊 1987.11.15
日経朝刊 1988.3.20
日経朝刊 1988.3.21

■しみず・やすお
誕生：1916.03
社員：1937.03-1967.11
役員：1967.11-1991.12
社長：1983.06-1991.06
会長：1991.06-1991.12

■川下製品への…
社史

■米国では燃費削減…
日経朝刊 1988.6.4
地方経済面（中国A）

■主要記事
財界 1983.8.2

●戦略旗手▷▷▷▶▷操業経営者

【人物】このケースで悪手を放ったのは宇部興産の清水保夫氏である。清水氏は化学部門の生産現場で活躍した人物で、1967年から経営陣の一角を占めていた。社長就任時の訓話で「川下製品への進出もおおいに考えねばならない」という戦略仮説を提示したうえで、1991年3月に全社横断組織として自動車問題検討会を発足させていた。これは関係会社まで含めた取り組みで、車体の軽量化とリサイクル化を眼目としていた。樹脂も手掛ける宇部興産ならではの取り組みと言えよう。

【着想】清水氏の決断は熟慮に基づいていた。「米国では燃費削減、走行安定性の観点から軽くて丈夫なアルミホイールが乗用車だけでなくバス、トラックにも使われ始め、装着率は高まる一方だ。今後の需要増がおおいに期待できる」という言明から、読みを推し量ることができよう。

［参照社史］
『宇部興産創業百年史』1998年
［参照文献］
鈴木秀・大杉泰夫「ダイカストマシン」『型技術』1994年4月

第3章 世代間競争

Chapter 3

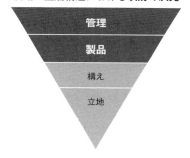

戦略の重層構造における攻防の次元

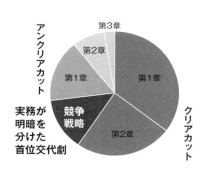

実務が明暗を分けた首位交代劇

　成長市場で首位奪取を成功させたければ、製品開発競争に賭けるアプローチもある。そこで成功の鍵を握るのは、組織戦を戦う戦力そのものではなく、相手にカニバリゼーションを意識させるテーマやタイミングの選び方となる。相手の開発意欲を削いで専守防衛に追い込むことにさえ成功すれば、そもそも戦う場面など訪れないからである。

　この章には節が一つしか登場しない。便宜上、その節を2項に分けたものの、いずれにおいても技術上の世代交代が契機となって首位の交代が起きており、パターンは酷似している。新世代に賭ける挑戦者が登場すること自体に不思議はないが、そこで受けて立つ側の盟主が敢えなく敗れてしまうのは、旧世代の延命に走るからである。ここでは延命に成功した事例を取り上げていないが、おそらく数は少なくないはずで、専守防衛が合理的な選択になっている可能性が高い。

1 旧世代の盟主の呪縛

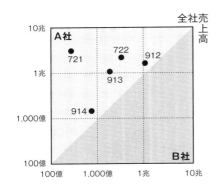
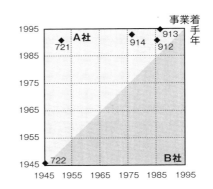

勝者＼敗者	追随	傍観
先攻	1	1
後攻	1	2

年代区分	'75–79	'80–84	'85–89	'90–94	'95–99	'00–04	'05–09
実質GDP成長率	4.2%	3.2%	4.1%	0.4%	1.3%	2.6%	0.8%
該当ケース数	0	0	0	0	3	1	1

　本節に登場するのは総数6ケースで、そのうち5ケースがクリアカットな逆転劇となっている。その5ケースの特徴をビジュアル化したダッシュボードをご覧いただけばわかるように、ここでは第2章第2節とは逆に大が小を食う図式が浮かび上がっている。同時に新が旧を食う図式も成り立っており、第1章第2節のパターンと一致する。分類上はB社が追随したケースも見られるが、この節で重要なのはA社の挑戦を受けるまでB社が新世代技術を傍観していたという事実で、事後対応は第一義的な重要性を持たない。なお、逆転のタイミングがバブル経済崩壊後の経済成長率が低い時期に集中するのは、想定と異なっており、一考を要する。

　旧盟主の呪縛を象徴するのはケース721のコンタクトレンズである。ここでは外資のA社がベンチャー企業の技術を用

いて、レンズのディスポーザブル化を先導してきた。そこには高い技術障壁がそびえ立っており、B社は純粋に追随できなかったのかもしれないが、そもそも追随しようという気にならないところが戦略的には重要である。いずれにせよ、コンベンショナル対ディスポーザブルという図式が成立して、ユーザーがディスポーザブルを選択したことから逆転につながった。

　このケースでは、B社はB社でユーザーのためと信じて酸素透過性の高いレンズなどを開発してきた経緯がある。安易にディスポーザブル化の波に乗れば、これまでの開発努力は何だったのか、これまでユーザーに発信してきたメッセージは何だったのかと問われかねないだけでなく、これまで築き上げてきた店舗網が、競争優位の源泉から不良資産に転じてしまう。ディスポーザブル化すれば購入頻度が上がるため、ユーザーの日常動線上に店舗を置く必要があるのに対して、既存の店舗網は目的買いを見越して賃料の安いスペースに入居してきたからである。この論点については、シリーズ第1巻のケース608を参照していただきたい。

　続く3ケースはいずれも医薬品に関するもので、製品の延命を図る旧世代の盟主を、新世代の旗手が攻め立てる図式になっている。製品の延命という言葉に良い響きはないと思われるかもしれないが、薬効が大きいことも、副作用が少ないことも証明された薬で、しかも医師多数が使い方を熟知する薬となれば、未知数を抱えた新薬に不戦敗を喫するわけにもいくまい。長所を訴えて、挑戦を退けようとするのは、合理的なレスポンスと言えよう。そして、本巻では取り上げていないが、専守防衛が奏効したケースも少なくないのかもしれない。となれば、B社が直面する難しさの一端がわかるのではなかろうか。

　ケース722の一眼レフカメラ用の交換レンズでもB社が抜き差しならない立場に追い込まれている。ここではカメラ本

体からスタートしたA社と、そのカメラにレンズを供給する立場からスタートしたB社が激突した。その舞台を用意したのは、第三のプレーヤーが先鞭をつけたカメラとレンズの電子化技術である。チャレンジャーの攻撃に対して、A社は間を置いて完成度の高い決定版を送り出す策に出て、目論見どおりに逆襲に成功した。その経緯は、シリーズ第1巻のケース871に記したとおりである。

本巻で注目したいのは電子化以前、すなわちカメラもレンズも精密機械であった時代に盟主として君臨したB社の苦悩である。B社は製品の信頼性とサービスネットワークのグローバル化に投資して、プロフェッショナルユーザーを囲い込んできた。プロフェッショナルユーザーは、交換レンズを何十本と使い分けるヘビーユーザーというだけでなく、ハイアマチュアの選択に影響を及ぼすため、囲い込む価値が十分にあったのである。しかも、カメラとレンズの互換性は同一メーカー内でしか保証されていないため、ユーザーは寿命の長いレンズ資産と互換性のあるカメラを買い増す傾向が強かった。先発メーカーによる囲い込みが成立しやすい条件まで整っていたわけである。

しかしながら、B社が電子化に対応しなければ、電子化を熱望する一部のユーザーが囲いを乗り越えて他社陣営に寝返ってしまう可能性がある。かと言って電子化を急げば、電子化自体を正当化して移行を加速することになりかねない。いったん電子化してしまえば、これまで築き上げた競争優位は無効となり、他社と同じ条件で競争に臨まなければならないので、B社としては面白くない。

このような状況の下で、B社は後方互換性を確保することを条件に電子化の開発に立ち向かった。要するに、旧来のレンズが使えることを絶対条件として自らに課したのである。後方互換性を放棄したA社に比べるとB社の開発は困難を極め、時間を要した割に中途半端に終わってしまい、結局のと

ころA社の躍進を立ちすくんで見届けるしかなくなった。このような窮地にB社を追い込んだA社の判断が光るケースと言えようか。

　ケース723の集塵装置では逆転後も接戦が続いているため、ここでは説明を割愛するが、パターンとしては上記2ケースと同じである。

　以上が第3章の概要である。いずれにおいてもA社が新世代技術で攻める傍らで、B社が旧世代技術を守りに出ることから、逆転が起きている。あたかもB社が何かに縛られているように見えるところが興味深い。

　この呪縛は、クレイトン・クリステンセンが唱えた「イノベーターのジレンマ」とは別物である。本巻でいう呪縛は、過去に築き上げてきた資産に縛られる効果を指しており、ジレンマほど込み入った話ではない。資産の保全価値が余りに大きいため、新技術に挑戦するオプションが非合理となってしまう。または、専守防衛に徹し、一定の確率で首位を譲るコースが合理的となってしまうのである。ここでは調査対象としていないが、防衛に成功した事例も少なくないと思われるので、本章ではB社の経営判断に疑義を挟むことは差し控えた。

　攻める挑戦者の視点から言うなら、立ち向かう相手が強ければ強いほど、呪縛状態に持ち込める可能性が高くなる。そういう相手に狙いを定め、好機の到来を静かに待つのも悪くなかろう。結果を急ぐと何でも好機に見えやすいので、凡庸な変化は見送る勇気を持つことが肝要である。

3-1-1 医療業界の世代交代

ケース 721

コンタクトレンズ／1998年

B社：⊙メニコン → A社：●ジョンソン・エンド・ジョンソン

コンタクト（0/1）
戦略C/C比率◀◇◇▷
戦略D/E比率◀◇◇▷

■メニコン（単）
逆転決算期：1999.03
実質売上高：280億円
営業利益率：16.2%
筆頭大株主：創業家
東名阪上場：2015.06

■ジョンソン・エンド・
　ジョンソン（連）
逆転決算期：1998.12
実質売上高：3兆160億円
営業利益率：18.0%
筆頭大株主：—
東名阪上場：—

●企業戦略▷▷▷▷▶／▶▷▷▷▷

【B社】メニコンは1957年に名古屋で日本コンタクトレンズとして設立された会社で、源流は1951年にさかのぼる。1977年にフランスに進出して、その後はドイツ、スペイン、米国、英国、シンガポール、オランダ、中国へと本業の海外展開に余念がない。企業戦略としては、単純明快な専業である。

コンタクトレンズはメニコンにとって主業そのものである。

1998年当時、売上高の54%をコンタクトレンズ部門に依存していた。残りは主にコンタクトレンズのケア用品である。

【A社】ジョンソン・エンド・ジョンソンは1886年に米国ニュージャージー州で設立された会社である。祖業は無菌手術着と無菌縫合糸で、そこから医療従事者用の用品事業と、処方薬と、家庭用品の3本柱を育てていった。家庭用品の主軸は、1894年から取り組んでいるベビー用品と、1921年に誕生したバンドエイドである。企業戦略としては、祖業の売り先を固定した展開と、売り物を固定した展開と、二軸を同時に追求しており、水平多角化に相当する。

コンタクトレンズはジョンソン・エンド・ジョンソンにとって新規領域であった。1998年当時、売上高の36%をプロフェッショナル部門に依存していた。そのプロフェッショナル部門のなかで日本のコンタクトレンズ事業が占める割合は3%ほどであった。

■該当セグメント
B社：—
A社：—

●事業戦略▷▶▷▷▷／▷▷▷▷▶

【製品】コンタクトレンズは視力を矯正するレンズのうち、角膜に接触させて装着するものを指す。レンズを網膜に近づけることによ

り薄く小さくできるため、眼鏡に比べて装着感がよいとされている。また、眼鏡のように使用者の外見を変えることがないため、ユーザーの70%は若い女性に偏在するそうである。数々の利点が支持される一方で、涙液中のタンパク質や脂肪を除去しないと細菌やカビが繁殖するという問題があるため、洗浄や消毒が欠かせない。それが補完品としてのケア用品市場を支える面もある。コンタクトレンズの開発は19世紀末から盛んになっており、意外と歴史は長い。

隣接市場には眼鏡がある。

製品には硬質樹脂を用いたハードレンズと、含水性樹脂を用いたソフトレンズがある。ハードレンズは装着時の違和感は大きいものの、相対的に安全性は高い。両レンズとも酸素透過性を高める開発が続いており、参入メーカー数は多いものの、上位3社で市場の過半を押さえている。

【B社】コンタクトレンズについてメニコンは1951年から取り組んでいる。1972年にソフトレンズ、1979年に酸素透過性ハードレンズ、1986年に1週間連続装用が可能なハードレンズを市場投入するなど、一貫して技術開発をリードしてきた。

生産面では、子会社の東洋コンタクトレンズに依存してきたが、1987年に開製販の一体化に踏み切った。

販売面では、製品をフルラインで揃え、小売店を系列化している。

【A社】コンタクトレンズについてジョンソン・エンド・ジョンソンは1991年に日本上陸を果たしている。後発中の後発で、アキュビューというディスポーザブル製品の開発完了を待って1988年に世界規模で事業を開始した。同社のプロフェッショナル部門は医師や看護師と向き合っており、コンタクトレンズ事業を消費者部門ではなくプロフェッショナル部門に置いている事実は、事業哲学を物語る証左として興味深い。

生産面では、米国フロリダ州とアイルランドに工場を構えている。

販売面では、初期の販路は眼科医院であったが、その後はチェーン展開する専門店に比重が移っている。

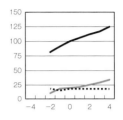

■10年間利益率
B社営業利益率：—
A社営業利益率：—

■10年間勝敗数
B社得点掲示板：—
A社得点掲示板：—

■シェアの測定単位
販売金額

■コンタクトレンズ
市場規模：1,360億円

■B社の首位君臨期間
1990年〜1997年

■A社の首位君臨期間
1998年〜

■70%
週刊ダイヤモンド 1987.8.29

【時機】逆転が起きた頃、日本では日米構造協議の影響が随所に出始めていた。特に大規模店舗法が1994年に改正されて1,000平方メートル未満の出店が原則自由となったことにより、外国製品の販路が広がっていった。

【収益】このケースにおける逆転は、市場が急拡大する局面で起きている。ジョンソン・エンド・ジョンソンが市場成長を牽引したのに対して、メニコンは市場成長から完全に取り残されてしまった。直近では、両社間の差は13%ポイントに拡大している。

　この逆転は収益面から見ると祝福に値する。逆転後のジョンソン・エンド・ジョンソンの年次報告書では、CEOがアキュビューが日本市場を攻略して、成長のドライバーとなっていることを誇らしげに報告している。実際に同社の利益成長は凄まじい勢いを見せていた。

　片やメニコンは減収の連続で、好対照を描いている。利益も安定せず、減益基調のなかで2001年度は赤字転落の憂き目を見ている。

【好手】1984年、ジョンソン・エンド・ジョンソンはデンマーク企業からソフトコンタクトレンズの新規製造技術を入手した。最初に動いたのはベルギー子会社のヤンセンファーマスーティカル社で、処方薬部門に職属する事業体であった。そこから第一報を受け取った本社が、すぐに動いて契約を締結したという。本社が機敏に反応したのは、眼科医と向き合うビジョンケア子会社が存在したからである。

　従来のコンタクトレンズは時間のかかる研磨工程を伴うため設備費や人件費が原価の大きな割合を占めていた。新製法は、射出成形だけでコンタクトレンズを仕上げてしまうもので、研磨を不要とするものであった。そのため原価が大きく下がり、コンタクトレンズをディスポーザブルとする可能性に道を開くことになった。

　新製法を完成させるのにジョンソン・エンド・ジョンソンは3年以上の歳月を費やし、米国食品医薬品局の認可を得たうえで、1週間連続装用したあとに捨てるタイプの初代アキュビューを1988年に米国で上市した。1995年には、1日で捨てるタイプの製品を上市して、米国の眼科医コミュニティから絶賛されることとなった。使

用者を洗浄や消毒の必要性から解放する利便性もさることながら、目にトラブルが出にくいという点が高く評価されたようである。ちなみに、使用者にとってのライフサイクルコストは従来のコンタクトレンズと比べて遜色がないよう価格設定されている。

　他方、メニコンは自社開発した角膜レンズを第一世代、ソフトレンズを第二世代、連続装用レンズを第三世代、遠近両用バイフォーカルレンズを第四世代と位置付けており、ジョンソン・エンド・ジョンソンがディスポーザブルの認可申請をしたというニュースが流れ始めた1987年時点で、第三世代に全力投球すると同時に、第四世代に向けた研究を仕込んでいた。ディスポーザブルは、視野に入っていなかったようである。アキュビューが発売された時点でも、先方の製品を顕微鏡で吟味して自社の行き方に自信を深めたと創業者は語っていた。

　ディスポーザブルが広く普及し始めるのを見届けて、メニコンは1997年からスイスのチバビジョン社の商品を市場に投入している。おそらく営業組織からの突き上げが厳しく、何かしらの対策を必要としたのであろう。しかしながら、社史はOEM商品の一つと紹介するのみで、まだディスポーザブルを正視しえていなかったことを窺わせる。ディスポーザブルの興隆が創業者の晩年と重なったことが、メニコンの追撃を鈍くしたことは明らかである。

■**主要記事**
日経産業　1987.9.16
日経産業　1988.6.27
日経金融　1988.6.30
日経朝刊　1991.8.20
日経産業　1991.10.9
日経産業　1995.4.6
日経夕刊　1996.2.17

●**戦略旗手**▷▷▷▷▷

【**人物**】このケースで戦略を推進したのはジョンソン・エンド・ジョンソンのグローバル組織である。随所で起きた連携プレーの見事さに鑑みると、そう結論するほかはない。

【**着想**】ディスポーザブルの可能性に賭けたのはデンマークの企業というところまでは判明しているが、賭けた理由は闇の中である。コンタクトレンズの開発が19世紀はドイツで進んだことから、素材や加工技術に一日の長があったのかもしれない。

　［参照社史］
　『メニコン50年史』2001年
　メニコン『開眼　田中恭一伝』2002年
　［参照文献］

「異色企業 メニコン」『週刊ダイヤモンド』1987年8月29日
豊嶋伸行「わずか20mgのレンズに凝縮された技術」『化学』1993年3月

ケース912 消化性潰瘍用剤／2008年

B社：●アステラス製薬 → A社：●武田薬品工業

処方薬（8/34）
戦略C/C比率◁◁◇▶
戦略D/E比率◁◁◇▶

■アステラス製薬（連）
逆転決算期：2009.03
実質売上高：1兆670億円
営業利益率：25.9%
筆頭大株主：金融機関
東名阪上場：1949.05

■武田薬品工業（連）
逆転決算期：2009.03
実質売上高：1兆7,200億円
営業利益率：19.9%
筆頭大株主：金融機関
東名阪上場：1949.05

●企業戦略 ▷▶▷▷／▷▶▷▷

【B社】アステラス製薬は1939年に大阪で山之内薬品商会として設立された会社である。祖業は医薬品の製造販売で、源流は1923年までさかのぼる。1925年の神経痛・リューマチ治療剤をはじめとして新薬を送り出したが、戦後は海外からの導入薬で基盤を築くと、再び新薬の開発ラッシュが続いた。1989年に米国の栄養補給食品メーカーを買収し、そこから2本柱経営に移行したが、食品事業を譲渡したうえで2005年に藤沢薬品工業と合併した。企業戦略としては、紆余曲折はあったものの、医薬専業と見なしてよい。

消化性潰瘍用剤はアステラス製薬にとって主業の一翼である。2008年当時、売上高のほぼ100％を医薬品部門に依存しており、その医薬品部門のなかで消化性潰瘍用剤の生産シェアは9％であった。

なお、アステラス製薬は拙著『戦略暴走』に合併前の藤沢薬品工業が挙行した海外M&Aがケース007として登場した。本シリーズ第1巻では製薬事業を被規制業種と見なし、取り上げていない。

【A社】武田薬品工業は1925年に大阪道修町で武田長兵衛商店として設立された会社である。祖業は薬品卸売で、源流は何と1781年までさかのぼる。明治期は洋薬の輸入を主業としたが、次第に自家製薬に比重を移し、1918年に武田製薬を設立した。戦後はビタミン剤で基盤を固め、食品や化学への多角化にも乗り出している。欧米への進出も早く、1960年代に現地拠点を設けた点は特筆に値する。2000年からは多角化事業を処分して、医薬専業色を強めている。企業戦略としては、逆転時点では多角化事業を整理し終えており、医薬専業と見なしてよかろう。

消化性潰瘍用剤は武田薬品工業にとって主業の一翼である。2008年当時、売上高の90%を医薬品部門に依存しており、その医薬品部門のなかで消化性潰瘍用剤の生産シェアは8%であった。

●**事業戦略**▷▷▷▶▷/▷▷▷▶

【製品】消化性潰瘍用剤は、日本では主に胃炎と胃潰瘍、欧米では主に十二指腸潰瘍と逆流性食道炎の治療に用いられる処方薬である。代表的なブロックバスターで、2005年前後まで目覚ましい成長が続いた結果、市場規模ではトップクラスの仲間入りをした。

　隣接市場に目立つものはない。敢えて挙げるなら、ピロリ菌が炎症や潰瘍の原因と判明したことにより、除菌療法が新たに代替的な選択肢として浮上している。

　消化性潰瘍用剤には、攻撃因子抑制剤と防御因子増強剤があり、前者が世界の主流となっているのに対して、日本では後者が幅を利かせてきた。約75社が参入していたが、上位4社で市場の過半を押さえており、寡占度は高い。

【B社】消化性潰瘍用剤についてアステラス製薬の前身にあたる山之内製薬は、1985年にH2ブロッカーのガスターを発売し、1988年から首位の座を押さえ込んでいた。これは攻撃因子抑制剤の一種である。

　生産面では、自社で製剤工場を抱えていた。

　販売面では、問屋に商流と物流を委ねていた。

　処方薬カテゴリーでは30のうちの14に参画していた。消化性潰瘍用剤以外でに、睡眠鎮静剤、精神神経用剤、鎮吐・鎮暈剤、筋弛緩剤で首位を占めるか、首位争いに絡んでいた。

【A社】消化性潰瘍用剤について武田薬品工業は1991年にプロトンポンプ阻害剤のタケプロン（ランソプラゾール）をフランスで発売した。米国でも1995年にFDAの承認を受けたことにより、世界100カ国で販売される国際商品となっている。1992年に発売した日本では保険適用となる投与期間に制限があり伸び悩んだが、2000年12月に制限が撤廃され、さらにタケプロンを併用する除菌療法が保険適用となったことから、2001年に入って急成長し始めた。

　タケプロンに攻撃因子抑制剤の一種で、酸分泌抑制作用はH2ブ

■該当セグメント
B社：医薬品
A社：医薬

■10年間利益率
B社営業利益率：23.3%
A社営業利益率：32.7%

■10年間勝敗数
B社得点掲示板：10-0
A社得点掲示板：10-0

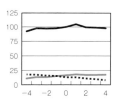

■シェアの測定単位
生産・輸入金額

■消化性潰瘍用剤
市場規模：4,020億円

■B社の首位君臨期間
1988年～2007年

■A社の首位君臨期間
2008年～

ロッカーを上回っていた。プロトンポンプ阻害剤の先行品は米国アストラゼネカ社のオメプラゾールで、タケプロンは二番手である。タケプロンはオメプラゾールと同じ基本骨格を有するが、修飾部にフッ素原子を導入したことで、アストラゼネカ社の特許を迂回すると同時に薬効と安定性を改善することに成功していた。

　生産面では、自社で製剤工場を抱えていた。

　販売面では、問屋に商流と物流を委ねていた。

　処方薬カテゴリーでは30のうちの12に参画していた。消化性潰瘍用剤以外では、血圧降下剤、ビタミンB1剤、酵素製剤、糖尿病用剤、腫瘍用剤で首位に立っていた。

【時機】 逆転が起きた頃、消化性潰瘍用剤の領域ではH2ブロッカーからプロトンポンプ阻害剤への世代交代が確実に進んでいた。

【収益】 このケースにおける逆転は、市場全体がフラットに推移するなかで起きた新旧交代劇である。武田薬品工業が漸増基調で推移するなかで、山之内製薬は漸減基調で推移しており、あたかもゼロサムゲームのようになっていた。直近では、ガスターは4位に沈んでおり、首位を堅持するタケプロンに10％ポイントの差をつけられていた。

　この逆転は収益面から見ると祝福に値する。タケプロンの累積売上高は世界で4兆円に達し、製造原価が低いこともあり、莫大な利益をもたらしたと言われている。

【好手】 1991年12月、武田薬品工業はタケプロンをフランスで発売した。旧世代のH2ブロッカーや、先行品のオメプラゾールを上回る効果を発揮したことから、タケプロンは超ブロックバスターに育っていった。

■主要記事
ミクス 2001.5
医療 2009.4

●戦略旗手▷▷▷▷▷

【人物】 このケースで戦略を推進したのは、武田薬品工業の新薬開発に携わった人々である。タケプロンの特許に名前を記したのは牧良孝氏と野原昭氏であるが、合成と薬理だけでタケプロンが成功したとは見なしがたい。毒性試験を含めて各国当局との折衝を担った人々や、臨床試験を実施した人々や、タケプロンの場合は製剤に工夫を凝らした人々の貢献があってこその成功と見なすべ

きであろう。

【着想】このケースに決断らしき決断は見当たらない。

［参照社史］

『山之内製薬50年史』1975年

『武田二百年史』1983年

［参照文献］

清水寿弘「タケプロンOD錠」『薬事』2008年10月

豊田繁「超ブロックバスター"タケプロン"に学ぶ日本での研究、世界での開発・販売戦略」『PHARM STAGE』2011年7月〜2012年1月

ケース913 血圧降下剤／2002年

B社：◉萬有製薬 → A社：●武田薬品工業

処方薬（8/34）
戦略C/C比率 ◁◁◇▷
戦略D/E比率 ◁◁◇▷

■萬有製薬（単）
逆転決算期：2003.03
実質売上高：1,910億円
営業利益率：16.2%
筆頭大株主：米国メルク社
東名阪上場：1961.10

■武田薬品工業（連）
逆転決算期：2003.03
実質売上高：1兆830億円
営業利益率：29.7%
筆頭大株主：金融機関
東名阪上場：1949.05

◉企業戦略 ▷▷▷▶▷／▷▶▷▷▷

【B社】萬有製薬は1917年に東京で萬有舎密として設立された会社である。祖業は輸入が途絶えた駆梅剤で、源流は1915年までさかのぼる。1930年代の満州開拓は無に帰したが、1944年に生産を開始したペニシリンで息を吹き返し、1950年代には米国企業からの技術導入を急いだ。1965年に動脈硬化治療薬をヒットさせたが、1970年代は業績が悪化し、1984年から米国メルク社の傘下に入っている。企業戦略としては、単純明快な処方薬専業である。しかも売上の99%が自社製品で、メーカーに徹している。

血圧降下剤に萬有製薬にとって主業の一翼である。2002年当時、売上高の70%を循環器系薬剤に依存しており、その部門内で血圧降下剤の生産シェアは39%であった。

なお、萬有製薬はメルク社の完全子会社となり、2003年に上場を廃止した。

【A社】武田薬品工業は1925年に大阪道修町で武田長兵衛商店として設立された会社である。祖業は薬品卸売で、源流は何と1781年までさかのぼる。明治期は洋薬の輸入を主業としたが、次第に自家製薬に比重を移し、1918年に武田製薬を設立した。戦後はビタミン剤で基盤を固め、食品や化学への多角化にも乗り出している。

欧米への進出も早く、1960年代に現地拠点を設けた点は特筆に値する。2000年からは多角化事業を処分して、医薬専業色を強めている。企業戦略としては、逆転時点では多角化事業の整理に向かっており、医薬専業と見なしてよかろう。

血圧降下剤は武田薬品工業にとって主業の一翼である。2002年当時、売上高の82％を医療用医薬品部門に依存しており、その部門内で血圧降下剤の生産シェアは11％であった。

●事業戦略▷▷▷▶▷/▷▷▷▷▶

【製品】血圧降下剤は、高血圧症の治療薬として処方される。日本で治療を必要とする人は1,000万人とされており、服用期間が長期にわたることから、市場は大きい。

隣接市場には、循環器官用薬という括りのなかでは、血管拡張剤、利尿剤、強心剤、不整脈治療剤、高脂血症治療剤などがある。市場規模として大きいのは、高血圧症の治療に投与される血管拡張剤と血圧降下剤である。血管拡張剤に分類されるカルシウム拮抗剤が、日本では血圧降下剤としても使われており、2001年時点で市場の5割を押さえていた。

製品には「(1) アンジオテンシンIを生成する酵素レニンを阻害するレニン阻害薬、(2) アンジオテンシンIをアンジオテンシンIIに変換する酵素ACEを阻害するACE阻害薬、そして (3) アンジオテンシンII受容体に結合してアンジオテンシンIIの作用を阻害するAII受容体拮抗薬」がある。市場は1980年代前半まで小規模にとどまっていたが、ACE阻害薬の登場によって拡がり始め、1987年に1,000億円の壁を突破した。そしてAII拮抗薬の登場により、2001年に3,000億円の壁を突破した。AII拮抗薬は、ACE阻害薬がキニナーゼIIをも阻害してしまうことにより発生する空咳などの副作用を引き起こさない点が評価されていた。約80社が参入していたが、上位4社で市場の過半を制しており、寡占度は高い。

【B社】血圧降下剤について萬有製薬は、メルク社のACE阻害剤レニベース（エナラプリルマレイン酸塩）を1986年に、元々は米国デュポン社が開発したAII拮抗剤ニューロタンを1998年に発売していた。2剤の合計占有率では2003年まで首位に立っていた。

■該当セグメント
B社：全社
A社：医薬

■10年間利益率
B社営業利益率：18.4％
A社営業利益率：32.7％

■10年間勝敗数
B社得点掲示板：3-0
A社得点掲示板：10-0

■5割
ミクス 2001.12

■(1) アンジオ…
循環器専門医 2001.9

■1987年
2001年
国際医薬情報 2014.12

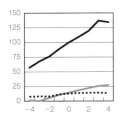

■シェアの測定単位
生産金額

生産面では、自社で製剤工場を抱えていた。

販売面では、問屋に商流と物流を委ねていた。

処方薬カテゴリーでは29のうちの2つに参画していた。血圧降下剤以外では、首位争いに絡むカテゴリーは見当たらなかった。

【A社】 血圧降下剤について武田薬品工業は1999年6月にブロプレス（カンデサルタンシレキセチル）を発売していた。これはAII拮抗剤で、自社開発は1976年頃からスタートしたものの、同社が申請した特許群に触発された米国デュポン社がニューロタンを1989年に開発し、武田薬品工業は先を越されてしまった。しかしながら、リード化合物を発見した武田薬品工業は研究の蓄積で優位に立っており、ニューロタンより持続性の高い化合物の合成に成功し、ブロプレスに辿り着いた。

生産面では、自社で製剤工場を抱えていた。

販売面では、問屋に商流と物流を委ねていた。

処方薬カテゴリーでは29のうちの10に参画していた。血圧降下剤以外では、セフェム系抗生物質製剤、ホルモン剤、ビタミンB1剤、酵素製剤、糖尿病用剤で首位、もしくは首位争いに絡む位置につけていた。

【時機】 逆転が起きた頃、血圧降下剤の分野ではACE阻害剤からAII拮抗剤への世代交代が急速に進展し始めていた。

【収益】 このケースにおける逆転は、市場が急成長する途上で起きている。武田薬品工業は市場の成長を牽引したが、萬有製薬の伸長は緩慢で、劇的な逆転が実現した。

この逆転は収益面から見ると祝福に値する。ブロプレスの躍進と相まって、武田薬品工業の業績は驚異的な増収増益路線にのっている。直近では、ニューロタンは5位に沈んでおり、首位を堅持するブロプレスに10％ポイントの差をつけられていた。

【好手】 1999年4月、武田薬品工業は高血圧症治療剤ブロプレスの製造承認を取得した。ブロプレスはニューロタンの後手に回ってしまったが、持続性が高いため、服用12時間後や24時間後の降圧効果に優れていることが立証された。こうして薬としての性能で先発薬を凌駕したことから、国内だけで売上高が1,000億円を超える大型新薬に育っていった。

■**医家向け血圧降下剤**
市場規模：4,200億円

■**B社の首位君臨期間**
1988年～2001年

■**A社の首位君臨期間**
2002年～

■ 1989年から1995年…
循環器専門医 2001.9

■ 主要記事
日経産業 1992.12.16
日経朝刊 2002.10.25

● 戦略旗手 ▷▷▷▷▷

【人物】このケースで戦略を推進したのは、武田薬品工業の新薬開発に携わった人々である。AII拮抗剤では「1989年から1995年の間には実に60社から600件以上の特許出願がなされ数万個の化合物が合成されるという熾烈な研究開発競争」が勃発した。そのうち上市に漕ぎつけたのは6剤だけという。この熾烈な競争を勝ち抜くうえで、武田薬品工業は過去の研究の蓄積を活かしていることから、これは組織戦のケースと見るべきであろう。

【着想】このケースに決断らしき決断は見当たらない。

［参照社史］
『萬有製薬八十五年史』2002年
『武田二百年史』1983年
［参照文献］
仲建彦「アンジオテンシンII受容体拮抗薬：カンデサルタンシレキセチル（ブロプレス）」『循環器専門医』2001年9月
「武田薬品 AII受容体拮抗薬ブロプレス」『ミクス』2002年3月
堀江透「A-II受容体拮抗薬ブロプレス」『日経バイオビジネス』2002年12月

処方薬（8/34）
戦略C/C比率 ◁◁◇▷▷
戦略D/E比率 ◁◁◇▷▷

■ バイエル薬品（単）
逆転決算期：1998.12
実質売上高：780億円
営業利益率：0.9％
筆頭大株主：バイエル
東名阪上場：—

■ ファイザー製薬（単）
逆転決算期：1998.11
実質売上高：1,450億円
当期利益率：12.2％
筆頭大株主：ファイザー
東名阪上場：—

ケース 914	血管拡張剤／1998年
	B社：⊙バイエル薬品 → A社：●ファイザー製薬

● 企業戦略 ▷▷▷▷▷／▷▷▷▷▷

【B社】バイエル薬品は1962年に大阪で設立された会社である。設立主体となったドイツのバイエルはアスピリンを祖業としており、源流は1863年までさかのぼる。1951年から吉富製薬が輸入元、武田薬品工業が販売元を務めていたこともあり、1973年にバイエル薬品は3社合弁に改組し、1979年に滋賀工場を立ち上げた。企業戦略としては、医薬専業である。ただしバイエル全体で見ると、染料やポリマーや農薬などの事業を手掛けており、多核化と言ってよい。

血管拡張剤はバイエル薬品にとって主業そのものである。1998年当時、売上高の44％を血管拡張剤に依存していた。

なお、バイエル薬品は2000年に吉富製薬がウェルファイドに吸収されたことから、再びバイエルの100％子会社に戻っている。

【A社】 ファイザー製薬は1953年に東京でファイザー田辺として設立された会社である。祖業は米国ファイザー社が開発した抗生物質の国内生産であったが、合弁相手の田辺製薬が資金不足に陥って持分を台糖に譲渡したことから、社名は台糖ファイザーに変わり、1983年になってファイザー社の100％子会社に生まれ変わった。台糖は精糖を主業としていたが、ペニシリンの量産に成功しており、合弁に動物薬や飼料添加剤や大衆薬を投入して経営を安定させていた。企業戦略としては、医療機器や農産部門も抱えていたが、1998年あたりから多角化事業を売却して、医薬専業色を強めている。

　血管拡張剤はファイザー製薬にとって主業の一翼である。1998年当時、売上高の31％を血管拡張剤に依存していた。

● **事業戦略** ▷▷▷▶▷／▷▷▷▷▶

【製品】 血管拡張剤は、高血圧や狭心症などの疾患を抱える患者に投与される処方薬である。医薬品情報誌で冠血管拡張剤と呼ばれるのは、心疾患を念頭に置くからであろう。ただし、効能が追加されたことにより、血管拡張剤は血圧降下剤の市場にも攻め込んでいる。

　隣接市場には、循環器官用薬という括りのなかでは、血圧降下剤、利尿剤、強心剤、不整脈治療剤、高脂血症治療剤などがある。市場規模として大きいのは、高血圧症の治療に投与される血管拡張剤と血圧降下剤である。

【B社】 血管拡張剤についてバイエル薬品は1976年にカルシウム拮抗剤の「アダラート」を日本で発売していた。成長薬効の代表格と言われる血管拡張剤の市場を牽引したのは、この「アダラート」にほかならない。バイエル薬品にとっても「アダラート」は主力中の主力製品で、徐放製剤の「アダラートL」を追加して1日2回投与への用法変更を1985年に実現するなど、延命策にも抜かりなかったが、さすがに1989年以降は成長力が衰えたと指摘されていた。

　生産面では、吉富製薬に依存していたが、滋賀工場が完成した

■該当セグメント
B社：─
A社：─

■10年間利益率
B社営業利益率：─
A社営業利益率：─

■10年間勝敗数
B社得点掲示板：─
A社得点掲示板：─

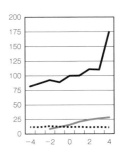

■シェアの測定単位
生産金額

■血管拡張剤
市場規模：2,480億円

■ B社の首位君臨期間
1989年～1997年

■ A社の首位君臨期間
1998年～

■ 11番手
　開発し尽くされた
国際医薬品情報 2001.2.12

1979年に自社製造に切り替えた。

　販売面では、問屋に商流と物流を委ねていた。

　処方薬カテゴリーでは29のうちの2つに参画していた。血管拡張剤以外では、首位争いに絡むカテゴリーは見当たらなかった。

【A社】血管拡張剤についてファイザー製薬は1993年に第3世代カルシウム拮抗剤の「ノルバスク」（アムロジピンベシル酸塩製剤）を日本で発売していた。「ノルバスク」はカルシウム拮抗剤のなかでは11番手と後発で、上市当初は市場に浸透するか否か疑問視されていたという。

　生産面では、名古屋に自社工場を構えていた。

　販売面では、問屋に商流と物流を委ねていた。

　処方薬カテゴリーでは29のうちの5つに参画していた。血管拡張剤以外では、血圧降下剤と抗グラム陽陰性菌用抗生物質製剤で首位争いに絡んでいた。

【時機】逆転が起きた頃、血管拡張剤の主流となったカルシウム拮抗剤は「開発し尽くされた」と言われており、新薬の開発候補はジヒドロピリジン系に移っていた。

【収益】このケースにおける逆転は、市場が拡大基調で推移する途上で起きている。そのなかでもバイエル薬品はフラットに推移したのに対して、ファイザー製薬はうなぎ登りで、いわゆる新旧交代の様相を呈していた。

　この逆転は収益面から見ると祝福に値する。逆転以降の米国ファイザー社の昇竜ぶりを見れば、その点については疑う余地がない。直近では、「アダラート」は3位に沈んでおり、首位を堅持する「ノルバスク」に10％ポイントの差をつけられていた。

【好手】1993年12月、ファイザー製薬は「ノルバスク」を発売した。頭痛や顔面紅潮といった副作用を抑えた点と、1日1回投与という用法が支持されて、後発ながら悲観論を覆すブロックバスターとなった。また、降圧効果に対する医師の評価も、競合薬のなかで群を抜いて高い。効き目がマイルドながら、長期にわたって血圧を下げていくという開発方針が奏功したものと思われる。

■ 主要記事
日経産業 1998.6.18
日経産業 2000.2.28
ミクス 2007.10

●**戦略旗手**▷▷▷▷▷

【人物】 このケースで戦略を推進したのは、米国ファイザー社の内外で新薬開発に携わった人々である。成功の鍵が副作用の抑制にあっただけに、なおさら組織力がものを言ったに違いない。

【着想】 このケースに決断らしき決断は見当たらない。

　　［参照社史］
　　『日本におけるバイエル医薬品の歴史』1999年
　　［参照文献］
　　佐藤利平「血管拡張剤」『診断と治療』1980年10月
　　堀江透「降圧薬ノルバスクの開発秘話」『日経バイオビジネス』
　　　2002年10月

3-1-2 精密機械の世代交代

ケース 722　カメラ用交換レンズ／1995年

B社：◉ニコン → A社：●キヤノン

カメラ（7/10）
戦略C/C比率 ◀◁◇▷
戦略D/E比率 ◀◁◇▷

■ニコン（連）
逆転決算期：1996.03
実質売上高：3,220億円
営業利益率：13.8%
筆頭大株主：金融機関
東名阪上場：1949.05

■キヤノン（連）
逆転決算期：1995.12
実質売上高：2兆950億円
営業利益率：7.1%
筆頭大株主：金融機関
東名阪上場：1949.05

●企業戦略▶▷▷▷▷／▶▷▷▷▷

【B社】ニコンは1917年に東京で日本光学工業として設立された会社である。祖業は海軍用の潜望鏡、測距儀、および望遠鏡で、設立翌年には光学ガラスの製造にも乗り出している。光学系3社の技術を寄せ集めて成り立った国策会社の色彩が濃いものの、戦後はカメラと交換レンズが米国で評価され、民需転換を成し遂げた。カメラ以外では長らく眼鏡を主軸に据えていたが、1980年代から半導体製造用の露光装置が急伸している。企業戦略としては、光学技術を応用した水平多角化の範疇にとどまっている。

　カメラ用交換レンズはニコンにとって祖業の延長線上にある事業である。1995年当時、売上高の21%をカメラ部門に依存しており、その部門内で交換レンズの生産シェアは29%に達していた。部門を牽引するのは一眼レフカメラで、全社を牽引するのは半導体関連機器部門であった。

【A社】キヤノンは1937年に東京で精機光学工業として設立された会社である。祖業は高級小型カメラで、源流は研究開発がスタートした1933年までさかのぼる。創業当初はカメラボディ専業で、レンズはニコンから調達していたが、同社の技術支援を得て、1946年から内製に切り替えた。戦後は日本を代表する総合カメラメーカーとして名声を博し、1967年から「右手にカメラ、左手に事務機光学特機」を合い言葉として水平多角化を指向している。この路線は複写機やレーザープリンターにおいて結実し、目覚ましい企業成長を後押しした。企業戦略としては、多彩な事業を営んでおり、多核化に近づきつつあった。ドメイン定義は機能的で、「イメージングの入力から出力まで」とわかりやすい。

カメラ用交換レンズはキヤノンにとって祖業の補機に相当する。1995年当時、売上高の10％をカメラ部門に依存しており、その部門内で交換レンズの生産シェアは14％であった。部門を牽引するのは一眼レフカメラで、全社を牽引するのはコンピューター周辺機器部門であった。

なお、キヤノンは本シリーズ第1巻にデジタル一眼レフカメラがケース871、レーザープリンターがケース665として登場した。

● **事業戦略**▶▷▷▷▷／▷▶▷▷▷

【製品】交換レンズは、ボディ単体で販売される一眼レフカメラやレンジファインダーカメラと組み合わせて使うレンズのことである。レンズといってもガラス玉だけを指すのではなく、露出を調整する絞りや、焦点を調整するレンズ移動や、最近では手ぶれ補正の機構まで組み込んだ製品となっている。高級なものでは、防塵や防滴のためのシール材まで組み込まれている。超望遠や超広角のレンズになると、ボディ本体より高額なものも珍しくない。1台のカメラに複数の交換レンズを買い揃えるユーザーが多いこともあり、台数ベースで見るとボディの市場はレンズの市場の半分程度に過ぎない。

レンズ交換式カメラの利点は、自由にレンズを選ぶことで多彩な表現が可能になる点にあり、レンズラインアップの魅力度がカメラの選択を左右する。光を屈折させるところにレンズの意味があるものの、屈折率は光の波長によって異なるため、ガラス玉1枚では色滲みが生じてしまう。そこで各社ともガラス玉の材質や組み合わせや表面コーティングを工夫して、画像のシャープさを競うことになる。ハイエンドの交換レンズには、30枚以上のガラス玉を内蔵するものすらあり、競争は未だ続いている。

隣接市場にはレンズ一体型のカメラがあり、出荷台数では一眼レフカメラの5倍を上回っていた。

製品には、単焦点とズームの基本種別のほか、焦点距離と明るさの組み合わせによるカテゴリー分類がある。一般にプロは単焦点の明るいレンズで、焦点距離が著しく長いか短いものを好む。市場にはサードパーティ製のレンズを供給する専業メーカーを中心に

■ **該当セグメント**
B社：映像
A社：カメラ

■ **10年間利益率**
B社営業利益率：9.0％
A社営業利益率：18.5％

■ **10年間勝敗数**
B社得点掲示板：3-7
A社得点掲示板：9-1

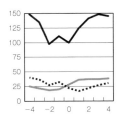

■ **シェアの測定単位**
生産金額

■ **カメラ用交換レンズ**
市場規模：630億円

■ **B社の首位君臨期間**
～1979年
1982年～1986年
1990年～1994年

■ **A社の首位君臨期間**
1980年～1981年
1995年～

30社以上もひしめいていたが、上位2社で市場の過半を押さえていた。

【B社】交換レンズについてニコンはハンザキヤノン用にニッコール50mmF3.5およびF4.5を供給し始めた1935年から取り組んでいる。1959年にはFシリーズの一眼レフカメラを自社開発して、そこから先は自社製カメラ用の交換レンズ群を充実させていった。ニコンは頑強な設計を重視し、世界中にサービス拠点を張り巡らせることで、写真で生計を立てるプロフェッショナルのニーズに応えている。

生産面では、相模原製作所で光学ガラスを内製し、子会社の栃木ニコンでレンズを組み立てていた。

販売面では、ニコンカメラ販売が事業主体となっていた。

カメラカテゴリーでは、一眼レフカメラで第2集団の先頭に立っていたが、レンズ一体型のカメラでは番外に甘んじていた。

【A社】交換レンズについてキヤノンはセレナー50mmF3.5を発売した1946年から取り組んでいる。

生産面では、1950年にグループに迎え入れた小原光学硝子製造所で光学ガラスを内製し、宇都宮工場でレンズを組み立てていた。自動焦点合わせをギアを介さずに実現する超音波モーターも独自技術で、内製している。

販売面では、キヤノン販売が事業主体となっていた。

カメラカテゴリーでは、一眼レフカメラで首位を堅持しつつ、レンズ一体型のカメラでも首位争いに加わっていた。

【時機】逆転が起きた頃、日本ではカシオの「QV-10」が店頭に並び始めていた。これはレンズ一体型のカメラで、デジタル方式のものとしては初めての普及機であった。一眼レフのデジタル機は、ニコンが1999年に送り出している。そのニコンも逆転前は半導体のシリコンサイクルに翻弄され、業績の乱高下に悩まされていた。1992年度と1993年度は連結ベースで営業赤字に沈んでいる。

【収益】このケースにおける逆転は、カメラのデジタル化を控えて交換レンズ市場が谷間を迎えるなかで実現した。ニコンが下降傾向を引きずったのに対して、キヤノンは早々に反転攻勢を成功させている。直近では、両社間の差は18%ポイントにまで拡大して

いる。

　この逆転は収益面から見ると祝福に値する。キヤノンは本シリーズ第1巻で詳述したようにカメラを高収益事業に仕立て上げているが、ニコンのカメラ事業は高収益事業の要件を満たしていない。キヤノンが上手く立ち回ったと見るべきであろう。

【好手】1987年3月、キヤノンは「EOS 650」を発売した。このカメラはEFマウントを採用した最初のカメラで、従来のFDマウントのレンズとは互換性を持たなかった。このカメラを買うユーザーはレンズを揃え直す覚悟を求められたが、EFマウントはカメラボディと交換レンズの接点から機械的な連携を排除することで、ユーザーに多額の出費を正当化する魅力を提供していた。交換レンズが制御用のマイコンやモーターを内蔵し、自動焦点合わせや絞りの調整をレンズ側で実現したEFレンズは、明らかに電子化の未来を先取りしていたのである。さらにEFレンズはマウントの口径を大きくすることで、明るいレンズの設計を容易にしていた。

　ちなみに、電子化の流れに先鞭をつけたのは1985年2月に発売されたミノルタの「α-7000」であった。壊滅的な打撃を受けたキヤノンは迅速な反攻を迫られたにもかかわらず、そこで出したEFマウントが今日まで何の変更も受けることなく生き残っている。そのため、EFレンズの累積出荷本数は1億本を超えるに至っており、キヤノンの先見の明を称賛しないわけにはいかない。

　一方、プロフェッショナルユーザーと密な関係を築いたニコンは、ユーザーに高価な機材資産の廃棄を迫ることができなかった。そして後方互換性に束縛された結果、デジタル対応が遅れ、そのアプローチもチグハグ感を否めないことになってしまった。逆に、それまでハイアマチュア層の心を掴んでいたと言われたキヤノンは、電子制御時代に対応したEOSシリーズの一眼レフカメラとEFレンズを1987年に導入し、さらに汎用一眼レフカメラのデジタル化を2000年に果たしたことにより、プロフェッショナルユーザーを取り込むに至ったようである。EFレンズの選択肢で他社を圧倒すると、製品のリニューアルによって最新技術を取り込む方向に開発方針を切り替え、質量とも他社を寄せ付けていない。

■主要記事
日経産業 1988.2.2

■かく・りゅうざぶろう
誕生：1926.05
社員：1954.04-1972.08
役員：1972.08-1999.03
社長：1977.06-1989.03
会長：1989.03-1997.03

■消費の傾向が高級品…
　最近の消費者は…
日経朝刊 1988.2.8

●戦略旗手▷▷▷▶操業経営者

【人物】このケースで戦略を推進したのはキヤノンの賀来龍三郎氏である。ミノルタが自動焦点一眼レフカメラを開発しているという情報に触発されたキヤノンでは、1985年1月に製品化計画がスタートしたが、その翌月に「α-7000」が発売されたことにより、対抗機種の緊急投入を主張する営業サイドと、「α-7000」を凌駕する決定版を出したい開発サイドが対立した。その膠着状態を前にして、賀来氏は1985年3月の会議で開発期限を創立50周年にあたる1987年9月に設定したという。これは2年半の猶予を与えることにより、決定版の開発を支持する決断であった。

【着想】賀来氏の決断は深い洞察に基づいている。「消費の傾向が高級品と低価格品の二極に分化しつつあり、メーカー側もそれに対応した商品開発を目指さなければならない」という指摘は2000年代に入ってよく耳にしたものであり、珍しくも何ともない。ただし、これは賀来氏の1980年代後半の発言である。そこに驚きがある。

　賀来氏は「最近の消費者は好きなモノにはためらいなくカネを使うが、それ以外のモノには無駄金を一切使わない傾向が強い。たとえばカメラ。EOSのような高性能高級カメラの売上が好調に伸び、消費者の高級志向が高まる一方で、依然として低価格な単機能カメラを求める消費者がかなり多い」と看破しており、自動焦点一眼レフカメラの開発に際しても中途半端に終わる道を回避したに違いない。

［参照社史］
『ニコン75年史 光とミクロと共に』1993年
『キヤノン70年史 1937-2007』2012年
［参照文献］
小倉磐夫「一眼レフ・マウント物語」アサヒカメラ、1988年3月（上）、4月（中）、5月（下）

ケース 723　集塵装置／1994年

B社：●三菱重工業　→　A社：●日立プラント建設

環境機械（7/13）
戦略C/C比率◀◁◇▷
戦略D/E比率◀◁◇▷

■三菱重工業（連）
逆転決算期：1995.03
実質売上高：2兆7,350億円
営業利益率：6.5%
筆頭大株主：金融機関
東名阪上場：1950.05

■日立プラント建設（連）
逆転決算期：1995.03
実質売上高：2,320億円
営業利益率：3.5%
筆頭大株主：日立製作所
東名阪上場：1970.04

●企業戦略▶▷▷▷▷／▶▷▷▷▷

【B社】三菱重工業は1950年に神戸と東京で設立された会社である。祖業は船舶補修で、源流は1884年までさかのぼるが、旧三菱重工業は戦後の財閥解体により清算の憂き目を見た。事業は西日本重工業、中日本重工業、東日本重工業の3社に継承されたものの、日本がIMF8条国に移行するや否や再合同し、元の鞘に収まっている。1970年に自動車事業をスピンオフし、そこから絶え間なく多様な事業の再編整理を行ってきた。企業戦略としては、機会主義的に技術連鎖から派生した事業を集積しており、多核化に該当する。

集塵装置は三菱重工業にとって顧客起点の多角化に相当する。1994年当時、売上高の22%を機械部門に依存しており、その部門内で集塵装置の生産シェアは1.5%にとどまっていた。部門を牽引するのはプラントで、全社を牽引するのは原動機部門であった。

【A社】日立プラント建設は1929年に東京で共成組として設立された会社である。祖業は冷凍機械の輸入販売と設置工事で、漁業関係者が出資していたが、日立製作所の冷凍機を扱うようになり、1935年に同社の傘下に入ることになった。そこから先は施工に徹しながらも取扱品目が急速に拡大していった。日立製作所から1967年に水処理事業、1968年に電気集塵装置事業を移管された時点で開発機能が加わり、総合プラントエンジニアリング企業の色彩が濃くなった。企業戦略としては、空調冷熱電気設備や水処理・集塵装置のようにプロダクトが先に来る事業群と、発電所や製鉄所や化学コンビナートのようにカスタマーが先に来る事業群が並立していたが、いずれも水平多角化に相当する。

集塵装置は日立プラント建設にとって多角化事業の一つである。1994年当時、売上高の20%を水処理・集塵装置部門に依存しており、その部門内で集塵装置の完成工事シェアは26%に達していた。部門を牽引するのは浄化処理設備で、全社を牽引するのは空調冷

熱電気設備部門であった。

なお、日立プラント建設は2006年に日立グループの関連事業を吸収して日立プラントテクノロジーと社名を変更したが、2010年に日立製作所の完全子会社となって上場を廃止した。

■該当セグメント
B社：機械・鉄構
A社：エネルギーシステム

■10年間利益率
B社営業利益率：2.2%
A社営業利益率：2.7%

■10年間勝敗数
B社得点掲示板：0-10
A社得点掲示板：0-10

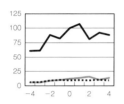

■シェアの測定単位
生産金額

■集塵装置
市場規模：910億円

■B社の首位君臨期間
1976年～1993年
2012年～

■A社の首位君臨期間
1994年～2011年

◉事業戦略▷▷▶▷▷／▶▶▶▶

【製品】集塵装置は公害防止機器の一つで、排気を大気に放出する前に、煤塵や有害ガスを除去する使命を担うものである。設置先としては、石炭や重油を燃やす発電所、製鉄所、化学コンビナートのほか、ゴミ焼却場などがある。

隣接市場には排煙の脱硫・脱硝装置があり、市場規模では集塵装置と肩を並べている。

製品には濾過方式と電気方式があり、両者を組み合わせて使うことも多い。電気方式は、捕集すべき煤塵の電気特性に合わせたチューニングが必要となる反面、高温にも耐えるうえ、エネルギー損失が少ないため、こちらが主流になっている。ただし、捕集したダストの処理方法などの課題も多く、延々と改善改良が続いていた。参入メーカーは60社ほどあって、上位5社でも市場の4割ほどしか押さえていなかった。

【B社】集塵装置について三菱重工業は1960年にドイツのルルギ社から導入した技術をベースに参入していた。

生産面では、神戸造船所が主体となっていた。

販売面では、他の事業でつながりの深い発電所や製鉄所を売り先として重視していたようである。

環境機器カテゴリーでは、重・軽油脱硫装置、海洋汚染防止装置、騒音防止装置の三つを除く全市場に参画していた。文字通りのフルライン体制で、なかでも排煙脱硫装置や排煙脱硝装置で他を寄せ付けない強みを築いていた。

【A社】集塵装置について日立プラント建設は北日本鉱業所に銅精錬用の電気集塵装置を据え付けた1938年から取り組んでいる。その後はアルミナ用、硫酸ダスト用、汽缶用、フライアッシュ用、高炉用、カドミウム回収用、キルン用、ゴミ焼却装置用と、守備範囲を拡げていった。

生産面では、機器の製造は日立製作所に委託していた。

販売面では、日立製作所が元請けとなった案件で設置工事を担当するだけであった。

環境機器カテゴリーでは、選択的に事業を展開しており、集中分野は汚水処理であった。集塵装置以外に首位争いに絡む分野は見当たらなかった。

【時機】逆転が起きた頃、日本ではバブル経済が崩壊していた。それ以外に、集塵装置を取り巻く市場環境に変化らしい変化は見当たらない。

【収益】このケースにおける逆転は市場の拡大局面の終盤で起きている。いまひとつ増産を維持しきれない三菱重工業を尻目に日立プラント建設はアクセルを踏み続けることで、前に出た。直近では三菱重工業が巻き返しに出て独走体制を築いている。日立プラント建設は第2集団につけている。

この逆転は収益面から見ると祝福に値する。逆転年の前後で日立プラント建設の営業利益は水準が倍になっており、無理をした形跡は微塵もない。

【好手】1981年10月、日立プラント建設は徳山曹達の石炭火力発電所で集塵装置の運転を立ち上げた。これは日本石油精製の横浜製油所で2年間にわたって運転実績を積み、いよいよ移動電極方式の拡販に打って出る号砲に等しかった。

集塵装置では性能の経時劣化が問題となる。集塵が進むことにより濾過式では目詰まりが起こり、電気式では電極上への煤塵の堆積が起こり、それが性能の劣化を招くからである。これを防ぐには定期的なクリーニングが必要で、電気式の場合は電極の槌打ちによってダスト膜の剥離を促すが、その効果には不満が残っていた。

この問題を解決したのが移動電極方式である。これは従来の固定電極を無限軌道の上に搭載してしまい、常時移動させ、移動経路の途中でブラシによってダストを掻き落とし、綺麗になった電極が再び集塵を行う方式のことを指す。機構が複雑になるので信頼性に不安が残るが、日立プラント建設は組織をあげて完成度を向上させ、実用化に漕ぎつけた。

■主要記事
日経産業 1983.12.14
日経産業 1985.5.27
日経朝刊 1993.12.21

■やぶた・ひろあき
誕生：1945.00
社員：1995.00-
役員：―
社長：―
会長：―

■主要記事
日経産業 1986.2.20
産業機械 1996.9

　この技術の優位性を物語るエピソードがある。かつて三菱重工業に集塵装置の技術を供与して、その後も良好な関係を保っていたルルギ社が、1993年12月に移動電極方式の技術を日立プラント建設から導入したのである。正確に言うと、技術を導入したのはルルギ社のエンジニアリング子会社であったが、まさに快挙と呼ぶにふさわしい。

● 戦略旗手 ▷▷▷▷ 理系社員

【人物】　このケースで戦略を推進したのは日立製作所の藪田宏昭氏である。藪田氏は1978年に開発に着手して、事業化まで見届けた。日立プラント建設に転籍してから2002年2月に集塵統括部長に昇進したが、その8ヵ月後に技師長に肩書きが変わっており、日立プラント建設が処遇に腐心した痕跡を見て取ることができる。

【着想】　藪田氏の決断は必ずしも占有率の逆転を目論んだものではなかった。海外炭の利用が拡がるにつれ、従来の装置では不具合が目立つようになり、技術的な対応を迫られたことから移動電極方式の開発に立ち向かったという。

[参照文献]
藪田宏昭「移動電極形電気式集塵装置」『日立評論』1982年2月
蛭田龍市郎・西村正勝・藪田宏昭・森明「石炭燃焼ボイラの最新排煙処理技術」『日立評論』1994年10月
中山武・大塚眞「石炭火力発電ボイラへの移動電極形電気式集塵装置の適用」『日立評論』1985年2月

第2部

Part 2

成熟市場の攻め口

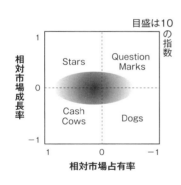

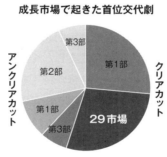

　成熟市場は、PPM（製品ポートフォリオ・マトリックス）理論が首位攻防戦の勃発を想定しない市場区分である。そのロジックは以下のように組み立てられている。市場が経済全体の速度並みにしか成長しないのは、新規顧客の流入が止まったからである。それにもかかわらず占有率を引き上げようと思うなら、他社の顧客を力尽くで奪い取るしかないが、奪われる側のプレーヤーが侵攻を傍観するはずもない。せっかく囲い込んだ顧客を奪われまいと、ありとあらゆる手段に

訴えて抵抗を試みるはずである。奪いに出た側も応戦すれば、勝っても負けても出血を強いられる。この筋書きが事前に読めるので、合理的なプレーヤーは経営目標を占有率以外の指標に置き、そもそも首位攻防戦を仕掛けない。それゆえ、流動性の低い市場は膠着状態に入りがちである。

　本巻第2部は、そういう成熟市場における首位攻防戦を俎上に載せる。登場するケース総数は51で、本巻全体のちょうど半分を占めている。クリアカットな逆転劇に限定すると、全63ケース中の29ケースで、全体の46％に相当する。PPM理論の想定に反してケース数が異様に多く、日本企業の行動は合理性に欠けるのではと気になるが、トリックがあるため心配には及ばない。

　本巻では、序章で説明したとおり、ケースを各部に配置するに際して絶対市場成長率を基準とした。これがトリックである。基準に相対市場成長率を採用すると、分母にくる「経済」の範囲や測定期間の長さを子細に検討するなかでケース固有の事情を勘案したくなるが、そうすると恣意性が入り込んでしまい、自信が持てなくなる。それゆえ単純明快な絶対基準を一律に適用したが、その帰結として、本来であれば第1部に配置されるべき逆転劇が、この第2部に紛れ込んでいる。本来の意味における成熟市場で首位攻防戦に突入したケースは見かけほど多くない。

　そうは言っても、成熟市場で首位奪取に成功したケースが出ているのもまた事実である。そういうケースは、どこにPPMロジックの抜け穴を見つけたのであろうか。それが第2部では焦点となる。結論を先に述べておくと、多種多彩なケースがあるものの、有力な抜け穴は事業戦略の構えの次元と競争戦略の交点にあると言ってよさそうである。

第4章　立地の取捨選択

Chapter 4

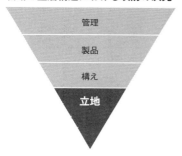

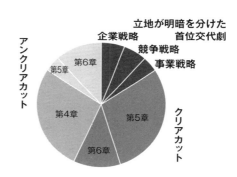

　この章の特徴は、クリアカットでないケースの多さにある。全22ケースのうち、クリアカットな逆転劇は8ケース、率にして36％しかない。7ケースはクリアな「負けるが勝ち」のパターンで、残る7ケースでは首位攻防戦が延々と続いている。この構図を眺め渡すと、成熟市場では事業立地が有力な攻め口になりにくいと結論せざるをえない。

　事業立地を攻め口として逆転に成功した数少ないケースに注目すると、第1章第1節第1項と同じパターンのものが2ケース、第1章第2節第1項と同じパターンのものが2ケース、第2章第2節第1項と同じパターンのものが3ケースある。残る1ケースは第2部に固有のパターンを示している。第1部でも第2章と重なるケース群は競争戦略を駆使したものながら、ここでは防ぐ打ち手が微妙さを増している。そこに成熟市場固有の発想を垣間見ることができて、興味深い。

1 | 事業ポートフォリオの機微

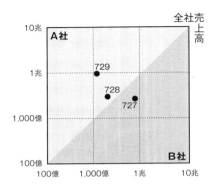

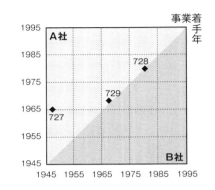

勝者＼敗者	追随	傍観
先攻	2	1
後攻	0	0

年代区分	'75-79	'80-84	'85-89	'90-94	'95-99	'00-04	'05-09
実質GDP成長率	4.2%	3.2%	4.1%	0.4%	1.3%	2.6%	0.8%
該当ケース数	0	0	1	1	0	1	0

　この節に固有のパターンで注目に値するのは「負けるが勝ち」である。成熟期に差し掛かった市場では、PPM理論は首位プレーヤーにキャッシュカウの専守防衛を推奨するが、世の中には安定期を素通りする市場がある。代替品が登場して成長期が突如として終焉を迎える場合などが、その典型である。そういう市場では、見切りの良さが問われることになる。

　本節第1項に共通するパターンは、次のようなものである。現状では安定しているように見える市場が、逆転後に斜陽に入る。または、首位に立ちさえすれば利益が出るように見える市場が、逆転後に構造が劣化して、誰がどう逆立ちしても利益が出なくなる。そういう変曲点の手前で首位企業が転進を図り、首位から降りてしまう。表面上は首位攻防戦に負け

たように見えるものの、時間が経過するにつれ「負けるが勝ち」の図式が鮮明になり、その先見の明に誰もが感心する。現実を少し美化すると、こういう具合に時機読解で明暗が分かれている。

続く第2項では「負けるが勝ち」を狙ったのに「負けるが負け」に終わったケースが二つ登場する。第1項は、特定の事業立地に拘泥することなく、見限るべきは冷静に見限り、事業立地間でダイナミックに経営資源を再配分していく企業戦略の重要性を伝えるが、そこにはリスクも潜んでいる。市場が秘めるポテンシャルを見過ごすと、ダイナミックな経営資源の再配分は勇み足となりかねないのである。このリスクを第2項は浮き彫りにする。

第1項と第2項は好対照を成す反面、意外な共通点も持ち合わせている。それは、最後に笑った側が常人とは真逆の診断を市場に下した点である。常人が楽観するときは悲観して、常人が悲観するときは楽観する。そこに経営戦略の極意が潜んでいるようである。このあたりは、第1章第1節第2項にも相通じる面がある。

第3項には、企業戦略の別のパターンが登場する。ただし、その内実は第1章第2節と何ら変わるところがないため、ここでは説明を割愛する。

「負けるが勝ち」を象徴するのは、ケース915の小形棒鋼である。これは主に鉄筋コンクリート建造物で鉄筋として使われる建材で、バブル経済の崩壊を受けた対応が争点を形成した。競合の弱気に付け入る好機と踏んだA社が攻めて首位を奪取したが、市況は目論見どおりには回復しなかった。棒鋼を見限って別の鉄鋼製品に転進を図ったB社の英知が光るケースである。

ケース724のベーン型油圧ポンプでも図式は変わらない。代替品の登場を見届けてB社は別形式の油圧ポンプに軸足をシフトしていった。それを見て、油圧ポンプのフルライン化

を目指すＡ社は、かねてからラインアップの弱点となっていたベーン型の強化を狙っており、Ｂ社が退いたあとを喜んで埋めていった。しかしながら、首位交代が実現するや否や市場は縮小傾向を見せ始め、Ｂ社の先見の明が際立つ結果に終わっている。

ケース725のポリエチレンパイプでも、望みを託したＡ社と早々に見切ったＢ社が好対照を成している。ただし、これは情報収集に苦戦したケースで、争点については言及を控えることにした。

ケース916の塩ビ平板でも、品種構成の高級化を指向したＢ社がＡ社に首位の座を譲っている。これも自信の持てるケースではなく、争点への言及は避けている。

ケース917のベルトコンベヤでは、大規模土木工事の漸減に伴い、事業立地のシフトが不可避となっていた。そこでＡ社はベルトコンベヤの下位市場間でシフトを図ったが、Ｂ社は遠隔市場へのシフトを指向した。この対照に伴い逆転が実現したものの、Ａ社が選択した事業立地の防壁は低く、収益は低迷した。

最後にケース726の豆菓子では、専業のＡ社が社長交代を機に攻めに出た。Ｂ社は総合菓子メーカーで、豆菓子に拘泥する意図はなく、別の菓子カテゴリーに注力していった。収益の観点からは、Ｂ社が増益基調、Ａ社が減益基調に入っており、Ｂ社に軍配の上がるケースとなっている。

ここまでが第1項で、続く第2項の「逆張り」を代表するのはケース918の飲用牛乳である。ここでは価格競争が激化する一方の市場に嫌気がさして、Ｂ社が乳業からの飛躍を指向したのに対して、Ａ社は溶存酸素を減らすことにより「おいしい牛乳」を世に送り出している。その結果、Ａ社が首位に立ち、収益改善も成し遂げた。Ａ社に焦点を合わせれば、これは第6章第1節第1項のリ・インベンションに分類すべきケースとなるが、ここではＢ社に焦点を合わせることにし

たので、市場を早く見限り過ぎたケースとなる。早過ぎたのは、差異化の余地があったのに、差異化の努力を費やさないまま見限ったからである。なお、ケース918では接戦が続いており、逆転劇はクリアカットでない。

　ケース727の小型ブルドーザーでも、B社が早く市場を見限り過ぎた。高度成長が終焉を迎え、土木工事の中心が山野の開拓から都市の建設にシフトしていくなかで、B社は脱建機の多角化を指向した。同じ時期に企業再編を余儀なくされたA社は、それを機に小型ブルドーザーの開発責任を米国から移管され、攻めに出た。蓋を開けてみると、その後は新興国からも先進国からも開発需要が噴出する展開となり、B社も建機回帰に舵を切り直している。A社が笑ったことは言うまでもない。

　ここまでが第2項で、続く第3項は企業戦略による総合力をハイライトする。それを象徴するのがケース728の麦茶で、ここでは下位市場で攻防戦が勃発した。零細事業者が茶葉を売っていた市場に、業務用需要を狙ったB社はティーバッグを持ち込んで首位に登り詰めていたが、より簡便に注ぐだけの麦茶飲料をA社は投入したのである。ペットボトル飲料となると、茶葉とは販路が異なり、範囲の経済も効いてくるため、麦茶以外の飲料を手広く扱うA社にニッチプレーヤーのB社は追随できず、市場の増分はA社および第三者が手中に収めている。

　ケース729の田植機もパターンは同じで、総合力に勝るA社が専業のB社を、不況の時期に抜き去った。この場合の総合力は、農機とは市況サイクルの異なる建機まで手掛けていたか否かを指している。ケース728もケース729も成長市場の趣があり、第1部第1章第2節に登場したケース群と何ら変わるところはない。

　以上が第4章第1節の概要である。事業の集合体から成る企業としては、個々の事業を強くするための事業戦略も無視

できないが、どう事業ポートフォリオを改変していくのかという企業戦略が、個々の事業の強弱を左右する面もあることを深く認識すべきであろう。この節で焦点となったのは、下り坂に転じた事業から上り坂に入っていく事業に経営資源をシフトする「負けるが勝ち」の企業戦略と、近接事業の強い塊を構築する「寄せるが勝ち」の企業戦略である。後者は、上位市場の次元で強さを築くと決意して、それに連なる下位市場をことごとく押さえてしまい、下位市場の一つにしか参戦しないプレーヤーを駆逐する戦略と言い換えてよい。下位市場群のあいだで販路や技術を共有する場合には、特に威力は大きい。有力な狙い目として念頭に置いていただきたい。

4-1-1　立地の振り替わり

ケース 915

小形棒鋼／1994年

B社：◉東京製鐵　→　A社：◉共英製鋼

熱間圧延鋼材（12/18）
戦略C/C比率 ◀◁◇▷
戦略D/E比率 ◀◁◇▷

■東京製鐵（単）
逆転決算期：1995.03
実質売上高：1,350億円
営業利益率：▲6.6％
筆頭大株主：池谷太郎
東名阪上場：1974.07

■共英製鋼（単）
逆転決算期：1995.03
実質売上高：650億円
営業利益率：▲7.9％
筆頭大株主：創業家
東名阪上場：2006.12

◉企業戦略 ▷▷▶▷◁／▷▷▷▷▶

【B社】東京製鐵は1934年に独立系の電炉メーカーとして東京で設立された会社である。戦後は特殊鋼から普通鋼に転進し、東は千住、西は倉敷に小形および中形の圧延設備を導入したが、1969年にM&Aを2件成立させて四国と九州にも生産拠点を確保すると同時に、大形の圧延工場を建ててH形鋼に進出した。この大英断が飛躍の土台となって、電炉業界の最大手に登り詰めたのみならず、高炉メーカーの牙城に切り込む風雲児の名をほしいままにした。企業戦略としては、一点の曇りもなく鉄鋼専業、鋼材特化を貫いている。

小形棒鋼は東京製鐵にとって水平多角化事業の一つである。1994年当時、売上高の100％を圧延部門に依存していたが、部門を牽引するのは形鋼で、それに次ぐのが棒鋼であった。

【A社】共英製鋼は1947年に大阪で設立された会社である。祖業は鍛工で、源流は1939年までさかのぼる。1947年に鍛工から伸鉄、1967年に線材から小形棒鋼にシフトしてきたが、構造不況の出口が見えない1982年に住友金属工業から30％の出資を受け入れ、独立系の旗を降ろした。その後は積極策に転じ、窮地に陥った同業他社を迎え入れることで、グループ経営に乗り出している。単独では電炉業界最大手、東京製鐵の後塵を拝していたが、グループとしては東京製鐵を上回る地位を築くに至っていた。企業戦略としては、一点の曇りもなく鉄鋼専業、異形棒鋼特化を貫いていた。1990年代に入って、H形鋼に参入を果たしている。

小形棒鋼は共英製鋼にとって主業そのものである。1994年当時、売上高の100％を鋼片と棒鋼と形鋼に依存していた。

■該当セグメント
B社：全社
A社：全社

■10年間利益率
B社営業利益率：13.4%
A社営業利益率：13.2%

■10年間勝敗数
B社得点掲示板：4-6
A社得点掲示板：4-1

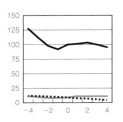

■シェアの測定単位
生産重量

■小形棒鋼
市場規模：約4,000億円

■B社の首位君臨期間
1976年～1993年

■A社の首位君臨期間
1975年
1994年～2010年

●事業戦略▷▷▶▷▷／▷▷▶▷▷

【製品】小形棒鋼は棒状の鋼材のうち直径が5センチ以下のものを指す。主たる用途は鉄筋コンクリート用の鉄筋で、コンクリートとの密着性を高めるために表面に凹凸をつけた異形棒鋼が実質上の標準となっている。その歴史は19世紀の後半にまでさかのぼるが、これという代替品が出ていないため、市場は安定を保っている。市場規模のピークは1990年前後にあった。用途は建設に限られており、バブル崩壊後には不況を呈している。

隣接市場には中形棒鋼や大形棒鋼があるものの、市場は小形棒鋼にわずかに及ばない。面白いことに、中形と大形ではそれぞれ別々のスペシャリストが市場を安定支配していた。熱間圧延鋼材には、ほかに圧延形状の異なる軌条、鋼矢板、形鋼、線材、管材、鋼板、帯鋼などがあり、数量シェアでは帯鋼が圧倒的な地位を占め、それに棒鋼が続いている。

製品には直径と強度に応じた品種が多数ある。ただし、いずれもJIS規格で厳格に規定されているためコモディティと化しており、一般にトンあたりいくらで取引される。市場には規模の小さい電炉メーカーが何十社と入り乱れており、輸送コストの差によって特定地域を囲い込む以外に熾烈な価格競争を逃れる術はない。上位11社で市場の過半を占めるのが精一杯である。

【B社】小形棒鋼について東京製鐵は、土佐電気製鋼所の高知工場を譲り受けた1969年から手掛けている。異形棒鋼についてはコスト戦略を採っており、本社経費を切り詰めたり、強固な財務体質を築いて利払いを節約するなど、随所で工夫を凝らしていた。さらに、国内市場と海外市場を使い分けながら工場の稼働率を維持する技も、コスト競争力の中核を成すと言われていた。

生産面では、吸収した土佐電気製鋼所の高松工場を主力拠点としていた。

販売面では、先に価格を公表し、あとで注文を取る、受注生産体制を敷いているところに特徴があった。

熱間圧延鋼材カテゴリーでは、電炉の同業を相手にせず、高炉のシェアを奪いに行く基本戦略を堅持しており、大形形鋼で首位争いを演じるほか、厚板や新たに薄板に照準を合わせていた。

【A社】小形棒鋼について共英製鋼は、線材から条鋼に転地した1967年に着手している。市況に左右されやすい棒鋼のスペシャリストだけあって、シェア争いに狂奔しない共生の考え方を貫く一方で、海外で成長を追求する道を基本戦略としていた。1992年に米国フロリダ州の電炉メーカーを買収したのも、1994年にベトナム鉄鋼公社と合弁契約を結んだのも、その延長線上の施策と考えてよい。国内では1978年から1990年まで新卒採用を見送っている。

生産面では、大阪の枚方工場を主力拠点として、ほかに山口と名古屋にも生産拠点を構えていた。

販売面では、鋼材商社に依存していた。

熱間圧延鋼材カテゴリーでは、棒鋼の全サイズに参戦しており、同じパターンを形鋼でも展開しつつあった。首位争いに絡むのは小形棒鋼だけである。

【時機】逆転が起きた頃、日本はバブル経済の後遺症に苦しみ始めていた。特に建材を主力とする電炉業界は他業界より深刻な影響を受けており、1993年度は東京製鐵も共英製鋼も赤字転落を喫していた。

【収益】このケースにおける逆転は、市場が下降トレンドを示すなかで東京製鐵が生産を絞る一方で、共英製鋼が瞬発的に攻めて実現したものである。直近では、合併によって順位を上げたJFE条鋼が共英製鋼と首位争いを演じている。東京製鐵は三番手につけており、共英製鋼との間には6%ポイントの開きがある。

この逆転は収益面から見ると祝福に値すると言い難い。共英製鋼は仇敵の東京製鐵を地元の関西市場から追い払うことに成功し、1995年には念願の関東進出も成し遂げたので、表面的には棒鋼の争奪戦に勝利したように見えなくもないが、業界全体で「あと1〜2年は何とかしのいでいける」と達観していた市況は、1〜2年どころか、ほぼ10年にわたって回復しなかった。そこを踏まえると、このケースでは「逃げるが勝ち」で、棒鋼から退却・転進した東京製鐵の判断が優ったと解釈したくなる。

■あと1〜2年は何とか…
日経産業 1994.4.5

【好手】1992年12月、東京製鐵は栃木県と三重県に工場用地を確保した。前者の宇都宮については1994年3月に建設を開始して、1995年から形鋼の一貫生産に乗り出している。総額400億円級の

投資であった。三重についても80億円以上を投資したが、建設は断念した。

　この投資計画を背景として、東京製鐵は1993年夏に棒鋼の減産に踏み切った。円高によって輸出というオプションを断たれたことから、同社としては異例の戦略転換である。そして秋には出荷価格を引き上げ、従来の受注生産方式を改めて在庫販売方式に切り替えた。さらに1994年夏には取水制限を理由に高松工場を停止して、それを機に線材への転換構想を打ち出している。いずれも、バブルの崩壊に伴いシェア重視から収益重視に戦略を転換した証と言えよう。

　棒鋼市況では「東高西低」が定着しており、関西の価格が異様に低い水準で推移したことを考えると、共英製鋼は好転を期待してアグレッシブに操業し続けたものと推察される。先述したように、目論見どおりの好転は実現していない。

●戦略旗手▷▶▷▶▷▷第2世代同族経営者

【人物】 このケースで好手を放ったのは東京製鐵の実質的創業者の長男、池谷正成氏である。正成氏は30歳で家業を継いで社長に就任していたが、共英製鋼を率いていた高島浩一氏も30歳で家業を継いで社長に就任しており、両者には因縁の対決の趣がある。年長の浩一氏が協調型であるのに対して、年少の正成氏は自由競争を信奉していた。

　正成氏は、57歳のときに30歳の息子に社長の座を譲った父親に倣って、60歳になった時点で45歳の社員に社長の座を明け渡している。まさに理性で感情を制することができる人なのであろう。

【着想】 正成氏の決断は冷徹な合理性の追求に基づいている。あくまでも儲からないものは造るのをやめて、儲かるものを造りに行く。それだけのことで、意地を張ったりはしない。

　異形棒鋼については、1993年春時点で「棒鋼在庫も少ない」と強気のコメントを残しており、1994年新春時点でも「今年一年は価格は上昇するはず」と口にしていたが、その一方で「景気低迷が長引くなかで、多くの企業は人員削減などの合理化に踏み切っているが、我が社の体質強化は新たに工場をつくることだ」と怪気

■主要記事
日経産業 1993.3.24
日経朝刊 1993.6.5
日経朝刊 1993.8.5
日経朝刊 1993.8.21
日経朝刊 1993.11.10
日経朝刊 1994.5.7
日経朝刊 1994.6.3
日経産業 1995.5.24

■いけたに・まさなり
誕生：1945.08
社員：1968.04-1975.12
役員：1975.12-2006.06
社長：1975.12-2006.06
会長：―

■棒鋼在庫も少ない
日経朝刊 1993.5.26

■今年一年は価格は…
日経朝刊 1994.1.7

■景気低迷が長引く…
日経朝刊 1993.4.13

炎をあげていた。その背景には「品種的にも地域的にも、変化に対応できるよううまくバランスさせるのが経営のポイント」という事業観がある。工場建設を資源配分の最適化を実現する絶好の好機と捉えていたに違いない。

不況期の大型投資は東京製鐵にとって重荷になったが、正成氏は赤字決算が続くなかで「宇都宮、高松の両工場については、投資の決断そのものが間違いだったとは思っていません」と断言している。ぶれない事業観の存在を裏打ちする発言として注目に値する。

ちなみに、共英製鋼の浩一氏が海外に築いた拠点は、ベトナムの小さな合弁を除いて、現在は何も残っていない。異様に長い需要不足期を乗り切る策として、東京製鐵の選択が優ったと考えるゆえんである。

■品種的にも地域的にも…
日経朝刊 1992.12.23

■宇都宮、高松の両工場…
日経ビジネス 1998.4.6

■主要記事
週刊ダイヤモンド
1993.2.27
週刊ダイヤモンド
1994.6.4

ケース 724 ベーン型油圧ポンプ／1985年

B社：◉ダイキン工業 → A社：◉カヤバ工業

油圧機械（4/6）
戦略C/C比率◀◁◇▷
戦略D/E比率◀◁◇▷

■ダイキン工業（連）
逆転決算期：1985.11
実質売上高：2,640億円
営業利益率：7.3％
筆頭大株主：住友金属工業
東名阪上場：1949.05

■カヤバ工業（連）
逆転決算期：1986.03
実質売上高：1,330億円
営業利益率：3.3％
筆頭大株主：トヨタ自動車
東名阪上場：1959.10

◉企業戦略▶▷▷▷▷／▶▷▷▷▷

【B社】ダイキン工業は1934年に大阪で大阪金属工業として設立された会社である。祖業は航空機用ラジエーターチューブで、源流は1924年までさかのぼる。設立直後に冷凍機および冷媒（フロンガス）の開発に成功し、戦後はパッケージエアコンを日本で初めて普及させた点が光るものの、もともとは航空機とのつながりが深い。戦前にコピーした独ボッシュ社製の注油器が足がかりとなって、戦中には航空機用の油圧緩衝脚を量産していた。それが戦後の油圧機器事業の源流である。企業戦略としては、航空機メーカーとして顧客との接点を活かす方向と、チューブという川上部材の独自川下展開を図る方向が並立しており、多核化に該当する。

ベーン型油圧ポンプはダイキン工業にとって注油器の流れを汲む事業である。1985年当時、売上高の9％を油機部門に依存していたが、その部門内でベーン型油圧ポンプの生産シェアは13％であった。部門を牽引するのはベーン型油圧ポンプで、全社を牽引

第4章　立地の取捨選択

するのは空調・冷凍機部門であった。

【A社】カヤバ工業は1948年に東京で萱場工業として設立された会社である。祖業は空母の発着艦装置で、源流は1919年の個人ベンチャーにさかのぼる。戦前は軍需主体であったが、戦後は航空機用の油圧緩衝脚から自動車用のショックアブソーバーに転進し、そこからパワーステアリングなど自動車用油圧製品のバラエティを増やしていった。汎用油圧機器への参入は少し遅れたが、海外技術を導入することにより1960年前後から供給を開始して、ギアポンプのトップメーカーに登り詰めた。企業戦略としては、油圧機器を主軸としつつ、川下側で垂直多角化を追求している。

ベーン型油圧ポンプはカヤバ工業にとって航空機部品から派生した事業である。1985年当時、売上高の88％を油圧機器部門に依存していたが、その部門内でベーン型油圧ポンプの生産シェアはわずか3％に過ぎなかった。部門および全社を牽引するのは四輪車用のショックアブソーバーであった。

●事業戦略 ▷▶▷▷/▷▷▷▶▷

【製品】ベーン型油圧ポンプは油圧を発生させる装置で、制御弁を介して任意の油圧シリンダーや油圧モーターを駆動する。ギア型では2つのギアが噛み合うときに一定量の油を押し出すのに対して、ベーン型では可動式羽根車がギアの役割を代替し、偏心量を変えることで吐出量を調整できる。飛躍的進歩を遂げたのは戦後のこととされている。市場規模のピークは1985年頃にある。

隣接市場には上述したギア型油圧ポンプのほか、高圧アプリケーションに用いられるピストン型油圧ポンプがある。市場規模としてはピストン型が最大ながら、ギア型とベーン型も僅差で続いている。

製品には容量に応じた機種がある。用途としては産業用が多く、数が出るのはパワーステアリングをはじめとする自動車用と思われる。ピストン型の主用途は建設機械で、競合することはない。15社ほど参入しているが、上位3社で市場の過半を押さえていた。

【B社】ベーン型油圧ポンプについてダイキン工業は1959年に新規参入を果たし、油機部門は第三の柱を樹立した。油機事業の源流

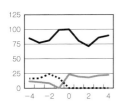

■該当セグメント
B社：その他
A社：油圧製品

■10年間利益率
B社営業利益率：0.0％
A社営業利益率：5.4％

■10年間勝敗数
B社得点掲示板：0-10
A社得点掲示板：0-10

■シェアの測定単位
生産金額

■ベーン型油圧ポンプ
市場規模：150億円

は製鉄所の強制循環給油装置にあり、その後は工作機械向けの用途を開拓していった。1970年代の半ばに工作機械用途に的を絞り、従来のベーン型をピストン型に置き換える策に出て、売上を大きく伸ばしたこともある。

　生産面では、淀川製作所が主体となっていた。

　販売面では、主に商社や代理店に頼っていた。油機の輸出比率は5％前後で、基本は国内完結のビジネスであった。

　油圧機器カテゴリーでは、ベーン型とピストン型の油圧ポンプのほか、油圧モーターや油圧シリンダや油圧バルブも手掛けていたが、首位争いに絡むのはベーン型油圧ポンプだけであった。ギア型油圧ポンプは手掛けていない。

【A社】ベーン型油圧ポンプについてカヤバ工業は1954年にダンプトラック用で参入し、定置式に切り替えていったが、1963年に事業を打ち切った。再開したのは1981年で、二度目の挑戦は産業機械用途に照準を合わせていた。

　生産面では、自動車用ショックアブソーバー専業の岐阜北工場が主体となっていた。単体油圧機器専業の浦和工場ではない点が興味深い。

　販売面では、直販主体である。

　油圧機器カテゴリーでは、明らかに全制覇を狙っていた。油圧シリンダでは首位を堅持し、油圧モーター、ギア型油圧ポンプ、ベーン型油圧ポンプでは首位争いに絡んでいた。ピストン型油圧ポンプでは第2集団に甘んじていた。

【時機】逆転が起きた頃、従来のDCサーボモーターより大きな出力を誇るACサーボモーターが黎明期を迎えていた。

【収益】このケースにおける逆転は、安定市場が上昇局面から下降局面に転じるところで起きている。カヤバ工業が市場から完全に姿を消したあとに復活して攻勢に転じる一方で、ダイキン工業が番外に去ることで、劇的な逆転が成立した。直近でも、カヤバ工業が独走を続けている。

　この逆転は収益面から見ると祝福に値しない。ベーン型油圧ポンプは1985年前後にピークを記録し、そこから先は縮小の一途を辿ることになったことから、カヤバ工業は少なくとも中長期で見る

■B社の首位君臨期間
1974年～1983年

■A社の首位君臨期間
1985年～2012年

と貧乏くじを引いたことになる。2015年版の日本マーケットシェア事典からベーン型油圧ポンプは姿を消しており、サーボモーターに駆逐されたものと思われる。

【好手】1984年9月、ダイキン工業はドイツのザウアー社と合弁会社を設立すると発表した。建設機械・車輌向けの油圧機器を得意とするザウアー社と、工作機械向けの油圧機器を得意とするダイキン工業が相互補完体制を敷くことで、それぞれが強みを持つ分野を伸ばす構想が背後にあったものと思われる。ダイキン工業は米国ではサンドストランド社と技術提携しており、ザウアー社とサンドストランド社は提携関係にあったことから、これでスケールの大きなグローバルアライアンスが現出したと見ることもできる。

こうしてダイキン工業が工作機械用のピストン型油圧ポンプに活路を求め、そこで国内4位から首位へと飛躍を遂げる一方で、カヤバ工業は産業機械用ベーン型油圧ポンプのフルライン化に注力していた。しかしながら、1980年代の半ば以降は小型のポンプから順にACサーボモーターに置き換えられていったことから、カヤバ工業の電油路線は開花しなかった。ACサーボモーターの出力が上昇するにつれて、最後まで残ったのは高圧のピストン型油圧モーターで、ダイキン工業の先見の明を称えてしかるべきであろう。

●戦略旗手▷▷▷▶▶操業経営者

【人物】このケースで好手を放ったのはダイキン工業の吉崎多門氏と考えられる。吉崎氏は1973年12月に油機事業部長に指名され、1982年から1989年まで常務取締役の立場を与えられていた。空調・冷凍機が65％、冷媒を主力とする化学が20％を占めるダイキン工業において、吉崎氏は1970年代から1980年代にかけて油機・ロボット事業を一任されていたと見て間違いなかろう。

逆転当時の社長、山田稔氏は創業家の二世経営者で、海軍技術将校を経て終戦直後に入社したあとは、三度にわたる人員整理を担当した。そこから一貫して人事・労務畑を歩んできたこともあり、1972年1月に社長に就任してからは人を活かす経営を標榜していた。油機事業の舵取りに口を挟んだとは思えない。

■主要記事
日経産業 1981.7.25
日経産業 1981.10.8
日経産業 1984.9.7
日経産業 1984.9.14
日経産業 1990.9.18

■よしざき・たもん
誕生：1925.03
社員：1946.10-1977.02
役員：1977.02-1989.06
社長：—
会長：—

【着想】吉崎氏の決断は熟慮に基づいている。設備投資動向に左右されやすい業態のため、第一次石油ショックで奈落の底に転落すると、鉄鋼関連の油機製品は子会社に移管して、工作機械への大転進を指向した。その頃を振り返って社史は「従来のベーンポンプ方式からピストンポンプ方式へと、工作機械の油圧システムを転換させつつ、ダイキン工業の工作機械用油圧機は売上を伸長した」と述べている。特に射出成形機用では大躍進を遂げたという。

■主要記事
日経産業 1984.3.5
日経産業 1984.3.6
日経産業 1984.3.7

[参照社史]
『ダイキン工業90年史』2015年
『カヤバ工業50年史』1986年
[参照文献]
市川常雄「歯車型およびベーン型の油圧ポンプと油圧モーター」『日本機械学会誌』Vol.71-599
諸橋博「ベーンポンプ」『ターボ機械』Vol.11-6

ケース 725 ポリエチレンパイプ／1981年

B社：●日立化成工業 → A社：●呉羽化学工業

樹脂製品（18/26）
戦略C/C比率◀◁◇▷
戦略D/E比率◀◁◇▷

■日立化成工業（連）
逆転決算期：1982.03
実質売上高：2,930億円
営業利益率：5.4%
筆頭大株主：日立製作所
東名阪上場：1970.10

■呉羽化学工業（単）
逆転決算期：1982.03
実質売上高：1,210億円
営業利益率：13.6%
筆頭大株主：金融機関
東名阪上場：1949.05

●企業戦略▶▷▷▷▷／▶▷▷▷▷

【B社】日立化成工業は1962年に日立製作所の化学部門を切り出して設立された会社である。祖業は絶縁ワニスで、源流は1912年までさかのぼる。親会社への部材供給を担っていたが、射出成形した家庭用浴槽がヒットして、それに家庭用浄化槽や自動車部品が続くことで、独立性を高めていった。企業戦略としては、祖業の電気絶縁材料から川上に遡上し、そこで手に入れた合成樹脂から川下側を次々に切り拓いており、垂直多角化の色彩が濃い。

ポリエチレンパイプは日立化成工業にとって川下サイドに築いた多角化事業の一つである。1982年当時、売上高の2%を建築材料部門に依存していたが、部門を牽引するのはメラミン化粧板で、全社を牽引するのは川上の合成樹脂部門であった。

なお、日立化成工業は2013年に社名を日立化成に変更している。

【A社】呉羽化学工業は1944年に呉羽紡績の化学部門を切り出して設立された会社である。祖業は硫酸やソーダで、源流は1934年ま

でさかのぼる。戦後はソーダと過燐酸石灰で再スタートを切り、殺虫剤に活路を見出した。その後は副生する塩素の利用策として塩化ビニリデンの開発に成功し、その川下展開が収益基盤を形成した。企業戦略としては、塩化ナトリウムの電解技術を中核とする垂直多角化に該当する。

ポリエチレンパイプは呉羽化学工業にとって副生品の体系から外れた飛び地の事業である。1981年当時、全社を牽引するのは精密化学品部門であった。

なお、呉羽化学工業は2005年に社名をクレハに変更している。

■該当セグメント
B社：—
A社：—

■10年間利益率
B社営業利益率：—
A社営業利益率：—

■10年間勝敗数
B社得点掲示板：—
A社得点掲示板：—

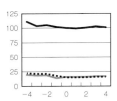

■シェアの測定単位
生産重量

■ポリエチレンパイプ
市場規模：1万2千トン

■B社の首位君臨期間
1977年～1980年

■A社の首位君臨期間
1981年～2003年

●事業戦略▷▶▷▷▷／▷▷▶▷▷

【製品】ポリエチレンパイプは、ポリエチレン樹脂を押し出し成形してパイプ形状にしたものである。柔軟性があり、衝撃にも強く、化学薬品に耐性があることから、1950年代から上水、工業用水、農業用水などの配管に採用されている。変わったところでは、床暖房やガス管代替の用途もある。コストに優ることから、大口径用途でも鋳鉄管やコンクリート管を置き換える事例が出ている。市場規模のピークは1995年頃にあったが、耐震性が脚光を浴びたせいか、2005年前後に需要爆発が起きている。

隣接市場には塩化ビニールパイプがあり、生産量ではポリエチレンパイプの一桁上の市場を形成している。

製品には口径や使用材料による種別がある。参入メーカー数は10社前後で、上位4社で市場の過半を制している。

【B社】ポリエチレンパイプについて日立化成工業は、ポリエチレン分工場を1957年に建設して、翌年から軟質管の製造に乗り出している。当時はポリエチレンの黎明期で、塩ビに次ぐ大型樹脂として期待を集めていた。

生産面では、合成樹脂加工品の拠点と位置付けられた下館の第二工場が主力となっている。

販売面では、日製産業に頼っていた。

樹脂製品カテゴリーでは、ポリエチレンのパイプにピンポイントで参戦していた。市場の大きい塩ビ系は見送り、合繊メーカーが群がるフィルム類への参入も見送っている。

【A社】ポリエチレンパイプについて呉羽化学工業は、事業主体の関連会社、三晃プラスチックスを1963年に設立している。設立の目的は、ポリエチレンパイプと塩ビシートの製販とされていた。

　生産面では、三晃プラスチックスは1969年に土浦工場の稼働に漕ぎつけている。

　販売面では、三晃プラスチックスが製販を併せてコントロールしていたようである。

　樹脂製品カテゴリーでは、三晃プラスチックスがポリエチレンパイプで首位争いに絡み、硬質塩ビシートで第2集団につけていただけで、ほかには参戦していない。

【時機】逆転が起きた頃、二度にわたる石油ショックを経て石油化学工業が再編モードに入っていた。

【収益】このケースにおける逆転は、市場が下降気味ながらフラットに推移するなかで、生産を絞った日立化成工業を強気に出た呉羽化学工業が僅差で上回るに至ったものである。日本マーケットシェア事典にポリエチレンパイプが掲載されたのは2004年のデータが最後になるが、そこで三晃プラスチックスは首位を堅持していた。同じ時点で日立化成は既に撤退していた。

　この逆転は収益面から見ると祝福に値しない。三晃プラスチックスは1982年に債務超過を解消して水道用ポリエチレン二層管に社運を賭けたが、給水用パイプ事業は最終的に2006年に売却している。売却は2005年の二度目の再建策の一環で、このタイミングで親会社の収益事業を譲り受けると同時に、クレハエクステックに社名を変更した。その後はポリフッ化ビニリデン樹脂のコンパウンド事業で活路を開いている。収束を遅らせたことで、呉羽化学工業は余計な損失を被ったと言ってよかろう。

【好手】1980年12月、日立化成工業は下館工場にフェノール樹脂銅張積層板のラインを新設した。その2ヵ月後にはフェノール樹脂の成形材料連続製造ライン、3ヵ月後には封止用エポキシ樹脂の成形材料ラインも姿を現している。これら新設ラインと引き替えに、ポリエチレンパイプは徐々に収束する流れが決まったものと思われる。

　その背後には二次にわたる中期経営計画があり、そこでは「科

■科学的手法による市場…

学的手法による市場分析」に基づいて事業ポートフォリオを組み替えると謳っていた。選択領域は、エレクトロニクス材料、自動車関連部品、ソーラーシステムの三つで、ポリエチレンパイプは選に漏れていた。

●戦略旗手▷▷▷▶操業経営者

【人物】 このケースで好手を放ったのは日立化成工業の高木正氏である。高木氏は日立製作所で日立工場長を務め、同社常務取締役を最後に日立化成工業に送り込まれた人物である。「社長に就任したころから第一次石油ショックの影響がジワジワと効き始めた。そこで私は断腸の思いでいくつかの不採算部門を切り捨てる決心をした」と自ら語っており、ポリエチレンパイプの収束も高木氏が路線を定めたものと思われる。同じインタビューのなかで高木氏は「先人の築いた事業を自分の手で手放したのは、いまでも悲しい思い出である」とも述べている。

【着想】 高木氏の決断は運命自決の精神に基づいているように思われる。「私は幼くして両親を亡くし叔父のもとに身を寄せた。親がいなかったことで、自分のことはすべて自分一人で決めてやってきた」と高木氏は述べていた。

具体的には「市場性などの外部要件と、技術力などの内部要件を組み合わせたGEのマトリクス方式を取り入れて、撤退すべきものと、伸ばすべきものの区分けをした。本当に日立化成に合った技術かどうかを突き詰めた」と高木氏は語っている。

ちなみに子会社群を束ねる管理部長を兼務していた呉羽化学の専務取締役は、日本的雇用慣行と、その国際化に関心を寄せており、経済同友会などの社外活動に精力を注いでいた。三晃プラスチックスの方向転換が後手に回ったことは、皮肉としか言いようがない。

［参照社史］
『日立化成工業社史 1』1982年
『呉羽化学五十年史』1995年
［参照文献］
千野武司「ポリエチレンパイプ」『プラスチックス』1955年10月

ケース 916

塩ビ平板／1995年

B社：⊙筒中プラスチック工業 → A社：⊙タキロン

樹脂製品（18/26）
戦略C/C比率◁▷◇▷▷
戦略D/E比率◁◇▷▷

■筒中プラスチック工業（連）
逆転決算期：1996.03
実質売上高：470億円
営業利益率：4.2％
筆頭大株主：住友ベークライト
東名阪上場：1985.01

■タキロン（連）
逆転決算期：1996.03
実質売上高：690億円
営業利益率：3.4％
筆頭大株主：伊藤忠商事
東名阪上場：1961.10

●企業戦略 ▷▷▶▷▷／▷▷▶▷▷

【B社】筒中プラスチック工業は1929年に大阪で筒中セルロイドとして設立された会社である。祖業はセルロイド製の玩具で、源流は1917年までさかのぼる。1929年に原料の内製化に動いて以来、セルロイドの一貫生産体制を拠り所としてきたが、戦後は硬質塩ビ板に進出し、旺盛な需要を満たすべく住友グループに入る道を選んだ。1966年にセルロイドの生産は停止して、塩ビ以外の樹脂を製品ラインアップに加えている。企業戦略としては、樹脂板を主力とする一方で、水処理関連製品を手掛けている。ただし、その内実は樹脂シートの川下展開で、アプローチは樹脂板と同じである。垂直多角化と言ってよかろう。

塩ビ平板は筒中プラスチック工業にとって、戦後一時期の転地先であった。1995年当時、売上高の72％を樹脂板部門に依存しており、その4分の1が塩ビ製である。部門および全社を牽引するのはエンジニアリング樹脂板で、それにアクリル・スチロール樹脂板が続いていた。

なお、筒中プラスチック工業は2007年に親会社の住友ベークライトが吸収し、上場を廃止した。

【A社】タキロンは1935年に大阪で滝川セルロイドとして設立された会社である。祖業は再製セルロイドで、源流は1919年までさかのぼる。バージンセルロイドの製造を始めると同時に硝化綿にも手を伸ばしたが、戦後はセルロイドを見限って、硬質塩ビ板に乗り換えた。1969年にはカラー鋼管、1971年には水処理施設に進出し、その後はメディカル系やエレクトロニクス系の新規事業にも注力している。企業戦略としては、樹脂板の川下開拓が目立っている。ドメイン定義は機能的で、「住設建材」に集約が進んでいるようである。

塩ビ平板はタキロンにとって、戦後一時期の転地先であった。1995年当時、売上高の26％をプレート部門に依存しており、その

部門内で筆頭に来るのが硬質塩ビ板である。全社を牽引するのは住設建材部門であった。

なお、タキロンは2017年4月にシーアイ化成と経営統合して、タキロンシーアイに社名を変更している。

●事業戦略▷▶▷▷▷／▷▶▷▷▷

【製品】塩ビ平板は、塩化ビニール樹脂を板状に成形したもので、主に建材として使われる。市場規模に目立ったピークはない。

隣接市場には硬質塩ビの波板があり、タキロンが支配していた。市場規模においては、平板と波板の間に差は見られない。

製品には店装、看板、照明などの一般用と、化学工場や半導体工場向けの工業用がある。いずれもコンパウンドによって多様な特性を持たせることが可能なため、10社ほど参入していても、上位2社で過半を押さえる寡占市場となっている。意外と言えば意外である。

【B社】塩ビ板について筒中プラスチック工業は1952年からカレンダープレス法による「サンロイド」を展開してきた。雑貨用から工業用に用途を拡大したあとは、塩ビ以外の樹脂板を拡充し、幅広く提案営業できるラインアップを形成してきた。

生産面では、主力の大阪工場が硬質塩ビ板を担当していた。エンジニアリング樹脂板は主に関東工場が担当している。

販売面では、代理店経由を主力としていた。

樹脂製品カテゴリーでは、参戦先を塩ビの板に絞り込んでいた。ただし、波板では番外に顔を出すだけで、実質的には平板特化の選択をしていたようである。

【A社】塩ビ板についてタキロンは1955年に硬質塩ビ板「タキロンプレート」の商業生産を網干工場で開始している。1990年前後から半導体工業の興隆に合わせて工業用を強化していた。具体的には、製造装置の壁材への採用が増えたようである。

生産面では、西の網干工場と東の東京工場の二拠点体制を敷いていた。

販売面では、特約店経由を主力としていた。

樹脂製品カテゴリーでは、塩ビ波板で独走体制を築いていたほ

■該当セグメント
B社：板製品
A社：産業資材

■10年間利益率
B社営業利益率：7.2%
A社営業利益率：1.2%

■10年間勝敗数
B社得点掲示板：1-5
A社得点掲示板：0-10

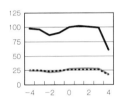

■シェアの測定単位
生産重量

■塩ビ平板
市場規模：推定200億円

■B社の首位君臨期間
1976年～1994年

■A社の首位君臨期間
～1975年
1995年～<u>2003年</u>

か、塩ビ平板で首位争いに絡み、子会社を通して塩ビパイプにも参戦していた。

【時機】逆転が起きた頃、日本では半導体工場の増設が続き、タキロンに特需が発生していた。

【収益】このケースにおける逆転は、市場が安定的に上下動するなかで、タキロンが僅差で筒中プラスチック工業を上回るに至ったものである。直近では、両社間の差は6％ポイントにまで拡大している。

この逆転は収益面から見ると祝福に値しない。タキロンのセグメント利益率は極端に低く、通算する期間を筒中プラスチック工業の開示期間に合わせても1.2％が1.9％に改善するだけなので、その理由をリーマンショックに帰するわけにはいかない。収益力では逆転後のタキロンが筒中プラスチック工業に圧倒されていたことは否定のしようがない。

【好手】1986年3月、筒中プラスチック工業は予算約5億円で大阪工場の硬質塩ビ板の設備改修に乗り出した。翌年も翌々年も予算計上しており、投資総額は13億円に達している。一連の投資の前と後を比べると、生産能力は減少したが、製品のトンあたり販売単価は15％以上も上昇した。

タキロンは設備投資計画を樹脂の種類別に開示していなかったので、詳細を知る術がない。プレートに対する投資金額は少額で、しかも目的に新製品が含まれていた。プレート事業は、半導体の製造装置に左右される構造が温存されているようである。

●戦略旗手▷▷▷▶操業経営者

【人物】このケースで好手を放ったのは筒中プラスチック工業の三根廣二氏と思われる。一連の改修投資の渦中でインタビューに応じて、三根氏は「業容は小さいが、利益率はよそさんよりは相当に高い」と語り、その理由を「設備のリフレッシュや見込のない不採算製品の整理」に求めていた。具体的には「需要先といえば（中略）民生依存型ですが、これを（中略）エレクトロニクスとか交通機材といった産業依存に換えていきたい」ということになる。

【着想】三根氏の決断は「人件費をいくら切り詰めていっても、安

■みね・ひろじ
誕生：1919.01
社員：－
役員：1981.06-1988.07
社長：1981.06-1988.07
会長：－

■業容は小さいが…
　設備のリフレッシュ…
投資経済 1987.11

■需要先といえば…
投資経済 1981.11

■人件費をいくら…
投資経済 1987.1

■主要記事
証券アナリストジャーナル
1983.7

い賃金の台湾や韓国にはかなわない。とすると、向こうが3人でやるところを、うちが1人でやらんと競争に勝てない、ということですから、設備投資や研究開発費をどんどんつぎ込んでいくしかない」という事業観に基づいていた。

また、社長在任中に他界した三根氏が遺した講演録やインタビュー録は、すべて投資家向けのものである。自らの手で上場を成し遂げた三根氏が、株価を睨んで経営戦略を練っていたことは間違いない。

［参照社史］
『筒中プラスチック工業60年史』1989年
『タキロンの歩み—セルロイドの時代』1992年
［参照文献］
「会社分析 筒中プラスチック工業」『化学経済』1994年10月

ケース 917　ベルトコンベヤ／1991年

B社：○日本コンベヤ　→　A社：●三機工業

運搬機械（10/14）
戦略C/C比率 ◀◁◇▷
戦略D/E比率 ◀◁◇▷

■日本コンベヤ（連）
逆転決算期：1992.03
実質売上高：70億円
営業利益率：8.0%
筆頭大株主：飯田貞子
東名阪上場：1962.07

■三機工業（連）
逆転決算期：1992.03
実質売上高：2,650億円
営業利益率：5.9%
筆頭大株主：金融機関
東名阪上場：1950.09

●**企業戦略** ▷▷▶▷▷／▶▷▷▷▷

【B社】日本コンベヤは1949年に大阪で日本コンベヤー製作所として設立された会社である。祖業はコンベヤで、設立当初は化学肥料業界に照準を合わせていたが、その後は電力業界やセメント業界を開拓し、大容量・長距離の需要を一手に引き受けた。ダムの建設現場で使うコンベヤは長さが数千メートルに及んだが、建設が一巡すると工場が遊休化してしまい、1988年から立体駐車装置に多角化を試みている。企業戦略としては、長らく専業であったが、技術応用の水平多角化に舵を切り、転地に成功している。

ベルトコンベヤは日本コンベヤにとって祖業そのものである。1991年当時、売上高の24%をコンベヤ部門に依存していた。全社を牽引するのは立体駐車装置である。

なお、日本コンベヤは2016年にホールディングス化を図り、新たに上場したNCホールディングスの完全子会社となっている。

【A社】三機工業は1949年に東京で設立された会社である。祖業は

暖房設備で、源流は1925年までさかのぼる。近代建築の興隆を機として三井物産機械部が創業した経緯から、サッシ、電縫鋼管、ベルトコンベヤと事業を拡げたが、戦後は制限会社に指定され、第二会社で再スタートを図ることになった。投資のかさむ鋼管事業は1960年、アルミ化により競争が激化したサッシ事業は1973年に、それぞれ競合他社に譲渡した。企業戦略としては、包摂する事業に相互関連を読み取ることが難しく、多核化に該当する。

ベルトコンベヤは三機工業にとって飛び地の多角化事業に相当する。1991年当時、売上高の7％を産業設備部門に依存していた。部門を牽引するのは標準品コンベヤで、全社を牽引するのは祖業の空調冷熱設備であった。

なお、三機工業は拙著『戦略暴走』にアルミサッシ事業がケース061として登場している。

●事業戦略 ▷▶▷▷▷／▶▷▷▷

【製品】ベルトコンベヤは物を無人搬送するための設備で、柔軟性のあるベルトにプーリーで張力を与えつつ、垂直荷重をローラーで受け止める構造を持っている。19世紀の末から試行錯誤が始まり、そこから様々な工夫が重ねられてきた。日本では1990年頃に市場規模のピークがあり、そこから先は縮小傾向を見せている。

隣接市場にはチェーンコンベヤおよびローラーコンベヤがあり、市場規模ではチェーンコンベヤがベルトコンベヤやローラーコンベヤの倍ほどとなっていた。ただし用途が異なるため、相互に代替性はなく、別々の盟主が君臨した。

製品には搬送する物体、重量、距離に応じて似て非なるものが混在している。同様に顧客も多様である。それゆえ参入メーカーは100社ほどを数えるが、上位4社で市場の過半を押さえ込んでいた。

【B社】ベルトコンベヤについて日本コンベヤは1949年から取り組んでいる。当初から屋外で土石類などの重量物を長距離搬送する製品に特化しており、総延長が10kmを超える案件も珍しくない。売り先は製鉄業界、電力業界、セメント業界、土木業界、および港湾あたりである。

■該当セグメント
B社：コンベヤ
A社：設備工事

■10年間利益率
B社営業利益率：3.7％
A社営業利益率：0.0％

■10年間勝敗数
B社得点掲示板：0-5
A社得点掲示板：0-10

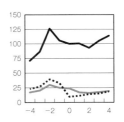

■シェアの測定単位
生産金額

■ベルトコンベヤ
市場規模：330億円

■B社の首位君臨期間
〜1982年
1986年〜1990年

■A社の首位君臨期間
1983年〜1985年
1991年〜

　生産面では、自社工場を構えていたものの外注比率は50％を超えていた。

　販売面では、三菱商事に依存する度合が高かった。輸出比率が概して高く、7割を超える年度も散見される。

　運搬機械カテゴリーでは、ベルトコンベヤを手掛けるだけである。チェーンコンベヤとローラーコンベヤには参入しておらず、割り切りがよい。

【A社】ベルトコンベヤについて三機工業は1936年から取り組んでいる。当時の機材部長が重化学工業の発展ぶりに着目するに至り、荷役機械研究所の所長を招請して事業化に漕ぎつけたという。当初はバルク品の搬送をターゲットとして、日本コンベヤと競合していたが、高度成長期には運搬対象物が未梱包の「ばら物」から梱包済みの「かさ物」に移行するトレンドを機敏に見てとって、「かさ物」用の屋内コンベヤに注力していった。現在も主力ターゲットは構内物流で、ハンドリングの自動化や機能複合化に注力している。その頂点に立つのが、半導体のクリーン搬送システムや空港の航空貨物自動移載システムなどで、それゆえライバル視するのは日本コンベヤよりダイフクと思われる。

　生産面では、1939年に吸収した小沢製作所を母体とする鶴見工場が主体となっていたが、1966年に相模工場に設備を移管した。

　販売面では、全国に張り巡らせた支店が受注する体制を敷いていた。

　運搬機械カテゴリーでは、ベルトコンベヤのほかにチェーンコンベヤとローラーコンベヤも手掛けていた。ただし首位争いに絡むのはベルトコンベヤだけである。

【時機】逆転が起きた頃、日本コンベヤはバブル期に当時の社長（創業者の婿養子）が手を染めた余資運用や不動産投資が重荷になり始めていた。1991年度に最終赤字を計上したのは序の口で、1994年度から5期連続で最終赤字に転落したのは、含み損の処理を迫られたためである。

【収益】このケースにおける逆転は、バブル期に市場が急伸したあとの揺り戻し期に起きている。三機工業の生産推移は市場に連動したものとなっていたが、日本コンベヤは急激に生産を落とし、一

気に4位まで後退した。直近では、日本コンベヤも2位まで復帰したが、両社間には10%ポイントの差が残ったままである。

この逆転は収益面から見ると祝福に値しない。日本コンベヤは2005年度からコンベヤ事業単体のセグメント情報を開示しており、それによると5年間の通算売上高営業利益率は6.5%に達している。2005年度は営業赤字で、それを除いた4年間の通算では7.9%まで跳ね上がる。新興国の需要を取り込んで、事業は好調に推移していたようである。

それに対して三機工業の設備工事事業は利益を生まない状態に陥っている。コンベヤ事業に加えて建設設備工事全般を含む数字ではあるものの、建設設備事業は三機工業の優良事業である。コンベヤ事業が足を引っ張っているとしか考えられない。

社史も「第2次高度成長下に主力事業の明暗」と謳った第3編で「コンベヤ部門の低迷と合理化・配転」という項を設けている。「戦後最大の苦境を克服して」という第4編でも「手探り続くコンベヤ部門」という節を立てている。鋼管やサッシのように撤退には至らなかったものの、コンベヤ事業はずっと期待を裏切り続けたものと推察される。

三機工業はコンベヤという枠のなかで事業立地を屋内「かさ物」系に移していった。日本コンベヤは旧来の屋外「ばら物」系の事業立地を頑なに維持したうえで、景気の浮沈は多角化事業や余資運用で凌ぐ路線を採択した。このケースでは、時流に乗った「かさ物」系に浮気しなかった日本コンベヤの知恵が光ったと言えよう。参入障壁が高かったのは時流から外れた「ばら物」系だったからである。

【好手】1988年10月、日本コンベヤはタワー型エレベーター式の立体駐車装置事業に乗り出した。これはベルトコンベヤで培った技術の応用が利く事業で、車一台を入出庫させるためにシステム全体を動かす従来方式と異なり、車一台分だけ移動させる方式で、新規性も兼ね備えていた。この事業が伸びたおかげで、日本コンベヤはバブルの崩壊と円高の二重苦に喘ぐコンベヤ事業で無理をする必要から解放され、中国特需を待つことができたのである。

■**主要記事**
投資経済 1975.10.15
実業の世界 1976.8
財界展望 1998.4
港湾荷役 2000.1

■すずき・ひろし
誕生：1926.09
社員：1954.12-1983.12
役員：1983.12-1997.04
社長：1991.04-1997.04
会長：─

■生え抜きの技術屋
財界展望 1991.7

■生産管理、新商品開発…
日経産業 1984.12.21

■兼務を解き…
日経産業 1985.10.3

■立体駐車場を…
日経産業 1988.10.14

■日本コンベヤがここ…
財界展望 1991.7

■主要記事
財界展望 1991.7

菓子（8/10）
戦略C/C比率◁◁◇▷▶
戦略D/E比率◁◁◇▷▶

■ブルボン（連）
逆転決算期：2004.03
実質売上高：880億円
営業利益率：1.5％
筆頭大株主：創業家
東名阪上場：2000.03

●戦略旗手▷▷▷▶▷操業経営者

【人物】このケースで好手を放ったのは日本コンベヤの鈴木博氏である。生産部門や生産管理部門を歩いてきた鈴木氏は「生え抜きの技術屋」と自称していた。独自方式の立体駐車装置は創業者が1962年に開発していたが、本業が回復し、お蔵入りになっていた。それを鈴木氏は引っ張り出して難局を乗り切ったのである。

鈴木氏が1984年の12月に取締役生産本部長から常務に昇格したときは「生産管理、新商品開発の強化が狙い」、翌1985年の10月に生産本部長から外れたときは「兼務を解き、企画・立案にあたらせる」、そして1988年の10月に装置事業部長を兼任したときは「立体駐車場を事業化する体制をつくった」と説明されていた。鈴木氏が立体駐車装置の事業を立ち上げたことは疑う余地がない。鈴木氏が新規事業の立ち上げに奔走していたあいだ、当時の社長は円高で苦しい本業を側面援助するという口実から財テクに走っていた。

【着想】鈴木氏の決断は熟慮に基づいている。それは「日本コンベヤがここまで伸びることができたのは、お客様のニーズに応えることはもちろん、難しい問題に敢えて挑戦してきた結果です。難しいと思ってもやろうという挑戦から、新しい分野が開ける。そして新商品も開発されることになる」というコメントを見れば、明々白々であろう。

［参照社史］
『三機工業七十年史』1995年
『Harmony 三機工業創立80周年記念特別号』2005年

ケース 726　豆菓子／2003年

B社：⊙ブルボン → A社：⊙でん六

●企業戦略▶▷▷▷▷／▷▷▷▷▶

【B社】ブルボンは1924年に新潟県柏崎で北日本製菓として設立された会社である。祖業は和菓子で、設立に際してはビスケットでスタートを切っている。そこからドロップス、チューインガムと事

業を拡げ、戦後は金平糖、チョコレート、キャンディへと戦線を拡大していった。1965年には"うすやきせんべい"で米菓生産を自動化し、1979年にモンドセレクションの金賞に輝いた。企業戦略としては製菓専業で、一貫して大量生産に挑戦している。

豆菓子はブルボンにとって主業の一部ながら、辺境のカテゴリーと言えよう。

【A社】でん六は1953年に山形で鈴木製菓として設立された会社である。祖業はおこしと甘納豆で、源流は1924年までさかのぼる。1956年に発売した「でん六豆」が大ヒットしたことにより、1968年から販路を全国に拡大していった。企業戦略としては豆菓子専業、ドメイン定義も物理的に「豆」を掲げてきた。

豆菓子はでん六にとって主業である。商品にはバラエティがあるものの、すべてに豆菓子の要素を持たせている。

■でん六（単）
逆転決算期：2004.03
実質売上高：180億円
経常利益率：3.7％
筆頭大株主：創業家
東名阪上場：―

● 事業戦略 ▷▷▶▷▷／▶▷▷▷

【製品】豆菓子は各種の豆を中心に据えて組み立てた菓子の一種である。市場は成熟している。

隣接市場には米菓やスナック菓子などがあり、いずれも豆菓子の4倍程度の規模を誇っていた。

製品には、使用する豆の種類や味付けによるバラエティがある。参入メーカーに数え切れないが、上位3社で市場の4割を押さえ込んでいた。

【B社】豆菓子についてブルボンは1962年に参入して、主力商品の「味ごのみ」を1980年に発売している。

生産面では、柏崎に自社工場群と子会社工場群を集中させていた。

販売面では、特約店経由で小売店に卸していた。

菓子カテゴリーでは、ビスケット類で独走し、豆菓子で首位争いに絡み、米菓で第2集団に食い込むほか、チョコレート、チューインガム、キャンディ・キャラメルで下位につけていた。

【A社】豆菓子についてでん六は、1924年から取り組んでいる。当初は量り売り用の甘納豆で勝負していたが、自社ブランドを確立すべく、ピーナッツに寒梅粉と砂糖をまぶした「でん六豆」を袋詰め

■該当セグメント
B社：全ібір
A社：―

■10年間利益率
B社営業利益率：2.0％
A社営業利益率：―

■10年間勝敗数
B社得点掲示板：0-10
A社得点掲示板：―

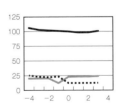

■シェアの測定単位
出荷金額

■豆菓子
市場規模：600億円

■B社の首位君臨期間
1994年～2002年

■A社の首位君臨期間

1988年〜1993年
2003年〜

にして広告を流したことにより、菓子の大量生産時代に先鞭をつけることとなった。商品名は、創業者の愛称が"でん六さん"であったことに由来する。

　生産面では、量産品は1995年に稼働した上山工場、多品種少量品は本社工場と使い分けている。1978年から豆を豆以外の素材と組み合わせる路線に変更し、新製品を続々と送り出しており、少量品の専用工場が必要になったものと思われる。トータル鮮度管理システムを1981年に採用して以来、世界中で買い付ける素材は大型低温倉庫で保管している。

　販売面では、菓子問屋に頼るほか、一部では大手量販店に直販していた。

　菓子カテゴリーでは、豆菓子に絞って参戦している。

【時機】逆転が起きた頃、でん六では2006年の6月に迎える「でん六豆」の発売50周年が視野に入っていたものと思われる。

【収益】このケースにおける逆転は市場がフラットに推移するなかで、でん六が伸びた分だけブルボンが出荷を落とすことで実現した。直近では、両社間の差は12%ポイントに拡大している。

　この逆転は収益面から見ると祝福に値しない。未上場版の会社四季報によると、でん六は逆転前年に経常利益がほぼ半減し、その水準から回復しないまま、2006年度から増収減益のパターンに突入し、2007年度には純損失を計上した。ブルボンは逆転年から増収増益基調にのっている。

【悪手】2004年2月、でん六は黒豆入りの「焼チーズフィッシュ」を発売した。その後も3月には大豆粉末を使用した「発芽玄米シリアルローズヒップ」、8月には黒豆を採用した「黒豆ごまチョコ」と大豆を採用した「豆乳チョコ」と、明らかに女性をターゲットに据えた新製品を立て続けに送り出している。逆転年に注目に値するニュースは出ていないが、増収を記録したところを見ると、新製品の開発を進める傍らで既存製品の販売促進に経営資源を投入したものと思われる。

　同時期にブルボンは、デザート商品や菓子類でも一口サイズの"プチ"シリーズが好調で、増収増益を実現していた。豆にこだわる姿勢は露ほども見せていない。それどころか菓子を離れて食品

に挑戦する意欲を見せていた。

　両社間のコントラストは、ドメインを物理的に定義する行き方に付随する弊害を雄弁に物語っている。

●戦略旗手▷▶▷▷▷第3世代同族経営者

【人物】このケースで悪手を放ったのはでん六の鈴木隆一氏と考えられる。隆一氏は創業者、鈴木傳六氏の孫にあたる。ちなみに「でん六豆」をヒットさせたのは、隆一氏の父親で、創業者の長男にあたる傳四郎氏である。でん六の業績悪化は、"二人の創業者"の重圧の下、隆一氏が2002年に社長に就任してから始まった。

【着想】隆一氏の決断は、社長就任時に掲げた「将来は500億円の年商規模の企業にしたい」という目標に由来する。四季報には「いずれは上場したい」という抱負も掲載されており、拡大志向を読み取ることができる。しかしながら利益は、この拡大志向に押し潰された観がある。

　一連の新製品攻勢については「今後もピーナッツを原料とした商品開発を続ける。中高年男性のおつまみのイメージが強いが、健康にいい。最近販売が伸びているナッツ類も女性の美容にいい。そうした点を訴えていく」と隆一氏は語っていた。これはプロダクトアウトの発想で、時代の深層変化を見据えていたのか首をかしげたくなる。

［参照社史］
『豆を究める でん六創立50周年記念誌』2003年
［参照文献］
「株式会社 でん六」『商工ジャーナル』1994年8月

■すずき・りゅういち
誕生：1954.09
社員：—
役員：1979.08-
社長：2002.06-
会長：—

■将来は500億円…
理念と経営 2006.10

■今後もピーナッツを…
日経朝刊 2016.2.25
地方経済面（東北）

■主要記事
理念と経営 2006.10

4-1-2　立地寿命の見誤り

ケース 918　飲用牛乳／2000年

B社：●雪印乳業　→　A社：◉明治乳業

乳製品（3/7）
戦略C/C比率◀◀◇▷▷
戦略D/E比率◀◁◇▷▷

■雪印乳業（連）
逆転決算期：2001.03
実質売上高：1兆1,440億円
営業利益率：▲4.9%
筆頭大株主：金融機関
東名阪上場：1950.08

■明治乳業（連）
逆転決算期：2001.03
実質売上高：7,100億円
営業利益率：2.2%
筆頭大株主：金融機関
東名阪上場：1949.05

●企業戦略 ▷▷▷▶▷／▷▷▷▶▷

【B社】雪印乳業は1950年に北海道で過度経済力集中排除法の指定を受けて設立された第二会社である。祖業は牛乳で、源流は北海道製酪販売組合が設立された1925年までさかのぼる。第一会社は北海道バターで、関西で飲用牛乳事業を展開したが、関東で飲用牛乳事業を展開した雪印乳業と1958年に再統合を果たしている。企業戦略としては垂直多角化を基調としていたが、1970年から水平多角化と多国化を同時に推進し、広く食品や医薬品にも事業を拡大していった。ドメイン定義は機能的で「すべては酪農家のために」と捉えるとわかりやすい。

飲用牛乳は雪印乳業にとって祖業である。2000年当時、売上高の88%を食品部門に依存しており、その部門内で飲用牛乳の生産シェアは16%であった。部門および全社を牽引するのは乳製品であった。

なお、雪印乳業は2003年に飲用牛乳事業を切り出して、日本ミルクコミュニティを設立した。そして2009年には日本ミルクコミュニティと共同持株会社、雪印メグミルクを設立して、そこに吸収合併されることにより2011年に消滅してしまった。これらは2000年に発生した雪印集団食中毒事件のダメージを軽減するための手立てと言ってよい。

【A社】明治乳業は1917年に東京で極東練乳として設立された会社である。設立母体となったのは明治製糖で、その子会社の明治製菓が必要とする練乳の供給部門と当初は位置付けられていた。酪農の基盤は房総半島にある。戦後は東京乳業や湘南乳業を合併し、飲用牛乳を主業として全国展開に乗り出した。1971年から乳製品

への多角化を推し進め、1984年には医薬品にも手を拡げている。企業戦略としては原料から川下に降りる垂直多角化を基調としている。

飲用牛乳は明治乳業にとって祖業の川上に位置する事業である。2000年当時、売上高の86%を食品部門に依存しており、その部門内で飲用牛乳の生産シェアは46%に達していた。部門および全社を牽引するのは乳製品であった。

なお、明治乳業は2009年に明治製菓と経営統合して、上場を廃止した。製菓側の食品・医薬品事業を継承したことにより、2011年に社名を明治に変更している。

● **事業戦略** ▷▶▷▷▷/▶▷▷▷

【製品】飲用牛乳は、均質化処理と加熱殺菌処理以外の加工を経ない牛乳のことである。業界では市乳と呼ばれる。それに対置されるのは乳製品で、バター、クリーム、チーズ、アイスクリーム、ヨーグルトなどが該当する。市乳が普及するのは低温物流が整備されてからのことであり、市場形成においては乳製品が先行した。測定単位が重量から金額に変更されたため長期の比較はできないが、市場規模のピークは2000年頃にあるものと思われる。

隣接市場には乳製品がある。市場規模が圧倒的に大きいのは市乳で、アイスクリームがその3分の1強、チーズがその4分の1弱で続いている。ほかは10分の1に届かない。ただし、乳業メーカーは市乳で赤字を出し、乳製品で帳尻を合わせると言われていた。

製品には成分無調整のものと、成分調整したものがある。参入メーカーは優に100社を超え、上位7社で市場の約半分を押さえるのが精一杯というところである。ローカルメーカーも健闘しており、寡占度は低い。

【B社】市乳について雪印乳業は1953年から東京で事業化に取り組んでいる。1993年にカルシウムを増強した乳飲料「毎日骨太」を投入したものの、それ以外に目立つ動きはない。

生産面では、市乳工場を全国にちりばめていた。酪農拠点の北海道以外では、大市場の近くに工場を配置する方針を貫いていたようである。

■ **該当セグメント**
B社：食品
A社：食品

■ **10年間利益率**
B社営業利益率：▲2.2%
A社営業利益率：2.3%

■ **10年間勝敗数**
B社得点掲示板：0-9
A社得点掲示板：0-10

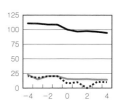

■ **シェアの測定単位**
出荷金額

■ **飲用牛乳**
市場規模：9,280億円

■ **B社の首位君臨期間**
1976年～1993年
1997年～1999年

■ **A社の首位君臨期間**
～1975年
1994年～1996年
2000年～

第4章 立地の取捨選択

販売面では、特約店を経由して小売店に製品供給するほか、一部では小売チェーンに直販もしていた。

乳製品カテゴリーでは全市場に参画し、バターおよびチーズで独走していた。市乳と生クリームでは首位争いに絡んでいたが、ほかではマイナープレーヤーであった。

【A社】市乳について明治乳業は1928年から取り組んでいる。2002年には「明治おいしい牛乳」を投入した。

生産面では、北海道、宮城、青森、群馬、埼玉、茨城、神奈川、新潟、長野、静岡、愛知、石川、京都、大阪、兵庫、岡山、広島、香川、福岡、鹿児島に市乳工場を配置していた。

販売面では、関係会社を経由して小売店に製品供給するほか、一部では小売チェーンに直販もしていた。

乳製品カテゴリーでは、インスタント・クリーミングパウダーを除く全市場に参画し、市乳と生クリームとアイスクリームで首位争いに絡んでいた。

【時機】逆転が起きた頃、雪印乳業は集団食中毒事件の渦中にあった。これは大阪工場が出荷した「雪印低脂肪乳」を飲んだ人を中心に1万4,780人が2000年の6月末から7月にかけて食中毒症状を訴えた事件である。当初は大阪工場の食品工場らしからぬ現場慣行が槍玉に挙がったが、警察の捜査が入り、北海道の大樹工場で製造された脱脂粉乳に食中毒の原因物質が8月になって見つかった。問題は大樹工場で停電が起きた翌日の4月1日にさかのぼるもので、工程内の生乳が冷却されずに放置された数時間の間に黄色ブドウ球菌が繁殖し、エンテロトキシンA型という毒素を産生したようである。現場の従業員は加熱殺菌処理によって事なきを得たつもりでいたが、それで滅菌はできても、既に産生された毒素が残留することを知らなかったという。

この事件により雪印ブランドに対する信頼は失墜し、同時に市乳の消費全体が落ち込んだ。

【収益】このケースにおける逆転は市場が漸減傾向を見せるなかで、雪印乳業の一方的な事由により起きている。雪印集団食中毒事件後の3ヵ月以上に及ぶ出荷停止措置の結果であることは言うまでもない。

この逆転は収益面から見ると祝福に値する。雪印乳業は逆転年から3期連続で営業赤字に転落したのに対して、明治乳業は2001年度を除いて営業増益を記録した。直近でも明治乳業は雪印メグミルクに4％ポイントの差をつけて首位を堅持している。

【悪手】 1991年2月、雪印乳業は中期経営5カ年計画、「フレッシュ70」を外部発表した。70という数字は1995年に迎える創業70周年記念と、単体の売上目標7,000億円を象徴するものである。5年で年商を2,000億円ほど積み増す必要があったが、増収分は医薬品や外食の非乳事業に求める計画となっており、それが実現した暁には日本最大の食品メーカーに躍り出る夢も秘めていた。

　策定された中期経営計画に沿って、雪印乳業は1991年から市乳および乳製品に対する設備投資を大きく絞り込んだ。その傍らで、チーズとワインのプロモーションや、合同酒精への出資や、米国ドール社との合弁設立を進めている。さらに企業化精神を植え付けるための人事制度改革も断行しており、牛乳事業に携わる社員も蚊帳の外には置かれなかった。

●戦略旗手▷▷▷▶▷操業経営者

【人物】 このケースで悪手を放ったのは雪印乳業の正野勝也氏である。正野氏は、前任社長が在任のまま他界したことにより、実質的には「役員間の人気投票」で選ばれて社長に就任した。皮肉なことに、正野氏は製造畑および生産技術畑を歩んできた人物である。

　雪印集団食中毒事件では、事件の渦中において「私だって寝てないんだ」と逆襲した石川哲郎社長と、「黄色人種と黒人の2割は牛乳を飲んで下痢をするものだ」と強弁した赤羽要専務が、報道合戦のなかで非難の的となった。しかしながら、冷静に考えてみると、広範な製品に使われる脱脂粉乳に毒素の混在を許してしまった時点で雪印乳業に勝ち目はない。同業の明治乳業や森永乳業が同時期に同様の事件を起こしていない事実に鑑みれば、事後の対応ではなく、事前の経営こそ問題視されてしかるべきであろう。事件の素地をつくったのは、「フレッシュ70」を掲げ、策定実務を担った石川哲郎経営企画室長を重用した正野勝也氏である。

■主要記事
日経朝刊 2000.6.30
社会面（大阪）
日経朝刊 2000.7.11
日経朝刊 2000.7.12
日経朝刊 2000.8.3
日経朝刊 2000.8.18
日経夕刊 2000.8.19
日経夕刊 2000.10.14
日経夕刊 2000.12.22
社会面（大阪）
日経朝刊 2003.5.28
社会面（北海道）

■しょうの・かつや
誕生：1926.01
社員：1949.04-1981.06
役員：1981.06-1998.06
社長：1988.01-1993.06
会長：1993.06-1998.06

■役員間の人気投票
日経産業 1988.1.11

■黄色人種と…
週刊現代 2000.7.29

第4章　立地の取捨選択

■ 14年半にわたり…
日経朝刊 1988.10.17

■ 酪農、乳業界は…
日経産業 1989.1.5

■ これで乳業の自由化…
日経ビジネス 2003.5.19

■ 味で勝負できる牛乳…
日経バイオビジネス
2003.5

■ 守谷工場
食品工場長 1998.10

■ おいしい牛乳
総合食品 2006.8
月刊フードケミカル
2003.12

■ たとえ一つでも品質…
日経産業 1983.2.18

　正野氏は「14年半にわたり社長を務め、乳業業界の"ドン"ともいわれた」前任社長への反発から、自らは5年で社長の座を降りて、進行中の「フレッシュ70」を会長として最後まで見届けた。後任社長には、財務畑を歩んできた石川哲郎氏に4年で禅譲させ、その代わりに副会長ポストを用意した。

　【着想】正野氏の決断は、事業環境の大変化に備えるものであった。社長に就任すると、ガットのウルグアイ・ラウンドで乳製品の輸入自由化スケジュールが議論されるようになり、そこで正野氏は非乳多角化に舵を切ったのである。それを漠と表現するのが「酪農、乳業界は輸入商品との価格競争が激化する状況下で、将来に向けて当社の発展を確固たるものにするため、総合食品企業を目指し事業展開を図り、雪印グループの総合力を強めたい」という発言である。

　興味深いことに、1989年に就任した明治乳業の中山悠社長は逆の発想をした。ウルグアイ・ラウンドの成り行きを見て「これで乳業の自由化は着実に進み始めると覚悟し、その影響度を分析した。チーズやバターは企業規模が桁違いの海外メーカーと競合が激しくなっていくと読んだ。そうなれば、コスト競争という点で、どう見ても勝ち目は薄い。だた、鮮度が重要な牛乳やヨーグルトなら勝負を挑める」と腹を括り、「味で勝負できる牛乳を作れ」と研究開発陣に指示を飛ばし、1998年に最新鋭の守谷工場を建設した。そして溶存酸素を減らした「明治おいしい牛乳」を2002年に投入し、収益改善を成し遂げている。

　こうしてみると、これは事故が事件に転じたケースと見るよりも、時機読解に負けたケースと見たほうがよさそうである。自由化には、水平多角化ではなく、本業の深化で対抗すべきだったのである。現に雪印乳業の水平多角化事業で目覚ましい成果を挙げているものは見当たらない。

　技術部長時代に正野氏は「たとえ一つでも品質に問題のある食品が市場に出てしまえば、企業が永年にわたって築きあげてきた社会的信用は一瞬にして崩れ去る。食品業界では不良品の許容率という考えは成り立たず、市場に出す製品は常に不良率ゼロを目指さなければならない。雪印乳業ではこうした考え方から、品質管

理については常に最先端の手法を採り入れることに努力してきた。（中略）食品市場は"飽食の時代"に入り、"品質が良いのは当たり前"といわれるようになってきた。しかし、食品企業にとっては品質が原点であり、こうした時代にこそ品質管理の手をゆるめぬよう細心の注意をしていく必要があると肝に銘じている」と語っていた。ところが、1985年から人事、研修、総務、秘書室、開発企画と経験を拡げるなかで、「これらの技術系以外の仕事のほうに面白味を感じた」と吐露していた。

■これらの技術系以外…
実業往来 1988.3

その延長線上に位置付けられるのが「フレッシュ70」の核心であった。「私は社内に向けて、新しい価値づくりに挑戦してほしいという意味合いから、"サムシング・ニュー"ということを言っています。企業は本来、機能的価値を基本にしなければ存続が保証されませんが、それだけでは駄目だ、ということなのです。そのうえに新しい価値の追求が必要ということです。新しい価値とは何かというと、一つは感性や意味といった、きわめて漠然として捉えにくい価値、いわば企業の美意識というものに取り組む姿勢であり…」と正野氏は語っている。その根底には「牛乳事業というのは収益的にキツイです。なかなか儲けさせていただけない」という本音があったものと思われる。その点については流通再編という手を用意していたが、品質から戦略の均整が崩れてしまった点は後悔してもしきれないに違いない。

■私は社内に向けて…
食品商業 1990.3

■牛乳事業というのは…
産業新潮 1996.8

■主要記事
日経産業 1983.2.18

［参照社史］
『雪印乳業史 第6巻』1995年
『明治乳業90年史 自然のちからを、未来のチカラへ』2007年
［参照文献］
厚生省・大阪市原因究明合同専門家会議「雪印乳業食中毒事件の原因究明調査結果について（最終報告）」2000年12月

第4章 立地の取捨選択

ケース 727 小型ブルドーザー／1987年

B社：●小松製作所 → A社：●新キャタピラー三菱

建設鉱山機械（7/13）
戦略C/C比率 ◁◁◇▶▶
戦略D/E比率 ◁◁◇▶▷

■小松製作所（連）
逆転決算期：1988.03
実質売上高：8,200億円
営業利益率：2.7%
筆頭大株主：金融機関
東名阪上場：1949.05

■新キャタピラー三菱（単）
逆転決算期：1988.03
実質売上高：2,460億円
営業利益率：—
筆頭大株主：キャタピラー三菱重工業
東名阪上場：—

●企業戦略 ▶▷▷▷▷／▶▷▷▷▷

【B社】小松製作所は1921年に小松で設立された会社である。祖業は鉱山機械で、竹内鉱業からスピンオフされて発足した。1931年に農耕用トラクター、1943年にブルドーザーを国産化したが、それらに先だって早くも1924年にプレスの市販を始めている。戦後は1953年にダンプトラック、1956年にショベルローダー、1968年に油圧ショベルと建設機械のラインアップを拡充し、米国のキャタピラー社に次ぐ建設機械メーカーに成長していた。企業戦略としては、技術と販路の双方を核に据えた水平多角化を基調として、川上で垂直多角化も試みていた。ドメイン定義は物理的で、「土木工事機械」と言ってよかろう。

小型ブルドーザーは小松製作所にとって水平多角化事業の一つに相当する。1987年当時、売上高の79%を建設機械部門に依存していたが、その部門内で小型ブルドーザーの生産シェアは2%にとどいていなかった。部門および全社を牽引するのは中型・大型ブルドーザーで、それにパワーショベルが続いていた。

なお、小松製作所は拙著『戦略暴走』に傍流の多結晶シリコン事業がケース035として登場している。

【A社】新キャタピラー三菱は1963年に東京で新三菱重工業と米国キャタピラー社の折半合弁として設立された会社である。祖業は建設機械で、当初からエンジンも内製した。ブルドーザー主体で1967年には経常利益が黒字に転じたが、1986年に赤字に陥り、人員の削減に踏み切っている。抜本的な対策が求められるなかで同年に合弁契約の改訂が行われ、翌年から社名に「新」をつけて再スタートを切った。このときに両親会社から油圧ショベル事業を移管されている。企業戦略としては専業に分類される。新キャタピラー三菱は建機事業を営むために設立された合弁で、それ以外の事業を手掛けることは許されていなかった。

小型ブルドーザーは新キャタピラー三菱にとって祖業の一角に

相当する。1987年当時、売上高の100%を建設機械部門に依存していたが、その部門内でブルドーザーは約4分の1、ブルドーザーの小型比率は16%ほどであった。

なお、三菱重工業は2008年3月に出資比率を33%に下げている。その結果、社名は8月にキャタピラージャパンとなり、2012年3月には米国キャタピラー社の完全子会社に移行した。

● **事業戦略** ▷▶▷▷▷／▷▷▶▷▷

【製品】小型ブルドーザーは整地用ブルドーザーのうち、自重が10トン未満のものを指す。ブルドーザーの起源は農業用トラクターの転用にあり、1923年に出願された特許が最初のものになる。日本における市場規模のピークは第一次石油ショックの前にあった。

隣接市場には10トン以上の中型・大型ブルドーザーがあり、市場規模は小型の5倍ほどに達していた。上は100トンを超える機種もあるが、中型と大型の境界線は30トンとされている。

製品には自重や出力に応じて複数の階級がある。売り先は土木工事の請負事業者か、リース会社である。ブルドーザーは苛酷な使用環境で信頼性や耐久性を求められるため、差異化の余地があり、コモディティ化はしていない。作業中断を強いられると、顧客には多大なコストが発生するため、価格を武器にして新規参入することも難しい。ゆえに上位2社で市場の過半を押さえていた。

【B社】小型ブルドーザーについて小松製作所は、1947年にD50の一号機を完成させている。これは6トンの機種であったが、現在では4トン級と9トン級をラインアップしている。

生産面では、高度な垂直統合を成し遂げていた。グループ内で主要な鋳鋼品、エンジン、油圧機器などを内製し、それ以外の素材、部品、アタッチメントなどは協力企業から調達する。純然たる購入品は電装品、タイヤ、ホース、バッテリーあたりだけと言ってよい。ブルドーザーは粟津工場と大阪工場が手掛けている。

販売面では、支店や営業所がディーラーに直販する体制を敷いていた。輸出比率は変動するものの、40%を超える年度が多い。

建設鉱山機械カテゴリーでは、ブルドーザー、ホイールローダー、ショベルトラック、モーターグレーダーで独走し、パワー

■該当セグメント
B社：建設・鉱山機械
A社：ー

■10年間利益率
B社営業利益率：9.4%
A社営業利益率：ー

■10年間勝敗数
B社得点掲示板：4-6
A社得点掲示板：ー

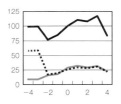

■シェアの測定単位
生産金額

■小型ブルドーザー
市場規模：330億円

■B社の首位君臨期間
〜1986年
2005年

■A社の首位君臨期間
1987年〜2004年
2006年〜<u>2012年</u>

ショベルで首位を僅差で堅持していた。クレーンや舗装機械には参戦していない。

【A社】小型ブルドーザーについて新キャタピラー三菱は、1965年にD4Dの生産を開始している。これは6.75トンの機種であったが、現在では仕上げ用として8トン級の機種をラインアップしている。米国キャタピラー社は当初から三菱重工業との合弁を世界戦略のなかに位置づけており、キャタピラー品質の死守と、手厚いアフターサービスを要求した。そして1973年には、新たに同社が開発した小型ブルドーザーの世界供給拠点として、日本の合弁を選択した。大型ブルドーザーについてはキャタピラー社の米国工場から引き続き輸入しており、国際水平分業を目指していたものと思われる。その内訳は製品と事業戦略はキャタピラー流、販路と組織運営は三菱流で、日米ハイブリッドであった。

生産面では、複雑な歴史を有している。設立母体となった三菱重工業が1950年に東日本、中日本、西日本の3社に解体され、東日本（三菱日本重工業）は自社開発でブルドーザーを、中日本（新三菱重工業）はフランスからの技術導入で油圧ショベルを手掛けていた。そして中日本が事業拡大のために米国キャタピラー社に提携を持ちかけて、1962年に合弁事業契約の調印に漕ぎつけた。ところが、政府認可が下りるのと相前後して三菱重工業3社の再統合が決まってしまい、実質的には東日本主体の合弁に変貌した。そのため合弁事業は、当初予定した明石ではなく、相模原に拠点を据えてスタートしている。

販売面では、支店や営業所がユーザーに直販する体制を敷いていた。拠点密度は高くない。

建設鉱山機械カテゴリーでは、ブルドーザーとホイールローダーで独走する小松製作所を追走していた。

【時機】逆転が起きた頃、日本の建機業界は日米貿易摩擦に翻弄されたと思ったのも束の間、それに続く円の急騰や、ソビエト連邦のペレストロイカに直面して、不確実性に包まれていた。

摩擦回避に先手を打つべく、小松製作所は1985年3月に米国のクレーンメーカーを買収し、それを母体として1988年9月に設立した米国ドレッサー社との合弁で、米州現地生産に乗り出してい

る。しかしながら、この展開によって小型ブルドーザーの国内生産が代替された形跡は見られない。

【収益】このケースにおける逆転は、安定市場における上昇局面で起きたものである。小松製作所は直前の下降局面で大幅に減産しており、増産に転じても慎重さが滲み出ていた。それに対して新キャタピラー三菱は下降局面でも増産しており、増産のペースで小松製作所を凌駕した。直近では、両社間の差は10％ポイント以上に拡大している。

この逆転は収益面から見ると祝福に値するものと思われる。新キャタピラー三菱は上場していないので損益状況はわからないが、油圧ショベルの移管を受けて2年連続の3割増収を実現した。利益のほうも黒字転換を果たしており、復配に漕ぎつけたと報じられている。少なくとも、小型ブルドーザーの占有率逆転に伴い利益を犠牲にした兆候は見られない。

【悪手】1987年6月、小松製作所は社長の能川昭二氏を突如として解任した。1976年度から1982年度まで実質ベースの増収を記録していたのに、それ以降は停滞ムードに包まれていたことから、能川氏は①商品力の強化、②コストダウン、③海外生産、④新事業への転換、という方針を1986年に打ち出していた。それを支えた専務取締役の堀埜一平氏も、能川氏と並んで事実上は解任されている。表向きの説明は、人心の一新と社内の活性化を図るとのことであった。

後任に選ばれた田中正雄社長は能川昭二氏と同期入社で、社内外で「謙虚すぎるほど謙虚」と言われた人物である。その点は、「いつまでもジャパニーズ・カンパニーのままではダメだ。日本企業の単独進出は必ずしも歓迎されていない。あまりに日本的なものを持ち込むと摩擦が起きる」という米国への配慮にも滲み出ていた。その田中氏も、わずか24ヵ月で社長職から外された。

こうして小松製作所の司令塔が不安定化するなかで、ライバルのキャタピラー三菱は自らの再起動に立ち向かっていった。初めて直接人員の雇用に手をつけて固定費を削減したうえで、三菱重工業が独自に構築した販売網をキャタピラー三菱に統合するかわりに、キャタピラー社はキャタピラー三菱を油圧ショベルと小型ブル

■**謙虚すぎるほど謙虚**
日経産業 1987.8.14

■**いつまでもジャパ…**
日経産業 1988.9.28

■主要記事
日経産業 1986.5.3
日経産業 1987.1.31
日経産業 1987.7.1
日経産業 1987.8.20
日経産業 1987.10.21
日経産業 1988.7.9
日経産業 1988.10.6
日経産業 1988.10.28

■かわい・りょういち
誕生：1917.01
社員：1954.09-1955.08
役員：1955.08-1998.06
社長：1964.07-1982.09
会長：1982.09-1995.06

■私どもとしてTQC…

ドーザーの世界供給拠点とすることに合意したのである。こうして1987年7月に生まれ変わった「新」キャタピラー三菱は、三菱重工業から譲り受けた国内販路とキャタピラー社の海外販路に自ら開発した小型ブルドーザーを流すことで、攻勢に転じていった。混乱の渦中にあった小松製作所が有効な反攻策を打てなかったことは言うまでもない。

●戦略旗手▷▷▷▷▷第２世代同族経営者
【人物】このケースで悪手を放ったのは小松製作所の河合良一氏と思われる。良一氏は、中興の祖と呼ばれる河合良成氏の長男で、社長就任直後にデミング賞を受賞していた。そのプロセスを指揮したのは良成氏で、受賞を機に同社がキャタピラー社の攻勢を跳ね返した記憶が鮮明に残っていたに違いない。第一次石油ショックを機に再び苦境に直面すると、今度は日本品質管理賞の受審を決め、1981年11月に受賞に漕ぎつけている。能川昭二氏は、粟津工場の品質管理課長としてデミング賞の審査に臨んだ人物で、日本品質管理賞の受審に際しても、常務取締役生産本部長として先頭に立っていた。能川氏を社長に指名したときも、解任したときも、取締役会の序列ナンバーワンは良一氏であった。

　ちなみに、キャタピラー三菱の再起動を仕掛けたのは拙著『戦略不全の論理』にも登場したドナルド・V・ファイツ氏である。ファイツ氏は、1971年にMITでMBAを取得したあと日本勤務となり、キャタピラー三菱の常勤取締役としてマーケティングを指揮していた。後に米国本社の役員に昇進し、再びキャタピラー三菱の取締役に就任したのは、日本事業の不振を打開する使命を与えられたからであろう。そして3ヵ月で両親会社はレター・オブ・インテントの調印に漕ぎつけた。三菱重工業からパワーショベルと国内販路を譲り受ける代償として、ファイツ氏はフォークリフト事業を三菱重工業に譲渡する案をキャタピラー幹部に飲ませている。このときの手腕が評価されて、ファイツ氏は1989年にキャタピラー社の社長、1990年にCEOに指名されている。

【着想】良一氏の決断の背景は、日本品質管理賞を受賞した直後の「私どもとしてTQCの思想を忘れないでもっともっと勉強してゆか

ねばならない…TQCの思想をオール小松として一日も早く定着させたい気持ちでいっぱいです」という発言から推し量ることができよう。良一氏が能川氏を後継指名したのは"ミスターTQC"だったからで、解任に動いたのは、社長就任後にTQCより経営の戦略に目を向けて精力的に手を打ち始めたからではなかろうか。

良一氏は1986年の9月に日中経済協会訪中代表団の団長として中国を訪問して以来、良成氏の遺志でもある日中友好に入れ込んでいた。小松製作所の舵取りについて深謀遠慮があったという証左は見当たらない。

［参照社史］
『小松製作所五十年の歩み―略史―』1971年
『新キャタピラー三菱25年史』1991年
［参照文献］
鈴木健司「新キャタピラー三菱の経営方針と品質課題」『品質管理』
　　Vol.41-7

品質管理 1982.1

■**主要記事**
財界 1989.5.16

4-1-3 事業立地の集団化

ケース 728

麦茶／2004年

B社：●ハウス食品 → A社：●伊藤園

嗜好飲料（6/9）
戦略C/C比率 ◀◀◇▷▶
戦略D/E比率 ◀◇▷▷

■ ハウス食品（連）
逆転決算期：2005.03
実質売上高：1,960億円
営業利益率：3.7%
筆頭大株主：創業家
東名阪上場：1971.07

■ 伊藤園（連）
逆転決算期：2005.04
実質売上高：2,790億円
営業利益率：7.5%
筆頭大株主：創業家
東名阪上場：1996.09

●企業戦略 ▶▷▷▷▷／▶▷▷▷▷

【B社】ハウス食品は1947年に大阪で浦上糧食工業所として設立された会社である。祖業は薬種化学原料で、源流は浦上商店が創業した1913年までさかのぼる。漢方生薬原料の一部がカレー粉に使われているのに触発されて、1931年に「ハウスカレー」の生産を軌道に乗せている。戦後は取扱商品を増やす一方で、1960年に固型ルウカレーを追加して、業績が飛躍した。長寿商品の「バーモントカレー」は1963年に、新規事業の「六甲のおいしい水」は1983年に送り出している。企業戦略としては、販路と工場を共有する水平多角化に相当する。

麦茶はハウス食品にとって水平多角化した飲料部門の1カテゴリーに相当する。2004年当時、売上高の20%を飲料・スナック類部門に依存していたが、その部門内で麦茶の販売シェアは6%程度であった。部門を牽引するのは水で、全社を牽引するのは「バーモントカレー」を筆頭とする香辛食品部門であった。

なお、ハウス食品は2013年にハウス食品グループ本社に社名を変更している。

【A社】伊藤園は1966年に静岡でフロンティア製茶として設立された会社である。祖業は緑茶で、旧態依然とした業界に近代的なルートセールスを持ち込んで、瞬く間に業界を席巻すると、廃業希望の茶屋ののれんを買い取って社名を伊藤園に変更した。1974年に工場を建設し、1977年から直営小売店舗を展開している。その後も1981年にウーロン茶の缶入りを発売し、1985年に煎茶の缶入りを発売するなど、次々と業界に革命を巻き起こしている。企業戦略としては、ドメインを物理的に「茶」、機能的には「無糖飲料」

と定義して、その裏で原料から販売までカバーする垂直統合を推し進めている。

　麦茶は伊藤園にとってドメインの片隅を占める事業である。

　2004年当時、売上高の88％をドリンク部門、11％をリーフ部門に依存していたが、麦茶は両部門を横断する括り方で、全社に占める割合は1％ほどと思われる。

　なお、伊藤園の飲料事業は高収益をあげており、本シリーズ第1巻に収録すべきであった。私が不覚を取って選に漏れてしまったのは、悔やまれる。

●事業戦略▷▷▷▶▶／▷▷▷▶▷

【製品】 麦茶は、焙煎した大麦の種子を煎じてつくる飲料、もしくは煎じる前の焙煎大麦を指す。緑茶と違ってカフェインを含まない点と、需要期が夏に集中する季節商品である点に特徴がある。市場は安定していて明確なピークは見当たらない。

　隣接市場には規模順に緑茶、中国茶、ブレンド茶、紅茶があった。いずれも麦茶を上回る市場を形成しており、なかでも緑茶は麦茶の20倍以上の市場規模を誇っていた。

　製品には「リーフ」と「リキッド」の区別がある。前者は煮出したり煎じる手間を顧客に強要する反面、軽くて嵩張らず持ち帰るのが簡単である。規模のうえでは「リキッド」が「リーフ」の倍を超えていた。市場には90社ほど参入しており、上位5社で市場の半分程度を押さえている。

【B社】 麦茶についてハウス食品は、1980年にティーバッグ方式の「リーフ」を導入した。市場成長を見届けての参入と報じられていた。当初から一貫して水出し用と煮出し用の「リーフ」2商品だけをラインアップしている。

　生産面では、発売に合わせて関東工場に投資をかけており、そこにラインを設けたものと思われる。

　販売面では、通常の特約店ルートに載せているものと思われる。

　嗜好飲料カテゴリーでは、麦茶以外ではココアで第2集団につけているだけである。

【A社】 麦茶について伊藤園は、1980年前後から取り組んでいるよ

■該当セグメント
B社：食料品
A社：飲料

■10年間利益率
B社営業利益率：4.7％
A社営業利益率：12.6％

■10年間勝敗数
B社得点掲示板：C-10
A社得点掲示板：8-2

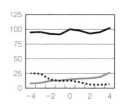

■シェアの測定単位
出荷金額

■麦茶
市場規模：170億円

■B社の首位君臨期間
1986年～2002年

■A社の首位君臨期間
2004年～

■関東工場
日経朝刊 1997.10.14
地方経済面（栃木）

うである。「リーフ」も「リキッド」も扱っている。

　生産面では、自らは「リーフ」を手掛け、「リキッド」は消費地で委託生産するのが伊藤園流である。「リーフ」工場は静岡県内に3つ構えていた。

　販売面では、ルートセールスを主体としつつ、一部で飲料メーカーへの卸売、および自社直営店での小売にも従事している。

　嗜好飲料カテゴリーでは、麦茶以外では緑茶で首位を堅持していたほか、紅茶で番外に顔を出している。

【時機】逆転が起きた頃、市場では「リーフ」から「リキッド」へのシフトが起きていた。その理由は「麦を煮出す家庭が減ったこと、麦茶パックからの購買シフトが進んだこともあり」と説明されていたが、飲食店が無料で出すのは水だけという慣行が確立し、職場から給茶係が消滅した影響も無視できないはずである。だとすれば、業務用の「リーフ」が激減しても驚くには値しない。現に「箱ものが軒並み苦戦」と報道されていた。

■麦を煮出す家庭…
日経流通 2001.7.7

■箱ものが軒並み苦戦
酒類食品統計月報 2001.4

【収益】このケースにおける逆転は、市場が上下動を見せながらも安定的に推移するなかで、ハウス食品が劇的に売上を落とし、その分を伊藤園がピックアップすることで実現した。あたかもゼロサムゲームの様相を呈している。

　この逆転は収益面から見ると祝福に値するものと思われる。売上に占める比重が小さいため有価証券報告書には何の言及もないが、業界誌に「過去最高の販売実績」と記載されている。その前後で伊藤園は増収増益基調を維持しており、逆転に際して無理をした形跡も見られない。ちなみに、飲料メーカーのなかで伊藤園は最高水準の収益性を誇っている。

■過去最高の販売実績
酒類食品統計月報 2005.4

【好手】1999年5月、伊藤園はマーケティング部を再編して、商品別のグループを設置した。その一つに麦茶グループがあった。このグループはリブランディングを敢行して「香り薫るむぎ茶」を導入した。これは六条大麦と二条大麦と発芽麦をブレンドして「深煎り遠赤焙煎」を施した商品である。また2002年3月には同じ製法に海洋深層水を組み合わせた「天然ミネラルむぎ茶」、同11月にはホット用の「麦湯」を追加投入した。いずれも「リキッド」での攻勢である。

攻め込まれたハウス食品は2003年3月に冷水・煮出し共用の「発芽玄米麦茶」を発売して、対抗した。既存の2商品については、同じタイミングでパッケージを一新している。しかしながら、「リキッド」への戦線拡大は見送った。

　「リキッド」では、「六条麦茶」で健闘していたカゴメが2010年にアサヒビールへの事業譲渡を決断したうえ、ハウス食品も2010年に「六甲のおいしい水」をアサヒビールに事業譲渡している。競争が激化すると、単一商品メーカーから撤退を迫られるという現実が、ここにある。マルチカテゴリーで「リキッド」を扱う飲料メーカーに、単一商品メーカーは営業や物流で負けてしまうに違いない。そう考えると、コストをかけず、戦線も拡大せず、ジリ貧を甘受したハウス食品も業務用麦茶に関しては典型的なハーベスト戦略を実行したと言えよう。それはそれで合理的な選択である。

■主要記事
日経産業　1980.3.6
日経流通　1988.4.19
日経朝刊　1996.3.8
日経産業　1999.3.16

●戦略旗手▶▷▷▷▷創業経営者

【人物】このケースで好手を放ったのは伊藤園の本庄八郎氏である。創業者は八郎氏の6歳年長の兄、正則氏であるが、伊藤園の飛躍は1990年代に始まっており、創業期から苦難を共にした八郎氏が立役者と思われる。

【着想】八郎氏の決断は決断と呼ぶほどのものでもない。コカ・コーラと戦っても勝ち目はないという事業観のもとに、自ら開拓した無糖飲料の専業立地を死守しようとしただけであろう。麦茶は、ウーロン茶や緑茶で築き上げた事業基盤にのる商品で、効率がよい。逆に主力の「お～いお茶」一本足打法では、自動販売機が成立しない。それゆえ、伊藤園が水平拡大を志向して、麦茶に注力するのは当然である。

■ほんじょう・はちろう
誕生：1940.08
社員：―
役員：1966.08-
社長：1988.05-2009.05
会長：2009.05-

■主要記事
産業新潮　2003.5

［参照文献］
斎藤八郎「されど"麦茶"」『食糧管理月報』1995年11月
斎藤八郎「なぜ、"麦茶"は飲まれるのか？」『食糧管月報』1998年7月
「新規上場会社紹介　株式会社伊藤園」『証券』1996年11月
「"徳用袋"への移行が進む麦茶市場」『酒類食品統計月報』2000年5月

ケース 729 田植機／1992年

B社：◉井関農機 → A社：◉クボタ

農業機械（6/9）
戦略C/C比率◀◁◇▷
戦略D/E比率◁◁◇▷

■井関農機（連）
逆転決算期：1992.11
実質売上高：1,160億円
営業利益率：▲2.7%
筆頭大株主：金融機関
東名阪上場：1960.06

■クボタ（連）
逆転決算期：1993.03
実質売上高：9,060億円
営業利益率：3.3%
筆頭大株主：金融機関
東名阪上場：1949.05

◉企業戦略 ▷▶▷▷▷／▶▷▷▷▷

【B社】井関農機は1936年に愛媛県で設立された会社である。祖業は籾すり選別機で、源流は1926年までさかのぼる。戦後は三菱重工業の熊本機器製作所および日立精機の足立工場を買収して量産体制を整える一方で、優良小売店を直結特約店とすることで量販体制も確立し、いち早く飛躍の基盤を固めることになった。1959年には川崎重工業製のエンジンを搭載した耕耘機を世に送り出し、農具メーカーから農業機械メーカーへの脱皮を遂げると同時に、特約店の系列販社化を推進している。エンジンについては、いすゞ自動車から技術を導入して、1979年から内製化に取り組んでいる。企業戦略としては農業機械専業を貫いており、農家に寄り添うことを本旨としていた。

田植機は井関農機にとって祖業の論理的な第二幕にほかならない。1992年当時、売上高の100%を農業機械に依存しており、そのなかで田植機のシェアは11%であった。全社を牽引するのは外販用のエンジン等である。

なお、井関農機は拙著『戦略暴走』に農家向け通販事業がケース079として登場した。

【A社】クボタは1930年に大阪で久保田鉄工所として設立された会社である。祖業は鋳物で、源流は1890年までさかのぼる。1900年頃に上水用鋳鉄管の画期的な製法を編み出すと、1914年には機械、1919年には自動車に進出した。自動車事業は戸畑鋳物に譲渡したがエンジンは社内に残し、戦後はいち早く耕耘機の製造を立ち上げている。自動車以外に挑戦した事業のリストは自動販売機、浴槽、コンクリートパイル、プレハブ住宅、空調機器、コンピューターと長く、そこに挑戦を是とする気風が色濃く滲み出ている。企業戦略としては、長らく「鋳鉄」という物理的ドメインに収まっていたが、新たな事業機会をタイムリーに追求してきた結果、多核化にシフトしている。

田植機はクボタにとって耕耘機の論理的な第二幕にほかならない。1992年当時、売上高の46％を機械部門に依存しており、その部門内で農機の生産シェアは80％に達していた。農機に占める田植機の生産シェアは5％である。

　なお、クボタは本シリーズ第1巻に高収益の農機事業がケース810として登場した。

● **事業戦略** ▷▷▶▷▷／▷▷▶▷▷

【製品】田植機は、水稲栽培に不可欠な田植えの作業を省人化する機械である。10アールあたりの田植え作業時間が26時間であったところ、1990年時点で6時間まで短縮したのは、田植機の特筆すべき効能と言ってよい。市場規模のピークは1995年前後にある。

　隣接市場にはトラクターがあり、田植機の4倍以上の市場規模を誇っていた。

　製品には苗の扱い方を巡って異なる方式が競い合ってきた経緯がある。当初は根洗苗用の開発が進んだが、これは苗分割機構でつまずき、実用化に至らなかった。市販一号機はカンリウ工業の土付苗用の1条機で、ようやく1965年にデビューしたが、これも普及しなかった。井関農機は紐苗用4条機を1968年に投入し、久保田鉄工は同じ年にマット苗用自走機を投入したが、結局のところ後者がドミナントデザインとなっている。参入メーカーが5社前後に限定され、上位2社で市場の過半を押さえ込んでいるのは、技術ハードルの高さを物語る。

【B社】田植機について井関農機は、1967年から量産に取り組んでいる。機体の高さと姿勢を自動制御する「さなえマチック」を投入した1973年度から独走状態に入り、2条機、4条機、6条機とシリーズ展開を図ったり、苗つくりから田植えまで実演指導したり、歌手を起用した販売促進策を打つなかで、首位の座を盤石のものとした。

　生産面では、4分の1を自社の熊本工場で生産し、残りをグループ企業から調達していた。農機全体の外注比率が25％前後であることを考えると、田植機には自社生産できない部品が多数搭載されていたものと思われる。

■該当セグメント
B社：全社
A社：内燃機器

■10年間利益率
B社営業利益率：2.5％
A社営業利益率：13.7％

■10年間勝敗数
B社得点掲示板：0-10
A社得点掲示板：9-1

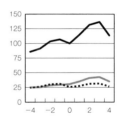

■シェアの測定単位
生産金額

■田植機
市場規模：490億円

■B社の首位君臨期間
〜1978年
1983年〜1987年
1989年〜1991年

■A社の首位君臨期間
1979年〜1982年
1988年
1992年〜

販売面では、特約店経由の販売が66％を占める一方で、全農経由は16％であった。輸出比率は10％前後である。
　農機カテゴリーでは、噴霧機を除く全市場に参戦していた。そのうち動力脱穀機で首位を堅持し、籾すり機とコンバインと田植機で首位争いに絡んでいた。

【A社】田植機についてクボタは、1968年に製造を開始している。その布石として、1964年に農機研究所を設立し、1967年にイタリアのフィアット社から農業用トラクターの技術導入をした点が、用意周到を彷彿とさせる。
　生産面では、堺製造所からエンジンを供給し、宇都宮工場で組み立てる体制を敷いていた。宇都宮は1969年に作業機専門工場として新設された工場である。1974年に新設された筑波の一貫工場は農機事業の国際化推進拠点と位置付けられていた。外注比率は5割強（全社ベース）である。
　販売面では、系列販社や特約店を活用していた。全国をカバーする営業拠点は3,000カ所、営業人員は6,000人を数えると言われており、そのうえ製品ラインに隙がなく、負ける要素は見当たらなかった。農機・エンジンの輸出比率は2割5分強で、主に北米を仕向地としていた。
　農機カテゴリーでは、噴霧機と籾すり機と乾燥機を除く全市場に参戦し、装輪式トラクターで独走体制を固めている。ほかに動力耕耘機とコンバインとバインダーで接戦を演じながらも首位を堅持していた。

【時機】逆転が起きた頃、井関農機は経営の悪化に苦しんでいた。1986年度末時点で負債が資本の2.5倍近くまで膨らんでいたのに、1987年度から3期連続で営業赤字を計上し、さらに1988年度、1989年度、1992年度、1993年度と、債務超過に陥った系列販社の整理や在庫圧縮を迫られたことから、純損失を計上した。

【収益】このケースにおける逆転は安定市場の下降局面で起きている。井関農機が市場動向に合わせて生産を絞ったのに対して、クボタは絞らず一瞬にして突き放した。市場の先行きを井関農機が悲観したのに対して、クボタは楽観したことが窺える。
　この逆転は収益面から見ると祝福に値する。クボタは田植機で

逆転したあとも1990年代を通して黒字決算を持続しており、逆転に際して無理をした形跡はどこにも見当たらない。直近では、両社間の差は20%ポイントを超えるところまで拡大している。

【好手】1990年10月、クボタは堺製造所に建機の製造ラインを新設すると発表した。従前は、建機は枚方製造所で生産して、堺製造所は農機に専念する方針を掲げていたが、農機不振が鮮明となり、建機で農機を下支えする方針を新たに打ち出したことになる。景気の変動を乗り切るうえで、多角化の成否が明暗を分けたケースと言えようか。

その一方で、井関農機は1987年度に農機不振が顕在化すると、生産調整に乗り出した。銀行筋から「減量経営だけではこれ以上の業績回復は困難」と一刀両断されたり、「地元最大手企業という名門意識が農機需要の減退に対応した経営構造の変革を阻んできた」と批判されるなかで、当座の危機を乗り切るべく神戸製鋼所からミニ建機の生産を受託したが、1992年12月から第一勧業銀行主導で経営再建に取り組むことを余儀なくされ、希望退職を募り、工場を売却するなかで、田植機市場をクボタに譲ることになってしまったようである。

● **戦略旗手** ▷▷▷▶▷ **操業経営者**

【人物】このケースで好手を放ったのはクボタの小田原大造氏である。小田原氏は久保田家以外から登板した初めての社長で、高度成長期に突入する前の日本で他社に先駆けて新たな事業をいくつも興し、多核化経営の骨格を形づくる仕事を成し遂げている。農機と建機の補完体制も、1953年に久保田建機を設立した時点で路線が確定していた。

【着想】小田原氏の決断は原理原則に基づいている。追想録から引用すると、「たとえ利益ありとも国のためにならぬ事業はしてはならない」、「日本経済の復興は霞ヶ関のお役人に任しとけん」、「私の目の黒い間に日本人の生活を向上したい」といった発言を残しており、やれる事業を興すのではなく、やらなければならない事業を興すという発想の持ち主であったことがわかる。農機についても、農家の省力化を実現すれば、農家は酪農や高級野菜に余力を振り

■ 減量経営だけでは…
　地元最大手企業という…
日経朝刊 1990.1.24

■ 主要記事
日経産業 1991.8.17
日経産業 1991.10.25
日経産業 1991.11.14
日経産業 1992.10.23
日経産業 1994.2.15

■ おだわら・だいぞう
誕生：1892.11
社員：1917.05-1938.06
役員：1938.06-1971.04
社長：1950.01-1967.12
会長：1967.12-1970.12

■**主要記事**
経済世界 1951
Chamber 1952.1
経済人 1957.12
『私の履歴書』1961.4
『小田原大造氏の追想』
1971.12

けて収入の増加を目論むことができるという点に、事業に取り組む意義を見出しており、建機も似たようなものであったに違いない。それで農機と建機が支え合う構造が生まれたのは、望外の成果と言えるのではなかろうか。

[参照社史]
『井関農機60年史』1989年
『クボタ100年』1990年
[参照文献]
三浦保「田植機の開発」『農林水産技術研究ジャーナル』1993年9月

2 盟主を守勢に追い込む秘技

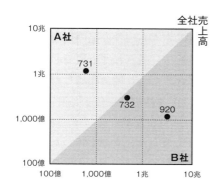

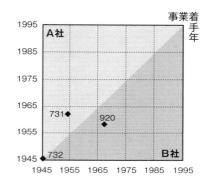

勝者\敗者	追随	傍観
先攻	0	3
後攻	0	0

年代区分	'75-79	'80-84	'85-89	'90-94	'95-99	'00-04	'05-09
実質GDP成長率	4.2%	3.2%	4.1%	0.4%	1.3%	2.6%	0.8%
該当ケース数	0	1	0	0	2	0	0

　この節で描くのは競合を金縛りにしてしまう攻め方である。第1部において繰り返し登場したパターンのバリエーションと言えなくもないが、オフェンス側の打ち手が事業立地の微妙なシフトである点に独自性がある。チャレンジャーが売り物か売り先を微妙に変えたとき追随が起きないのは、盟主が旧立地を守ろうとするからである。または旧立地にオペレーションを最適化しているため、盟主は新立地と二股をかけるオプションを持たないからである。その意味では、捨て身をとることによってこそ、チャレンジャーには活路が開けると解釈することができよう。

　このロジックを象徴するのがケース919のソースである。B社は洋食の普及期からソース製造に携わってきた老舗で、関東圏を中心に家庭用ソース市場で強力な販路やブランドを

築いていた。それに対してチャレンジャーのＡ社は広島を地盤とする醸造酢メーカーで、後発で川下のソースに参入する際、お好み焼きをターゲットとした。Ａ社のソースは酢と塩の含有量が少なく、JAS規格を満たさない。しかも、Ａ社はお好み焼き店の開業を支援しながら自社商品の市場を拡大する道を辿っているため、Ｂ社にしてみれば市場でぶつかる場面もない。Ｂ社がＡ社を単なる変わり種と認識したとしても無理はなかろう。第１章第１節を彷彿とさせる展開である。

　こうしてＡ社はＢ社から強力な反撃を受けることもなく、いつのまにか首位に立ってしまった。立地を移した効果としてＢ社の反撃を誘わなかった点は大きいが、仮にＢ社がＡ社を正当な競合と認識したとしても、Ｂ社がお好み焼き用のソースで正面から対抗すれば、伝統的な競合が逆手にとって本丸の家庭用ソースで激しく攻めてくるに違いない。それゆえ、対抗するオプションはなかったに等しい。絶妙に立地をシフトしたことにより、見事に盟主を金縛りにしたケースと言えよう。逆転年次が新しく、占有率の差が十分に拡大していないためクリアカットと分類されないが、実質的にはクリアカットな逆転劇に限りなく近い。

　ケース730の射出成形機では、油圧から電動へのシフトが逆転の舞台を用意した。シフトはアウトサイダーの開発努力によって引き起こされたが、油圧の盟主としてＢ社が背を向けたのに対して、チャレンジャーのＡ社はタイミングを見極めてシフトを加速する側に回っている。油圧の利点を強調してきたＢ社は前言を翻すわけにもいかず、電動化のトレンドに乗り遅れ、逆転を許してしまったようである。これも逆転年次が新しく、クリアカットと分類されないが、実質的にはクリアカットな逆転劇に限りなく近い。

　電縫鋼管のケース920は、名実ともにクリアカットな逆転劇である。ここでは時機を捉えたＡ社が、電縫鋼管に一手間加えた角形コラムを上市した。それに対してＢ社は特段の手

を打つこともなく、難なく逆転が実現している。総合力に勝るB社では角形コラムを別の部隊が手掛けており、電縫鋼管の部隊は込み入った社内調整を嫌ったに違いない。これも見事な金縛りのケースと言ってよかろう。

純白ロール紙のケース731も、名実ともにクリアカットな逆転劇である。ここではA社が掃除用粘着ロールの基材という新たな用途を開拓した。それに対してB社は特段の手を打つこともなく、難なく逆転が実現している。B社は高級包装紙用途で自社製品をブランド化しており、それとコンフリクトを来す新用途に立ち向かおうとしても、社内の反対勢力が強かったに違いない。これも見事な金縛りのケースである。

ケース732の円錐ころ軸受は、クリアカットなケースながら内実については情報が乏しい。バブル経済の崩壊を目撃したB社が国内設備投資を抑制したのに対して、A社が攻めて逆転した。何がA社の楽観を支えたのか気になるところではあるが、確証はない。

ケース733のガス遮断器も情報は乏しいが、B社が同格のアライアンスを組んだのに対して、A社は格下とのアライアンスを実現した。B社がパートナーに遠慮して身動きがとれないのを尻目に、A社はパートナーたちと生産拠点や製品ラインの再編成に踏み込んだことから、自社のガス遮断器を伸ばすことになったようである。ただし逆転後も接戦は続いている。

以上が第4章第2節の概要である。具体的な手段は様々ながら、どのケースも競合を金縛りにしており、反攻らしい反攻を受けていない点が面白い。派手な戦闘を回避すれば犠牲を払わずに済むことを考えると、戦略のなかの戦略という趣がある。だからこそ、競合の立場を深く理解して反攻不能な攻め口を見つける作業の価値は、値千金と言えよう。

4-2-1 立地の微小シフト

ケース 919　ソース／2005年

B社：⊙ブルドックソース → A社：⊙オタフクソース

調味料（13/18）
戦略C/C比率◀◇◇▷
戦略D/E比率◀◇◇▷

■ブルドックソース（連）
逆転決算期：2006.03
実質売上高：160億円
営業利益率：5.8%
筆頭大株主：外資ファンド
東名阪上場：1973.05

■オタフクソース（単）
逆転決算期：2005.09
実質売上高：190億円
税後利益率：0.1%
筆頭大株主：創業家
東名阪上場：―

■該当セグメント
B社：全社
A社：―

■10年間利益率
B社営業利益率：5.7%
A社営業利益率：―

■10年間勝敗数
B社得点掲示板：0-10

●企業戦略 ▷▷▷▷▶／▷▷▷▷▶

【B社】ブルドックソースは1926年に東京でブルドックソース食品として設立された会社である。祖業は食料品卸で、源流は1902年までさかのぼる。1954年に初代社長が簿外債務を遺して急逝し、会社更生法の適用を受けることとなったが、社員一同で1959年に更生手続きを終えている。企業戦略としては単純明快、ソース専業である。ドメイン定義は物理的で、「ソース」にこだわり抜く姿勢を明確にしていた。

ソースはブルドックソースにとって祖業かつ本業である。2005年当時、売上高の100%をソース部門に依存していた。

【A社】オタフクソースは1952年に広島でお多福造酢として設立された会社である。祖業は酒や醤油の卸売で、源流は1922年までさかのぼる。1938年に醸造酢のメーカーに転じ、1950年に川下のソースにも進出した。企業戦略としては酢とソースの2本柱を維持しており、垂直多角化に該当する。ドメイン定義は機能的で、1952年に「お好み焼用ソース」を発売して以来、「お好み」である。

ソースはオタフクソースにとって垂直多角化事業ながら本業である。2005年当時、売上高のほとんどをソースに依存していた。

●事業戦略 ▶▷▷▷▷／▷▶▷▷▷

【製品】ソースは液体調味料の一つで、フランスあたりでは様々なバリエーションがあるものの、日本では英国ウースターシャー発祥のウスターソースと、そこから派生した中濃ソースおよび濃厚ソースを限定的に指し示すのが一般的である。ウスターソースは「野菜の煮出汁または搾汁に糖類、食酢、食塩、香辛料、カラメル等を

加えて調整」して造る。中濃および濃厚ソースは野菜に果実を加える一方で、食酢と食塩を減らして造る。野菜の筆頭格は英国ではタマネギ・ニンニク、日本ではトマトである。

　隣接市場には食品を引き立てる各種の調味料がある。金額ベースの最大市場は醤油で、それにマヨネーズ、ソース、トマトケチャップの順に続いている。

　製品にはウスター、中濃、濃厚の種別が定着している。嗜好には地域性があり、東日本は濃厚、西日本はウスターを好むと言われていた。また、業務用と家庭用の区別もあり、前者が4割を占めていた。参入メーカーはローカル企業を含めて180社を数えるが、上位3社で市場の過半を制している。

【B社】ソースについてブルドックソースは、1905年に製造に乗り出した。

　生産面では、埼玉の鳩ヶ谷工場と群馬の館林工場の2拠点体制を敷いていた。

　販売面では、食品問屋の国分、菱食、明治屋への依存度が高く、売上は東日本に偏在していた。

　調味料カテゴリーでは、ソースだけに参戦し、首位争いに絡んでいた。

【A社】ソースについてオタフクソースは、1950年に製造に乗り出した。「お好み焼用ソース」は、酢の含有量を規定未満に下げており、JAS規格に適合しない。塩分含有量も低く抑えているため、開封後は冷蔵保管を要する。伝統を固守するソースメーカーには造れない商品と言われている。

　生産面では、広島の本社工場が唯一の拠点であった。醸造酢は大和工場で内製している。

　販売面では、全国を高い密度でカバーする支店・営業所網を築いていた。

　調味料カテゴリーでは、ソースで首位争いを演じるほか、食酢では番外に顔を出していた。

【時機】逆転が起きた頃、ブルドックソースは株主対策に追われていた。2005年1月にスティール・パートナーズ・ジャパンが大量保有報告書を提出し、同社の筆頭株主に躍り出たと宣言したからで

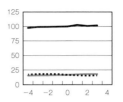

A社得点掲示板：―

■シェアの測定単位
出荷金額

■ソース
市場規模：800億円

■B社の首位君臨期間
1980年～1984年
1988年～1994年
1997年～2004年

■A社の首位君臨期間
2005年～

■野菜の煮出汁または…
食糧管理月報 1977.12

■4割
長銀総研エル 1996.7

ある。ブルドックソースは買収防衛策を採用し、その効力を巡る法廷闘争が2007年まで続き、最終的にブルドックソースが防衛に成功したものの、巨額の訴訟関連費用が発生した。

【収益】このケースにおける逆転は、オタフクソースが穏やかな増産基調を維持するなかで、ブルドックソースが減産に転じたことで実現した。直近では、両社間の差は4％ポイントまで拡大している。

この逆転は収益面から見ると祝福に値する。ブルドックソースは逆転されてから最高益を更新できていない。オタフクソースは2005年度は減益に終わったが、そのあとに最高益を何度か更新している。

ちなみに、オタフクソースは2005年4月に業務用ソースのユニオンソースを買収している。また、会社更生法の適用を申請した大阪のイカリソースに対してブルドックソースが同年5月に支援を表明し、7月に営業譲渡を実現させている。しかしながら、日本マーケットシェア事典はソースについてはブランド別に占有率を集計することにしたようで、M&Aのあともユニオンソースとイカリソースは別扱いになっている。ゆえに、本ケースの逆転にM&Aの効果は算入されていない。

【好手】1987年、オタフクソースは東京に「お好み焼研修センター」を新設した。1952年に「お好み焼用ソース」を発売して以来、1955年に「全糖寿司酢」と「全糖らっきょう酢」、1960年に「焼そばソース」、1964年に「たこ焼ソース」と試行を続けていたが、お好み路線にここでコミットしたことになる。

そして1998年には「お好み焼課」を新設し、「お好み焼研修センター」を名古屋、大阪、福岡にも開設した。現在では、岡山、高松、仙台にも研修センターを設け、焼き方のみならず、開業の仕方まで教えている。

ブルドックソースが主戦場とするB2C市場では、"何でもソース"の時代を卒業して、これにはタルタルソース、あれにはチリソースと各種のソースを使い分ける時代に日本も突入している。それゆえ、需要に応じてソースを造り続けるだけのブルドックソースは守勢に回らざるをえなかった。

それに対してオタフクソースは、ソースを大量に使用するB2B市場の一つにニミットして、そこに商品をカスタマイズすることで、川下側から需要創造に取り組んだことになっている。まさにお好み焼きの「普及をはかることで、ソースはそのあとからついてきます」というわけである。ちなみに、お好み焼き用ソースの同社のシェアは1998年時点で6割に達していたという。

　しかも、ウスター、中濃、濃厚というソースの主戦場を外しているので、オタフクソースをブルドックソースやカゴメがライバル視することなどなかったに違いない。反攻らしい反攻を受けることもなく、いつの間にか首位に躍り出る。絵に描いたような「小さな池の大きな魚」戦略と言えよう。

◉戦略旗手▷▷▷▶操業経営者

【人物】このケースで好手を放ったのはオタフクソースの佐々木繁明氏である。繁明氏は創業者の四男で、1979年から1994年まで3代目の社長を務めていた。オタフクソースのドメイン定義は、繁明氏の社長在任期間中に定着したと見てよかろう。

【着想】繁明氏の決断は、一見したところ創発的に見えなくもない。お好み焼きソースに絞り込んだ理由を尋ねられて、「絞ったわけではありません。戦後はお好み焼屋さんにしか相手にしてもらえなかったからです。問屋も街の食堂も大手ががっちり押さえていました。そのとき、自分で炊いたり、合わせたり、ソースで困っていたのがお好み焼屋さんでした。困っている人のために働けば喜んでもらえると思って、地域の対象店は全て回りました」と答える場面などは、まさに創発性を想起させる。しかしながら、この話は創業者が経営にあたっていた1969年までと考えたほうがよい。

　繁明氏は同じインタビューのなかで、昭和20年代は地元広島西部地区で1番、昭和30年代は広島市で1番、昭和40年代は広島県で1番、昭和50年代は中国地方で1番を目指してやってきたと述べている。そして昭和60年代に日本で1番を目指すために開設したのが東京の「お好み焼研修センター」ということになる。そこに創発性の要素は欠片もない。完全に狙い打ちである。地元従業員の行く末を考えて、用意周到に策を練ったに違いない。

■普及をはかること…
近代中小企業 1998.10

■6割
日経ベンチャー 1998.7

■主要記事
日経朝刊 2008.6.12
地方経済面（中国B）

■ささき・しげあき
誕生：1930.10
社員：1948.00-
役員：　　?-2004.11
社長：1979.00-1994.11
会長：1994.11-2004.11

■絞ったわけでは…
カレントひろしま 1988.4

[参照社史]
『ブルドックソース55年史』1981年
[参照文献]
佐々木照雄「広島発の味と健康に良い食べ物を世界に広めたい」『日経レストラン』1996年9月18日
鳥飼新市「企業事例研究 オタフクソース株式会社」『理念と経営』2009年2月
麻田真衣「ブルドックソースの十字架」『週刊東洋経済』2010年1月30日
田形睆作「"お好みソース"オタフクソース株式会社」『NewFood Industry』2012年10月

ケース730 射出成形機／2008年

B社：⊙日精樹脂工業 → A社：●住友重機械工業

樹脂加工機械（0/2）
戦略C/C比率 ◀◀◇▷▷
戦略D/E比率 ◀◇▷▷▷

■日精樹脂工業（連）
逆転決算期：2009.03
実質売上高：300億円
営業利益率：▲8.2%
筆頭大株主：創業家
東名阪上場：2000.09

■住友重機械工業（連）
逆転決算期：2009.03
実質売上高：7,100億円
営業利益率：8.9%
筆頭大株主：金融機関
東名阪上場：1949.05

●企業戦略 ▷▷▷▷▶／▶▷▷▷▷

【B社】日精樹脂工業は1957年に長野県坂城で設立された会社である。祖業は樹脂成形業で、源流は1947年にさかのぼる。設立と同時に川上の樹脂成形機に転進し、そこから先は専業を貫いてきた。国内拠点は坂城に置いたまま、1976年から本格的に海外市場の開拓に乗り出している。企業戦略としては、コストと機動力を活かして大企業に勝負を挑む路線を選んでおり、そのためにも本業一徹の専業を維持してきたと解釈できよう。

射出成形機は日精樹脂工業にとって主業そのものである。2008年当時、売上高の70％以上を射出成形機に依存しており、残りも部品、周辺機器、金型など射出成形機の周辺事業となっていた。

【A社】住友重機械工業は1934年に愛媛県新居浜で住友機械製作として設立された会社である。祖業は別子銅山における鉱山機械の修理で、源流は1888年までさかのぼる。受注生産タイプの大型機械からスタートしたものの、ドイツのサイクロ社から技術を導入して1939年に減速機、その2年後にはプレスに進出し、汎用産業機械メーカーとして基盤を整えた。1969年には浦賀重工業と合併したことにより、中間的な性格の造船事業が加わっている。企業戦

略としては、景気変動対策を第一義としてきた結果、多核化に落ち着いている。

射出成形機は住友重機械工業にとって2本柱の一方に相当する。2008年当時、売上高の35％を標準・量産機械部門に依存しており、その部門内で射出成形機の生産シェアは10％であった。部門および全社を牽引するのは変・減速機であった。

●**事業戦略**▷▶▷▷／▷▷▶▷

【製品】射出成形機は、樹脂部品を量産する機械である。温度を上げて溶かした樹脂を高圧で型に押し込んでから冷却し、成形された部品を取り出して完了するサイクルを何度も何度も繰り返す。原理は19世紀後半に米国でニトロセルロース用に発明され、20世紀前半にドイツでアセチルセルロース用に実用化されている。その後はナフサ由来の樹脂に応用され、製品ライフサイクルとしては成長期を通過した。市場規模は景気変動に合わせて上下する。

隣接市場には樹脂パイプのような長尺ものを連続成形する押出成形機と、ペットボトルのような細口ものを個別成形する吹込成形機があるものの、その市場規模は射出成形機の2割程度に過ぎない。成形機の花形は何と言っても射出成形機である。

製品には油圧式と電動式の2系統がある。異なるのは溶融樹脂を押し込む圧力を生み、それに耐える機構で、油圧を採用すれば型締力を上げやすくなる。電動サーボモーターを採用すれば精密制御が可能になり、ユーザーは熟練オペレーターを抱える必要から解放される。油を使わない電動式にはクリーンで、非作動時にはモーターを回さないので省エネルギーというメリットもあるが、相対的に価格が高い。射出成形機の市場は型締力の強い大型機から型締力の弱い小型機まで細分化されており、参入メーカーが30社を数え、上位4社で市場の過半を押さえるには少し足りないのは、ニーズ別の群雄割拠が成立しているからである。

【B社】射出成形機について日精樹脂工業は、創業時から取り組んでいる。創業者が次から次へと開発する新機種を市場投入する一方で、そこに搭載された高度な機能をユーザーが使いこなせるよう、ユーザーの教育とサポートに注力してきた。油圧式でも直圧機

■**該当セグメント**
B社：全社
A社：標準・量産機械

■**10年間利益率**
B社営業利益率：0.8％
A社営業利益率：9.8％

■**10年間勝敗数**
B社得点掲示板：0-10
A社得点掲示板：5-5

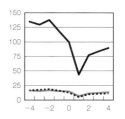

■**シェアの測定単位**
生産金額

■**射出成形機**
市場規模：1,650億円

■**B社の首位君臨期間**
1976年～1987年
1989年～2007年

■**A社の首位君臨期間**
2008年～

構を採用した小型機から中型機を得意とする。

生産面では、外注を多用して自己投資を抑えてきた。

販売面では、直販と代理店経由を上手く使い分けている。売上の3割程度は海外向けである。

樹脂加工機カテゴリーでは、射出成形機だけに参戦して、押出成形機は見送っていた。

【A社】射出成形機について住友重機械工業は、1969年にスイスの技術を導入して初号機を世に送り出している。住友化学の要請に応じて事業化したものの、顧客からのクレームに対応しきれず、1970年代を通して業績は芳しくなかった。1986年に自社開発機を上市しても赤字基調の改善は成らず、中小型フルラインで高精度、高生産性、高耐久性を訴求していたのに対して、1990年代に入ってからは明確にトップシェアを狙ってコストリーダーシップ戦略に転換を図っている。

生産面では、千葉製造所が事業を担当していた。

販売面では、直販を重視していたが、それ以外では住友商事の営業力を頼りにしていた。

樹脂加工機カテゴリーでは、射出成形機で首位争いに絡むほか、押出成形機でも3位につけていた。

【時機】逆転が起きた頃、米国の金融バブル崩壊の影響で市場全体は急速に縮小し始めたが、そこに至るまでDVDや携帯電話端末の筐体は目立った伸長を見せていた。これらは精密制御を要する成形品で、電動式の特長が活きる方向に作用した。その恩恵に浴するには、世界の工場と呼ばれた中国華南をカバーする営業網が不可欠であった。

ちなみに、日本経済新聞社によると占有率の逆転は2004年に起きており、矢野経済研究所の見立てとは5年の乖離があるものの、ここではトレンドが重要で、数年単位の前後に意味はない。2008年は中国特需の終焉により市場が急速に冷え込んだタイミングと一致するが、2004年はドットコムバブルの崩壊により市場が冷え込んだタイミングと一致する。

【収益】このケースにおける逆転は、市場の劇的な下降局面で、住友重機械工業が生産を落とさず、日精樹脂工業がわずかに生産を

■主要記事
日経産業 1989.5.29
日経産業 1990.6.25
日経産業 1997.5.8
日経産業 1998.5.26
日経産業 1998.7.13
日経産業 1999.1.27
日経産業 2000.7.19
日経産業 2003.4.24
日経朝刊 2004.7.22
地方経済面（長野）
日経産業 2005.7.29

絞ることで実現した。より長い期間で見ると、長らく独走体制を維持していた日精樹脂工業が、後発で下位から追い上げてきた住友重機械工業に、あれよあれよという間に抜かれてしまったように見える。直近では、日精樹脂工業はファナックにも抜かれてしまい、住友重機械工業に2％ポイント強の差をつけられている。

この逆転は収益面から見ると祝福に値する。住友重機械工業は市場占有率の上昇に伴って好決算を連発して、2008年にはドイツで同業のデマーグ社を買収するに至っている。それに対して日精樹脂工業は2007年度から三期連続で最終赤字に転落してしまい、希望退職の募集を迫られた。ここまで明瞭に勝者と敗者が分かれるケースは珍しい。その契機は、成形機の電動化であった。

【好手】1998年5月、住友重機械工業は電動式射出成形機のSE-Sシリーズ5機種を発表した。型締力は最高で180トンにとどまっていたが、翌1月には280トンと350トンの中型機種を追加している。この段階で電動式比率は3割に上がったが、2002年1月にはSE-Sシリーズを置き換えるSE-Dシリーズを発表し、5年で電動式比率を8割に引き上げた。怒濤の攻勢と呼ぶにふさわしい。同社は、もともと型締力をメカニカルに増強するトグル機構を採用していたうえ、サーボモーターを内製しており、電動式に取り組みやすい条件を有していた。また高級機に傾斜していたことから、精密制御を謳う電動式の直撃を受けやすいポジションにいた。

それに対して日精樹脂工業は2003年に入っても「電動式への取り組みが遅れ気味」と指摘されていた。同社はサーボモーターを手掛けておらず、電動式の興隆は望ましくない展開と映ったに違いない。電動式を試作するタイミングは極めて早かったものの、逆転されたあとも油圧を棄て切れず、サーボモーターを組み合わせたハイブリッド式を推している。創業者の青木固氏が1988年に他界したあと、娘婿の依田司氏がバブル経済前後の難局を指揮してきたが、その司氏がITバブル崩壊の翌年に他界しており、第3世代経営者への移行期が電動式への移行期と重なったのが痛かった。司氏は2000年に「顧客ニーズが増えている電動式成形機の品質や性能向上に力を入れる」と語っており、続投していれば異なる展開になったかもしれない。

■電動式への取り組み…
日経産業 2003.7.28

■顧客ニーズが増えて…
日経産業 2000.5.23

第4章 立地の取捨選択 | 283

■おざわ・みとし
誕生：1935.12
社員：1959.04-1986.06
役員：1986.06-2002.06
社長：1993.04-1999.04
会長：1999.04-2002.06

■相当の変革が…
プラスチックス 1986.9

■10年ほど前までは…
住友重機械技報 1992.4

●戦略旗手▷▷▷▷▶操業経営者

【人物】このケースで好手を放ったのは住友重機械工業の小澤三敏氏である。小澤氏は、1987年4月に産業機械事業部長の職を解かれ、第5代のプラスチック機械事業部長に就任している。見かけは降格に相当する人事が再建の使命を帯びていることは明白であった。小澤氏が1990年6月から産業機械とプラスチック機械を統括する量産機械事業本部長に昇進し、1993年に社長に指名された経緯を見ると、社内で功労者と目されたことは確実であろう。現に住友重機械工業が電動射出成形機を開発したのは小澤氏の事業部長時代、怒濤の攻勢に転じたのは小澤氏の社長時代のことである。事業本部長時代には、バブル後遺症の深さを認識したせいか、中国華南をカバーする台湾・香港への進出にも先鞭をつけている。そのうえで小澤氏は第9代のプラスチック機械事業部長を後継社長に指名した。

　ちなみに第4代のプラスチック機械事業部長は「相当の変革が起きない限り、電動式が主流になるとは思われません」と語っていた。技術者たちが1992年時点で技報に掲載した論文も、「10年ほど前まではサーボモーターといえばほとんどの場合比較的小型のDCサーボモーターを指していたが、マイコンの演算速度の飛躍的な向上とモーター制御技術の進歩に呼応して、ACサーボモーターが実現可能となり、数年のうちに大部分が置き換わってしまった。これにより大容量のサーボモーターが比較的容易にさまざまな産業機械に使えるようになり、たとえば工作機械などはそのほとんどが油圧式から電動式に置き換わった。射出成形機も同様にサーボモーターで駆動できるようになり…」と述べている。小澤氏以前の住友重機械工業は鈍重と言わざるをえない。

　住友重機械工業の事業史は「F社との特許論争において…F社の軍門に下らなかったことが、F社の戦略に大きな影響を与え、当社の今日の市場ポジションを築いたと言っても過言ではない」と記すが、これは技術寄りの見解と思われる。1998年に始まる怒濤の攻勢がなければ、住友重機械工業は首位に躍り出ることはなかったかもしれないという意味において、この攻勢こそ戦略上の決め手と見るべきであろう。

【着想】小澤氏の決断は熟慮のうえと思われる。事業部長就任後に「私はプラスチック機械ではまだまだ素人」と語っており、取材した記者には「勉強に余念がない」と評されていた。小澤氏は産業機械から来た部外者であったがゆえに、工作機械の先行事例を知っており、その射出成形機への適用可能性を探っていたに違いない。

電動式射出成形機のパイオニアはACサーボモーターの雄とも言うべきファナックで、早くも1985年に初号機を発表していたが、事業化には苦戦を強いられた。地道な改良によってベネフィットが価格を上回るようになったのは1997年頃のことである。小澤氏は、好機を狙い澄ましたうえで反攻の狼煙を上げたとしか考えられない。

ファナックは油圧式の射出成形機を手掛けておらず、電動式によるカニバリゼーションを怖れる必要がない。小澤氏にとって重要だったのは、自社の電動式が自社の油圧式を共食いする展開を見て見ぬふりを決め込むことで、だからこそ一気呵成の攻勢を狙ったものと思われる。

[参照社史]
住友重機械工業
『プラスチック機械事業部50年史』2015年
[参照文献]
大西祐史「第2世代全電動射出成形機」『産業機械』2002年4月

■私はプラスチック機械…
　勉強に余念がない
日経産業 1988.8.26

■主要記事
プラスチックスエージ
1985.4
プラスチック成形技術
1985.5
プラスチックスエージ
2000.11
アジアマーケットレヴュー
2005.5.1
証券調査月報 2008.1
成形加工 2008.8

ケース 920　電縫鋼管／1983年

B社：●新日本製鐵　→　A社：●丸一鋼管

鋼管（5/6）
戦略C/C比率 ◀◇▷▷
戦略D/E比率 ◀◇▷▷

■新日本製鐵（連）
逆転決算期：1984.03
実質売上高：3兆1,910億円
営業利益率：3.4%
筆頭大株主：金融機関
東名上場：1950.10

■丸一鋼管（単）
逆転決算期：1984.03

●企業戦略 ▶▷▷▷▷／▷▷▷▷▶

【B社】新日本製鐵は1970年に高炉メーカーとして東京で設立された会社である。祖業は鉄鋼で、源流は1934年に5社が統合して生まれた日本製鐵にさかのぼる。半官半民の日本製鐵は過度経済力集中排除法の指定を受け、1950年に八幡製鉄と富士製鉄など4社に解体されたが、中核2社が再合同して生まれたのが新日本製鐵に

実質売上高：1,150億円
営業利益率：4.8%
筆頭大株主：創業家
東名阪上場：1962.03

あたる。企業戦略としては、鉄鋼のデパートを主軸としながらも、そこから派生した化学、エンジニアリング、情報通信、不動産などの事業を営んでおり、多核化に相当する。

電縫鋼管は新日本製鐵にとって主業の小さな一角に相当する。1983年当時、売上高の88%を鋼材部門に依存しており、その部門内で鋼板・条鋼以外が21%を占めていた。その2割のなかにおける電縫鋼管の生産シェアは15%に達していなかった。部門および全社を牽引するのは鋼板であった。

なお、新日本製鐵は拙著『戦略暴走』に半導体事業がケース101として登場した。同社は2012年に住友金属工業を吸収し、社名を新日鐵住金に変更している。

【A社】丸一鋼管は1947年に大阪で丸一鋼管製作所として設立された会社である。源流は1913年の福松製作所にさかのぼり、自転車用のブレーキからハンドルへ業容を拡げたところで満州に販売したハンドルが品質問題を起こし、それを機に鋼管の自製化に乗り出したという。自転車部品部門は戦時中に他社との合弁を強要されてしまい、戦後は残った鋼管部門で松下電工向けの電線管を手掛ける仕事から復興を成し遂げて、今日に至っている。企業戦略としては、社名が体現するとおり、鋼管専業である。

電縫鋼管は丸一鋼管にとって主業そのものである。1983年当時、売上高の81%を鋼管部門に依存しており、その部門内で電縫鋼管の生産シェアは86%に達していた。

なお、丸一鋼管は本シリーズ第1巻に高収益事業のケース874として登場した。

■該当セグメント
B社：製鉄
A社：全社

■10年間利益率
B社営業利益率：9.3%
A社営業利益率：14.9%

■10年間勝敗数
B社得点掲示板：4-6
A社得点掲示板：10-0

●**事業戦略**▷▷▶▷▷／▷▶▶▶▶

【製品】電縫鋼管は薄板を丸めたうえで継ぎ目を抵抗溶接してできる長尺のパイプもしくはポールのことである。鋼材を加工するので、これは鉄鋼の二次加工品に相当する。起源は米国で、1890年までさかのぼるが、普及は1920年代まで待たなければならなかった。その後、1950年代に高周波溶接の技術が生まれ、1960年代以降に本格的な普及期を迎えるに至っている。生産のピークは1980年頃に記録している。

隣接市場には、継ぎ目の接合方法が異なる鍛接鋼管やアーク溶接鋼管があるものの、市場規模で電縫鋼管に劣後する。面白いことに、鍛接鋼管とアーク溶接鋼管は別々の大手高炉メーカーが押さえていた。なお、シームレス鋼管は他の鋼管と製法も用途も大きく異なる。

製品にはJIS規格が定められており、外径や組成や用途が標準化されている。ありとあらゆる鉄鋼製品のなかでも品種が桁違いに多いのが鋼管で、流通を担う店がユーザーの要望を満たすための仕上加工を行うことも多い。主な用途は配管用と構造用である。参入メーカーは数え切れないほどあったが、上位5社で市場の過半を押さえていた。意外な寡占市場と言ってよい。

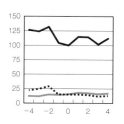

■シェアの測定単位
生産重量

■電縫鋼管
市場規模：約3,000億円

■B社の首位君臨期間
〜1974年
1976年〜1982年

■A社の首位君臨期間
1983年〜2001年

【B社】電縫鋼管について新日本製鐵は、1960年に小径管工場の試運転に乗り出したが、1967年に英国ロイド社からあらためて技術導入を図っている。戦前は、日本鋼管が民生管、住友が高級管を支配するなかで、意外にも日本製鐵は鋼管事業を手掛けていなかった。1935年に創立された日本特殊鋼管と1942年に提携し、1952年に資本を入れたことで、鋼管をラインアップに加えたことになっている。

生産面では、子会社の日鐵建材工業が事業主体となっていた。同社は市場密着型の組織で、鋼管以外の鋼材も広く取り揃えており、範囲の経済を追求する構えとなっていた。

販売面でも、日鐵建材工業が事業主体となっていた。

鋼管カテゴリーでは、アーク溶接鋼管で独走し、特殊鋼熱間鋼管と電縫鋼管で首位争いに絡んでいたが、鍛接鋼管とシームレス鋼管では首位メーカーに差をつけられていた。不戦敗の市場はない。

【A社】電縫鋼管について丸一鋼管は、1958年から取り組んでいる。同社は、素材の調達先にあたる高炉メーカーとの競争を避ける必要があり、中小径の構造用鋼管に絞って事業を展開していたが、1965年に社運を賭けて建設した最新鋭の堺工場が完成した時点で戦略を切り替えて、電縫鋼管に舵を切っている。

生産面では、製管機を自社で設計したり、安いホットコイルから冷延コイルを内製する冷間圧延設備を1975年に整えるなど、コ

スト競争力の維持・向上に余念がない。素材の薄板は、特定メーカーへの依存を避けて高炉4社から調達することで、今日まで独立系を貫いている。

　販売面では、販路を3つ使い分けている。ユーザーの要求仕様に合わせて納品する直納ルートではきめ細かな対応を心掛け、規格品の店売りルートではコスト競争力を活かし、パイプを主力とする輸出ルートは工場稼働率を稼いできた。どのルートにも商社を介在させているが、小口ユーザーの直納先は自営販社で開拓している。需要地生産即納体制の拡充や、製品ラインの独自拡張にも抜かりがない。

　鋼管カテゴリーでは、電縫鋼管に絞って参戦していた。

【時機】逆転が起きた頃、新日本製鐵は収益悪化に苦しんでおり、高炉休止を含む緊急不況対策に追われていた。その内容は労働組合の合意を必要とするものが多く、そこに相当数の人的資源が吸収されたことは想像に難くない。

【収益】このケースにおける逆転は、下降局面で丸一鋼管が稼働を維持したのに対して、新日本製鐵が絞ったことで実現している。直近では、両社間の差は10％ポイント近くまで拡大している。

　この逆転は収益面から見ると祝福に値する。丸一鋼管は1987年度あたりから顕著になったバブル期の特需を取り込むのに成功したこともあり、1990年代の反動収縮期に赤字転落しなかった。他方の日鐵建材工業は土木資材メーカーの色彩を強めていったが、利益を出すのに四苦八苦することになった。需要変動が小さくない市場で、安定稼働を維持し、漸増を実現してきた丸一鋼管の戦略が関心の的となるケースである。

【好手】1981年7月、建築基準法が改正され、耐震性能の強化が求められた。H形鋼より強度に優る角形コラムの需要が増えると踏んだ丸一鋼管は、半年で60億円の設備投資を決断し、堺で中径コラムの生産能力を倍以上に増強した。同社の製法は電縫鋼管を冷間ロール成形によって角形コラムに変形加工するもので、従来の上限が250ミリ角だったのを、新工場は400ミリ角まで引き上げることにもなっていた。新しい領域を開拓することで市場の退潮をものともしない姿は、まさに経営の鑑と言えよう。

新日本製鐵は、そもそも鋼管のなかでもシームレス鋼管に注力しており、1977年の後発参入だけにテコ入れが課題となっていた。石油ショック後に油田開発が進んだこともあり、シームレス鋼管は先発高炉メーカーの高収益品目となっていた。

　日鐵建材工業は、大径コラムに対応できるよう圧延機を改造したに過ぎなかったので、ここで丸一鋼管とは差がつき、シェアが逆転したものと思われる。

●戦略旗手▷▶▶▶第2世代同族経営者
【人物】このケースで好手を放ったのは丸一鋼管の堀川照雄氏である。尋常小学校を出たあと福松製作所に入った照雄氏は、早々に創業者の認めるところとなり、創業者の長女と結婚した。戦中に創業者が他界し、照雄氏も徴兵されて事業は存亡の危機を迎えたが、未亡人のタキノ氏が廃業を決めた翌日に照雄氏が復員して、丸一鋼管製作所として再スタートを切ったという。鋼管の輸送費が高くつくことから需要地生産に舵を切ったのも、販路を3分割したのも、無借金低コスト体質を築き上げたのも、照雄氏である。

　なお、丸一鋼管を技術面で支えたのは創業者の長男、吉村精仁氏である。精仁氏は照雄氏を「その経営感覚、実行力は並ぶ者がない」と称え、照雄氏は精仁氏を「営業サイドの厳しい要求に対して実に粘り強く満足のいく答えを出してくれる」と称えていた。

【着想】照雄氏の決断は日々の熟慮に基づくものと思われる。「私は経営者というより実業家だ」と自認していた照雄氏は、「高水準の利益を確保しながら徹底的合理化に徹する機動的経営はすばらしい」と評価されていた。

［参照社史］
『マルイチ50年のあゆみ』1999年
［参照文献］
三谷一雄・日下部良治『鍛接管と電縫管』コロナ社、1986年
「スチール系トップメーカー〈日鐵建材工業〉の動向」『ヤノ・レポート』1996年3月10日

■主要記事
日経産業 1982.6.11
日経朝刊 1982.9.3

■ほりかわ・てるお
誕生：1918.02
社員：1935.05-1947.12
役員：1947.12-1999.06
社長：—
会長：1977.06-1999.06

■よしむら・せいじ
誕生：1928.08
社員：—
役員：1948.04-2013.06
社長：1965.05-2003.04
会長：2003.04-2013.06

■その経営感覚、実行力…
　営業サイドの厳しい…
　私は経営者というより…
プレジデント 1977.10
増刊号

■高水準の利益を確保…
実業の世界 1981.1

■主要記事
投資月報 1975.12
証券アナリストジャーナル
1976.12

ケース 731 純白ロール紙／1998年

B社：⊙紀州製紙 → A社：●王子製紙

包装用紙（3/4）
戦略C/C比率◀◁◇▷▷
戦略D/E比率◀◁◇▷▷

■紀州製紙（連）
逆転決算期：1999.03
実質売上高：570億円
営業利益率：0.8%
筆頭大株主：金融機関
東名阪上場：1961.10

■王子製紙（連）
逆転決算期：1999.03
実質売上高：1兆1,750億円
営業利益率：1.2%
筆頭大株主：金融機関
東名阪上場：1949.12

●企業戦略▷▷◁◇▷▷／▶▷▷▷▷

【B社】紀州製紙は1950年に三重県で紀州製紙パルプとして設立された会社である。設立したのは熊野の山林地主たちで、彼らが保有する広葉樹の有効利用を設立の目的としていた。当初は三菱製紙の支援を受けながら未晒クラフトパルプからスタートしたが、まもなく晒クラフトパルプに転換し、1954年には川下で洋紙の生産を立ち上げている。1955年には大阪工場も立ち上げて、特殊紙のなかでも色上質紙で首位に登り詰めた。企業戦略としてはパルプから川下に降りた特殊紙専業で、「小さな池の大きな魚」を体現していた。

　純白ロール紙は紀州製紙にとって実質上の祖業に相当する。1998年当時、売上高の11％を軽包装紙部門に依存しており、その部門内で純白ロール紙の生産シェアは66％に達していた。全社を牽引するのは印刷・雑種紙部門が手掛ける色上質紙である。

　なお、紀州製紙は2002年に本社を東京に移したあたりから営業赤字が常態化して、2009年に北越製紙に吸収されてしまった。

【A社】王子製紙は1949年に財閥解体によって苫小牧製紙として設立された会社である。祖業は洋紙で、源流は渋沢栄一が発起した1873年までさかのぼる。1960年に社名を由緒ある王子製紙に戻し、1970年には苫小牧新工場が世界最大の新聞用紙生産工場に躍り出た。戦前は一体だった神崎製紙と1993年に、同じく本州製紙と1996年に、再統合を果たすことに成功した。残る十條製紙は紆余曲折を経て日本製紙となり、王子製紙最大のライバルとして存在感を増している。企業戦略としては紙専業の色彩が濃いものの、川下で紙の加工も手掛けており、垂直多角化に該当する。

　純白ロール紙は王子製紙にとって多角化先の一つであった。1998年当時、売上高の77％を紙部門に依存しており、その部門内で包装用紙の生産シェアは5％、包装用紙のなかで純白ロール紙の生産シェアは9％となっていた。部門および全社を牽引するのは印

刷用紙で、それに新聞用紙が僅差で続いている。

　なお、王子製紙は段ボール、家庭用紙、特殊紙およびフィルムで事業再編を成し遂げたうえで、2012年に王子ホールディングスと社名を変更している。

●**事業戦略**▷▶▷▷／▷▷▶▷▷

【製品】純白ロール紙は「片面に光沢をつけた高級紙で、高強度で軽量」という特長がある。

　隣接市場には晒クラフト紙があり、純白ロール紙の2倍ほどの市場を形成している。

　製品には包装紙用途と素材用途があった。従来は百貨店の包装紙が大きな市場を形成していたが、カーペットの掃除用ロールや壁紙のような新用途が伸びていた。参入メーカーは8社ほどで、上位2社が市場のほぼ半分を押さえており、寡占度は高い。

【B社】純白ロール紙について紀州製紙は、1954年から取り組んでいる。製品は「はまゆう」ブランドで知られており、百貨店の包装紙市場を押さえ込んでいた。それまで亜硫酸パルプで抄いた純白ロール紙しかなかったところに、紀州製紙は晒クラフトパルプから抄いた「はまゆう」をぶつけたことにより、市場で圧倒的な高評価を獲得し、市場を支配するに至ったという。

　生産面では、熊野川の河口左岸に陣取る紀州工場で晒クラフトパルプから一貫生産していた。

　販売面では、代理店を通しており、日本紙パルプ商事、岡本、吉川紙商事の3社で過半を捌いていた。代理店の先にある特約店と直結している点に紀州製紙の特徴があると言われていた。

　包装用紙カテゴリーでは、6分類のうち3分類に参戦していたが、首位争いに絡むのは純白ロール紙だけである。隣接カテゴリーの色上質紙では独走していた。

【A社】純白ロール紙について王子製紙は、1962年から取り組んでいる。ほかのカテゴリーを優先したことから、着手は後手に回ったようである。

　生産面では、春日井工場が主力拠点であった。これは旧王子製紙の工場で、神崎製紙および本州製紙との合併は占有率に寄与し

■該当セグメント
B社：紙
A社：紙パルプ

■10年間利益率
B社営業利益率：▲1.5％
A社営業利益率：5.0％

■10年間勝敗数
B社得点掲示板：0–9
A社得点掲示板：0–10

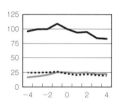

■シェアの測定単位
生産重量

■純白ロール紙
市場規模：推定200億円

■B社の首位君臨期間
〜1997年

■A社の首位君臨期間
1998年〜

■片面に光沢…
日経産業 1998.1.27

ていない。

販売面では、代理店を通しており、日本紙パルプ商事、大永紙通商、岡本、服部紙商事、三幸、日亜、マンツネを主力としていた。

包装用紙カテゴリーでは、全分類で独走するか、首位争いに絡んでいた。純白ロール紙だけ独走体制になっていなかったが、そこで悲願の逆転を成し遂げたのが、このケースにほかならない。

【時機】逆転が起きた頃、百貨店の凋落に歯止めがかからず、包装紙の不調が伝えられていた。バブルに沸いた3年間は純白ロール紙の需給が逼迫したものの、1990年代に入ると急に需給が緩和に向かい、紀州製紙は3月から10%減産すると発表していた。そして1993年に巡ってきた長期契約分の価格改定では、業績悪化に苦しむ百貨店からの強い値下げ要求に押し切られたという。

その苦境を救ったのがアジア向けの輸出で、各社とも一息つく間を与えられたが、それも1997年のIMF危機で終焉を迎えることとなり、1998年の年央には供給過剰感が漂っていた。

【収益】このケースにおける逆転は、市場が下降に転じた局面で紀州製紙が生産を絞ったのに対して王子製紙が生産を維持したことで実現している。直近では、紀州製紙は4位まで転落し、王子製紙に20%ポイントの差をつけられてしまった。

この逆転は収益面から見ると祝福に値する。王子製紙は逆転後も黒字を維持したが、紀州製紙は1999年度に営業赤字に転落している。その後も赤字基調が続いた結果、紀州製紙は北越製紙による救済を仰ぐことになっている。

【好手】1997年6月、王子製紙は洋紙営業本部包装用紙部長に中山博資氏を起用した。2002年6月に中山氏は包装用紙事業本部の副本部長に昇進しており、包装用紙部長として目立つ実績をあげたものと思われる。

中山氏の実績とは何なのか。探ってみると、1997年の8月に純白ロール紙の用途拡大を伝える記事が登場する。包装用紙以外にカーペットの掃除用ロールなどに採用が進んだという。ちなみに、粘着カーペットクリーナーは日東電工の子会社、ニトムズが1983年に上市したアイディア商品で、日本では大ヒットして掃除用具の

■主要記事
日経朝刊 1993.9.1
日経産業 1994.5.31
日経産業 1997.8.7
日経産業 1998.1.27
日経産業 1998.11.24

定番の地位を獲得している。1994年には洋服用、2000年にはフローリング用の商品がラインアップに追加され、生産量の拡大につながった。純白ロール紙が好んで用いられるのは、付着したゴミが見えやすいからだという。

◉戦略旗手▷▷▷▶▶操業経営者

【人物】このケースで好手を放ったのは王子製紙の森健氏である。森氏は1989年の6月に洋紙営業本部長に着任しており、着任から半年でバブル経済の崩壊に直面した。しかしながら順調に昇進の階段を登り、1996年10月には洋紙営業本部長を兼任したまま専務取締役洋紙総本部長に就任している。これも実績を認められてのことに違いない。

森氏は1997年6月に洋紙営業本部長の座を後進に譲り、総本部長の仕事に専念する体制を敷いている。好手の項で述べた中山氏の起用は、森氏が差配した最後の部長級人事と解釈できる。1998年1月に森氏は日経産業新聞の取材に応えて、純白ロール紙は「需要増に供給が追いつかない状況」と語っていた。百貨店などの低迷が目立つ時期だけに、非伝統的な用途の開発が奏功したことを窺わせる。

森氏は王子製紙を1999年6月に退任したあと、三興製紙の副社長に転じ、高崎製紙との合併を仕切り、高崎三興の会長を経て、社長に就任した。

【着想】森氏の決断は次の一言から窺い知ることができる。需要回復の理由を問われて、森氏は「広告、チラシ、カタログ、パンフレット…デパートの不振をよそに通信販売のカタログも伸びている」と答えていた。デパートが駄目なら他へ行けという発想が、ここから生まれたに違いない。そして開拓営業の適任者として中山氏を起用したのであろう。

［参照社史］
『紀州製紙50年のあゆみ』2001年
『王子製紙社史』2001年
［参照文献］
星野省也「紀州製紙 中村社長にきく」『紙・パルプ』1994年3月

■もり・けん
誕生：1934.03
社員：1956.04-1989.06
役員：1989.06-1999.06
社長：―
会長：―

■広告、チラシ…
日経産業 1996.2.16

ベアリング（4/7）
戦略C/C比率◀◁◇▷▷
戦略D/E比率◀◁◇▷▷

■日本精工（連）
逆転決算期：1996.03
実質売上高：4,260億円
営業利益率：4.9%
筆頭大株主：金融機関
東名阪上場：1949.05

■光洋精工（連）
逆転決算期：1996.03
実質売上高：3,120億円
営業利益率：3.7%
筆頭大株主：トヨタ自動車
東名阪上場：1949.05

ケース 732　円錐ころ軸受／1995年

B社：◉日本精工 → A社：◉光洋精工

◉企業戦略 ▷▷▷▷▷／▷▶▷▷▷

【B社】日本精工は1916年に東京で設立された会社である。祖業は軸受で、源流は1914年までさかのぼる。政府の補助を得て1926年から鋼球も内製化しており、早くも戦前には一貫総合軸受メーカーとしての陣容を整えた。1960年から川下に降りて自動車用ユニット部品も手掛ける一方で、1972年からは生産拠点の海外展開も進めている。日本精工の主力顧客は日産自動車で、川下の自動車部品のなかでは無段変速機（CVT）を得意としていた。企業戦略としては、軸受のデパートを指向しつつ、川下を開拓する垂直多角化の道を歩んでいる。

円錐ころ軸受は日本精工にとって祖業の一翼を成す事業である。1995年当時、売上高の60%を軸受部門に依存しており、その部門内で円錐ころ軸受の生産シェアは16%であった。部門および全社を牽引するのは玉軸受であった。

なお、日本精工は拙著『戦略暴走』にケース023として海外事業が登場している。

【A社】光洋精工は1935年に大阪で設立された会社である。祖業は輸入品の鋼球を用いた民需用の軸受で、源流は1921年までさかのぼる。輸入自動車の補修に必要とされた円錐ころ軸受には1930年代から取り組んでいた。戦後は海外展開と同時に、外資と組んで多角化を進めたが、第一次石油ショックのあとに在庫が膨らんでしまい、1979年度から最初は銀行主導、後にトヨタ自動車主導のもとで経営再建に取り組むことになった。川下の自動車部品ではステアリングに力を入れている。企業戦略としては、軸受のデパートを指向しつつ、川下を開拓する垂直多角化の道を歩んでいる。

円錐ころ軸受は光洋精工にとって祖業の一翼を成す事業である。1995年当時、売上高の60%を軸受部門に依存しており、その部門内で円錐ころ軸受の生産シェアは17%であった。部門および全社を牽引するのは玉軸受であった。

なお、光洋精工は拙著『戦略暴走』にケース040として海外事業が登場している。そしてケース003および038に登場した豊田工機と2006年に合併したうえでジェイテクトと社名を変更した。

●事業戦略▶▷▷▷▷／▶▷▷▷▷

【製品】 円錐ころ軸受（テーパード・ローラーベアリング）はベアリングの分類の1つである。ベアリングは回転軸を支える役割を担う機構部品で、回転体をハウジングに封入した構造を持つ。回転体を鋼球で支持するものはボールベアリング、鋼棒で支持するものはローラーベアリングと区別されている。ハウジングとの接地面積が大きい分、ローラーベアリングは耐荷重が高くなる。ローラーを円錐形にしたものは横方向の荷重も受けることができるため、自動車や建設機械の車軸の支持に使われることが多い。近代的なテーパード・ローラーベアリングは米国のティムケン社が19世紀末に発明した。

隣接市場には、支持体が円錐ではなく円筒形状を持つ円筒ころ軸受があるものの、市場規模は円錐ころ軸受の半分以下にとどまっている。

製品には形状、耐荷重、密封形式に応じて、おびただしい数の規格が定められている。主要ユーザーは輸送機械のメーカーである。参入メーカーは10社ほどで、上位2社で市場の優に過半を押さえ込んでいる。参入障壁も寡占度も極めて高い反面、工業規格が互換性を保証することから、プレーヤー間では価格競争に陥りやすい。

【B社】 テーパード・ローラーベアリングについて日本精工は、1932年に国鉄に納入したところから事業を立ち上げている。

生産面では、車軸用は石部工場、トランスミッション用は埼玉工場と、国内では分業体制を敷いていた。一般にベアリング事業では垂直統合を指向し、素材や工作機械の開発まで社内で手掛けていたが、鍛造加工や旋削加工は委託する場合もあり、外注依存度は55％と高かった。

販売面では、直販と店経由の2系統を使い分けている。

ベアリングカテゴリーでは、全市場で横断的に首位を堅持して

■該当セグメント
B社：軸受
A社：機械器具部品

■10年間利益率
B社営業利益率：8.0%
A社営業利益率：3.8%

■10年間勝敗数
B社得点掲示板：4-6
A社得点掲示板：0-10

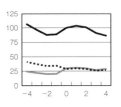

■シェアの測定単位
生産金額

■円錐ころ軸受
市場規模：910億円

■B社の首位君臨期間
1978年〜1981年
1984年〜1994年

■A社の首位君臨期間
1977年
1995年〜

いた。

【A社】テーパード・ローラーベアリングについて光洋精工は、1933年に量産を始めている。

生産面では、香川県の引田工場を主力拠点としていた。この工場は1975年に立ち上がったもので、他の品目は生産しない専用工場に相当する。ベアリング事業では垂直統合を指向し、旋削加工などは委託する場合もあったが、外注依存度は20％強に抑制していた。

販売面では、売上の20％近くがトヨタ自動車向けで、輸出比率も相対的に高かった。

ベアリングカテゴリーでは全市場に参戦していたが、三番手が定位置という趣がある。

【時機】逆転が起きた頃、ベアリング業界では日米貿易摩擦が尾を引いていた。テーパード・ローラーベアリングについては1986年8月に米国でダンピング提訴がなされ、高率の関税が課された結果、現地生産に向かう流れが定着した。それに加えて、米国メーカーによる日本市場の開放要求も強まる一方であった。

【収益】このケースにおける逆転は安定市場の上昇局面で起きている。光洋精工が市場に合わせて生産を拡大したのに対して、日本精工が生産を絞ったため、一気に差が縮まって、微差で逆転が実現した。直近では、両社間の差は7％ポイントにまで広がっている。

この逆転は収益面から見ると祝福に値する。光洋精工は逆転に際して無理をした痕跡を残していない。むしろ日本精工の方が収益力の低下を問われたようである。セグメント情報は日本精工に軍配を上げているが、そこにはカテゴリー全域における同社の優位が投影されていることを忘れてはならない。

【好手】1995年4月、光洋精工は引田工場の合理化工事に着工した。予算は15億円弱で、例年に比べると倍以上の額であった。需要の増大を見越した投資と思われる。新聞報道はされておらず、社史でも言及されていないが、有価証券報告書から窺い知ることができる。

日本精工は1991年9月に福岡県浮羽町にベアリングの大規模工

■主要記事
日経産業 1994.9.12
日経産業 1994.9.13
日経産業 1994.9.14
日経産業 1994.9.16

場を建設すると発表していた。福岡県には日産自動車とトヨタ自動車が組立工場を建設しており、新工場では自動車用のベアリングを生産するとされていたが、「自動車工場が九州を飛び越して海外へ行ってしまった」ことから、建設計画は凍結されてしまい、ようやく1996年になって一号棟が完成したものの、結局のところボールねじ専用工場に衣替えする命運を辿っている。

■自動車工場が九州…
日経産業 1994.9.16

◉戦略旗手▷▷▷▷▷外様経営者

【人物】このケースで好手を放ったのは光洋精工の坪井珍彦氏である。坪井氏は神戸大学経済学部を卒業するとトヨタ自動車工業に入社して、労務畑を歩み、1974年に同社取締役に登用された人物である。取締役経理部長時代に関連事業室長を兼務していたことから光洋精工の再建に非常勤監査役として関与するようになったのが1979年で、その翌年に光洋精工の副社長に就任している。社長に就任したのは日米貿易摩擦が顕在化した翌年の1987年であった。

■つぼい・うずひこ
誕生：1925.10
社員：—
役員：1980.06-1997.06
社長：1987.06-1995.06
会長：1995.06-1997.06

【着想】坪井氏の決断は信念に基づいている。その点は「日本の製造業は日本にしっかりした開発能力と生産拠点を持っていないと根なし草になる。このことは、いま確と考えないと後で悔やんでも及ばぬことになる」という一言に凝縮されている。坪井氏は社長在任中に引田工場に累計100億円以上の予算を計上し、機械・装置のアップグレードを怠らなかった。雇用も2割近く増やしており、口先だけでなかったことは間違いない。

■日本の製造業は日本…
関西経協 1995.1

　［参照社史］
　『日本精工六一年史』1977年
　『日本精工創立75周年記念誌』1991年
　『光洋精工70年史』1993年
　『光洋精工創立80周年記念誌』2001年
　［参照文献］
　「日本精工 日本にいない日本の会社（13）」『財界観測』1981年11月1日

■主要記事
産業遺産研究 2007.5

開閉制御装置（4/6）
戦略C/C比率◀◁◇▷▶
戦略D/E比率◀◁◇▷▶

■三菱電機（連）
逆転決算期：2008.03
実質売上高：4兆4,370億円
営業利益率：6.6%
筆頭大株主：金融機関
東名阪上場：1949.05

■日立製作所（連）
逆転決算期：2008.03
実質売上高：12兆3,010億円
営業利益率：3.1%
筆頭大株主：金融機関
東名阪上場：1949.05

ケース 733　ガス遮断機／2007年

B社：●三菱電機 → A社：●日立製作所

●企業戦略 ▶▷▷▷▷／▶▷▷▷▷

【B社】三菱電機は1921年に三菱造船の電機製作所がスピンオフされて生まれた会社である。祖業は舶用電機品で、源流は長崎造船所に電機工場が開設された1898年までさかのぼる。戦後は舶用のタービン発電機、変圧器、電動機、無線機から業容を拡げ、通信機、昇降機、民需用冷機、半導体、電子計算機、ブラウン管などを手掛けていき、総合電機メーカーの一角を占めるに至っている。企業戦略としては、総合電機の旗印が示すように、多核化に該当する。

ガス遮断器は三菱電機にとって祖業から連鎖的に派生した事業の1つである。2007年当時、売上高の26％を重電システム部門に依存していたが、その部門内でガス遮断器の生産シェアは1％を割っていた。部門および全社を牽引するのはタービン発電機であった。

なお、三菱電機は拙著『戦略暴走』にケース054として携帯電話事業が登場した。

【A社】日立製作所は1920年に茨城県で久原鉱業からスピンアウトして設立された会社である。祖業は鉱山用電気機械の修理で、源流は1910年までさかのぼる。戦後は米国GE社から技術を導入して水力・火力発電機用機器に注力し、また家庭電器、電子機器の製造へと事業を拡げていった。独自の工場プロフィットセンター制を築き上げ、旧い工場から新しい工場群をスピンオフすると同時に、本体から日立金属工業や日立化成工業をスピンオフしてきた歴史は日本でも異彩を放っている。企業戦略としては、多彩な事業を擁しており、多核・多国化に相当する。

ガス遮断器は日立製作所にとって事実上の祖業から派生した事業である。2007年当時、売上高の28％を電力・産業システム部門に依存していたが、その部門内でガス遮断器の生産シェアは1％未満であった。部門および全社を牽引するのは原子力発電機器で

あった。

　なお、日立製作所は本シリーズ第1巻に子会社の成功事例がケース644、同じく子会社の暴走事例がケース306、拙著『戦略暴走』に子会社がケース036、ケース110、ケース116として登場した。

◉**事業戦略**▷▷▶▷▷／▷▷▶▷▷

【製品】　ガス遮断機は、高圧の電路を断つ遮断機のうち、電極間に発生するアーク放電を防ぐべく絶縁性を持つ気体を電極に吹き付けて冷却するタイプのものを指す。六フッ化硫黄の優れた特性が発見されたことにより、ガス遮断器は一躍主役に躍り出た。従来の空気遮断器に比べるとガス遮断器には省スペースという利点がある。六フッ化硫黄を採用したガス遮断器の特許は1938年にドイツで登録されていたが、実用化で先陣を切ったのは米国のウェスチングハウス社で、ピストンとシリンダーを用いて気体を昇圧するパッファ方式を1950年代の末に完成させている。大電流遮断技術の飛躍的な進歩は、1970年代の半ばに登場した単圧式が実現した。

　隣接市場には真空遮断器があり、そちらは明電舎の支配下にあった。ガス遮断器に加えて高圧遮断器と低圧遮断器でも三菱電機が首位に立っていたが、高圧遮断器では日立製作所の反攻を受けていた。市場規模は低圧遮断器、高圧遮断器、ガス遮断器、真空遮断器の順で、変動は見られない。単価はガス遮断器が1,000万円を超えるのに対して、真空遮断器と高圧遮断器は100万円台であった。

　製品には定格電流の大きさに合わせた種別がある。参入メーカーは10社ほどあったが、上位3社で市場の過半を押さえており、実績の重要性を物語っていた。

【B社】　ガス遮断器について三菱電機は、1964年から取り組んでいる。本家本元のウェスチングハウス社と戦前から技術導入契約を結んでいたこともあり、手掛けるタイミングは早かった。パッファ式のガス遮断器を日本で最初に実用化したのは三菱電機である。

　生産面では、伊丹製作所が主力拠点であった。

　販売面では、支社および営業所が直販営業を行っていた。

　開閉制御装置カテゴリーでは、低圧および高圧の遮断器で独走

■該当セグメント
B社：重電システム
A社：電力・産業システム

■10年間利益率
B社営業利益率：5.4%
A社営業利益率：2.7%

■10年間勝敗数
B社得点掲示板：0-10
A社得点掲示板：0-10

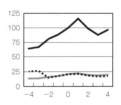

■シェアの測定単位
生産金額

■ガス遮断機
市場規模：300億円

■B社の首位君臨期間
1976年～1980年
1985年～2004年
2006年

■A社の首位君臨期間
1981年～1984年
2005年
2007年～

し、ガス遮断器で首位争いを演じていた。

【A社】ガス遮断器について日立製作所は、1966年前後から自主技術開発に取り組んでいる。事業主体は子会社の日立産機システムである。

生産面では、国分工場を主力拠点としていた。

販売面では、支社および営業所が直販営業を行っていた。

開閉制御装置カテゴリーでは、全市場に参戦していたが、いずれもチャレンジャーの地位にあった。

【時機】逆転が起きた頃、業界は国内需要の停滞に悩まされていた。稼働率が7割前後で推移していたという。

この苦境に輪を掛けるようにして1997年の地球温暖化防止京都会議（COP3）で六フッ化硫黄が地球温暖化ガスと名指しされたことから、業界は密封化対策と同時に六フッ化硫黄との離別も迫られていた。

【収益】このケースにおける逆転は市場が急成長を遂げる途上で起きている。三菱電機が東芝との電力関連事業の統合を断念した2005年に生産金額を落としたことから日立製作所と横並びになり、僅差の逆転が実現した。直近では、両社間の差は3％ポイントほどである。

三菱電機は2000年10月に変電機器事業で東芝と提携すると発表していた。提携の内容は、製品の相互供給、開発と調達の共同化、海外における販売協力に及んでいた。これは業界首位でも収益が出にくい状況を変えるべく世界市場に打って出る狙いを秘めた合意であったが、2005年3月に両社は提携関係を解消すると発表した。目論見どおりコストを下げる目途が立たず、海外のコスト競争に打ち克つ見通しが立たなかったことから、「お互いの傷口が大きくなる前に別れましょう」と話がついたという。

■お互いの傷口が…
日経産業 2005.3.24

この逆転は収益面から見ると祝福に値するものと思われる。少なくとも日立製作所が無理をしたという形跡はどこにも見つからない。セグメント利益では三菱電機が優位に見えるものの、セグメントに包含される事業が多岐にわたることから、ウエイトの小さい遮断器の業績をそこから推し量ることはできない。

【好手】2001年1月、日立製作所は富士電機および明電舎と送変電・

配電機器分野で提携すると発表した。三菱電機と東芝の提携に触発された動きと思われるが、こちらは生産拠点や製品ラインの再編に踏み込むとしていた点で、コスト競争力の強化が見込まれた。そして7月に日本AEパワーシステムズを共同で設立すると、2002年10月に各社の電力会社向け事業と海外事業を新会社に移管している。三菱電機と東芝の組み合わせは主導権争いが不可避なのに対して、こちらは得意製品が補完関係にあり、技術力の面から明らかに日立製作所主導と言われていた。

2004年2月、日本AEパワーシステムズは中国に合弁を設立し、現地に製造・販売拠点を確保した。ここを拠点として同社は急速に電化が進む中国の需要に応えていった。逆に三菱電機と東芝は両社間の調整に労力を奪われ、機を失したものと思われる。

◉戦略旗手▷▷▷▷▶理系社員

【人物】このケースで好手を放ったのは日本AEパワーシステムズの初代社長に選ばれた森雅一氏と考えられる。森氏は日立製作所国分工場の技術部長、遮断器製造部長、副工場長を歴任したあと古巣を離れ、AV機器事業部次長、AV機器事業部映像本部長、情報映像事業部長、映像営業本部長、映像情報メディア事業部長と異分野でマネジメント経験を積み、そのあとは国際営業本部長および日立中国社長を務めた異色の人物である。変電事業は1992年の10月に離れていたので、10年弱のブランクがあったことになる。

日本AEパワーシステムズでは2004年5月から事業企画本部長を兼任しており、3社融合領域の開拓を重視したことが窺える。森氏は2007年6月に社長を辞し、顧問に退いた。

【着想】森氏の決断は異分野における職務経験に基づくところが大きい。DVDでペースの速い厳しい競争に曝された経験が、寄り合い所帯に過ぎなかった日本AEパワーシステムズの一体化を急がせたと同時に、中国での駐在経験が、調達や製造の中国シフトの後押しをしたのであろう。

この二面は密接に絡んでいる。国内にフォーカスすると親元の営業部隊との調整が不可避になる。それに対してニューフロンティアである中国に注力すれば、新会社の一体化が劇的に進む。森氏

■主要記事
日経朝刊 2000.10.19
日経産業 2001.5.8
日経産業 2002.3.4
日経産業 2002.5.24
日経産業 2004.2.3
日経産業 2004.3.17

■もり・まさかず
誕生：1941.00
社員：—
役員：—
社長：—
会長：—

■**主要記事**
日経産業 2004.3.30

は、そこを見越したに違いない。

［参照社史］
『三菱電機社史 創立60周年』1982年
『開拓者たちの挑戦―日立100年の歩み』2010年

［参照文献］
大下陽一・加藤達郎・杉山修一・鈴木克己「最近の高電圧ガス遮断器の技術動向」『電気学会論文誌B』2001年7月
吉岡芳夫・筑紫正範・平澤邦夫「超高圧パッファー式ガス遮断器の日立自力研究開発の歴史」『電気学会論文誌A』2004年

3 他社を見ずに我が道を行く

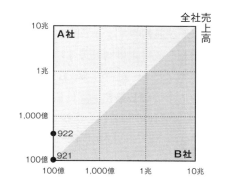

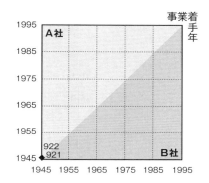

敗者\勝者	追随	傍観
先攻	0	0
後攻	0	2

年代区分	'75-79	'80-84	'85-89	'90-94	'95-99	'00-04	'05-09
実質GDP成長率	4.2%	3.2%	4.1%	0.4%	1.3%	2.6%	0.8%
該当ケース数	0	0	1	0	0	1	0

　この節に登場するパターンは第1章第1節と酷似しており、逆転のタイミングもバブル経済崩壊以降のケースが多い。本来なら成長市場における逆転劇と分類されてもおかしくないケースが全6ケース中の4ケースを占めており、その意味でも第1章第1節の再来と言ってよい。ただし、クリアカットな逆転劇は少ない。

　我が道を行く企業間の逆転劇を象徴するのは、ケース921の整腸薬である。同じ整腸薬でも、B社は日露戦争の前に独自開発した生薬を売り続けている。それに対してA社は、第一次世界大戦で輸入が途切れた西洋医薬を手掛けている。A社とB社の薬は成り立ちが違うため、客層も別々で、互いに競合関係にあるようには見えない。しかしながら統計上はどちらも整腸薬に分類されており、戦前生まれの人口比が下が

第4章　立地の取捨選択

るにつれて自ずと逆転が実現した。

　ケース922の鎮咳去痰薬も、市場では競合しないB社の生薬とA社の西洋医薬のあいだで統計上の首位交代が起きている。その経緯は、上述したケース921と瓜二つと言ってよい。そして共にクリアカットな逆転劇となっている。

　ケース923の収縮包装機も、統計上は同じ分類に所属しながら、事業立地は遠く離れたケースである。B社は主にフォークリフトで運ぶパレットの包装機を手掛けるのに対して、A社は主にDVDなど記録媒体の包装機を手掛けている。そしてDVDの市場が拡がるにつれて、静かに逆転が成立した。

　ケース924のケース詰機も収縮包装機と酷似したパターンを見せているが、結末が逆になっている。ここではB社が乳酸菌飲料など小物類の詰機を手掛けるのに対して、A社は清涼飲料など大物類の詰機を手掛けている。そしてペットボトルが広く世の中に浸透するにつれて、労せずA社による逆転が成立した。しかしながら、収益面ではB社に軍配の上がるケースとなっている。事業立地の良否が市場規模と連動しないことを物語るケースと言えよう。

　ケース734の基礎工事用機械は新旧2工法間の攻防戦である。ほかのケースに比べると相互に競合する度合は高いが、我が道を行く点では類似性を保っている。

　ケース735の一般用軟質塩ビフィルムは、A社の米国進出が国内生産に波及したケースと思われるが、情報が不足気味で確たることは言えない。

　以上が第4章第3節の概要である。異なる事業立地を選択した企業間で、上位市場における逆転が成立している。直接的な競争関係にないだけに、静かな首位交代のパターンと言えよう。その意味では本章第2節に通じる面がある。他社を気にして下手に動き回るより、我が道を行きながら時代が追いつくのを待つ手も悪くない。

4-3-1　前衛的な立地選択

ケース 921

整腸薬／2001年

B社：○大幸薬品 → A社：○ビオフェルミン製薬

大衆薬（15/23）
戦略C/C比率◀▷▷▷
戦略D/E比率◀◁◇▷

■大幸薬品（単）
逆転決算期：2001.10
実質売上高：約50億円
営業利益率：—
筆頭大株主：創業家
東名阪上場：2009.03

■ビオフェルミン製薬（単）
逆転決算期：2002.03
実質売上高：70億円
営業利益率：22.0％
筆頭大株主：武田薬品工業
東名阪上場：2003.09

●企業戦略 ▷▷▷▷▶／▷▷▷▷▶

【B社】大幸薬品は1946年に大阪で設立された会社である。祖業は整腸薬の忠勇征露丸で、源流は1902年までさかのぼる。戦後は忠勇征露丸を正露丸やセイロガンと名称変更しながら、木クレオソート剤の海外展開を図ってきた。逆転後の2005年から二酸化塩素による除菌製品を展開し、いまでは祖業に匹敵する規模に育っている。企業戦略としては、逆転時点では単一製品の専業であった。

整腸薬は大幸薬品にとって祖業そのものである。2001年当時、売上高のほぼ100％を整腸薬に依存していた。

【A社】ビオフェルミン製薬は1917年に神戸で神戸衛生実験所として設立された会社である。祖業は活性乳酸菌・糖化菌製剤の「ビオフェルミン」で、源流は1915年までさかのぼる。そこから今日に至るまで「ビオフェルミン」専業を貫いてきた。企業戦略としては、逆転時点では単一製品に専心していた。

整腸薬はビオフェルミン製薬にとって祖業そのものである。2001年当時、売上高の98％を「ビオフェルミン」に依存していた。

なお、ビオフェルミン製薬は大正製薬が株式公開買付を実施したことにより、2008年から同社の子会社となっている。

●事業戦略 ▶▷▷▷▷／▶▷▷▷▷

【製品】整腸薬は下痢を止める大衆薬を指している。当初は医薬品だけのカテゴリーであったが、1975年から医薬部外品も含むよう分類が変更された経緯がある。

隣接市場には胃腸薬がある。大衆薬市場では総合感冒薬が最大

■該当セグメント
B社：医薬品
A社：全社

■10年間利益率
B社営業利益率：43.0％
A社営業利益率：22.6％

■ 10年間勝敗数
B社得点掲示板：3-0
A社得点掲示板：10-0

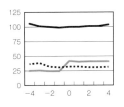

■ シェアの測定単位
出荷金額

■ 大衆向け整腸薬
市場規模：160億円

■ B社の首位君臨期間
〜1976年
1982年〜2000年

■ A社の首位君臨期間
1977年〜1981年
2001年〜

のカテゴリーで、胃腸薬がその7割程度、解熱鎮痛剤が胃腸薬の半分程度と続いていた。

製品には作用機序の異なるものが乱立している。30社内外が参入しているが、上位2社で市場の7割以上を押さえ込んでいる。

【B社】整腸薬について大幸薬品は、1902年から取り組んでいる。その後は「正露丸」に「セイロガン糖衣A」を追加した程度で、製品ラインアップ面で目立った動きはない。

生産面では、吹田工場に機能集中を図っている。原料の木クレオソートは1992年に山形に工場を開設して、内製化を実現した。

販売面では、医薬品問屋に頼っていた。海外売上高は10％台で推移している。

大衆薬カテゴリーでは、整腸薬以外に参戦していない。

【A社】整腸薬についてビオフェルミン製薬は、1915年から取り組んでいる。オリジナルの「ビオフェルミン」から菌種を変更した派生商品を出すことで、主力製品は「ビオフェルミン」から「新ビオフェルミン」、そして処方薬の「ビオフェルミンR」へと遷移してきた。1987年には大衆薬の「新ビオフェルミンS」を投入している。

生産面では、全量を神戸市長田区の本社工場で製造していたが、阪神・淡路大震災で被災したことから、1996年に神戸市西区に神戸工場を新設して、生産を移管した。

販売面では、設立時から武田薬品工業に依存していた。

大衆薬カテゴリーでは、整腸薬以外に参戦していない。

【時機】逆転が起きた頃、大幸薬品は正露丸の防衛に追われていた。理由の一端は大阪地方裁判所が「正露丸」は普通名詞で、一般的に使用できるという判決を出したことによる。この判決により、大幸薬品は類似品を市場から排除できないことが確定した。

もう一つの理由は、2000年1月に薬害オンブズパースン会議が厚生省に正露丸の販売中止を求める要望書を提出したことと関係する。この動きは週刊現代等が取り上げるに至り、大幸薬品に一種の風評被害をもたらした。

【収益】このケースにおける逆転は、市場がフラットに推移するなかで、ビオフェルミン製薬が一夜にして売上を劇的に伸ばしたことで実現している。あまりに不自然なので矢野経済研究所に問い合

わせたところ、これは「ビオフェルミン」の出荷高の測定ポイントをビオフェルミン製薬から武田薬品工業に切り替えたことによるものと判明した。正露丸と同じベースで比較するなら、変更後の集計方法が正しいことは言うまでもない。それゆえ、このケースにおける逆転のタイミングはデータが示唆するより前にあると見るべきであるが、逆転が起きたことは間違いない。

　この逆転は収益面から見ると判定に苦しまざるをえない。ビオフェルミン製薬は震災で利益水準を落としたが、その後の回復は順調である。しかしながら、大幸薬品は「正露丸」で「ビオフェルミン」を凌駕する利益率を逆転後も維持してきた。問題は、そこをどう解釈するかである。

　直近で両社間の差が20％ポイントにまで拡大している事実に鑑みると、大幸薬品は2005年に投入した除菌・消臭製品を新たな主柱とする一方で、整腸薬についてはディフェンスを放棄して、消滅するまでの間に最大限の利益を刈り取る方針を立てたものと思われる。教科書どおりのハーベスト戦略である。だとすると、長期の比較でビオフェルミン製薬に軍配を上げてしかるべきであろう。

【好手】このケースに好手らしい好手は見当たらない。作用機序が明らかとは言えない正露丸に対して、作用機序が明らかな「ビオフェルミン」に需要が徐々にシフトしていった結果として起きた逆転だからである。企業側のアクションではなく、消費者側の変化によって引き起こされた緩やかな逆転と言えようか。

● **戦略旗手** ▷▷▷▷▷

【人物】このケースで好手を放ったのは、敢えて言うならビオフェルミン製薬の創業に関わった神戸の医師たちである。

【着想】これは第一次世界大戦に起因する輸入代替目的の起業多数の一つで、特筆すべき戦略があったとは言い難い。この場合は、フランスのパスツール研究所由来の輸入製剤を重宝して使っていたが、それが輸入困難となった時点で有志が集まって代替品の国産化を画策したという。

［参照文献］
西川虎次郎「ビオフェルミン物語」『医薬ジャーナル』1979年7月

■主要記事
日経朝刊 1999.3.12
地方経済面（大阪）
日経夕刊（大阪）
2001.8.14

「長寿商品のパワー 大幸薬品正露丸」『近代企業リサーチ』1993年11月

「おなじみ家庭の常備薬"正露丸"は劇薬だった」『週刊現代』2000年2月19日

「家庭薬"正露丸"の告発内容に大疑問あり」『THEMIS』2000年4月

「大幸薬品社長 柴田仁氏」『日経ビジネス』2006年10月16日

ケース 922

鎮咳去痰薬／1986年

B社：○堀内伊太郎商店 → A社：◉エスエス製薬

大衆薬（15/23）
戦略C/C比率◁◁◇◇▶
戦略D/E比率◀◁◇◇▷

■堀内伊太郎商店（単）
逆転決算期：1986.12
実質売上高：80億円
営業利益率：3.9％
筆頭大株主：創業家
東名阪上場：―

■エスエス製薬（単）
逆転決算期：1986.09
実質売上高：390億円
営業利益率：9.6％
筆頭大株主：実質創業家
東名阪上場：1969.08

●**企業戦略**▷▷▷▷▶／▷▷▷▷▷

【B社】堀内伊太郎商店は1947年に東京で設立された会社である。祖業は「御薬さらし水飴」で、源流は1887年までさかのぼる。この製品は宮中侍医浅田宗伯の処方によるもので、のちに「浅田飴」と名称を変更した。これを「良薬にして口に甘し」という名キャッチコピーでヒットさせ、戦後も形状や味や包装を変えながら日本を代表する長寿商品に育て上げている。なお、1973年にはダイエット甘味料を発売して、市場を牽引した。企業戦略としては、浅田飴専業に近いが、この主力商品から派生した甘味料が一定の規模に育っており、垂直多角化と見るのが妥当であろう。

鎮咳去痰薬は堀内伊太郎商店にとって祖業かつ主業である。1986年当時、売上高の約60％を医薬品部門に依存していた。残りは食品部門である。

なお、堀内伊太郎商店は1994年に社名を浅田飴に変更している。

【A社】エスエス製薬は1927年に東京で瓢箪屋薬房として設立された会社である。祖業は漢薬で、源流は1765年までさかのぼる。1929年にボランタリーチェーンシステムを導入して、販路を拡大したが、1958年に倒産の危機に陥り、創業家は支配権を放棄して救済を仰ぐことになった。その後は大衆薬メーカーとして足場を固め、1975年からは新薬開発にも乗り出している。企業戦略としては、大衆薬から派生した処方薬や殺虫剤も扱っており、水平多角

化に該当する。

　鎮咳去痰薬はエスエス製薬にとって主力事業の一角に相当する。1986年当時、売上高の14%を呼吸器・循環器薬剤部門に依存しており、その部門内で鎮咳去痰薬の生産シェアは96%であった。全社を牽引するのは代謝機能促進剤部門である。

　なお、エスエス製薬は、提携相手のドイツのベーリンガーインゲルハイム社によるTOBが2010年に成立し、上場を廃止している。

●事業戦略▶▷▷▷▷/▶▷▷▷▷
【製品】鎮咳去痰薬は、喉の炎症に付随する痛みや不快感を和らげる大衆向けの医薬品である。

　隣接市場には医薬部外品や食品としての「のど飴」がある。たとえば第一三共ヘルスケアの「ルルのど飴」は指定医薬部外品で、モンデリーズジャパンの「ホールズ」は食品である。販路が薬局に限られる医薬品と異なって、これらに販路の制約はない。

　製品には成分や効能の多様性があり、「浅田飴」、「ヴィックスドロップ」、「龍角散」、「パブロンせき止め」、「エスエスブロン錠」など、性格を異にするものが併存していた。参入メーカーは50社を数えるが、上位2社で市場のほぼ半分を押さえていた。

【B社】鎮咳去痰薬について堀内伊太郎商店は、1887年から取り組んでいる。浅田飴は4種類（桔梗根、吐根、麻黄、人参）の生薬エキスを配合した医薬品で、有効成分は抗炎症作用や抗潰瘍作用や去痰作用を示すプラチコディン、催吐作用や気道液分泌促進作用を示すエメチンとセファリン、鎮咳作用と気管支拡張作用を示すl-エフェドリンなどとされていた。

　生産面では、村山工場を拠点としていた。

　販売面では、医薬品卸に依存していた。明治期には引札（ひきふだ）というチラシ広告を大胆に活用したことで占有率を上げており、伝統的にマーケティングを得意としている。

　大衆薬カテゴリーでは、鎮咳去痰薬に絞って展開していた。

【A社】鎮咳去痰薬についてエスエス製薬は、1934年からブロンを発売している。これは咳専用の水薬で、現在はシロップ剤に加え

■該当セグメント
B社：—
A社：全社

■10年間利益率
B社営業利益率：—
A社営業利益率：8.4%

■10年間勝敗数
B得得点掲示板：—
A得得点掲示板：2-8

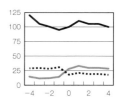

■シェアの測定単位
生産金額

■大衆向け鎮咳去痰薬
市場規模：200億円

■B社の首位君臨期間
1973年～1985年

■A社の首位君臨期間
1986年～

て糖衣錠剤もラインアップに加えている。シロップ剤の有効成分は、咳の発生を抑えるデキストロメトルファン臭化水素酸塩水和物、気道粘膜の分泌機能を促進するグアイフェネシン、およびアレルギー性の咳を鎮めるクロルフェニラミンマレイン酸である。錠剤の有効成分は、デキストロメトルファン臭化水素酸塩水和物に代えてジヒドロコディンリン酸塩、グアイフェネシンに代えてdl-メチルエフェドリン塩酸塩である。

生産面では、4工場体制を敷いていた。

販売面では、大衆薬については小売への直販方式を採用していた。

大衆薬カテゴリーでは、ほぼ全市場に参戦していた。その大半で番外に甘んじており、首位争いに絡むのは鎮咳去痰薬だけであった。

【時機】逆転が起きた頃、堀内伊太郎商店はフルーツ味の「固形浅田飴パッション」を製品ラインに追加する作業に追われていた。ニッキ味のオリジナルに対して、1962年に追加したミント味の「固形浅田飴クール」がヒットしたことから、24年ぶりの挑戦に踏み切ったものと思われる。当時、売上高は頭打ち状態に陥っていた。

【収益】このケースにおける逆転は、市場がフラットに推移するなかで、体を入れ替えるようにして一気に起きている。ゼロサムのなかで浮沈が交錯したのは、堀内伊太郎商店が新製品に棚を明け渡すべく既存製品の生産を絞ったからと推察される。直近では、両社間の差は6％ポイントにまで拡大している。

この逆転は収益面から見るとかろうじて祝福に値する。堀内伊太郎商店は主力商品の後退が響いたのか、1987年から利益率が目立って落ちている。それに対してエスエス製薬は1988年度に売上高営業利益率が10％を突破した。ただし、バブル経済が崩壊したこともあり、10％を超えたのは1987年度と1988年度の2期だけである。

【好手】1981年1月、エスエス製薬は常務取締役大阪支社長の職にあった笹本静夫氏を営業本部長に指名した。それに伴って、同社の広告宣伝費は1980年度と1981年度が各13億円、1982年度と1983年度が各15億円、1984年度と1985年度が各17億円、1986年

度と1987年度が各23億円と急増していった。そしてエスエスブロンのテレビCMに当時人気の女性アイドルたち、たとえば桜田淳子や松田聖子や岡田有希子や中山美穂あたりを起用した。

同じ頃、堀内伊太郎商店は「カタカナ名前の競合商品には逆立ちしても真似のできないやり方」を追求して、大正時代の設定で坂口良子を起用して製作したCMをテレビで流していたがこのCMは図らずも新旧交代を加速してしまった可能性がある。

興味深いことに、エスエス製薬は1977年から1989年のあいだにブロンの新製品を一つも出していない。新製品の導入ラッシュは1963年前後と1975年前後の都合2回を記録したが、1977年以降は明らかに刈り取りのフェーズに移行したようである。

■カタカナ名前の競合…
月刊アドバタイジング
1985.7

■主要記事
日経流通 1988.4.16

●戦略旗手 ▷▷▷▶▶ 操業経営者

【人物】このケースで好手を放ったのは前述した笹本静夫氏と思われる。当時は中興の祖の娘婿にあたる泰道直方氏が社長を務めていたが、直方氏は処方薬を伸ばすことこそ自らに課せられた責務と受け止めており、大衆薬に言及することは皆無に近かった。社史も、1976年から1990年までの時代を「総合医薬品メーカーへの道」と命名する一方で、ブロンには何も言及していない。大衆薬は、営業本部長の笹本氏が一手に引き受けて、実績を背景に広告宣伝予算の増額を勝ち取ったのであろう。笹本氏が1984年に専務、1989年に副社長に昇進を果たした事実に鑑みると、功労者と認められていたことは間違いない。

■ささもと・しずお
誕生：1929.10
社員：1960.01-1974.11
役員：1974.11-1994.06
社長：─
会長：─

【着想】笹本氏の決断は、本質的には試行錯誤の産物と考えられる。何かを一時点で決めたというよりも、広告宣伝予算を少し増額して反応を見たうえで、次期の広告宣伝予算を枠取りするというヒューリスティックスになっており、いかにも実務家らしい。

［参照社史］
エスエス製薬株式会社『SSPの軌跡』2001年
［参照文献］
今村直人・三澤美和・北川晴美・柳浦才三・石曽根博之「浅田飴エキスの鎮咳および去痰作用」『日薬理誌』1986年4月
「ロングラン商品 浅田飴」『消費と生活』1994年11月
鈴木昶「浅田飴」『月刊漢方療法』2001年3月

包装機械（7/10）
戦略C/C比率◀◁◇▷▷
戦略D/E比率◀◁◇▷▷

■日立造船（連）
逆転決算期：2001.03
実質売上高：4,640億円
営業利益率：3.3%
筆頭大株主：金融機関
東名阪上場：1949.05

■京都製作所（単）
逆転決算期：2001.03
実質売上高：120億円
経常利益率：5.1%
筆頭大株主：持株会
東名阪上場：—

ケース 923　収縮包装機／2000年

B社：◉日立造船　→　A社：◉京都製作所

●企業戦略 ▶▷▷▷／▷▷▶▷

【B社】日立造船は1934年に大阪で日本産業大阪鉄工所として設立された会社である。祖業は造船鉄工業で、源流は1881年までさかのぼる。創業者は英国人であったが、1934年に日本産業グループの一員となり、その2年後には日立製作所の傘下に置かれたが、戦後の財閥解体により独立企業となっている。1980年前後から新造船への依存度を下げ、陸上部門の強化を図っており、2002年には日本鋼管と共同でユニバーサル造船を設立し、造船事業を切り出した。企業戦略としては、重工メーカーの例に漏れず、多核化に該当する。

収縮包装機は日立造船にとって陸上部門の一翼を担っていた。2001年当時、売上高の15%を機械・原動機部門に依存していたが、その部門内で収縮包装機の生産シェアは2%に過ぎなかった。部門を牽引するのは製鉄機械で、全社を牽引するのは環境装置・プラント部門であった。

【A社】京都製作所は1948年に伏見で設立された会社である。祖業は煙草用製造機械の保守で、大蔵省専売局の肝いりで設立されながら経営が安定せず、官需から民需への転換をテーマとしてきた。1953年の輸送用裁柄機で完成機メーカーに脱皮して、1963年に連続自動マッチ製造機と煙草用段ボール箱詰機の開発に成功すると、次はガラス瓶をプラスチック容器に置き換えようとしていたヤクルトのボトルケーサーを手掛け、その成功が1971年のヤクルト向けシュリンク包装機につながった。その後は日用品やデジタルメディアの自動充填包装機に守備範囲を拡大し、今日に至っている。企業戦略としては、包装機械専業を貫いている。

収縮包装機は京都製作所にとって主業の一翼を担う事業である。2001年当時、売上高の80%近くを一般自動包装機械部門に依存しており、残りはテトラパック包装機と新規開発部門が占めていた。

●事業戦略▷▷▷▶▷／▷▷▶▷▷

【製品】収縮包装機は、包装用の樹脂フィルムを加熱・収縮させ、製品形状に密着させる工程を担う機械のことである。身近なところでは、ペットボトルの外装やCDケースの保護フィルムがシュリンクラップの典型で、それらを量産ラインで実装するのが収縮包装機にほかならない。加熱は熱風で行う。

　隣接市場には真空包装機がある。規模は似たり寄ったりである。

　製品には、製品形状やラインスピードに応じたカスタム化が欠かせない。それもあって参入メーカーは40社前後に達しており、上位3社で市場の4割をとるのが精一杯である。

【B社】収縮包装機について日立造船は、1984年から取り組んでいたものと思われる。先に参入した瓶詰機械の顧客からの要請で低床型パレタイザーを開発した際に、システムの一部として収縮包装機もラインアップに加えたようである。技術は海外から導入している。

　生産面では、子会社の日立造船産業が主体となっていた。

　販売面では、直販を主としていた。

　包装機械カテゴリーでは、収縮包装機で首位争いに絡むほかは、瓶詰機械で番外に名を連ねているだけである。

【A社】収縮包装機について京都製作所は、1971年から取り組んでいる。最初の顧客はヤクルトである。もともと箱詰機を得意とし、そこから顧客とのつながりによって収縮包装機に進出した。「汎用機械は拡販とアフタサービスにばかり手間を取られる」という事業観から、ユーザーに入り込んだ一品開発に注力している。

　生産面では、伏見の本社工場を主力としていたようである。

　販売面では、伏見の本社と東京の営業所を直販の拠点としていた。

　包装機械カテゴリーでは、収縮包装機とケース詰機で首位争いに絡むほかは、上包機で番外につけている。

【時機】逆転が起きた頃、日立造船は大変革の最中にあった。現在はユニバーサル・スタジオ・ジャパンに姿を変えた桜島工場を1997年に閉鎖して、代わりに有明機械工場を立ち上げたほか、本社も大阪南港に新築移転した。そして2002年には日本鋼管と共同

■該当セグメント
B社：機械・原動機
A社：全社

■10年間利益率
B社営業利益率：5.3%
A社営業利益率：7.7%

■10年間勝敗数
B社得点掲示板：0-10
A社得点掲示板：3-7

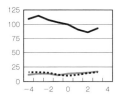

■シェアの測定単位
生産金額

■収縮包装機
市場規模：110億円

■B社の首位君臨期間
1984年～1999年
2010年～2011年

■A社の首位君臨期間
2000年～2009年
2012年～

■汎用機械は拡販…
日経産業 1984.6.8

■主要記事
日経産業 1984.6.8

出資でユニバーサル造船を設立して、造船事業を営業譲渡している。

【収益】このケースにおける逆転は市場が下降傾向を見せるなかで起きている。両社とも市場に逆行して生産を増やしているが、上昇反転するタイミングにおいて京都製作所が先行した。直近では、両社間の差は4%ポイントに開いている。

この逆転は収益面から見ると祝福に値する。京都製作所は2005年度に売上高経常利益率を二桁にのせており、逆転に伴って無理をしたとは思えない。

【好手】1975年6月、京都製作所はオランダのフィリップス社にカセットケーサーを納入した。仲介したのは、大株主の日商岩井である。このケーサーは、「カセットテープとインデックスカードをプラスチックケースに自動挿入する装置」で、その先には外装のフィルム包装が必要とされるため、そこも京都製作所が担うことになったものと思われる。当時はシュリンクラップの草創期であった。

■カセットテープと…
日経産業 1975.6.20

こうして音楽系記録媒体の業界とつながったことにより、京都製作所はビデオやCDのケーサーおよび包装機で、1987年には50%以上の市場シェアを確保するに至っていた。そして1996年にDVDプレーヤーが日本で発売されて、価格が2000年に100ドルを切ると普及期に入り、京都製作所は労せずしてDVDの成長軌道に便乗することになったのである。ディスクや表紙をプラスチックケースに収める詰機の世界シェアは何と6割を超えたという。収縮包装機も、それに牽引されたことは想像に難くない。

■50%以上
日経産業 1987.6.8

■6割
日経朝刊 2004.3.9
地方経済面（兵庫）

●戦略旗手▶▷▷▷▷創業経営者

【人物】このケースで好手を放ったのは京都製作所の実質上の創業経営者、眞島行雄氏である。眞島氏は設立時から取締役で、多難な草創期に他の取締役が入れ替わっていくなかで、最後まで残っていた。ユーザーに入り込んだ開発スタイルを確立したり、記録媒体の世界に足を踏み入れたのは、眞島氏の決断による。

■まじま・ゆきお
生没：1915.09
社員：―
役員：1948.03-1992.09
社長：1972.05-1992.09
会長：―

【着想】眞島氏の決断は自らの経験に由来する。民需転換を主導するなかで眞島氏はユーザーに合わせた一品料理を指向するようになり、「お客の機密を守ること、きちんとした姿勢で発注に応じる

■お客の機密を守る…

こと、これが何より重要なことです。なぜなら、この業界ではユーザーの信頼が最も大切だからです。いったん信頼関係が確立されれば、お客はどんどんアイディアを出してくれますし、また様々な情報も得られます」と語っていた。

［参照社史］
『日立造船百三十年史』2012年
［参照文献］
「企業訪問レポート 株式会社京都製作所」『中小企業金融公庫月報』
　1989年6月

中小企業金融公庫月報
1989.6

■主要記事
月刊総務 1990.5
実業の日本 1993.11

ケース 924　ケース詰機／2003年

B社：⊙京都製作所　→　A社：●三菱重工業

包装機械（7/10）
戦略C/C比率◁◁◁▷▶
戦略D/E比率◁◁◁▷▶

■京都製作所（単）
逆転決算期：2004.03
実質売上高：140億円
経常利益率：3.6％
筆頭大株主：持株会
東名阪上場：―

■三菱重工業（連）
逆転決算期：2004.03
実質売上高：2兆4,890億円
営業利益率：2.8％
筆頭大株主：金融機関
東名阪上場：1950.05

●企業戦略 ▷▷▶▷▷／▶▷▷▷▷

【B社】京都製作所は1948年に伏見で設立された会社である。祖業は煙草用製造機械の保守で、大蔵省専売局の肝いりで設立されながら経営が安定せず、官需から民需への転換をテーマとしてきた。1953年の輸送用裁柄機で完成機メーカーに脱皮して、1963年に連続自動マッチ製造機と煙草用段ボール箱詰機の開発に成功すると、次はガラス瓶をプラスチック容器に置き換えようとしていたヤクルトのボトルケーサーを手掛け、その成功が1971年のヤクルト向けシュリンク包装機につながった。その後は日用品やデジタルメディアの自動充填包装機に守備範囲を拡大し、今日に至っている。企業戦略としては、包装機械専業を貫いている。

　ケース詰機は京都製作所にとって主業の一翼を担う事業である。2003年当時、売上高の80％近くを一般自動包装機械部門に依存しており、残りはテトラパック包装機と新規開発部門が占めていた。

【A社】三菱重工業は1950年に神戸と東京で設立された会社である。祖業は船舶補修で、源流は1884年までさかのぼるが、旧三菱重工業は戦後の財閥解体により清算の憂き目を見た。事業は西日本重工業、中日本重工業、東日本重工業の3社に継承されたものの、日本がIMF8条国に移行するや否や再合同し、元の鞘に収まっ

ている。1970年に自動車事業をスピンオフし、そこから絶え間なく多様な事業の再編整理を行ってきた。企業戦略としては、機会主義的に技術連鎖から派生した事業を集積しており、多核化に該当する。

ケース詰機は三菱重工業にとって派生事業の1つである。2003年当時、売上高の29%を中量産品部門に依存していたが、その部門内でケース詰機の生産シェアは1%に過ぎなかった。部門を牽引するのはフォークリフトで、全社を牽引するのは中量産品部門である。

● 事業戦略▷▷▶▷▷／▷▷▶▷▷

【製品】 ケース詰機は商品を段ボール箱に詰める自動機のことで、大量生産の要請を受けて登場した。一般にはケーサーと呼ばれている。

隣接市場には厚紙を用いた箱に商品を詰める小箱詰機がある。市場規模はケース詰機の半分以下にとどまっている。

製品には、先に段ボール箱を組み立てて、中に商品を詰め込み、最後にテープで蓋を閉じるセットアップ型と、先に商品を積み立てて、それを包むように段ボール箱を組み立てて、最後にテープで蓋を閉じるラップアラウンド型の2方式がある。参入メーカーは50社と多いものの、上位2社で市場の6割以上を押さえている。

【B社】 ケース詰機について京都製作所は、1963年から取り組んでいる。初号機は専売公社向けの煙草用であった。その後は顧客をサントリー、ヤクルトと拡げていったが、なかでも1968年に独自のプラスチック容器を採用したヤクルトは京都製作所の大株主で、両社が一蓮托生の関係にあることがわかる。

生産面では、伏見の本社工場を主力としていたようである。

販売面では、伏見の本社と東京の営業所を直販の拠点としていた。

包装機械カテゴリーでは、収縮包装機とケース詰機で首位争いに絡むほかは、上包機で番外につけている。

【A社】 ケース詰機について三菱重工業は、1969年から取り組んでいる。充填を自動化するパッカーとラップアラウンドケーサーの2

■該当セグメント
B社：─
A社：中量産品

■10年間利益率
B社営業利益率：─
A社営業利益率：0.3%

■10年間勝敗数
B社得点掲示板：─
A社得点掲示板：0-10

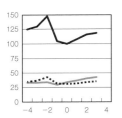

■シェアの測定単位
生産金額

■ケース詰機
市場規模：140億円

■B社の首位君臨期間
1987年～2002年

■A社の首位君臨期間
1980年～1981年
1985年～1986年
2003年～

本立てで事業を営んできたが、成長著しいケーサーが主力に躍り出た経緯がある。

生産面では、広島製作所が担当していた。

販売面では、瓶詰機械を担当している名古屋機器製作所との連携を1986年から強化して、一括受注を目指すようになったという。それもあって飲料業界に強味を築いている。

包装機械カテゴリーでは、瓶詰機械で2強の一角を占め、ケース詰機で首位争いに絡んでいる。

【時機】逆転が起きた頃、飲料業界はペットボトルの普及に沸いていた。1996年4月に500mlのペットボトルが清涼飲料用に解禁されてから、ペットボトル飲料が次から次へと開発されてきた。

【収益】このケースにおける逆転は、ITバブルの崩壊と軌を一にして市場が崩壊した直後に起きている。三菱重工業が市場の回復に先駆けてアクセルを踏んだのに対して、京都製作所はアクセルを踏み込まなかったようである。

この逆転は収益面から見ると祝福に値しない。三菱重工業が、「開発から生産、販売までを一体化。意思決定のスピードを上げて競争力回復を目指す」という理由を挙げて、食品包装機械部門を2005年4月に分社化したからである。その2年後には「大幅な成長が見込めない」ことを理由に包装機械事業を分社に移管すると発表している。この分社（三菱重工食品包装機械）は別の分社（三菱重工メカトロシステムズ）に2016年10月をもって吸収されており、占有率の逆転は徒花であった印象を拭えない。

実際に三菱重工業の中量産品事業の利益率は目も当てられないほど低く、営業利益率は二桁が当然という京都製作所とは異次元の状態に甘んじていた。

【好手】1997年3月、京都製作所は機械情報管理システムを完成させた。これにより、過去の設計情報を部分的に再利用する道が開けたという。

その7年後には、「一品生産の装置でも利益を出せるのは、要素技術を標準化しているためだ。すべて一から設計するのではなく過去の経験を新しい装置に応用することで、特注品でも利益を出せる体質を作り上げた」と指摘されている。

■開発から生産、販売…
日経産業 2005.3.17

■大幅な成長が…
日経産業 2007.1.31

■一品生産の装置…
日経朝刊 2004.3.9
地方経済面（兵庫）

■主要記事
日経産業 1997.3.19

第4章 立地の取捨選択

■はしもと・すすむ
誕生：1947.08
社員：1966.04-1978.00
役員：1978.00-
社長：1992.10-2013.06
会長：2013.06-

■包装する製品の形状…
実業の日本 1993.11

■バブル崩壊後の不況…
日経産業 1997.4.2

●戦略旗手▷▷▷▷操業経営者

【人物】このケースで好手を放ったのは京都製作所の橋本進氏である。橋本氏は、1992年に急逝した創業経営者の穴を埋め、20年にわたって社長を務めた人物である。橋本氏は、「包装する製品の形状は千差万別、一つとして同じではない。ユーザーのニーズに応えるには、単品生産体制をとらなければならないのです」という創業経営者の事業観を受け継いでいた。

【着想】橋本氏の決断は、「バブル崩壊後の不況をむしろ逆手に取ってやろうと考えた」という逆張りの発想に基づいている。具体的に何をしたかというと、自動化されずに残っていた難しい工程の受注に全力を挙げたというのである。これは上述した事業観に由来する判断で、このミッションクリティカリティ指向性が高収益を生むものと思われる。逆にペットボトルの箱詰は、トップラインに貢献しても、ボトムラインを潤すとは考えにくい。その点については本シリーズ第1巻を参照していただきたい。

［参照社史］
三菱重工業株式会社『海に陸にそして宇宙へ』1990年
［参照文献］
「企業訪問レポート 株式会社京都製作所」『中小企業金融公庫月報』
　1989年6月
長谷川哲・村田久・真鍋幸男「食品用段ボールケーサの開発」『三菱
　重工技報』1990年5月
「小箱詰機・ケース詰機」『包装技術』1996年10月

建設鉱山機械（7/13）
戦略C/C比率◁◁◇▷
戦略D/E比率◁◁◇▷

■神戸製鋼所（連）
逆転決算期：2006.03
実質売上高：1兆7,900億円
営業利益率：13.2%
筆頭大株主：金融機関
東名阪上場日：1949.05

■日立建機（連）
逆転決算期：2006.03

ケース 734 基礎工事用機械／2005年

B社：●神戸製鋼所 → A社：●日立建機

●企業戦略▶▷▷▷▷／▶▷▷▷▷

【B社】神戸製鋼所は1911年に神戸で設立された会社である。祖業は鋳鍛鋼品で、源流は鈴木商店が小林製鋼所を買収した1905年までさかのぼる。早くから鉄と並んでアルミも手掛け、戦後は1959年に高炉を新設して鉄鋼メーカーとしての基盤を固めると、そこから多角化路線に舵を切り、機械およびプラント、建設機械、電子・

IT、不動産などの事業を手掛けるに至っている。企業戦略としては、典型的な多核化と言えよう。鉄鋼のデパートを指向する同業他社に、非鉄金属を手掛けるところは見当たらない。ましてや建機や産機まで手掛けるとなると、異色中の異色である。

基礎工事用機械は神戸製鋼所にとってクレーンから派生した事業であった。2005年当時、売上高の13％を建設機械部門に依存していたが、その部門内で基礎工事用機械の生産シェアは1％にとどまっている。部門を牽引するのはパワーショベルで、全社を牽引するのは鉄鋼関連事業であった。

なお、神戸製鋼所は拙著『戦略暴走』に半導体事業がケース102として登場した。

【A社】 日立建機は1970年に東京で設立された会社である。祖業はパワーショベルで、源流は日立製作所が初号機を完成させた1949年までさかのぼる。日立製作所は1955年にサービス部門、1969年に製造部門を分社化し、両社が合流した時点で日立建機が誕生した。製品ラインが限定的な同社は、175億円近い特別損失を計上したばかりの住友重機械工業と折半出資で日立住友重機械建機クレーンを2002年に設立し、クローラクレーン事業を統合した。製造機能は両親会社に残したままの新会社を日立建機は連結子会社、住友重機械工業は持分法適用会社と位置づけたが、2017年3月末に日立建機が住友重機械工業に一部株式を譲渡したことにより、関係は逆転している。企業戦略としては、社名が体現するとおり、建機専業である。

基礎工事用機械は日立建機にとって祖業の周辺事業である。2005年当時、売上高の91％を建設機械部門に依存していたが、その部門内で基礎工事用機械の生産シェアは1％未満にとどまっていた。部門および全社を牽引するのはパワーショベルで、それをホイールローダが追っていた。

実質売上高：6,730億円
営業利益率：9.1％
筆頭大株主：日立製作所
東名阪上場：1981.12

● **事業戦略** ▷▶▷▷▷／▷▶▷▷

【製品】 基礎工事用機械は、建築物の下部構造の施工を省力化する機械全般を指す。初期に多用されたのは既成杭で、それを現場で打ち込むスチームハンマーから普及が始まった。大正から昭和に

■該当セグメント
B社：建設機械
A社：建設機械

■10年間利益率
B社営業利益率：4.0％

第4章 立地の取捨選択

A社営業利益率：7.9%

■10年間勝敗数
B社得点掲示板：0-10
A社得点掲示板：2-8

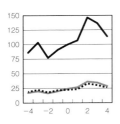

■シェアの測定単位
生産金額

■基礎工事用機械
市場規模：120億円

■B社の首位君臨期間
1982年〜2004年

■A社の首位君臨期間
2005年〜

移行する頃のことで、輸入機の国産化は戦後になって実現する。しかしながら騒音や振動に対する苦情が相次いで、公害対策機が求められるようになった。そこで登場したのが場所打ち杭を施工する大口径掘削機で、1970年代の半ば以降は基礎工事用機械に占める杭打機の割合が半分未満となっていった。場所打ち杭は、現場で開けた穴の中に鉄筋を組み、そこにコンクリートを流し込んで地下支柱とするもので、設計や施工の自由度も向上する。穴を掘る工法には、スチール管を使うベノト工法、液体で土砂を掻き出すリバースサーキュレーション工法、ドリルを使うアースドリル工法などがある。

隣接市場には小口径の掘削を担う穿孔機があり、市場規模は基礎工事用機械と拮抗しているが、穿孔機のほうは中小の専業メーカーが優位を築いている。一般に穿孔機はボーリング調査に用いられる。

製品には工法に応じた機種群がある。参入メーカーは20社を数えるが、上位2社で市場の半分弱を押さえている。技術力が防塁となっているものと思われる。

【B社】基礎工事用機械について神戸製鋼所は、1954年にクレーンで吊り下げて使うディーゼルハンマーを試作して、1960年から受注を開始している。続いて1955年にクローラクレーンの技術を米国から導入しており、その用途開発が着手の動機と思われる。杭打用のハンマーでは日本のフロントランナーであり続けたにもかかわらず、現に神戸製鋼所の社史はクレーンに紙幅を割くだけで、基礎工事用機械には何も言及していない。

生産面では、1999年に分社化したコベルコ建機が事業主体となっていた。

販売面でも、1999年に分社化したコベルコ建機が事業主体となっていた。

建設鉱山機械カテゴリーでは、クローラクレーンと基礎工事用機械で首位争いに絡んでいた。ほかにラフテレーンクレーンでトップ集団、油圧式のパワーショベルで第2集団に名を連ねていたが、参戦する市場は絞っていた。

【A社】基礎工事用機械について日立建機は、1961年に三点支持式

杭打機を製作したものの、懸垂式を回転式に改めて完成に漕ぎつけたのは1968年のことで、その間にドイツ企業からリバースサーキュレーション技術を導入し、既成杭用と場所打ち杭用の2系列を並存させる展開を見せることになった。着手の動機は、日立製作所が揺籃期に先行したパワーショベルの強化で、アタッチメントを充実させようとしていたものと思われる。なお、協業相手の住友重機械工業は2002年まで番外に名を連ねていたが、それ以降は番外からも消えていた。

　生産面では、土浦工場が主力拠点となっていた。

　販売面では、支社・支店による直販を主としていた。

　建設鉱山機械カテゴリーでは、小松製作所と全面対峙の姿勢をとっている。例外は大型ブルドーザーとグレーダーで、小松製作所に不戦敗を喫していた。逆にトラッククレーン、クローラクレーン、穿孔機では、小松製作所が不戦敗となっている。首位争いに絡むのは、クローラクレーンと基礎工事用機械だけであった。

【時機】逆転が起きた頃、皇居前はスクラップ＆ビルドの再開発ブームに沸いていた。2002年に丸ビルが先陣を切ったことにより、戦前戦後の重厚な建物が次から次へとガラス張りのビルに置き換わっていった。場所が場所だけに、騒音や振動を抑え込む対策が求められたことは想像に難くない。

【収益】このケースにおける逆転は、バブル崩壊以降初めてオフィス賃料が上昇に転じて、市場が急成長する前夜に起きている。神戸製鋼所に比べて日立建機が巧みに上昇機運を捉えた事例と言えよう。ちなみに、直近でも両社の接戦は続いているようである。

　この逆転は収益面から見ると祝福に値する。日立建機の建設機械事業の利益は逆転前夜からリーマンショックで落ち込むまで飛躍的に伸びており、無理をした痕跡はどこにも見られない。それに対して神戸製鋼所の建設機械事業は2006年度から利益水準を大きく落としている。

【好手】1964年3月、日立製作所はドイツ企業からリバースサーキュレーションの技術を導入した。基礎工事機械の揺籃期から既成杭の現場打設に代わる工法を執拗に追い求めていたことは明白である。ベノト工法の旗手から1960年に技術を導入した三菱重工業の

後を追うようにして、1964年に場所打ち杭の技術を導入したが、この工法選択が正しかったことになる。

　こうして定着した路線が、1985年の拡底杭施工用油圧式アースドリルの開発に結実し、これが幾多の改善改良を経て逆転の原動力となったものと思われる。

◉戦略旗手▷▷▷▶操業経営者

【人物】このケースで好手を放ったのは日立製作所の吉田驤氏と思われる。日立製作所で建設機械の生産拠点となった亀有工場の工場長、そして機械事業部長を歴任した吉田氏は、1965年4月に誕生した（旧）日立建機の2代目の社長を務め、1969年11月にスピンアウトした日立製作所の建設機械製造部門と1970年10月に合併した時点で、（新）日立建機の副社長に就いた人物である。日立建機誕生に至る前史に関与し、技術選択に影響力を行使した人物は他に見当たらない。

【着想】吉田氏の決断は一種の信念に基づいていたようである。日立建機の常任監査役になってから「我が国は人口密度が高く、音・振動・排ガスなど公害の影響は他国より大であるので、無公害化の推進にはいっそう力を入れなければならない」と述べていたが、短い寄稿文全体が地に足の着いた正義感に満ち溢れている。それが1960年代の技術選択を左右したのではなかろうか。

［参照社史］
神戸製鋼所建設機械事業部『建設機械50年の歩み』1980年
『神戸製鋼100年』2006年
『日立建機史1』2001年

［参照文献］
亀井茂樹「日立U106アースドリル」『建設の機械化』1963年2月
山口美明「日立リバースサーキュレーションドリルについて」『産業機械』1964年12月
久住宏「日立拡底杭施工用油圧式アースドリル」『建設機械』1988年8月
齋藤二郎「基礎工事用機械の歴史と今後」『建設機械』1994年12月
安達俓治「基礎工事用機械と施工技術の発展」『基礎工』1997年1月

■主要記事
日経産業 1985.7.11
日経産業 1997.9.11

■よしだ・はやま
誕生：1907.05
社員：1932.00-1963.11
役員：1963.11-1965.11
役員：1970.10-1974.05
社長：―
会長：―

■我が国は人口密度…
建設機械 1975.8

■主要記事
建設の機械化 1978.1

日本建設機械化協会「基礎工事用機械の変遷 調査報告書」2006年
3月
「基礎工事用機械の技術革新」『基礎工』2009年1月

ケース 735　一般用軟質塩ビフィルム／1988年

B社：◉オカモト → A社：◉アキレス

樹脂製品（18/26）
戦略C/C比率◀◇▷▷
戦略D/E比率◀◇▷▷

■オカモト（連）
逆転決算期：1989.03
実質売上高：850億円
営業利益率：4.8％
筆頭大株主：丸紅
東名阪上場：1949.06

■アキレス（連）
逆転決算期：1989.03
実質売上高：1,180億円
営業利益率：5.5％
筆頭大株主：金融機関
東名阪上場：1962.09

◉企業戦略 ▶▷▷▷▷／▶▷▷▷▷

【B社】オカモトは1934年に東京で日本ゴム工業として設立された会社である。祖業はゴム引布や雨合羽で、戦後は塩ビの加工にも手を伸ばしたが、業績は不振を極め、岡本己之助氏を社長に招聘した。再生ゴムで知られる理研ゴムの再建を託されていた岡本氏は、1958年に日本ゴム工業と理研ゴム、1968年に岡本ゴムを合流させ、ここに岡本理研ゴムが誕生した。実質的な支配企業となった岡本ゴムは、ラテックス製のコンドームを祖業とする。岡本氏は、理研ゴムのタイヤを購入していたゼブラケンコー自転車の再建も託され、これを1976年に吸収した。企業戦略としては、樹脂、日用品、タイヤ、履物などの事業を包含しており、多核化展開に相当する。合併を重ねた経緯もあり、ゴムの単なる川下展開にはとどまっていない。

一般用軟質塩ビフィルムはオカモトにとって祖業かつ主業である。1988年当時、売上高の30％を樹脂部門に依存しており、部門および全社を牽引するのは塩ビフィルムと塩ビレザーであった。

【A社】アキレスは1947年に東京で興国化学工業として設立された会社である。祖業は織物で、源流は足利の地で創業した1907年までさかのぼる。戦中にゴム引布で軍需品を造る経験を積んだことから、戦後はゴム履物やビニールの加工分野に進出し、1953年にはケミカルシューズを発売して、合成皮革の製造にも成功した。海外企業からの技術導入にも積極的で、成功事例にはウレタンフォーム事業がある。企業戦略としては、垂直多角化に相当する。ドメイン定義は物理的で、「繊維とプラスチックの結びつき」である。

■繊維とプラスチック…
オール生活 1963.12

一般用軟質塩ビフィルムはアキレスにとって主業である。1988年当時、売上高の33%を樹脂部門に依存しており、部門および全社を牽引するのは塩ビフィルムと塩ビレザーであった。

●事業戦略 ▷▶▷▷▷／▷▶▷▷▷

【製品】 一般用軟質塩ビフィルムは、塩化ビニルモノマーを重合させた樹脂に可塑剤を添加して軟らかくし、フィルム形状に加工した汎用素材のことである。市場には化学メーカーとゴムメーカーが入り乱れており、群雄割拠の状態になっている。

隣接市場には農業用の軟質塩ビフィルムがある。これはビニールハウスの壁材に使われるもので、市場規模は一般用の4分の1程度にとどまっている。

製品には文具から包装材まで様々な用途があり、透明性や意匠性や機能性で工夫を競っている。参入メーカーは20社ほどで、上位4社で市場の過半を押さえ込んでいる。

【B社】 一般用軟質塩ビフィルムについてオカモトは1950年から取り組んでいる。

生産面では、神奈川工場で生産していたが、1985年に新設した静岡工場にラインを移管している。

販売面では、商社および代理店に頼っていた。輸出比率は高くない。

樹脂製品カテゴリーでは、軟質の塩ビフィルムに絞って参戦していた。一般用では首位争いを演じていたが、農業用とビニールレザーでは下位に甘んじていた。

【A社】 一般用軟質塩ビフィルムについてアキレスは1948年から取り組んでいる。米国から入手したビニールスクラップの再生加工からスタートして、製品の一部は自社の履物部門に供給した。農業用も含めて広いラインアップを揃えている。

生産面では、自社の山辺工場と滋賀第1工場を主力拠点としていた。1974年には米国シアトルでも工場を稼働させている。

販売面では、商社および代理店に頼っていた。輸出比率は高くない。

樹脂製品カテゴリーでは、塩ビフィルムに絞って参戦していた。

■該当セグメント
B社：産業用製品
A社：プラスチック

■10年間利益率
B社営業利益率：5.6%
A社営業利益率：3.5%

■10年間勝敗数
B社得点掲示板：0-10
A社得点掲示板：0-10

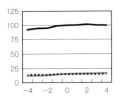

■シェアの測定単位
生産重量

■一般用軟質塩ビフィルム
市場規模：推定200億円

■B社の首位君臨期間
1979年〜1987年

■A社の首位君臨期間
1978年
1988年〜2003年

軟質の一般用では首位争いを演じ、硬質でも上位に食い込んでいたが、軟質の農業用とビニールレザーでは下位に甘んじていた。

【時機】 逆転が起きた頃、円高を背景とした海外M&Aブームが日本に初めて訪れていた。その象徴がブリヂストンによる米ファイアストン社の買収で、その余波としてフランスのミシュラン社が日本進出を画策していた。そのミシュラン社と組む道を選んだオカモトは、1989年に自動車用タイヤの合弁会社を設立している。

【収益】 このケースにおける逆転は市場が微増傾向を示しながら推移するなかで、アキレスが僅差でオカモトを上回るに至ったものである。直近では、オカモトは3位に後退し、アキレスに4％ポイント以上の差をつけられている。

　この逆転は収益面から見ると祝福に値するものと思われる。アキレスもオカモトも、軟質塩ビフィルム以外の事業のウエイトが高いうえ、逆転後はバブル崩壊の影響を受けたこともあり、全社業績から判定を下すには無理がある。ただし、KOHKOKU-USAが好調を維持したことから、敢えてオカモトに軍配を上げる理由は見当たらない。

【好手】 1985年11月、アキレスはKOHKOKU-USAにおいて3番目のカレンダーを立ち上げた。既設の32インチと28インチに加えて、これで新鋭の24インチカレンダーが加わったことになる。逆転の直接の原動力は、このカレンダーと思われる。

　アキレスは早くも1965年にニューヨークに販社を設立して米国市場の開拓を試みていた。その結果、顧客が2,000社、ストックポイントが4カ所に増えるに至り、現地生産が課題として浮上した。第一次石油ショックにも動じることなく、1973年11月にKOHKOKU-USAを設立したのは、入念に調査を積み重ねたうえのことであった。選んだのはシアトル郊外で、周囲2,000平方キロメートルに1台のフィルムカレンダーもない場所であったという。

　こうして有望な市場に橋頭堡を築いたことで、アキレスは日本の低成長時代に伸び続ける素地を整えた。そこが、塩ビフィルム以外の事業に期待を寄せたオカモトとの分岐点と言えようか。

■主要記事
日経産業　1986.6.25
日経産業　1986.7.28
日経朝刊　1988.5.18

■とのおか・としお
誕生：1909.01
社員：―
役員：1947.05-1982.03
社長：1947.05-1967.01
会長：1967.01-1977.01

■主要記事
株主の世論 1962.11.28
オール大衆 1970.6

◉**戦略旗手**▶▷▷▷▷**創業経営者**

【人物】このケースで好手を放ったのはアキレスの創業者、殿岡利男氏である。利男氏は足利地方有数の機屋に生まれ、自ら東京高工で紡織を専攻したが、戦後はゴム工業、そしてビニール工業に転進することを早々に決断した。日本中が貿易自由化および資本自由化の脅威におびえていた時期に、米国上陸を決断したのも、利男氏自身である。

ただし、利男氏には小林勇氏という名補佐役がいたことも記しておく必要がある。小林氏は、利男氏とは中学時代の同級生で、利男氏の次に社長を務めた人物である。

【着想】利男氏の決断の背景は知る術がない。利男氏が自らの言葉で語っていないからである。社史は1965年の販社設立について「従来のニューヨーク駐在員事務所を強化するため」、1973年の工場設立については「将来を賭けた一つの挑戦」と説明するだけである。「挑戦」が意外と適切な表現なのかもしれない。

［参照社史］
『未来へ 岡本理研ゴム株式会社五十年史』1984年
『アキレス50年史』1997年
［参照文献］
「アキレス、米・子会社から樹脂製品を調達」『財界ニッポン』1986年12月

第5章

構えの周期適応

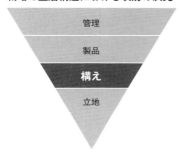

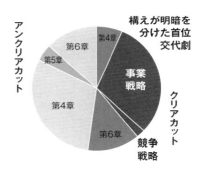

　この章の特徴は、全17ケースのうちクリアカットな逆転劇が15ケース、率にして88％を占める点にある。そして1ケースを例外として、構えの選択が決め手となっている。構えは、市場が成熟段階に達したあとでも変える余地があることから、これは理に適う結果である。構えの工夫こそ、成熟市場における首位奪取の正攻法と見て間違いない。その意味で本章のハイライトは第1節の最初の2項にある。

　唯一の例外は競争戦略のケースである。数は少ないが、その内容は何十ケースにも相当するほど重く、本巻中で最も華麗なケースと言っても過言ではない。それゆえ、この1ケースのために第2節を設けることにした。

　議論を第1節に戻すと、総合力がキーワードになるケース群が第3項と第4項に集まっている。これらについては第4章第1節第3項との共通性に注目していただきたい。

1 | 時機を見据えたシフト

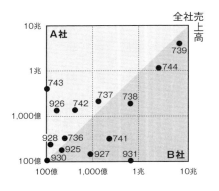

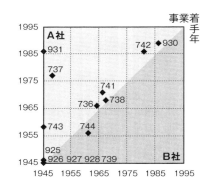

敗者 勝者	追随	傍観
先攻	3	5
後攻	0	6

年代区分	'75-79	'80-84	'85-89	'90-94	'95-99	'00-04	'05-09
実質GDP 成長率	4.2%	3.2%	4.1%	0.4%	1.3%	2.6%	0.8%
該当 ケース数	0	4	2	2	0	3	3

　本節に登場するのは総数16ケースで、第1章第1節をも上回り、本巻最多となっている。クリアカットな逆転劇も14ケースと群を抜いて数が多く、市場首位を目指すなら最も有力な攻め口がここにあると言えよう。後発で攻める場合はなおさらそうで、その点は14ケースの特徴をビジュアル化したダッシュボード右側の散布図が雄弁に物語っている。ただし、半数程度はバブル経済崩壊以降、すなわち本来なら第1部に配置すべき成長市場のケースである。

　構えは取引関係と同義であるため、変えるとなると大きなリスクを伴う。ゆえに優位に立つ企業にしてみれば、老朽化もしくは陳腐化が目に付くようになっても変えにくい。たとえ誰かが変えようと動いても、社内の反対勢力を容易に説得できるものではない。そこにチャレンジャーの狙い目が生ま

れるのである。

　このロジックを見事に活かした象徴的な事例は、ケース736のなめ茸である。ここではＡ社が生産拠点を長野から中国に移すという構えの大改革に打って出た。狙いがコスト競争力の強化にあることは言うまでもない。それに対してＢ社は、地元の農業協同組合と強い関係を築いていたことから中国移管を大々的に進めるわけにもいかず、高級化路線に舵を切って応戦した。その結果は占有率の逆転のみならず、収益にも及ぶこととなった。Ｂ社が赤字に転落するのを尻目に、Ａ社は最高益を更新していったのである。

　ケース925の布帛シャツもパターンは酷似している。Ａ社が生産拠点の海外移転を進めてコスト競争力に磨きをかけてきたのに対して、Ｂ社はアイロンがけを不要にする形状記憶シャツで応戦した。しかしながら、Ａ社が工程の一部を省いて形状記憶シャツのローコスト版を投入してくると、もはやＢ社に対抗する術は残されていなかった。もともとＢ社は国内の紡績メーカーや百貨店と密につながっており、それを競争優位の源泉としてきたことから、Ａ社の動きには対抗しにくかったに違いない。

　ケース737の電気グラインダでも、Ａ社が生産拠点の中国移転を逆転の切り札とした。企業城下町に生産拠点を置くＢ社は後手に回り、コスト劣位に陥った。

　ケース926のゴムホースでは、川下に位置する自動車メーカーが海外現地生産を立ち上げたことによって変化が訪れた。Ａ社は海外現地生産に追随したが、未上場のＢ社は社内資源も限られることから国内にとどまって、非自動車ビジネスに軸足をシフトした。その結果、自ずと逆転が実現したようである。

　ここまでは第1項で、売り物を入手するまで、すなわち構えの上流側のケースを見て来た。次は構えの下流側、すなわち入手した売り物を顧客にデリバリーするまでのプロセスに

工夫を凝らしたケースを見ていこう。

　テーマを代表するのはケース927のソースである。この市場は第4章にも登場したが、二度の逆転劇のあいだに25年もの月日が流れているので、外形的には乱戦市場でも例外的に採択することにした。最初の逆転劇に相当するケース927では、関東地方を地盤とするA社が、B社が勢力圏としてきた西日本への侵攻を開始した。B社には反撃に出にくい一時的な事情もあり、これが競争戦略としても機能したことから、華麗な逆転が実現している。事業戦略として見るなら、関東でA社の味に慣れ親しんだ地方転勤族と、彼らの家族がクリティカルマスを形成するタイミングを見計らって仕掛けた発想が秀逸と言えよう。

　ケース928の味噌は、上述したケース736のなめ茸と同じく、長野県勢間の攻防戦である。B社は東京市場に焦点を合わせ、販路は大手の食品問屋に頼っていた。そしてB社が自社工場のスクラップ＆ビルドを敢行して、悲願の自動化に挑むタイミングを捉えて、A社は自社営業網の全国拡大に動き出した。強く意識していたのは、全国区スーパーマーケットの出現かもしれない。同じ構えに投資をかけるのでも、上流側と下流側で判断が分かれ、それに応じて結果も見事に分かれたところが興味深い。

　ケース738の洗面化粧台も乱戦市場ながら、例外的に採択したケースである。ここではB社が自社系列の新築住宅を有力な供給先として市場を立ち上げていたが、A社は新築住宅の頭打ちを見越して、増改築市場に向けた販路を構築して逆転を成し遂げた。

　ケース739の特殊用途変圧器は、情報が不足気味で確たることは言えないが、複数ある販路間の取捨選択が明暗を分けたようである。

　続く第3項と第4項では、総合力がテーマとなっている。第1章では複数の事業立地の組み合わせを総合力と呼んだ

が、ここでは構えに投資する企業体力の大きさが明暗を分けており、身も蓋もない面がある。事業立地についても組み合わせというより、区別する意味がないほど類似した事業の重なり、またはその厚みが重要性を帯びており、立地ではなく構えのケースと見なした次第である。

　これらの論点を象徴するのはケース740の浴用石鹸で、観念より現実を見ていただいたほうがわかりやすい。ここでは「清浄」をキーワードとして高度に多角化を推し進めてきたＡ社が、専業にとどまるＢ社から首位の座を奪い取っている。攻撃は重層的で、工場と売場を結ぶ情報システムへの投資と製法転換を基軸としていた。それに生産現場と営業部隊の取り組みを組み合わせており、まさに総力戦と呼ぶにふさわしい。企業規模で10分の1もないＢ社に対抗する術はなく、白旗を揚げるしかなかったものと思われる。これがクリアカットな逆転劇と分類されないのは、需要が固形石鹸から液状のボディーソープに移行していったからである。上位市場の浴用石鹸という括りで見直せば、間違いなくクリアカットな逆転劇に当てはまる。

　ケース741のパップ剤もパターンは酷似している。ここでは上位市場が外皮用消炎鎮痛剤で、その下位市場がプラスター剤とパップ剤に分かれていた。Ａ社はプラスター剤の押しも押されぬ盟主で、Ｂ社はパップ剤市場を切り拓いたニッチプレーヤーである。そしてパップ剤が主流になる兆しを見せ始めたところでＡ社がパップ剤に参入すると、敢えなくＢ社は首位の座から陥落した。

　ケース742のピッキングシステムは、文字どおりシステムが絡んでくる。Ａ社もＢ社も等しくハードウェアは手掛けていたが、問題はソフトウェアで、そこをＡ社は内製化する方向に動いた。それができたのは、Ａ社のほうが規模が大きく、物流ソリューションの総合プロバイダーを指向していたからである。

ケース743の18リットル缶は、さらに古典的である。規模に勝るA社が需要拡大を見越してライン増設に動くと、それだけで逆転が実現してしまった。競争戦略を駆使して相手を牽制する必要もなかったのではなかろうか。

　こうしてみると、体力で群を抜くプレーヤーの押し潰し技を阻止する手立てはないように思えてくるが、そうでもないところが面白い。その点を実証するのが第4項の2ケースで、ともにB社は鉄鋼業界の盟主である。そのB社を倒したA社は、大形形鋼のケース929では電炉メーカー、高炭素線材のケース744では鉄鋼以外に多角化した複合企業である。いずれも規模においてはB社の足元にも及ばない。それなのに押し潰されずに済んだのは、戦場を狭く絞り込んだからである。あまりに狭いため、総合鉄鋼メーカーとして構えるB社は機動的に応戦できず、局所的に敗北した。弱者が生き残るには、機動力を活かせる戦場に狭く絞り込むに限る。

　第3項で敗れたB社群も戦場を狭く絞り込んでいたが、絞り込んだ戦場がいつの間にか落ち着いてしまい、機動力を活かせる条件がなくなったところに問題があった。だとすると、第4項で浮かび上がった戦略パターンには有効期間があり、遅かれ早かれ戦略転換を迫られる日が来ると覚悟すべきであろう。

　第5項の2ケースは、構えの初期選択で明暗が分かれており、そこが第1節のほかのケース群と大きく異なっている。ケース930のロックウールでは、A社もB社も高炉スラグを原料としており、鉄鋼メーカーの関連会社というところまでは同じである。先発のB社はスラグが冷えるのを待って運び、ロックウールの製造工程に投入する方式を採用した。それを見届けた後発のA社は、熱いままのスラグをロックウールの製造工程に投入する方式に切り替えて、スラグの再加熱を不要とした。こうして築いたコスト優位に基づいて、A社は破竹の勢いで占有率を伸ばしていき、B社を追い落とすこ

とに成功している。

　ケース931のフレグランス製品でも、後発の利が活きている。B社は自社ブランド化粧品を集めた売場の一角に香水を置いたのに対して、A社は他社ブランド多数を集め、香水に特化した売場をつくった。香水を目的買いする消費者は比較ショッピングのできるA社の売場を選択したようで、ほどなくして逆転が実現した。

　これら2ケースでは、先発プレーヤーが犯した間違いを見抜いたうえで、そこを鋭く突いた後発プレーヤーが首位の座を奪っている。すでに構えを整備した先発プレーヤーは更地から出直す道を断ったに等しく、金縛りから抜け出せない。首位奪取を目指すチャレンジャーの戦略としては、こちらのほうが第4項より魅力的である。ぜひ応用の可能性を探ってみていただきたい。

　以上が第5章第1節の概要である。成熟市場では、従来に増して価格競争が厳しくなる。その現実に対応して事業を構えなおすことで、チャレンジャーに首位奪取のチャンスが巡って来る。そのチャンスを活かす具体的なアプローチは、生産拠点の海外移転の場合もあれば、販路の全国延伸の場合もある。または、取りあえず事業を立ち上げた先行プレーヤーの抱える弱点を突く新発想を持ち込む余地もある。チャレンジャーにとって知恵の絞り所であることは間違いない。

5-1-1 川上の再編成

ケース 736

なめ茸／2008年

B社：⊙ナガノトマト → A社：⊙丸善食品工業

農産加工品（3/5）
戦略C/C比率◀◁◇▷
戦略D/E比率◀◁◇▷

■ナガノトマト（単）
逆転決算期：2008.12
実質売上高：240億円
純利益率：▲0.4%
筆頭大株主：キリンH
東名阪上場：—

■丸善食品工業（単）
逆転決算期：2009.03
実質売上高：310億円
純利益率：0.1%
筆頭大株主：創業家
東名阪上場：—

●企業戦略 ▷▷▷▷▷／▷▷▷▷▷

【B社】ナガノトマトは1957年に松本で長野トマトとして設立された会社である。祖業は蚕糸の製糸化で、源流は製糸事業組合共栄社が立ち上がった1916年までさかのぼる。狙いは弱い農家の権利保護で、1940年に共栄社の手を離れた村井工場が、うどんやジャムを経て、トマトピューレの生産に1948年から乗り出し、1957年に長野経済連からのスピンアウトを実現した。その時点で筆頭株主は愛知トマト（のちにカゴメ）に対抗するイカリソースであったが、ナガノトマトが自社ブランドに固執したことから関係が悪化し、代わりに1976年からキリンビールの出資を受け入れている。企業戦略としてはトマトの川下を開拓する垂直多角化に相当する。ドメイン定義は物理的で、「トマト」である。

なめ茸はナガノトマトにとって例外的な水平多角化事業である。売上構成比は開示されていない。

なお、ナガノトマトはキリンおよび三菱グループからも離脱して、筆頭株主は2013年から日本製粉になっている。

【A社】丸善食品工業は1961年に長野県の千曲市で設立された会社である。祖業は食品のOEM受託で、飲料の缶への充填に強味を持つ。1976年にトマトケチャップ、1982年にレトルト食品に参入し、業容を拡げてきた。OEM事業の停滞を打破すべく、1984年には自社ブランドを導入した。企業戦略としては、パッカー機能を売るOEM事業と自社ブランド事業が並列しており、多核化に相当する。

なめ茸は丸善食品工業にとって自社ブランドを代表する事業である。売上構成比は開示されていない。

●事業戦略 ▷▷▶▷▷／▷▷▶▷▷

【製品】なめ茸は、エノキ茸の醤油漬のことを指す。開発したのは京都の料亭と言われている。

隣接市場には漬物がある。ただし、なめ茸の市場規模は漬物の80分の1しかない。

製品には固形量の割合に応じて等級がある。ただし、等級に基づく低価格品と高価格品の違いが消費者に浸透しているとは言い難かった。参入メーカーは数社まで淘汰されており、上位2社で市場の7割以上を押さえ込んでいた。

【B社】なめ茸についてナガノトマトは、1964年から事業化している。その動機は、トマトに次ぐ地元の特産品であるエノキ茸の販路開拓と、年々の作柄に左右されるトマト依存度の軽減にあった。

生産面では、エノキ茸を地元農協から仕入れ、それを自社工場で加工、瓶詰する体制を敷いていた。

販売面では、設立時から自社ブランドを重視しつつ、独自の支店・営業所網を拡充してきた。支店・営業所の先は、食品問屋に頼っている。

農産加工品カテゴリーでは、なめ茸に登場するだけである。

【A社】なめ茸について丸善食品工業は、1966年から取り組んでいる。エノキ茸の販路開拓要請を好機と捉え、参入したものと思われる。

生産面では、1973年に加工工場、1983年にエノキ茸の処理・選別ラインを新設したうえ、1985年に専用の新工場を立ち上げている。

販売面では、大手食品問屋の国分に頼っているようである。

農産加工品カテゴリーでは、なめ茸に登場するだけである。

【時機】逆転が起きた頃、長野県ではエノキ茸を栽培する農家の減少が問題視されており、零細農家が撤退することで生産の集約化が進んだと言われていた。

【収益】このケースにおける逆転は、首位を走っていたナガノトマトが出荷金額を急に激減させたことで実現した。追い上げてきた丸善食品工業は、拡大路線を修正したものの、出荷金額を大きく減らすことはなかった。直近では、ナガノトマトは3位に後退し、

■該当セグメント
B社：ー
A社：ー

■10年間利益率
B社営業利益率：ー
A社営業利益率：ー

■10年間勝敗数
B社得点掲示板：ー
A社得点掲示板：ー

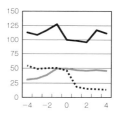

■シェアの測定単位
出荷金額

■なめ茸
市場規模：40億円

■B社の首位君臨期間
〜2007年

■A社の首位君臨期間
2008年〜

丸善食品工業に30％ポイント以上の差をつけられている。

　この逆転は収益面から見ると祝福に値する。帝国データバンクの会社年鑑によると、ナガノトマトが2008年度、2010年度、2014年度、2015年度と純損失を記録したのに対して、丸善食品工業は赤字転落を回避し続けたうえ、逆転年を起点とすると2009年度、2010年度、2011年度、2013年度、2015年度と最高益を更新している。

【好手】2004年1月、丸善食品工業は中国メーカーに製造委託したなめ茸の国内テスト販売を開始した。価格は国産同等品が150円のところ、140円に設定していた。この中国品を大手量販店向けのPB（プライベートブランド）商品に仕立て上げる戦術が見事にあたり、出荷金額の二桁成長を実現したという。

　中国メーカーへの製造委託では、実は2002年に着手したナガノトマトが先行していた。ただし、量的拡大が実現しないまま推移して、逆転年においては廉価版商品の改廃に踏み切っている。国産のプレミアム商品に注力する方針に切り替えたのは、皮肉なことに中国品でコスト劣位に苦しんだためと思われる。その結果、教科書どおりのハーベスト戦略に舵を切るしかなくなったのであろう。

　丸善食品工業がコスト優位を確立できたのは、後発の利を活かしたからである。ナガノトマトに約2年の遅れをとったが、その間にナガノトマトの中国オペレーションを丸善食品工業は研究し尽くしたに違いない。時間をかけて製造委託先を選んだほか、容器の現地調達化を実現し、さらに中国市場を開拓する使命を担う現地販売法人の設立準備も済ませていた。言うまでもなく、これらは製造委託先へのコミットメントを表明すると同時に、取引数量を拡大する策となっており、先方からコミットメントを引き出す結果につながったものと思われる。技ありである。

● 戦略旗手 ▷▶▷▷▷ 第2世代同族経営者
【人物】このケースで好手を放ったのは丸善食品工業の春日靖史氏と考えられる。靖史氏は同社を創業した春日善文氏の長男で、着手時点では社長在任期間が8年目に入っていた。
【着想】靖史氏の決断の背景は残念ながら知る術がない。

■ 主要記事
日経朝刊 2002.1.24
地方経済面（長野）
日経朝刊 2004.12.25
地方経済面（長野）

■ かすが・やすふみ
誕生：1953.12
社員：1979.01-1982.06
役員：1982.06-
社長：1996.06-
会長：—

[参照社史]
『長野トマト25年史』1982年
[参照文献]
『酒類食品統計月報』2004年4月
『酒類食品統計月報』2007年4月
『酒類食品統計月報』2010年4月

■主要記事
オール生活 1962.7

ケース
925

布帛シャツ／2008年

B社：⊙トミヤアパレル → A社：⊙山喜

繊維（5/15)
戦略C/C比率◀◁◇▷
戦略D/E比率◀◁◇▷

■トミヤアパレル（連）
逆転決算期：2007.12
実質売上高：210億円
営業利益率：1.0%
筆頭大株主：東洋紡績
東名阪上場：1991.06

■山喜（連）
逆転決算期：2009.03
実質売上高：170億円
営業利益率：▲0.9%
筆頭大株主：創業家
東名阪上場：1994.04

◉企業戦略 ▷▷▷▷▶／▷▷▷▷▶

【B社】トミヤアパレルは1967年に大阪でマルシン衣料として設立された会社である。祖業は子供服加工で、源流は1925年までさかのぼる。1943年に布帛シャツに転進すると1969年にカジュアルシャツを手掛けるパインシャツを吸収し、パインに社名を変更した。そのあとも1987年に東洋紡績の斡旋を受けてトミヤアパレルを吸収し、社名をトミヤアパレルに変更している。吸収された側のトミヤアパレルは1897年の創業で、欧米ブランドシャツのライセンス生産を得意とし、一流百貨店を販路に抱えていた。企業戦略としては、ドレスシャツとカジュアルシャツを主柱としながらも、ニットウェアも手掛けており、水平多角化に該当する。

布帛シャツはトミヤアパレルにとって祖業から転地した先の事業である。2007年当時、売上高の98%を衣料品部門に依存しており、部門内でドレスシャツの比重は6割弱に達していた。

なお、トミヤアパレルは2009年2月に負債総額123億円を抱えて会社更生の申立を行った。それゆえ2007年12月期を最後に有価証券報告書は提出されていない。

【A社】山喜は1953年に大阪で山喜商店として設立された会社である。祖業は布帛シャツで、源流は1946年までさかのぼる。商品ブランドは「スワン」で、創業期から縫製は外注加工に頼っていたが、1964年に本社工場を立ち上げてからは、1969年に台湾、1991年にタイと、海外にも工場を展開していった。企業戦略としては、

メンズに加えてレディスも、ドレスに加えてカジュアルも扱っているが、シャツ専業を貫いている。

布帛シャツは山喜にとって祖業である。2008年当時、売上高の70%を男性用のドレスシャツ部門に依存していた。

● 事業戦略 ▶▷▷▷▷/▷▶▷▷▷

【製品】布帛シャツは男性がスーツの下に着用するもので、ホワイトシャツを略してワイシャツと呼ばれることも多い。市場規模のピークは2000年頃にある。

隣接市場には男性用のカジュアルシャツがあった。そちらは日本マーケットシェア事典に掲載されていない。

製品にはナショナルブランドとプライベートブランドの区別がある。前者は利幅が厚くなるものの、メーカーはブランドの使用権を買わなければならない。後者は小売のブランドでシャツを製造するビジネスで、メーカーの置き換えが利くこともあり、利幅は極度に薄かった。参入障壁は低く、上位8社で市場の3分の1しか占有していない。

【B社】布帛シャツについてトミヤアパレルは1943年から取り組んでいる。1990年代には東洋紡績の「VP加工」を施した形状記憶シャツがヒットした。

生産面では、全量を国内外の協力工場に外注していた。

販売面では、専門店と量販店と百貨店を販路としており、6カ所の営業拠点で受注して、大阪と茨城および千葉の倉庫から出荷する体制が整っていた。

繊維カテゴリーでは、布帛シャツに登場するだけである。

【A社】布帛シャツについて山喜は1946年から取り組んでいた。後発の形状記憶シャツでは、日清紡の「SSP加工」を採用し、コスト優位を築いている。

生産面では、全量を協力工場に外注していた。最大拠点はタイにあり、それにラオスと上海が続いていた。

販売面では、大阪と東京の倉庫から全国の専門店と量販店と百貨店をカバーする体制を敷いていたが、「洋服の青山」を展開する青山商事向けが売上の16%を占めていた。

■該当セグメント
B社：全社
A社：シャツ製造販売

■10年間利益率
B社営業利益率：3.2%
A社営業利益率：▲0.8%

■10年間勝敗数
B社得点掲示板：0-8
A社得点掲示板：0-10

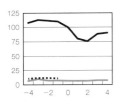

■シェアの測定単位
販売金額

■布帛シャツ
市場規模：1,810億円

■B社の首位君臨期間
1987年～2007年

■A社の首位君臨期間
2008年～

繊維カテゴリーでは、布帛シャツに登場するだけである。

【時機】 逆転が起きた頃、世界経済はリーマンショックに揺れていた。米国ではサブプライムローンの延滞から2007年3月に金融機関が上場廃止に追い込まれていたが、事態は悪化の一途を辿り、ついに2008年9月にリーマンブラザーズが破綻した。

【収益】 このケースにおける逆転は、リーマンショックで市場が冷え込むタイミングで起きている。首位を維持していたトミヤアパレルが倒産してしまい、レースから脱落したことによる逆転である。直近でも山喜は僅差ながらも首位を堅持している。

この逆転は収益面から見ると祝福に値する。山喜は存続しており、2009年度から黒字転換を果たしている。クールビズ商戦が不調に終わった2012年度に営業赤字に転落したが、それ以外の年度は増益基調を貫いた。

【好手】 1994年1月、山喜は富士紡績と共同開発した低価格シャツを発売すると公表した。この低価格シャツは「VP加工」や「SSP加工」では必須となっていた後加工の工程を省略したもので、これで山喜はコスト優位を確立した。

公表のタイミングは、トミヤアパレルの形状記憶シャツが絶好調と報じられていた時期と重なる。そして1年少々が経過すると、価格競争が激化して、同社の増益基調に疑問符がつくようになった。対策として、トミヤアパレルは商社と組んで形状記憶シャツの生産を海外に移す方向で動き始めると同時に、「業界は椅子取りゲームの終盤を迎えている」との認識の下に、海外ブランドの販売権を獲得しに出たり、オーダーシャツに活路を見出そうと投資をかけた。そこにリーマンショックが来て、トミヤアパレルは資金繰りに窮してしまう。そして淘汰される側に回ってしまった。

トミヤアパレルにしてみれば、業界全体の低収益体質から何とか抜け出す道を模索していたに違いない。アイロンがけの要らない高付加価値シャツが救世主と映ったとしても不思議ではなく、そこに希望を託したものと思われる。しかしながら、山喜は追随して収益改善に走るのではなく、高付加価値領域で価格競争を仕掛けたのである。製造拠点の海外移転で先行した山喜にしてみれば、トミヤアパレルが高付加価値路線を採った瞬間は、積年の競合を仕

■**業界は椅子取り…**
日経流通 2002.3.21

■**主要記事**
日経産業 1992.9.9
日経金融 1995.3.3
日経流通 1996.4.23
日経流通 2002.8.13
日経流通 2007.6.29
日経産業 2007.12.18
日経流通 2009.3.2

留める好機と映ったのであろう。一連の展開は、競争戦略の見本と言ってよい。

● **戦略旗手**▷▷▷▷▷**第２世代同族経営者**
【人物】このケースで好手を放ったのは山喜の宮本恵史氏である。恵史氏は創業以来40年にわたって山喜を育ててきた武雄氏の長男で、山喜に加わる前は通産省で構造不況業種を担当していた。

【着想】恵史氏の決断は経済学の知見に基づいている。恵史氏は東京大学経済学部を卒業して、通産省で17年にわたって産業政策に携わっていた。そのキャリアのなかでは、合成繊維製造業および紡績業を含む7業種を対象にした「特定不況産業安定臨時措置法」の制定に関与したこともある。

基礎素材産業に関する「産業組織上の特色として、欧米の同業種に比べて、垂直方向、水平方向ともに企業統合度が低く、このことを主因として過当競争が存在する」という言及や、「供給は世界的に寡占構造の下にあり、その安定供給を確保するためには、輸入先の多角化はもとより、様々な交渉の場で数量・価格両面のバーゲニング・パワーを保持することが必要である」という言及を見れば、競争戦略論を打ち立てたマイケル・ポーター教授と同じ思考回路を有すると断言してよさそうである。

［参照文献］
宮本恵史「構造不況業種の実態と対策」『通産ジャーナル』1978年7月
「トミヤアパレルの現状と展望」『ヤノニュース』1993年2月5日
堀江國明「トミヤアパレル」『税理』2009年7月
柳沢遊「高度成長期の衣服産業の展開」『同時代史研究』2013年第6号

ケース 737 **電気グラインダ／2004年**

B社：●日立工機 → A社：●マキタ

● **企業戦略**▷▷▷▷▷／▷▷▷▷▷
【B社】日立工機は1948年に茨城県勝田で設立された会社である。

■みやもと・けいじ
誕生：1947.09
社員：—
役員：1988.11-
社長：1992.11-2017.04
会長：2017.04-

■産業組織上の特色…
　供給は世界的に寡占…
アナリスト 1982.3

■主要記事
時の法令 1978.9

機械工具（5/7）
戦略C/C比率◀◇◇▷
戦略D/E比率◀◇◇▷

■日立工機（連）
逆転決算期：2005.03
実質売上高：1,240億円

源流は1939年設立の日立兵器にさかのぼり、祖業は機関銃であった。戦後は日立製作所戸塚工場から移管を受けて電動工具で再スタートを切り、1964年には超高速回転技術を活かしてコンピューター用のラインプリンターを国産化した。1971年には販売機能を日立製作所から移管されて、それまでの委託生産モードから脱却し、海外展開に力を入れたものの、1990年の海外M&Aは失敗に終わっている。企業戦略としては、技術応用多角化に相当するが、事業間の関連に薄く、多核化展開に近い趣もある。

電気グラインダは日立工機にとって実質上の祖業である。2004年当時、売上高の97%を電動工具部門に依存していたが、その部門内で電気グラインダの生産シェアは5%弱にとどまっていた。部門および全社を牽引するのは電気ドリルである。

なお、日立工機は拙著『戦略暴走』のケース036としてプリンター事業が登場した。その後遺症を引きずって、2009年には日立製作所の連結子会社に逆戻りした。日立製作所は2017年に日立工機を米国のファンドに転売している。

【A社】マキタは1938年に名古屋で牧田電機製作所として設立された会社である。源流は1915年にさかのぼり、祖業はモーター等の修理業になる。戦中に安城へ疎開し、そこで戦後はモーターの製造に取り組んだが大手メーカーに対抗できず、やむなく退避した先が川下の電気カンナであった。1970年頃から海外市場の開拓を積極的に進めている。企業戦略としては、電動工具専業でわかりやすい。

電気グラインダはマキタにとって第二の祖業かつ主業である。2004年当時、売上高のほぼ100%を電動工具に依存していたが、その部門内で電気グラインダの生産シェアは5%に満たなかった。部門および全社を牽引するのは電動ドリルである。

●**事業戦略**▷▶▷▷▷／▷▷▷▷▶▷

【製品】電気グラインダは、回転部に砥石を吹き付けたディスクを装着し、加工対象物を研削する工具で、ポータブルなものを指す。加工対象物が金属であることから、電動工具のなかでも金工用と位置づけられる。

営業利益率：8.9%
筆頭大株主：日立製作所
東名阪上場：1949.05

■マキタ（連）
逆転決算期：2005.03
実質売上高：2,060億円
営業利益率：16.1%
筆頭大株主：金融機関
東名阪上場：1968.08

■該当セグメント
B社：電動工具
A社：全社

■10年間利益率
B社営業利益率：7.9%
A社営業利益率：14.0%

■ 10年間勝敗数
B社得点掲示板：3-7
A社得点掲示板：6-4

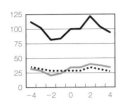

■ シェアの測定単位
生産金額

■ 電気グラインダ
市場規模：90億円

■ B社の首位君臨期間
〜2003年

■ A社の首位君臨期間
2004年〜

　隣接市場には木工用の電気サンダーがある。市場規模としては、金工用のグラインダがサンダーの倍以上の大きさを誇っている。圧縮空気で駆動する工具は組立ラインで使われることが多く、プレーヤーの顔ぶれが電動工具とは異なっていた。

　製品には出力に応じたヒエラルキーのほか、日々仕事で使う職人用の高級機種から、たまにしか使わないアマチュア向けの入門機種まで、大きな幅がある。参入メーカーは10社前後で、上位2社で市場の6割以上を押さえていた。

【B社】電気グラインダについて日立工機は、1948年から取り組んでいる。

　生産面では、基幹部品を含めて自社工場で手掛けている。円高対応策として1979年に設置したシンガポールの輸出拠点は、1989年に累計生産台数200万台を記録したという。

　販売面では、世界中に張り巡らせた営業所経由で特約店に卸す体制を敷いていた。

　機械工具カテゴリーでは、電動工具と空気動工具に参戦していた。電動工具では、電気グラインダ以外は二番手が定位置となっていた。

【A社】電気グラインダについてマキタは、1977年になって本格参入した。主戦場は木工用で、そこを制覇してから金工用販売ルートの整備に乗り出している。

　生産面では、基幹部品のモーターを内製し、組立も自社工場で行っていた。海外は、1984年に米国に製造会社を設立して以来、市場のある国で組み立てる原則を貫いているが、基幹部品は日本製から中国製に変わっている。そして1999年には中国拠点の累計生産台数が500万台に到達した。

　販売面では、代理店・特約店に頼っていた。ただし、大工を主な売り先に選んだことからアフターサービスに注力しており、国内で2万カ所を超えるサービス拠点を整備していた。海外は、1970年に米国現地法人を設立して以来、現地法人がルート整備を担う方式が定着している。

　機械工具カテゴリーでは、電動工具に絞って参戦し、全市場で首位を堅持するか、首位争いに絡んでいた。

【時機】逆転が起きた頃、日立工機は流動的な境遇に置かれていた。M&Aに失敗したプリンター事業が2002年に日立製作所に吸収され、2009年には日立工機そのものが日立製作所の子会社と位置づけられたことを考えると、電動工具部隊は外敵に立ち向かうどころではなかったのかもしれない。

【収益】このケースにおける逆転は、安定市場における小刻みな上昇局面において起きている。市場の動きに追随しなかった日立工機を、機敏に増産に転じたマキタが一瞬にして抜き去ったものである。直近では、両社間の差は15%ポイントにまで拡大している。

この逆転は収益面から見ると祝福に値する。マキタは営業利益率を2004年度から二桁にのせており、中国で築いたコスト優位の効果を確認することができる。

【好手】2000年11月、マキタは中国第二の生産拠点、昆山製造を設立した。第一の生産拠点、牧田有限公司は、鄧小平の南巡講話から2年も経過していなかった1993年12月に100%出資で設立している。そこで十分に品質確保のノウハウを積み重ねたのか、昆山製造は当初から輸出拠点と位置づけられていた。そして2005年8月、マキタは昆山製造の増設ライン稼働に漕ぎつけた。それにより、月産能力は35万台から50万台に上昇し、全社に占める中国製比率は年初の50%から60%に近づいている。

こうして低価格帯の輸出基地を中国に移したマキタは、空いた国内工場の活用にも余念がなかったようである。おそらく中国製の基幹部品を使うことでコスト競争力を磨きつつ、ユーロ高の欧州市場や、好調なアジア市場を攻める輸出基地と国内工場を位置付けて、生産金額シェアを引き上げていったものと思われる。

逆転された日立工機のほうは1984年11月に上海の電動工具廠に技術供与しており、中国進出はマキタより早かった。これは1991年8月に合弁事業に発展しており、1994年4月には別の合弁を広東にも設立して、そちらではマジョリティを確保している。ただし、1985年3月に日立製作所に随伴するようにして福建に合弁を設立した経緯が示唆するように、日立工機の施策は対中協力の印象を拭えない。1998年12月に発刊された社史も「各拠点ごとに特異性を活かし、製造品目の方向づけを明確にして拡充を図っていかねば

ならない」と述べており、五月雨的に海外に出てしまったことを窺わせる。2000年当時の武田康嗣社長も「これまで事業別の世界戦略が不十分だったという反省もあり、各CEOにまずは"どこで何を生産し、どこの客に売るか"という事業の基本設計を作ってもらいたい」と語っていたが、この発言から3年経った2003年時点でも、日立工機の中国における生産能力は10万台強にとどまっていた。

●戦略旗手 ▷▶▷▶▷ 第3世代同族経営者

【人物】このケースで好手を放ったのはマキタの後藤昌彦氏である。創業者、後藤十次郎氏の孫として生まれた昌彦氏は、1971年に大学を卒業してマキタに入社すると、ただちにアメリカ出向を命じられ、1970年に設立されたばかりの米国現地法人の2人目の社員となり、以降10年にわたって北米事業の立ち上げに奔走した経歴を持つ。就任直後のインタビューで「子どものころからマキタの後藤として育ってきただけに、ついに来るべきものが来たという気持ちだ」と語っていた。

【着想】昌彦氏の決断は機敏な時機読解に基づいている。社長に就任した当初は、電動工具については日米欧の三極生産体制が完成に近づいていたこともあり、多角化に関心を寄せていたが、1993年5月になると日本への逆輸入を視野に入れたうえで中国に生産拠点を新設すると発表した。その前月には「これからの生き残りをかけて現地生産を強化する道を選びました」と語っており、その理由を「電動工具からの撤退などとてもできないので積極策を採った」と説明していた。同じインタビューのなかで昌彦氏は「次に伸びるのは中国市場ではないか」とも述べている。

　量産する標準品は海外拠点に移管する一方で、昌彦氏は国内主力拠点岡崎工場の空洞化対策を推進した。それが多品種少量生産対応の強化であった。このように打ち手の均整がとれている点も、称賛に値する。

[参照社史]
『日立工機25年史』1973年
『日立工機史2』1998年

■これまで事業別の世界…
日経産業 2000.4.26

■主要記事
日経朝刊 1993.5.20
日経産業 2003.3.31
日経金融 2004.2.26

■ごとう・まさひこ
誕生：1946.11
社員：1971.03-1984.05
役員：1984.05-
社長：1989.05-2013.05
会長：2013.05-

■これからの生き残りを…
　電動工具からの撤退…
　次に伸びるのは中国…
日経朝刊 1993.4.29
地方経済面（中部）

■主要記事
週刊現代 1992.10

『マキタ100年の歩み』2015年
[参照文献]
武智励治・中島素春・河合孝「電気グラインダの最近の動向について」『神鋼電機』Vol.23-3

ケース 926 ゴムホース／1993年

B社：◉十川ゴム製造所 → A社：◉東海ゴム工業

ゴム製品（4/7）
戦略C/C比率◀▷▷▷
戦略D/E比率◀◁▷▷

■十川ゴム製造所（単）
逆転決算期：1994.03
実質売上高：160億円
営業利益率：2.5％
筆頭大株主：創業家
東名阪上場：―

■東海ゴム工業（連）
逆転決算期：1994.03
実質売上高：1,290億円
営業利益率：6.7％
筆頭大株主：住友電気工業
東名阪上場：1994.02

◉企業戦略 ▷▷▶▷／▷▷▶▶

【B社】十川ゴム製造所は1959年に大阪で設立された会社である。祖業は釘穴から雨水の浸入を防ぐ屋根座のゴム加工で、源流は1925年までさかのぼる。ラムネ瓶の口ゴムで独走体制を築くと、1930年から工場の近くにあった大阪ガスにゴム管を納入するようになった。戦前はゴムホースを主力としたが、1955年に試作したビニールホースが優秀で、ゴムホースは生産中止に追い込まれたものの、1960年に開発したプロパンガス用の三重ゴム管で復活している。ガス用ゴム管ではJIS規格の策定に参画することで、たとえば都市ガス用途では90％まで占有率を引き上げてきた。企業戦略としては、素材を共有する水平多角化に該当する。

ゴムホースは十川ゴム製造所にとって水平多角化事業の一つである。1993年当時、売上高の38％をゴムホース部門に依存していたが、全社を牽引するのは工業用ゴム製品部門であった。

なお、十川ゴム製造所は1995年に日本工業ゴムおよび十川ゴムと合併し、十川ゴムと社名を変更した。旧十川ゴムは、十川ゴム製造所の近畿地区の営業権を継承していた。

【A社】東海ゴム工業は1929年に三重県で昭和興業として設立された会社である。祖業はゴムベルトで、1937年に住友電線製造所の傘下に入ってから、芦屋の二葉護謨、岡山の渡邊ゴム工業所、松阪の笹川紡織を吸収する傍らで、編上ホースや布巻ホースの製造に乗り出した。戦後は1954年に防振ゴム、1959年に産業用高圧ホース、1972年に樹脂化粧型枠、1981年に液体封入式エンジンマウント、1983年に電子制御式燃料噴射ホースという具合に、製品

ラインの高機能化を図っている。企業戦略としては、素材および販路を共有する水平多角化に相当する。

ゴムホースは東海ゴム工業にとって祖業に次ぐ第二の事業領域であった。1993年当時、売上高の32%をホース部門に依存していたが、全社を牽引するのは自動車用の防振ゴムである。

なお、東海ゴム工業は2014年に社名を住友理工に変更している。

●事業戦略 ▶▷▷▷▷/▷▶▷▷▷

【製品】ゴムホースは、液体や粉体や気体を運ぶ中空管のうち、樹脂製や布製ではなくゴム製のものを指す。強度を上げるために、金属製や樹脂製のメッシュを内包したり、樹脂等で被覆したものも多い。統計上の測定単位が重量から金額に変更されて長期の比較はできないが、市場規模のピークは1995年頃にあるものと思われる。

隣接市場にはビニールホースがあるものの、日本マーケットシェア事典には掲載されていない。

製品には多様な用途があり、耐圧性の観点から低圧、中圧、高圧の別がある。ほかに耐熱性が問われることも多い。自動車用途ではエアコンホースやブレーキホースは難度が高く、鬼怒川ゴム工業のような専業メーカーも存在する。参入メーカーは限られており、上位4社で市場の過半を押さえていた。

【B社】ゴムホースについて十川ゴム製造所は1933年から取り組んでいる。その動機は少品種大量生産への移行であったが、そこから百貨店のような製品ラインを築いていった。自動車用途は第一次石油ショックを契機に開拓したもので、フッ素ゴムを含む三層構造の燃料ホースを日産自動車に納入している。

生産面では、工場を堺、奈良、徳島に分散していた。

販売面では、全国に約600社の代理店を設けているが、売上の4割以上は直販となっており、売上の分布が偏っていることがわかる。直販品の代表格はガス会社向けのガス管である。

ゴム製品カテゴリーでは、ゴムホースだけ手掛けていた。

【A社】ゴムホースについて東海ゴム工業は1945年から取り組んでいる。初代クラウンのエンジンを支える防振ゴムを供給した関係か

■該当セグメント
B社：―
A社：ゴム製品

■10年間利益率
B社営業利益率：―
A社営業利益率：7.2%

■10年間勝敗数
B社得点掲示板：―
A社得点掲示板：0-10

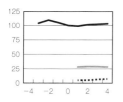

■シェアの測定単位
生産重量

■ゴムホース
市場規模：1,220億円

■B社の首位君臨期間
～1992年

■A社の首位君臨期間
1993年～2001年
2003年～

らか、ラジエーターホース、燃料ホース、エアコンホースなど自動車用途を手掛けてきた。そして、エンジンに対する燃料供給がキャブレター方式から電子制御噴射方式に変わるタイミングを捉えて、耐圧と耐熱の特性を引き上げるべく燃料ホースの内面にフッ素ゴムを共押出しする固有技術を完成させている。

　生産面では、小牧工場と松阪製作所の国内2拠点体制に加えて、北米で現地生産工場が立ち上がっていた。

　販売面では、特定代理店から自動車メーカーに納入するほか、ほかの産業用途では直販も行っていた。

　ゴム製品カテゴリーでは、コンベヤにも参画していたが、首位争いに絡むのはゴムホースだけであった。

【時機】逆転が起きた頃、円高が進行し、日本の自動車産業は国際競争力の低下に見舞われていた。拡大が続いていた国内の生産台数は1990年度にピークを打ち、そこから減少に転じている。円高分を補償すべく、自動車メーカーは取引先に原価低減を厳しく要求し始めていた。

【収益】このケースにおける逆転は、市場がフラット気味に推移するなかで、十川ゴム製造所が大きくシェアを落としたことによる。直近では、十川ゴム製造所は7位まで後退しており、東海ゴム工業に30％ポイント近い差をつけられている。

　この逆転は収益面から見ると祝福に値する。東海ゴム工業は逆転後に増益決算を連発してみせた。十川ゴム製造所も3年ほど増益決算を続けたが、その後は赤字基調に転落したようである。

【好手】1988年1月、東海ゴム工業は米国のDudramax社と合弁でDTR社を設立して、3月から燃料ホースの現地生産に乗り出した。これは本田技研工業がオハイオ州で展開する北米現地生産工場に納品するためであったが、その背後ではトヨタ自動車が立ち上げつつあったケンタッキー工場への納品も視野に入れていたという。1997年にはテネシー州でも工場を立ち上げている。

　十川ゴム製造所は北米に生産拠点を設けていない。東海ゴム工業の打ち手を見て戦意を喪失したのか、自動車用燃料ホースは注力対象から外したようである。

■**主要記事**
日経産業 1996.1.26

■ **こばやし・ゆうじ**
誕生：1930.12
社員：1953.04-1979.06
役員：1979.06-1995.06
社長：—
会長：—

■ **主要記事**
日経産業 1983.3.2

● **戦略旗手**▷▷▷▶▷**操業経営者**

【人物】このケースで好手を放ったのは東海ゴム工業の小林雄治氏と思われる。小林氏は防振ゴムの技術者であったが、自動車用品ホース技術部長を経て、自動車技術本部を担当しつつ、1983年から自動車営業本部長を兼任した。これは、防振ゴムで海外進出を目論む当時の野崎康夫社長による人事であった。1987年に常務から専務に昇進した小林氏は、DTR社の初代社長に就任し、本社では北米事業室長に就任した。

【着想】小林氏の決断の背景は知る術がない。おそらく自動車メーカーとの折衝を繰り返すなかで、海外現地生産の必要性を肌で感じとったものと思われる。

［参照社史］
『十川ゴム製造所65年のあゆみ』1989年
『東海ゴム工業20世紀史』2000年
［参照文献］
十川照延「労使ともに苦楽を分かち、ゆるぎない信頼を築く」『道経塾』2000年2月

5-1-2　川下の再編成

ケース 927

ソース／1980年

B社：⊙カゴメ → A社：⊙ブルドックソース

調味料（13/18）
戦略C/C比率 ◀◁◇▷
戦略D/E比率 ◀◁◇▷

■カゴメ（単）
逆転決算期：1981.03
実質売上高：840億円
営業利益率：3.8%
筆頭大株主：創業家
東名阪上場：1978.09

■ブルドックソース（単）
逆転決算期：1981.03
実質売上高：140億円
営業利益率：15.2%
筆頭大株主：金融機関
東名阪上場：1973.05

●企業戦略 ▷▷▶▷▷／▷▷▷▷▶

【B社】 カゴメは1949年に名古屋で愛知トマトとして設立された会社である。祖業はトマトピューレーで、源流は西洋野菜栽培に乗り出した1899年までさかのぼる。カゴメ印を商標登録した1917年頃から農家と栽培契約を結び、原料の安定調達体制を整えている。1949年に関係会社5社を統合して戦後の再スタートを切ったあとは、1962年までに東名阪の巨大市場に対する供給体制を整備した。企業戦略としては、トマトの川下展開を主軸としており、垂直多角化に相当する。ドメイン定義は物理的で、「トマト」にこだわり抜く姿勢が前に出ている。

ソースはカゴメにとって多角化事業の一つであった。1980年当時、売上高の41%をトマト部門に依存していた。部門を牽引するのはトマトケチャップで、全社を牽引するのはトマトジュースである。

なお、カゴメは2007年にアサヒビールと業務・資本提携を結んでいる。

【A社】 ブルドックソースは1926年に東京でブルドックソース食品として設立された会社である。祖業は食料品卸で、源流は1902年までさかのぼる。1954年に初代社長が簿外債務を遺して急逝し、会社更生法の適用を受けることとなったが、社員一同で1959年に更生手続きを終えている。企業戦略としては単純明快、ソース専業である。ドメイン定義は物理的で、「ソース」にこだわり抜く姿勢を明確にしていた。

ソースはブルドックソースにとって祖業かつ本業である。1980年当時、売上高の100%をソース部門に依存していた。

■該当セグメント
B社：食品
A社：全社

■10年間利益率
B社営業利益率：3.7％
A社営業利益率：5.7％

■10年間勝敗数
B社得点掲示板：0-10
A社得点掲示板：0-10

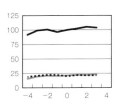

■シェアの測定単位
生産容積

■ソース
市場規模：推定780億円

■B社の首位君臨期間
～1979年
1986年～1987年
1995年～1996年

■A社の首位君臨期間
1980年～1984年
1988年～1994年
1997年～2004年

■野菜の煮出汁または…
280社
食糧管理月報 1977.12

●事業戦略▶▷▷▷▷/▶▷▷▷▷

【製品】ソースは液体調味料の一つで、フランスあたりでは様々なバリエーションがあるものの、日本では英国ウースターシャー発祥のウスターソースと、そこから派生した中濃ソースおよび濃厚ソースを限定的に指し示すのが一般的である。ウスターソースは「野菜の煮出汁または搾汁に糖類、食酢、食塩、香辛料、カラメル等を加えて調整」して造る。中濃および濃厚ソースは野菜に果実を加える一方で、食酢と食塩を減らして造る。野菜の筆頭格は英国ではタマネギ・ニンニク、日本ではトマトである。

隣接市場には食品を引き立てる各種の調味料がある。金額ベースの最大市場は醤油で、それにマヨネーズ、ソース、トマトケチャップの順に続いている。

製品にはウスター、中濃、濃厚の種別が定着している。嗜好には地域性があり、東日本は中濃、西日本はウスターと濃厚を好むと言われていた。参入メーカーはローカル企業を含めて280社を数えるが、上位3社で市場の過半を制している。

【B社】ソースについてカゴメは、1908年に製造に乗り出した。

生産面では、東の茨城工場と西は愛知県の上野工場で全国をカバーしている。

販売面では、支店→特約店→卸店→小売店というルートを築いていた。重点エリアには営業所や出張所も設けている。

調味料カテゴリーでは、トマトケチャップで独走し、ソースで首位争いを演じていた。カテゴリーは異なるが、トマトジュースと野菜ジュースでも独走体制を築いている。

【A社】ソースについてブルドックソースは、1905年に製造に乗り出した。

生産面では、埼玉の鳩ヶ谷工場が唯一の拠点である。

販売面では、大手の酒類食品問屋に依存していた。売上は圧倒的に東日本に偏在している。

調味料カテゴリーでは、ソースだけに参戦し、首位争いに絡んでいた。

【時機】逆転が起きた頃、破竹の勢いで成長路線にのっていたカゴメが変調をきたし、合理化や多角化に舵を切り始めていた。

【収益】 このケースにおける逆転は、カゴメがフラットに推移するなかで、ブルドックソースが漸増傾向を維持したことで実現したものである。直近では、両社間の差は5%ポイント前後に拡大している。

この逆転は収益面から見ると祝福に値する。ブルドックソースは逆転後も驚異的な利益率を維持していたが、カゴメは逆転前年度に記録した実質営業利益額を1987年度まで更新することができなかった。

【好手】 1979年4月、ブルドックソースは営業部を第一営業部と第二営業部に分割した。第一営業部が同社の地盤とも言うべき東日本を担当する一方で、第二営業部は西日本地区に専念することになっていた。同社の存在感が薄い西日本には従来大阪と福岡の2支店を置いていたが、社史は「営業当事者の努力にもかかわらず、当初予期したほどの成果が上がらず販売対策の抜本的な立て直しと、実施面の改革をはかることとし、量より質を重視した着実な方策を強化することとした」と述べている。第二営業部の最初の施策は名古屋事務所の開設で、これはカゴメの本拠地に攻め込むことを意味していた。

カゴメに対する挑戦は、実は1977年2月に始まっている。このタイミングでブルドックソースは関東地区で「ケチャップソース」を発売して、そこから徐々に販売地域を拡大していた。これもカゴメの牙城、トマトケチャップに攻め込む策にほかならない。1979年2月には「ブルドック特級ソース」も市場に投入している。

さらに言うと、1973年に上場を果たしたことでブルドックソースは攻勢に転じる基盤を手に入れていた。1975年に創立50周年を祝っており、そこで新たな誓いを経営陣が立てたに違いない。それが同社を攻勢に駆り立てたものと思われる。

挑戦を受ける側に立ったカゴメは1970年代の半ばにトマトジュースの供給過剰問題に直面して、その対策に追われていた。そして1981年度から1983年度にかけて、トマトの契約栽培面積を6割も減らしている。もちろん無策のままではなく、1980年には「醸熟ソース」を発売してブルドックソースの攻勢に対抗した。これは、創業80周年記念事業として1979年に落成した総合研究所が

総力を挙げて開発した製品であったが、応手は製品次元にとどまっていた。

その結果、カゴメは1981年10月に社員に対して"非常事態宣言"を発令し、収益構造の抜本的改善を訴える必要に迫られてしまった。

● 戦略旗手 ▷▷▷▶▷ 操業経営者

【人物】このケースで好手を放ったのはブルドックソースの佐藤和雄氏である。佐藤氏は、税務署でキャリアを築いた人物で、役所の先輩が更生に駆り出された関係でブルドックソース入りしており、更生から攻勢に転じるタイミングで社長に就任していた。

【着想】佐藤氏の決断は経験に基づいている。大阪と福岡に支店を置いた段階では、競合に価格競争を仕掛けられて、足がかりを得られなかったようである。その点について佐藤氏は「関西、九州方面に地盤を築くのに苦労しています。というのは、価格面で泥沼化しているためなのです」と語っていた。そして「従来ややもすると、ソースをつくればボーキ佐藤さん、明治屋さん、国分さんなどが売ってくれるもんだと安易な気持ちが強かった」という反省に基づいて、西日本で売れ筋のウスターソースで売りやすい味づくりに邁進したようである。

[参照社史]
『カゴメ100年史』1999年
『ブルドックソース55年史』1981年
[参照文献]
「ブルドックソース」『実業の世界』1972年2月

■主要記事
オール大衆 1974.10

■さとう・かずお
誕生：1916.10
社員：―
役員：1963.11-1994.06
社長：1974.11-1990.06
会長：1990.06-1994.06

■関西、九州方面に地盤…
　従来ややもすると…
野田経済 1978.11.29

■主要記事
日経産業 1987.5.1

ケース 928　味噌／1980年

B社：⦿宮坂醸造　→　A社：○マルコメ味噌

● 企業戦略 ▷▷▷▷▶／▷▷▷▷▶

【B社】宮坂醸造は1933年に長野県の上諏訪で設立された会社である。祖業は日本酒で、源流は1662年までさかのぼる。1916年に味

調味料（13/18）
戦略C/C比率 ◀◁◇▷▶
戦略D/E比率 ◀◁◇▷▶

■宮坂醸造（単）
逆転決算期：1980.09
実質売上高：推定120億円
営業利益率：推定1.4%

噌および醤油に進出して以来、日本酒ブランドの「真澄」と、味噌・醤油ブランドの「神州一」の二枚看板で社業を発展させてきた。企業戦略としては水平多角化に該当する。

味噌は宮坂醸造にとって主業に相当する。1980年当時、売上高の約60%を味噌部門に依存していた。

なお、宮坂醸造は2016年にサッポロホールディングスの子会社となり、翌年に神州一味噌と社名を変更した。

【A社】マルコメ味噌は1948年に長野市で青木味噌醤油として設立された会社である。祖業は味噌で、源流は1854年までさかのぼる。企業戦略としては専業を貫いている。

味噌はマルコメ味噌にとって祖業かつ主業である。1980年当時、売上高の100%を味噌部門に依存していたものと思われる。

なお、マルコメ味噌は1990年に社名から「味噌」を外す決断をした。

■筆頭大株主：創業家
東名阪上場：―

■マルコメ味噌（単）
逆転決算期：1980.03
実質売上高：推定80億円
営業利益率：推定3.1%
筆頭大株主：創業家
東名阪上場：―

● **事業戦略** ▶▷▷▷▷／▶▷▷▷▷

【製品】味噌は加熱処理した大豆を発酵させた調味料である。大豆を蒸すか煮るか、大豆に米麹と麦麹のいずれを加えるか、穀物として大豆に米または麦を加えるか否かで、様々なバリエーションが生まれる。市場はバブル期をピークとして漸減傾向を見せている。

隣接市場には醤油があり、味噌の倍ほどの規模を誇っている。味噌に並ぶ規模を持つ調味料はマヨネーズだけである。

製品には赤と白の区別があり、それに産地の特色が掛け合わさっている。参入メーカーは数えきれず、上位10社を足し合わせても市場の4割を押さえるに至っていなかった。

【B社】味噌について宮坂醸造は、1916年から取り組んでいる。1950年代にビタミン強化味噌とピロー包装を導入したことにより、売上は急伸長したという。

生産面では、1931年に建設した東京の中野工場を1963年に改築し、主力拠点としていた。しかしながら周囲が住宅地となり、排水処理施設を新設するスペースがないことから、1978年に甲府工場を建設し、生産を移管した。甲府工場はコンピューター制御を大々的に取り入れている。東京の巨大市場を睨んだ生産拠点の消

■該当セグメント
B社：―
A社：―

■10年間利益率
B社営業利益率：―
A社営業利益率：―

■10年間勝敗数
B社得点掲示板：―
A社得点掲示板：―

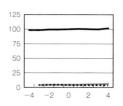

■シェアの測定単位
生産重量

■味噌
市場規模：推定2,000億円

■B社の首位君臨期間
〜1979年

■A社の首位君臨期間
1980年〜

費地立地は、宮坂醸造が首位に立つうえで最大の武器となったようである。

販売面では、早い時期からスーパーマーケットを主力の売場と認識して、テレビコマーシャルを多用するプル型の戦術を採ってきた。量り売り時代の名残で、酒販店1,000軒程度には直販を続けていたが、それ以外は国分や明治屋の販路を活用していた。

調味料カテゴリーでは味噌以外に参戦していない。

【A社】 味噌についてマルコメ味噌は、1854年から取り組んでいる。今日ではデファクトスタンダードになっている四角いカップ容器は、マルコメ味噌が他社に先駆けて導入したものである。容器を移し替えることなく冷蔵庫で保管できるため、味噌の斜陽を食い止めるうえで果たした役割ははかりしれない。ちなみに、カップ容器以前にデファクトスタンダードとなった袋詰め包装も、マルコメ味噌が他社に先駆けて導入したものである。

生産面では、長野県に近代的な主力工場を構えている。

販売面では、テレビコマーシャルでマスコットのマルコメ君を多用するプル型の戦術を採っている。

調味料カテゴリーでは味噌以外に参戦していない。

【時機】 逆転が起きた頃、日本では中小を含めてスーパーマーケットの優勢が顕著となっていた。

【収益】 このケースにおける逆転は、マルコメ味噌が漸増傾向を見せる一方で、宮坂醸造が漸減傾向を辿ることによって無風状態のなかで実現した。直近では、宮坂醸造は業界5位に後退し、マルコメ味噌に20％ポイントの大差をつけられている。

この逆転は収益面から見ると祝福に値するものと思われる。両社とも未上場なので確たることは言えないが、企業規模に7倍の差がついたことを考えると、宮坂醸造には固定費負担が重くのしかかり、マルコメ味噌には固定費負担を薄める効果が働いたと考えるのが順当であろう。

【好手】 1968年、マルコメ味噌は東京支店を開設した。続いて1975年には大阪支店も開設している。「東京、大阪に支店を設け、北から南まで全国18カ所に営業所、出張所を置いた。セールスマンは全国で120〜130人と本社工場の男子従業員と同じくらいいる。い

■東京、大阪に支店を…
日経朝刊 1985.7.10
地方経済面（長野）

ま、これだけの営業網を持っているのはマルコメぐらいだ。20年前、味噌メーカーにはセールス担当などいなかった。問屋からの電話注文に応じるだけ。だが流通ルートが多様化してスーパー、コンビニエンスストアなどが売場を拡げるようになって、メーカーも各地で積極的に販売攻勢をかける必要が出てきた。そしてこの10年、それをやったところが伸びている」という論評に照らすと、構えの整備が好手であったことがわかる。

　同じ構えでも、宮坂醸造は川上に投資の矛先を向けて、日本に訪れた工場自動化ブームに先駆けること10年というタイミングで自動化に挑戦することにした。この判断が、東京偏在を助長し、さらに流通政策の近代化を遅らせることになってしまったようである。最新鋭工場が稼働して売上を落とすとは、何とも皮肉な展開であった。

◉戦略旗手▷▶▷▶第３世代同族経営者
【人物】このケースで好手を放ったのはマルコメ味噌の３代目青木佐太郎氏である。佐太郎氏は1964年に社長に就任し、本ケース執筆時点でも会長を務めていた。マルコメ味噌の快進撃は、佐太郎氏が実現したと見て間違いない。
【着想】佐太郎氏の決断は「他の商材に負けてしまう」という真っ当な危機感に基づくものであったようである。

［参照社史］
『宮坂家』1938年
［参照文献］
「信州出身で日本一になった"神州一味噌"」『財界』1980年３月11日
宮坂伊兵衛「ミソ仕込みへのコンピューターの利用」『醸造論文集』1985年３月

■あおき・さたろう
誕生：1923.11
社員：？
役員：？
社長：1964.00-1998.05
会長：1998.05-

■他の商材に負けて…
日経朝刊 1985.7.10
地方経済面（長野）

■主要記事
日本食糧新聞 1995.11.2

給水設備（3/7）
戦略C/C比率◀◁◇▷
戦略D/E比率◀◁◇▷

■松下電工（連）
逆転決算期：1983.11
実質売上高：6,030億円
営業利益率：7.1%
筆頭大株主：松下電器産業
東名阪上場：1951.09

■東陶機器（単）
逆転決算期：1983.11
実質売上高：1,800億円
営業利益率：8.9%
筆頭大株主：金融機関
東名阪上場：1949.05

ケース 738　洗面化粧台／1983年

B社：◉松下電工　→　A社：◉東陶機器

●企業戦略 ▶▷▷▷▷／▷▶▷▷▷

【B社】松下電工は1935年に大阪で松下電器として設立された会社である。祖業は配線器具で、源流は松下電器産業の第三事業部にある。戦後は財閥解体によって分離独立したが、松下電器産業との兄弟関係は持続した。1963年に松下電器産業と合弁でナショナル住宅建材を設立して、電設資材から住設建材への多角化路線が確定した。企業戦略としては、ほかに小型家電分野も手掛けており、水平多角化に該当する。ドメイン定義は機能的で、「住まいづくり」を掲げていた。

　洗面化粧台は松下電工にとって水平多角化事業の一つである。1983年当時、売上高の24％を住建部門に依存しており、その部門内で洗面化粧台の生産シェアは12％と推定される。部門を牽引するのは洗面化粧台で、全社を牽引するのは照明部門であった。

　なお、松下電工は2004年に松下電器産業の子会社となり、2008年に社名をパナソニック電工に変更した。2011年には上場を廃止して、パナソニック（旧松下電器産業）に吸収された時点で消滅した。

【A社】東陶機器は1917年に小倉で東洋陶器として設立された会社である。祖業は兄弟会社のノリタケカンパニーリミテドと同じ輸出用の陶磁器ながら、当初から衛生陶器を視野に入れていた点が異なる。戦後は進駐軍特需で衛生陶器が活況となり、1946年に付属金具の内製化に乗り出し、1958年には樹脂製浴槽、1968年には洗面化粧台へと事業を拡大していった。その傍らで1970年に食器部門からは撤退している。企業戦略としては、水平多角化に相当する。ドメイン定義は物理的で、「水回り」と言えよう。

　洗面化粧台は東陶機器にとって祖業の周辺に打って出た事業である。1983年当時、売上高の19％を住設機器部門に依存しており、その部門内で洗面化粧台の生産シェアは45％と推定される。全社を牽引するのは衛生設備用付属品部門であった。

なお、東陶機器は拙著『戦略暴走』に多角化事業がケース117として登場した。社名は2007年にTOTOに変更している。

◉**事業戦略**▷▷▶▷▷／▷▷▶▷▷

【製品】洗面化粧台は、洗面器を保持するように作られた収納戸棚ユニットのことを指す。洗面器部分が実質上は陶器製かホーロー製に限られ、ステンレス製では拒絶される点が、キッチン用流し台と大きく異なる。分類上は木工製品に該当し、インテリアの一部と考えられている証であろう。市場のピークは1995年頃にあり、そこから先はフラットに推移している。

隣接市場には流し台がある。台数ベースで年間100万台を超える給水設備は流し台と洗面化粧台だけであった。流し台は洗面化粧台に押されつつあったが、逆転時点では依然として2倍以上の規模を保っていた。

製品には材質や大きさにより価格帯のヒエラルキーが存在する。参入メーカーは20社内外で、上位3社で市場の半分を押さえ込んでいる。

【B社】洗面化粧台について松下電工は、1967年から取り組んでいる。米国のプレハブ住宅に刺激を受けて、建築部材の合理的な供給をはかるという方針を立て、1966年にプラスチック浴槽とホーロー浴槽を上市していたが、洗面化粧台は浴槽に続く試みであった。1967年に「新しい住まいづくりの会」を立ち上げて、自宅の新築を考える人々へのコンサルティングを始めており、製品ラインの水平拡充が急がれたことが背景にある。

生産面では、幸田工場を木工の拠点としていたが、外注依存度が全社ベースで5割を超えていた。

販売面では、配線器具や照明器具で培った工務店ルートが強力で、住宅設備も同じルートで流通させようとしていたものと思われる。

給水設備カテゴリーでは、流し台を除く全市場に参戦していた。浄化槽で首位を堅持し、洗面化粧台とキッチン・ユニットで首位争いに絡むほかは、低位に甘んじていたが、キッチン・ユニットとシステムキッチンでは松下電器産業が首位を堅持しており、そこに

■該当セグメント
B社：住宅建材
A社：バス・キッチン・洗面商品

■10年間利益率
B社営業利益率：1.1％
A社営業利益率：6.8％

■10年間勝敗数
B社得点掲示板：0-10
A社得点掲示板：0-4

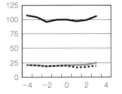

■シェアの測定単位
出荷台数

■洗面化粧台
市場規模：推定900億円

■B社の首位君臨期間
〜1976年
1978年〜1979年
1982年

■A社の首位君臨期間
1976年〜1978年
1980年〜2007年

挑戦する図式になっていた。

【A社】洗面化粧台について東陶機器は、1968年から取り組んでいる。これは住宅産業の離陸という機を捉え、新素材を採用した大量生産の力で住宅設備の供給をはかるという戦略に基づく動きであった。まずは東京オリンピックに向けて浴室のユニット化を図っており、その延長線上に洗面化粧台は位置付けられていた。

生産面では、行橋工場を木工の拠点としており、外注依存度は全社ベースで15％を割っていた。1981年には洗面ボウル一体型カウンターの製造子会社を新設している。

販売面では、建設業者への直販ルートと特約店ルートの2本立て体制を支えるべく、営業所を高密度で配置していた。水道工事業者との深い取引関係が、東陶機器の財産となっていた。

給水設備カテゴリーでは、ステンレス製品の市場から距離を置き、選択的に参戦していた。バスではホーロー浴槽で独走し、樹脂製のFRP浴槽とバスユニットで第2集団につけていた。

【時機】逆転が起きた頃、住宅の量的拡大に翳りが生じており、関係各社とも対策を迫られていた。

【収益】このケースにおける逆転は、松下電工が顧客離れに見舞われたことで実現した。直近では、両社間の差は15％ポイント以上に拡大しており、東陶機器は2位に後退したものの占有率は引き上げており、一方的に松下電工の衰退が目につくケースとなっている。

この逆転は収益面から見ると祝福に値する。東陶機器は増益路線を維持しており、逆転に際して無理をした兆候は寸分も見られない。

【好手】1983年2月、東陶機器は水道工事業者向けの増改築営業マニュアルを作成した。同社は新築需要の頭打ちを見越して、1980年に住宅設備機器の総合化戦略を打ち出していた。これは衛生陶器への過度な傾斜を改めて、新築1物件あたりの売上増をはかると同時に、増改築需要を掘り起こす狙いを秘めていた。そのために先行して1981年には消費者向けの「増快読本」、1982年には工事業者向けの「住設ニュース」と「商品ニュース」の無料配布をスタートしている。前者が潜在需要の喚起策で、後者が前線営業の

推進策であることは言うまでもない。そしてショールーム車を製作して全国を巡回させた効果も相俟って、同社の「増改キャンペーン」は順調に成果を上げ始めたが、営業経験を持たない水道工事業者に営業ノウハウを教え込む必要性を認識し、研修教材として用意したのが冒頭の増改築営業マニュアルにほかならない。

　洗面化粧台では二大巨頭の販売ルートが異なっており、松下電工の建材ルートと東陶機器の管材ルートの力比べになっていた。水回り商品については水道工事が伴うため潜在的には管材ルートのほうが有利に見えるが、照明器具を扱う配線工事業者のほうが工務店に対して選択肢を提示する機会に恵まれており、実際は建材ルートが優位に立っていた。東陶機器は、この構図の変革に乗り出して、成功したものと思われる。

　松下電工は、住宅不況が続く折、成長著しいVTRの積層回路基板に注力することで、全社的には好調を保っていた。しかしながら、住建部門は東陶機器の攻勢を前にして、おそらく予算削減の憂き目を見ることで、有効な対策をとることができなかったに違いない。

■**主要記事**
日経産業 1983.2.19

● **戦略旗手** ▷▷▷▷▷

【人物】このケースで好手を放ったのは東陶機器の社員組織と思われる。逆転当時の社長は製品そのものに関心を寄せており、取締役営業本部長の池田幹太氏共々、少なくとも表立って水道工事業者に言及した形跡がない。ほかの取締役は製造部門の責任者が多数派で、自部門工場の外に関心を向ける理由がない。

【着想】このケースに決断らしき決断は見当たらない。

[参照社史]
『松下電工50年史』1968年
『TOTO 炎と情熱の軌跡』1994年
[参照文献]
「洗面化粧台 第三の水回り商品になるか」『住宅ジャーナル』1979年9月
「商品別マップ 洗面化粧台」『住宅ジャーナル』1981年1月

静止電気機械（2/5）
戦略C/C比率◀◁◇▷▶
戦略D/E比率◁◁◇▷▷

■日立製作所（連）
逆転決算期：1989.03
実質売上高：6兆7,280億円
営業利益率：6.8%
筆頭大株主：金融機関
東名阪上場：1949.05

■東芝（連）
逆転決算期：1989.03
実質売上高：3兆9,950億円
営業利益率：6.2%
筆頭大株主：金融機関
東名阪上場：1949.05

ケース 739 特殊用途変圧器／1988年

B社：●日立製作所 → A社：●東芝

●企業戦略 ▶▷▷▷▷／▶▷▷▷▷

【B社】 日立製作所は1920年に茨城県で久原鉱業からスピンアウトして設立された会社である。祖業は鉱山用電気機械の修理で、源流は1910年までさかのぼる。戦後は水力・火力発電機用機器、家庭電器、電子機器の製造へと事業を多核化しつつ、日本を代表する総合電機メーカーの地位を確固たるものとした。独自の工場プロフィットセンター制を築き上げ、旧い工場から新しい工場群をスピンオフすると同時に、本体から日立金属や日立化成工業をスピンオフしてきた歴史は日本でも異彩を放っている。企業戦略としては、多彩な事業を擁しており、多核・多国化に相当する。

特殊用途変圧器は日立製作所にとって祖業の周辺事業であった。1988年当時、売上高の20%を電力機器・重電機部門に依存していたが、その部門内で特殊用途変圧器の生産シェアは1%に届いていない。部門を牽引するのは原子力機器で、全社を牽引するのは情報・通信部門であった。

なお、日立製作所は本シリーズ第1巻に子会社の成功事例がケース644、同じく子会社の暴走事例がケース306、拙著『戦略暴走』に子会社がケース036、ケース110、ケース116として登場した。

【A社】 東芝は1904年に東京で芝浦製作所として設立された会社である。祖業は電信機で、源流は1875年までさかのぼる。1909年に米国GE社から技術を導入し、発電機と電球を組み合わせて業容を拡大し、1939年には東京電気と合併した。戦時中は合併に次ぐ合併で巨体化したが、戦後は東芝テックを分離して再スタートを切り、電力インフラの構築に邁進することになった。その後は東芝ケミカルなどをスピンオフしつつも、高度に多核化した総合電機メーカーとして君臨し続ける。企業戦略としては、多彩な事業を擁しており、多核・多国化に該当する。

特殊用途変圧器は東芝にとって祖業の周辺事業であった。1988年当時、売上高の21%を重電機部門に依存していたが、その部門

内で特殊用途変圧器の生産シェアは1%に届いていない。部門を牽引するのは原子力発電機器で、全社を牽引するのは情報通信部門である。

●**事業戦略**▶▷▷▷▷/▶▷▷▷▷

【製品】 特殊用途変圧器は、統計上はネオン変圧器とその他分類で構成されている。ネオン変圧器は、アーク放電を利用したランプ類を駆動するのに不可欠な昇圧用の変圧器を指す。たとえばネオン管の場合は1万ボルト級の電圧を必要とする。その他分類には、化成用、試験用、コットレル用などが含まれている。

主要顧客は多岐にわたるメーカー群で、その一部は内製化している。

隣接市場には計器用の変圧器もしくは変成器があり、市場規模では特殊用途変圧器とほぼ並んでいる。

製品には特殊な用途に応じたバリエーションがある。それもあって参入メーカーは40社前後と数が多く、上位4社で市場の半分を押さえている。

【B社】 特殊用途変圧器について日立製作所は、戦前から集塵装置用の変圧器を手掛けていたようである。

生産面では、商品事業本部に所属する中条工場で生産を行っていたものと思われる。この工場は従業員数が1,000人規模の事業所であった。

販売面では、詳細を知る術がない。

静止電気機械カテゴリーでは、高圧開閉器と低圧遮断器と真空遮断器を除いた全市場で首位争いに絡んでいた。

【A社】 特殊用途変圧器について東芝は、白熱舎の時代から取り組んでいたものと推察される。

生産面では、電機事業本部に所属する三重工場で生産を行っていたものと思われる。この工場は従業員数が2,500人規模の事業所であった。

販売面では、詳細を知る術がない。

静止電気機械カテゴリーでは全市場に参入しており、首位争いに絡むか、第二集団につけていた。例外は高圧開閉器だけである。

■該当セグメント
B社：電力・産業システム
A社：社会インフラ

■10年間利益率
B社営業利益率：2.7%
A社営業利益率：4.2%

■10年間勝敗数
B社得点掲示板：0-10
A社得点掲示板：0-10

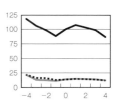

■シェアの測定単位
生産金額

■特殊用途変圧器
市場規模：300億円

■B社の首位君臨期間
<u>1976年</u>〜1980年
1982年〜1987年

■A社の首位君臨期間
1981年
1988年〜2004年
2008年〜

【時機】逆転が起きた頃、特殊用途変圧器に目立つ話題は見当たらない。これは無風状態のなかで起きた逆転のケースと思われる。

【収益】このケースにおける逆転は、市場の周期変動のなかで起きている。盛り返すべき局面で日立製作所がフラットに推移したのに対して、東芝は少しアクセルを踏んだことから、両社の立場は僅差で入れ替わった。直近では、日立製作所は圏外にも登場しておらず、事業撤退したものと思われる。

この逆転は収益面から見ると祝福に値する。少なくとも東芝が無理をした形跡は見られない。

【好手】1983年5月、東芝は照明事業において電材ルートを強化する方針を打ち出した。従来は家電ルートに力点を置いてきたが、住宅着工件数が伸び悩むなかで、打開策を電材ルートに求めたようである。この川下事業の戦略転換に伴って、東芝の特殊用途変圧器事業は社内需要に恵まれて、逆転を実現したものと思われる。

電材ルートを担う東芝電材は国内に100を超える支店・営業所網を張り巡らせて商社の機能を果たしており、取扱商材には配電機器も含まれていた。1983年以降は電力・照明のコントロールシステムに注力して、川上の特殊用途変圧器の社内需要増大に貢献したものと思われる。

ちなみに、日立製作所の照明事業は本体で開発と製造を担い、日立家電販売が販売を担う体制になっており、市場では松下電工と東芝が形成するトップ集団には食い込めていなかった。それゆえ、東芝に対抗しようにも指をくわえて見ているほかはなかったに違いない。

●戦略旗手▷▷▷▶▷操業経営者

【人物】このケースで好手を放ったのは東芝電材の鶴尾勉氏と考えられる。東芝に入社した鶴尾氏は生粋の照明技術者で、1974年に東芝電材が設立された時点で移籍して、初代の照明器具事業部長に着任した。1983年からは同社の専務として、1984年6月から1993年6月までは同社の社長として事業再編を主導した。

鶴尾氏は1983年に東芝本体との連携を強化する布石を打ったうえで、着々と堀を埋めていき、1989年4月に東芝ライテックの設立

■主要記事
日経産業 1983.5.19
日経産業 1983.6.2
日経産業 1988.10.17
日経産業 1988.10.28
日経産業 1988.11.10

■つるお・つとむ
誕生：1928.00
社員：—
役員：—
社長：—
会長：—

に漕ぎつけた。これは電球・蛍光管を扱う東輝電気と、東芝本体の照明事業部と、東芝電材が統合して生まれた会社で、照明事業の製販一体化を実現するものであった。初代社長には鶴尾氏が就任しており、上記の実績が認められたのであろう。

【着想】 鶴尾氏の決断は高校時代を背景とする。敗戦後の虚脱感から抜け出す契機となったのが英語教師の「30年経ったら世の中は変わる。いや、変えなければならない。それは君たち若者の仕事なんだ」という言葉であったという。この考え方が鶴尾氏を動かす原動力となったようである。

　　［参照社史］
　　『開拓者たちの挑戦―日立100年の歩み』2010年
　　『東芝125年史』2002年

■**30年経ったら世の中は…**
日経産業 1985.2.26

■**主要記事**
電気工事の友 1978.8
日経産業 1984.10.13

5-1-3 総合力の発揮

ケース 740　浴用石鹸／1982年

B社：⦿牛乳石鹸共進社　→　A社：⦿花王石鹸

雑貨（17/24）
戦略C/C比率◀◁◇▷
戦略D/E比率◀◁◇▷

■牛乳石鹸共進社（単）
逆転決算期：1983.03
実質売上高：200億円
営業利益率：1.6%
筆頭大株主：創業家
東名阪上場：―

■花王石鹸（連）
逆転決算期：1983.03
実質売上高：3,660億円
営業利益率：4.5%
筆頭大株主：金融機関
東名阪上場：1949.05

◉企業戦略▷▷▷▷▶／▷▶▷▷▷

【B社】牛乳石鹸共進社は1931年に大阪で共進社石鹸として設立された会社である。祖業は化粧石鹸で、源流は1909年までさかのぼる。業界では後発で、問屋のOEM生産に甘んじていたが、1928年に納入先から牛乳石鹸の商標を譲り受け、メーカーとして自立した。戦後も石鹸一筋を貫いて、1963年には東洋一の石鹸工場を建設している。1977年にシャンプー・リンスに進出し、入浴剤も戦列に加えたが、逆転時点でも石鹸が主力のままであった。企業戦略としては、技術と販路の両方を応用した水平多角化に該当する

浴用石鹸は牛乳石鹸共進社にとって祖業かつ主業である。1982年当時、売上高の60%を石鹸部門に依存していた。

【A社】花王石鹸は形式的には1940年に日本有機として設立された会社である。祖業は洋物小売で、源流は1887年までさかのぼる。早くも1890年に花王石鹸の製造販売に乗り出して、1902年に直営工場を立ち上げると、1911年には長瀬商会を設立した。これが実質上の設立年に相当する。そこから先は多角化を進め、1928年に食用椰子油、1932年にシャンプー、1938年に家庭用合成洗剤と戦線を拡大した。戦時中は3社に分かれたこともあったが、1954年に再統合を完了させると、卸売機能の内部化を推し進め、生理用品や化粧品や工業素材までも戦線に加えている。企業戦略としては、油脂化学と界面科学の技術がベースにあり、垂直および水平の多角化に該当する。

浴用石鹸は花王石鹸にとって実質上の祖業である。1982年当時、売上高の25%を香粧品部門に依存していた。その香粧品部門のな

かで浴用石鹸の生産シェアは31%であった。部門を牽引するのは浴用石鹸で、全社を牽引するのは家庭用洗剤であった。

なお、花王は本シリーズ第1巻に衣料用洗剤が高収益事業のケース869、拙著『戦略暴走』にフロッピーディスク事業がケース104として登場した。また、1985年に社名から「石鹸」の二文字を落としている。

●**事業戦略**▶▷▷▷▷／▶▷▷▷▷

【**製品**】浴用石鹸は身体を洗うための固型洗浄剤のことで、油を水に分散させる機能を持つ。原料は天然油脂とアルカリで、前者には牛脂や椰子油が多用される。後者には灰汁などが使われてきたが、近代に入って水酸化ナトリウムが多用されるようになっている。歴史は古く、紀元前にさかのぼるという。

隣接市場には薬用石鹸と洗濯用石鹸がある。前者は浴用石鹸の10分の1程度、後者は6分の1の市場しかない。1990年以降は浴用石鹸の液状ボディシャンプーによる代替が進んでいる。

製品には原料の選択や香料の採否に応じたバリエーションがある。参入メーカーは30社ほどあるが、上位2社で市場の過半を押さえ込んでいる。

【**B社**】浴用石鹸について牛乳石鹸共進社は、1909年から取り組んでいる。初代社長の下で近代的な生産体制を整え、2代目社長の下で広告宣伝を多用するプル型のマーケティングを推進し、1976年に就任した3代目社長の下では「シャワラン」ブランドを掲げてシャンプー・リンス市場にも参入した。長寿ブランドの「牛乳石鹸」と並行して、時代に沿ったプレミアムブランドを育成しようとしたに違いない。

生産面では、古来からの鹸化法（釜だき製法）を自社工場で実践していた。

販売面では、問屋を活用していた。1971年に化粧石鹸公正競争規約が「事業者は、化粧石鹸に使用されていない物質の名称を当該化粧石鹸の販売名に用いてはならない」と定めたことにより、牛乳石鹸共進社は「牛乳石鹸」という製品ブランドを使うことができなくなり、「CCW」ブランドに切り替えて販売を継続した経緯があ

■**該当セグメント**
B社：―
A社：ビューティケア

■**10年間利益率**
B社営業利益率：―
A社営業利益率：9.7%

■**10年間勝敗数**
B社得点掲示板：―
A社得点掲示板：6-4

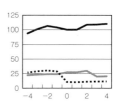

■**シェアの測定単位**
出荷金額

■**浴用石鹸**
市場規模：770億円

■**B社の首位君臨期間**
～1981年
2005年～2006年

■**A社の首位君臨期間**
1982年～2000年
2007年～

る。それもあって、1970年代にはデオドラント・ソープや薬用ソープに力を入れていた。

　雑貨カテゴリーでは、浴用と薬用石鹸に絞って参戦しており、いずれにおいても首位争いに絡んでいた。

【A社】浴用石鹸について花王石鹸は、1890年から取り組んでいる。戦前に築いた販売網が競争優位の源泉となり、戦後の復興期に首位の座を回復したが、1960年代に入って主戦場が衣料用や台所用の合成洗剤に移っていった。その流れに追随することで、花王石鹸は企業として見事なまでの成長を遂げている。ただし、浴用石鹸は家庭用製品の一翼を担うだけの存在となり、1960年前後に投入した新製品がふるわなかったことと相俟って、占有率は低迷した。

　生産面では、垂直統合した巨大自社工場を強味としていた。

　販売面では、系列問屋を取り込んで販社化を進めており、川下でも準垂直統合を強味としていた。

　雑貨カテゴリーでは、シャンプー、リンス、住宅用洗剤で首位を堅持し、浴用石鹸、薬用石鹸、粉末合成洗剤、液体合成洗剤、制汗剤で首位争いに加わっていた。

【時機】逆転が起きた頃、浴用石鹸は法人需要の減少に直面していた。最盛期には年間需要の50％を占めた中元・歳暮用は定価販売品だっただけに、これが減少すると売上も利益も直撃を免れない構図にあった。それもあって、ローカルなプレーヤーからナショナルなプレーヤーに小売の覇権が移っていった。

■50％
油脂 1981.9

【収益】このケースにおける逆転は、花王石鹸が漸増傾向を維持するなかで、牛乳石鹸共進社が逆転年に大きく出荷高を落とすことで実現した。それ以前については、未上場のため開示されていない数字が過大に評価されていたに違いない。直近でも接戦は続いており、両社間の差は1％ポイントにとどまっている。

　この逆転は収益面から見ると祝福に値する。牛乳石鹸共進社が一進一退を繰り返したのに対して、花王石鹸の営業利益は増益路線をひた走ったからである。

【好手】1970年5月、花王石鹸は旧来の鹸化法から新式の連続中和法に製法を転換し、「花王石鹸ホワイト」を発売した。そして東京

工場と並ぶ和歌山工場への大規模設備投資を実行したうえで、1976年にスタートする中期計画で家庭品については「全店配荷、優位陳列」という方針を打ち出し、工場と売場をオンラインで結ぶ情報システムを構築していった。こうして本腰の入った巻き返し策に、牛乳石鹸共進社は対抗しきれなかったものと思われる。

牛乳石鹸共進社の社長は「石鹸、シャンプーを扱っている小売店は全国で30万店ある。そのなかに大型店は8,000店、残りの大半はパパママストアである。そうすると、もしここで販社制度を敷いてやっていくとすれば、セールスマン1人が回れる店は200店だから、30万店では1,500人が必要だ。つまり自社でセールスをしていれば、1,500人のセールスマンが要る。さらに総務だ、管理職だと数えれば、2,000人近い人員が必要になる。これはとても私たちの力で持てるものではない」と語っていた。花王石鹸が自社のセールス部隊を抱えることができたのは製品ラインの間口を拡げた結果で、勝負あったの図式になっていることを、牛乳石鹸共進社の社長も認めていたと理解してよかろう。

■石鹸、シャンプー…
国際商業 1978.1

■主要記事
国際商業 1973.1
国際商業 1979.5
国際商業 1980.3
国際商業 1980.9

●戦略旗手▷▶▶▶▷▷第2世代同族経営者

【人物】このケースで好手を放ったのは花王石鹸の伊藤英三氏である。伊藤氏は、養子に出されたことから伊藤姓を名乗ったが、花王を創業した長瀬富郎氏の遠縁にあたる。そして創業者の実弟の長女と結婚した。

花王は3社に分かれた状態で終戦を迎えたが、その1社の日本有機の社長は終戦直後から伊藤氏が務めていた。これは和歌山工場のオペレーションを担当する会社であった。1954年の大同団結に際して、花王は経団連の事務局長を務めていた人物を社長に迎え入れたが、この前任社長の下で伊藤氏は副社長として実務部隊の指揮を執っていた。卸売機能の内部化を構想したのは、この伊藤氏である。

【着想】伊藤氏の決断は、本シリーズの第1巻ケース869に記述した。要約すると、欧米二強の日本進出を見越したうえで、伊藤氏は問屋と共存共栄を図る策として卸売機能の内部化に踏み切った。こうして販社を抱えた以上、固定費を薄める観点から製品ラインの

■いとう・えいぞう
誕生：1902.12
社員：1919.11-1931.06
役員：1931.06-1971.10
社長：1968.05-1971.10
会長：—

■主要記事
国際商業 1970.1

間口拡大は待ったなしとなる。そして巨大小売と花王石鹼が面でつながるようになると、製品ラインの間口が狭い牛乳石鹼共進社のようなメーカーは売場の確保にも苦労を強いられるが、それは伊藤氏からしてみれば、副次的な結果ということなのであろう。

［参照社史］
『牛乳石鹼共進社株式会社80年史』1988年
『花王史100年』1993年
［参照文献］
『追慕・伊藤英三』1972年
藤原雅俊『経営は十年にして成らず』第2章、2005年

大衆薬（15/23）
戦略C/C比率◀◁◇▷▶
戦略D/E比率◀◁◇▷▶

■第一製薬（連）
逆転決算期：1991.03
実質売上高：2,160億円
営業利益率：17.0%
筆頭大株主：金融機関
東名阪上場：1949.05

■久光製薬（単）
逆転決算期：1991.02
実質売上高：310億円
営業利益率：11.0%
筆頭大株主：金融機関
東名阪上場：1962.09

ケース 741　パップ剤／1990年

B社：●第一製薬　→　A社：⊙久光製薬

●企業戦略 ▶▷▷▷▷／▷▶▷▷▷

【B社】第一製薬は1918年に東京で設立された会社である。祖業は国産駆梅剤のアーセミンで、源流は1915年までさかのぼる。サルファ剤を他社に先駆けて送り出したことにより地歩を固め、1985年には広範囲経口抗菌剤のタリビッドを国際商品として上市した。企業戦略としては医薬専業で、処方薬と大衆薬の2本柱を維持している。

パップ剤は第一製薬にとって飛び地に近い水平多角化事業に相当する。1990年当時、売上高の8%を外皮用薬剤部門に依存しており、その部門内でパップ剤の仕入シェアは36%であった。部門を牽引するのは医家向け経皮鎮痛消炎剤の「ミルタックス」で、全社を牽引するのは循環器・呼吸器系薬剤であった。

なお、第一製薬は2005年に共同持株会社方式で三共と経営統合を果たし、第一三共となっている。

【A社】久光製薬は1944年に佐賀県で三養基製薬として設立された会社である。祖業は配置売薬で、源流は1847年までさかのぼる。早くも1903年に朝日万金膏を発売し、1933年にはサリチル酸メチルを有効成分とする「サロンパス」を発売した。消炎鎮痛薬の代

名詞となった「サロンパス」のブランドは今日まで生きている。企業戦略としては、大衆薬から処方薬に浸み出す路線を辿っているが、医薬専業に変化はない。

　パップ剤は久光製薬にとって実質上の祖業である。1990年当時、売上高の95％を消炎鎮痛剤部門に依存しており、その部門内でパップ剤の生産シェアは9％であった。部門および全社を牽引するのは「サロンパスA」である。

◉**事業戦略**▷▷▶︎▷▷／▷▷▶︎▷▷
【製品】パップ剤は、医薬品と水の混合物を基材のうえに展膏した剤形を指す。外皮用消炎鎮痛剤にはパップ剤のほか、プラスター剤、リニメント剤、液状エアゾール剤と少なくとも4つの異なる剤形がある。ここで対象としているのはパップ剤だけである。ちなみに、パップとはオランダ語で、濃厚な粥の状態を意味するそうである。

　隣接市場にはプラスター剤がある。そこでは久光製薬の「サロンパスA」の独走状態が続いていたが、市場規模はパップ剤と大差ない。

　製品には冷感タイプと温感タイプがある。参入メーカーは70社を数えたが、上位2社で市場の半分を押さえ込んでいた。

【B社】パップ剤について第一製薬は1966年から取り組んでおり、新剤形のパイオニアである。

　生産面では、1966年に設立された渡辺薬品工業と一手販売契約を結んで、完全に委託していた。渡辺薬品工業は、1970年には第一製薬の資本参加を受け入れて、1991年に埼玉第一製薬と社名を変更した。1988年には発毛促進剤「カロヤン」も第一製薬から受託している。しかしながら、三共と経営統合した第一製薬が処方薬専業化を指向したことから、2007年に第一三共は保有株式をニプロに譲渡した。埼玉第一製薬はニプロパッチと社名を変えたが、2017年にニプロファーマに吸収されて解散した。

　販売面では、「パテックス」ブランドを確立している。有効成分は「サロンパス」と同じサリチル酸メチルと、抗ヒスタミン剤の塩酸ジフェンヒドラミンである。

■該当セグメント
B社：医薬品
A社：全社

■10年間利益率
B社営業利益率：20.7％
A社営業利益率：23.8％

■10年間勝敗数
B社得点掲示板：5-0
A社得点掲示板：10-0

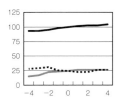

■シェアの測定単位
販売金額

■大衆向けパップ剤
市場規模：110億円

■B社の首位君臨期間
～1990年
1993年～2000年

■A社の首位君臨期間
1990年～

大衆薬カテゴリーでは、パップ剤だけに参戦していた。

【A社】 パップ剤について久光製薬は、1971年に「サロンシップ」で追撃に出た。

生産面では、自社の鳥栖工場と宇都宮工場で生産していた。

販売面では、代理店経由で薬局や病院に製品を卸している。

大衆薬カテゴリーでは、プラスター剤とパップ剤だけに参戦していた。プラスター剤では独走体制を築いている。

【時機】 逆転が起きた頃、第一製薬は合成抗菌剤「タリビッド」の急成長にかげりが見えてきたことから、大衆薬の売上を4年間で3倍に増やす計画を進めていた。重点5分野のなかには「パテックス」も含まれていた。

【収益】 このケースにおける逆転は、穏やかに漸増する市場において、久光製薬が怒濤の勢いで追い上げることで実現した。逆転後も両社間で接戦が繰り広げられたが、パップ剤がプラスター剤と統計上で併合されたことから、直近の状況はわからない。

この逆転は収益面から見ると祝福に値する。バブル経済が崩壊したにもかかわらず、久光製薬は逆転年を含めて3年連続の増収増益を記録した。そこから2年ほど足踏みしたが、また増収増益路線に回帰している。

【好手】 1987年6月、久光製薬は支持体に伸縮自在性を持たせた「のびのびサロンシップ」を発売した。翌年には温感タイプの「のびのびサロンシップH」も追加している。ともに有効成分はサリチル酸グリコール、l-メントール、酢酸トコフェロール、dl-カンフルであった。これらの新製品により、久光製薬はプラスター剤からパップ剤にも攻勢をかける体制が整った。

同じ1987年6月に、久光製薬は営業組織にメスを入れ、営業統括本部制に切り替えた。また同じ月に、宇都宮工場を立ち上げている。従来は九州に偏在していた生産拠点が、これで東西二拠点体制に移行した。

パップ剤における逆転は、構えの次元までメスを入れた久光製薬の攻勢の帰結と見てよかろう。第一製薬は1988年7月に効き目を強化した「パテックスA」を投入して製品次元で抵抗を試みたが、わずか4年で改良版の「新パテックスA」を登場させている。

■**主要記事**
日経流通 1988.1.30
日経産業 1988.7.1

営業利益が伸び悩むなかで、有効な反攻は難しかったのかもしれない。

◉**戦略旗手**▷▷▷▷**第5世代同族経営者**

【人物】このケースで好手を放ったのは久光製薬の中冨博隆氏である。創業者は久光仁平氏であったが、3代目が久留米藩士の婿養子になったことから中冨姓を名乗った。博隆氏は3代目の孫にあたり、創業家の直系に連なる人物である。

　博隆氏が社長に就任した株主総会で、久光製薬は不本意な決算を報告せざるをえなかった。毒性試験で躓いて医薬品の開発を中止したうえ、「ジャストサロンパス」が粘着不良のため返品ラッシュとなり、1980年度の売上は前年比29％減という惨憺たる状況に陥っていたのである。営業赤字を埋めるべくオフィスビルや社宅等を売却したものの最終赤字を免れることはできず、社員のショックは大きかった。そして81歳の父親が事実上の引責辞任を決断したことにより、44歳の博隆氏に社長の重責が回ってきた。

　博隆氏は直ちに顧客第一主義を打ち出して、経営体制および経営プロセスの一新に乗り出した。その仕上げが1987年の反転攻勢であった。

【着想】博隆氏の決断は必然の産物のように思われる。衆知に基づいて常識的な判断を積み重ねた結果と言えるのではなかろうか。

［参照社史］
『第一製薬九一年史』2007年
久光製薬株式会社『百四十五年史』1992年
［参照文献］
馬場禎子「売薬・膏薬120年～久光製薬」『プレジデント』1966年11月
「大衆薬市場の動向 パップ剤」『国際商業』1980年11月

■なかとみ・ひろたか
誕生：1937.02
社員：1966.02-1975.04
役員：1975.04-
社長：1981.05-2015.05
会長：2015.05-

■主要記事
ドラッグマガジン 1993.1

ケース 742 ピッキングシステム／2001年

B社：◉トーヨーカネツ → A社：●ダイフク

物流搬送機構（3/6）
戦略C/C比率◀◇▷▷
戦略D/E比率◀◇▷▷

■トーヨーカネツ（連）
逆転決算期：2002.03
実質売上高：400億円
営業利益率：▲4.1％
筆頭大株主：金融機関
東名阪上場：1961.10

■ダイフク（連）
逆転決算期：2002.03
実質売上高：1,370億円
営業利益率：1.6％
筆頭大株主：兼松
東名阪上場：1962.07

●企業戦略▶▷▷▷▷／▶▷▷▷▷

【B社】トーヨーカネツは1941年に東京で東洋火熱工業として設立された会社である。祖業は工業窯炉で、創業者が日本陶管に勤務していて工業窯炉の将来性に目をつけて起業したという。戦後は1950年に米国から技術導入して手掛けた浮屋根式のタンクが主力事業となり、それを1955年に進出したコンベヤが上回るところまで成長して、経営の二本柱が出揃った。1980年代半ばには、建築事業という第三の柱が加わっている。企業戦略としては、相互に関連のない事業を営んでおり、多核化に該当する。

　ピッキングシステムはトーヨーカネツにとって主業の一翼を担う事業である。2001年当時、売上高の39％を物流システム部門に依存しており、その部門内でピッキングシステムの生産シェアは8％ほどであった。部門および全社を牽引するのは搬送・仕分機器である。

【A社】ダイフクは1937年に大阪で坂口機械製作所として設立された会社である。祖業は製鉄用の鍛圧機械ながら、この事業は1959年に収束している。戦後は大福機工と社名を変更したうえで荷役運搬機械に転進して、トヨタ自動車にコンベヤやラックビルシステムを納入するなど、マテリアルハンドリングの領域で第一人者の地位を築き上げた。ボウリング機械を国産化したあたりから多角化にも熱心で、洗車機や電子機器も手掛けている。企業戦略としては、単純な技術応用の範疇を越えてストレッチしているが、多核化までには至っていない。

　ピッキングシステムはダイフクにとって主業の一角に相当する。2001年当時、売上高の81％を物流システム部門に依存していたが、その部門内でピッキングシステムの生産シェアは1％未満という低水準にとどまっていた。部門および全社を牽引するのはコンベヤシステムである。

●事業戦略 ▷▷▷▶▶/▷▷▷▶▷

【製品】ピッキングシステムは一般に物流センターで使われており、注文の入った商品を保管場所から取り出す使命を担う。一般に保管単位はモノ別で、出荷単位は顧客別となる。その間を取り持つ作業員を補助するのがピッキングシステムにほかならない。スーパーマーケットはセルフサービスの旗印の下に顧客にピッキングを委ねた点が画期的であったが、その手が使える領域は限られており、通販や宅配の普及によりピッキングの合理化はますます重要な課題となっている。普及が始まったのは1970年代で、関連要素技術の進歩が続いていることもあり、逆転時点では成長余力を残していた。

隣接市場には自動仕分けシステムがある。こちらは小分けの機能を持たず、集荷したパッケージをコンベヤで高速搬送しながら仕向地別に無人でソートする。市場規模としてはピッキングの4倍ほどに達していた。

製品には扱うモノや顧客のニーズに応じて多様なアプローチがある。参入メーカーは15社ほどで、上位4社で市場の過半を押さえていた。

【B社】ピッキングシステムについてトーヨーカネツは、コンベヤと同じく米国ラピスタン社から技術を導入して1981年から取り組んでいる。1995年にはオーストリアのピーム社から自動ピッキングマシンの独占販売権も取得している。

生産面では、自社の千葉工場を主力拠点としている。

販売面では、直販営業を主体としていた。

物流搬送機構カテゴリーでは、自動仕分けシステムとピッキングシステムで首位争いに絡んでいた。それ以外には参戦していない。注力先は物流センター向けのソリューションと空港手荷物搬送システムである。

【A社】ピッキングシステムについてダイフクは、1986年に初号機をGMSの物流センターに納入している。

生産面では、滋賀事業所を主力拠点としていたものと思われる。

販売面では、直販営業を主体としていた。24時間365日体制のサポートセンターを自前で整備している事実は特筆に値する。ま

■該当セグメント
B社：物流システム
A社：物流システム

■10年間利益率
B社営業利益率：1.8%
A社営業利益率：8.5%

■10年間勝敗数
B社得点掲示板：0-10
A社得点掲示板：4-6

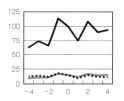

■シェアの測定単位
出荷金額

■ピッキングシステム
市場規模：80億円

■B社の首位君臨期間
1991年～2000年

■A社の首位君臨期間
2001年～

第5章 構えの周期適応

た、自動車業界、半導体業界、小売業界といった顧客別に事業を展開するアプローチが独自の特徴となっていた。

物流搬送機構カテゴリーでは、フルラインで参戦しており、立体自動倉庫および回転棚で独走し、ピッキングシステムと無人搬送車と電動移動棚で首位争いを演じていた。システムインテグレーターを標榜するのはダイフクだけと言ってよい。

【時機】逆転が起きた頃、トーヨーカネツは4年連続で最終赤字に喘いでいた。ダイフクは、1997年度と1999年度を黒字で終えている。

【収益】このケースにおける逆転は、市場が上下動を繰り返しながら上昇トレンドを見せるなかでの下降局面で起きている。ともに生産を絞ったが、絞り方が相対的に穏やかだったダイフクがトーヨーカネツを僅差で抜き去った。直近では、両社間の差は5%ポイントにまで拡大した。

この逆転は収益面から見ると祝福に値する。ダイフクは、狙ったとおり2000年代に中国関連の需要を取り込んで、大幅な収益改善を実現した。これは同社の先見の明が光ったケースと理解してよかろう。

【好手】1996年9月、ダイフクは米国のオートソフト社を約50億円で買収した。これは保管や搬送、仕分けなどに必要なソフトウェアの開発に特化した企業で、搬送装置の制御ソフトウェアを内製してきたダイフクの守備範囲を大きく拡げる可能性を秘めていた。さらに同年11月には同じ米国でオートシミュレーション社も買収し、マテリアルハンドリングのスケジュール作成ソフトを手に入れている。そして2000年度の有価証券報告書で「SCM時代に対応する物流センター構築に不可欠のシステムとして（中略）入荷から出荷までのトータルな効率化、精度向上を図るソフトウェア・パッケージを開発いたしました」と報告した。

時代をさかのぼると、ダイフクは早くも1975年にコンテックという子会社を設立しており、そこでPCが登場する前からコンピューター技術を取り込む努力を続けてきた。これが制御の面でダイフクに競争優位をもたらし、上記M&Aの伏線になったものと思われる。

トーヨーカネツは、2001年1月に生活協同組合コープこうべから大型案件を受注して、この案件を「高度なITと新しい技術を融合させた大規模な物流システム」と特徴づけたうえで、その意義を「単なる物流機器メーカーからの脱皮」に資すると有価証券報告書で報告した。ダイフクが仕込みに手間をかけたのに対して、チグハグな印象を拭えない。

●戦略旗手▷▷▷▷▷第２世代同族経営者

【人物】このケースで好手を放ったのはダイフクの益田昭一郎氏と思われる。実質的な創業経営者の長男にあたる昭一郎氏は、社長在任中の1994年2月に流通業界を専任で担当する営業部門を設置して、同時にコンサルティング業務に挑戦するよう研究所のミッションを変更した。同じ年にオープンしたマテリアルハンドリングの総合展示場は、のちにコンサルティング営業の拠点と位置づけられたが、そう仕組んだのは間違いなく昭一郎氏である。

　ダイフクは1999年3月に、老朽化した大阪工場を滋賀事業所に移転し終えて、生産性の向上を実現した。これが、流通業界が低コストの物流システムに走り出す時代に、大きな武器となった。これについても昭一郎氏は1994年3月までに布石を打ち終えていた。

　だが、積極投資路線は1998年に頓挫して、会長職に就いていた昭一郎氏は引責辞任した。これは、半導体業界向けの事業が韓国のIMF危機で打撃を受け、業績予想の大幅な下方修正を迫られたことによる。

【着想】昭一郎氏の決断は33歳まで勤めた倉敷レイヨン時代の経験の上に立つ。その点は、「私は昔繊維の世界におりまして、数十年前に同じような時代をくぐりましたからよくわかるんですけれども（中略）中途半端にやっても駄目だと思っています」という語り口から明らかであろう。

　売り先を自動車のようなメーカーから流通に振り向けていく決断に関して昭一郎氏は「勉強してみると、ある面でメーカーよりよっぽど難しいです。メーカーの物流は、計画性があり、流れる量も極端に変動することはない。ところが、第三次産業は流れる量は時間帯、日、週、季節によって違う。扱う商品も種々雑多である。そ

■主要記事
日経産業 1993.9.22
日経産業 1994.9.14

■ますだ・しょういちろう
誕生：1930.01
社員：1963.04-1969.05
役員：1969.05-1999.06
社長：1989.06-1995.06
会長：1995.06-1998.01

■私は昔繊維の世界に…
　勉強してみると…
ロジスティクスシステム
1994.9.10

第5章　構えの周期適応　375

■主要記事
工場管理 Vol.37-17

ブリキ・メッキ缶（2/3）
戦略C/C比率◀◀◇▷▷
戦略D/E比率◀◇◇▷▷

■日本製罐（単）
逆転決算期：1984.11
実質売上高：99億円
営業利益率：3.8%
筆頭大株主：創業家
東名阪上場：1963.12

■東洋製罐（単）
逆転決算期：1985.03
実質売上高：3,900億円
営業利益率：9.4%
筆頭大株主：創業家
東名阪上場：1949.05

れをどこまでうまくやれるのか。それほど簡単なものではありません。どれだけ納得のいくシステムを組めるかということじゃないですかね」と述べていた。業界の変節点を意識したうえで、構想を事前に練り上げていたことは間違いない。

［参照社史］
『トーヨーカネツ50年史』1991年
『ダイフクグループ70周年記念誌』2007年

ケース 743　18リットル缶／1984年
B社：○日本製罐 → A社：●東洋製罐

●企業戦略▷▷▷▶▷／▶▷▷▷▷

【B社】日本製罐は1942年に東京で設立された会社である。祖業は製缶業で、源流は1925年の川俣製罐所の個人創業までさかのぼる。M&Aによって企業規模を拡大したが戦災で工場を失い、戦後は金属印刷工場を併設する構えで再スタートを切った。非飲料用の印刷化粧缶に強味を築いている。企業戦略としては、単純明快な専業である。

18ℓ缶は日本製罐にとって祖業かつ主業である。1984年当時、売上高の44％を18ℓ缶に依存していた。残りは丸缶がメインで、それを角缶が補っていた。

【A社】東洋製罐は1941年に同業8社の大同団結によって大阪で設立された会社である。祖業は水産缶詰用の製缶業で、源流は1917年までさかのぼる。戦後は過度経済力集中排除法の指定を受けて北海製罐をスピンオフすることとなったが、米国のコンチネンタル・キャン社を師と仰ぎ、製缶技術のアップグレードに邁進した。また、1962年にプラスチック容器、1971年にオールアルミ缶に進出するなど、容器の多様化にも積極的に追随している。企業戦略としては、プラスチック容器も事業として成立させており、販路応用の水平多角化を遂げたことになっている。

18ℓ缶は東洋製罐にとって主業の一角を占める事業である。1984年当時、売上高の2％を18ℓ缶に依存していた。主力は売上

高の67%を占める缶詰用空缶で、それにプラスチック製品と美術缶が続いていた。

なお、東洋製罐は2013年に東洋製罐グループホールディングスと社名を変更している。

● **事業戦略** ▶▷▷▷/▷▶▷▷▷

【製品】18ℓ缶はJIS規格化された定形定量のブリキ製容器のことで、食料品、化学薬品、食用油、鉱油、塗料などを運搬、保管する用途に用いられる。製造工程は、ブリキ板を缶拭、印刷、切断、打抜、製胴したあと、蓋を巻締し、口金を取り付けて完結する。ブリキ缶の製法特許は早くも1810年にイギリスで成立しており、国内では外資系石油会社が内製化したものの、製缶業者が供給を担うようになった経緯がある。

隣接市場には食缶があった。市場規模としては、18ℓ缶は食缶の7分の1程度にとどまっていた。

製品には加飾以外に差異化の要素が見当たらない。それゆえ「原材料費が販売価格の70〜80%を占め利益率が低く、今後需要の大幅伸長もたいして期待できない」と目されていた。それでも参入メーカーは中小企業を中心に100社を数え、上位8社でかろうじて市場の半分を押さえる程度で、競争は熾烈を極めていた。

【B社】18ℓ缶について日本製罐は、1925年から取り組んでいる。

生産面では、関東に集中配置した4工場で受注生産していた。

販売面では、明治乳業、日本ペイント、昭和産業といった大口顧客に直販していた。

ブリキ缶・メッキ缶カテゴリーでは、18ℓ缶で首位争いを演じる一方で、食缶では下位に甘んじていた。ドラム缶には参戦していない。

【A社】18ℓ缶について東洋製罐は、川勝製罐（1960年から本州製罐）をグループに迎え入れた1958年から戦列に加えている。東洋製罐本体は1956年に18ℓのペール缶（バケツ缶）のラインを立ち上げており、18ℓ缶への参戦は立ち遅れた。

生産面では、グループ企業の本州製罐に製造ラインを構えていた。本州製罐は蒲田と加古川に工場を置いていたが、自社の戸畑

■ 該当セグメント
B社：全社
A社：包装容器

■ 10年間利益率
B社営業利益率：0.2%
A社営業利益率：2.4%

■ 10年間勝敗数
B社得点掲示板：0-10
A社得点掲示板：0-10

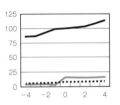

■ シェアの測定単位
生産金額

■ 18リットル缶
市場規模：520億円

■ B社の首位君臨期間
1977年〜1983年

■ A社の首位君臨期間
〜1976年
1984年〜

■ 原材料費が販売価格…
証券 1964.1

工場にも1系列を持っていた。

販売面では、本州製罐の製造分も含めて、東洋製罐の営業部隊が直販していた。

ブリキ缶・メッキ缶カテゴリーでは、食缶で独走するほか、18ℓ缶で首位争いに絡んでいた。ドラム缶には参戦していない。

【時機】逆転が起きた頃、東洋製罐は師と仰いだコンチネンタル・キャン社を追い抜いて、容器業界で世界一に躍り出た。これを容器専心の経営戦略と「お得意様第一主義」の成果と捉え、社内報は1984年度を「世界のリーダーとしての地位を保持する前進の第一歩の年」と位置付けていた。

【収益】このケースにおける逆転は、市場が穏やかな右肩上がりを続けるなかで、首位の日本製罐が漸増を維持したのに対して、5番手に位置していた東洋製罐が一気に生産能力を引き上げることで実現した。直近では、両社間の差は8%ポイントのままで推移している。

この逆転は収益面から見ると祝福に値するものと思われる。ただし、東洋製罐の18ℓ缶依存度が低いので、詳細はわからない。一方、日本製罐は逆転時点で1.2の負債比率が、10年後には1.7まで悪化しており、苦しい経営が続いていたことは確かである。

【好手】1983年5月、東洋製罐は戸畑工場で溶接ラインの新設工事を開始した。そして1986年11月より戸畑工場の半田缶ラインを溶接缶ラインに切り替えている。さらに有価証券報告書によると、1977年3月期では戸畑以外に1系列となっていた18ℓ缶の製造ラインが、1983年3月期では戸畑以外に3系列となっていた。ということは、このあいだに本州製罐は生産能力を3倍に増やす設備投資を行ったことになる。おそらく市場の漸増傾向に鑑みて、怒濤の攻勢に踏み切ったに違いない。

日本製罐は1987年秋から久喜工場の能力増強計画を実行に移して反撃に出たが、小規模投資を延々と続けるのが精一杯で、財務体質の弱さが露呈した印象を拭えない。

■たかさき・よしろう
誕生：1919.08
社員：1945.11-1953.11

●戦略旗手 ▷▶▷▶▷▶ 第2世代同族経営者

【人物】このケースで好手を放ったのは東洋製罐の高碕芳郎氏であ

る。芳郎氏は創業者の長男に生まれた人物である。

【着想】 芳郎氏の決断の背景は知る術がない。芳郎氏が自らの言葉で何も遺していないからである。

　［参照社史］
　『東洋製罐八十年の歩み』1997年
　［参照文献］
　鈴木裕史「一八リットル缶 製造業の実態調査結果」『公正取引』
　　1971年11月
　宇田川忠治「100年も変わらぬ重宝な容器」『包装技術』1990年1
　　月

役員：1953.11-1993.06
社長：1964.02-1992.06
会長：1992.06-1993.06

■**主要記事**
ダイヤモンド 1964.3.16

5-1-4 突破力の発揮

ケース 929　大形形鋼／1986年

B社：●新日本製鐵　→　A社：●東京製鐵

熱間圧延鋼材（12/18）
戦略C/C比率 ◀◇◇▷▷
戦略D/E比率 ◀◇◇▷▷

■新日本製鐵（連）
逆転決算期：1987.03
実質売上高：2兆4,780億円
営業利益率：▲0.3%
筆頭大株主：金融機関
東名阪上場：1950.10

■東京製鐵（単）
逆転決算期：1986.11
実質売上高：1,480億円
営業利益率：3.8%
筆頭大株主：池谷太郎
東名阪上場：1974.07

●企業戦略▶▷▷▷▷／▷▷▷▶▷

【B社】新日本製鐵は1970年に高炉メーカーとして東京で設立された会社である。祖業は鉄鋼で、源流は1934年に5社が統合して生まれた日本製鐵にさかのぼる。半官半民の日本製鐵は過度経済力集中排除法の指定を受け、1950年に八幡製鉄と富士製鉄など4社に解体されたが、中核2社が再合同して生まれたのが新日本製鐵にあたる。企業戦略としては、鉄鋼のデパートを主軸としながらも、そこから派生した化学、エンジニアリング、情報通信、不動産などの事業を営んでおり、多核化に相当する。

大形形鋼は新日本製鐵にとって祖業の流れを汲む事業である。1986年当時、売上高の9%を条鋼部門に依存しており、その部門内で大形形鋼の生産シェアは30%に達していた。部門を牽引するのは軌条で、全社を牽引するのは鋼板部門であった。

なお、新日本製鐵は拙著『戦略暴走』に半導体事業がケース101として登場した。同社は2012年に住友金属工業を吸収し、社名を新日鐵住金に変更している。

【A社】東京製鐵は1934年に独立系の電炉メーカーとして東京で設立された会社である。戦後は特殊鋼から普通鋼に転進し、東は千住、西は倉敷に小形および中形の圧延設備を導入したが、1969年にM&Aを2件成立させて四国と九州にも生産拠点を確保すると同時に、大形の圧延工場を建ててH形鋼に進出した。この大英断が飛躍の土台となって、電炉業界の最大手に登り詰めたのみならず、高炉メーカーの牙城に切り込む風雲児の名をほしいままにした。企業戦略としては、一点の曇りもなく鉄鋼専業で、鋼材特化を貫いている。ドメイン定義は機能的で、「建材」である。

大形形鋼は東京製鐵にとって新境地を開拓する事業である。1986年当時、売上高の100％を鋼材部門に依存しており、その部門内で大形形鋼の生産シェアは30％を超えていた。部門および全社を牽引するのは山形鋼であった。

● **事業戦略** ▶▷▷▷▷／▷▷▷▷▶▷

【製品】大形形鋼は熱間圧延によってつくられる長尺鋼材で、19世紀半ばにベルギーで開発された。JIS規格に沿うものはコモディティ化しており、一般にトンあたりいくらで取引される。他方で、独自規格の品種は市場が限られる。需要は景気次第で上下するのが常で、逆転年以降のバブル期は活況を呈することになった。

　隣接市場には中形形鋼があるものの、市場は大形形鋼の4分の1程度にとどまっている。そちらは日本鋼管系の東伸製鋼の独壇場であった。熱間圧延鋼材には、ほかに圧延形状の異なる軌条、鋼矢板、棒鋼、線材、管材、鋼板、帯鋼などがあり、数量シェアでは帯鋼が圧倒的な地位を占め、それに棒鋼が続くなかで、形鋼は厚板と並んで第3の集団を形成していた。

　製品には断面形状によってH形、I形、山形、溝形などの基本分類がある。さらに各形状ごとに寸法違いや表面仕上げの選択があり、たとえばH形では30種類以上を揃える店が多い。用途は主に建設で、建設業界の繁閑と命運を共にする傾向が強い。需要のピークも、日本の高度成長期と中国の高度成長期に記録されている。参入メーカーは16社で、上位4社で市場の過半を押さえ込んでいる。

【B社】大形形鋼について新日本製鐵は、戦前から手掛けていた。歴代経営者は業界秩序の確立に注力する一方で、優秀なエンジニアを多数抱え込んで、技術優位が競争力の源泉と喧伝していた。

　生産面では、鉄鉱石を主原料とする高炉で銑鉄をつくり、それを転炉で鋼に変え、最後に圧延するという工程を敷いていた。一貫生産していたのは室蘭（北海道）、君津（千葉）、堺（大阪）、広畑（兵庫）である。

　販売面では、商社経由で特約店に卸していた。ただし、特定大口顧客に長期供給する「ひも付き」販売も多かった。

■ **該当セグメント**
B社：製鉄
A社：全社

■ **10年間利益率**
B社営業利益率：9.3％
A社営業利益率：13.4％

■ **10年間勝敗数**
B社得点掲示板：4-6
A社得点掲示板：4-6

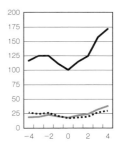

■ **シェアの測定単位**
生産重量

■ **大形形鋼**
市場規模：約3,000億円

■ **B社の首位君臨期間**
〜1985年
1994年〜1999年
2009年〜2010年
2012年

■ **A社の首位君臨期間**
1986年〜1993年
2000年〜2008年
2011年
2013年〜

熱間圧延鋼材カテゴリーでは、重軌条、鋼矢板、普通線材などを支配していた。

【A社】 大形形鋼について東京製鐵は、1984年に参入した。H形鋼のような高級鋼材は高炉でしか造れないと言われていたが、同社は技術革新によって電炉で造る道を切り拓いた。伝統的な電炉製品には注力しない戦略を貫いており、電炉メーカーのなかでは孤高の存在と言ってよい。

　生産面では、屑鉄を主原料とする電炉を保有し、大形の形鋼は倉敷だけに頼っていた。

　販売面では、特約店に頼っていたが、先に価格を公表し、あとで注文を取る、事実上の受注生産体制を敷いているところに特徴があった。調達先も売り先も国内と海外を臨機応変に使い分けるところにも独自性があり、川上と川下を商社任せにしていない。

　熱間圧延鋼材カテゴリーでは、形鋼のほかに異形棒鋼を手掛けており、小形棒鋼を支配していた。

【時機】 最初の逆転が起きた頃、新日本製鐵は石油ショック以来の需要低迷に苦しんでいた。1986年3月末時点で、同社の負債は自己資本の5倍近くに達しており、毎年の利払い額と、長期借入金の返済額が、それぞれ1,000億円を超えており、営業利益は平均して1,000億円を割り込む決算が続いていた。鉄鋼業界は日米貿易摩擦への対処も迫られており、新日本製鐵は打開策として固定費の削減と新素材や電子分野への多角化展開を急いでいた。

　そして1985年9月、いわゆるプラザ合意が発表され、直前まで1ドル235円をつけていた円は瞬時に1ドル215円に高騰した。そして翌1986年には160円を割り込み、1987年は120円に迫るなかで、ついに新日本製鐵は高炉の3基に1基を停止する計画を公表した。本ケースの逆転は、その計画策定の傍らで起きたものである。

【収益】 このケースにおける逆転は、市場が下降から上昇に転じる境目で東京製鐵が強気に生産を拡大し、一気に新日本製鐵を突き放したことによる。ただし、高炉と電炉では原料ソースが異なり、それぞれの市況に応じて原価が変わるため、逆転後も何度か東京製鐵と新日本製鐵の間で再逆転が起きている。直近では、東京製鐵が新日本製鐵に4％ポイントの差をつけている。

この逆転は収益面から見ると祝福に値する。東京製鐵の逆転後の当期純利益は飛躍的に伸びており、仕掛けた側にしてみれば、目論見通りの大成功であったに違いない。逆転年の前後で特別損失を出して老朽工場を2つ閉鎖していることも考慮すれば、スクラップ＆ビルドの模範事例と言えよう。

【好手】1982年8月、東京製鐵は大形H形鋼に新規参入すると発表して、翌月に九州工場の隣接地を買い入れた。一方の新日本製鐵は7月に緊急不況対策として高炉2基を休止すると発表しており、200億円を投資してH形鋼の生産能力を46％引き上げようという東京製鐵の動きは、明らかに新日本製鐵の神経を逆なでするものであった。特に大形H形鋼は建設用鋼材のなかで唯一の高採算品種とされていただけに、新日本製鐵の首脳陣が激怒したとしても不思議ではない。

　高炉メーカーが独占してきた市場に電炉メーカーの東京製鐵が踏み込んでくるという展開を前にして、新日本製鐵は東京製鐵のトンあたり価格マイナス5千円で事後決済する政策を流通に対して打ち出して、10月から大増産体制を敷いてきた。こうして世に言う「H形鋼戦争」に火がついて、指標となる価格の水準は1983年2月までに27％下落した。そのときは各社とも大幅赤字に転落したことから、減産に動き、戦争状態は半年で終結した。

　ところが1984年5月、東京製鐵の新工場が稼働するという段階に入ると、新日本製鐵は本格的な締め付けに動き出した。そして注文をとれなくなった東京製鐵が値下げに出ると、増産で対抗した。途中で円が急騰したせいか、二度目の意地の張り合いは予想外に長引き、指標価格は1986年4月に前回の底値を11％も下回る状態が現出した。市況が回復したのはバブル期の建設ラッシュが始まった1987年夏のことで、その間の長期低迷期に東京製鐵はシェア逆転を達成したことになる。

　官僚制組織を完備する新日本製鐵とは対照的に、ワンマン経営を是とする東京製鐵は、固定費においても変動費においてもローコスト経営を貫徹し、市況に応じて生産品目や仕向地を大胆に変える機敏さを身上としてきた。本社人員1人あたりの売上高は新日本製鐵が2億円（1987年3月期）であったのに対して東京製鐵は23

■主要記事
日経朝刊 1982.8.25
日経産業 1982.8.25
日経産業 1982.9.9
日経産業 1982.9.10
日経朝刊 1982.10.28
日経産業 1982.12.7
日経産業 1982.12.27
日経朝刊 1983.1.6
日経朝刊 1983.8.31
日経朝刊 1983.9.8
日経産業 1984.5.31
日経産業 1984.6.16
日経朝刊 1984.6.22
日経産業 1984.8.7
日経産業 1985.1.12
日経産業 1986.5.22
日経産業 1986.7.2

億円（1986年11月期）と、文字どおり桁が違う。負債も自己資本の1.5倍程度に収まっており、財務体質の強さには定評があった。優勢を見越したうえで強気に出たに違いない。

■いけたに・まさなり
誕生：1945.08
社員：1968.04-1975.12
役員：1975.12-2006.06
社長：1975.12-2006.06
会長：―

■いけたに・たろう
誕生：1917.08
社員：―
役員：1949.05-1975.12
社長：1949.05-1975.12
会長：1975.12-1988.06

■自由にすれば…
政経人 1981.9

◉戦略旗手▷▶▷▶▷ 第2世代同族経営者

【人物】このケースで好手を放ったのは東京製鐵の池谷正成氏である。正成氏の4代前は鍛冶屋で、2代前の正一氏がスクラップ屋を立ち上げた。その正一氏が46歳で早世し、正成氏の父親は20歳で家業を継ぐことになったが、わずか2年でメーカーに転じ、親戚が始めた東京製鐵を31歳で譲り受けたという。東京製鐵は終戦と同時に操業を停止し、賠償指定工場になっていたが、池谷太郎氏が譲り受けて再開に漕ぎつけており、正成氏は、この太郎氏の長男にあたる。

　実質的創業者の太郎氏は、新日本製鐵の稲山嘉寛氏が主導した不況カルテルへの参加を拒み、「自由にすればこの苦境でも生きられるメーカーが、日ごろ努力を怠っているためにこの苦境に生きることができないメーカーの犠牲になる制度は、根本的に考え方が間違っている」と啖呵を切った。東京製鐵のアウトサイダー志向は、この1962年のエピソードに端を発するもので、根は深い。

　1969年に小形および中形H形鋼の生産を立ち上げたのは、この太郎氏であった。その日を見据えて、太郎氏は1960年に倉敷の土地を入手し、着々と最新鋭工場の建設を進めていたのである。カルテルに見向きもしなかったのは、すでに戦闘準備を整えていたからなのであろう。

　太郎氏は、正成氏が大学を卒業した翌年に四国の同業メーカーを買収し、正成氏を社長に就任させた。図らずも24歳で債務超過からの企業再生に取り組む羽目に陥った正成氏が6年で再建を果たすと、その会社を太郎氏は東京製鐵に吸収して、今度は正成氏を本体の社長に就任させた。30歳の新社長は直ちに上場準備に取りかかり、新たに自己資本を増強すると倉敷の設備リニューアルを実行している。九州における大形H形鋼参入は、その次のステップで、大きな構想が就任時からあったと見て間違いなかろう。

【着想】正成氏の決断は熟慮に基づいている。新日本製鐵が売って

いる「シニアHの値段が非常に高くて、魅力的なんですね。あんな高くて売れるんなら、我々造ったら、もう少し安く造れるし、だいぶ儲けさせてもらえるなと。それで、なおかつ東京製鐵の持っている技術、それと資本力、そういうものから考えて大形H形鋼は十分にできる。こういうことで我々は計画しました」というインタビューへの応答が、すべてを物語っている。

　動いたタイミングについては、「中近東向けの輸出が好調かつ円安で好採算」、「不況下で設備投資にかげりが出てきた」、「新設備が動くころには景気が上向く」という発言あたりから、推し量ることができよう。

　H形鋼戦争については、「過去にもH形ではいろいろな問題がありましたからね。これほどまでに激しく、2回にわたって圧力がかかってくるというところまでは、正直言って予想してませんでしたけど、何らかの圧力があるだろうということは予想されました。したがって、大形H形鋼だけ造ったんじゃ、もしかすると危険だ。ほかのものも造れるようにしとかないと危ないぞと思いましたから、今回は大形H形鋼の設備で1メートル幅の厚板も造れる兼用の工場にしました」と語っている。したたか以外の何ものでもない。

　もっとも、筋金入りの経営者にしてみれば、この程度は序の口に過ぎない。ここまで率直に思考過程を言語化できる経営者は珍しいが、極論すれば経営者は考える以外にすることのない職種である。むしろ、考えるべきを考えず、自社では課長クラスの若手に批判された新日本製鐵の経営陣こそ、研究対象とすべきなのかもしれない。

［参照社史］
新日本製鐵建材事業部堺製鐵所『英知・形鋼40年史』2001年

■シニアHの値段が…
週刊ダイヤモンド
1984.7.14

■中近東向けの輸出が…
日経産業 1982.4.24

■不況下で設備投資に…
日経産業 1982.9.4

■新設備が動くころには…
日経産業 1982.12.27

■過去にもH形では…
週刊ダイヤモンド
1984.7.14

■主要記事
プレジデント 1978.7
実業界 1979.12
経済ライフ 1980.7
政経人 1981.9
週刊ダイヤモンド
1982.9.18
投資月報 1983.2
財界 1984.6
週刊ダイヤモンド
1984.7.14

ケース 744　**高炭素線材／1986年**

B社：●新日本製鐵　→　A社：●神戸製鋼所

熱間圧延鋼材（12/18）
戦略C/C比率 ◁◁◇▷▶
戦略D/E比率 ◁◀◇▷▷

■新日本製鐵（連）
逆転決算期：1987.03
実質売上高：2兆4,780億円

●企業戦略 ▶▷▷▷／▶▷▷▷

【B社】新日本製鐵は1970年に高炉メーカーとして東京で設立され

営業利益率：▲0.3%
筆頭大株主：金融機関
東名阪上場：1950.10

■神戸製鋼所（連）
逆転決算期：1987.03
実質売上高：1兆1,250億円
営業利益率：0.6%
筆頭大株主：金融機関
東名阪上場：1949.05

た会社である。祖業は鉄鋼で、源流は1934年に5社が統合して生まれた日本製鐵にさかのぼる。半官半民の日本製鐵は過度経済力集中排除法の指定を受け、1950年に八幡製鉄と富士製鉄など4社に解体されたが、中核2社が再合同して生まれたのが新日本製鐵にあたる。企業戦略としては、鉄鋼のデパートを主軸としながらも、そこから派生した化学、エンジニアリング、情報通信、不動産などの事業を営んでおり、多核化に相当する。

　高炭素線材は新日本製鐵にとって祖業の流れを汲む事業である。1986年当時、売上高の9%を条鋼部門に依存しており、その部門内で高炭素線材の生産シェアは11%ほどであった。部門を牽引するのは軌条で、全社を牽引するのは鋼板部門である。

　なお、新日本製鐵は拙著『戦略暴走』に半導体事業がケース101として登場した。同社は2012年に住友金属工業を吸収し、社名を新日鐵住金に変更している。

【A社】神戸製鋼所は1911年に神戸で設立された会社である。祖業は鋳鍛鋼品で、源流は鈴木商店が小林製鋼所を買収した1905年までさかのぼる。早くから鉄と並んでアルミも手掛け、戦後は1959年に高炉を新設して鉄鋼メーカーとしての基盤を固めると、そこから多角化路線に舵を切り、機械およびプラント、建設機械、電子・IT、不動産などの事業を手掛けるに至っている。企業戦略としては、典型的な多核化と言えよう。鉄鋼のデパートを指向する同業他社に、非鉄金属を手掛けるところは見当たらない。ましてや建機や産機まで手掛けるとなると、異色中の異色である。

　高炭素線材は神戸製鋼所にとって第二の祖業かつ主業の一部である。1986年当時、売上高の15%を条鋼部門に依存しており、その部門内で高炭素線材の生産シェアは17%ほどであった。部門を牽引するのは普通線材で、全社を牽引するのは条鋼部門を含む鋼材である。

　なお、神戸製鋼所は拙著『戦略暴走』に半導体事業がケース102として登場した。

■該当セグメント
B社：製鉄
A社：鉄鋼

●事業戦略▷▷▷▶▷▷／▷▶▷▷▷

【製品】高炭素線材は炭素含有量が0.6%を超える高炭素鋼を熱間

圧延して線材にしたもので、ピアノ線やタイヤコードや弁ばねに用いられる。19世紀半ばから後半に近代的なピアノが出現する際に開発が飛躍的に進展した。

隣接市場には低炭素線材があるものの、生産量は高炭素線材の2割強しかない。両者を併せた特殊線材の生産量は、普通線材の8割以上に達していた。釘などの素材となる普通線材はコモディティである。

製品にはJIS規格に定められたもの以外にユーザーからの受注品もあり、微量元素の含有量を制御できれば差異化が可能である。参入メーカーは10社未満で、上位2社で市場の6割以上を押さえ込んでいる。

【B社】高炭素線材について新日本製鐵は、1961年に線材工場を新設稼働している。

生産面では、釜石製鐵所を主力とし、そこに1985年から室蘭製鐵所が加わったようである。

販売面では、商社に頼っていた。

熱間圧延鋼材カテゴリーでは、重軌条、鋼矢板、普通線材などを支配していた。

【A社】高炭素線材について神戸製鋼所は、第3線材工場を建設した1956年から取り組んでいる。

生産面では、神戸製鉄所に線材工場を集中させている。そこで累計10弱の専用工場を建設し、スクラップ&ビルドを繰り返しながらも複数工場制を維持してきたことから、こと線材に関しては細物から太物までフルラインの展開が可能となっている。

販売面では、商社に頼っていた。

熱間圧延鋼材カテゴリーでは、低炭素線材を支配し、高炭素線材でも首位争いを演じていた。

【時機】逆転が起きた頃、新日本製鐵では固定費の削減が経営の重点課題となっており、品種別の大胆な生産集約が進行していた。

【収益】このケースにおける逆転は、安定した市場における小さな下降局面で、反転を先取りして増産に転じた神戸製鋼所が、悲観に沈んだ新日本製鐵を一気に抜き去ることで実現した。直近では、両社間の差は8%ポイント以上に拡がっている。

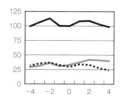

■10年間利益率
B社営業利益率：9.3%
A社営業利益率：9.0%

■10年間勝敗数
B社得点掲示板：4-6
A社得点掲示板：4-6

■シェアの測定単位
生産重量

■高炭素線材
市場規模：115万トン

■B社の首位君臨期間
〜1985年
2005年〜2008年

■A社の首位君臨期間
1986年〜2004年
2009年〜

この逆転は収益面から見ると祝福に値するものと推察される。鉄鋼メーカーがあまねくバブル経済に沸き立つなかで高炭素線材の貢献を分離して測る術はないが、少なくとも神戸製鋼所の投資が裏目に出た痕跡はどこにもない。

【好手】1984年4月、神戸製鋼所は加古川で溶銑予備処理設備の建設に乗り出した。この設備が完成すると、高炭素鋼の脱燐改善が実現すると期待されていた。その効果は、スチールコードの引っ張り強度の向上や、操業度の向上によるコストダウンに現れたようである。

高炭素線材は、同社が1924年に脇浜海岸に線材工場を稼働させたときからの狙い目で、第3線材工場で寸法精度の飛躍的な向上を実現したことにより「線材の神鋼」という名声を確立したそうである。なかでもタイヤのスチールコードやエンジンの弁ばねなど、最終的には自動車を縁の下で支えるような部材に強かった。上流を担う加古川工場への投資も、コミットメントの表れと言えようか。

新日本製鐵では、主力拠点の釜石製鐵所がリストラクチャリングの対象となり、2基ある高炉のうち1基を休止する計画が1984年1月から始動していた。神戸製鋼所は、その虚を突いて逆張り投資に出たことになっていた。

● **戦略旗手** ▷▷▷▶▶ **操業経営者**

【人物】このケースで好手を放ったのは神戸製鋼所の永井親久氏と思われる。永井氏は鉄鋼生産本部の副本部長の立場にあった1983年6月に、生産技術部長の兼務を命じられ、2年後に本部長に昇進した。加古川工場のプロジェクトを主導して、それが順調に成果を挙げたことを窺い知ることができる人事である。1989年の6月には副社長に任命され、神戸製鋼所の技術全般を統括する立場に引き上げられている。

【着想】永井氏の決断は積年の研究に基づいている。入社15年目の頃から耐火煉瓦に関する研究成果を積極的に発表していた永井氏は、1968年に「高級化・高能率化をめざす線材の製造技術」という論文を社内技報に載せており、それを「名実ともに高級線材と自負できる品質を生み出すため、われわれの多年にわたる技術経験

■ 主要記事
日経産業 1984.1.9
日経産業 1984.1.20
日経朝刊 1984.1.28
日経産業 1984.5.8
日経産業 1985.2.18
日経産業 1986.10.17
日経朝刊 1986.10.22

■ ながい・ちかひさ
誕生：1928.05
社員：1951.04-1981.06
役員：1981.06-1996.06
社長：―
会長：―

■ 名実ともに…
R＆D神戸製鋼技報
1968.4

を最大限に活用するかたわら、さらに進んで、設備技術の改善・合理化をはかるとともに、新しい製造技術の開発と製造管理の徹底をはかり、市場の要請にこたえてゆきたいと考える」と結んでいた。

［参照社史］
新日本製鐵株式會社釜石製鐵所『鐵と共に百年』1986年
『神戸製鋼100年』2006年
［参照文献］
有沢源之介・三木修「線材・棒鋼ミルの変遷」『R＆D神戸製鋼技報』Vol.23-3

5-1-5　最上流の設計

ケース 930　ロックウール／2008年

B社：○日本ロックウール　→　A社：○JFEロックファイバー

建材（6/10）
戦略C/C比率◀◁◇▷▶
戦略D/E比率◀◁◇▷▶

■日本ロックウール
逆転決算期：2009.03
実質売上高：推定70億円
営業利益率：—
筆頭大株主：ニチアス
東名阪上場：—

■JFEロックファイバー
逆転決算期：2009.03
実質売上高：推定60億円
営業利益率：—
筆頭大株主：JFEスチール
東名阪上場：—

■該当セグメント
B社：—
A社：—

■10年間利益率
B社営業利益率：—
A社営業利益率：—

■10年間勝敗数
B社得点掲示板：—
A社得点掲示板：—

● 企業戦略 ▷▷▷▷▶／▷▷▷▷▶

【B社】日本ロックウールは2000年に東京で新日鐵化学と住友金属工業の共同出資会社として設立された会社である。出資比率は統合前の占有率を反映して新日鐵化学が80％、住友金属工業が20％であった。それゆえ実質的には新日鐵化学の事業を継承したと見なしてよい。ただし、新日鐵化学は自社の持分をロックウールでは下位につけていたニチアスに2005年に売却している。企業戦略としては、単純明快な専業である。

ロックウールは日本ロックウールにとって祖業かつ主業である。

【A社】JFEロックファイバーは1989年に岡山県で川鉄ロックファイバーとして設立された会社である。これは4社合弁で、川崎製鉄以外に松下電工と大倉商事と川鉄鉱業が出資していた。川崎製鉄と日本鋼管の合併に伴って、2003年4月から現社名になっている。企業戦略としては、単純明快な専業である。

ロックウールはJFEロックファイバーにとって祖業かつ主業である。

● 事業戦略 ▷▷▷▶▷／▷▷▷▶▷

【製品】ロックウールは、高炉スラグや天然岩石を1,500度以上に達する電気炉で融解し、それを高速回転するスピナーから吹き出させて、空中で固化した人造鉱物繊維のことである。成分は二酸化シリコンと酸化カルシウムが70％以上を占めており、残りは酸化アルミニウムほかから成る。

隣接市場にはグラスウールがある。グラスウールは廃ガラス、ロックウールはスラグを原料とするが、いずれも融解した原料を遠

心法で綿状にする製法は同じである。ともに石綿（アスベスト）より単繊維径が大きいため、発癌性の心配はない。また、耐火性や吸音性に優れるなど、製品特性も両者は似通っている。ただし、ロックウールは相対的に吸湿性が低く、耐薬品性もグラスウールを上回る。特性において勝る反面、単価はロックウールのほうがわずかに高い。重量ベースでは、ロックウールがグラスウールの1.5倍ほどの市場を形成している。

製品には保温・断熱目的でマット状に加工する用途と、吸音目的で板状に加工する用途と、耐火被覆目的で吹き付け材に加工する用途がある。

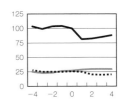

■シェアの測定単位
出荷重量

■ロックウール
市場規模：推定200億円

■B社の首位君臨期間
1984年～2004年

■A社の首位君臨期間
2008年～

【B社】ロックウールについて日本ロックウールは、1986年から取り組んでいる。正確に言うと、これは新日鐵化学が親会社の君津製鐵所にロックウールの製造設備を入れた年にあたる。

生産面では、新日鐵化学の堺工場と君津工場、および住友金属工業の和歌山製鉄所に生産を委託していた。

販売面では、積水ハウスなどに直販すると同時に、商社経由で三井ホームや積水化学工業にも納品していた。

建材カテゴリーでは、社名が示すとおり、ロックウールに絞って参戦している。

【A社】ロックウールについてJFEロックファイバーは、創業時点の1989年から取り組んでいる。

生産面では、旧川崎製鉄の水島製鉄所を唯一の拠点としていた。

販売面では、積水ハウスやパナホームに直販すると同時に、JFE商事を経由して多様な顧客にアプローチしていた。

建材カテゴリーでは、社名が示すとおり、ロックウールに絞って参戦している。

【時機】逆転が起きた頃、米国ではサブプライムローンのディフォルトが急増し、それがリーマンショックに直結することになった。日本の建設業界では、2009年から2010年にかけて影響が波及していった。

【収益】このケースにおける逆転は市場が停滞しているなかで、JFEロックファイバーが増産路線を維持したことで実現している。直近では、日本ロックウールは4位に後退しており、JFEロック

ファイバーに11%ポイントの差をつけられている。

　この逆転は収益面から見ると祝福に値する。その点は、首位争いをしていた業界首位の子会社を新日鐵化学が売りに出したことを見ても、同じく首位争いを演じていた日東紡績が2009年12月に撤退したことを見ても、明らかであろう。帝国データバンク会社年鑑によると、JFEロックファイバーの純利益は逆転を契機として急上昇している。

【好手】1989年8月、川崎製鉄は川鉄ロックファイバーを設立した。販路の確保を睨んで松下電工と大倉商事の出資を仰いだ点や、副原料（天然鉱物）の確保を睨んで川鉄鉱業の出資を求めた点に計画の緻密さを見ることができるものの、最後発で参入を決めた背景には確かな勝算があった。それが、高炉スラグのホットチャージである。

　川鉄ロックファイバーの生産拠点は水島製鉄所の敷地内にあり、製銑工程から60トン鍋に取りだした高炉スラグを鉄道で構内搬送することにより、1,400度の溶融スラグから工程がスタートする設計になっていた。冷えたスラグを再加熱するエネルギーを節約できる生産拠点は、世界でここだけと言われている。かくして川鉄ロックファイバーは明確なコスト優位をもって立ち上がった。

　1990年10月に量産出荷が始まって以来、川鉄ロックファイバーは停滞する業界のなかで1社だけ目覚ましい勢いで成長軌道を辿っていった。コスト優位の破壊力を雄弁に物語るケースと言えよう。

●戦略旗手▷▷▷▷▶社員

【人物】このケースで好手を放ったのは川崎製鉄の社員と思われる。川鉄ロックファイバーの初代社長も、設立を横から支援した川鉄鉱業の社長も、ともに鉄鋼事業で功績の目立つ技術者で、彼らの登用は論功行賞人事と受け止めたほうがよさそうである。現に、彼らは川崎製鉄技報に高炉スラグのホットチャージに関する論文は出していない。このケースの要は技術革新というより社内調整であっただけに、表に出ることのない社員が企画を推進したに違いない。

【着想】担当者の決断については、その背景を知る術がない。社史によると川崎製鉄は高炉スラグの微粉末をセメント原料とする事業

に1984年から乗り出しており、高炉スラグの高付加価値化をテーマとする組織が存在していたようである。だとすれば、通常業務の一環としてロックファイバー事業が企画されたと考えるのが自然であろう。

■主要記事
山陽新聞 2008.10.28

［参照社史］
『日々新たに 新日本製鐵株式会社君津製鐵所20年史』1985年
『川崎製鉄五十年史』2000年
［参照文献］
「ロックウール」『ヤノ・レポート』1999年5月
山田政孝・横山秀樹・多田正「高炉スラグを主原料としたロックウール製品」『ＬFE技報』2008年2月

ケース931 フレグランス製品／2002年

B社：●資生堂 → A社：○ブルーベル・ジャパン

化粧品（22/24）
戦略C/C比率 ◀◁◇▷
戦略D/E比率 ◁◀◇▷

●企業戦略 ▶▷▷▷▷／▷▷▷▷▶

【B社】資生堂は1927年に銀座で設立された会社である。祖業は洋風調剤薬局で、源流は1872年までさかのぼる。1888年に練り歯磨き、1897年に化粧水、1902年にソーダ水と新たな活路を探るなかで、創業者が降板した1915年に薬品から化粧品への転換を決意し、チェインストア制度の構築に邁進することで、今日の基盤を早くも戦前に確立した。企業戦略としては、化粧品にトイレタリーを組み合わせており、販路活用の水平多角化と見ることができる。ドメイン定義は機能的で「美容文化」の増進を掲げている。

　フレグランス製品は資生堂にとって主業の辺境に位置する事業である。2002年当時、売上高の78％を化粧品部門に依存していたが、その部門内でフレグランス製品の生産シェアはわずか3％にとどまっていた。部門および全社を牽引するのは女性用化粧品であった。

【A社】ブルーベル・ジャパンは1976年に青山で設立された会社である。祖業は免税店への卸売で、源流はフランスのブルーベル社が日本に一号店を開設した1954年までさかのぼる。ブルーベル・ジャパンを統括する親会社は香港籍で、フランス、イタリア、アメ

■資生堂（連）
逆転決算期：2003.03
実質売上高：6,430億円
営業利益率：7.9％
筆頭大株主：金融機関
東名阪上場：1949.05

■ブルーベル・ジャパン（単）
逆転決算期：2002.12
実質売上高：99億円
営業利益率：—
筆頭大株主：親会社
東名阪上場：—

リカの高級ブランド雑貨、婦人服、葉巻、香水、化粧品などの輸入商社である。ちなみに、ルイ・ヴィトンをアジアで普及させたのはブルーベル社の功績と言ってよい。企業戦略としては、販路を共有し、そこに流せる商品を手広く扱っており、典型的な販路応用型もしくは商標応用型の水平多角化に相当する。

フレグランス製品はブルーベル・ジャパンにとって主業であった。売上構成比は開示されていないが、3本柱は香水と化粧品と婦人服で、ほかに腕時計や雑貨を扱っている。

■該当セグメント
B社：化粧品
A社：—

■10年間利益率
B社営業利益率：8.9%
A社営業利益率：—

■10年間勝敗数
B社得点掲示板：1-9
A社得点掲示板：—

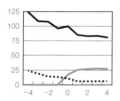

■シェアの測定単位
出荷金額

■フレグランス製品
市場規模：370億円

■B社の首位君臨期間
～2001年

■A社の首位君臨期間
2002年～

■4割
日経産業 2001.12.11

●**事業戦略**▶▷▷▷▷／▷▷▷▶▷

【製品】フレグランス製品は、かつて分かれていた香水とオーデコロンを統合した分類で、化粧品のサブカテゴリーに相当する。ルーツは古く、シャワーや制汗剤に代替されて衰退の道を歩んでいる。フランスでは化粧品市場の4割をフレグランス製品が占めるのに対して、日本では2%弱に過ぎない。

隣接市場には、これというものが見当たらない。

製品には国産品と輸入品の区別がある。参入メーカーは多く、上位6社でやっと市場の過半を押さえるにとどまっていた。

【B社】フレグランス製品について資生堂は1919年に香水と香油68点を発売している。1965年には「Zen」という国産商品の対米輸出に乗り出し、その10年後には海外生産に戦略を切り替えた。1990年以降はフランスに現地法人を設立し、実績のある現地人材を起用して、世界に再挑戦する道を歩んでいる。

生産面では、鎌倉と掛川に自社工場を構え、大阪と東京に生産子会社を置いていた。

販売面では、2万5千店に及ぶ系列小売店を組織化しており、強固な販路が長らく競争優位の源泉となっていた。ただし、フレグランス製品は化粧品売場の一角にあるだけで、専任の販売員もいない体制で展開していた。

化粧品カテゴリーでは、スキンケア、メイクアップ、フレグランス、男性用化粧品で独走し、ヘアケアで第2集団につけていた。

【A社】フレグランス製品についてブルーベル・ジャパンは、フランスのパコ・ラバンヌ・パフューム社の「ラ・ニュイ」という香水

を1986年に導入するところからスタートして、1991年には新鋭デザイナー、ロメオ・ジリの香水を髙島屋に導入した。翌1992年には著名ホテル6カ所に構える直営店「サントノーレ」および有名百貨店20カ所に構える香水コーナーが、販路としてエリザベス・アーデンにも採用されている。その後もグッチやジル・サンダーやブルガリを戦列に迎えている。

生産面では、自社では何もしていない。完成品を輸入するだけである。ただし、早くから直営店を構えたシャネルやゲランはブルーベル・ジャパンの手が届かないところにあった。

販売面では、フレグランス製品に特化した売場に専任の販売員を置き、幅の広い選択肢のなかから顧客が比較購入できる構え方が、独自の強さを誇っていた。

化粧品カテゴリーでは、フレグランス製品で首位争いに絡むだけである。

【時機】逆転が起きた頃、資生堂は業績に変調を来していた。2000年度と2001年度は構造改革に邁進した結果、連結のボトムラインは赤字となった。

【収益】このケースにおける逆転は、市場が縮小傾向にあるなかで、いきなりブルーベル・ジャパンが圏外から首位に降臨することで実現している。2001年9月に香水の業界団体として日本フレグランス協会が発足しており、それまで日本マーケットシェア事典の調査対象外であったブルーベル・ジャパンが調査対象に加わったことに伴う急変動であった。ブルーベル・ジャパンがメーカー中心の日本フレグランス協会に賛助会員として参画したのは、それだけ同社の存在感が増していたからかもしれない。直近では、資生堂は圏外に消えてしまい、ブルーベル・ジャパンが独走体制を築いている。

この逆転は収益面から見ると祝福に値するかどうか判定できない。ブルーベル・ジャパンが未上場で、収益を開示していないためであるが、資生堂が逆転年前後で減益基調に苦しんでいたことを考えると、増収基調のブルーベル・ジャパンを好調と見るのが順当と思われる。

【好手】1995年7月、ブルーベル・ジャパンはグッチのフレグラン

ス製品の取り扱いを開始した。この時点でブルーベル・ジャパンは10社内外のフレグランス製品を扱っていたが、以降はグッチが中核になると目されていた。この戦列増強を機に、ブルーベル・ジャパンは売場を200店から3年で倍に増やす計画を打ち出した。

　もっとも、ブルーベル・ジャパンの本当の勝因は、顧客に広く選択の自由を提供することが可能な構え方に求めるべきであろう。この構え方に、個別のメーカーが対抗することは難しい。

　資生堂は資生堂で多種多様な応手を繰り出したものの、常務取締役が「満員電車や和食料理店など敬遠されがちな場面が多い（中略）日本では香水を前面に出すのは難しい」と降参気味であった。しかしながら、香水を前面に打ち出したブルーベル・ジャパンが躍進していた事実に鑑みると、この弁解は見当違いと言わざるをえない。総合化粧品売場に自社のフレグランス製品だけを並べる構えが、専用売場に幅広く数社の多様なフレグランス製品を取り揃える構えに負けたと見るべきであろう。

■満員電車や和食…
日経産業 2001.12.11

◉戦略旗手▷▷▷▶▷操業経営者

【人物】このケースで好手を放ったのは、敢えて挙げるならブルーベル・ジャパンのルドルフ・カール・シュナイダウインド社長と言えようか。しかしながら、必ずしも彼がグッチを引き寄せたわけではない。グッチはツムラと組んでいたが、そのツムラが戦略の再転換を迫られたことから、ブルーベル・ジャパンはグッチと組むことができたというのが真相である。また、ブルーベル・ジャパンの構えを決めたのも別人である。

■主要記事
日経産業　1986.11.6
日経流通　1995.10.10
日経流通　2001.6.28

【着想】このケースに決断らしき決断は見当たらない。グッチの取り扱いが始まってからの拡大策は合議から生まれる類のものである。

［参照社史］
『資生堂百年史』1972年
［参照文献］
鴨田博伸「資生堂国際フレグランスの開発」『開発工学』1999年2月
「複数ブランドの多面展開が開花し急成長を遂げたブルーベル・ジャパン」『国際商業』2000年2月

「前年実績比124％達成という驚異的な成長軌道に一層の拍車をかけるブルーベル・ジャパン」『国際商業』2001年3月

2 | 後の先による競合凍結

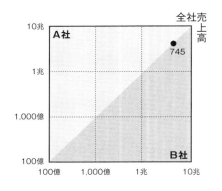

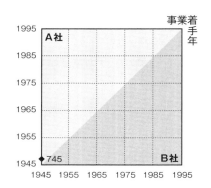

勝者＼敗者	追随	傍観
先攻	0	0
後攻	0	1

年代区分	'75-79	'80-84	'85-89	'90-94	'95-99	'00-04	'05-09
実質GDP成長率	4.2%	3.2%	4.1%	0.4%	1.3%	2.6%	0.8%
該当ケース数	0	1	0	0	0	0	0

　この節に登場するのは1ケースだけである。ただし、数の少なさから「後の先」のパワーを過小評価してはならない。ポーター教授の『競争戦略』を読めばわかるように、米国なら数のうえで主流になるはずの戦略パターンがここにある。まだ日本では競争戦略を使いこなす経営者が少なくて、そこを変えなくてはならないと捉えるべきであろう。その意味で、本節は値千金の1ケースを提示する。

　それがケース745の小型ガソリントラックである。同じ小型トラックでも、ディーゼルエンジンを搭載するモデルにおける逆転は第1章第2節で取り上げた。ガソリンエンジンを搭載するモデルの市場は米国に偏在しており、このケースでは日米貿易摩擦が変節点を形成した。税率が大幅に引き上げられた関税負担を回避すべく、B社は輸出を現地生産に切り

替えることにした。当然の意思決定に見えたが、Ａ社は高額の関税を払って日本からの輸出を継続するだけでなく、拡大する挙に出たのである。まさに理外の理を追求したと言えよう。

　この時点で日本国内の生産台数シェアをＢ社が落とし、Ａ社が上昇させて、逆転が成立するのは当然の帰結である。そこには何の不思議もないが、このケースはそこで終わらない。米国内の販売シェアでも、Ａ社がＢ社を凌駕していったからである。

　小型トラックは、輸出自主規制の枠外に置かれていた。貿易摩擦のなかで輸出を増やすには、この小型トラックが数少ない有力手段であり、そこをＡ社は見逃さなかった。Ｂ社が果敢に現地生産に挑む姿を横目で睨みながら、小型トラックを高くても売れる商品に変貌させる策を考えに考え抜いたのである。そして辿り着いたのが、小型トラックの実質的な４ドア乗用車化、すなわちＳＵＶ化である。こうしてＡ社が高付加価値化したモデルを日本から米国市場に送り込み始めると、２ドアの小型トラックに最適化したＢ社の現地生産工場は斜陽市場にすがる重荷に転じてしまった。関税分のコスト優位を誇るにもかかわらず、それをＡ社が無力化したと言ってよかろう。

　ここではＡ社がＢ社を泳がせて、先攻させている。そしてＢ社が非可逆的なコミットメントをするのを見届けてから、それを逆手に取るパンチを繰り出した。極めて高度な競争戦略のバリエーションで、Ａ社のしたたかさには恐れ入るしかない。

5-2-1 非可逆性の罠

ケース 745

小型ガソリントラック／1981年

B社：●日産自動車 → A社：●トヨタ自動車工業

四輪車（8/10）
戦略C/C比率 ◀◁◇▷▶
戦略D/E比率 ◀◁◇▷▶

■日産自動車（連）
逆転決算期：1982.03
実質売上高：4兆5,500億円
営業利益率：6.5%
筆頭大株主：金融機関
東名阪上場：1951.01

■トヨタ自動車（単）
逆転決算期：1981.06
実質売上高：3兆900億円
営業利益率：4.0%
筆頭大株主：金融機関
東名阪上場：1949.05

●企業戦略 ▷▷▷▷▷／▷▷▷▷▷

【B社】日産自動車は1933年に横浜で自動車製造として設立された会社である。祖業は自動車で、源流は1911年までさかのぼる。1938年以降は軍用トラックの生産に特化することを余儀なくされたが、朝鮮動乱に際しても軍用トラックを量産して戦後は復興を遂げている。1952年には英国のオースチン社から技術を導入して乗用車に舵を切った。資本自由化対策として1966年にプリンス自動車工業と合併したことにより、宇宙航空事業や繊維機械事業が加わっている。日米貿易摩擦対策としては1980年に米国日産自動車製造を設立した。企業戦略としては、繊維機械と宇宙航空の2事業を視野に入れると多核化と見なす余地もあるが、自動車が売上の9割以上を占めることから専業と見なしてよかろう。

小型ガソリントラックは日産自動車にとって主業の一翼に相当する。1981年当時、車輌売上高の22%を商用車部門に依存していた。

なお、日産自動車は国内外における積極攻勢が財務基盤を弱め、日本興業銀行の支援を頼めなくなった1999年にフランスのルノー社の救済を仰いでいる。

【A社】トヨタ自動車工業は1937年に豊田自動織機製作所からスピンアウトして愛知県に設立された会社である。祖業は自動車で、源流は1933年までさかのぼる。1938年以降は軍用トラックの生産に特化することを余儀なくされ、戦後はドッジラインの余波で存亡の危機に立たされたが、朝鮮動乱に付随する特需で立ち直ってからは純国産車の開発に邁進した。資本自由化対策は日野自動車工業およびダイハツ工業との提携にとどめたところに慎重な社風が垣

間見ることができる。企業戦略としては、1970年代の半ばに挑戦を開始した住宅事業も無視できないが、売上は逆転時点で0.2%ほどで、実質的には専業と見なしてよかろう。

　小型ガソリントラックはトヨタ自動車工業にとって主業の一翼に相当する。1981年当時、車輛売上高の28%をトラック・バス部門に依存していた。

　なお、トヨタ自動車工業は1982年にトヨタ自動車販売と合併して、トヨタ自動車と社名を変更した。この工販再統合こそグローバル展開への号砲で、いまやトヨタ自動車は世界首位を争う勢力となっている。

● **事業戦略** ▶▷▷▷▷／▷▶▷▷▷

【製品】小型トラックとは統計上の分類で、乗用車またはバスに分類されない自動車のうち、大きさが軽自動車規格を超えるもので、全長が4.7m、全幅が1.7m、高さが2mを超えないものを指す。荷台を持つものもあれば、持たないものもあり、後者には排気量が2,000ccを超えない小型乗用車ベースの商用バンも包含する。このように雑然とした小型トラックのうちガソリンエンジンを搭載するものが、このケースの対象にほかならない。

　隣接市場には普通トラックと軽トラックがあるが、台数ベースで言えば、ディーゼルでは普通が小型を上回る。ガソリンでは、小型が普通の15倍以上と逆転する。軽トラックは小型ガソリントラックの3分の1程度にとどまっていた。

　製品には大きさのバリエーションや様々な車型が存在したものの、売れ筋は北米向けの1トンまたは0.5トン積みピックアップトラックであった。参入メーカーは9社で、上位2社が市場の6割を押さえていた。

【B社】小型ガソリントラックについて日産自動車は、「ダットサントラック」で1935年に先攻した。逆転時点で小型トラックに分類される代表車種としては、エンジンルームの後方に位置するボンネット型では「ダットサントラック」、乗室がエンジンルームの上方に位置するキャブオーバー型では多彩な車型を持つ「キャラバン」やトラック然とした「アトラス」、乗用車の派生型では「セド

■ 該当セグメント
B社：自動車
A社：自動車

■ 10年間利益率
B社営業利益率：6.5%
A社営業利益率：6.6%

■ 10年間勝敗数
B社得点掲示板：2-8
A社得点掲示板：0-10

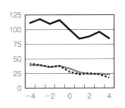

■ シェアの測定単位
生産台数

■ 小型ガソリントラック
市場規模：約9,000億円

■ B社の首位君臨期間
1974年～1980年
1983年

■ A社の首位君臨期間
1973年
1981年～1982年
1984年～

リックバン」や「サニーバン」があった。マイクロバスの「ホーミー」は別カテゴリーのバス、「サファリ」は別カテゴリーの普通トラックに分類されるため、このケースには含まれない。

　生産面では、フルラインの車種を追浜工場、座間工場、村山工場、栃木工場、九州工場で組み立てる体制を敷いていた。台数でリードする基幹車種「ダットサントラック」の輸出拠点は九州工場である。逆転当時は海外現地生産拠点は未整備で、商用車の台数ベース輸出比率は64％であった。

　販売面では、全国で285社ある特約販売会社に頼っていた。形態としては売り渡し方式と委託販売方式を併存させていた。海外には165社の販売会社を擁していた。

　四輪車カテゴリーでは、小型乗用車と小型トラック（ガソリン）で首位争いに絡んでいた。普通乗用車、小型バス、小型トラック（ディーゼル）では、第2集団の先頭を走っていた。それ以外は下位につけるか、参戦していなかった。

【A社】小型ガソリントラックについてトヨタ自動車工業は、1947年にSB型で参入した。逆転時点で小型トラックに分類される代表車種としては、エンジンルームの後方に位置するボンネット型では「ハイラックス」、乗室がエンジンルームの上方に位置するキャブオーバー型では多彩な車型を持つ「ハイエース」やトラック然とした「ダイナ」、乗用車の派生型では「クラウンバン」や「カローラバン」がある。マイクロバスの「コースター」は別カテゴリーのバス、「ランドクルーザー」は別カテゴリーの普通トラックに分類されるため、このケースには含まれない。

　生産面では、フルラインの車種を本社工場と高岡工場と田原工場で組み立てる体制を敷いていた。台数でリードする基幹車種、「ハイラックス」の輸出拠点は田原工場で、日野自動車にも委託していた。逆転当時は海外現地生産拠点は未整備で、トラック・バスの台数ベース輸出比率は66％であった。

　販売面では、トヨタ自動車販売を経由して国内319社、海外164社の販売店または代理店に卸していた。

　四輪車カテゴリーでは、普通乗用車、小型バス、普通トラック（ガソリン）で独走体制を築いていた。ほかに小型乗用車、小型ト

ラック（ガソリン）で首位争いを演じていた。

【時機】逆転が起きた頃、小型ガソリントラックは日米貿易摩擦の渦中に置かれていた。小型トラックに対する輸入関税を米国は25％に設定していたが、荷台のないキャブシャーシは例外規定で4％となっており、そこに着目した日本の自動車メーカーはキャブシャーシを輸出して、荷台を米国で架装する方式を採用していた。この対策を卑怯と糾弾する声は早くも1975年には出ていたが、1975年度から1980年度にかけて北米向けの商用車輸出が日産自動車で10万台強から15万台強へ、トヨタ自動車工業で5万台強から15万台強へと急増するなかで、忍耐の緒が切れた米国政府が1979年に動き出し、ついに1980年8月からキャブシャーシの輸入関税も完成車同等の25％に引き上げると宣言したのである。

【収益】このケースにおける逆転は、安定していた市場が縮小する途上で起きている。日産自動車は市場に合わせて生産を絞ったが、トヨタ自動車工業は緩慢に絞るだけにとどめており、その結果として両社の地位が入れ替わった。直近では、両社間の差は6％ポイントまで拡大している。

　この逆転は収益面から見ると祝福に値する。日産自動車は1981年の営業利益額を1989年まで更新できなかったのに対して、トヨタ自動車工業は1985年の円高ショックも難なく乗り切っており、逆転に際して無理をした形跡は微塵も見られない。

【好手】1983年11月、トヨタ自動車工業は「ハイラックス」をフルモデルチェンジした。用意した車型は20種を数え、1980年10月に小型トラックの北米現地生産にコミットした日産自動車に対する痛烈なカウンターパンチを繰り出したことになっていた。

　日産自動車は、キャブシャーシと荷台を別々に輸出することで高率関税を免れていたが、輸入関税が同率の25％となってしまえば無駄な工数がかかるだけなので、1980年の8月以降は全量完成車輸出に切り替えた。そしてテネシー州に土地を確保して、完成車の現地生産に向けて準備を開始したのである。懸念された品質については、溶接工程の95％をロボットで自動化する対策を立てていた。日産自動車の新工場は、予定より2ヵ月早く1983年の6月に稼働している。

ライバルの対応策を見届けたトヨタ自動車工業は、それを悪手に変えるべく従来の構えを堅持する挙に出て、"現地生産か日本生産か"という対決の構図をつくり出した。そして自社の路線を活かすべく、第1弾の「ハイラックス」のフルモデルチェンジに続いて、荷台を室内空間に取り込んだ「サーフ」車型の追加という第2弾を1984年の5月に繰り出したのである。これは今日に連なるSUVのパイオニアと言ってよい車型で、大ヒットを記録した。第3弾以降でも、関税と円高を跳ね返すだけの商品力を盛り込む車型改良をトヨタ自動車工業は次々と繰り出しており、怒濤の攻勢と言うほかはない。

　狙いは2点ある。まず、乗用車は輸出自主規制すると宣言した以上、規制枠外の小型ガソリントラックで乗用車需要を吸収する。そのためには無骨なトラックの乗用車化を推進すればよい。そして、当時のロボットは十分にフレキシブルではなく、設計変更の自由度を犠牲にした日産自動車が抱え込んだ弱点を突く。そのためには小型トラックのデザインおよびイメージを流動化すればよい。

　トヨタ自動車工業が国内生産台数シェアで逆転を遂げたのは、現地生産を回避した以上、当然の成り行きである。それだけなら、取り上げるに値しない凡庸なケースに終わるところである。しかしながら、トヨタ自動車工業は米国における販売シェアでも首位を堅持した。関税と円高の逆境をものともせずにである。そこにトヨタ自動車工業の底力を垣間見ることができる。

　離れ業の背後には、実はコスト優位がある。1971年7月、トヨタ自動車工業は米国アトラス社と契約を結び、「ハイラックス」の荷台を生産委託することにした。そして1974年の2月になると、アトラス社を吸収し、自社で荷台の現地生産に乗り出している。それによって、少なくとも荷台には高率の関税がかからない体制を築いていたのである。トヨタ自動車工業がNUMMIでの現地生産に乗り出したのは、市場の乗用車シフトが一段落した1991年に入ってからのことであった。

■主要記事
日経産業 1979.1.20
日経朝刊 1980.1.23
日経朝刊 1980.6.20
日経夕刊 1980.10.31
日経産業 1981.8.18
日経産業 1983.3.30
日経産業 1983.6.17
日経産業 1984.5.4
日経朝刊 1985.4.5
日経産業 1985.8.26
日経産業 1987.8.22
日経朝刊 1987.10.27

■とよだ・えいじ
誕生：1913.09
社員：1937.08-1945.05

◉戦略旗手▷▶▶▶▷第2世代同族経営者

【人物】このケースで好手を放ったのはトヨタ自動車工業の豊田英

二氏と考えられる。英二氏は1971年時点で社長の座にあった。このケースの好手は、一般に社長が腐心する次元のものではないと言えなくもないが、こと自動車メーカーは単一の事業を営む巨大なピラミッド組織で、なかでもトヨタ自動車工業はトップが現場の事情に精通していた。「財界活動の必要度はわかるが、私は財界とは何だかよくわかっていない。現役社長が実際のところ会社以外のことで一日時間をつぶすのがもったいないのです」とは英二氏自身の弁である。英二氏は米国トヨタ販売の取締役を務めた経験も持ち合わせており、重要な米国市場の攻略法を部下任せにするとは到底思えない。

【着想】英二氏の決断は熟慮に熟慮を重ねたうえでのものと断言して間違いない。貿易振興推進愛知協議会で1972年6月28日に行った講演で英二氏は「現在の我が国の経済情勢は一部に輸出規制という問題が論ぜられるように非常に難しい段階にあるが、自動車の輸出も極めて多くの問題を抱えている。私どもは、このような状況のうらで、今後の自動車輸出の在り方、進め方というものについて種々の検討を行っているところである」と述べていた。

　［参照社史］
　『創造限りなく―トヨタ自動車50年史』1987年
　『トヨタトラック50年の歩み』1985年
　［参照文献］
　「私の履歴書　豊田英二」日本経済新聞1984年9月

役員：1945.05-1994.09
社長：1967.10-1982.07
会長：1982.07-1992.09

■財界活動の必要度…
経済展望 1971.12

■主要記事
名古屋商工会議所月報
1972.8

第6章 製品の改善改良

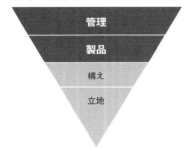

戦略の重層構造における攻防の次元

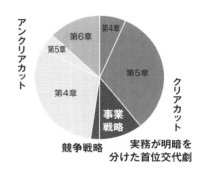

実務が明暗を分けた首位交代劇

　成熟市場で市場首位の座を奪取したければ、製品次元の工夫に訴える道もある。前章で取り上げた構えの戦略に比べると該当ケース数は目立って少ないが、ケースが塊を成している点は注目に値する。ただし、製品次元の次に来る管理次元の工夫で逆転に至ったケースは、いずれもクリアカットでない。第1部第3章にも管理次元のケースは出ておらず、管理の力で逆転を目指すには無理があると考えたほうがよさそうである。

　製品次元で有力な手段として浮かび上がったのはリ・インベンションで、第3章に登場しないパターンであることから、成熟市場に固有の特性が背後にあるのかもしれない。成長市場では技術の世代交代を狙う道が有力でも、成熟市場となると投資回収が期待しにくくなる。それゆえ多額の投資を要しないリ・インベンションが優勢となるのではなかろうか。

1 日用品と食品の本質改善

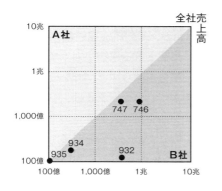
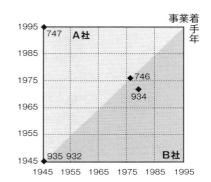

敗者 勝者	追随	傍観
先攻	3	1
後攻	1	0

年代区分	'75-79	'80-84	'85-89	'90-94	'95-99	'00-04	'05-09
実質GDP 成長率	4.2%	3.2%	4.1%	0.4%	1.3%	2.6%	0.8%
該当 ケース数	0	0	1	1	1	1	1

　この節には3つのパターンが登場する。そのうち第三のパターンはクリアカットな逆転劇のケースを出しておらず、図らずも管理の限界を示している。経営幹部候補生が参照すべきは最初の2パターンと言ってよい。そして、ダッシュボードの左側のグラフが示すように、この節は小が大を食うケースの連続となっており、その点も頭の片隅に置いて吟味していただきたい。

　第1項のパターンはリ・インベンションで、その適用範囲は食品と日用品に限られている。リ・インベンションについては2013年に刊行した同名の拙著で詳述したとおり、パラダイムの転換を伴うところが通常のインプルーブメントと異なり、多額の投資を要しないところがイノベーションと異なる。ポジティブに定義するなら、製品の原点に立ち返って発

明し直す営為、もしくは製品の存立基盤を置き換える営為と言えようか。

　それを象徴的に実践したのがケース932のジャムである。このケースでA社は低糖度ジャムという新しいジャンルを創出して、盟主のB社から首位の座を奪い取った。もともとジャムは、収穫期に大量に集荷される果物を通年で味わえるようにした保存食である。糖分を減らすと、肝心要の保存性が損なわれてしまう。ゆえに新しいジャンルは、ジャムの存立基盤を否定するに等しい一面を持ち合わせるのである。現にA社の低糖度ジャムは、欧米ではジャムと名乗ることを許されない。リ・インベンションと呼ぶゆえんである。

　A社が低糖度ジャムの発売に踏み切った背景には、消費者のダイエット志向の高まりがあった。保存性が損なわれると言っても、開封したジャムを冷蔵庫に入れれば解決する問題で、二の足を踏む必要はない。現にA社の成功を見届けたB社は急いで低糖度ジャムを市場投入している。しかしながら、低糖度ジャムのA社という認識が消費者のあいだに拡がったあとでは、再逆転は望むべくもなかった。

　ケース933の漬物も、パターンは瓜二つである。ここで鍵を握ったのは低塩化で、A社が先行した。消費者は塩分濃度の低下を歓迎するが、漬物を貯蔵食品たらしめるのは塩と酢なので、単純に塩を減らすわけにはいかない。そこをA社は様々な工夫の積み重ねで克服した。ただし、逆転後も接戦が続いており、クリアカットな逆転劇とはなっていない。

　なお、A社とB社は同じ漬物でも得意とするジャンルが異なっており、その意味では下位市場における立地間競争を演じている面もある。また、互いに相手の得意ジャンルに乱入しており、競争戦略の要素も無視できない。それでもA社の看板商品を磨き続ける姿勢は単なるインプルーブメントの領域を越えており、それを逆転の原動力と見なした次第である。

ケース934の風味かまぼこも、パターンは同じと言ってよい。B社はタラバガニの足を模した看板商品がヒットすると矛先を他のジャンルに転じていったが、A社は単なるインプルーブメントの領域を越えてジャンルの磨き込みに邁進した。そしてズワイガニの雌まるごとを模した商品を投入した段階で、逆転が実現している。

　ケース935の鎮痒剤は、食品ではないうえ、パターンも少し異なっている。ここでは知名度の高い定番商品のあいだで市場が膠着状態に入っていたが、A社がパッチ剤形を投入したことにより逆転が実現した。この新しい剤形は、従来どおり痒みを抑えるだけでなく、痒い部位を掻けなくしてしまう点が画期的であった。B社も慌てて追随したが、先行したA社に突き放されてしまった。

　ここまでが第1項である。リ・インベンションのケース群には、旧製品を継承しつつも、どこかに旧製品のパラダイムを否定する新規性を見出すことができる。その新規性はアイディア一発で生まれる場合もあれば、継続的な磨き込みで生まれる場合もある。比較的ハードルの低いパターンだけに、企業多数にとって有力な狙い目となる可能性を秘めているのではなかろうか。

　第2項は海外からの技術移転に光を当てる。これも製品次元で差異化を成し遂げる常套手段で、それを代表するのがケース746の衣料用液体合成洗剤である。日本ではB社の奮闘により長らく粉末洗剤の時代が続いたが、米国は液体洗剤の時代に移行して久しかった。液体洗剤には溶け残りが出にくいというメリットがあり、外資系のA社が米国からジェルタイプの洗剤を持ち込むことで、日本にも液体洗剤の時代が訪れた。それに伴って、市場首位の交代も起きている。

　ケース747の台所用洗剤でも、ケース746と同じA社が米国からコンパクト洗剤を持ち込んでいる。B社は、それを無視する方針で臨んだが、第三のプレーヤーが追随したことか

ら、方針転換を余儀なくされた。しかしながら、コンパクト洗剤のA社という評価が確立したあとでは、焼け石に水であった。

ケース748の非標準変圧器では、A社もB社も日本企業ながら、A社が材料技術を持つ米国企業を買収して優位に立っている。まだ両社間の差が十分に拡大していないためクリアカットな逆転劇にはなっていないが、時間の問題かもしれない。

これら3ケースが示すように、優れた技術を海外から持ち込んで首位奪取を目指すアプローチは検討に値する。3ケースとも逆転年次が新しいことを考えると、これからますます有力なパターンとなる可能性を秘めていると言ってよかろう。

第3項は管理次元にかかわるケースを3つ取り上げる。パターンを象徴するのはケース749の金属皮膜固定抵抗器で、多品種生産の世界にA社がトヨタ生産方式を持ち込んで、リードタイムを劇的に短縮した。そして首位を奪取したが、クリアカットと呼べるところまでB社との差は拡大していない。

ケース750の固定式クレーンでは、逆転に成功したA社が事業を他社に譲渡した。状況証拠から判断すると、事業部門が占有率を買いに出て、それに対して本社が引導を渡した可能性を否定できない。結果的に笑ったのは、収益責任を明確にする組織改革を地道に実行したB社のほうであった。

最後にケース751の入浴剤では、企業統治に弱点のあったB社が暴走し、その余波を受けて逆転が成立している。ただし、企業再建の途上で当該事業は譲渡され、譲渡先の企業の下で再逆転が実現した。いくら強い事業でもカネとヒトを絞られると首位を維持するのが困難になるものの、その効果は非可逆的でないことを例証したケースと言えよう。

以上が第6章第1節の概要である。成熟市場が陥りがちな

膠着状態を打破したければ、最初に考慮すべきはリ・インベンションで、次に考慮すべきは海外からの技術移転である。逆に自社R＆Dに過大な期待をかける道は推奨できない。同様に管理を強化しても、クリアカットな逆転は望みにくい。知恵の絞り所という意味においては、第5章と酷似している。

6-1-1　リ・インベンション

ケース932　ジャム／1986年

B社：●明治屋　→　A社：◎青旗缶詰

缶詰・瓶詰（3/7）
戦略C/C比率◁◁◇▷▷
戦略D/E比率◀◁◇▷▷

■明治屋（単）
逆転決算期：1987.02
実質売上高：3,550億円
営業利益率：0.2％
筆頭大株主：－
東名阪上場：－

■青旗缶詰（単）
逆転決算期：1986.10
実質売上高：120億円
営業利益率：1.7％
筆頭大株主：中島董商店
東名阪上場：2000.03

●企業戦略▶▷▷▷▷／▷▷▷▷▶

【B社】明治屋は1911年に横浜で設立された会社である。祖業は食料品の輸入業で、源流は1885年までさかのぼる。1888年からキリンビールの総代理店となり、それが事業を下支えするなかで、1911年に自社ブランドのMYジャムを発売した。1954年に明治屋食品工場を設立してメーカー色を強める一方で、1959年には六本木ストアーを開店し、小売にも進出した。企業戦略としては、輸入、卸売、小売、製造の4機能を併せ持ち、それらをケースバイケースで組み合わせる珍しいアプローチを採っている。

ジャムは明治屋にとってメーカー機能を代表する事業ながら、規模は小さい。1986年当時、売上高の1％もジャムに依存していなかった。

【A社】青旗缶詰は1948年に広島県で設立された会社である。祖業は地元ミカンを使った缶詰やジャムの製造で、源流は1932年までさかのぼる。設立母体となった中島董商店はキユーピーの筆頭株主なので、同社とは兄弟会社と言ってよい。1962年からミートソースに代表されるキユーピーの調理食品缶詰の製造を受託している。企業戦略としては、技術をベースとした水平多角化に該当する。ドメイン定義はやや機能的で、「フルーツ加工」を掲げている。

ジャムは青旗缶詰にとって祖業そのものである。1986年当時、売上高の64％をジャム部門に依存していた。

なお、青旗缶詰は1989年に社名を現在のアヲハタに変更した。

● **事業戦略** ▶▷▷▷▷／▶▷▷▷▷

【製品】ジャムは、フルーツの保存食である。腐敗を遅らせるために、酸を含む果実に一定割合以上の糖分を加えたうえで加熱して造る。市場規模のピークは2005年頃に記録されている。

隣接市場には輸入ジャムがある。日本マーケットシェア事典はカバーしていないが、1976年の8,600トン弱をピークに輸入は下降傾向を示していた。

製品にはベースとなるフルーツの種類に応じた幅がある。ポピュラーなのはオレンジ、イチゴ、リンゴなどである。上位2社で市場のほぼ半分を制している。

【B社】ジャムについて明治屋は、1911年にMY印の信州産いちごジャムを発売したという記録が残っている。ただし、製造者は長野県の園芸家で、明治屋は販売を担うだけであった。1933年に大阪支店が中津工場を開設してからは、明治屋が西宮産のいちごを原料として、メーカー機能を担うようになった。中津工場は1954年に独立して、明治屋食品工場となった。

生産面では、子会社が茨木に工場を構えて、ジャムと清涼飲料を手掛けている。

販売面では、自社で卸売機能を担っている。

缶詰・瓶詰カテゴリーでは、フルーツや野菜を広くカバーしていたが、首位争いに絡むのはジャムだけであった。

【A社】ジャムについて青旗缶詰は、1932年に広島産みかんの缶詰とジャムからスタートしている。創業者が農商務省の実業練習生として欧米に学び、マヨネーズとオレンジマーマレードを持ち帰ったのが端緒であったという。「缶詰は中身が見えないから、これを製造する人は正直者でなくてはならない」という米国フーバー大統領の言葉を社是のように大切にしている。

生産面では、本社地区に自社でジャム工場を抱えている。

販売面では、主要都市に営業所を配置している。

缶詰・瓶詰カテゴリーでは、ジャムとスイートコーン缶詰で首位を独走しており、ほかにマッシュルーム缶詰やもも缶詰に参画している。

【時機】逆転が起きた頃、「消費者の高甘味品から低甘味品への嗜

■**該当セグメント**
B社：—
A社：全社

■**10年間利益率**
B社営業利益率：—
A社営業利益率：4.5%

■**10年間勝敗数**
B社得点掲示板：—
A社得点掲示板：0-10

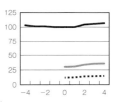

■**シェアの測定単位**
販売金額

■**ジャム**
市場規模：270億円

■**B社の首位君臨期間**
～1984年

■**A社の首位君臨期間**
1986年～

好の変化、健康志向に基づく糖分取り過ぎへの警戒により、ジャムにおいても低甘味、低糖度の製品の需要が大きくなってきた」と明治屋の社史は記している。

【収益】このケースにおける逆転は測定単位の変更に伴って起きている。1984年が生産個数で計測された最後の年になり、そこでは明治屋が0.8％ポイントの僅差で首位に立っていたが、1986年の販売高による計測結果では、青旗缶詰が4位の明治屋に18.3％ポイントの大差をつけて首位に浮上した。青旗缶詰が高単価路線を歩み、1986年より何年も前に逆転を成し遂げていたと解釈できる。

この逆転は収益面から見ると祝福に値する。青旗缶詰は利益成長を実現し、上場に漕ぎつけている。

【好手】1970年6月、青旗缶詰は「アヲハタ55オレンジマーマレード」を発売した。55という数字は糖度を表しており、糖度60以上を求める欧州、糖度65以上を求める米国では、これはジャムに該当しない商品であった。この世界初の低糖度ジャムは、保存性に劣るため、鮮度管理が欠かせない反面、糖分の過剰摂取を嫌う消費者には歓迎された。日本ではジャム市場の半分を低糖度品が占めるに至っている。

明治屋は1978年3月に「MYジャム40」で追撃を開始した。これは糖度55の製品で、40という数字は甘味度を表している。同社の社史は「マイジャム40は味、品質ともに他社に勝るとの自信をもっての発売であったが、発売時期、ラインアップ等一歩おくれをとったため、発売以来先発メーカーの後塵を拝し、そのため当社のジャム全体としてのシェアが低下したことは否めない」と記している。

● **戦略旗手▷▶▷▷▷第2世代同族経営者**

【人物】このケースで好手を放ったのは青旗缶詰の廿日出多真夫氏である。多真夫氏は、地元の人々の出資を募って青旗缶詰を創業した要之進氏の二男である。「アヲハタ55オレンジマーマレード」が発売された時点では代表取締役専務を務めており、それから半年で社長に就任している。

【着想】多真夫氏の決断の背景は知る術がない。家業とするジャム

■主要記事
日経産業 1980.10.16
日経金融 1998.7.22

■はつかで・たまお
誕生：1930.06
社員：1954.12-1959.12
役員：1959.12-2004.01
社長：1970.12-1996.01
会長：1996.01-2001.01

の市場を活性化したいとの一心から低糖度化、すなわちフレッシュ化に動いたのではなかろうか。

［参照社史］
『明治屋100年史』1987年
『中島董一郎譜』1975年
［参照文献］
青旗缶詰株式会社生産部「新製品の登場で市場変革のジャム」『缶詰時報』1982年２月

■主要記事
日経朝刊 1988.8.5
地方経済面（中国Ａ）

ケース 933　漬物／1995年

Ｂ社：⊙新進　→　Ａ社：⊙東海漬物製造

農産加工品 (3/5)
戦略Ｃ/Ｃ比率◁◁◇▶
戦略Ｄ/Ｅ比率◁◁◇▶

●企業戦略 ▷▷▷▷▶／▷▷▷▷▶

【Ｂ社】新進は1940年に前橋で籠島食料工業として設立された会社である。祖業は焼麩で、源流は1894年までさかのぼる。1930年に福神漬の製造販売に乗り出して、そちらが主業に転じている。企業戦略としては、焼麩に連なる澱粉と、漬物や煮豆などの二枚看板を貫いており、水平多角化に相当する。

漬物は新進にとって第二の祖業である。1995年当時、売上高の64％を漬物に依存していた。

【Ａ社】東海漬物製造は1941年に名古屋で同業者の企業合同体として設立された会社である。祖業は漬物で、1962年に発売した「きゅうりのキューちゃん」が大ヒットして経営が安定した。企業戦略としては漬物専業を貫いている。

漬物は東海漬物製造にとって祖業かつ主業である。1995年当時、売上高の88％を漬物に依存していた。

なお、東海漬物製造は2003年に社名から「製造」を外す決断をしている。

■新進（単）
逆転決算期：1996.03
実績売上高：170億円
営業利益率：0.7％
筆頭大株主：創業家
東名阪上場：―

■東海漬物製造（単）
逆転決算期：1995.08
実績売上高：140億円
営業利益率：―
筆頭大株主：―
東名阪上場：―

●事業戦略 ▶▷▷▷▷／▶▷▷▷▷

【製品】漬物は塩、酢、味噌、麹などに漬け込んだ貯蔵食品の総称である。漬け込む食材としては、野菜が圧倒的に多い。漬け込み

■該当セグメント
Ｂ社：―
Ａ社：―

第６章　製品の改善改良

■ 10年間利益率
B社営業利益率：—
A社営業利益率：—

■ 10年間勝敗数
B社得点掲示板：—
A社得点掲示板：—

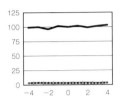

■ シェアの測定単位
販売金額

■ 漬物
市場規模：3,790億円

■ B社の首位君臨期間
1986年〜1994年

■ A社の首位君臨期間
1995年〜

■ 約200種類
日経産業 1990.4.23

中に発酵を伴うものもあれば、伴わないものもある。市場は2005年あたりまで漸増傾向を示していたが、そこから漸減に転じている。

隣接市場には、これというものが見当たらない。

製品には野菜の種類や漬け方に応じて様々なバリエーションがある。参入メーカーは数え切れず、上位4社で市場の10%を押さえるのがやっとである。

【B社】漬物について新進は、1930年から取り組んでいる。主力は福神漬で、これとカレーライスの組み合わせが日本で定番化したことから、カレーが伸びれば新進も自動的に伸びる関係があった。それを原動力として漬物首位に躍り出たものと思われる。福神漬以外では沢庵や梅干を揃えており、ラインアップする商品は約200種類と言われていた。

生産面では、前橋の岩神工場を拠点としていたが、1991年に利根川工場が完成したのに伴い、岩神工場は閉鎖した。

販売面では、菱食のような大手食品卸に頼っており、B2C市場と並んでB2B市場も攻めていた。

農産加工品カテゴリーでは、漬物以外に参戦していない。

【A社】漬物について東海漬物製造は、1941年から取り組んでいる。胡瓜を醤油に漬けた非発酵タイプの「きゅうりのキューちゃん」が主力製品で、これを樹脂フィルムの小袋に包装し、大量生産・大量消費の流れにのせることで漬物上位に躍り出た。多品種展開を進めた点は、新進と同じである。

生産面では、「きゅうりのキューちゃん」の発売に合わせて完成させた豊橋工場を主力拠点としてきた。1965年には東京市場に近い所沢工場を、1969年には豊橋近郊の田原工場を加えている。後者は主力製品の専用工場となった。

販売面では、「きゅうりのキューちゃん」の発売に合わせて、売り出し中の坂本九を起用したテレビコマーシャルを流して一気に認知度を上げている。流通では、のちに伊藤忠食品に合流した地域卸を頼みとしていた。名古屋から大阪を攻略して地盤を固め、そのあとで東京を攻略した。

農産加工品カテゴリーでは、漬物以外に参戦していない。

【時機】逆転が起きた頃、バブル経済崩壊の影響と、大店法の改正が相俟って、流通はまさに戦国時代に突入していた。

【収益】このケースにおける逆転は、市場が小刻みに上下動を繰り返すなかで起きている。新進が漸減傾向を辿ったのに対して、東海漬物製造は漸増傾向を辿ったことで、逆転が実現した。直近では、新進は4位まで後退し、東海漬物製造との差は2%ポイント以上に拡がっている。

この逆転は収益面から見ると祝福に値するものと思われる。東海漬物製造の利益は1995年度に跳ね上がり、その後も高水準で推移した。新進は逆に減収減益に見舞われている。

【好手】1994年1月、東海漬物製造は主力商品「きゅうりのキューちゃん」のリニューアルを実施した。これが1995年に逆転を記録した直接の主因と思われる。

しかしながら、これは必ずしも歴史の断層ではない。実質上のリニューアルはコンスタントに実施されており、発売当初は10%以上あった塩分濃度を、4年後に加熱殺菌技術を更新して8.7%へ。その4年後に低温熟成方式を採用して6.5%へ、その7年後に6.0%へ、その4年後に5.2%へ、その10年後に4.8%へ、そして1994年のリニューアルで4.4%へ地道に減塩を実現してきた。1998年には保存料と合成着色料を排除するリニューアルも実施して、2001年には塩分濃度の4%切りを成し遂げた。

味においても、組み合わせる本醸造醤油を磨き込み、風味の向上に余念がない。きゅうりも、独特の食感を保つために中国杭州産の「四葉(すうよう)」という品種にこだわっている。

さらに工場への投資も間断なく実行している。最新技術の導入に常に熱心で、主力商品のコスト削減と品質向上を追求し続ける姿勢には頭が下がる。

このケースでは、新進が「パリキュー」で「きゅうりのキューちゃん」に対抗し、東海漬物製造も「福神漬」を出して応戦したほか、新進が1991年に稼働させた利根川工場に、東海漬物製造が群馬県榛名町に主力製品以外を製造する工場を新設してぶつけたり、競争戦略の要素が大きいことは確かである。しかしながら、全体としては西の横綱が東の横綱を水入りの末に寄り切ったケース

■**主要記事**
日経朝刊 1991.5.24
地方経済面（北関東）
日経朝刊 1992.1.22
地方経済面（中部）

と捉えるべきであろう。

◉戦略旗手▷▷▷▷創業経営者

【人物】 このケースで好手を放ったのは東海漬物製造の大羽至氏である。渥美半島に生まれた至氏は、飼料会社を経営する実業家杉浦治助氏が営む杉治青年学校に入り、空襲で事業基盤を失った東海漬物製造の経営権を3代目の社長として杉浦氏が1945年に継承したことにより、除隊・帰国後に入社した。1957年に他界した3代目の次には4代目として杉浦氏の子息が社長に就任したが、経営の実権は至氏が1948年頃から握っていたようである。「きゅうりのキューちゃん」は、大羽家の台所で生まれ、至氏が自ら販路を切り拓いた商品で、至氏の経営者人生そのものと捉えても間違いはない。その意味で、至氏は実質的な創業者に相当する。

【着想】 至氏の決断は、いかにも大量生産・大量消費時代のパイオニアらしいものである。その点は「自分たちの商品が消費者のカゴに入れられ、レジスターの場所を通過するかどうかが…最大の山場で（中略）積み重ねてきた信用や信頼感をもつ商品自体のネーミングや、製造企業名は（中略）コンシューマー側の選択要因にはなりましょうが、一番重要なことは、一度でも自社製品を手にとり、食卓に飾っていただき、口にしたことがあるか、コンシューマーはその味を、旨さを選択基準として記憶してくださってくれるかが決定的なファクターであり、業界で言うところの"返り注文"が有るや無しやにつながり、再指名・購買にかかわるわけです」という発言に垣間見ることができる。この売場のプロセスを真実の瞬間と呼ぶ向きもあるが、これを至氏は個々の消費者との「商談」と呼んでいた。大量生産・大量消費のパイオニアでありながら、個を忘れていないところが興味深い。

こうした達観は、米国を手本と仰いだ学習体験に根ざしているようである。経営理念には「わが社の経営のために消費者が必要なのではなく、消費者のためにわが社が必要なのである。わが社の必要性は食生活を豊かにする、どこより優れた品質のお製品を供給することにある」と謳い、「品質向上と研究には終点がない。たゆまぬ努力によって品質の絶対的優位性を貫こう」と社員に呼び

■おおば・いたる
誕生：1922.02
社員：1946.10-1948.10
役員：1948.10-1996.01
社長：1969.10-1996.01
会長：—

■自分たちの商品が…
　商談
社史 第7章

■わが社の経営のため…
　品質向上と研究には…
　消費者はいま、なにを…
食品の包装 1977.10

かけ、「消費者はいま、なにをわが社にもとめているかを常に知ろう」と自戒していた。

[参照社史]
『東海漬物・半世紀のステップ あたって砕けろ』1995年

■主要記事
食品の包装 1996.6

ケース934 風味かまぼこ／2005年

B社：⦿一正蒲鉾 → A社：⦿スギヨ

水産加工品（8/9）
戦略C/C比率 ◁◁◇▷
戦略D/E比率 ◁◁◇▷

■一正蒲鉾（連）
逆転決算期：2006.06
実質売上高：280億円
営業利益率：1.2%
筆頭大株主：創業家
東名阪上場：2014.06

■スギヨ（単）
逆転決算期：2006.06
実質売上高：推定170億円
営業利益率：—
筆頭大株主：創業家
東名阪上場：—

●企業戦略 ▷▶▶▷▷/▷▷▷▶

【B社】一正蒲鉾は1965年に新潟で新潟蒲鉾として設立された会社である。祖業はかまぼこで、1979年に発売したカニ風味かまぼこが通年商品となり、経営が安定した。企業戦略としては、きのこ製造やゴルフ場経営に進出しているものの水産練製品の比率が高く、専業に相当する。

風味かまぼこは一正蒲鉾にとって祖業の発展型にほかならない。2005年当時、売上高の95%を食品部門に依存しており、その部門内で風味かまぼこの出荷シェアは18%であった。部門および全社を牽引するのは昔ながらの水産練製品である。

【A社】スギヨは1962年に石川県の七尾で杉与商店として設立された会社である。祖業は漁業で、源流は江戸時代までさかのぼる。明治初年から鮮魚問屋を兼ね、1907年に水産練製品の製造に進出した。1972年には世界で初めてカニ風味かまぼこを発売して、1987年には米国でも工場を立ち上げた。企業戦略としては専業に相当する。

風味かまぼこはスギヨにとって祖業の発展型にほかならない。2005年当時、売上高の90%近くを水産練製品部門に依存しており、その部門内で風味かまぼこの出荷シェアは64%であった。

●事業戦略 ▷▷▷▶▷/▷▷▶▷▷

【製品】風味かまぼこは、カニの足の身を模した水産練製品のことを指す。主な原料はスケトウダラで、外見のみならず、食感までカニと酷似した製品が世に送り出されるところまで技術が進歩した。

■該当セグメント
B社：全社
A社：—

■10年間利益率
B社営業利益率：2.6%

第6章 製品の改善改良

A社営業利益率：—

■ 10年間勝敗数
B社得点掲示板：0-10
A社得点掲示板：—

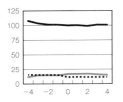

■ シェアの測定単位
出荷金額

■ 風味かまぼこ
市場規模：420億円

■ B社の首位君臨期間
1986年～2004年

■ A社の首位君臨期間
2005年～

本物のカニは高価なうえ、殻から身を取り出す手間がかかる。それに対して風味かまぼこは、安価で手間がかからない。

隣接市場には、風味かまぼこの4倍の市場規模を誇る一般のかまぼこ類がある。揚かまぼこも3倍以上、ちくわも2倍以上の規模を持っていた。

製品には、カニの身の繊維状組織を真似る方法の違いや、真似るカニの種の違いに応じて、様々なバリエーションがある。参入メーカーは数え切れないが、上位5社で市場の過半を押さえ込んでいた。

【B社】風味かまぼこについて一正蒲鉾は、1979年にスティックタイプの「オホーツク」を発売した。

生産面では、新潟県内に複数の工場を構えるほか、滋賀と北海道にも拠点を設けている。

販売面では、菱食のような大手食品卸を介して小売店に至るルートと、生協への直販ルートを持っていた。

水産加工品カテゴリーでは、風味かまぼこと揚かまぼこで首位争いに絡み、かまぼこ類とちくわでは第2集団につけていた。

【A社】風味かまぼこについてスギヨは、1972年に刻みタイプの「珍味かまぼこ・かにあし」を発売した。タイミングとしては、これが業界で最も早い。

生産面では、七尾に複数の工場を構えるほか、北海道と茨城と米国にも拠点を設けている。

販売面では、地元や長野の卸に頼るほか、直営店を設けている。また、海外市場の開拓が進んでいる。大手ナショナルチェーンでの小売は避けて、中小スーパーや業務用市場に狙いを定めているようである。

水産加工品カテゴリーでは、風味かまぼこで首位争いに絡むほかは、かまぼこ類とちくわでは第2集団につけていた。揚かまぼこは番外に甘んじていた。

【時機】逆転が起きた頃、風味かまぼこを取り巻く事業環境にこれという変化は見当たらない。

【収益】このケースにおける逆転は、市場がフラットに推移するなかで、一気にゼロサムのようにして実現した。スギヨの攻勢を受け

止め切れず、一正蒲鉾がシェアを落としてしまったように見える。直近では、両社間の差は5%ポイントにまで拡大している。

この逆転は収益面から見ると祝福に値するものと思われる。スギヨは逆転年に最終赤字に沈んだものの、翌年度から黒字に転換し、上昇基調に転じている。起伏はあるが、最高益を何度か更新したようである。それに対して一正蒲鉾は2005年度に大幅な営業減益、そして2007年度に営業赤字を記録した。

【好手】2004年7月、スギヨは「香り箱」を発売した。石川県ではズワイガニのメスを香箱と呼んでおり、そこから命名したものと思われる。本物と見紛うほどの「香り箱」はテレビ番組でも話題となり、2005年の全国蒲鉾品評会で農林水産大臣賞を受賞した。2006年の農林水産祭でスギヨは天皇杯を受賞する栄誉にも輝いている。

スギヨは、人工くらげの開発に挑戦するなかで、失敗作から「かにあし」を生み出した。そして1990年に葉脈状の繊維をもった「ロイヤルカリブ」を送り出していた。そして開発の手を緩めることなく、画期的な「香り箱」の瞬発力で占有率の逆転を実現したものと思われる。

■主要記事
日経産業 2007.2.9
日経朝刊 2011.3.11
地方経済面（新潟）
日経朝刊 2011.5.4
日経朝刊 2012.9.8
地方経済面（北陸）

●戦略旗手▷▶▷▶▷第3世代同族経営者

【人物】このケースで好手を放ったのはスギヨの杉野芳人氏である。芳人氏は、早稲田大学第一政経学部を卒業すると同時に挙式し、2代目杉野作太郎氏の養子となり、スギヨに入社していた。

芳人氏が入社する2年前に、七尾湾で捕れる油鮫を原料として造っていたちくわに、同じ鮫の肝油を混ぜた「ビタミンちくわ」がヒットして、スギヨの販路は全国に広がっていった。それを土台として、芳人氏は2代目作太郎氏の下で新製品開発に勤しんだ。その矛先はカラスミやイクラにも向けられた。

■すぎの・よしと
誕生：1930.12
社員：1954.03-1962.01
役員：1962.01-2003.10
社長：1984.07-1988.07
会長：1988.07-2003.10

【着想】芳人氏の足跡に決断らしい決断は見られない。一貫しているのは「大消費地からは遠い。生業のうちはともかく、家業から企業へと発展させていくにつれて、その致命的ともいえる弱点を何とかカバーしなければならなかった。いまでいえば商品の差別化、それを実現させる商品開発力をつけることが急務だったわけです」という大局観であろう。その深さは9年後の「大手に対抗するには商

■大消費地からは遠い…
オール生活 1986.1

■大手に対抗する…

北陸経済研究 1995.3

品開発しかない。これが生き残りの条件であり、また今日まで生き残っている要因でもある」という言葉からも推し量ることができる。

そのベースにあるのは魚肉ソーセージの失敗経験である。1958年に時流に乗って進出したが、最後は大手メーカーに押し潰されてしまった。それについて芳人氏は「製品さえ良ければ自然に売れることは間違ってはいないと今でも思うが、それだけでは、少なくともナショナルマーケットでは通じないことを痛切に感じさせられました」と反省の弁を述べている。それが「誤解を招く怖れもありますが、端的に言って、つねに価格設定の主導権を握るメーカーでありたい。そのためには、経営全般——商品開発から販売戦略、資金調達から設備投資、ヒトの問題も含めて、世の中の動きよりも一歩前を行くことを考えている」という教訓につながったに違いない。

■製品さえ良ければ…
　誤解を招く怖れも…
　月刊中小企業 1980.4

［参照社史］
『一正蒲鉾50年史"進化のとき"100年企業へ』2015年
『スギヨ社史』1994年
［参照文献］
辻雅司「カニ風味蒲鉾の開発・製品革新とカニカマ産業の確立」『食品経済研究』2002年3月
辻雅司「カニ風味蒲鉾の市場類型と企業活動」『地域漁業研究』2004年10月

ケース 935　鎮痒剤／1991年

B社：◉金冠堂　→　A社：◉池田模範堂

大衆薬（15/23）
戦略C/C比率 ◀◁◇▷▷
戦略D/E比率 ◀◁◇▷▷

■金冠堂（単）
逆転決算期：1992.03
実質売上高：約30億円
経常利益率：推定19%
筆頭大株主：創業家
東名阪上場：—

■池田模範堂（単）
逆転決算期：1992.11
実質売上高：約40億円
営業利益率：推定2%

◉企業戦略 ▷▷▷▷▶／▷▷▷▷▶

【B社】金冠堂は1943年に東京三軒茶屋で設立された会社である。祖業は万能外用薬の「キンカン」で、源流は金冠堂研究所が生まれた1923年までさかのぼる。改良を重ねながら単一製品で勝負してきたが、1990年に「トラスティ薬用クリーム」、1995年に「金柑のど飴」、2005年に「アズレアイうがい液」、2015年に「Assy フットケアミスト」、2017年に「ハダナ かゆみ止めゼラニウムガーデ

ン」を発売するなど、近年は製品ラインの拡大に努めている。企業戦略としては大衆薬専業の枠から出ていない。

　鎮痒剤は金冠堂にとって祖業かつ主業である。1991年当時、売上高の推定94%を鎮痒剤部門に依存していた。

【A社】 池田模範堂は1948年に富山県で設立された会社である。祖業は家庭配置薬販売で、源流は1909年までさかのぼる。1926年に「ムヒ」を発売して以来、単一製品路線を堅持してきたが、処方用医薬品や表に出ない非医薬品事業を追加している。企業戦略としては多核化に該当する。

　鎮痒剤は池田模範堂にとって主業である。1991年当時、売上高の推定60%を鎮痒剤部門に依存していた。

● **事業戦略** ▶▷▷▷▷／▶▷▷▷▷

【製品】 鎮痒剤は虫刺されに伴う痒みを抑える大衆薬である。本来は成熟した市場と考えられるが、1990年代には一過性の拡大が観察された。

　隣接市場には軟膏や外皮用殺菌消毒剤がある。突出しているのは軟膏で、外皮用殺菌消毒剤および鎮痒剤の2倍以上の市場を形成している。

　製品には有効成分のほか、剤形や容器に応じてサブカテゴリーが形成されている。約20社が参入していたが、上位2社で市場の過半を制しており、寡占度は高い。

【B社】 鎮痒剤について金冠堂は1926年から「キンカン」を販売している。当初は火傷を中心に何でも効く万能薬と位置付けていた。主成分はアンモニア水で、それが独特の嗅覚刺激につながっている。温感パップ剤と同じ副次成分を配合していることから、効能には肩こり、腰痛、打撲、捻挫を含んでいる。

　生産面では、埼玉に自社工場を構えている。

　販売面では、大阪に出張所を置いているが、主に卸に依存していた。

　大衆薬カテゴリーでは鎮痒剤だけに顔を出している。

【A社】 鎮痒剤について池田模範堂は1926年から「ムヒ」を販売している。製品名の由来は「無比」で、ほかに比べるものがないこと

筆頭大株主：創業家
東名阪上場：―

■該当セグメント
B社：―
A社：―

■10年間利益率
B社営業利益率：―
A社営業利益率：―

■10年間勝敗数
B社得点掲示板：―
A社得点掲示板：―

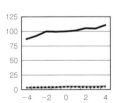

■シェアの測定単位
生産金額

■鎮痒剤
市場規模：540億円

■B社の首位君臨期間
〜1975年
1978年〜1990年

■A社の首位君臨期間
1991年〜

■ジフェンヒドラミン
日経ドラッグインフォメーション 2008.7

を意味している。発売当初は缶入りのワセリン軟膏であったが、チューブ入りのクリームに処方を変更してから火が付いて、1933年に工場を新設するに至っている。有効成分はジフェンヒドラミンという抗ヒスタミン剤で、それに軽い知覚の麻痺を引き起こすl-メントールなどを加えている。

生産面では、富山県の本社工場が唯一の拠点である。

販売面では、東京、名古屋、大阪、福岡に支店を置いて、問屋に卸している。

大衆薬カテゴリーでは鎮痒剤だけに顔を出している。

【時機】逆転が起きた頃、大衆薬ではドラッグストアが台頭する兆しを見せていた。

【収益】このケースにおける逆転は市場が穏やかな上昇基調を見せるなかで起きたものである。僅差の逆転であったが、直近では驚くべきことに10%ポイントを優に超えるところまで差が拡大している。

この逆転は収益面から見ると祝福に値する。『医薬品企業総覧』によると、逆転以降の池田模範堂の営業利益の伸長は目覚ましい。年率換算で100%を超過している。逆に金冠堂は経常減益が連続したようである。

【好手】1990年4月、池田模範堂は「アンパンマン」のキャラクターを採用した「ムヒパッチ」を発売した。パッチという剤形は「マキロン」という製品で外皮用殺菌消毒剤の市場を独走する山之内製薬が1986年の6月に先行導入していた。これは、貼付薬の一種で痒い部位を掻くと、皮膚が傷ついて二次感染を引き起こしたり、痛痒感を増幅して掻き方が激しくなるという悪循環が起こる問題を、根元で止めるものであった。池田模範堂は、それを4年後に隣接市場に導入して、大ヒットを記録した。「ムヒパッチ」の成功を見届けた金冠堂は1993年4月に「キンカンパッチ」で追撃したが、どうやら顧客のシフトが既に起きてしまったあとの祭に終わったようである。

■主要記事
日経流通 1989.8.5
日経流通 1992.7.11
日経産業 1996.2.22

■いけだ・かどう
誕生：？
社員：―

◉戦略旗手▷▷▷▷▷第3世代同族経営者

【人物】このケースで好手を放ったのは池田模範堂の3代目、池田

嘉道氏である。嘉道氏は「ムヒパッチ」が発売された時点の社長で、ヒットによって利益が改善するのを見届けると、1996年にGMP（医薬品の製造・品質管理基準）対応の製造ラインを新設して、生産能力を一気に50％も引き上げた。この投資で占有率のリードを固めたものと考えられる。

【着想】嘉道氏の決断は販売の現場に根ざしている。40〜50人いる営業担当者に、嘉道氏は日報を義務づけて、翌朝一番に目を通す作業を自らに課していたという。この習慣によって子供に人気のキャラクターと新剤形を採用する着想を得たのではなかろうか。

　［参照文献］
「ムヒ 家庭薬物語第14回」『ファルマシア』2014年8月
「100年企業の方程式 池田模範堂」『日経トップリーダー』2013年
　　4月

役員：―
社長：1965.09-1998.01
会長：1998.01-

6-1-2　海外からの技術移転

ケース 746　衣料用液体合成洗剤／2001年

B社：●花王　→　A社：●P&Gファー・イースト

雑貨（17/24）
戦略C/C比率 ◀◁◇▷▶
戦略D/E比率 ◀◁◇▷▷

■花王（連）
逆転決算期：2002.03
実質売上高：8,530億円
営業利益率：13.3%
筆頭大株主：金融機関
東名阪上場：1949.05

■P&Gファー・イースト
逆転決算期：ー
実質売上高：ー
営業利益率：ー
筆頭大株主：米国P&G
東名阪上場：ー

●企業戦略 ▶▷▷▷▷／▷▶▷▷▷

【B社】花王は形式的には1940年に日本有機として設立された会社である。祖業は洋物小売で、源流は1887年までさかのぼる。早くも1890年に花王石鹸の製造販売に乗り出して、1902年に直営工場を立ち上げると、1911年には長瀬商会を設立した。これが実質上の設立年に相当する。そこから先は多角化を進め、1928年に食用椰子油、1932年にシャンプー、1938年に家庭用合成洗剤と戦線を拡大した。戦時中は3社に分かれたが、1954年に再統合を完了させると、卸売機能の内部化を推し進め、生理用品や化粧品や工業素材までも戦線に加えている。企業戦略としては、油脂化学と界面科学の川下を探求する垂直多角化に該当する。ドメイン定義は機能的で、自ら「清浄」を旗印にしている。

衣料用合成洗剤は花王にとって主業である。2001年当時、売上高の29%をハウスホールド部門に依存しており、その部門内で衣料用合成洗剤の生産シェアは27%であった。ただし液体に限定すると、生産シェアは3%まで下がる。全社を牽引するのはハウスホールド部門である。

なお、花王は本シリーズ第1巻に衣料用洗剤が高収益事業のケース869、拙著『戦略暴走』にフロッピーディスク事業がケース104として登場した。

【A社】P&Gファー・イーストは1983年に設立された会社である。祖業は衣料用洗剤で、源流はミツワ石鹸、第一工業製薬、旭電化工業の3社が日本サンホームを設立した1969年までさかのぼる。日本サンホームは、米国P&G社の日本製造拠点となる予定であったが、1975年に石油ショックの余波を受けてミツワ石鹸が倒産し

てしまったことから、米国P&G社が同社の富士工場と商標を買収した。米国P&G社は1976年に日本プロクター・アンド・ギャンブルを設立したが、こちらは紙おむつ事業を展開する母体で、洗剤事業を営む日本サンホーム（米国P&G社が出資した1972年にP&Gサンホームと改称）と2本立ての体制となった。この日本プロクター・アンド・ギャンブルが、1977年から1978年にかけて旭電化工業と第一工業製薬と伊藤忠商事が保有するP&Gサンホームの持分を買い取ったことから、1983年にP&Gファー・イーストが誕生することになった。企業戦略としては、洗剤や紙おむつを主軸としつつも、日本ヴィックスやマックスファクターを迎え入れており、多核化展開に該当する。

衣料用合成洗剤はP&Gファー・イーストにとって祖業かつ主業である。2001年当時、全社を牽引するのは衣料用洗剤であった。

● **事業戦略** ▷▷▷▶▷／▷▷▷▶▷

【製品】 衣料用合成洗剤は、家庭用洗濯機に投入する洗剤を指す。合成洗剤は、動物性または植物性の天然油脂を原料とする石鹸とは異なり、石油化学工業の産物である。起源はドイツでアルキルナフタリンスルホン酸塩が合成された1916年にさかのぼる。本格的に普及したのは、合成洗剤の改良が進み、電気洗濯機が本格的に売れ始めた1950年代のことで、そこから洗濯石鹸は衰退を余儀なくされた。市場規模のピークは1995年前後にある。

隣接市場には非衣料用の合成洗剤がある。代表格は台所用や住居・家具用であるが、衣料用に比べると市場規模は小さかった。

製品には粉末と液体の種別があった。米国では液体移行が早かったが、日本では粉末が液体の8倍程度の市場規模で推移していた。ようやく2000年から液体が粉末を代替する傾向が顕著に出てきたが、粉末の割合が依然として高く、日本は世界のなかでも特殊市場の色彩を帯びていた。ただし、粉末のほうが軽くて安いので、日本市場が粉末を支持してきたのは必ずしも不合理とは言えない。上位3社集中度は粉末でも液体でも90％を超えており、極めて寡占度の高い市場である。参入メーカーも数は少ない。

【B社】 液体の衣料用合成洗剤について花王は、1976年に「液体

■ **該当セグメント**
B社：ファブリック＆ホームケア
A社：—

■ **10年間利益率**
B社営業利益率：15.3％
A社営業利益率：—

■ **10年間勝敗数**
B社得点掲示板：10-0
A社得点掲示板：—

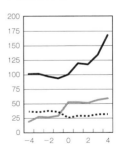

■ **シェアの測定単位**
出荷金額

■ **衣料用液体合成洗剤**
市場規模：230億円

■B社の首位君臨期間
1976年～1993年
1996年～2000年

■A社の首位君臨期間
1994年～1995年
2001年～

ジャスト」、その後継として1985年に「液体ザブ」を投入していた。その「液体ザブ」も1992年末をもって打ち切って、1995年から「液体アタック」を展開している。

粉末では「ワンダフル」、「ザブ」、「ジャスト」、「アタック」と主力ブランドを更新してくるなかで、盤石の地位を築いていた。粉末は液体の10倍を超える出荷高を誇っており、液体移行は必ずしも望むところではなかったのかもしれない。花王の「アタック」は、従来製品の4分の1というコンパクト化を実現すると同時に、アルカリセルラーゼという酵素を配合して、単繊維の内部に潜り込んだ汚れをも洗浄する能力を有していた。1987年に発売されると空前の大ヒットとなり、今日に至るまで花王の収益を下支えしている。ただし、花王の社史は粉末の衣料用合成洗剤に詳しい一方で、「液体アタック」については記述がないに等しい。

生産面では、物流費がかさんだ過去を反映してか、自社工場を全国に張り巡らせている。

販売面では、花王カスタマーマーケティングという子会社を有し、問屋機能を内部化していた。

雑貨カテゴリーでは、シャンプー、ボディシャンプー、石鹸、粉末の衣料用合成洗剤、住居・家具用洗剤、制汗剤で首位を堅持し、リンス、台所用洗剤、入浴剤で首位争いに絡んでいた。芳香剤、防虫剤、防湿剤を除いてフルラインの展開と言ってよい。

【A社】液体の衣料用合成洗剤についてP&Gファー・イーストは、1976年に液体の「ボーナス」を、1980年に中性かつ液体の「モノゲン ユニ」を投入した。いずれも日本市場に見られない特長のある製品で、1984年には基幹ブランドの「チアー」にも液体バージョンを追加している。そして1986年に「アリエール」を投入したが、緒戦で花王の「アタック」に出鼻をくじかれてしまい、1990年に「ウルトラ アリエール」に切り替えた。その後も毎年のように製品の改良を続けていき、2000年に液体でもジェルタイプの「アリエール ジェルウォッシュ」を投入したことにより、ついに逆転に成功した。

ちなみに米国P&G社が米国で看板ブランドの「タイド」を投入したのは1946年、酵素と漂白剤を配合した「アリエール」を投入

したのは1967年、高温洗浄に弱い化学繊維向けに「液体タイド」を投入したのは1984年であった。この「タイド」が日本以外の世界市場を制覇していたが、洗濯に熱水もしくは温水を使わない日本には導入していなかった。日本市場の開拓は、粉末の「全温度チアー」を1973年に導入するところから始めていた。

　生産面では、ミツワ石鹸から取得した富士工場に頼っていたが、1997年に閉鎖した。そこから先は海外工場からの輸入に頼っていた。

　販売面では、代理店および特約店を経由して、小売店で販売する体制を整えていたものと思われる。独自のマーケティング手法には定評がある。

　雑貨カテゴリーでは、石鹸および歯磨に参画せず、市場の大きい洗剤とヘアケア製品とトイレタリー用品に絞って事業を展開していた。首位争いに絡むのは洗剤分野であった。

【時機】逆転が起きた頃、日本の洗濯機市場では節水がテーマになっていた。相対的に溶け残りが出やすい粉末洗剤には逆風と言ってよい。さらに、洗濯乾燥の一体化がテーマとなる兆しもあった。洗濯機がドラム式になると、洗剤の泡立ちの良さが欠点に転じるため、これも粉末洗剤には逆風と言ってよい。

　参考までに、ライオンの社史によると2000年時点で液体洗剤の市場は立ち上がっていなかった。

【収益】このケースにおける逆転は、停滞していた市場が急伸する局面で起きている。原統計は経済産業省鉄鋼化学統計調査であったが、日本マーケットシェア事典には矢野経済研究所の独自調査に基づく数字が採用されるようになり、その理由を「輸入品が増加したため…」と脚注で説明していた。ここで言う輸入品がP&Gファー・イーストの製品を指していることは明らかで、2000年に投入された新製品の勢いが凄まじかったことを窺い知ることができる。

　この逆転は収益面から見ると祝福に値するか否か断言できない。P&Gファー・イーストに業績の開示義務がないため致し方ないが、同社が2003年8月に開いた記者会見で「過去最高の伸長率を記録」し、「利益率が大幅に改善」したと報告していることを考慮すると、

■2003年8月
国際商業 2003.11

■主要記事
日経朝刊 1988.8.29
日経産業 1995.4.14
日経流通 1995.8.5
日経流通 2000.6.3
日経流通 2005.9.19

■ロバート・マクドナルド
誕生：1953.06
社員：―
役員：1996.06-1999.06
社長：1996.06-1999.06
会長：―

■低下傾向にあった…
国際商業 1998.2

■主要記事
Business Research
1999.11

祝福に値すると考えて間違いなさそうである。なかでもファブリック＆ホームケア分野は大きな成長を遂げたそうである。

【好手】2000年3月、P&Gファー・イーストは「アリエール ジェルウォッシュ」を発売した。これはジェルタイプのパイオニア製品で、節水型の洗濯機でも洗剤の溶け残りが出にくい点を訴求していた。日本の衣料用洗剤の液体化は、ここから始まったと言っても過言ではなかろう。

●戦略旗手▷▷▷▶▷操業経営者

【人物】このケースで好手を放ったのは、敢えて言うならロバート・A・マクドナルド氏である。マクドナルド氏はP&Gファー・イーストの社長に着任して半年後に「アリエール ピュアクリーン」を投入し、同社に成功体験をもたらした。そして毎年春に改良品を投入するパターンを築き上げ、「アリエール ジェルウォッシュ」への道をつけたことになっている。

　マクドナルド氏は、日本で成功を収めたあと、責任範囲が北東アジアに拡がり、2001年には米国に戻ってファブリック＆ホームケア社の社長に就任した。そして日本における成功体験をグローバルに広め、研究開発体制を強化することにも成功したのか、2009年から2013年にかけてP&G社のCEOを務めることになった。

【着想】マクドナルド氏の決断はP&Gの勝ちパターンを参照したものと言えよう。「低下傾向にあった当社の市場シェアを製品の革新によって高め、消費者の支持を得ていきたい」という彼自身の言葉が、その点を裏付けている。

［参照社史］
『花王120年』2012年
P&G『経歴書』1999年
『ライオン120年史』2014年
［参照文献］
井手一敏「最近の衣料用洗剤の技術動向」『繊維製品消費化学会誌』
　2002年1月

ケース 747 台所用洗剤／1999年

B社：●ライオン → A社：●P&Gファー・イースト

雑貨（17/24）
戦略C/C比率 ◁◁◇▶
戦略D/E比率 ◀◁◇▷

■ライオン（連）
逆転決算期：1999.12
実質売上高：3370億円
営業利益率：2.3%
筆頭大株主：金融機関
東名阪上場：1949.05

■P&Gファー・イースト
逆転決算期：—
実質売上高：—
営業利益率：—
筆頭大株主：米国P&G
東名阪上場：—

●企業戦略 ▷▶▷▷▷／▷▷▶▷▷

【B社】ライオンは1918年に神田で小林商店として設立された会社である。祖業は石鹸およびマッチの原料卸売で、源流は1891年までさかのぼる。1896年に粉歯磨の国産化に成功すると専業化を決断し、石鹸部門は1919年にスピンオフした。ライオン石鹸は1940年に日本化成工業と提携したことにより、ライオン油脂と社名を変えている。一方の小林商店は戦後にライオン歯磨と社名を変更したものの専業化に背を向けて、ブリストル・マイヤーズ社のバファリンや、マコーミック社のスパイスを戦列に加えていった。企業間競争が激化した1980年にライオン歯磨とライオン油脂は合併し、そこから先は後方垂直統合を進めている。企業戦略としては、洗剤や歯磨に薬品や食品を合流させており、多核化に該当する。

台所用洗剤はライオンにとって祖業の水平多角化事業である。1999年当時、売上高の45%をホームプロダクト部門に依存しており、その部門内で台所用洗剤の生産シェアは15%に達していた。部門および全社を牽引するのはヘビー洗剤である。

【A社】P&Gファー・イーストは1983年に設立された会社である。祖業は衣料用洗剤で、源流はミツワ石鹸、第一工業製薬、旭電化工業の3社が日本サンホームを設立した1969年までさかのぼる。日本サンホームは、米国P&G社の日本製造拠点となる予定であったが、1975年に石油ショックの余波を受けてミツワ石鹸が倒産してしまったことから、米国P&G社が同社の富士工場と商標を買収した。米国P&G社は1976年に日本プロクター・アンド・ギャンブルを設立したが、こちらは紙おむつ事業を展開する母体で、洗剤事業を営む日本サンホーム（米国P&G社が出資した1972年にP&Gサンホームと改称）と2本立ての体制となった。この日本プロクター・アンド・ギャンブルが、1977年から1978年にかけて旭電化工業と第一工業製薬と伊藤忠商事が保有するP&Gサンホームの持分を買い取ったことから、1983年にP&Gファー・イーストが

誕生することになった。企業戦略としては、洗剤や紙おむつを主軸としつつも、日本ヴィックスやマックスファクターを迎え入れており、多核化展開に該当する。

台所用洗剤はP&Gファー・イーストにとって祖業の水平多角化事業である。1999年当時、全社を牽引するのは衣料用洗剤であった。

●事業戦略▶▷▷▷▷/▷▷▷▷▶

【製品】 台所用洗剤は食器や野菜を洗う洗剤で、界面活性剤に助剤を加えた製品である。市場規模のピークは2000年代の後半に観察された。

隣接市場には住居・家具用洗剤がある。市場規模は、台所用が住居・家具用を数十％上回っている。

製品にはコンパクト化や詰め替え化の波が押し寄せて、市場は縮小気味で推移していた。洗剤を使用するユーザーの評価に日々さらされていることから、優勝劣敗が実現しやすいのか、参入メーカーも少なく、上位2社で市場の過半を押さえ込んでいた。

【B社】 台所用洗剤についてライオンは高級アルコール系の洗剤「ライポン」を発売した1938年から取り組んでいる。戦後は、寄生虫による死亡例が減らないことに業を煮やした厚生省環境衛生部の要望を受けて、1956年に野菜・果物・食器洗浄のための「ライポンF」をビニール袋入りで発売した。これは衣料用洗剤で培った合成洗剤の技術を応用した製品で、1959年には「液体ライポンF」も追加投入している。手荒れ回避を謳った「ママレモン」を1966年に、「ママローヤル」を1979年に発売して、ライオンは台所用洗剤で首位に登り詰めた。

生産面では、関東圏をカバーする自社工場群のほか、大阪と北九州に工場を構えていた。

販売面では、代理店および特約店を経由して、小売店で販売する体制を整えていた。

雑貨カテゴリーでは、歯磨で独走体制を堅持し、衣料用合成洗剤と台所用洗剤で首位争いに絡むほか、制汗剤で第2集団につけていた。紙ベースのトイレタリー用品や入浴剤には参画しておらず、

■該当セグメント
B社：ハウスホールド
A社：ー

■10年間利益率
B社営業利益率：4.0%
A社営業利益率：ー

■10年間勝敗数
B社得点掲示板：0-10
A社得点掲示板：ー

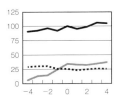

■シェアの測定単位
出荷金額

■台所用洗剤
市場規模：740億円

■B社の首位君臨期間
〜1980年
1982年〜1997年

■A社の首位君臨期間
1999年〜

意外と守備範囲は狭い。

【A社】台所用洗剤についてP&Gファー・イーストは1995年に「ジョイ」を導入するところから日本市場の開拓に乗り出している。これはサイズが他社従来品の半分というコンパクト製品で、消費者は言うに及ばず、バックヤードや陳列棚に限りがある売場で歓迎されたという。「ジョイ」は米国では早くも1949年に導入されており、定番の地位を築いていた。ただし、1973年に導入したディッシュウォッシャー専用の「ドーン」に主役の座は譲っている。

　生産面では、ベルギーに一元化しており、全量輸入で日本の需要を満たしていた。

■ベルギー
油脂 1998.5

　販売面では、代理店および特約店を経由して、小売店で販売する体制を整えていたものと思われる。独自のマーケティング手法には定評がある。

　雑貨カテゴリーでは、石鹸および歯磨に参画せず、市場の大きい洗剤とヘアケア製品とトイレタリー用品に絞って事業を展開していた。首位争いに絡むのは洗剤分野であった。

【時機】逆転が起きた頃、日本では品揃えで勝負するドラッグストアの多店舗展開に勢いがついていた。

【収益】このケースにおける逆転は、市場が漸増傾向を示すなかでP&Gファー・イーストが逆転年に至るまで凄まじい勢いで伸長することで、劇的に実現した。直近では、ライオンは花王にも抜かれ、P&Gファー・イーストに17％ポイントの差をつけられている。

　この逆転は収益面から見ると祝福に値するか否か断言できない。P&Gファー・イーストに業績の開示義務がないため致し方ないが、同社が2003年8月に開いた記者会見で「過去最高の伸長率を記録」し、「利益率が大幅に改善」したと報告していることを考慮すると、祝福に値すると考えて間違いなさそうである。なかでもファブリック＆ホームケア分野は大きな成長を遂げたそうである。同じ期間に、ライオンは減益決算を連発した。

■2003年8月
国際商業 2003.11

【好手】1995年8月、P&Gファー・イーストは「ジョイ」を発売した。それについてライオンの社史は「従来の半分のコンパクトさと価格面での優位性（業界標準300ml/280円に対して300ml/220円）でシェアを急増させた」と記している。

■主要記事
国際商業 1996.12
国際商業 1997.12
国際商業 1998.12
国際商業 1999.12
国際商業 2000.12

■ロバート・マクドナルド
誕生：1953.06
社員：—
役員：1996.06-1999.06
社長：1996.06-1999.06
会長：—

■低下傾向にあった…
国際商業 1998.2

ライオンはコンパクト市場の拡大を抑える戦略を採り、正当化につながる対抗製品の投入を控えたが、花王が対抗製品を投入した時点で戦略転換を余儀なくされ、「チャーミーコンパクト」で対抗した。しかしながら、「ジョイ」の快進撃を止めるには至らず、2000年代にはオーラルケアとファブリックケアを二大主力事業と位置付け直すことになった。台所用洗剤は雌伏の時代に追いやられたようである。

ちなみに、花王の社史は驚くほど台所用洗剤に紙幅を割いていない。重点分野とは位置付けていなかったものと思われる。

P&Gファー・イーストはコンパクトという目を引く特長を訴求して台所用洗剤市場に参入し、競合が追随してくる頃には除菌性能を謳う改良品を投入するなど、波状攻撃によって競合を振り切った観がある。

●戦略旗手▷▷▷▷▷操業経営者

【人物】このケースで好手を放ったのは、敢えて言うならロバート・A・マクドナルド氏である。マクドナルド氏のP&Gファー・イーストの社長着任は、「ジョイ」の発売に遅れること10ヵ月で、「ジョイ」発売の功績は彼の同僚に譲るべきであろう。しかしながら「ジョイ」は一夜にして首位に登り詰めたわけではなく、登り詰めるまで4年の歳月を要している。そのプロセスでマクドナルド氏が緻密なマーケティングを指揮した功績を過小評価することはできまい。

マクドナルド氏は、日本で成功を収めたあと、責任範囲が北東アジアに拡がり、2001年には米国に戻ってファブリック＆ホームケア社の社長に就任した。そして日本における成功体験をグローバルに広め、研究開発体制を強化することにも成功したのか、2009年から2013年にかけてP&G社のCEOを務めることになった。

【着想】マクドナルド氏の決断はP&Gの勝ちパターンを参照したものと言えよう。「低下傾向にあった当社の市場シェアを製品の革新によって高め、消費者の支持を得ていきたい」という彼自身の言葉が、その点を裏付けている。

[参照社史]
『ライオン120年史』2014年
P&G『経歴書』1999年
[参照文献]
西田誠男「コンパクトになった台所用洗剤」『化学と工業』1997年
6月

■主要記事
Business Research
1999.11

ケース 748 非標準変圧器／2005年
B社：●東芝 → A社：●日立製作所

静止電気機械（2/5）
戦略C/C比率◀◇◇▷
戦略D/E比率◀◇◇▷

■東芝（連）
逆転決算期：2006.03
実質売上高：6兆8,110億円
営業利益率：2.8%
筆頭大株主：金融機関
東名阪上場：1949.05

■日立製作所（連）
逆転決算期：2006.03
実質売上高：10兆1,620億円
営業利益率：2.7%
筆頭大株主：金融機関
東名阪上場：1949.05

●企業戦略▶▷▷▷▷／▶▷▷▷▷

【B社】東芝は1904年に東京で芝浦製作所として設立された会社である。祖業は電信機で、源流は1875年までさかのぼる。1909年に米国GE社から技術を導入し、発電機と電球を組み合わせて業容を拡大し、1939年には東京電気と合併した。戦時中は合併に次ぐ合併で巨体化したが、戦後は東芝テックを分離して再スタートを切り、電力インフラの構築に邁進することになった。その後は東芝ケミカル、東芝ライテック、東芝キヤリア、東芝エレベータなどをスピンオフしながら、総合電機メーカーの道を歩んでいる。企業戦略としては、それぞれに専門メーカーが存在する重電と軽電と家電を包含するに至っており、典型的な多核・多国化と言えよう。

　非標準変圧器は東芝にとって事実上の祖業から派生した事業である。2005年当時、売上高の27%を社会インフラ部門に依存していたが、その部門内で非標準変圧器の生産シェアは1%未満であった。部門を牽引するのは原子力発電機器で、全社を牽引するのはデジタルプロダクツ部門であった。

【A社】日立製作所は1920年に茨城県で久原鉱業からスピンアウトして設立された会社である。祖業は鉱山用電気機械の修理で、源流は1910年までさかのぼる。戦後は米国GE社から技術を導入して水力・火力発電機用機器に注力し、また家庭電器、電子機器の製造へと事業を拡げていった。独自の工場プロフィットセンター制を築き上げ、旧い工場から新しい工場群をスピンオフすると同時

に、本体から日立金属や日立化成工業をスピンオフしてきた歴史は日本でも異彩を放っている。企業戦略としては、多彩な事業を擁しており、多核・多国化に相当する。

非標準変圧器は日立製作所にとって事実上の祖業から派生した事業である。2005年当時、売上高の25%を電力・産業システム部門に依存していたが、その部門内で非標準変圧器の生産シェアは1%未満であった。部門を牽引するのは原子力発電機器で、全社を牽引するのは電力・産業システム部門であった。

なお、日立製作所は本シリーズ第1巻に子会社の成功事例がケース644、同じく子会社の暴走事例がケース306、拙著『戦略暴走』に子会社がケース036、ケース110、ケース116として登場した。

■該当セグメント
B社：社会インフラ
A社：電力・産業システム

■10年間利益率
B社営業利益率：4.2%
A社営業利益率：2.7%

■10年間勝敗数
B社得点掲示板：0-10
A社得点掲示板：0-10

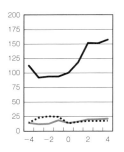

■シェアの測定単位
生産金額

■非標準変圧器
市場規模：990億円

■B社の首位君臨期間
1981年～1983年
1988年～2004年

●**事業戦略**▶▷▷▷▷／▶▷▷▷▷

【製品】非標準変圧器は、送配電用に電圧を変換する変圧器のうち容量が500kVAを超えるものを指す。鉄心に電線を巻いたコイルを対にした構造を持ち、貨車で運ぶため、大きさには制限がある。主要顧客は電力会社である。技術的には絶縁と鉄心が改善改良のポイントとなっている。変圧の原理は19世紀の後半に実証されており、日本でも19世紀の末から国産化が試みられている。市場規模のピークは1980年頃にあった。

隣接市場には標準変圧器があるものの、市場の規模としては非標準変圧器の半分にも満たない。

製品には容量のほか、技術方式別の細分類があった。参入メーカーは約30社に達しており、上位5社で市場の過半を押さえていた。寡占度は必ずしも高くない。

【B社】非標準変圧器について東芝は戦前から取り組んでいると思われるが、詳細はわからない。

生産面では、浜川崎工場と三重工場が主力拠点となっていた。2002年10月に変電・系統システム事業を三菱電機と統合して、ABB社、シーメンス社に次ぐ世界3位のプレーヤーに躍り出ることになったが、思い描いたように再編が進展することなく、2005年4月をもって統合は解消している。

販売面では、自社の営業部隊が直販していた。

静止電気機械カテゴリーでは、コンデンサには参画していなかったが、それ以外の変圧器および変成器では漏れなく首位争いに絡んでいた。

【A社】非標準変圧器について日立製作所は1916年頃から取り組んでいる。

　生産面では、日立産機システムの中条事業所が事業主体となっていた。ここは2001年7月に富士電機および明電舎と提携関係を築いて、需要の減少に対処していた。

　販売面では、自社の営業部隊が直販していた。

　静止電気機械カテゴリーでは、特殊用途変圧器とコンデンサに参画していなかったが、それ以外の変圧器および変成器では漏れなく首位争いに絡んでいた。

【時機】逆転が起きた頃、変圧器メーカーは2006年度から施行される改正省エネ法への対応を迫られていた。そもそもの発端は1997年12月に京都で開催されたCOP3で、ここで二酸化炭素の排出量削減目標が制定された。高圧受配電用の変圧器については、2001年1月に省エネ法特定機器に追加されることが決まり、2003年4月にクリアすべき電流ロスの目標値が示された。

【収益】このケースにおける逆転は、市場がピックアップするというタイミングで東芝が大きく出遅れたことによる。直近では、東芝は三菱電機にも抜かれ、日立製作所に3％ポイント近い差をつけられている。

　この逆転は収益面から見ると祝福に値するものと思われるが、小さな市場だけにセグメント利益の推移から判定することは難しい。

【好手】2003年5月、日立金属は米国ハネウェル社からアモルファス金属事業を買収した。アモルファス金属の製造技術は米国アライドシグナル社が開発していたが、ハネウェル社が同社を買収したことから、日立金属はハネウェル社から工場を買い取って、そこからアモルファス金属を調達する体制を確立したことになる。2007年には日本でも生産工場を立ち上げている。

　東芝は1980年代からアモルファス金属の開発に挑んでいたが、2006年度の省エネ法基準値は高配向性電磁鋼板と磁区制御電磁鋼

■A社の首位君臨期間
2005年〜

■主要記事
日経産業 2002.3.4
日経朝刊 2002.9.12
地方経済面（新潟）
日経夕刊 2003.5.14
日経産業 2005.3.24
日経産業 2006.2.24

■ほんだ・みちひろ
誕生：1942.10
社員：―
役員：2007.06-2010.06
社長：―
会長：―

■特殊鋼事業部長
日経産業 2005.11.7

■主要記事
週刊東洋経済 2000.7.29

板を採用して何とかクリアしただけに終わっており、結果的に開発には失敗したことが窺える。それに対して鉄心にアモルファス金属を採用した日立産機システムは、電磁鋼板を用いたときと比べて非動作時の電力損失を70％も減らすことに成功し、難なく基準値をクリアした。日立産機システムは2002年9月にアモルファス変圧器を増産していることから、素材をハネウェル社の工場から調達するのが先で、その効果を実証してから買収に踏み切ったものと思われる。容易に入手できない材料だけに、東芝は追随する道を閉ざされていた。

◉戦略旗手▷▷▷▶︎操業経営者
【人物】このケースで好手を放ったのは日立金属の本多義弘氏と思われる。本多氏は特殊鋼事業から上がってきた人物で、同社安来工場長を務めていた1996年に資材の海外調達を増やす方針を打ち出している。1998年6月には特殊鋼事業部長、2000年6月には社長に就任しており、ハネウェル社からの事業買収は「特殊鋼事業部長を務めていたときから着目していた」と自認する本多氏が主導した可能性が濃厚である。その功績に報いるためか、日立製作所は2007年6月に日立金属の会長職に就いていた本多氏を取締役に指名した。

【着想】本多氏の決断の背景は残念ながら知る術がない。

［参照社史］
『東芝125年史』2002年
『開拓者たちの挑戦―日立100年の歩み』2010年
［参照文献］
川﨑隆弘・伊藤辰雄・八木沢猛・山田一夫「アモルファス鉄心変圧器」『東芝レビュー』1986年2月
矢成敏行「東芝変圧器100年の歩み」『東芝レビュー』1995年5月
天野直樹・河村憲一・横山雅一・小島啓明「大容量変圧器の技術動向」『日立評論』2002年2月
白畑年樹「日立超省エネ変圧器」『電気設備学会誌』2004年10月

6-1-3　経営管理の実質強化

ケース 749

金属皮膜固定抵抗器／2001年

B社：●松下電器産業　→　A社：◉コーア

抵抗器（4/5）
戦略C/C比率◁◁◇▶
戦略D/E比率◀◁◇▷

■松下電器産業（連）
逆転決算期：2002.03
実質売上高：6兆9,880億円
営業利益率：▲3.1％
筆頭大株主：金融機関
東名阪上場：1949.05

■コーア（連）
逆転決算期：2002.03
実質売上高：520億円
営業利益率：▲1.7％
筆頭大株主：金融機関
東名阪上場：1961.12

●企業戦略▶▷▷▷▷／▷▶▷▷▷

【B社】松下電器産業は1935年に大阪で設立された会社である。祖業は配線器具で、源流は1918年までさかのぼる。個人創業した後はM&Aを駆使してラジオや乾電池や家電製品に手を拡げ、1933年に事業部制を導入した。戦後は1957年にオランダのフィリップス社と提携し、テレビに進出している。そこから白物と黒物を包含する総合家庭電器メーカーとして日本トップの座に登り詰め、垂直統合体制を固めていった。企業戦略としては、販路を核として家電製品の水平多角化を進める傍らで、コストリーダーシップを狙って垂直統合を同時に推進してきた。エンターテイメントを提供する黒物については多国化も追求している。子会社を通じて官需に手を拡げたのは、技術を核とした水平多角化に相当する。

金属皮膜固定抵抗器は松下電器産業にとって垂直統合事業の外販化に相当する。2001年当時、売上高の29％をデバイス部門に依存していたが、その部門内で金属皮膜固定抵抗器の生産シェアは0.1％に届いていない。部門を牽引するのは半導体で、全社を牽引するのはAVCネットワーク部門であった。

なお、松下電器産業は拙著『戦略暴走』に子会社の松下寿電子工業が情報機器でケース112として登場した。この寿のような子会社群を完全子会社化したうえで、松下電器産業は社名を2008年にパナソニックと変更した。さらに兄弟企業に相当する三洋電機とパナソニック電工も2011年に完全子会社化している。

【A社】コーアは1947年に伊那で興亜工業社として設立された会社である。祖業は炭素皮膜固定抵抗器で、源流は1940年までさかのぼる。一時期はコンデンサーも手掛けたが抵抗器専業に回帰して、

海外を含めた生産拠点の分散展開を進めていった。現在は各種抵抗器を主業としつつも、薄膜部品やコイルも手掛けている。企業戦略としては、技術と販路の双方を活かした水平多角化に該当する。

　金属皮膜固定抵抗器はコアにとって祖業の発展形に相当する。2001年当時、売上高の58％を抵抗器に依存しており、その内訳として金属皮膜固定抵抗器の販売シェアが83％に達していたが、これはチップ固定抵抗器を含む数字であることに注意する必要がある。

　なお、コアは拙著『戦略暴走』に磁気ディスクへの挑戦がケース109として登場した。

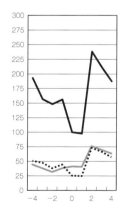

■該当セグメント
B社：デバイス
A社：全社

■10年間利益率
B社営業利益率：3.0％
A社営業利益率：5.8％

■10年間勝敗数
B社得点掲示板：0-10
A社得点掲示板：2-8

■シェアの測定単位
生産金額

■金属皮膜固定抵抗器
市場規模：32億円

◉**事業戦略**▷▷▶▷▷／▷▷▶▷▷

【製品】 金属皮膜固定抵抗器は、ニクロム系合金などの抵抗体をスパッタリングによって薄膜化したうえで、所定の抵抗値を得るために部分的にレーザートリミングしてできる電子部品である。温度や湿度や電圧が変わっても抵抗値が変わりにくいという特長を持っており、PC等の精密回路に用いられることが多い。1959年に島田理化工業が量産に乗り出したとされている。市場規模の推移に明確なピークは浮かんでいない。

　隣接市場には、抵抗体の組成と形成法が異なる炭素皮膜固定抵抗器や酸化金属皮膜固定抵抗器がある。市場規模が相対的に大きいのは酸化金属皮膜固定抵抗器であるが、いずれも衰退傾向を見せている。ちなみに、「固定」という限定句は「可変」と対比させたもので、抵抗値が熱や他の要因によって動かないことを意味している。

　製品には、リード線をスルーホールに差し込むタイプのものと、表面実装に対応するものがある。後者に該当するチップ固定抵抗器やネットワーク固定抵抗器が市場の主流となっており、皮膜系は足し併せてネットワーク固定抵抗器を上回るかどうかである。金属皮膜固定抵抗器の工場新設ラッシュが起きたのは1980年前後が最後と思われる。メーカー数は20社前後で、上位2社で市場の3分の2を押さえ込んでいる。

【B社】金属皮膜固定抵抗器について松下電器産業は1960年代から取り組んでいるものと思われる。もともとは自社製ラジオの部品を内製化する流れのなかで、炭素皮膜固定抵抗器から手掛けていた。

生産面では、子会社の松下電子部品が開発を含む事業主体となっている。松下電子部品は、各種コンデンサーからスピーカーや多層プリント基板まで手掛けており、一見したところ、受動部品と機構部品のデパートの様相を呈していた。

販売面では、松下電器産業のなかに電子部品の営業部隊がいて、彼らが金属皮膜固定抵抗器も担当した。

抵抗器カテゴリーでは、チップ固定抵抗器およびネットワーク固定抵抗器で首位に立ち、可変抵抗器で不動の2位を保っていた。

【A社】金属皮膜固定抵抗器についてコーアは1966年から取り組んでいる。

生産面では、創業時から農工一体論を唱えており、兼業農家が通いやすいように伊那谷のなかでも工場を分散させてきた経緯がある。

販売面では、直販を主体とし、それ以外も販売子会社経由で売っていた。輸出比率は50%を超えている。

抵抗器カテゴリーでは、炭素皮膜固定抵抗器で独走体制を築き上げていた。

【時機】逆転が起きた頃、日本では「選択と集中」の嵐が吹き荒れていた。松下電器産業も2001年4月に「創生21計画」を打ち出して、5事業が成長を牽引するとした。この中で電子部品は選に漏れ、主に成長事業のモバイルコミュニケーションを陰で支える役割を与えられたものと思われる。その鍵となるのは、多層基板とチップ部品であった。

【収益】このケースにおける逆転は、需要が急落・反転する谷底で起きている。松下電器産業が市場に併せて生産を絞ったのに対して、コーアは生産水準を保ったことから、一気に主従が逆転した次第である。言うまでもなく、谷底は米国のドットコムバブルの崩壊によって形成されていた。

この逆転は収益面から見ると祝福に値する。利益率の高いコーアも2001年度は最終赤字に転落したが、翌年度は黒字転換し、そ

■B社の首位君臨期間
1992年～2000年

■A社の首位君臨期間
2001年～

■島田理化工業
『技術と文明』1994.3
高橋雄造「戦後日本における電子部品工業史」

の後も順調に利益率を回復させていった。赤字の主因も携帯電話向けのチップ固定抵抗器で、金属皮膜固定抵抗器で無理をした形跡は欠片も見えない。直近では、パナソニックとの差を4%ポイントに拡げている。

一方の松下電器産業は「創生21計画」の期中にあたる2003年4月に松下電子部品を完全子会社化して、力点を自動車用途に移していった。電子部品では人員削減も実施しており、モバイル路線が奏功したようには見えない。

【好手】1987年3月、コーアは円高を克服すべくKPS（コーア生産システム）を立ち上げた。これは国内生産拠点の競争力を維持するための、トヨタ生産方式に倣った企業体質改善運動にほかならない。1989年4月にはKPSのPをプロフィットと読み替えて、全社展開に踏み切っている。1990年4月に受注から納品までのリードタイムを1週間以下とする体制を確立したと発表できたのは、KPSの成果と言ってよい。

規格の決まった抵抗器は、製品自体で差異化を実現する余地は、皆無でないものの、大きくない。それゆえ、納期の迅速性と信頼性が差異化の源泉になる。ここで優位を築いたコーアは固定客を掴み、それがバブル崩壊をも切り抜ける素地となったものと思われる。

このケースは松下電器産業が意図的に金属皮膜固定抵抗器の縮小に走った不戦敗の面もある。しかしながら、谷底からの回復期に同社も生産量を増やしている事実に鑑みると、不戦敗とは言い切れない。むしろコーアの健闘を称えるべきであろう。

■主要記事
日経朝刊 1986.9.7
地方経済面（長野）
日経朝刊 1990.4.24
地方経済面（長野）

■むかいやま・こういち
誕生：1948.09
社員：1972.03-1976.06
役員：1976.06-
社長：1977.12-2013.04
会長：2013.04-

■現場ばかり回らずに…
　大ヒットした新製品…
　多品種少量に対応…

◉戦略旗手▷▶▷▶▷第2世代同族経営者

【人物】このケースで好手を放ったのはコーアの向山孝一氏である。孝一氏は創業者、向山一人氏の二男で、好手を繰り出した時点で社長を務めていた。そして社長のまま、逆転を迎えている。

【着想】孝一氏の決断は熟慮に基づいている。父親が労働政務次官に就任したことから急遽29歳で社長になった孝一氏は、役員に「現場ばかり回らずに多角化事業を考えろ」と檄を飛ばしたそうである。それは、抵抗器のコモディティ性を悲観したことによる。し

かしながら、プラザ合意の直後に手掛けた多角化事業が思うように進まず、高い授業料を払ったことによって、本業で勝負する覚悟ができたという。

KPSの推進本部次長は「大ヒットした新製品もないし、新鋭設備を導入したわけでもない。地道に無駄を省いてきただけ」と説明するが、孝一氏が打ち出した数々の策は、松下電器産業に比べるとタイミングが最低でも5年は早かった。「多品種少量に対応するには工場が自動化されていないほうがよい」という面などは、いまだに追いつかれていない。面白いものである。

[参照社史]
『KOA50年史』1991年
[参照文献]
進藤泰宏・岡田義夫「金属皮膜固定抵抗器」『表面技術』1995年3月
「電子部品ガイドブック 抵抗器」『電子技術』2001年10月

日経産業 1992.11.11

■主要記事
証券アナリストジャーナル
1981年10月

ケース 750

固定式クレーン／ 2002年

B社：●石川島播磨重工業 → A社：●三菱重工業

運搬機械（10/14）
戦略C/C比率 ◁◀◇▷
戦略D/E比率 ◀◇◇▷

■石川島播磨重工業（連）
逆転決算期：2003.03
実質売上高：1兆550億円
営業利益率：2.4％
筆頭大株主：金融機関
東名阪上場：1949.05

■三菱重工業（連）
逆転決算期：2003.03
実質売上高：2兆6,850億円
営業利益率：4.4％
筆頭大株主：金融機関
東名阪上場：1950.05

●企業戦略▶▷▷▷▷／▶▷▷▷▷

【B社】石川島播磨重工業は1893年に隅田川の河口で東京石川島造船所として設立された会社である。祖業は造船で、源流は1853年までさかのぼる。1960年には播磨造船所と戦後最大の合併を実現して、造船業で世界一の座に躍り出たが、それが石油ショック以降は重荷となり、リストラクチャリングを余儀なくされている。造船事業から派生して水平多角化も進展したが、1957年に取り組み始めた航空機用ジェットエンジンが逆転当時は成長・収益エンジンと期待を集めていた。企業戦略としては、機会主義的に技術連鎖から派生した事業を集積しており、多核化に相当する。

固定式クレーンは石川島播磨重工業にとって水平多角化事業の1つである。2002年当時、売上高の20％強を物流・鉄構部門に依存しており、その部門内で天井走行クレーンおよびジブクレーンの生

産シェアは3%に満たなかった。部門を牽引するのは運搬機械で、全社を牽引するのはエネルギー・プラント部門であった。

なお、石川島播磨重工業は2007年に社名をIHIに変更している。

【A社】三菱重工業は1950年に神戸と東京で設立された会社である。祖業は船舶補修で、源流は1884年までさかのぼるが、旧三菱重工業は戦後の財閥解体により清算の憂き目を見た。事業は西日本重工業、中日本重工業、東日本重工業の3社に継承されたものの、日本がIMF8条国に移行するや否や再合同し、元の鞘に収まっている。1970年に自動車事業をスピンオフし、そこから絶え間なく多様な事業の再編整理を行ってきた。企業戦略としては、機会主義的に技術連鎖から派生した事業を集積しており、多核化に該当する。

固定式クレーンは三菱重工業にとって水平多角化事業の1つである。2002年当時、売上高の15%強を機械・鉄構部門に依存しており、その部門内でクレーンの生産シェアは1%に過ぎず、存在感は薄かった。部門を牽引するのは環境装置で、全社を牽引するのは中量産品部門であった。

●**事業戦略**▶▷▷▷▷/▷▷▶▷▷

【製品】固定式クレーンは便宜上の分類で、天井走行クレーンとジブクレーンを足し合わせたものである。ともに産業用のクレーンで、いずれにおいても石川島播磨重工業が同じタイミングで三菱重工業に首位の座を引き渡していることから、両者をまとめることにした。市場規模のピークは、いずれもバブル期にあったが、中国特需で2010年頃に記録を更新している。

隣接市場には橋形クレーンがある。構造は天井走行クレーンに似ているが、用途は港湾荷役である。また、制約なく地表を移動できるクローラクレーンは建設機械に分類されるため、似て非なるものと言ってよい。

製品には前述したように天井走行クレーンとジブクレーンの区別がある。前者は重量物を構内で水平移動させる搬送装置で、建屋の長辺を成す壁の上部にランウェイを設置し、左右のランウェイを結ぶクレーンガーター上を巻き上げ機が自由に横行することで、

■該当セグメント
B社：物流・鉄構
A社：機械・鉄構

■10年間利益率
B社営業利益率：▲0.6%
A社営業利益率：2.2%

■10年間勝敗数
B社得点掲示板：0-10
A社得点掲示板：0-10

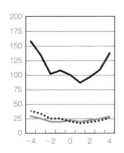

構内を限無くカバーする。運搬する対象物は、薄板コイルのような重い素材や大きな金型などが多い。後者は、天井走行クレーンのクレーンガーターを片持ちしたものである。建設現場で見かけるのは、ジブクレーンが多い。参入メーカー数はそれぞれ20社程度で、ジブクレーンは上位2社で市場の4割強、天井走行クレーンは上位2社で市場の4割を制している。

【B社】固定式クレーンについて石川島播磨重工業は、芝浦製作所から技術移管を受けた1911年から取り組んでいる。1960年に子会社化した大同輸送機工業も、大阪工機製作所として1937年から天井走行クレーンを手掛けていた。このように源流を異にする母体が合同して事業主体となったのが石川島運搬機械で、石川島播磨重工業が3分の2弱を出資して、1996年に上場した。

生産面では、農機の拠点として整備された沼津工場と、鉄構の拠点として整備された安浦工場が、固定式クレーンを受け持っている。

販売面では、官公庁、電力、製鉄向けは自社で担当し、それ以外は石川島運搬機械が営業をかけている。

運搬機械カテゴリーでは、クレーンに限定すると例外なく首位を堅持する一方で、クレーン以外には背を向けており、メリハリをつけていた。

【A社】固定式クレーンについて三菱重工業は、米国アライアンス社から技術を導入して、製鉄機械の一環として1961年から取り組んでいる。1970年代に入ると、国内主要港湾のコンテナ化に対応して、橋形クレーンに進出した。その後は揚貯運炭を足がかりとして搬送エンジニアリングに重点を置いている。

生産面では、交通システムを手掛ける三原製作所が主力拠点となっている。

販売面では、自社で直需営業を推進している。

運搬機械カテゴリーでは、クレーンに限ると例外なく首位争いに絡んでいた。物理的に小さいものは手掛けていない。

【時機】逆転が起きた頃、石川島運搬機械は経営危機に瀕していた。1999年度に最終赤字を計上して以来、3期連続で最終赤字を計上しており、20C1年度には生産設備や棚卸し資産の廃棄を実施して

■**シェアの測定単位**
生産金額

■**固定式クレーン**
市場規模：240億円

■**B社の首位君臨期間**
1974年〜2001年

■**A社の首位君臨期間**
2002年〜

いた。

【収益】 このケースにおける逆転は、IMF危機に由来するジブクレーンの急降下局面で生産を絞った石川島播磨重工業を、天井クレーンに強い三菱重工業が労せずして抜き去ったものである。

　この逆転は収益面から見ると必ずしも祝福に値しない。逆転する側に回った三菱重工業が、事業継続を断念したからである。直近まで、石川島播磨重工業に対して天井走行クレーンで6％ポイント、ジブクレーンでも6％ポイントの差をつけていたが、2015年10月をもって産業用クレーン事業を住友重機械工業に譲渡してしまった。

　それに対して石川島運搬機械は、2002年度に黒字転換すると着実に利益率を改善する方向に進み始め、リーマンショックのあとも赤字転落しなかった。そしてIHI（旧石川島播磨重工業）は2012年3月に公開買付を実施して、IHI（旧石川島）運搬機械を完全子会社化した。本体と一体となって海外で総合力を発揮するとのことであった。三菱重工業とは真逆の動きで、興味深い。

【好手】 2001年10月、石川島運搬機械は組織改訂を実行し、パーキングシステムとクレーンの2事業本部制に移行した。その狙いは、それぞれの事業に自主性を持たせると同時に、収益責任を明確にするところにあった。それに伴い、経営資源が新設案件からサービスおよび保守管理に向かうようになったという。さらに2003年度から標準機種の開製販統合を図ったり、バリューエンジニアリングを駆使したコストダウンに取り組んだり、フロントローディングによって応札案件の選別を厳しくするなど、管理を強化していった。

●戦略旗手▷▷▷▷▶▶操業経営者

【人物】 このケースで好手を放ったのは石川島播磨重工業の大内章氏と思われる。大内氏は1991年から運搬機械事業部長、1995年から機械鉄構事業本部管理部長を歴任して取締役に就任し、1997年から機械鉄構事業本部長、1998年から産業機械事業本部長を務めていた。最後は常務取締役として処遇されたが、2001年6月に子会社の石川島運搬機械に社長として送り込まれている。タイミン

■主要記事
日経産業 2000.6.21
日経産業 2001.2.27
日経産業 2001.7.24
日経産業 2001.11.20
日経産業 2002.7.17
日経産業 2003.3.27

■おおうち・あきら
誕生：1939.01
社員：1962.04-1997.06
役員：1997.06-2001.06
社長：—
会長：—

グから見て、この大内氏が構造改革をドライブしたことは疑う余地がない。任期3年という制約条件のなかで発揮した手腕は、見事であった。

【着想】大内氏の決断の背景は知る術がない。おそらく石川島播磨重工業時代に培った管理手法を駆使したものと思われる。

［参照社史］
『温故知新 石川島運搬機械株式会社30年史』2003年
『三菱重工業社史 沿革―昭和から平成へ』2014年
［参照文献］
「大型化・多機能化・自動化するクレーン」『産業機械』1999年6月
「最近の建築用ジブクレーンの概要」『石川島播磨技報』Vol.13-2

ケース 751　入浴剤／2002年

B社：⦿ツムラ → A社：●花王

雑貨（17/24）
戦略C/C比率◀◁◇▷▶
戦略D/E比率◀◁◇▷▶

■ツムラ（連）
逆転決算期：2003.03
実質売上高：840億円
営業利益率：14.3%
筆頭大株主：金融機関
東名阪上場：1980.11

■花王（連）
逆転決算期：2003.03
実質売上高：8,950億円
営業利益率：13.3%
筆頭大株主：金融機関
東名阪上場：1949.05

● **企業戦略** ▷▶▷▷▷／▶▷▷▷▷

【B社】ツムラは1936年に東京で津村順天堂として設立された会社である。祖業は津村家に平安時代から伝わる漢方薬で、源流は1893年までさかのぼる。主業は漢方薬のままで、1930年に発売したバスクリンが第二の柱となっている。日本では1976年に漢方製剤が健康保険適用薬となったことから上場に漕ぎつけて、化粧品を新たな多角化の矛先に据えるなど拡大策に打って出たが、すべて裏目に出てしまった。企業戦略としては、技術も販路も異なる二本柱を擁していたことから、多核化に該当する。

　入浴剤はツムラにとって第二の主柱であった。2002年当時、売上高の16%を家庭用品部門に依存しており、その部門内で入浴剤の生産シェアは77%に達していた。全社を牽引するのは漢方製薬である。

　なお、ツムラは拙著『戦略暴走』に化粧品事業がケース085として登場した。その後始末の一環として、2008年にバスクリンを主力とする家庭用品事業を売却している。この事業は、現在はアース製薬の傘下にある。

【A社】花王は形式的には1940年に日本有機として設立された会社

第6章　製品の改善改良

である。祖業は洋物小売で、源流は1887年までさかのぼる。早くも1890年に花王石鹸の製造販売に乗り出して、1902年に直営工場を立ち上げると、1911年には長瀬商会を設立した。これが実質上の設立年に相当する。そこから先は多角化を進め、1928年に食用椰子油、1932年にシャンプー、1938年に家庭用合成洗剤と戦線を拡大した。戦時中は3社に分かれたが、1954年に再統合を完了させると、卸売機能の内部化を推し進め、生理用品や化粧品や工業素材までも戦線に加えている。企業戦略としては、油脂化学と界面科学の技術を応用する多角化に該当する。

入浴剤は花王にとって傍流の事業であった。2002年当時、売上高の75%を家庭用製品部門に依存していたが、その部門内で入浴剤の生産シェアは2%に過ぎなかった。部門を牽引するのも、全社を牽引するのも、衣料用洗剤であった。

なお、花王は本シリーズ第1巻に衣料用洗剤が高収益事業のケース869、拙著『戦略暴走』にフロッピーディスクの事業がケース104として登場した。

■該当セグメント
B社：家庭用品
A社：ヘルスケア

■10年間利益率
B社営業利益率：▲5.4%
A社営業利益率：12.5%

■10年間勝敗数
B社得点掲示板：0-9
A社得点掲示板：6-4

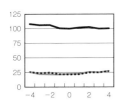

■シェアの測定単位
出荷金額

■入浴剤
市場規模：480億円

◉**事業戦略**▶▷▷▷▷／▷▷▷▶▷

【製品】 入浴剤は、家庭の風呂で温泉気分を味わえるようにする薬剤の総称である。その効能は疲労回復や心身のリラクゼーションにある。1980年代後半に火が付いて、1990年代半ばまで急成長を遂げたあと、市場は成熟した。参入メーカーは40社以上に達するが、上位4社で市場の3分の2近くを握っており、寡占化傾向が著しい。

隣接市場には特記すべきものが見当たらない。

製品には保温効果を訴求する無機塩類系、疲労回復効果を訴求する炭酸ガス系、血行促進効果を訴求する薬用植物系、低刺激の清浄効果を訴求する酵素系などがある。

【B社】 入浴剤についてツムラは、1930年から取り組んでいる。オリジナルに加えて1960年に芳香バリエーションを発売し、1975年に液体バージョンと夏用の「クールバスクリン」を追加したほか、1984年にSKUを飛躍的に増大させている。

生産面では、自社の静岡工場を主力拠点としている。

販売面では、代理店および特約店に頼っていた。

雑貨カテゴリーでは、入浴剤のみ参戦していた。

【A社】 入浴剤について花王は、1983年に「バブ」で後発参入を果たしている。

生産面では、自社の酒田工場を主力拠点としている。

販売面では、子会社の花王販売が売場をつくる製販分離体制を敷いていた。

雑貨カテゴリーでは、防虫剤を除いて広く参戦し、なかでも住居・家具用洗剤と衣料用粉末洗剤と制汗剤で独走していた。ほかにシャンプー、浴用石鹸、ボディシャンプー、台所用洗剤、入浴剤で首位争いに絡んでいた。ヘアリンス、歯磨、衣料用液体洗剤、生理用品、ベビー用紙おむつでは2位の座を確保していた。

【時機】 逆転が起きた頃、ツムラは戦略暴走の後始末に追われていた。1996年度から連続して当期利益が赤字となった結果、2001年3月末時点で負債が資本の16倍以上に達しており、債務超過が目前に迫っていた。

【収益】 このケースにおける逆転は市場がフラットに推移するなかの下降局面で起きている。生産をフラットに維持した花王が僅差でツムラを上回り、長く続いた接戦を制したことになっている。

この逆転は収益面から見ると祝福に値する。逆転を喫したツムラの家庭用品事業は営業赤字に転落しており、接戦を続けるために利益を犠牲にしたことが窺える。

【悪手】 1988年4月、ツムラは子会社としてツムラ商事を設立した。そして11月に旧国鉄の汐留駅跡地で幻想マジックショーをスタートさせて、翌年4月にツムラ・イリュージョンに社名を変更している。ツムラ・イリュージョンは高額アンティーク商品を取り扱っていたが、同年12月にはアート感覚のアパレルにも進出して、数十億円の赤字を積み上げていった。

さらに悪いことに、このツムラ・イリュージョンが不動産に手を出したことから債務が桁違いに膨らんでいき、ツムラは逆転年度までに1,000億円の資金流出を余儀なくされることになった。

本ケースの逆転劇は、経営資源の過小配分によるものと思われる。直近では、ツムラからスピンアウトしたバスクリンが花王に4%ポイントの差をつけて首位に返り咲いており、経営資源の配分

■ **B社の首位君臨期間**
1977年～1994年
1996年～1997年
1999年～2001年
2013年

■ **A社の首位君臨期間**
1995年
1998年
2002年～2012年

■ **1,000億円**
日経金融 2002.10.7

■ **主要記事**
日経流通 2001.10.20
日経流通 2002.11.16
日経朝刊 2002.12.11
地方経済面（静岡）
日経産業 2003.11.7

さえ適切であれば、復元力があったことを窺わせる。

● **戦略旗手** ▷▶▷▶▷ **第3世代同族経営者**

【人物】このケースで悪手を放ったのはツムラの津村昭氏である。昭氏は2代目重舎氏の長男で、社長就任時にバンジョーを1,000本もコレクションしていたことが話題になった人物である。関係者によると「時計はロレックスのアンティークを山ほど持っているし（中略）洋服はすべてヴェルサーチ」、そして結婚した相手は「銀座のクラブホステス」だったそうである。

　ツムラ・イリュージョンの経営を託した相手は、昭氏の妻の妹の夫で、この人物が昭氏を不動産ブローカーに紹介したと言われている。このブローカーはツムラ・イリュージョンの専務に就任しており、特別背任の罪に問われ、懲役2年6ヵ月の実刑判決を受けている。昭氏も同じく懲役3年、執行猶予4年の判決を言い渡された。

【着想】昭氏の決断は、「世界に張り巡らせたアンティーク情報を活用できないかという発想」に基づいていたという。

［参照社史］
『津村順天堂 株式会社設立50年史』1986年
『花王史100年』1993年
『花王120年』2012年
［参照文献］
小倉淑明「バスクリン」『近代中小企業』1997年10月

■つむら・あきら
誕生：1936.01
社員：1966.02-1966.05
役員：1966.05-1996.10
社長：1976.02-1995.06
会長：1995.06-1996.01

■時計はロレックス…
　銀座のクラブ…
週刊文春 1996.10.31

■世界に張り巡らせた…
日経流通 1990.1.27

■主要記事
日経朝刊 1994.9.14
財界にっぽん 1995.3
財界にっぽん 1995.4
日経朝刊 1995.4.26
日経朝刊 1996.1.29
日経朝刊 1996.10.24
日経夕刊 1996.10.31
日経産業 2000.4.20

2 | 辺境投資による競合凍結

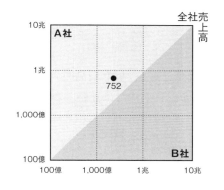
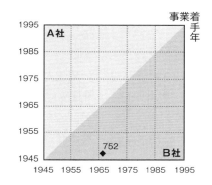

勝者\敗者	追随	傍観
先攻	0	1
後攻	0	0

年代区分	'75-79	'80-84	'85-89	'90-94	'95-99	'00-04	'05-09
実質GDP成長率	4.2%	3.2%	4.1%	0.4%	1.3%	2.6%	0.8%
該当ケース数	0	1	0	0	0	0	0

　この節に登場するのは2ケースで、クリアカットな逆転劇は1ケースである。この点は第5章と同様で、やはり競争戦略の使い手が日本には少ないのかもしれない。

　戦略パターンとしては、打ち手の外形が新製品投入というだけで、相手の反攻を封じる本質の部分は不変である。それを象徴するのがケース752の耕耘機で、A社は過去のものになりつつある市場に投資をかけたことになっていた。逆転時点では、日本市場の中心が完全にトラクターにシフトしていたからである。投資の対象は小型ディーゼルエンジンの直噴水冷化で、それにB社は対抗製品をぶつけてきたが、直噴水冷エンジンは搭載できなかった。技術的な問題もあったかもしれないが、おそらく資源配分の観点から二の足を踏んだものと思われる。それが縮み行く市場で攻めに出る効能で、そ

こに競争戦略の発想を垣間見ることができる。

　ケース753のコンベヤベルトでは、A社が小さな市場に製品開発投資を振り向けている。B社は事業間の投資プライオリティが異なっていたため、追随しなかったものと思われる。ただし、この逆転劇はクリアカットな域に達していない。

　以上が第6章第2節の概要である。同じ製品開発でも、技術そのもので差異化を図るだけが能ではない。資源配分の妙、もしくはプロジェクト選択の妙で首位奪取に成功する姿を、ぜひとも脳裏に刻んでいただきたい。

6-2-1　技術開発投資の選別

ケース 752

耕耘機／1984年

B社：●ヤンマーディーゼル → A社：●久保田鉄工

農業機械（6/9）
戦略C/C比率 ◀◇◇▷
戦略D/E比率 ◀◇◇▷

■ヤンマーディーゼル（単）
逆転決算期：1985.03
実質売上高：約2,140億円
経常利益率：0.4％
筆頭大株主：創業家
東名阪上場：—

■久保田鉄工（連）
逆転決算期：1985.04
実質売上高：7,080億円
営業利益率：4.0％
筆頭大株主：金融機関
東名阪上場：1949.05

●企業戦略 ▶▷▷▷▷／▶▷▷▷▷

【B社】ヤンマーディーゼルは1936年に尼崎で山岡内燃機として設立された会社である。祖業は内燃機関で、源流は1912年に創業された山岡発動機工作所までさかのぼる。世界初の横型水冷ディーゼルエンジンを1933年に開発し、その量産が軌道に乗った1940年に山岡内燃機は山岡発動機工作所を吸収している。戦後は20馬力以下のディーゼルエンジン市場において世界占有率3割という圧倒的な地位を築くことに成功した。事業の主力は海外のOEMビジネスである。企業戦略としては、ディーゼルエンジンを中核事業としながらも川下を開拓しており、垂直多角化に該当する。

耕耘機はヤンマーディーゼルにとって祖業の川下に位置する事業である。1984年当時、子会社のヤンマー農機が親会社の3分の2に相当する売上をあげており、そのヤンマー農機内における耕耘機のウェイトは6％前後であったと推測できる。

なお、ヤンマーディーゼルは2002年に社名をヤンマーに変更している。

【A社】久保田鉄工は1930年に大阪で久保田鉄工所として設立された会社である。祖業は鋳物で、源流は1890年までさかのぼる。1900年頃に上水用鋳鉄管の画期的な製法を編み出すと、1914年には機械、1919年には自動車に進出した。自動車事業は戸畑鋳物に譲渡したがエンジンは社内に残し、戦後はいち早く耕耘機の製造を立ち上げている。自動車以外に挑戦した事業のリストは自動販売機、浴槽、コンクリートパイル、プレハブ住宅、空調機器、コンピューターと長く、そこに挑戦を是とする気風が色濃く滲み出ている。企業戦略としては、既存事業との関係性より、新たな事業機

会のタイムリーな追求を重視しており、多核化に該当する。

　耕耘機は久保田鉄工にとって核の1つにあたるエンジンの川下事業に該当する。1984年当時、売上高の45%を内燃機器部門に依存しており、その部門内で耕耘機の生産シェアは2%であった。部門および全社を牽引するのはトラクターである。

　なお、久保田鉄工は本シリーズ第1巻に農業機械が高収益事業のケース810として登場する。社名は1990年に創業100周年を機にクボタと変更している。

●事業戦略▷▷▶▶▷▷／▷▶▷▷▷

【製品】 耕耘機は土の耕起を行う農機で、かつては牛馬に犂(すき)を引かせて行っていた作業を機械化したものである。耕起を担うロータリーを高速回転させるためのエンジンを搭載することから、荷車を牽引する用途にも援用できる。機構自体は20世紀の前半に発明されているが、日本では戦後になって米国製のメリーティラーが初めて普及を後押しした。1960年代に入ると汎用性の高い四輪トラクターが登場し、二輪の耕耘機を代替する動きが顕著となっている。市場のピークは1985年前後にあり、そこから先は新興国に製販拠点が移っている。

　隣接市場にはトラクターがあり、耕耘機の4倍ほどの市場規模を保っていた。

　製品には耕作面積に応じた馬力別カテゴリーがある。顧客は農家や園芸家が多い。参入メーカーは20社前後で、上位4社で市場の過半を制していた。

【B社】 耕耘機についてヤンマーディーゼルは、1966年から取り組んでいる。事業主体は、ヤンマーディーゼルが独立系の作業機メーカー4社を誘い、それぞれの営業・サービス部門を切り出して1961年に設立した合弁のヤンマー農機である。エンジンはヤンマーディーゼルから調達し、それを搭載した農機を4社から調達する製販分離の構えを採ったが、エンジンと耕耘機の一体化が進展する流れのなかで実質的にはヤンマーディーゼルが川下に降りたことになっていた。後に噴霧機メーカーを除く作業機3社は、1977年にヤンマーディーゼルが吸収した。

■該当セグメント
B社：—
A社：内燃機器

■10年間利益率
B社営業利益率：—
A社営業利益率：13.7%

■10年間勝敗数
B社得点掲示板：—
A社得点掲示板：9-1

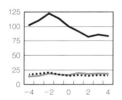

■シェアの測定単位
生産金額

■耕耘機
市場規模：500億円

■B社の首位君臨期間
〜1983年

■A社の首位君臨期間
1984年〜

生産面では、吸収前の分業体制を継承していた。

販売面では、川下3社の営業網を継承していた。

農業機械カテゴリーでは、耕耘機で首位争いに絡む以外は、どの市場でも3位が定位置であった。

【A社】耕耘機について久保田鉄工は、1947年から取り組んでいる。戦前からディーゼルエンジンの製造を手掛けており、競合する戸畑鋳物の発動機事業を1933年に傘下に収め、1937年に堺の地に東洋一の発動機専門工場を建設したことにより、生産台数シェアは55％に到達したという。戦後はガソリンエンジンから再スタートを切り、水田用の耕耘機を1960年にヒットさせている。

生産面では、1969年に宇都宮に新設した作業機専門工場を主力拠点としている。

販売面では、系列販売会社および特約店を主力ルートとしている。輸出比率は25％を超えており、久保田鉄工の海外展開を主導していた。

農業機械カテゴリーでは、噴霧機、脱穀機、籾すり機、乾燥機という小ぶり市場を除外した全市場で首位か2位につけていた。カテゴリー王者の貫禄は十分である。

【時機】逆転が起きた頃、歩く農業から乗る農業への転換が進行しつつあった。これは、耕耘機がトラクターに取って代わられることを意味している。第二次農機ブーム（1973年～1977年）で耕耘機の普及率は飽和点に達していたが、その更新需要が1984年前後から顕在化すると、トラクターが本格的に普及すると言われていた。

【収益】このケースにおける逆転は安定市場の長い下降局面で起きている。ヤンマーディーゼルが市場に合わせて減産したのに対して、久保田鉄工が強気に出て首位の座をもぎ取った。直近では、ヤンマーディーゼルは4位に沈み、首位にとどまるクボタに34％ポイントの大差をつけられている。

この逆転は収益面から見ると祝福に値する。久保田鉄工は1985年度から売上高営業利益率の長期低落傾向に歯止めがかかっており、1990年度から開示されたセグメント情報を見ても農機事業が苦境に陥った形跡は見られない。それどころか、2000年代では高収益事業として開花した。

ヤンマーディーゼルも1985年度をボトムに売上高営業利益率の長期低落傾向は反転したように見えるが、バブル経済が崩壊するまでのことであり、そこから先は低迷した。反転そのものも人員を削減した効果によるところが無視できず、このケースでヤンマーディーゼル側に軍配を上げることは難しい。

【好手】1982年8月、久保田鉄工は新型の耕耘機3機種を発売した。これらは業界の先陣を切って直噴方式の小型水冷ディーゼルエンジンを搭載しており、「一挙に耕耘機分野でのシェア向上を図りたい」というコメントから同社の自信のほどを窺い知ることができる。直噴方式は最大二割近くの燃費改善効果を誇ると同時に、寒冷時の始動性にも優れていた。そもそも5年ぶりのモデルチェンジを敢行したのは、画期的なエンジンという秘策があったからであろう。

　守勢に回ったヤンマー農機は、一年後に中型トラクター全12機種をいっせいにフルモデルチェンジした。競合他社の耕耘機にトラクターで対抗する図式と見えなくもないが、策に窮したというのが実情のようである。

　本格的な対抗策は、ヤンマーディーゼルが1983年3月に発表し、12月に生産を開始したL形エンジンであった。これは空冷タイプのディーゼルエンジンで、世界最小・最軽量を謳っていたが、水冷タイプに比べて騒音や振動に弱点を抱えており、本当の狙いは空冷ガソリンエンジンの置き換えにあった可能性が高い。ヤンマー農機はL形エンジンを搭載した耕耘機を1985年1月から市場投入したものの、大きなニュースにはなっていない。1989年に騒音・振動対策を施したL-A形に切り替えているところを見ると、空冷の弱点が市場に拒絶されたものと思われる。

　もちろんヤンマーディーゼルも直噴方式のエンジン開発を怠っていたわけではない。1983年8月には、社史が「歴史に残る画期的なエンジン」と形容するTN形を世に送り出している。ただし、これは水冷の立型エンジンで、耕耘機用には大きすぎた。社史も「直噴式エンジンは熱損失が少ないため燃費を大幅に向上できるが、小型エンジンでの実用化は難しいとされてきた」と記している。小型化に成功したとされるTN形ですら、久保田鉄工に対抗する機種とはなり得なかったのである。

■一挙に耕耘機分野での…
日経産業 1982.7.21

解釈は二通り考えられる。水冷直噴エンジンを小型化する技術開発においてヤンマーディーゼルは久保田鉄工に水をあけられた、というのが一つである。そして、ヤンマーディーゼルは耕耘機を眼中に置いていなかった、というのがもう一つである。

　優勢なのは後者と思われる。水冷の横型を得意としてきたヤンマーディーゼルは、立型を必要とするトラクターに出遅れてしまい、その遅れを取り戻す努力が随所に滲み出ている。現にヤンマーディーゼルの社史が巻末の年表で耕耘機に触れたのは1966年が最後であり、ヤンマー農機の社史が巻末の年表で耕耘機の新機種に触れたのも1966年が最後であった。本文でも、1984年4月にインドネシアの現地法人が独自開発した機種が登場するのみである。こうした事実に鑑みると、ヤンマーディーゼルは耕耘機でハーベスト戦略を採った可能性が高い。

■主要記事
日経産業 1981.12.22
日経産業 1981.12.23
日経産業 1981.12.24
日経産業 1983.9.22

●戦略旗手▷▷▷▶▶操業経営者

【人物】このケースで好手を放ったのは久保田鉄工の廣慶太郎氏である。廣氏は創業90周年を睨んで「技術立社」の経営方針を1979年10月に打ち出した。それに呼応して技術推進本部と情報センターが再編され、研究開発本部が誕生した。エンジンについては外販強化の方針を明確にして、ディーゼル事業部を1980年に発足させている。久保田鉄工が直噴方式の小型水冷ディーゼルエンジンの開発に着手したのは、この1980年のことであった。

【着想】廣氏の決断は広い見識と達観に基づいている。たとえば「減反は米の減反であって、農業そのものが縮小するわけじゃない。余っているのは米だけで…農業機械も縮小するんじゃなくて他の方向へ伸ばしていくことが必要なんです」と、農機縮小論を一蹴していた。注力分野を尋ねられた際も「農業機械で言いますとエンジン部門がそうですね。省エネ時代に入りましたんで、燃費効率が高くて、しかも低騒音の小型エンジンを開発すれば、国内のみならず世界的な需要がありますから。それでこんど大阪・堺地区に6万3千坪の土地を購入、工場をつくることにしました」と答えていた。技術立社の具体化施策として技術者の採用を増やしたことについては「技術は若い頭でないと柔軟な発想が生まれてきませ

■ひろ・けいたろう
誕生：1908.12
社員：1943.01-1951.11
役員：1951.11-1988.06
社長：1971.06-1982.07
会長：1982.07-1985.06

■減反は米の減反で…
　農業機械で言いますと…
　技術は若い頭でないと…
　暇を見つけては工場に…
日経ビジネス 1980.6.16

■主要記事
日経ビジネス 1981.10.19

んので、早く若い層を戦力化していきたいですね」と語る一方で、「暇を見つけては工場に行って研究陣の話を聞くようにしています」と補足していた。

［参照社史］
『ヤンマー100年史』2013年
『ヤンマー農機20年のあゆみ』1986年
『クボタ100年』1990年
［参照文献］
廣慶太郎『運命に生きて』法律文化社、1987年

ケース 753 コンベヤベルト／2008年

B社：●ブリヂストン → A社：●横浜ゴム

ゴム製品（4/7）
戦略C/C比率 ◁◁◁▷▶
戦略D/E比率 ◁◁◁▷▶

■ブリヂストン（連）
逆転決算期：2008.12
実質売上高：3兆5,730億円
営業利益率：4.1%
筆頭大株主：創業家
東名阪上場：1961.10

■横浜ゴム（連）
逆転決算期：2009.03
実質売上高：5,710億円
営業利益率：2.5%
筆頭大株主：金融機関
東名阪上場：1950.04

●企業戦略 ▶▷▷▷▷／▶▷▷▷▷

【B社】ブリヂストンは1931年に久留米でブリッヂストンタイヤとして設立された会社である。祖業はタイヤで、日本足袋（のちにアサヒシューズ）がスピンオフして生まれている。1935年にはゴルフボール、1937年には緩衝ゴム、ベルト、ホースと多角化を遂げている。戦後は米国のグッドイヤー社から技術を導入して、他社に先駆けてタイヤ補強材のレーヨン化、そしてナイロン化を実現したことにより、タイヤで首位に立った。そこから先は海外拠点を拡充するフェーズに入ったが、1988年に米国2位のファイアストン社を買収して、グローバル化を実現している。企業戦略としてはJSRの合成ゴムを起点とする垂直多角化を追求している。

コンベヤベルトはブリヂストンにとって第二の祖業に相当する。2008年当時、売上高の19%を多角化部門に依存していたが、その部門内でコンベヤベルトの生産シェアは1%に過ぎなかった。全社を牽引するのはタイヤ部門である。

【A社】横浜ゴムは1917年に横浜で横濱護謨製造として設立された会社である。祖業は工業用ゴム製品とタイヤで、横浜電線製造（のちに古河電気工業）と米国のB.F.グッドリッチ社の折半合弁としてスタートを切っている。戦後は1967年にスチールラジアルタイ

ヤを日本に導入したが、海外展開には後れをとった。1989年には米国のモホークラバー社を買収したが、タイヤのグローバル覇権を争う地位には達していない。企業戦略としては日本ゼオンの合成ゴムを起点とする垂直多角化を追求している。ドメイン定義は物理的で「ゴム」である。

コンベヤベルトは横浜ゴムにとって祖業に連なる事業である。2008年当時、売上高の23％をMB（多角化）部門に依存していたが、その部門内でコンベヤベルトの生産シェアは6％に過ぎなかった。部門を牽引するのはコンベヤベルトで、全社を牽引するのはタイヤである。

●事業戦略 ▶▷▷▷／▶▷▷▷

【製品】コンベヤベルトはベルトコンベヤにおいて運搬対象物をのせる搬送部のことを指す。柔軟性と耐久性の両立が求められることから、材質はゴム系が多い。コンベヤ自体は、2基の回転台車と、それを結ぶベルトから成る。運搬対象は鉱物や土砂などで、全長が数十キロに及ぶコンベヤも珍しくない。

隣接市場には、これというものがない。ほかのベルト類は幅も長さもセンチメートル単位で、コンベヤベルトとは比べものにならないほど小さい。

製品には用途に応じてカスタム化の余地がある。参入メーカーは7社で、上位2社で市場の6割以上を押さえ込んでいる。典型的な寡占市場と言ってよい。

【B社】コンベヤベルトについてブリヂストンは、1937年から取り組んでいる。

生産面では、横浜工場を唯一の拠点としていた。

販売面では、化工品専任の販売本部が直販していた。

ゴム製品カテゴリーでは、自動車用タイヤと防舷材で独走し、コンベヤベルトで首位争いに絡み、ゴムホースで第2集団につけている。

【A社】コンベヤベルトについて横浜ゴムは、1917年から取り組んでいる。

生産面では、平塚製造所を唯一の拠点としていた。

■該当セグメント
B社：多角化
A社：MB

■10年間利益率
B社営業利益率：6.6％
A社営業利益率：4.0％

■10年間勝敗数
B社得点掲示板：0-10
A社得点掲示板：0-10

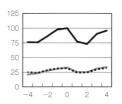

■シェアの測定単位
出荷金額

■コンベヤベルト
市場規模：250億円

■B社の首位君臨期間
〜1991年
1996年〜2007年

■A社の首位君臨期間
2008年〜

販売面では、多角化事業専任の販売組織が直販していた。

ゴム製品カテゴリーでは、コンベヤベルトで首位争いに絡むほかは、自動車用タイヤで3位につけ、ゴムホースで第3集団につけている。

【時機】逆転が起きた頃、世界経済は急速に冷え込むフェーズに突入していた。2007年12月に米国でサブプライム住宅ローンの市場が崩壊し、2008年9月にはウォール街の大手投資銀行、リーマンブラザーズが倒産している。そこに至る前は、空前の活況に包まれて世界中で資源の争奪戦が展開されており、それがベルトコンベヤに派生需要をもたらしていた。

その前段として世界経済が白熱期に突入する頃、ブリヂストンは未曾有の危機を迎えていた。1988年に買収した米国ファイアストン社が米国フォード・モーター社の看板SUV車種にタイヤを供給していたが、この車種が高速道路で横転する事故が多発したからである。直接の原因は走行中のパンクで、事故による死者は最終的に271人に達している。ファイアストン社は2000年8月にタイヤ650万本をリコールすると発表して、そこから各方面で対策に追われていったが、一息つく間もなく、今度は2003年9月に栃木工場で火災が発生し、社員が書類送検される事態に陥った。こうしてブリヂストンは本業であるタイヤ事業の入念な再点検を2006年末まで余儀なくされたようである。本ケースにおける逆転の芽は、その間に育っている。

【収益】このケースにおける逆転は、市場が乱高下するなかで実現した。あたかもブリヂストンがリーマンショックを先読みしたかのように出荷を抑制した瞬間に、横浜ゴムは強気を貫いて、微差で首位に躍り出た。直近でも、両社間の差は2%ポイントにとどまっている。

この逆転は収益面から見ると祝福に値するものと思われる。逆転翌年度からの多角化事業のセグメント利益率を見ると、横浜ゴムがブリヂストンより高い値を示しているからである。ただし、差は大きくない。

【好手】2003年8月、横浜ゴムは「ECOTEX」の本格販売を開始した。これは従来比で消費電力を30%削減する効果を有するコン

ベヤベルトで、技術的にはローラーを乗り越えるときに発生するベルトゴムの変形を抑制し、耐久性を犠牲にすることなく走行抵抗を下げた点に工夫があった。

　横浜ゴムの有価証券報告書でコンベヤ関連の記述を拾っていくと、逆転前年度には「資源開発関連の需要が引き続き旺盛に推移するなか、コンベヤベルト、海洋商品の活況が続いている。コンベヤベルトでは、従来品に比べてさらに消費電力を削減した"ECOTEXベルト ECOIV"の販売を開始した」、逆転当該年度には「生産能力拡大と新商品開発・製品化への取り組みを継続し、収益基盤の強化を図っている」、「資源関連市場に向けたコンベヤベルト、従来品に比べさらに消費電力を削減した"ECOTEXスチールコードベルト ECOIV"や大容量搬送用"高強力スチールコードベルト ST5000超"を上市、採用が進んだ」と書かれている。

　ブリヂストンに目を転じると、「集中事業と位置付ける商品群の強化を図る」とあり、電子ディスプレイおよび太陽電池用接着フィルムが例示されているだけである。企業規模が大きいだけに、コンベヤベルトのような小規模事業は注力対象となりにくく、どうしても大規模事業に目が向いてしまうのではなかろうか。

● **戦略旗手** ▷▷▷▷▷

【人物】このケースで好手を放ったのは横浜ゴムの社員組織と思われる。コンベヤベルトが傍流中の傍流事業であるだけに、人物を特定する手がかりは見当たらない。逆転前後の社長はタイヤ事業の出身で、傍流事業に積極的に関与した形跡を残していない。おそらく「ECOTEX」は従来業務の延長線上で構想されたに違いない。小賢しい算段を立てていないがゆえブリヂストンが追随できなかったのだとすれば、皮肉なケースと言えるかもしれない。

【着想】このケースに決断らしき決断は見当たらない。

　［参照社史］
　『ブリヂストン七十五年史』2008年
　横浜ゴム株式会社『心と技術をこめて 80周年記念We特別号』
　　1997年

■**主要記事**
ポリマーダイジェスト
2003.8
石灰石 2004.7

Part 3

衰退市場の抜け道

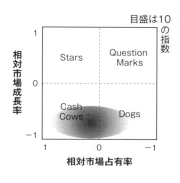

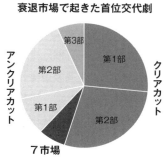

　いかなる市場も、数量ベースで漸減傾向を示す衰退フェーズに遅かれ早かれ突入する。そのドライバーは代替である。算盤が電卓に、そしてライトユースにおいて電卓がスマートフォンに置き換わるのは、技術進歩に伴う代替であり、米が麦（最初は各種麺類、続いてパン、そしてスパゲティ、ピザ、グラノーラなど）に置き換わるのはグローバル化に伴う代替である。さらに米や麦が肉に置き換わるなど、消費者の嗜好変化に伴う間接的な代替も無視できない。

このような理由で衰退する市場に対して、PPM（製品ポートフォリオ・マトリックス）理論はチャンピオンの投資凍結、およびチャレンジャーの事業撤退を推奨する。段階的に供給能力を絞るなかで、下位のプレーヤーが先に赤字に陥るため、できるだけ早い段階で事業を売却するか、資産を売却もしくは転用するしかないというわけである。チャンピオンは残存者利益を手にするが、ROAを上げるには分母のアセットを絞らざるをえない。

衰退市場における首位攻防戦など論外で、そういう区分に登場するのは14ケースと数は少ない。割合に直せば全体の14％弱である。クリアカットな逆転劇に限定すると7ケースと、数は半分になってしまう。第1部や第2部に比べるとクリアカット比率が低く、衰退市場における逆転は直ちにグッドニュースと受け止めるわけにはいかない。すでに第4章第1節ではチャンピオンがチャレンジャーに先駆けて転進した成功事例を取り上げており、それらも含めて考慮すると、本巻のケース群はPPM理論に従うと断定できる。

それゆえ、衰退の現実もしくは可能性と向き合う読者諸氏には撤退か転進を第一選択肢として推奨したい。この推奨に背を向けて延命策に投資した事例は、実際に拙著『戦略暴走』に嫌になるほど登場した。すなわち、営業利益を上回る特別損失を計上するという結末が待っていたのである。

そうは言っても、逆転が報われる場合もあることは事実である。そこにはいかなる条件が潜んでいるのであろうか。本巻第3部では、この問いに答えていく。結論を先に述べると、戦略パターンは大きく分けて2つある。市場の入れ子構造のなかで相対的に有望な下位市場に軸足を移していくパターンと、成長期や成熟期に据え付けた構えを衰退の現実に合わせて一新するパターンである。ともに出現頻度は低いため広く推奨できないが、衰退市場で首位を目指す理由がある場合は、いずれかを検討していただきたい。

第7章 立地の転換

Chapter 7

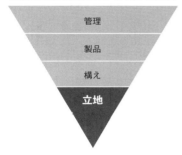

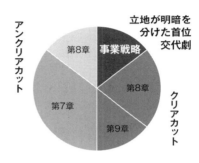

　衰退市場においては、占有率を拡大しても量が増えるとは限らず、採算性を維持する努力が次第に報われなくなっていく。戦略の優先順位としては経営資源の生産性を第一義とすべきで、そのためには再配分を検討しなければならない。経営資源の再配分とは、衰退していく市場からヒトとカネを引き上げて、それを成長していく市場に投下しなおすことを言う。

　経営資源の市場間シフトに関する主要変数は、シフト前とシフト後の市場にどれだけ距離を置くかである。近距離シフトであれば難度は下がる反面、衰退が上位市場で起きている場合は焼け石に水となる公算が高くなってしまう。遠距離シフトであれば新旧共倒れのリスクは抑えることができる反面、難度が上がってしまう。この章に適合したケース群から判断すると、数のうえでは近距離シフトが圧倒しており、遠距離シフトの難しさが示唆されている。

1 | 捨てるが勝ち

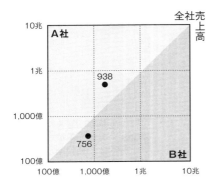
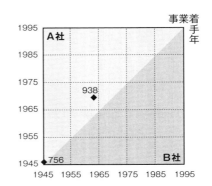

勝者＼敗者	追随	傍観
先攻	0	2
後攻	0	0

年代区分	'75-79	'80-84	'85-89	'90-94	'95-99	'00-04	'05-09
実質GDP成長率	4.2%	3.2%	4.1%	0.4%	1.3%	2.6%	0.8%
該当ケース数	0	0	0	1	1	0	0

　この節に登場するのは7ケースである。ケースの出現頻度という観点から眺めてみると、同じ立地絡みの第1章や第4章の3分の1に過ぎない。衰退市場における逆転劇は明らかに少なく、概ねPPM理論が想定するとおりと言ってよい。

　クリアカットな逆転劇となると数は2ケースまで減る。それは、第4章第1節と同じで「負けるが勝ち」のケースが多いからである。ただし、本節では単に負けておくのではなく、より強く市場を捨てる意図が透けて見える。

　捨てる覚悟が滲み出ているケースの代表格はケース754のステンレス浴槽である。浴槽と言えば日本では長らく木製が幅を利かせていたが、清潔感に劣るため、戦後になると素材代替の動きが目立つようになってきた。そのなかでステンレスは、水筒の市場を席巻したことを見ればわかるように、樹

脂やホーローに比べると耐久性や保温性に優れていた。それゆえ浴槽の標準素材になりかけた時期もあったが、細かい傷がつきやすいという欠点を克服した樹脂の第2世代が登場すると、あっという間に劣勢に立たされてしまった。

　そういう市場で明暗が分かれた理由は、A社とB社の事業戦略にある。A社は大手鉄鋼メーカーの子会社で、ステンレス鋼の拡販を使命としていたことから、浴槽はステンレス製しか眼中になかった。それに対してB社はホロー素材のメーカーで、浴槽はホーロー製に固執してもよさそうなところ、ステンレス製も樹脂製もラインアップに追加していた。その背後には住宅設備メーカーへの脱皮を志向する企業戦略があり、また浴槽においては、特定素材より顧客要望への対応に力点を置く事業戦略があったことを指摘できる。

　言葉を重ねるまでもないが、ここでは浴槽が上位市場で、その下位市場間で代替競争が起きていた。その一つ、ステンレス浴槽で首位の座はB社からA社に移動したものの、その市場自体が負け組に回り、衰退していった。上位市場から見れば、経営資源を再配分して勝ち組の下位市場に参画していったB社に軍配が上がるケースと言えよう。

　これと同じ現象がケース755の脱穀機でも起きている。ここでは脱穀機と籾すり機の機能を併せ持つコンバインが勝ち組に回り、脱穀機は衰退していった。A社は脱穀機からスタートした農機メーカーで、B社は籾すり機からスタートした農機メーカーであった。農機不況のなかでA社が脱穀機を温存し、B社がコンバインに集中して脱穀機を捨てる決意を固めたことから、逆転が実現した。しかしながら、より高い視点から見れば、捨てるが勝ちに終わっている。

　捨てるとは口が裂けても言えないものの、その意図が経営陣に見え隠れするのはケース936のビールである。ビールは、占有率の順位が長らく微動だにせず、究極の安定市場と思われてきた。それゆえ、万年3位のA社が1987年に新製品

を投入して2位に浮上すると、大きなニュースになった。そしてこの旗艦製品に絞り込んで攻勢を続けること13年で、ついに首位の座を手に入れた。

このA社の快進撃に直面して、B社は3段構えで応戦した。第1段は旗艦ビール製品の差し替えによる防衛戦、第2段はビールに隣接する発泡酒による攪乱戦、第3段は医薬品によるアンダーグラウンド抗戦である。この3段構えはグランドプランというよりも、A社の勢いが衰えないのを見届けて包囲網を追加することで形を整えた。第1段は製品戦略、第2段は事業戦略、第3段は企業戦略の発動と見てよかろう。勝ち負けの判定には異論が出るに違いないが、ビール市場の退潮が著しい点を考慮するとB社に軍配を上げるべきケースと考える。

ちなみに、3段構えの応戦を見せたB社は戦略巧者に見えたものの、路線の継承に失敗している。逆転から10年ほど経つとビール事業の国際展開に乗り出して、20年前に時計の針を戻してしまったのである。その結末は戦略暴走で、図らずも駅伝方式による経営の弱点を白日の下にさらすことになった。

ケース937の清酒は、ビール同様に衰退の著しい市場である。そこで隣接市場へのシフトを模索したB社が、清酒にコミットするA社に逆転を許している。逆転後も接戦が続いているうえ、情報も不足気味で確たることは言えないが、表面上は「捨てるが勝ち」に対するアンチテーゼとなっている。市場の将来を悲観しすぎて失敗した事例は第4章第1節にも登場しているが、ここでは衰退傾向が明らかなだけに、勝ち負けの判定は難しい。

ここまでが第1項で、続く第2項は趣が少し異なる。どちらの項でも下位市場間での資源移動がテーマとなる点は変わりないが、占有率の測定次元が第1項では下位市場、第2項では上位市場に設定されている。それゆえ、第1項では衰退

する下位市場を「捨てるが勝ち」と表現しても違和感は生じないが、第2項では何を捨てたのかわかりにくい。一見しただけでは、上位市場でフルラインを敷いた側が勝っているので、第1章第2節および第5章第1節の「持てるが勝ち」と同じパターンに見えてしまう。見かけに騙されないよう留意していただきたい。

　ケース756の水道メーターは、その下に官需と民需の市場を内包する。そして規模のうえでは圧倒的に大きい官需サイドが衰退するなかで、民需サイドを積極的に開拓したA社が、官需サイドにとどまったB社を上位市場の集計で抜き去った。水道メーターと言えば戸別に水道局が設置するものしか思い浮かばないと思うが、民間の工場にも水の流量を計測するニーズがあり、それをA社は15年以上かけて掘り起こしていたのである。

　ケース938のカーステレオは、その下にOEMと市販の市場を内包する。前者は自動車メーカーが購入して組立ラインで新車に組み込むもの、後者は自動車オーナーが用品店で購入してマイカーに後付けしてもらうもの、に相当する。このケースのA社は総合オーディオメーカーで、車載では市販の市場開拓に力を注いできた。その努力が花開くタイミングで、OEM主体のB社を抜き去った。

　ケース757の電気絶縁紙も、その下に薄紙と厚紙（ボード）の市場を内包する。そしてボードの市場を育てたA社が、薄紙一本槍のB社を抜き去った。抜き去る契機は構えの変更なので次の第8章に配置してもよいケースではあるが、ここでは下位市場間の取捨選択を相対的に重視して、第7章に配置した。いずれにせよ、クリアカットなケースではない。

　以上が第7章の概要である。注力してきた市場の衰退シナリオに直面したら、まずは目標設定する次元を上位市場に移すことを勧めたい。上位市場に含まれる他の下位市場も同時に全滅という事態は稀なため、そうすることで下位市場間の

隣接転地というオプションが視野に入ってくるはずである。こうして視野の垂直移動さえ行えば、衰退は必ずしも絶望を意味しない。

　さらに言うなら、兆しが見える前の段階で備えができていれば、衰退など怖れる必要はない。備えとしては、本命と目されている下位市場の隣接領域に独自の市場を開拓しておくことが望ましい。特にチャレンジャーは、本命市場でチャンピオンに真正面から挑むよりも、隣接市場に賭けるほうがよい。雌伏していれば、いずれ時機が巡って来る。この考え方は、奇しくも第1章第1節および第4章第3節に登場した。事業立地の戦略にとっては汎用性の高い基本パターンということであろう。ぜひ応用していただきたい。

7-1-1 下位市場間移動

ケース 936　ビール／2000年

B社：●麒麟麦酒　→　A社：●アサヒビール

酒類（5/8）
戦略C/C比率 ◀◇▷▷
戦略D/E比率 ◀◇▷▷

■麒麟麦酒（連）
逆転決算期：2000.12
実質売上高：*1兆5,860億円
営業利益率：6.0%
筆頭大株主：金融機関
東名阪上場：*1949.05

■アサヒビール（連）
逆転決算期：2000.12
実質売上高：1兆4,030億円
営業利益率：5.5%
筆頭大株主：金融機関
東名阪上場：1949.10

●企業戦略 ▷▷▷▶▷／▷▷▷▷▶

【B社】麒麟麦酒は1907年に東京で設立された会社である。祖業はビールで、源流はウィリアム・コープランド氏がスプリング・バレー・ブルワリーを開設した1870年までさかのぼる。岩崎彌之助が出資したことから販売は三菱系の明治屋が担っていた。戦後は1949年の自由化から5年でビール市場の首位に立ち、1972年に市場シェアは60%を突破したという。そこで1988年に長期経営構想を策定し、ビール以外の事業を育てる方向に舵を切っている。企業戦略としては、ビールの川上に位置する発酵技術を活用した垂直多角化に該当する。

　ビールは麒麟麦酒にとって祖業かつ主業そのものである。2000年当時、売上高の70%をビール・発泡酒部門に依存しており、その部門内でビールの生産シェアは69%に達していた。部門を牽引するのも、全社を牽引するのも、ビールである。

　なお、麒麟麦酒は純粋持株会社に移行し、2007年にキリンホールディングスと社名を変更した。

【A社】アサヒビールは1949年に大日本麦酒の分割に伴って朝日麦酒として設立された会社である。祖業はビールで、源流は大阪麦酒が設立された1889年までさかのぼる。設立時は35%の市場シェアを誇っていたが、10%を割り込んだところで1987年3月発売の「アサヒスーパードライ」が救世主となり、社名から生産設備まで一新した。そこから先は海外展開に注力している。企業戦略としては、酒類を含む飲料専業と言ってよい。

　ビールはアサヒビールにとって祖業かつ主業そのものである。2000年当時、売上高の81%を酒類部門に依存しており、その部門

第7章　立地の転換　471

内でビールの生産シェアは92％に達していた。部門を牽引するのも、全社を牽引するのも、ビールである。

なお、アサヒビールは拙著『戦略暴走』にビールの海外事案がケース013として登場した。純粋持株会社への移行に伴って、社名を2011年にアサヒグループホールディングスと変更している。

◉事業戦略▶▷▷▷▷／▶▷▷▷▷

【製品】ビールは、糖を酵母の作用でアルコールに換え、ホップで風味づけすると同時に保存性を増したアルコール飲料である。糖源には、発芽すると澱粉を糖に換える酵素を自ら産生する大麦を使うことが多い。本場とされるドイツはビール純粋令で麦芽、ホップ、水、酵母以外の使用を禁じている。それに対して日本の酒税法は「政令で定める物品」を加えることを認めているが、認定外の発泡酒はビールと分類しない。第三のビールと呼ばれる新ジャンルが登場するのは逆転後のことである。

隣接市場には輸入ビールおよび発泡酒があるものの、日本マーケットシェア事典に登場するのは狭義の国産ビールだけである。

製品には、用いる酵母の種類によってエールとラガーの区別がある。また、麦芽の成長を止めるための焙煎の温度と時間によって色彩にバリエーションが生まれる。参入メーカー数は5社で、上位2社で市場の8割近くを押さえ込んでおり、典型的な寡占市場となっている。

【B社】ビールについて麒麟麦酒は、1870年から取り組んでいる。長らく主役を務めた「キリンラガービール」は副原料に米とコーンスターチを用いている。1990年に発売して新たな主役に躍り出た「一番搾り」は副原料を用いない純粋ビールである。

生産面では、11工場で全国をカバーしていた。

販売面では、特約店の明治屋と国分に依存する度合が高い。飲食店におけるシェアの高さが、麒麟麦酒の絶頂期を支えてきた。

酒類カテゴリーでは、ビールで首位争いを演じるほか、持分法適用関連会社のキリン・シーグラムがウィスキーとブランデーで3位につけていた。

【A社】ビールについてアサヒビールは、1889年から取り組んでい

■該当セグメント
B社：酒類
A社：酒類

■10年間利益率
B社営業利益率：7.0％
A社営業利益率：7.5％

■10年間勝敗数
B社得点掲示板：0-10
A社得点掲示板：0-10

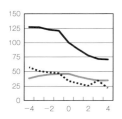

■シェアの測定単位
出荷金額

■ビール
市場規模：2兆2,830億円

■B社の首位君臨期間
～1999年

■A社の首位君臨期間
2000年～

る。救世主となった「アサヒスーパードライ」は副原料に米とコーンとスターチを用いている。

生産面では、9工場で全国をカバーしていた。

販売面では、地域ごとに特約店を使い分けており、大手への依存度は相対的に低かった。

酒類カテゴリーでは、ビールで首位争いを演じるほか、連結子会社のニッカウヰスキーがウィスキーとブランデーで2位につけていた。

【時機】逆転が起きた頃、1994年にサントリーが投入した発泡酒が勢力を拡大しつつあった。ビールの税率が45.5％であるのに対して、麦芽比率を25％未満に落とした発泡酒は税率が18.6％に下がるため、下位メーカーのサッポロやサントリーが激化する価格競争を耐え凌ぐために発泡酒に走るのは自然な流れであった。1996年10月の改訂で発泡酒の税率は28.9％に引き上げられたものの、発泡酒の勢いを殺ぐには至っていない。逆転年では、発泡酒とビールの比率は1対3となるところまで浸食が進んでいた。

■45.5％
■18.6％
国税庁酒税率一覧表

【収益】このケースにおける逆転は、市場が嘘のように収縮するなかで、市場と同じ動きを辿る麒麟麦酒を、快進撃を続けたアサヒビールが一気に追い抜いたものである。直近では、両社間の差は25％を超えるところまで開いている。ただし発泡酒と新ジャンルを加えた「ビール類」で比較すると、両社間の差は7％程度に縮小する。

この逆転は収益面から見ると祝福に値すると言い難い。サイドバーにあるとおり、2000年度から2009年度の10年間で比較すると、酒類事業の収益性においてアサヒビールは麒麟麦酒を上回っているが、意外と差は小さい。比較のベースをグループの収益性に移すと、アサヒビールは5.9％で、6.2％を記録した麒麟麦酒を下回る。「アサヒスーパードライ」の躍進は歴史的な成功物語としておおいに注目を集めたが、発売から7年足らずでビール市場の成長は止まり、そこから衰退が止まらない。それが冷酷な現実で、2005年にはビール市場はピーク時の半分を割り込んでしまった。半減期11年である。冷静に考えると、市場の成長局面で独走し、衰退局面では遁走した麒麟麦酒の機敏な戦略転換が光るケースと

■主要記事
実業界 1985.3
月刊公論 1986.9
経営コンサルタント
1987.2
実業界 1992.5
産業新潮 1992.9
潮 1999.4
日経朝刊 1996.7.30

■さとう・やすひろ
誕生：1936.02
社員：1958.04-1990.03
役員：1990.03-2004.03
社長：1996.03-2001.03
会長：2001.03-2004.03

■少子化や高齢化が進んで…
日経ビジネス 1999.3.15

■リストラ策はここ数年…
週刊ダイヤモンド
1997.12.6

■当社の医薬品事業は…
投資経済 1996.5

■一歩先、二歩先へと…
Forbes 1999.10

言えよう。

【好手】1996年7月、麒麟麦酒は医薬品の自社販売に乗り出した。それまでは医薬専業の三共に販売を委託していたが、この動きは自社でMRを抱えることを意味しており、退路を断つ決断と言ってよい。続く1997年9月にはビール事業で3工場を閉鎖する方針を打ち出しており、ビール事業から医薬事業に経営資源をシフトさせる意図を明確に読み取ることができる。縮小対象としたビール事業では、工場閉鎖と併せて発泡酒への参入も表明した。

◉戦略旗手▷▷▷▷▷操業経営者

【人物】このケースで好手を放ったのは麒麟麦酒の佐藤安弘氏である。前項で述べた好手は、佐藤氏が社長に就任するや否や繰り出した三位一体の打ち手である。

【着想】佐藤氏の決断は現実を直視する姿勢の産物と言えようか。ビール市場については「少子化や高齢化が進んで、飲酒人口が減ってきています。1人当たりのアルコール消費量も変わらない。業界全体が伸びる状況ではないですね」と醒めた見方をしていた。ビール工場の閉鎖についても「リストラ策はここ数年来考えてきたもので、昨日今日の思いつきではない。収益悪化でキリンの企業イメージがダウンし、さらにシェアを低下させるという悪循環を断ち切らなければならない。それには余力がある今しかない」と説明していた。工場稼働率の変遷は、次ページに掲げたサイドバーのグラフから読み取れるとおりである。

　非ビール事業については「当社の医薬品事業は、自販に備えてMRの途中採用も進行しているのですから固定費負担は増大の一途にあります。ツーベースでもシングルヒットでもよいから早期に上市できる製品にも資源配分せねばならない時期を迎えているといった認識を私は持っていますね」と語っていた。一般にビール業界では、メディアの関心がビールに集中するうえ、自社営業部隊の士気にかかわるので、誰が社長に就いても法被を着てビール、ビールと旗を振る。佐藤氏も例外ではなく、ビールより医薬を重視するそぶりは露ほども見せなかったが、「一歩先、二歩先へと進めていくことが、私なりにリーダーのリーダーたるゆえんだと認識してお

ります」という言葉に、真意を汲み取るべきであろう。現に佐藤氏は、後任社長に医薬事業出身の荒蒔康一郎氏を指名している。

佐藤氏は経理畑の出身で、近畿コカ・コーラボトリングに9年も出向した経歴を持ち合わせている。「アサヒスーパードライ」が発売された時点でも、子会社に出向していた。それゆえ、ビール事業の凋落を客観的に見つめることができたのかもしれない。

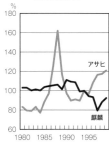

佐藤氏の目に映ったのは、およそ次のような情景であったはずである。ビール市場を制覇した麒麟麦酒は、本山英世社長の時代に新たな成長エンジンをビール以外の事業に求めた。その間隙を突くようにして、住友銀行の副頭取からアサヒビールに転じた村井勉氏が主力製品の刷新を命じ、1987年の「アサヒスーパードライ」に結実する。そして村井氏の後任で、同じく住友銀行の副頭取からアサヒビールに転じた樋口廣太郎氏が、ヒット商品に恵まれた好機を捉えて、工場の全面刷新を進めていった。

不意打ちを食らった麒麟麦酒はうろたえた。1988年から翌年にかけて短命商品を次から次へと投入したのは、その表れである。「ドライ」、「ファインモルト」、「ファインドラフト」、「モルトドライ」、「ファインピルスナー」など、いずれも徒花に終わった。

アサヒビールの側も決して順調ではなく、早くも1989年に占有率25％を達成したのに、樋口氏が退任する1992年まで見事に25％のままで、膠着状態に陥っていたのである。就任当時の10％から見れば15％も上がったというものの、それが製品次元の戦略では越えがたい限界と見てよかろう。しかも、その上限に到達するプロセスで、樋口氏は通年の売上高を越える有利子負債を積み上げていた。

そういう状況で樋口氏からバトンを受け継いだのが生え抜きの瀬戸雄三氏で、この瀬戸氏が1999年に退任するまでの7年弱で占有率を40％以上に引き上げた。増分は15％で樋口氏に優るとも劣らないが、瀬戸氏は「自称ヒーローなんて要らない。全員がヒーロー、全員が三役でないといけない」と公言してやまなかった。

■自称ヒーローなんて…
潮 1999.4

現に瀬戸氏が占有率アップの手段に選んだのは「フレッシュ・マネジメント」で、醸造から消費のあいだに経過する時間を短縮する全社運動にほかならない。ドライであろうとなかろうと、出来た

てのビールが一番おいしいことは公知の事実で、瀬戸氏は鮮度で他社を引き離しにかかったのである。工場は工場で出荷待ちのビール在庫を減らし、物流は物流で直送化を推進し、管理部門は管理部門で需要予測の精度を上げ、営業は営業で流通在庫の把握に努め、マーケットレディはマーケットレディで鮮度の落ちたビールを店頭から回収する。いずれも「アサヒスーパードライ」一本足打法だからこそ、他社に差をつけることが可能な策であった。

折しも、ビールの主戦場はB2Bの飲食店からB2Cのディスカウントストアに、ビールの容器は瓶から缶に切り替わりつつあった。営業部隊は飲食店、製造工場は瓶に最適化していた麒麟麦酒にとっては、適応は容易でない。それに対して、樋口氏の時代にアルミ缶対応が済んでいたアサヒビールには願ってもいない変化で、瀬戸氏は好機の到来に恵まれた面もある。その好機を瀬戸氏は看過しなかった。

麒麟麦酒の佐藤安弘氏は、こうした展開を部外者として横目で睨んでいたものと思われる。前任社長の真鍋圭作氏は、「キリンラガービール」を生に転換して真正面から「アサヒスーパードライ」にぶつけ、副原料を用いない純粋な「一番搾り」で側面から浸食を試みたが、必ずしも成果には結びついていない。それに対して佐藤氏はサントリーとサッポロに追随して1998年に発泡酒の「淡麗」を投入する挙に出た。これは発泡酒を正当化し、「アサヒスーパードライ」包囲網を完成させることを意味していた。守る立場になったアサヒビールには追随しにくい策であることを見越していたことは言うまでもなかろう。これは久々の有効打となった。

加熱して発酵を止めていた「キリンラガービール」は、酵母を濾しとって発酵を止める生ビール陣営に包囲網を敷かれ、敢えなく首位から陥落した経緯がある。そこから佐藤氏はインスピレーションを得たに違いない。2001年に「キリンチューハイ 氷結」を発売したのも、攻め口は同じである。佐藤氏が後継指名した荒蒔氏も2006年にワインのメルシャンを連結子会社化しており、同じ路線を歩んだことがわかる。そして荒蒔氏はキリン医薬シンガポールを2005年に設立し、2007年には協和醗酵工業への資本参加も実現させており、佐藤氏の期待を裏切ることはなかった。

■主要記事
財界 1996.1
財界 1996.2
週刊ダイヤモンド 1996.3.23
財界 1996.4
財界人 1996.5
激流 1996.8
日経ビジネス 1996.10.28
財界 1996.11
週刊ダイヤモンド 1997.2.1
週刊ダイヤモンド 1997.12.6
財界人 1998.4
経済界 1998.8
日経ビジネス 1998.8.24
日経ビジネス 1999.3.15
週刊東洋経済 1999.5.15
財界人 1999.9
Sapio 2000.8
週刊ダイヤモンド 2000.11.25
週刊ダイヤモンド 2006.4.29
週刊東洋経済 2008.8.2
週刊東洋経済 2008.8.9

ここまでは主業の事業立地が地盤沈下に見舞われたという現実を直視した冷静な戦略展開と感嘆するほかはない。ただし、麒麟麦酒も佐藤氏の3代後の社長がビールで海外M&Aに打って出て2,000億円規模の資金を無駄にした。駅伝方式による戦略継承には大きな限界がつきまとうことを、図らずも露呈してしまった観がある。

［参照社史］
『キリンビールの歴史』1999年
『アサヒビールの120年』2010年
［参照文献］
川島敏彦「飲料用オールアルミ缶の発展とその技術的背景」『軽金属』
　　1990年11月

ケース 754

ステンレス浴槽／1996年

B社：◉タカラスタンダード → A社：◉川鉄建材

給水設備（9/14）
戦略C/C比率 ◀◁◇▷▶
戦略D/E比率 ◀◁◇▷▶

■タカラスタンダード（連）
逆転決算期：1997.03
実質売上高：1,440億円
営業利益率：8.5％
筆頭大株主：タカラベルモント
東名阪上場：1963.07

■川鉄建材（単）
逆転決算期：1997.03
実質売上高：650億円
営業利益率：—
筆頭大株主：川崎製鉄
東名阪上場：—

◉企業戦略 ▷▷▶▷▷／▷▶▷▷▷

【B社】タカラスタンダードは1912年に大阪で日本エナメルとして設立された会社である。祖業はドイツから技術を導入したホーロー鉄器で、日本では草分けに相当する。戦前は輸出に注力したが、戦後は経営が行き詰まり、ステンレス流し台のプレス成形で息を吹き返した。そして大判のホーローパネルはキッチンやバスの壁材に適所を見出し、成長していった。企業戦略としては、ホーローを原点として、その川下で住宅設備機器を展開する垂直多角化の道を歩んでいる。水回り製品と組み合わせるべく燃焼機器のOEM販売も手掛けていたが、事業規模は小さい。

　ステンレス浴槽はタカラスタンダードにとって祖業の隣接部門の1つである。1996年当時、売上高の27％を浴槽機器部門に依存していた。部門を牽引するのはシステムバスで、全社を牽引するのは厨房機器部門のホーローシステムキッチンであった。

【A社】川鉄建材は1960年に神戸で川鉄建材工業として設立された会社である。祖業は雑役で、源流は川崎重工業製鉄所炉材部長が

摩耶鋼業を創業した1946年までさかのぼる。最初の自社製品は鋼製のサッシで、そこから軽量形鋼に転進し、フェンスやガードレールや鋼矢板に手を拡げてきた。デザイン性の高い分野を手掛けていた川鉄金属工業と1995年に対等合併したのは、先方の救済という意味合いが強い。企業戦略としては、鋼管や形鋼を売るほか、川下の加工製品も手掛ける傍らで工事も請け負っており、川崎製鉄の垂直多角化に該当する。実質的には川崎製鉄の市場開拓部隊と言ってよい。

ステンレス浴槽は川鉄建材にとっては川鉄金属工業側の事業であった。浴槽についてはホーロー浴槽で首位の座を確保しており、ステンレス浴槽も強化することで、樹脂浴槽に対抗する勢力と自らを位置付けていたようである。

なお、川鉄建材は2003年に日本鋼管ライトスチールと合併し、JFE建材と社名を変更した。

◉事業戦略▷▷▷▶▷／▷▷▶▷▷

【製品】 ステンレス浴槽は、ステンレス板をプレス成形して製作する浴槽である。相対的に高価ながら、耐久性、耐熱性、保温性に優れ、傷や錆にも強い。

隣接市場にはホーロー浴槽があるものの、出荷台数はステンレス浴槽の半分もない。両者を押しのけてデファクトスタンダードの地位を獲得したのは樹脂浴槽である。

製品にはサイズと色のバリエーションがあった。参入メーカーは10社前後で、上位3社で市場の半分程度を押さえていた。

【B社】 ステンレス浴槽についてタカラスタンダードは、単体では1979年に参入している。ホテルや集合住宅に普及していたFRP浴槽が重厚さに欠ける点に着目し、ステンレス浴槽にホーローの壁材を組み合わせた日本初の一体型ユニットバスを1982年に発売して、これがヒットした。ステンレス製の流し台は早くも1957年から手掛けていた。

生産面では、連結子会社のシルバー工業に委託していた。

販売面では、営業所から代理店もしくは建築業者に至るルートセールスに加えて、ゼネコンや官公庁に至る直需部隊と、住宅

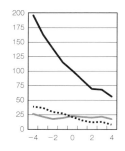

■該当セグメント
B社：全社
A社：―

■10年間利益率
B社営業利益率：3.8%
A社営業利益率：―

■10年間勝敗数
B社得点掲示板：0-10
A社得点掲示板：―

■シェアの測定単位
出荷台数

■ステンレス浴槽
市場規模：推定290億円

メーカーに至る特販部隊を揃えていた。

　給水設備カテゴリーでは、ステンレス浴槽以外では、流し台で2位、システムキッチンで3位、ホーロー浴槽と洗面化粧台で4位につけていた。

【A社】ステンレス浴槽について川鉄建材は、日本マーケットシェア事典で最も古い1975年のデータで5位につけていた。それよりも参入は早く、タカラスタンダードを迎え撃つ立場にあったことは確実である。

　生産面の詳細は知る術がない。

　販売面では、首都圏に市場が偏っていた。

　給水設備カテゴリーでは、ステンレス浴槽とホーロー浴槽に参戦していたようである。カラーステンレスの拡販をミッションとしていたせいか、流し台には興味を示していない。

【時機】逆転が起きた頃、浴槽の素材間競争に決着がつきつつあった。同じ樹脂でもガラス繊維強化プラスチックは欠点が目立ち、鉄系素材の躍進を許したが、人工大理石と呼ばれる素材が登場して、家庭用としては決定版の地位を築くに至っている。

【収益】このケースにおける逆転は市場が急降下するなかで、市場に合わせてシュリンク路線を歩んだタカラスタンダードを、生産を維持した川鉄建材が自ずと上回るに至ったものである。直近では、両社間の差は20％ポイント以上に拡大している。

　この逆転は収益面から見ると祝福に値しない。鋼板から樹脂へという流れは止められるものではなく、鋼板という素材に拘泥した川鉄建材は逆転年に純利益ベースで赤字に転落し、1999年度と2000年度にも赤字を記録した。

　それに対してタカラスタンダードは鋼板の使用を床材にとどめ、軸足をステンレス浴槽から樹脂浴槽に移していくことで、TOTO、松下電工、INAXに次ぐ第2集団に踏みとどまっている。

【好手】1996年4月、タカラスタンダードはシルバー工業の株式の過半数を取得して、子会社化した。目的は経営効率の向上である。ステンレス浴槽の生産を受託していたシルバー工業は、1993年7月にステンレス浴槽の自販に乗り出していたが、子会社化によって何が何でもステンレス浴槽だけで生計を立てる必要から解放された

■B社の首位君臨期間
1982年～1991年
1993年～1995年

■A社の首位君臨期間
1996年～

ことになる。

　この動きとは対照的に、川崎製鉄の副社長は1993年の2月に「流し台や浴槽、建材用の引き合いが回復、需給は最悪期を脱しつつある」とコメントしていた。バブル崩壊後に市況が低迷したステンレス鋼板を何とか拡販しようと奔走した痕跡が、そこに滲み出ている。川鉄建材は、おそらく親会社からステンレス製品を市場に押し込むよう迫られていたに違いない。そこで奮闘した部隊が、このケースでは皮肉にも業績の悪化を招いている。

■主要記事
日経産業 1985.4.26
日経産業 1993.2.26
日経産業 1997.4.8

■わたなべ・ろくろう
誕生：1924.04
社員：―
役員：1964.05-2014.06
社長：1983.05-1998.10
会長：1998.10-2011.04

●戦略旗手▷▶▶▶第２世代同族経営者

【人物】このケースで好手を放ったのはタカラスタンダードの渡辺六郎氏である。渡辺氏は創業者、吉川秀信氏の娘婿にあたる人物で、1964年に大日本製糖から移籍して取締役に就任した。1967年5月に常務取締役に昇格した年度から社長として決算した最後の1997年度まで31期連続で増収増益の記録を打ち立てた。恐るべき無敗記録である。

■後発もいいところ…
投資経済 1983.5

　ステンレス浴槽については1983年時点で「後発もいいところですが、ステンレスバスではトップになった。トータル販売の強さですね、まったく」と範囲の経済の効果を指摘していたが、その5年後には「単体ものでは鋳物ホーロー浴槽以外はダメ」と不利を認め、シルバー工業が抱えていた拡張用の用地に研修センターを建ててしまった。ステンレスに拘泥する発想は微塵も垣間見ることができない。

■単体ものでは鋳物…
投資経済 1988.10

【着想】渡辺氏の決断は確たる事業観に基づいている。日本エナメルが傾いた理由を鍋・釜を出口に選んだミスジャッジに求め、自らは住宅設備を出口に選んだ理由を、自身の言葉で早くも1972年に「総合的な面で住宅産業の一環として事業を拡大していきたい（中略）檜の最高級材を使うということでなく、快適な生活を送るための機能づくりに資金を配分していく」と説明していた。

■総合的な面で住宅…
投資経済 1972.2

　住宅設備に可能性を見出したのは日本が遅れているからで、その可変性について「どんどん変わってきたし、これからも変わっていく。当社の場合を見ても、いまの売上高の約半分が数年前には影も形もなかった商品ですよ（中略）材質が変わっていきます。い

■どんどん変わってきた…
投資経済 1991.11

ま流し台のトップの部分で人工大理石がものすごく出ているんですが、技術革新によって将来なにが出てくるか。素材革命は我々には想像できないところで進行していますから」と自らを戒めていた。

その一方でホーローについては当初から確信を抱いており、「バスタブについては、メーカーとしては自社でやったほうがよいんですが、当社の場合、流し台はもちろん洗面化粧台のボール、キャビネットの扉など次々にホーロー製に切り替えているので、ホーロー工場が非常に忙しい」として、ステンレスの加工には手を出さなかった。特定の素材ではなく、あくまでも機能とデザインと色彩を追求するところに、渡辺氏の真骨頂があったと見てよかろう。

■バスタブについては…
投資経済 1976.12

脱線になるが、渡辺氏は「政治は民主主義がいいと思いますが、経営はそれではだめだと思うんです。社長が"みなさん、いかがでしょうか"なんていちいちやっていたら会社は潰れます。やるべきときにはワンマンというのか、とにかく社長がリーダーシップをとってドーンとやらなければいけません。そのためには社長が責任をとらなければならない。逆に言うと、責任をとろうとしない人だと、民主主義的な経営になってしまうんじゃないですか」と語っていた。

■政治は民主主義…
　いまビール業界の…
日経ビジネス 1997.3.24

脱線ついでに足しておくと、「いまビール業界の人はシェアが逆転したのどうのと言っているが、私には何の意味があるのか分かりません」というのも渡辺氏の言葉である。売上高経常利益率が10％にすら到達しないメーカーがシェア争いに熱狂する姿を、冷たい目で見ていたことは間違いない。

［参照社史］
『タカラスタンダードの100年 伝統と挑戦』2012年
『川鉄建材工業20年史』1981年
［参照文献］
栗山則行・椎葉末信「長尺発色ステンレス鋼板"ルミナカラー"」『川崎製鉄技報』1990年3月
狩野三郎「人造大理石とバスユニット」『強化プラスチックス』1995年6月
池川直人・山内哲・東啓二・岡本弘・田中竜一・岡茂「インモールドコーティング成形技術によるバスタブの高品位化」『ネットワー

クポリマー』1997年6月

農業機械（6/9）
戦略C/C比率 ◀◁◇▷
戦略D/E比率 ◀◁◇▷

■井関農機（連）
逆転決算期：1993.11
実質売上高：1,330億円
営業利益率：2.1%
筆頭大株主：金融機関
東名阪上場：1960.06

■三菱農機（単）
逆転決算期：1993.11
実質売上高：610億円
営業利益率：2.8%
筆頭大株主：三菱重工業
東名阪上場：―

ケース 755　動力脱穀機／1993年

B社：◉井関農機 → A社：◉三菱農機

●企業戦略 ▶▷▷▷▷／▶▷▷▷▷

【B社】井関農機は1936年に愛媛県で設立された会社である。祖業は籾すり選別機で、源流は1926年までさかのぼる。戦後は三菱重工業の熊本機器製作所および日立精機の足立工場を買収して量産体制を整える一方で、優良小売店を直結特約店とすることで量販体制も確立し、いち早く飛躍の基盤を固めることになった。1959年には川崎重工業製のエンジンを搭載した耕耘機を世に送り出し、農具メーカーから農業機械メーカーへの脱皮を遂げると同時に、特約店の系列販社化を推進している。ディーゼルエンジンについては、いすゞ自動車から技術を導入し、1979年から内製化に取り組んできた。企業戦略としては、農業機械専業を貫いており、農家に寄り添うことを本旨としている。

　動力脱穀機は井関農機にとって祖業の隣に位置する製品である。1993年当時、売上高の30%を収穫調整用機械部門に依存していたが、その部門内で動力脱穀機の生産シェアは3%程度にとどまっていた。部門を牽引するのはコンバインで、全社を牽引するのは部品部門であった。

　なお、井関農機は拙著『戦略暴走』にケース079として通販事業が登場した。

【A社】三菱農機は1980年に佐藤造機と三菱機器販売が合併して島根県で設立された会社である。佐藤造機の祖業は稲用脱穀機で、源流は1914年までさかのぼる。1950年時点では日本を代表する脱穀機メーカーに数えられていたが、動力化が進展した1971年に会社更生法の適用を申請して上場を廃止した。その後の再建を三菱重工業が支援した関係から三菱農機として再スタートを切り、逆転時点では三菱重工業が56.1%を保有する筆頭株主となっていた。企業戦略としては、単純明快な農機専業である。

動力脱穀機は三菱農機にとって祖業そのものである。1993年当時、売上高の約65％を農機部門に依存していたが、その部門内で動力脱穀機の生産シェアは3％にとどまっていた。部門および全社を牽引するのはコンバインである。

　なお、三菱農機は2011年に三菱重工業の完全子会社となり、インド企業の傘下に入った2015年に三菱マヒンドラ農機と社名を変更している。

● **事業戦略** ▶▷▷▷▷／▶▷▷▷▷

【製品】動力脱穀機は、刈り取った穀類を穂からはずす作業を自動化する機械である。脱穀したあとに籾殻をはずす作業は籾すりと呼び、別の機械を必要とする。この二つの作業を一台に併合したのがコンバインである。脱穀機の歴史は古く、産業革命の直後に動力が人力から水蒸気機関に置き換わった。日本でも戦前に技術的な検討が進み、戦後に入って広く普及を見た。

　隣接市場にはコンバインがあり、逆転時点では動力脱穀機の30倍以上の市場規模を誇っていた。ほかに足踏み式の脱穀機もあるが、日本マーケットシェア事典には掲載されていない。

　製品には、技術開発の余地も見当たらないが、残存するメーカーは15社に達している。ただし、上位3社で市場の過半を押さえ込んでおり、流動性は少ない。

【B社】動力脱穀機について井関農機は、1938年から取り組んでいる。次から次へと改良機種を送り出し、日本各地で受賞の栄誉に輝いた。

　生産面では、自社生産とグループ企業への委託生産を組み合わせて農機事業を営んでいた。農機全体の外注比率は25％前後である。

　販売面では、特約店経由の販売が66％を占める一方で、全農経由は16％であった。収穫調整用機械の輸出比率は5％前後にとどまっていた。

　農業機械カテゴリーでは、籾すり機で首位を堅持するほかは、2位から4位のあいだにつけていた。ただし、農業用乾燥機は番外で、管理用機器には参戦していない。

■ **該当セグメント**
B社：全社
A社：―

■ **10年間利益率**
B社営業利益率：2.5％
A社営業利益率：―

■ **10年間勝敗数**
B社得点掲示板：0-10
A社得点掲示板：―

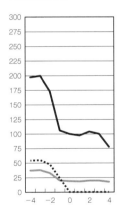

■ **シェアの測定単位**
生産金額

■ **動力脱穀機**
市場規模：40億円

■ **B社の首位君臨期間**
～1992年

■ **A社の首位君臨期間**
1993年～2002年

【A社】動力脱穀機について三菱農機は、戦前に着手したものと思われる。手動式は早くも1914年から手掛けている。

生産面では、エンジンを三菱重工業などから調達して、東出雲の自社工場で組み立てている。

販売面では、三菱重工業に次ぐ大株主の全農に依存していた。

農業機械カテゴリーでは、動力脱穀機以外では、コンバインで3位、田植機で4位、装輪式トラクタと動力耕耘機で5位につけていた。

【時機】逆転が起きた頃、農家は冷夏による戦後最悪の凶作の影響に翻弄されていた。さらに米の輸入自由化が日米協議の土俵に上ったことから、農家が先行き不安に駆られ、農機需要は低迷を余儀なくされていた。

【収益】このケースにおける逆転は、市場が劇的に縮小する途上で起きている。上位2社で市場を事実上占有していたが、井関農機が撤退の意志を固める一方で、三菱農機が残存者利益を刈り取りに行ったと理解できよう。日本マーケットシェア事典に記載のある最後の年度、2001年時点で井関農機の名は見当たらず、首位にとどまる三菱農機は2位に12％ポイントの差をつけていた。

この逆転は収益面から見ると祝福に値しない。三菱農機は1994年度こそ増収増益を記録して、翌年度もほぼ同じ水準を保ったものの、そこから先は減収減益決算を連発した。2001年度からは最終黒字を確保するのも難しくなり、債務超過に陥った時点で三菱重工業に吸収された。小さな脱穀機の市場で首位に躍り出ても、業績にポジティブな効果が波及した形跡は見られない。

それに対して井関農機は1994年度に黒字転換を果たしており、そのあとも黒字基調を定着させるのに成功した。これは負けるが勝ちの事例と判定してよさそうである。

【好手】1992年10月、井関農機は経営再建計画を発表した。そのなかで現行3千を超える機種数を大幅に減らす方針を打ち出し、コンバインに注力する一方で動力脱穀機は統廃合の対象になった可能性が高い。有価証券報告書の主要品名欄を追跡すると、1996年度を最後に動力脱穀機は消滅したことがわかる。

■主要記事
日経産業 1992.10.17
日経産業 1992.10.21
日経産業 1993.10.26
日経産業 1995.12.5

● **戦略旗手** ▷▷▷▷ **外様経営者**

【人物】このケースで好手を放ったのは井関農機の堀江行而氏である。堀江氏は第一勧業銀行の常務を務めていたが、井関農機に送り込まれ、生え抜きの経営陣4人が引責辞任したあとを背負って立った。ただし銀行時代に井関農機との接点はなかったという。社長就任が確定したのは1992年10月16日で、その4日後に再建計画を発表したことから、9ヵ月ほどで井関農機の状況を把握し、計画を練り上げた勘定になる。

【着想】堀江氏の決断は常識に基づいている。日経産業新聞の清水英徳記者が「井関農機はなぜ弱いのか。原因は生産品目の多さと、販売力の弱さ、多角化の失敗にある」と書いており、記事の出所が堀江氏か否かは別として、その認識を堀江氏が共有していたことは間違いなかろう。堀江氏が機能別組織を商品別組織に再編し、商品カテゴリーごとに採算を明確にすることで、無秩序に水ぶくれしていた機種体系の統廃合を進めていった軌跡を見れば、その点は明らかである。清水記者の指摘内容は初歩的なものばかりで、その意味では堀江氏が登板するまでの放漫経営を責めたくなるケースである。

［参照社史］
『井関農機60年史』1989年
［参照文献］
三菱農機株式会社『WE ARE』1990年
吉田由之佐「動力脱穀機」『農業毎日』1951年4月

■ ほりえ・ゆきじ
誕生：1935.09
社員：1992.01-1992.02
役員：1992.02-2001.04
社長：1992.12-2001.04
会長：―

■ 井関農機はなぜ弱い…
日経産業 1992.10.23

ケース 937

清酒／2002年

B社：⊙月桂冠 → A社：⊙白鶴酒造

酒類（5/8）
戦略C/C比率◀◁◇▷▷
戦略D/E比率◀◁◇▷▷

■ 月桂冠（単）
逆転決算期：2003.03
実質売上高：400億円
純利益率：▲0.9%
筆頭大株主：創業家
東名阪上場：―

● **企業戦略** ▷▷▷▷▶／▷▷▷▷▶

【B社】月桂冠は1927年に伏見で大倉恒吉商店として設立された会社である。祖業は酒屋で、源流は1637年までさかのぼる。月桂冠ブランドは1905年から使用しているという。1989年に米国、1996年に韓国に現地法人を設立しており、企業戦略としては祖業の国

■白鶴酒造（単）
逆転決算期：2003.03
実質売上高：410億円
純利益率：1.6%
筆頭大株主：創業家
東名阪上場：—

■該当セグメント
B社：全社
A社：全社

■10年間利益率
B社純利益率：▲0.2%
A社純利益率：1.0%

■10年間勝敗数
B社得点掲示板：0-10
A社得点掲示板：0-10

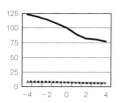

■シェアの測定単位
出荷金額

■清酒
市場規模：5,940億円

■B社の首位君臨期間
〜2001年

■A社の首位君臨期間
2002年〜

際化に賭けている。

　清酒は月桂冠にとって祖業かつ主業である。2002年当時、売上高の97%を清酒部門に依存していた。

【A社】白鶴酒造は1927年に灘の御影郷で設立された会社である。祖業は清酒で、源流は1743年までさかのぼる。白鶴ブランドは1747年から使用しているという。戦後は焼酎、ビール、ワインなどに手を伸ばしており、企業戦略としては水平多角化に該当する。

　清酒は白鶴酒造にとって祖業かつ主業である。2002年当時、売上高の91%を清酒部門に依存していた。

●**事業戦略**▶▷▷▷▷／▶▷▷▷▷

【製品】清酒は米と麹と水を原料とする醸造酒のことである。製法は日本固有のものと言われている。

　隣接市場には焼酎があり、甲類と乙類を合わせると出荷金額は清酒に近づく。ビールは清酒の3倍あるが、ウィスキーとブランデーとワインは合計しても清酒にかなわない。

　製品には原料に醸造アルコールを添加しない純米酒や、精米歩合を落とした吟醸酒などの特定カテゴリーがある。参入社数は数え切れないほど多く、上位5社を集めても市場の3割に届かない。

【B社】清酒について月桂冠は1637年に事業を立ち上げた。高価格帯に空白がある点を除けば、製品面ではフルラインを敷いており、ありとあらゆる容器形態にも対応している。リピート率の高いヘビーユーザーに照準を合わせているものと思われる。

　生産面では、京都の伏見に近代的な自社工場群を構えている。

　販売面では、酒販店などの売り場を広くカバーする営業部隊を全国展開している。

　酒類カテゴリーでは、清酒で首位争いに絡むだけで、それ以外では番外にも名を連ねてはいない。

【A社】清酒について白鶴酒造は1743年に事業を立ち上げた。高価格帯に空白がある点を除けば、製品面ではフルラインを敷いており、ありとあらゆる容器形態にも対応している。リピート率の高いヘビーユーザーに照準を合わせているものと思われる。

　生産面では、灘の魚崎に近代的な自社工場群を構えている。拠

点が酒米の優良産地に近いこともあり、一部では原料米までさかのぼって商品開発を進めてきた。

販売面では、酒販店などの売り場を広くカバーする営業部隊を全国展開している。

酒類カテゴリーでは、清酒で首位争いに絡むだけで、それ以外では番外にも名を連ねてはいない。

【時機】逆転が起きた頃、酒販業界は酒販免許の規制緩和に揺れていた。第一波は日米構造協議によって始まり、ディスカウントストアの興隆を見たが、1998年に始まる事実上の登録制度への移行はコンビニエンスストアでの販売を可能にした。ちなみに一連の改革は、2003年9月の原則自由化を経て、2006年9月の完全自由化で終結した。

【収益】このケースにおける逆転は、市場が急速に縮小するなかで売上を保とうと努力した白鶴酒造が、自然体の月桂冠を僅差で抜き去ったものである。直近でも両社間の差は2%ポイント以内に収まっており、接戦が続いている。

この逆転は収益面から見ると祝福に値する。その理由はサイドバーに見るとおりで、月桂冠は2003年に100人の早期退職を募り、年間10億円程度の人件費削減を実現したにもかかわらず、収益性が改善しなかったことによる。収益性で月桂冠を上回る白鶴酒造も、絶対値は決して高くない。業界にかつての輝きはもはや見られない。

【悪手】1997年6月、月桂冠は新社長の就任に合わせて経営の基本理念を制定した。QUALITYとCREATIVITYに並んでHUMANITYを理念に掲げ、5ヵ月後に遊休地を活用してバッティングセンターやカラオケから成るアミューズメント施設をオープンしている。さらに清酒の国内販売額を年率2.6%で伸ばしていく目標を発表する傍らで、2002年に「健をめざし、酒を科学して、快を創る」という企業ブランドのコンセプトを明示したが、1年後には100人の早期退職を募ると発表している。チグハグ感は否めない。首位陥落の理由は販売促進費の抑制によるものと説明されていたが、翌年以降も首位に返り咲いていないので、社員の志気低下が真因ではと疑いたくなる。

■**主要記事**
日経産業 1997.7.1
日経朝刊 1997.11.22
日経産業 2001.8.31
日経産業 2002.3.25
日経産業 2003.2.4
日経朝刊 2003.2.8

■おおくら・はるひこ
誕生：1958.05
社員：1987.04-1988.06
役員：1988.06-
社長：1997.06-
会長：―

◉**戦略旗手**▷▶▷▶▷▶**第14世代同族経営者**

【人物】このケースで悪手を放ったのは1997年に月桂冠の社長に就任した大倉治彦氏である。治彦氏は銀行でディーリング業務を担当したあと月桂冠に入社していた。

　もちろん問題の根は深く、清酒が伸びている間にポスト清酒の戦略を打たなかった先人たちの非も問うべきであろう。

【着想】治彦氏の決断は多分に30代の感性を反映したものと言えよう。そこには一種の理想主義や気負いを汲み取ることができるが、必ずしも現実を直視していたとは言い難い。2010年度には570億円と見込んでいた清酒の販売額は、目標の半分程度で終わっており、それが冷酷な現実であった。ここまで見込み違いが大きければ、繰り出した戦略が機能しないのも無理はない。

［参照社史］
『月桂冠三百六十年史』1999年
［参照文献］
永井隆「白鶴酒造」『プレジデント』2003年6月30日

7-1-2 上位市場内移動

ケース 756

水道メーター／1999年

B社：⊙金門製作所 → A社：⊙愛知時計電機

計測用機器（6/8）
戦略C/C比率◀◇◇▷
戦略D/E比率◀◇◇▷

■金門製作所（連）
逆転決算期：2000.03
実質売上高：680億円
営業利益率：0.3%
筆頭大株主：金融機関
東名阪上場：1957.08

■愛知時計電機（単）
逆転決算期：2000.03
実質売上高：350億円
営業利益率：2.9%
筆頭大株主：金融機関
東名阪上場：1949.12

●企業戦略 ▷▷▶▷▷／▷▷▶▷▷

【B社】金門製作所は1948年に東京で設立された会社である。祖業はガスメーターで、源流は1904年までさかのぼる。1913年には水道メーターをラインアップに加え、1929年にはバルブの内製化に踏み出している。戦後は上場するや否や多角化に走ったが、その傍らで計量計測器事業の基盤も盤石のものとしていった。企業戦略としては、計量計測器事業を中核としつつも、照明事業、石英事業、空調機器事業などを擁しており、多核化に該当する。

水道メーターは金門製作所にとって水平多角化事業の1つである。1999年当時、売上高の68%を計量計測部門に依存しており、その部門内で水道メーターの生産シェアは20%であった。部門および全社を牽引するのは祖業のガスメーターである。

なお、金門製作所は2005年に山武（現アズビル）に買収され、上場を廃止した。

【A社】愛知時計電機は1898年に名古屋で愛知時計製造として設立された会社である。祖業は掛け時計であったが、日露戦争に際して軍需生産を求められ、そこから航空機製造に傾斜していった。戦後は民需転換の端緒として水道メーターを手掛け、そこからガスメーターや自動車用メーターに歩を進めている。その一方で祖業の時計事業を再興し、同業他社の例に漏れず工作機械の外販にも乗り出したが、計測器以外は伸び悩んだことから、自動車用メーター、時計、工作機械の順に多角化事業を縮小していった。企業戦略としては、多角化事業を整理したことから、計測器専業に逆戻りしたことになっている。

水道メーターは愛知時計電機にとって第二の祖業である。1999

年当時、売上高の99％を計測器関連部門に依存しており、その部門内で水道メーターの生産シェアは17％に達していた。部門および全社を牽引するのはガスメーターである。

● **事業戦略** ▶▷▷▷▷/▷▶▷▷▷

【製品】水道メーターは上水道の使用量を測定する積算流量計である。売り先は市町村の水道局で、器差があると世帯間または事業所間の不公平に直結するので、規格が厳格に定められている。訴求点は何にも増して耐久性で、長らく技術革新とは縁がない。ただし、近年は検針を無人化すべく、様々なアプローチが模索されるようになってきた。

隣接市場にはガスメーターがある。同じ積算流量計でも、液体と気体の違いは無視できない。市場規模としてはガスメーターのほうが水道メーターの4倍ほど大きい。

製品には口径のバリエーションのほか、技術的な様式の相違もある。参入メーカーは約20社を数えるにもかかわらず、上位2社で市場の7割以上を押さえ込んでいる。

【B社】水道メーターについて金門製作所は、1913年から取り組んでいる。

生産面では、全国に張り巡らせた子会社に頼っていた。

販売面では、自ら直販していた。

計測用機器カテゴリーでは、ガスメーターで独走し、水道メーターで首位争いを演じるのみであった。

【A社】水道メーターについて愛知時計電機は、1946年から取り組んでいる。

生産面では、名古屋の本社工場に頼っていた。外注比率も10％未満である。

販売面では、自ら直販していた。

計測用機器カテゴリーでは、水道メーターで首位争いに絡み、ガスメーターで2位を堅持するのみであった。

【時機】逆転が起きた頃、水道メーター業界は未曾有の大混乱状態に陥っていた。発端は、業界の談合行為に対して公正取引委員会が排除勧告を出した1992年にさかのぼる。問題となったのは東京、

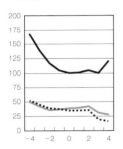

■ 該当セグメント
B社：全社
A社：全社

■ 10年間利益率
B社営業利益率：3.9％
A社営業利益率：4.1％

■ 10年間勝敗数
B社得点掲示板：0-8
A社得点掲示板：0-10

■ シェアの測定単位
生産金額

■ 水道メーター
市場規模：150億円

■ B社の首位君臨期間
<u>1977年〜1982年</u>
1986年〜1998年

■ A社の首位君臨期間
1983年〜1985年
1999年〜

大阪、および福岡における指名競争入札で、金門製作所も愛知時計電機も受注調整行為に従事したことを認めたうえで、勧告を応諾した。ところが1996年に水道メーター業界は談合を再開したとして、今度は刑事告発されてしまった。そして25社の営業実務担当者をはじめとする34人が有罪判決を宣告されている。

談合の背景として、各社ともバブル経済の後遺症に苦しんでいた事実がある。なかでも金門製作所は1992年度から減収減益を重ね、1994年度からは単体の純利益が赤字基調に入っていた。1995年度には希望退職を募り、さらに翌年度には工場を二つ閉鎖したが、それでも苦境を脱するには至っていない。

そこに刑事告発が追い討ちをかけたとなれば、混乱のほどは推して知るべしであろう。1999年にはリストラクチャリングの計画を公表し、社長も交代した。

【収益】このケースにおける逆転は、信じがたいペースで市場が縮小して、ようやく底が見えてきたタイミングで起きている。金門製作所は市場に合わせて生産を絞ったが、愛知時計電機は反転攻勢に打って出て、首位の座をもぎ取った。直近では、両社間の差は30%ポイントにまで拡大している。

この逆転は収益面から見ると祝福に値する。金門製作所は2004年に産業再生機構に支援を要請するに至り、山武に売却という結末を迎えたが、愛知時計電機は赤字転落を免れている。

【好手】1983年6月、愛知時計電機は工業用の容積型流量計を発売した。その後も水位計などの民需展開や、自動検針システムの開発に邁進している。愛知時計電機がバブル経済の崩壊も、そして談合摘発後の指名停止も乗り切ることができたのは、こうしたセンサーおよびシステムが水道メーターの不振を救ったことによる。

● 戦略旗手▷▶▷▶第2世代同族経営者

【人物】このケースで好手を放ったのは愛知時計電機の青木賢三氏である。賢三氏は2代目社長で、同社の救世主と呼ばれた青木鎌太郎氏の孫にあたる。1982年に社長に就任し、現役社長のまま1992年に急逝した。

【着想】賢三氏の決断は超長期の経験に基づいている。「我が社も

■主要記事
日経産業 1983.6.18
日経朝刊 1992.12.7
公正取引 1993.6
日経夕刊 1997.2.5
日経夕刊 1997.8.8
判例時報 1999.4

■あおき・けんぞう
誕生：1916.09
社員：1943.07-1949.11
役員：1949.11-1992.02
社長：1982.06-1992.02
会長：—

■我が社も私の入社…

日経朝刊 1988.9.11
地方経済面（中部）

私の入社間もない頃は柱時計を中心にほとんど時計ばかり造っていた…現在世の中に出回っているのは時計の顔をした電子機械に過ぎず、日本の時計産業はすでに壊滅したと言っていい」という観察が、どうやら賢三氏の原点を成しているようである。

社長就任後の最初の社内報で、賢三氏は具体的な指針を打ち出した。長くなるが社史から引用すると、「当社の現行製品はほとんど成熟段階にあるが、しかし、このまま放っておいてよいものではない。世の中は常に進歩を続けている。常に研究発展を心掛けなければ、現製品はすぐさまに時代遅れの前世紀の遺物と化すだろう。…当社は元来は機械工作の専門屋であり、その製品も機械式、いわゆるメカニカルなものが多かった。しかしこれからは、これに電子産業を取り入れて、メカトロニクスの方向に発展させるか、さらに一歩進んでエレクトロニクスの製品に置き換えるか…の二方向があるが、とにかく電子化、エレクトロニクス化を目指すこと。そしてまた、現在のような単品売りから脱却して、今後はシステム商品の体裁を整えて販売量の増大を図ること」という内容で、これが民生展開のエンジンとなったことは間違いない。

余談になるが、管理職に向けた社長就任演説で賢三氏は「熾烈な競争を行って、会社に体力をつけてください。弱体化した愛知時計の体質を強化するためには、この方法しかありません」とも訴えていた。「主力製品が水道・ガスメーターで、安定した産業と言われ、いい気になっているのは考え方がおかしい」というわけである。だが、賢三氏の死後に摘発された談合は1980年代にさかのぼると報道されており、賢三氏が社長の時代に繰り返されていたという。その意味で賢三氏の言葉は企業体質を変えるには至らなかったが、転地に向けて打った布石が愛知時計電機の窮地を救ったと言えよう。経営者の限界と真価について考えさせられるケースである。

■**主要記事**
日経朝刊 1982.7.20

［参照社史］
『愛知時計電機85年史』1984年
［参照文献］
幸田貞一「水道メーターの耐久性とその管理について」『水道協会雑誌』1960年12月

新村学志「水道メーターに関する計量法関係政省令の改正」『水道協会雑誌』1969年10月

ケース938　カーステレオ／1994年

B社：●クラリオン　→　A社：●パイオニア

音響電子機器（15/25）
戦略C/C比率◁◀◇◇▷
戦略D/E比率◁◀◇◇▷

■クラリオン（連）
逆転決算期：1995.03
実質売上高：1,580億円
営業利益率：1.6%
筆頭大株主：日産自動車
東名阪上場：1962.08

■パイオニア（連）
逆転決算期：1995.03
実質売上高：4,890億円
営業利益率：0.3%
筆頭大株主：金融機関
東名阪上場：1961.10

●企業戦略 ▷▷▷▶/▷▷▷▶

【B社】クラリオンは1940年に東京で白山無線電機として設立された会社である。祖業は電池式家庭用ラジオで、戦後は車載用に転地した。日野自動車、プリンス自動車、日産自動車の純正部品指定を受けると道路交通情報のスポンサーとなり、カーラジオの普及を後押しすると同時に、カーステレオの開発にも邁進した。1976年には他社に先駆けて業務用カラオケの市場を切り拓き、多角化にも乗り出したが、依然として車載AV機器が主柱となっている。企業戦略としては、車載オーディオからカラオケに手を拡げたステップが技術応用で、車載オーディオから車載ITに手を拡げたステップが販路応用となっている。典型的な水平多角化と言えよう。

カーステレオはクラリオンにとって第二祖業の延長線上にある。1994年当時、売上高の89%を自動車機器部門に依存していた。部門および全社を牽引するのはカーステレオである。

なお、クラリオンは拙著『戦略暴走』にセレクトテレビ事業がケース052として登場し、本シリーズ第1巻に業務車両用AV機器が高収益事業のケース641として登場した。2006年に日立製作所の子会社となったが、社名は変わっていない。

【A社】パイオニアは1947年に東京で福音電機として設立された会社である。祖業はスピーカーで、源流は1938年までさかのぼる。戦後はOEMからスタートして、そこで得た資金を活用してアンプやターンテーブルを開発し、オーディオ専業メーカーの業容を整え、1980年前後からレーザーディスクを投入することでAV機器メーカーに脱皮している。企業戦略としては、ホームから車載に手を拡げたステップが技術応用で、オーディオから映像に手を拡げたステップが販路応用になっている。典型的な水平多角化と言え

よう。

　カーステレオはパイオニアにとって祖業から水平多角化した事業の一つである。1994年当時、売上高の41%をカーエレクトロニクス部門に依存していた。部門および全社を牽引するのはカーステレオである。

　なお、パイオニアは本シリーズ第1巻に子会社の東北パイオニアが失敗のケース342として登場した。

●事業戦略▷▷▶▷▷／▷▷▶▷▷

【製品】 カーステレオは車載AV機器の一つで、カセットテープを再生するプレーヤーのことである。ホーム用途と参入企業の顔ぶれが必ずしも一致しないのは、カー用途は振動対策や熱対策が必要なうえ、売り方や納め方も異なるためと思われる。

　隣接市場にはカーCDがあり、カーステレオは逆転後数年でカーCDに取って代わられることは明白であった。逆転当時は、別カテゴリーのカーナビゲーションも伸び始めていた。

　製品には自動車メーカーに納めるOEMビジネスと、量販店に納める市販ビジネスがある。前者は新車装着、後者はアフタマーケット装着が基本となっている。参入メーカーは7社ほどで、上位3社で市場の5割強を押さえていた。

【B社】 カーステレオについてクラリオンは、1963年に開発に成功している。事業の焦点はOEMビジネスに絞ってきた。

　生産面では、東北事業所と群馬事業所を主力拠点としていたが、プラザ合意以降は東南アジアから欧米に輸出する三角貿易路線を歩み、海外生産比率を半分程度に引き上げた。

　販売面では、直接輸出の比率は39%にとどまっていた。単体ベースで全売上の25%が日産自動車向けで、売掛金の内訳も1位が日産自動車、2位がスズキ、3位が富士重工業である。

　音響電子機器カテゴリーでは、映像系、ホーム用途のステレオにも参戦せず、潔くカーオーディオに限定して参戦していた。カーステレオでは首位争いに絡んでいたが、カーCDでは4位に甘んじていた。

【A社】 カーステレオについてパイオニアは、1970年に専門工場を

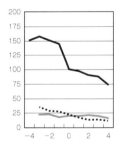

■該当セグメント
B社：自動車機器
A社：カーエレクトロニクス

■10年間利益率
B社営業利益率：1.2%
A社営業利益率：3.7%

■10年間勝敗数
B社得点掲示板：0-10
A社得点掲示板：0-10

■シェアの測定単位
出荷台数

■カーステレオ
市場規模：推定6,000億円

■B社の首位君臨期間
1977年
1979年
1981年～1991年

■A社の首位君臨期間
1978年
1994年～

建設している。

　生産面では、川越工場を主力拠点としていたが、1986年には米国現地生産に乗り出した。

　販売面では、輸出比率が55％前後に達しており、最大仕向地は北米であった。売掛金の内訳は米国の販売子会社が1位で、2位がトヨタ自動車、3位が欧州の販売子会社となっている。

　音響電子機器カテゴリーでは、レーザーディスクプレーヤーで独走し、家庭用プロジェクションテレビとミニコンポとミニミニコンポで2位につけていた。車載系ではカーCDで首位に立ち、カーステレオでも首位を狙う位置につけていた。

【時機】逆転が起きた頃、日本では1975年からフランチャイズ展開を始めたオートバックスが急伸していた。オートバックスは日本発のカー用品総合専門店で、タイヤ、オイル、バッテリー、アクセサリーに加えて、カーオーディオを扱い、1989年に大阪証券取引所2部に株式を上場し、4年後には東京証券取引所1部にも上場している。

【収益】このケースにおける逆転は市場が急速に収縮するなかで起きている。収縮の背景にあるのは、円高による日本車輸出市場の不振、バブル崩壊による国内販売の不振、およびカーステレオからカーCDへの移行を挙げることができる。この時期にクラリオンは市場に合わせて生産を絞ったが、パイオニアはコンスタントに推移したことから、大差が一気に詰まってしまった。パイオニアのカーエレクトロニクス事業は国内と北米が好調であったという。直近では、分類がカーCDと統合され、両社間の差は15％ポイントを超えるところまで拡大している。

　この逆転は収益面から見ると祝福に値する。クラリオンは連結最終利益が1991年度から1995年度の間は赤字で推移しており、人員削減に走らざるをえない状況に追い込まれていた。多角化事業の失敗が業績の足かせとなっただけではなく、本業も苦戦を強いられていたようである。それに対してパイオニアのカーエレクトロニクス事業は、有価証券報告書によると順調に推移していた。

【好手】1986年5月、パイオニアは従来の「ロンサム・カウボーイ」ブランドに代えて「カロッツェリア」ブランドを導入した。これは

■主要記事
日経産業 1985.5.13
日経産業 1986.5.7
日経産業 1986.5.19
日経流通 1986.10.27
日経産業 1992.12.28
実業往来 1993.2
日経産業 1993.4.23
日経朝刊 1993.7.31

■やなぎさわ・けいいち
誕生：1928.09
社員：1969.02-1979.12
役員：1979.12-1993.06
社長：—
会長：—

■今後の厳しい競争…
日経産業 1986.6.3

■執拗なアプローチ…
日経産業 1985.2.2

■試作品の完成を…
日経産業 1986.3.3

■主要記事
日経産業 1985.1.16

高級品専用のブランドで、普及品には「パイオニア」ブランドを使うとのことであった。ブランド刷新に伴いパイオニアは売場を絞り込み、選んだ売場には資金を出して「カロッツェリア」の特設コーナーを設営していった。

市販ルートにおけるブランド刷新は、間接的にOEMビジネスも後押ししたようである。米国市場に強いBMWやレクサスから純正指定を獲得できたのは、高級品への傾斜が奏功したものと思われる。

●戦略旗手▷▷▷▶▶▷操業経営者

【人物】このケースで好手を放ったのはパイオニアの柳澤啓一氏である。柳澤氏は1983年の6月から10年間にわたってカーエレクトロニクスの事業部長を務めていた。また1989年6月からは専務として、ほかの役員数名と共に、同族経営者たちを支えたと言われている。「今後の厳しい競争の中で生き残るには製品の質向上と同じくらいイメージの高級化が重要」という言葉も残しており、ブランド変更やレクサスへの食い込みを実現したのは柳澤氏と見て間違いなかろう。

【着想】柳澤氏の決断は熟慮の結果というよりも、行動に導かれた観がある。「執拗なアプローチを続けて」トヨタの純正ビジネスを勝ち取り、「試作品の完成を連絡すると、トヨタの技術者は10人ぐらいすぐに飛んできてあれこれ検討する。椅子にふんぞり返ってないし、あのバイタリティには感心します」と目を丸くするあたりは、柳澤氏自身の琴線に触れるものがあったからに違いない。柳澤氏は、前職で上司と衝突して辞表を提出し、パイオニアに中途入社していた。そのため部長から課長への降格を経験し、それが人間を鍛えたと述懐している。

［参照文献］
大島俊蔵・浅野重昭「カーオーディオの現状と将来動向」『自動車技術』1990年2月

ケース 757

電気絶縁紙／1993年

B社：⊙巴川製紙所 → A社：●三菱製紙

雑種紙（4/7）
戦略C/C比率◁◀◇▷▷
戦略D/E比率◁◀◇▷▷

■巴川製紙所（連）
逆転決算期：1994.03
実質売上高：430億円
営業利益率：0.5％
筆頭大株主：創業家
東名阪上場：1961.10

■三菱製紙（連）
逆転決算期：1994.03
実質売上高：2,000億円
営業利益率：0.6％
筆頭大株主：金融機関
東名阪上場：1949.05

●企業戦略▶▷▷▷▷／▶▷▷▷▷

【B社】巴川製紙所は1917年に静岡県で設立された会社である。祖業は電気絶縁紙で、源流は井上源三郎が吉川製紙場を譲り受けた1914年までさかのぼる。1945年には新宮木材パルプを吸収し、原木から特殊紙に至る一貫生産体制が完成した。1960年には加工紙工場を拡張し、新分野への進攻を開始し、電気絶縁紙と情報用紙の2本柱体制ができあがった。しかしながら円高で輸出が減り、無配に転落した1987年から構造改革に取り組んだ。企業戦略としてはニッチな洋紙の品揃えを中心としつつも、情報メディア製品や化成品および電子材料への水平多角化が進んでいる。

電気絶縁紙は巴川製紙所にとって祖業である。1993年当時、売上高の35％を洋紙部門に依存していたが、その部門内で電気絶縁紙の生産シェアは6％まで下がっていた。部門および全社を牽引するのは超軽量印刷用紙である。

【A社】三菱製紙は1917年に兵庫県の高砂で設立された会社である。祖業は上級紙で、源流は岩崎久彌がコーベ・ペーパー・ミルを買収した1898年までさかのぼる。1917年に東京の中川工場を建設し、1944年には合併を通して浪速工場と京都工場を戦列に加え、1966年には浪速工場を置き換える八戸工場を新設した。なお、京都工場の前身は京都写真工業であった。企業戦略としてはニッチな洋紙の品揃えを中心としつつも、それを写真感光材料で補完しており、多核化に近い。

電気絶縁紙は三菱製紙にとって水平多角化事業の一つである。1993年当時、売上高の70％を紙類部門に依存していたが、その部門内で電気絶縁紙の生産シェアは1％に満たない。部門および全社を牽引するのは印刷用紙である。

●事業戦略▶▷▷▷▷／▶▷▷▷▷

【製品】電気絶縁紙は、電気の絶縁を担う紙またはパルプ製品のこ

■該当セグメント
B社：塗工紙
A社：紙・パルプ

第7章 立地の転換 | 497

■ 10年間利益率
B社営業利益率：1.3%
A社営業利益率：2.9%

■ 10年間勝敗数
B社得点掲示板：0-10
A社得点掲示板：0-10

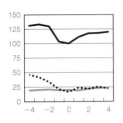

■ シェアの測定単位
生産重量

■ 電気絶縁紙
市場規模：推定200億円

■ B社の首位君臨期間
～1992年
1994年
1996年
2006年～2007年

■ A社の首位君臨期間
1993年
1995年
1997年～2005年
2008年～

■ 一般紙の製造は…
巴川製紙90年史

とである。第一次石油ショックの直前にピークを記録したが、10年で市場は半減し、そこから一進一退が続いている。

隣接市場には、これというものが見当たらない。

製品には紙とボードの2系統がある。前者は紙と含浸剤を組み合わせて電気を絶縁するもので、電力ケーブルや通信ケーブルのほかコンデンサーの内部絶縁に用いられる。この用途では引っ張り強度が要求される。ボードはクラフトパルプを成形加工したもので、電子機器の外部絶縁に用いられる。この用途では耐熱性を要求される。参入メーカーは10社を超えていたが、上位3社で市場のほぼ過半を押さえていた。

【B社】電気絶縁紙について巴川製紙所は、1914年に試作を開始し、翌年から受注に成功している。これは第一次世界大戦によって途絶した輸入品を置き換える試みであった。電気絶縁紙を選んだのは、創業者の「一般紙の製造は王子、富士両社のように、大資本のもとに経営せねばならないが、特殊上等紙の如き需要層がある特別の範囲に限られているものは、比較的小資本の工場経営でやる方がよい」という持論による。ノウハウがなく、立ち上げ当初は苦難の連続であったが、電力網の発展とともに技術を積み上げ、電気絶縁紙のパイオニアとして顧客の信頼を勝ち取るに至っている。

生産面では、静岡事業所が担当していた。

販売面では、代理店に頼っていた。

雑種紙カテゴリーでは、電気絶縁紙で首位争いを演じるほかは、その他の工業用雑種紙と加工原紙で下位につけるのみであった。

【A社】電気絶縁紙について三菱製紙は、1933年から変圧器用途のプレスボードに取り組んでいる。これは1931年の金輸出再禁止措置を受けて輸入品が暴騰したのを受けた国産化の試みであった。1938年にはコンデンサーペーパーにも手を拡げている。当初の主要顧客は三菱電機、芝浦製作所、日立製作所あたりであった。

生産面では、晒クラフトパルプを主力とする白河工場に頼っていた。これは、もとは1950年に設立された白河パルプ工業で、山陽パルプおよび国策パルプ工業と並ぶ三大市販パルプメーカーの一角を占めていたが、1966年に合併を経て三菱製紙の一工場となり、1971年からプレスボードを生産している。

販売面では、販売子会社や三菱商事に頼っている。

雑種紙カテゴリーでは、電気絶縁紙で首位争いを演じるほかは、その他の工業用雑種紙と加工原紙で中位につけるのみであった。

【時機】逆転が起きた頃、巴川製紙所は新宮工場の閉鎖案件を抱えており、電気絶縁紙に注意を向ける余裕はなかったものと思われる。同様に三菱製紙は白河工場におけるパルプ生産の休止を迫られていた。

【収益】このケースにおける逆転は市場が一時的に底抜けしたタイミングで起きている。巴川製紙所は市場に先行して縮小傾向を辿ったことから、安定的に推移した三菱製紙による逆転を許すことになってしまった。直近でも、両社のシェアは近接したままである。

この逆転は収益面から見ると祝福に値すると思われる。巴川製紙所が逆転前後で最終赤字を連発したのに対して、三菱製紙は増益基調を謳歌していたからである。ただし、三菱製紙においてもプレスボード自体は赤字事業だったようで、パルプ設備を休止したあとの白河工場において「プレスボード事業の競争力は弱く、これだけでは工場を存続させる意義に乏しかった」と100年史に記されている。明暗のコントラストはさほど強くないと見るべきであろう。

【好手】1992年4月、三菱製紙は電気絶縁材料として使われる耐熱プレスボードの製造・販売でデュポンジャパンと提携すると発表した。具体的には7月出荷分から原料ソースをユニチカなどからデュポンジャパンに切り替えると同時に、デュポン社系列の販路を使って海外で拡販を試みるという内容であった。

提携時点で三菱製紙のプレスボードの輸出比率は10％とされていたが、それが2年後に50％まで跳ね上がっていた。バブル経済が崩壊して国内需要が落ちた分を輸出が補う構図ができたと見てよかろう。

●**戦略旗手**▷▷▷▷▶**社員**

【人物】このケースで好手を放ったのは三菱製紙のプレスボード担当社員と思われる。三菱製紙は1989年から第3次5カ年計画に取り組んだが、そのなかにプレスボードは位置付けられていなかった。

有価証券報告書に登場する組織図のなかにも、プレスボード事業を推進する組織ユニットは見当たらない。おそらく白河工場のなかで数名のグループが担当していたか、本社営業組織のなかで課より小さい組織ユニットが担当していたか、いずれかと思われる。

【着想】担当社員の決断の背景は、知る術がない。1995年9月に三菱製紙はデュポン社と印刷関連機材で合弁販社を設立したが、その源流は1984年にあると百年史には記されている。好手の項で取り上げた提携は、8年越しの交渉を経て結実したことになる。そこで粘り強くリーダーシップを発揮した人物が誰なのかは、特定できていない。

［参照社史］
『巴川製紙90年史』2006年
『三菱製紙百年史』1999年
［参照文献］
「三菱製紙 白河工場」『紙パ技協誌』1983年10月
武祐一郎「電気絶縁紙の技術史」『百万塔』2001年10月

■**主要記事**
日経産業 1989.4.15
日経産業 1992.4.22
日経産業 1994.9.2

構えの一新

Chapter 8

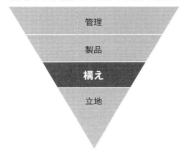

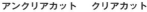

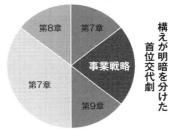

　衰退市場においては、パイの縮小という現実の下で、業界のコンソリデーションを仕掛ける策や、国内事業のグローバル展開を推進する策が、有力な戦略オプションとなる。相互に方向性は異なるものの、自らの構えの一新を伴う点では、2つの策は同じと言ってよい。

　一新すべき構えは、出荷を境界として上流側と下流側に分かれる。ケースの分布が気になるところであるが、結論から先に述べると、本章に川下側のケースは一つも登場しない。衰退市場においては供給を絞る必要に迫られることを考えると、この結果は理に適っている。

　経営環境の変化に応じて構えを修正するという意味においては、本章は第1部の第2章および第2部の第5章と大きく変わらない。ただし、市場の衰退に適応しようと思えば抜本策を要するため、本章には修正より一新という表現が似つかわしい。

1 痩せるが勝ち

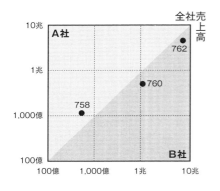

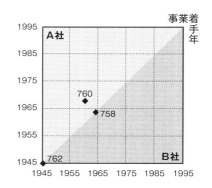

勝者＼敗者	追随	傍観
先攻	0	3
後攻	0	0

年代区分	'75-79	'80-84	'85-89	'90-94	'95-99	'00-04	'05-09
実質GDP成長率	4.2%	3.2%	4.1%	0.4%	1.3%	2.6%	0.8%
該当ケース数	0	0	1	1	0	1	0

　この節に登場するのは5ケースだけである。ケースの出現頻度という観点から眺めてみると、同じ構え次元の第2章や第6章の半分もない。衰退市場における逆転劇は明らかに少なく、概ねPPM理論が想定するとおりと言ってよい。

　構えを一新したケースの代表格としては、758のダイアジノン粒剤がある。これは農薬の一種で、原体製造工程で有効成分を合成し、それを粒剤製造工程で完成品に仕上げてから出荷する。B社は総合農薬メーカーで、粒剤を自製したうえで製品を自販していた。A社は複合化学メーカーで、逆転以前は原体の製造に特化しており、ダイアジノン粒剤メーカーのリストに名を連ねていなかった。原体製造でコスト優位を確立したA社にしてみれば、農薬メーカーに広く原体を供給する構えを敷いたほうが利益が取れると踏んだに違いない。

しかしながら、ダイアジノン粒剤の市場が年々縮小するなかで、天秤が逆サイドに振れる瞬間が訪れた。確かに農薬メーカーは範囲の経済を背景に販路を牛耳っていたが、彼らにとってダイアジノン粒剤は商材の1つに過ぎない。ダイアジノン粒剤の存在感が薄れると、彼らは別の農薬に注力していくだけである。だとすれば、原体の外販は止めてしまい、A社が自ら粒剤メーカーになったほうがマージン率だけでなく、数量のアップも望めるのではないか。そう考えたくなるのも無理はない。そしてA社が構えの一新を実行に移した段階で、瞬時に占有率の逆転が成立した。

　ケース759のDEP粉剤も農薬で、戦略パターンはケース758に酷似している。相違は、A社が外資系という点と、接戦が続いておりクリアカットでないという点くらいなものである。

　ケース760の軸受ユニットは、市場の衰退を受けてA社とB社が供給能力を削減する方策に合意した。具体的にはB社が生産を停止して、A社から供給を受けるという内容で、この合意に伴って統計上は逆転が成立した。

　ここまではプレーヤーの数を減らすコンソリデーションのケース群である。それとは別に、衰退する国内市場を見限って海外に打って出る戦略パターンもある。

　その代表格はケース761の橋形クレーンである。この市場ではアジア圏の市場が爆発的に伸びており、その陰で国内の市場が衰退を極めていた。表裏一体の現象と見て間違いない。そこでA社は、技術導入元の米国企業から関連事業部門、およびスペインのライセンシーを買収する策に打って出た。言うなれば、円高を背景として、グローバル制覇に向けて舵を切ったのである。その好影響が国内の生産拠点にも及んだものと思われる。

　ケース762の標準三相誘導電動機（汎用モーター）では、A社が米国で海外現地生産に踏み切った。そうすることで国

内工場を再編する余裕が生まれ、歓迎すべき波及効果がもたらされたものと思われる。

　以上が第8章の概要である。市場首位の目指し方という主題に立ち返ると、ここに推奨可能な戦略パターンは見られない。衰退市場で首位の交代が起きてはいるものの、A社の意図は別のところにあって、結果として交代につながったケースばかりが目立つ。交代を狙って実現した逆転劇は一つもないとすると、もっと該当ケースが多くても良さそうなものであるが、おそらく日本ではコンソリデーションやグローバル転換を主導する経営者が少ないのであろう。

8-1-1　川上の再編成

ケース 758

ダイアジノン粒剤／1987年

B社：⦿日本農薬　→　A社：⦿日本化薬

殺虫剤（3/7）
戦略C/C比率◀◁◇▷▶
戦略D/E比率◀◁◇▷▶

■日本農薬（単）
逆転決算期：1987.09
実質売上高：500億円
営業利益率：3.4％
筆頭大株主：旭電化工業
東名阪上場：1963.07

■日本化薬（連）
逆転決算期：1988.05
実質売上高：1,090億円
営業利益率：8.6％
筆頭大株主：金融機関
東名阪上場：1949.05

⦿企業戦略▶▷▷▷▷／▷▶▷▷▷

【B社】日本農薬は1928年に大阪で藤井製薬と旭電化工業の大井農薬工場が合併して設立された会社である。祖業は農薬で、源流は古河鉱業に分析部が設置された1914年までさかのぼる。戦前は砒酸鉛を主力としたが、戦後はDDT剤の類の新しい農薬を送り出していった。企業戦略としては単純明快で農薬専業を貫いている。

　ダイアジノン粒剤は日本農薬にとって水稲用殺虫剤のラインアップの一つであった。1987年当時、売上高の34％を殺虫剤部門に依存しており、その部門内でダイアジノン粒剤は中堅の位置を占めていた。部門および全社を牽引するのはアプロード粒剤であった。

【A社】日本化薬は1916年に東京で日本火薬製造として設立された会社である。祖業は産業火薬で、そこからペニシリンの国産化に挑戦すべく、1931年に山川製薬を設立した。そして戦中の1943年に帝国染料製造を吸収したことにより、爆薬、医薬、農薬、薬品、染料の複合経営体制に移行している。戦後は日本化薬と社名を変更したが、業容は変わっていない。企業戦略としては、水平多角化に該当する。

　ダイアジノン粒剤は日本化薬にとって多角化事業の一つである。1987年当時、売上高の15％を農薬部門に依存していたが、その部門内でダイアジノン粒剤は主力製品と位置付けられていた。全社を牽引するのは医薬部門である。

　なお、日本化薬は本シリーズ第1巻に染料系偏光フィルムが高収益事業のケース653として登場した。

■該当セグメント
B社：化学品
A社：精密化学品

■10年間利益率
B社営業利益率：5.8%
A社営業利益率：8.4%

■10年間勝敗数
B社得点掲示板：2-8
A社得点掲示板：3-7

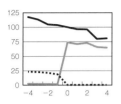

■シェアの測定単位
出荷重量

■ダイアジノン粒剤
市場規模：80億円

■B社の首位君臨期間
〜1986年

■A社の首位君臨期間
1987年〜

●事業戦略 ▷▷▶▷▷／▷▷▶▶▷▷

【製品】ダイアジノン粒剤は有機リン系に属する殺虫剤で、スイスのガイギー社が1952年に開発した。ほかの剤型もあるが、粒剤は畑の土壌害虫の防除に使われる。農薬の安全性が問われて1970年に改正された農薬取締法でもダイアジノン粒剤は規制対象とならず、規制農薬の代替品として脚光を浴びることになった。

隣接市場には異なる有効成分を持つ殺虫剤がいくつもある。

製品には有効成分の含有量でバリエーションがあり、使用できる作物種、使用時期、使用方法に制限が課されている。逆転直前時点では、参入メーカー約20社のうち上位4社で市場の過半を押さえていたが、逆転後は参入メーカーが10社ほどに減り、首位企業1社で市場の7割以上を占有するに至っている。

【B社】ダイアジノン粒剤について日本農薬は、1964年に上市した。乳剤は1955年にガイギー社製のものを上市したが、品質上の欠陥から売れなかったという。原体を日本化薬製に切り替えて1960年に水和剤を上市して、市場開拓に成功したようである。粒剤は1968年に入って品目別売上高で水和剤を逆転している。

生産面では、福島と大阪と佐賀に殺虫剤の工場を構えていた。

販売面では、約210の特約店を経由するルートと、全農経由のルートを使い分けていた。

殺虫剤カテゴリーでは、横断的に事業を展開し、PMP粉剤で独走するほか、PAP粉剤、DEP粉剤、MEP粉剤、NAC粉剤、マシン油乳剤で第2集団に加わっていた。

【A社】ダイアジノン粒剤について日本化薬は、1964年に上市した。1956年にガイギー社と技術導入契約を結び、防疫用の原体は1957年に上市していたが、1960年に原体の製造コストの引き下げに成功したことにより、事業を原体の販売に絞り込んでいた。

生産面では、王子製薬工場を拠点としていた。日本化薬は1964年に粒剤の特許を取得している。ガイギー社が日本で取得した特許は1970年に失効した。

販売面では、原体全量を長瀬産業経由で農薬メーカーに販売していた。

殺虫剤カテゴリーでは、ダイアジノン粒剤に絞って事業を展開

していた。

【時機】 逆転が起きた頃、ダイアジノン粒剤は長期衰退の途上にあった。1980年代前半の半分程度にまで市場が縮小した2000年頃から市場は安定し、衰退に歯止めがかかっている。

【収益】 このケースにおける逆転は、市場が長期低落傾向を示すなかで、日本化薬が彗星のごとく現れることで実現した。いったんは圏外に去った日本農薬は2位に復帰したものの、日本化薬に35％ポイントの差をつけられている。

この逆転は収益面から見ると祝福に値するものと思われる。日本化薬が農薬事業の業績を開示し始めた2007年度以降を吟味すると、利益率は二桁にのっている。

【好手】 1985年11月、日本化薬は鹿島第二工場の建設に着手した。第一工場は原体工場であったが、第二工場は農薬の量産拠点と位置付けられていた。

日本化薬は、原体への参入を企てる企業には中間体の生産を委託して参入を阻止してきたほか、ガイギー社の特許が失効すると技術導入契約を破棄して、それまで契約で禁じられていた海外への進攻を開始するなど、抜け目のない動きを取ってきた。鹿島第二工場の建設は、等しく抜け目のない動きと解釈してしかるべきであろう。

●戦略旗手▷▷▷▶▶操業経営者

【人物】 このケースで好手を放ったのは日本化薬の鈴木恒雄氏と思われる。日本化薬と言えば原安三郎氏を抜きにして語れないが、原氏が後を託した娘婿の坂野常和氏は大蔵省で証券局長まで務めた官僚で、事業経営に関与した形跡は残していない。原氏が農薬事業を託したのは平岡治夫氏であったが、平岡氏は原氏が会長在任中、1981年に常務取締役として退任している。鈴木氏は、その時点で取締役で、勤労部長と人事部長を兼務しており、原氏が逝去したあと坂野氏に引き立てられて、1986年からナンバー2の地位を確保していた。

【着想】 鈴木氏の決断は利益指向に基づいている。それを象徴するのが「売上高は減ったけれど利益率は上昇して、ここ1年ほどはい

■主要記事
日経産業　1982.10.29
日経産業　1982.11.6
日経産業　1983.9.19
日経産業　1983.9.20
日経産業　1985.12.7

■すずき・つねお
誕生：1924.04
社員：1949.04-1980.08
役員：1980.08-1989.08
社長：—
会長：—

■売上高は減った…

日経産業 1988.12.21

■主要記事
日経流通 1985.12.16

くらか余裕が出てきた（中略）フロレンス・ジョイナーのようにぎりぎりまで絞り込まないとスピードは出せませんよ」という1988年の言葉である。

［参照社史］
日本農薬『五十年史』1981年
『日本化薬七十年のあゆみ』1986年
［参照文献］
日本化薬株式会社化学品事業本部農薬事業部技術部「ダイアジノンの毒性試験の概要」『日本農薬学会誌』1989年２月

殺虫剤（3/7）
戦略C/C比率◀◁◇▷▶
戦略D/E比率◀◁◇▷▶

■北興化学工業（連）
逆転決算期：1998.11
実質売上高：440億円
営業利益率：4.1％
筆頭大株主：金融機関
東名阪上場：1961.10

■日本バイエルアグロケム
逆転決算期：1998.12
実質売上高：240億円
営業利益率：―
筆頭大株主：バイエル
東名阪上場：―

ケース759　DEP粉剤／1998年

B社：◉北興化学工業 → A社：◉日本バイエルアグロケム

●企業戦略 ▶▷▷▷▷／▷▶▷▷▷

【B社】北興化学工業は1950年に東京で北興化学として設立された会社である。祖業は撒粉ボルドーで、源流は1948年、野村鉱業製薬部門にさかのぼる。企業戦略としては農薬とファインケミカルの２本立てで、水平多角化に該当する。

DEP粉剤は北興化学工業にとって眼中にない製品であった。1998年当時、売上高の21％を殺虫剤部門に依存していたが、その部門内でDEP粉剤の存在は社史でも有価証券報告書でも言及されていない。部門を牽引するのはスミチオンやオルトランで、全社を牽引するのは殺菌剤部門である。

【A社】日本バイエルアグロケムは1941年に東京で日本特殊農薬製造として設立された会社である。祖業は種子消毒剤で、早くも1950年代には殺虫剤や殺菌剤の独自開発に成功した。茨城県に設けた中央研究所は、バイエル社の世界三大農薬研究開発拠点の一つに数えられている。設立50周年を迎えた1991年に日本バイエルアグロケムに社名を変更した。企業戦略としては農薬専業である。

DEP粉剤は日本バイエルアグロケムにとって殺虫剤ラインアップの一つであったが、主力製品ではない。主力製品はアドマイヤーである。

なお、日本バイエルアグロケムは2002年にバイエルクロップサイエンスと社名を変更した。これは塩野義製薬の農薬部門と統合したアベンティスクロップサイエンスと、経営統合を果たしたことに伴う措置である。

◉事業戦略▷▷▶▷▷/▷▶▷▷▷
【製品】DEP粉剤はディプテレックスの頭文字表記で、殺虫剤として使われる。ディプテレックスは商品名で、一般名はトリクロルホンまたはメトリホナートである。寄生虫の駆除剤として用いられる場合は、商品名がネグホン等になる。いずれも日本では1957年に登録された有機燐系の農薬で、ドイツのバイエル社が1954年に開発したものであるが、少なくとも1975年以降は市場は縮小の一途を辿っている。

　隣接市場には同じディプテレックスの水溶剤や乳剤があるものの、日本マーケットシェア事典には登場しない。

　製品には別の農薬と混ぜた合剤もある。参入メーカーは10社ほどで、上位2社で市場の過半を押さえていた。

【B社】DEP粉剤について北興化学工業は、1971年に登録を済ませている。

　生産面では、ディプテレックス原体を社外から購入し、自社の3工場で粉剤に仕上げていた。

　販売面では、6割以上が全農ルートとなっている。残りは商社経由である。

　殺虫剤カテゴリーでは、MEP粉剤とNAC粉剤で首位を堅持するほか、DEP粉剤で首位争いに絡み、PAP粉剤では2位の座を守っていた。粉剤に強いことを窺わせる。マシン油乳剤では下位に顔を出している。

【A社】DEP粉剤について日本バイエルアグロケムは、本国ドイツで1952年に合成を成し遂げた。市場で成果を挙げたのは、その2～3年後とされている。

　生産面では、原体をドイツから輸入していたようである。自社工場は防府に構えていた。

　販売面では、強固な販路を持つ日本の農薬メーカーを活用して

■該当セグメント
B社：全社
A社：―

■10年間利益率
B社営業利益率：2.1%
A社営業利益率：―

■10年間勝敗数
B社得点掲示板：0-10
A社得点掲示板：―

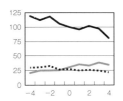

■シェアの測定単位
出荷重量

■DEP粉剤
市場規模：推定50億円

■B社の首位君臨期間
1977年～1997年

■A社の首位君臨期間
～1975年
1998年～2004年

いた。

殺虫剤カテゴリーでは、エチルチオメトン粒剤とMPP粒剤で独走し、DEP粉剤で首位に立っていた。勝ち目のある強い商材だけ日本に持ち込んでいることがわかる。

【時機】逆転が起きた頃、日本では金融ビッグバンに伴う貸しはがしが横行し、企業間の再編成に発展していた。

【収益】このケースにおける逆転は、市場が急速に縮小するなかで、北興化学工業が出荷を絞っていったのに対して、日本バイエルアグロケムが強気を貫いたことで実現したものである。日本バイエルアグロケムは20%ポイント前後まで差を拡げるところまで行ったが、インドのUPL社の影が見えると撤退の方向に舵を切り直した。

この逆転は収益面から見ると祝福に値する。東洋経済新報社の外資系企業総覧によると、1999年度から日本バイエルアグロケムの申告所得は劇的に増えている。

【好手】1998年2月、バイエル社は日本バイエルアグロケムの株式27%を追加取得した。日本特殊農薬製造への出資比率は10%にとどめていたが、1991年に53%まで引き上げており、追加取得によって出資比率は91.7%に達したという。バイエル社が、日本の農薬事業に本腰を入れたと見てよかろう。それに伴い原体供給を減らし、自社製剤に切り替えた結果が本ケースの逆転劇と推察される。

■主要記事
日経産業 1998.2.1

■クヌート・クレデーン
誕生：？
社員：—
役員：—
社長：1994.08-2001.06
会長：—

■日本での地位を強固…
日経産業 1996.4.4

●戦略旗手▷▷▷▶▷操業経営者

【人物】このケースで好手を放ったのはバイエル社のクヌート・クレデーン氏と思われる。クレデーン氏は、ドイツ本社の工業製品事業本部長から日本のバイエル社長に転じていた。社長就任後は「日本での地位を強固にするため、提携やM&Aを積極的に進めたい」と語っていた。

【着想】クレデーン氏の決断の背景は知る術がない。おそらく農薬事業が好調に推移していた事実に反応したものと思われる。

［参照社史］
『ホクコー50年史』2001年
［参照文献］

G.シュレーダー「バイエルにおける農薬事業の展開（上・中・下）」
『化学経済』1970年6月・7月・8月

白石悟・井上尚英・村井由之「ディプテレックス中毒」『産業医科大学雑誌』1982年6月

ケース760　軸受ユニット／1999年

B社：●日本精工　→　A社：●NTN

ベアリング（4/7）
戦略C/C比率 ◀◇◇▷
戦略D/E比率 ◀◇◇▷

■日本精工（連）
逆転決算期：2000.03
実質売上高：4,790億円
営業利益率：3.0%
筆頭大株主：金融機関
東名阪上場：1949.05

■NTN（連）
逆転決算期：2000.03
実質売上高：3,220億円
営業利益率：3.0%
筆頭大株主：金融機関
東名阪上場：1949.05

●企業戦略 ▶▷▷▷▷／▶▷▷▷▷

【B社】日本精工は1916年に東京で設立された会社である。祖業はベアリングで、源流は1914年までさかのぼる。政府の補助を得て1926年から鋼球も内製化しており、早くも戦前には一貫総合ベアリングメーカーとしての陣容を整えた。1960年から川下に降りて自動車用ユニット部品も手掛ける一方で、1972年からは生産拠点の海外展開も進めている。日本精工の主力顧客は日産自動車で、川下の自動車部品のなかでは無段変速機（CVT）を得意としていた。企業戦略としては、ベアリングのデパートを指向しつつ、川下を開拓する垂直多角化の道を歩んでいる。

軸受ユニットは日本精工にとって祖業の延長線上に位置する。1999年当時、売上高の62%を軸受部門に依存していたが、その部門内で軸受ユニットの生産シェアは1%未満にとどまっていた。部門および全社を牽引するのは玉軸受であった。

なお、日本精工は拙著『戦略暴走』に英国で実施したM&A案件がケース023として登場する。

【A社】NTNは1934年に大阪でエヌチーエヌ製作所として設立された会社である。祖業はボールベアリングで、源流は第一次世界大戦によって輸入が途絶えた1918年までさかのぼる。戦後は総合化と国際化と多角化を同時に推進しており、多角化部門では川下のFF自動車用等速ジョイントに強みを築いている。NTNの主力顧客は本田技研工業と言われていた。企業戦略としては、ベアリングのデパートを指向しつつ、川下を開拓する垂直多角化の道を歩んでいる。

軸受ユニットはNTNにとって祖業の延長線上に位置する。1999年当時、売上高の69％を軸受部門に依存していたが、その部門内で軸受ユニットの生産シェアは2％にとどまっていた。部門および全社を牽引するのは玉軸受であった。

●**事業戦略**▷▷▶▷▷／▷▷▶▷▷

【製品】軸受ユニットは、ボルト留めができるように工夫された軸受（ベアリング）の保持器のことである。ベアリング本体は含まない。

隣接市場にはベアリング本体がある。ベアリング本体の市場は軸受ユニットの25倍以上の規模を誇っている。

製品には鋳造品もあればステンレス製もあるが、サイズの規格が決まっており、用途に応じて顧客が選ぶ汎用品となっている。参入メーカーは10社ほどで、上位2社で市場のほぼ半分を押さえている。

【B社】軸受ユニットについて日本精工は、1974年から取り組んでいるようである。この年にユニット専用工場を完成させている。

生産面では、石部工場を拠点としていたが、近くでベアリングを生産する大津工場に石部工場を統合すると1999年2月に発表していた。

販売面では直販を主体とし、それ以外は代理店・特約店を経由するルートに流していた。輸出は海外販社もしくは商社に頼っている。輸出比率は25％程度であった。

ベアリングカテゴリーでは、玉軸受、円筒ころ軸受、球面ころ軸受、針状ころ軸受で首位を堅持していた。残る円錐ころ軸受でも首位争いの接戦に絡んでおり、文字通りベアリングのトップメーカーであった。

【A社】軸受ユニットについてNTNは、1962年から取り組んでいるようである。

生産面では、河内長野にある子会社のNTN金剛製作所を拠点としていた。これはもともと1925年に中西製作所として創業した会社で、1961年にNTNと資本・業務提携を結んで玉軸受から無給油式の軸受ユニットに品目転換を果たしていた。

■該当セグメント
B社：軸受
A社：全社

■10年間利益率
B社営業利益率：8.0％
A社営業利益率：5.9％

■10年間勝敗数
B社得点掲示板：4-6
A社得点掲示板：0-10

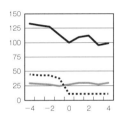

■シェアの測定単位
生産金額

■軸受ユニット
市場規模：180億円

■B社の首位君臨期間
1984年～1998年

■A社の首位君臨期間
1999年～

販売面では直販を主体とし、それ以外は国内外とも販社経由で代理店に卸していた。直販比率は9割程度、輸出比率は3割程度であった。

　ベアリングカテゴリーでは、一部の例外を除いて2位が定位置となっていた。その他の玉軸受と円錐ころ軸受では光洋精工にリードされ、3位に甘んじている。

【時機】逆転が起きた頃、大手ベアリングメーカーは激しい価格競争から生じる生産金額の縮小に苦しんでいた。日本精工は1998年度、NTNは1999年度に最終赤字に陥っており、両社とも構造改革は待ったなしと言ってよかった。

【収益】このケースにおける逆転は、縮小する市場の踊り場で起きている。一定規模の生産を保ったNTNに対して、日本精工が大胆に生産水準を落としたことによる。直近では、両社間の差は20%ポイントまで拡大している。

　この逆転は収益面から見ると祝福に値する。ただし、これはウィン・ウィンの提携によるもので、一方が他方に勝ったという類いのものではない。2000年度は両社とも黒字決算となっている。

【好手】1999年10月、日本精工とNTNはベアリング事業で製品の相互供給と特許のクロスライセンシングを開始すると発表した。それぞれがベアリングの総合的な品揃えを犠牲にすることなく、得意分野に経営資源を集中するための施策と説明されていた。

　相互供給の第一弾に選ばれたのは軸受ユニットで、日本精工は自社生産を停止して、NTNから供給を受けることになった。逆にNTNは複列型の汎用ベアリングの供給を日本精工から受けて、子会社の工場を閉鎖する方針を打ち出した。NTNが軸受ユニットの生産金額シェアを一気に伸ばしたのは、この提携の帰結である。

■主要記事
日経朝刊　1999.10.17
日経産業　1999.10.19
日経産業　1999.10.28
日経朝刊　2000.4.8

● 戦略旗手 ▷▷▷▶▷ 操業経営者

【人物】このケースで好手を放ったのはNTNの伊藤豊章氏と日本精工の関谷哲夫氏である。この2人は奇しくも経済学の学徒で（伊藤氏は関西学院大学、関谷氏は慶應大学）、彼らが経済合理性を優先させて提携を成立させた事実は興味深い。伊藤氏は提携を発表した2年後に社長のまま急逝しており、そこから先は提携関係の進

■いとう・とよあき
誕生：1932.01
社員：1956.04－1987.06
役員：1987.06－2001.11
社長：1995.06－2001.11
会長：—

■せきや・てつお
誕生：1934.08
社員：1958.04－1985.07

役員：1985.07-2004.06
社長：1994.06-2002.06
会長：2002.06-2004.06

■昨年はあらゆる…
日経産業 2000.1.5

■事業基盤を思い切って…
日経産業 2000.1.6

運搬機械（10/14）
戦略C/C比率◀◁◇▷▷
戦略D/E比率◀◁◇▷▷

■石川島播磨重工業（連）
逆転決算期：2003.03
実質売上高：1兆550億円
営業利益率：2.4%
筆頭大株主：金融機関
東名阪上場：1949.05

■三井造船（連）
逆転決算期：2003.03
実質売上高：4,870億円
営業利益率：5.4%
筆頭大株主：三井物産
東名阪上場：1949.05

展に関するニュースは流れていない。

【着想】2人の決断は時代の空気に突き動かされた面が垣間見える。2000年の年頭に伊藤氏は「昨年はあらゆる業界で再編が加速したが、当社とて無縁ではない」と述べていた。関谷氏も「事業基盤を思い切ってスリム化し変革するため1998年に着手した事業構造改革の結果、黒字定着化の確かな手応えをつかめるようになってきた」と述べていた。2人の発想は酷似しており、時代の空気が彼らを提携に踏み切らせたと見て間違いなかろう。

［参照社史］
『日本精工六十年史』1977年

ケース 761　橋形クレーン／2002年

B社：●石川島播磨重工業 → A社：◉三井造船

●企業戦略 ▶▷▷▷▷／▶▷▷▷▷

【B社】石川島播磨重工業は1893年に隅田川の河口で東京石川島造船所として設立された会社である。祖業は造船で、源流は1853年までさかのぼる。1960年には播磨造船所と戦後最大の合併を実現して、造船業で世界一の座に躍り出たが、それが石油ショック以降は重荷となり、リストラクチャリングを余儀なくされている。造船事業から派生して水平多角化も進展したが、1957年に取り組み始めた航空機用ジェットエンジンが逆転当時は成長・収益エンジンと期待を集めていた。企業戦略としては、機会主義的に技術連鎖から派生した事業を集積しており、多核化に相当する。

　橋形クレーンは石川島播磨重工業にとって水平多角化の一例である。2002年当時、売上高の21%を物流・鉄構部門に依存していたが、その部門内で橋形クレーンの生産シェアは2%未満であった。部門を牽引するのは運搬機械で、全社を牽引するのはエネルギー・プラント部門である。

　なお、石川島播磨重工業は2007年に社名をIHIに変更した。

【A社】三井造船は1937年に岡山県で玉造船所として設立された会社である。祖業は造船で、源流は1917年の三井物産造船部設置ま

でさかのぼる。1926年にはB&W型ディーゼル機関の製造販売実施権を取得し、1960年頃から総合重工化を志向して、プラント、橋梁、建設機械などの事業に進出して今日に至っている。企業戦略としては、造船から派生した事業が居並んでおり、水平多角化に該当する。

橋形クレーンは三井造船にとって水平多角化事業の1つに相当する。2002年当時、売上高の16%を鉄構建設部門に依存していたが、その部門内で橋形クレーンの生産シェアは4%にとどまっていた。部門を牽引するのは橋梁で、全社を牽引するのは船舶部門である。

● **事業戦略**▷▷▶▷▷／▷▷▶▷▷

【製品】 橋形クレーンは、港湾荷役には欠かせない設備で、コンテナの移動やスタッキングに重用される。岸壁で船にコンテナを積み降ろすのは岸壁クレーンと呼んで、ヤードクレーンと区別する。ヤードクレーンは地上のレール2本に橋脚を立て、そのあいだにクレーンガーターを渡した構造をとる。橋脚がタイヤに乗るため走行レールがないものもある。コンテナが普及したのは1970年代以降であり、橋形クレーンも発展の途上にある。

隣接市場にはジブクレーンがあり、橋形クレーンに勝るとも劣らない規模を誇っていたが、縮小傾向が続いている。

製品にはサイズに加えて、動力源のバリエーションがある。コンテナヤードのオペレーターからは、高速化や自動化を望む声が強く出続けているという。参入メーカーは約20社あり、上位4社で市場の過半を押さえている。

【B社】 橋形クレーンについて石川島播磨重工業は、ヨット陸揚げ・着水装置に独自の強みを築いてきた。隣接するジブクレーンでも、高層ビルの建設現場で活躍するクライミング型に独自の強みを築いており、出口を絞る傾向が鮮明に浮かんでいる。高度成長期にはフルライン展開を図っていたが、その後はクレーン事業を子会社の石川島運搬機械に集約している。この子会社は1996年に上場したが、主力はパーキングシステムで、クレーンは売上の4分の1を占めるに過ぎない。

生産面では、富士機械工業が整備した安浦工場を主力拠点とし

■ **該当セグメント**
B社：物流・鉄構
A社：鉄構建設

■ **10年間利益率**
B社営業利益率：▲0.6%
A社営業利益率：4.1%

■ **10年間勝敗数**
B社得点掲示板：0-10
A社得点掲示板：0-10

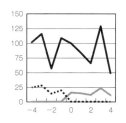

■ **シェアの測定単位**
生産金額

■ **橋形クレーン**
市場規模：190億円

■ **B社の首位君臨期間**
1974年〜2001年

■ **A社の首位君臨期間**
2002年〜

ている。

　販売面では、石川島播磨重工業の営業力に頼るルートと、石川島運搬機械が直販するルートと、特約店を通すルートを併存させている。

　運搬機械カテゴリーでは、リフト類とロボットには参戦せず、クレーンを横断的に制覇していた。巻上機でも首位争いに絡んでいたが、コンベヤでは下位に甘んじていた。

【A社】橋形クレーンについて三井造船は、1968年に日本で初めてのヤードクレーンを神戸の摩耶埠頭に設置した。そのベースにあるのは1961年に米国パセコ社から導入したコンテナクレーンの技術である。当時はコンテナの揺籃期で、パセコ社が世界で初めてコンテナクレーンを世に送り出してからわずか3年で三井造船は機敏に世界標準のシニアライセンシーに名乗りを上げたことになる。

　生産面では、玉野事業所を主力拠点としてきた。

　販売面では、直販を基本としている。海外商談では商社が介在するケースもある。

　運搬機械カテゴリーでは、クレーンは形式によらず下位に甘んじていた。ホイスト、コンベヤ、リフト類、ロボットには参戦すらしていない。

【時機】逆転が起きた頃、世界のコンテナ物流は劇変する途上にあった。1980年時点では、コンテナ取扱量でトップに立つ港湾はニューヨーク、二番手はロッテルダム、三番手は香港、四番手は神戸と続いていた。それが2001年時点では、首位が香港、二番手がシンガポール、三番手が釜山、四番手が高雄と顔ぶれが大きく変わり、アジアシフトが鮮明になっている。神戸は1980年時点の首位を上回る水準まで取扱個数を増やしたものの、25番手に下がってしまった。そして2015年になると首位は上海、三番手は深圳、四番手は寧波と中国シフトが鮮明になっている。かろうじてシンガポールが二番手の地位を保ったが、それも取扱個数を倍に拡張してのことであった。橋形クレーンの市場は1997年に向かって急拡大したが、IMF危機の到来によってほぼ半減という憂き目を見ている。

【収益】このケースにおける逆転は激しく乱高下する市場の下降に転じる局面で起きている。石川島播磨重工業が事業構造改革の一

環として実質上の撤退に動く傍らで、長らく番外にいた三井造船が一気に首位に躍り出た。円安が進むなかで、三井造船が国内生産拠点から輸出を一気に増やしたのかもしれない。直近では、三井造船が2位に13％ポイント以上の差を付けて独走している。石川島播磨重工業は番外にも登場しない。

　この逆転は収益面から見ると祝福に値する。三井造船の鉄構建設セグメントは2000年代を通して健闘した。石川島播磨重工業は相対的に見劣りすると言わざるをえない。

【好手】1988年10月、三井造船は米パセコ社からコンテナクレーン事業を1500万ドルで買収した。翌年1月には、スペインのライセンシーを買収し、欧州の生産・販売拠点を自社内に取り込んでいる。この一連の措置により、三井造船は世界最大のコンテナクレーンメーカーのライセンシーたちを世界中で製造拠点として活用する体制を構築した。

　ライセンシーからライセンサーに転じて世界首位に躍り出た点もさることながら、円高に左右されない国際分業体制を手に入れた効果は計り知れないほど大きい。それに比べると、国内生産高で首位に躍り出た事実は意図せぬ副次効果と言ってよかろう。

●戦略旗手▷▷▷▶▶操業経営者

【人物】このケースで好手を放ったのは三井造船の岩根昌雄氏である。ロンドン駐在経験を持つ岩根氏は、1986年10月に産業機械事業部長に登用され、1987年2月から物流・運搬機械部長を兼務していた。パセコ社の事業買収が実現したあと、三井造船は米国にパセコ・コーポレーションを設立して事業吸収の母体としたが、その初代社長に選ばれたのは岩根氏で、買収を主導した張本人であることを窺わせる。岩根氏自身も「陣頭指揮を私が行い」と述べている。

　1989年5月の物流・運搬機事業部長および企画部長を経て、常務になった段階で岩根氏の管掌範囲は大幅に拡大し、最後は副社長を務めて三井造船の国際化を主導した。

【着想】岩根氏の決断は経験に基づいている。1974年にシンガポール駐在員事務所を開設し、自ら赴任したときは、シンガポールのコ

■主要記事
日経朝刊 1988.11.1
日経産業 1988.11.1
日経産業 1990.1.16

■いわね・まさお
誕生：1933.03
社員：1955.04-1987.06
役員：1987.06-1999.06
社長：―
会長：―

■陣頭指揮を私が行い…
　コンテナ物流には…
コンテナリゼーション
1996.5

ンテナ取扱高は40〜50万TEUで、そのレベルからコンテナクレーンとの付き合いが始まったという。シンガポールのコンテナターミナルの発展ぶりを正確に把握していたがゆえ、パセコ社が見切りをつけた事業の将来性を見抜くことができたに違いない。「コンテナ物流には非常に思い入れもあり」とは、岩根氏自身の言葉である。

［参照社史］
『石川島運搬機械株式会社 30年史』2003年
『三井造船株式会社75年史』1993年
［参照文献］
吉田正堂「三井・パセコ・トランステーナについて」『産業機械』
　1967年12月
山下恭司「20世紀の記録（その1）コンテナクレーン」『港湾荷役』
　1999年5月

■主要記事
コンテナリゼーション
1989.4
日経産業 1995.2.17

回転電気機械（6/14）
戦略C/C比率 ◁◀◇▷
戦略D/E比率 ◁◀◇▷

■日立製作所（連）
逆転決算期：1993.03
実質売上高：7兆2,630億円
営業利益率：2.9%
筆頭大株主：金融機関
東名阪上場：1949.05

■東芝（連）
逆転決算期：1993.03
実質売上高：4兆4,600億円
営業利益率：1.8%
筆頭大株主：金融機関
東名阪上場：1949.05

ケース 762　標準三相誘導電動機／1992年
B社：●日立製作所 → A社：●東芝

●企業戦略▶▷▷▷▷／▶▷▷▷▷

【B社】日立製作所は1920年に茨城県で久原鉱業からスピンアウトして設立された会社である。祖業は鉱山用電気機械の修理で、源流は1910年までさかのぼる。戦後は水力・火力発電機用機器、家庭電器、電子機器の製造へと事業を多核化しつつ、日本を代表する総合電機メーカーの地位を確固たるものとした。独自の工場プロフィットセンター制を築き上げ、旧い工場から新しい工場群をスピンオフすると同時に、本体から日立金属や日立化成工業をスピンオフしてきた歴史は日本でも異彩を放っている。企業戦略としては、多彩な事業を擁しており、多核・多国化に相当する。

　標準三相誘導電動機は日立製作所にとって祖業の周辺事業であった。1992年当時、売上高の24%を電力システム部門に依存していたが、その部門内で標準三相誘導電動機の生産シェアは1%に過ぎなかった。部門を牽引するのは原子力機器で、全社を牽引するのは情報・エレクトロニクス部門であった。

なお、日立製作所は本シリーズ第1巻に子会社の成功事例がケース644、同じく子会社の暴走事例がケース306、拙著『戦略暴走』に子会社がケース036、ケース110、ケース116として登場した。

【A社】東芝は1904年に東京で芝浦製作所として設立された会社である。祖業は電信機で、源流は1875年までさかのぼる。1909年に米国GE社から技術を導入し、発電機と電球を組み合わせて業容を拡大し、1939年には東京電気と合併した。戦時中は合併に次ぐ合併で巨体化したが、戦後は東芝テックを分離して再スタートを切り、電力インフラの構築に邁進することになった。その後は東芝ケミカルなどをスピンオフしつつも、高度に多核化した総合電機メーカーとして君臨し続ける。企業戦略としては、多彩な事業を擁しており、多核・多国化に該当する。

標準三相誘導電動機は東芝にとって祖業の周辺事業であった。1992年当時、売上高の28%を重電機部門に依存していた。その重電機部門のなかで標準三相誘導電動機の生産シェアは1%に過ぎなかった。部門を牽引するのは原子力発電機器で、全社を牽引するのは情報通信・電子デバイス部門である。

●事業戦略▶▷▷▷▷／▶▷▷▷▷

【製品】標準三相誘導電動機は、電気エネルギーを運動エネルギーに変換するモーターで、統計分類上の「標準」は3Wから70Wの出力範囲であることを、「三相」は商用三相交流電源で動くことを意味している。70W以上は「非標準」、3W未満は「小形」と分類される。ただし、この統計分類は時代に取り残された面もあり、一般には規格品の汎用モーターと特注品のカスタムモーターの区別が優先され、後者を非標準と呼ぶ点に注意が必要である。モーターでは、カスタム化の流れが鮮明になっている。1980年代からインバーターの搭載が進み、モーターが高度な制御の下に置かれるようになっていった変化も視界に捉えておく必要がある。

隣接市場には統計分類上の「非標準」や「単相」の誘導電動機がある。前者は「標準」の5倍ほどの市場規模を誇っており、後者は「三相」と比べると市場規模は10分の1程度に過ぎない。

製品には様々な形状があり、多様な設置条件をカバーしている。

■該当セグメント
B社：電力・産業システム
A社：社会インフラ

■10年間利益率
B社営業利益率：2.7%
A社営業利益率：4.2%

■10年間勝敗数
B社得点掲示板：0-10
A社得点掲示板：0-10

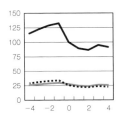

■シェアの測定単位
生産金額

■標準三相誘導電動機
市場規模：300億円

■B社の首位君臨期間
1975年〜1991年

■A社の首位君臨期間
1992年〜

そして基本形状でシリーズが定義され、各シリーズ内で必要出力に応じて特定の機種を選べるようになっている。参入メーカーは8社あるが、上位2社で市場の過半を押さえ込んでいる。

【B社】標準三相誘導電動機について日立製作所は、純国産技術で1910年から取り組んでいる。

生産面では、新潟県の中条工場を拠点としていた。

販売面では、直販ルートのほか、強力な二次店網を保有していた。

回転電気機械カテゴリーでは、主要市場をほぼ全制覇していた。例外は船舶用直流機、舶用タービン・エンジン発動機、一般用エンジン発電機、同期電動機であった。

【A社】標準三相誘導電動機について東芝は、導入技術に基づいて1897年から取り組んでいる。

生産面では、主に三重工場と北芝電機を拠点としていた。

販売面では、直販ルートと特約代理店経由ルートを整備していた。

回転電気機械カテゴリーでは、発電機では2位、電動機では3位が定位置となっていた。例外は一般用エンジン発電機や変返電動機で、定位置に届いていない。逆に同期電動機では首位を堅持していた。

【時機】逆転が起きた頃、日本では円高が進行し、モーターについては生産拠点の海外移転が検討されるに至っていた。深刻な平成不況に対処すべく、日立製作所では出向や派遣を重ねて人員削減を図ったほか、1991年には商品事業本部を電機システム事業本部に統合し、そこから2002年に日立産機システムとしてスピンアウトするまで、組織改編を断続的に試行した。

【収益】このケースにおける逆転は、市場が反転急降下するタイミングで起きている。日立製作所は市場に合わせてブレーキを踏んだが、東芝は生産をわずかに絞るだけであったことから、序列が入れ替わった。日本経済新聞は逆転のタイミングを1980年代の後半としているが、見ているのは汎用モーターで、日本マーケットシェア事典とは分類区分が一致していない。

この逆転は収益面から見ると祝福に値するものと思われる。巨

大企業において全社業績から部門業績を推し量ることは難しいが、東芝は1999年に三菱電機と事業統合を果たす道を選び、圧倒的な世界首位の地位を築くに至っている。それだけ誘引力が強かったと見てよかろう。直近では、東芝三菱電機産業システムが日立製作所に28％ポイントの差をつけるに至っている。

【好手】1979年11月、東芝インターナショナル社が米国ヒューストンに工場を開設した。そうすることにより、東芝は他の日本メーカーに先駆けて標準モーターの現地生産を立ち上げると同時に、三重工場の再編に乗り出す機会を手に入れたことになっている。

■主要記事
日経朝刊 1980.6.5
日経産業 1982.9.18
日経産業 1987.6.25
日経産業 1988.6.27
日経産業 1989.6.26
日経産業 1990.7.6
日経産業 1991.7.2
日経産業 1992.7.1

● 戦略旗手 ▷▷▷▷▷

【人物】このケースで好手を放ったのは東芝の社員組織と思われる。東芝が工場用地を手当てしたのは1977年で、探索を開始したのは、それより前になる。発意から事後の再編まで一貫して指揮する立場にあった人物は、少なくとも役員クラスには見当たらない。

【着想】東芝の決断は、意外にも日立製作所を出し抜くことになった。何事も合議で決める組織において、エッジの立った選択肢が選ばれた経緯については、残念ながら何もわからない。

［参照社史］
『日立モートル100年のあゆみ』2010年
『東芝125年史』2002年
［参照文献］
相沢幸雄・佐藤忠幸・森島洋一「インバーターモーター IV PACK」『東芝レビュー』1985年7月

第9章 実務の強化

Chapter 9

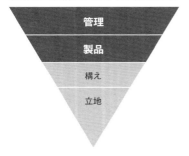

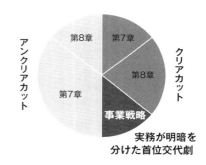

実務が明暗を
分けた首位交代劇

　市場首位を目指すとなれば、一般には製品力または原価力をを磨くという発想になりやすい。ただし、読者諸氏の所属企業に磨くことができるものは、他社にも磨くことができると考えたほうがよい。それゆえ、相手の追随を防ぐ競争戦略の要素が欠かせない。

　現場主導のケースに限定して考えると、第3章の5ケースと第6章の2ケースは競争戦略のケースである。第6章には他に現場主導のケースが3つ出ているが、いずれもクリアカットではない。それに対して本章の2ケースは競争戦略の要素を持たないのに、いずれもクリアカットで、そこに特徴がある。

　高々2ケースで戦略パターンを議論するのは気が引けるが、浮かび上がったのは第1章第2節、第5章第1節第3項、第7章第1節第2項に登場した総合力のパターンである。意外と使えるパターンかもしれない。

1 溜めるが勝ち

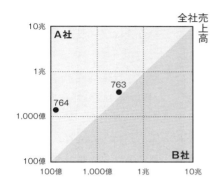

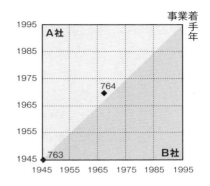

敗者 勝者	追随	傍観
先攻	1	0
後攻	1	0

年代区分	'75-79	'80-84	'85-89	'90-94	'95-99	'00-04	'05-09
実質GDP 成長率	4.2%	3.2%	4.1%	0.4%	1.3%	2.6%	0.8%
該当 ケース数	0	0	0	0	1	1	0

　本節に登場するのは総数2ケースで、ともにクリアカットな逆転劇となっている。一方は製品次元のブレークスルー、他方は管理次元の積み上げが逆転の原動力となっている。こういうパターンの逆転が可能と信じて社業に励む人は少なくないと思われるが、可能性は著しく限定されていると言わざるをえない。

　ケース763の婦人用腕時計が製品次元のブレークスルーを体現する事例である。ここで争点となったのは、クオーツ式の腕時計に自己発電させるための技術である。B社が世界で初めて実用化したクオーツ式は精度において従来の機械式を凌駕した。唯一の欠点は電源を新たに必要とした点で、電池交換の手間さえなくせば、それこそ無敵となることが見込まれた。最も有力な手段は太陽光発電であったが、光を透過さ

せるとなると文字盤の視認性やデザイン性が損なわれる。そこでB社はキネティックという別方式に賭けていた。そこにA社がぶつけたブレークスルーは、従来の文字盤と見映えは変わらないのに光を透過させる文字盤素材の開発であった。これが逆転を呼び込んだ。そこから先はソーラー方式が事実上の業界標準となっている。

A社とB社は積年のライバルで、一般には同格と見なされることが多い。しかしながら、B社は製販分離を断行し、2社に腕時計の製造を委託してきた。それゆえ、製造委託先に技術が蓄積されており、製販一体を堅持したA社に比べて技術面の総合力で見劣りがする。製造委託先も併せて考慮すれば負けていないかもしれないが、委託先には委託先の株主がいて、B社と一枚岩を成しているとは言えない。このケースでは、この相違が重要な役割を演じた可能性がある。

ケース764の電動移動棚は管理次元の積み上げを体現する事例である。B社はスチール棚のメーカーで、文書管理を企業ドメインとする。それに対してA社は、自動車工場の構内物流に使命を見出し、物流ソリューションを企業ドメインとする。電動移動棚は、B社には中核製品、A社には辺境製品であるが、首位の座はB社からA社へと移動した。B社側は販売価格競争に耐えきれないとしていたことから、範囲の経済を享受するA社に対抗できなかったものと思われる。

以上が第9章の概要である。2ケースとも、社員の努力が実らせた逆転劇という面は否定できないが、企業戦略の影響も無視できない。後者を重視するなら、ともに第7章に配置すべきケースとなる。ただでさえ数が少ないのに、配置されたケースも浮遊気味となれば、ここにも推奨可能な戦略パターンはないと言わざるをえない。衰退市場では、とにもかくにも打ち手が限られる。意味のある戦略パターンは、結局のところ第7章で議論した隣接転地だけである。厳しい言い方になるが、現実を正面から受け止めていただきたい。

9-1-1 製品次元

ケース 763　婦人用腕時計／1999年

B社：●セイコー → A社：●シチズン時計

時計（8/11）
戦略C/C比率◀◇▷▷
戦略D/E比率◀◇◇▷

■セイコー（連）
逆転決算期：2000.03
実質売上高：2,720億円
営業利益率：3.8%
筆頭大株主：創業家
東名阪上場：1949.05

■シチズン時計（連）
逆転決算期：2000.03
実質売上高：3,400億円
営業利益率：6.1%
筆頭大株主：金融機関
東名阪上場：1949.05

●企業戦略▶▷▷▷▷／▶▷▷▷▷

【B社】セイコーは1917年に東京で服部時計店として設立された会社である。祖業は時計で、源流は販売・修理を手掛けた1881年までさかのぼる。1913年に腕時計の国産化に初めて成功したうえ、1969年には世界で初めてクオーツ式の腕時計を世に送り出した。腕時計以外では風防の技術をベースに眼鏡レンズを育てあげている。企業戦略としては、眼鏡レンズが技術応用、宝飾事業と高級服飾雑貨小売事業が販路多重利用になっており、垂直多角化に該当する。

婦人用腕時計はセイコーにとって祖業の延長線上にある。1999年当時、売上高の55%を時計部門に依存していたが、その部門内で婦人用腕時計の生産シェアは5%にとどまっていた。部門および全社を牽引するのは紳士用腕時計である。

なお、セイコーは2007年にセイコーホールディングスと社名を変更している。

【A社】シチズン時計は1930年に東京で設立された会社である。祖業は腕時計で、源流は尚工舎時計研究所が生まれた1918年までさかのぼる。腕時計を主業とするものの、1941年にM&Aによって工作機械を内製化して、その外販に乗り出したり、カメラ用シャッター、プリンター、フロッピーディスクドライブ、液晶テレビなどに水平多角化を試みてきた。企業戦略としては、時計事業から派生した部品事業や装置事業が独自の展開を見せる段階に入っており、多核化に該当する。

婦人用腕時計はシチズン時計にとって祖業の延長線上にある。1999年当時、売上高の41%を時計部門に依存していたが、その部

門内で婦人用腕時計の生産シェアは6%にとどまっていた。部門および全社を牽引するのは紳士用腕時計である。

なお、シチズン時計は2007年にシチズンホールディングスと社名を変更している。

●事業戦略 ▶▷▷▷▷/▶▷▷▷▷

【製品】婦人用腕時計は、腕時計のなかでも小ぶりのジャンルで、1980年から四半世紀で市場が10分の1以下に縮小した。

隣接市場には紳士用腕時計があり、婦人用腕時計の倍以上の市場規模を誇っている。

製品には機械駆動のものと電池駆動のものがある。電池駆動の時計は、さらに液晶によるデジタル表示のものと、針によるアナログ表示のものに分かれるが、市場の97%以上は電池駆動・アナログ表示の機種が占めている。そこへの参入メーカーは10社ほどあり、上位2社で市場の6割以上を押さえ込んでいる。

【B社】婦人用腕時計についてセイコーは、1913年に機械駆動の機種を送り出し、そこから小型化、高精度化、高機能化に挑んできた。同社は1969年に「アストロン」を発売しており、電池駆動のクオーツ式腕時計に関しては世界のパイオニアである。

生産面では、グループ内分業体制を敷いており、それを象徴するのが「亀戸と諏訪に開発を競わせ、京橋が世界に売り捌く」という表現である。京橋はセイコー本体、亀戸はセイコーインスツルメンツ、諏訪はセイコーエプソンを指す。婦人用腕時計の生産については、セイコーインスツルメンツとセイコーエプソンがそれぞれの中国工場で請け負っており、中国生産比率は80%に達していた。ムーブメントの生産も海外移管が進んでいる。

販売面では、子会社のセイコーウオッチ販売が国内市場を仕切っていた。輸出は金額ベースで55%前後、数量ベースで70%以上に達していた。

時計カテゴリーでは、デジタル表示を除く紳士用・婦人用腕時計と掛時計で首位を堅持していた。

【A社】婦人用腕時計についてシチズン時計は、1935年に機械駆動の初号機を送り出し、そこから小型化、高精度化、高機能化に挑

■該当セグメント
B社：ウオッチ
A社：時計

■10年間利益率
B社営業利益率：6.5%
A社営業利益率：11.4%

■10年間勝敗数
B社得点掲示板：0-10
A社得点掲示板：6-4

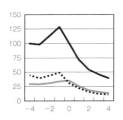

■シェアの測定単位
生産金額

■婦人用腕時計
市場規模：230億円

■B社の首位君臨期間
～1998年

■A社の首位君臨期間
1999年～

■亀戸と諏訪に開発…
日経産業 2000.4.19

■80%
Asian Market Review
2000.4.1

んできた。

　生産面では、グループ企業を活用しながら、内製化を極めてきた。規模の経済を追求すべく、クオーツムーブメントは国内で集中生産している。

　販売面では、世界中に販売会社を設立している。

　時計カテゴリーでは、設備時計で首位を堅持するほかは、二番手につけている市場が多い。アナログ表示ではセイコー、デジタル表示ではカシオ計算機の後塵を拝している。

【時機】逆転が起きた頃、1990年代に赤字決算を連発したセイコーは経営危機に直面していた。1999年度には上場以来初の無配に転落している。構造改革が待ったなしとされるなかで、ブランド間で販社を統一するなど、次から次に繰り出される打ち手に、社内が混乱を来していたことは想像に難くない。

【収益】このケースにおける逆転は、一過性のスパイクが持続的な下降に転じる局面で起きている。セイコーが市場に合わせて生産を調整したのに対して、シチズン時計が減産を拒否したことから、一気に逆転した。直近では、両社間の差は15％ポイントにまで拡大している。

　この逆転は収益面から見ると祝福に値する。シチズン時計の時計事業は逆転後も良好な業績を残しており、逆転に際して無理をした痕跡は見られない。それに対してセイコーは売上高の急減が止まらなかった。

【好手】1998年10月、シチズン時計は「エクシード・レディース・エコ・ドライブ」を発売した。これは同社の女性用高級腕時計シリーズに初めて光発電機能を搭載したものであった。セイコーは腕の動きを利用したキネティック方式で電池交換を不要としていたが、そちらはフル充電で3日駆動するのに対して、エコ・ドライブはフル充電で1.4ヵ月駆動する点で優位に立っていた。参考までに記しておくと、セイコーの現在のラインアップにキネティック・ドライブは見られず、婦人用はソーラーウオッチに切り替わっている。

　セイコーも1984年からソーラー方式の腕時計を市販はしていたが、太陽光が透過する文字盤の見映えを良くすることが難しく、キ

■ **1.4ヵ月**
日経産業 1999.5.12

ネティックを本命と位置づけたようである。それに対してシチズン時計は光透過性と見映えの両立を追求し、最初は黒色で、そして次に白色の文字盤で両立に成功したことから、エコ・ドライブを本命と位置づけたようである。セイコーも黒色は出したが、白色はシチズン時計の差異化技術となった。

■主要記事
日経産業 2009.6.4

■まえかわ・ゆうぞう
誕生：1940.08
社員：1964.04-1992.06
役員：1992.06-2001.06
社長：―
会長：―

●戦略旗手▷▷▷▷▶▶操業経営者

【人物】このケースで好手を放ったのはシチズン時計の前川祐三氏と思われる。エコ・ドライブ初号機の発売は1995年10月で、開発がスタートしたのは1992年とされている。前川氏は1990年の10月に技術研究所の次長に就任しており、開発組織を仕切っていた。技術研究所長を兼任していた代表取締役専務は工作機械を専門としており、開発には関与していなかったものと思われる。1995年に前川氏が技術研究所長に任命され、同時に所沢事業所長も兼務し、エコ・ドライブの量産立ち上げも指揮していた。

■年約12億個の腕時計が…
　電池を使わず外界から…
工業技術 2000.3

【着想】前川氏の決断は自身の信念に由来する。「年約12億個の腕時計が生産され、その寿命も約3年とすると約36億個の時計が世界に出回っています。電池の寿命を約2年とすると毎年約18億個の電池が消費されることになります。これではとても究極のエコロジー商品とは言えません」という認識に基づいて、前川氏は「電池を使わず外界から取り込んだエネルギーだけで時計を動かすシステムの開発」を先導した。開発部長も「廃棄電池による環境汚染などの影響を考えると、産業廃棄物となる時計の電池交換はできる限りなくした方がよい。そのために光発電で電池交換不要の時計を開発しようという指針が最初からありました」と証言している。

■廃棄電池による環境…
WEDGE 1997.5

ちなみに前川氏の趣味はバードウオッチングで、「最近気がかりなのは、庭に飛んでくる鳥の種類が明らかに少なくなったこと」と語っていた。

■最近気がかりなのは…
日経産業 1999.9.3

［参照社史］
平野光雄『精工舎史話』1968年
『シチズン時計株式会社 技術研究所40年史』2006年
［参照文献］
「ヒットメーカーの舞台裏」『WEDGE』1997年5月

■主要記事
工業技術 2000.3

9-1-2　管理次元

ケース 764

電動移動棚／2003年

B社：◉日本ファイリング → A社：◉ダイフク

物流搬送システム（3/6）
戦略C/C比率 ◁◁◇▶▷
戦略D/E比率 ◁◁◇▶▷

■日本ファイリング（連）
逆転決算期：2004.03
実質売上高：120億円
営業利益率：▲3.9%
筆頭大株主：創業家
東名阪上場：—

■ダイフク（連）
逆転決算期：2004.03
実質売上高：1,450億円
営業利益率：3.9%
筆頭大株主：兼松
東名阪上場：1962.07

◉企業戦略 ▷▶▷▷▷／▶▷▷▷

【B社】日本ファイリングは1939年に東京で東京測器として設立された会社である。祖業はスチール家具で、源流は創業者が兄の会社、東京建鉄に入社した1920年までさかのぼる。関東大震災を目の当たりにして、家具の不燃化に商機を見出したが、戦後は公務員記録収納用のファイリング・キャビネットから復興を遂げ、事業をスチール棚に絞り込んだうえで高機能化の道を歩んできた。1991年に株式を店頭公開したが、2007年にMBOを実行して上場を廃止した。企業戦略としては、スチール棚の販路を民需に拡大する方向と、図書館という顧客のニーズを深掘りする方向を同時に追求しており、緩やかな多角化に挑戦してきた経緯がある。ただし、実態としては専業に該当する。

電動移動棚は日本ファイリングにとって主業の延長線上にある。2003年当時、売上高の54%を官公需主体の文書・資料保管設備機器部門、35%を民需主体の物流保管設備機器に依存していたが、電動移動棚は両部門を横断する存在で、全社に占める生産シェアは9%にとどまっていた。

【A社】ダイフクは1937年に大阪で坂口機械製作所として設立された会社である。祖業は製鉄用の鍛圧機械ながら、この事業は1959年に収束している。戦後は大福機工という社名に変更し荷役運搬機械に転進して、トヨタ自動車にコンベヤやラックビルシステムを納入するなど、マテリアルハンドリングの領域で第一人者の地位を築き上げた。ボウリング機械を国産化したあたりから多角化にも熱心で、洗車機や電子機器も手掛けている。企業戦略としては、単純な技術応用の範疇を越えてストレッチしているが、多核化にまで

は至っていない。

電動移動棚はダイフクにとって主業の遠い一角に相当する。2003年当時、売上高の83%を物流システム部門に依存していたが、その部門内で電動移動棚の生産シェアは1%未満であった。部門および全社を牽引するのはコンベヤである。

◉事業戦略▷▷▶▷▷/▷▷▶▷▷

【製品】電動移動棚は、移動させるのに人力に頼らない棚を指す。棚の典型例は書架で、保管物を取り出したり格納する人のアクセス路を確保する必要があるために保管密度が上がらないという問題を抱えている。移動棚は、オンデマンドでアクセス路を作り出すことにより、アクセス路を書架スペースに転換する。保管すべき書籍・論文の類が増える一方の書庫では、増築の建設費より安い限りにおいて移動棚の需要が尽きることはない。ただし、市場が狭くて飽和したのか、需要は1995年から10年でほぼ半減してしまった。

隣接市場には、売り物として見れば回転棚がある。そちらはダイフクの独壇場ながら、市場規模は電動移動棚に比べて見劣りがする。売り先として見れば、書庫のニーズには閉架スペースの有効利用もある。そちらでは、自動倉庫の導入が急速に進んでいる。

製品にはサイズや機能に応じたバリエーションがある。参入メーカーは12社ほどあったが、上位3社で市場の過半を制していた。

【B社】電動移動棚について日本ファイリングは、1967年から取り組んでいる。

生産面では、茨城県に工場を構え、自社生産を基本としていた。外注比率は10%を切っている。

販売面では、東名阪以外は6営業所で顧客をカバーする体制を敷いていた。直販が主軸ながら、代理店や特約店を経由する場合もあれば、エンジニアリング会社の下につく場合もある。

物流搬送システムカテゴリーでは、電動移動棚に絞って参戦していた。

【A社】電動移動棚についてダイフクは、有価証券報告書に記載していない。参入のタイミングは特定できないが、おそらく自動車工

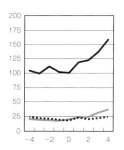

■該当セグメント
B社：全社
A社：物流システム

■10年間利益率
B社営業利益率：▲2.0%
A社営業利益率：8.5%

■10年間勝敗数
B社得点掲示板：0-7
A社得点掲示板：4-6

■シェアの測定単位
出荷金額

■電動移動棚
市場規模：60億円

■B社の首位君臨期間
1991年～2002年

■A社の首位君臨期間
2003年～

場のコンベヤベルト需要が一巡した1970年以降のことと推察される。

生産面では、1工場体制を敷いていたが、全社的に外注比率は3割を超えていた。

販売面では、直販の場合もあれば、商社や代理店を通す場合もあった。

物流搬送システムカテゴリーでは、立体自動倉庫と無人搬送車と回転棚で独走し、ピッキングシステムと電動移動棚と自動仕分けシステムで首位争いに絡んでいる。誰がどう見てもカテゴリー王者である。

【時機】逆転が起きた頃、日本ファイリングは未曾有の経営危機に瀕していた。それが2007年のMBOにつながっている。株式を店頭登録した1991年度こそ業績は好調であったが、早くも1992年度から有価証券報告書の営業の状況欄に「販売価格競争の激化」という表現が登場し、1994年度に入ると「熾烈な企業間競争から来る販売価格の下落」と表現が先鋭化していた。

【収益】このケースにおける逆転は、市場成長に火が付く前夜に起きている。ダイフクは市場の急変を予見したかのごとく生産を増やし、日本ファイリングを突き放した。直近では、両社間の差は10%ポイントにまで拡大している。

この逆転は収益面から見ると祝福に値する。逆転以降、ダイフクは目が覚めるような増益決算を連発した。

【好手】1998年1月、ダイフクはIMF危機で業績が悪化した責任をとって社長が辞任し、新社長が拡大路線の見直しを表明した。前任社長は60の事業部をつくり、自主独立経営を求めたが、その施策によって総合力が殺がれた反省から、新任社長はコア事業に経営資源を再集中するとしていた。そのコア事業に電動移動棚も含まれる。

この社長交代を契機にダイフクはコスト競争力に磨きをかけ、果敢に価格競争を仕掛けていったものと思われる。日本ファイリングは、その攻勢に耐えきれなかったようで、連結決算に移行した1999年度に営業赤字を記録し、さらに2001年度からは当期利益が赤字となり、2007年度まで黒字転換できなかった。本業が傾いた

■主要記事
日経朝刊 1998.1.24
日経産業 1998.2.9
日経金融 1998.9.24
日経金融 1998.10.21

ことから関連新規事業を育てようとしたものの、投資がかさみ、業績の悪化を加速したようである。

●戦略旗手▷▷▷▶▷操業経営者

【人物】 このケースで好手を放ったのはダイフクの小泉純一氏と思われる。小泉氏はトヨタ自動車の搬送システムを担当してきた人で、その功績から39歳で基幹工場の製造部長となり、41歳でメンテナンスを担当する子会社の役員を経験した。そして47歳で米国現地法人の社長に抜擢されており、早くから社長候補の一人と目されていた。

【着想】 小泉氏の決断はクリティカルな観察眼に由来する。社長になって半年後に「夢を見過ぎて技術力、コスト競争力など大事なところがおろそかになった。早急に足元を固め直す」と語ったほか、2001年度からの中期経営計画では「価格競争力を高めていく」としていた。

［参照社史］
『ダイフクグループ70周年記念誌』2007年
［参照文献］
「スチール棚一筋に夢をかける 日本ファイリング」『マネジメント』
　1968年2月
田嶋譲太郎「保管システムのコアに特化、相互協力で業界の再生へ」
　『マテリアル フロー』2004年12月

■こいずみ・じゅんいち
誕生：1940.04
社員：1963.04-1987.06
役員：1987.06-2008.06
社長：1998.01-2002.04
会長：2002.04-2005.04

■夢を見過ぎて…
日経産業 1998.6.19

■価格競争力を高めていく
日経夕刊 2001.11.14

終章 Conclusion
市場首位への正攻法

　市場占有率には確たる理論がある。それが驚くほどビジネス界に浸透していない。日常会話の中で占有率に気安く言及する人も、その裏側に控えるダイナミズムを理解していないと、変えることができないものを変えようと呼びかけたり、変える好機を見逃したりする。その結果として部下に無駄な働きを強いるコストは、とてつもなく高いので、現状を座視するわけにはいかない。

　問題は理論の側にある。理論と言っても、競争戦略論、ゲーム理論、産業経済学、ミクロ経済学に断片が散在するだけで、誰も市場占有率の理論として統合したことがないのである。分化が深化を可能にし、いずれ革新を生む以上、誰を責めるわけにもいかないが、これでは学びようがないのもまた事実である。

　この終章では、市場占有率の統合理論を素描してみようと思う。幸いにも私自身は学際的な教育を受けており、本巻のケースを書きながら統合理論の必要性と可能性に気づいたからである。以下では総論に終始するので、戦略パターンの各論については章および節ごとの解題部を参照していただきたい。

　なお、以下では命題ごとに該当ケースを列挙するが、その意味だけ事前に説明しておきたい。およそケースには複数の解釈を許容するものが多い。その点は認識しつつも、本シ

リーズでは最も際立つ一面に基づいて個々のケースを章や節や項に割り振った。ただし、終章でケースを列挙するときだけ、テーマとなる側面を持ち合わせる全ケースを数え上げている。取り扱いの相違に留意していただければ幸いである。

命題1 | 市場首位をいつでも目指すことなど許されない

●根拠

　本巻最大の発見事項は、母数998市場のなかでクリアカットな逆転劇が63ケースにとどまるという事実である。首位争奪を目指す挑戦者がいない市場などないと仮定すれば、首位奪取の成功率は6％ということになる。失敗一度で断念する挑戦者などいないと仮定するなら、さらに成功確率は低くなる。

　これを逆方向から言い換えると、それだけ首位企業の防御力は強い。序章で紹介したように、母数998市場のうち447市場には絶対的な独走企業が君臨する。一時的な後退を許容すると、最大で654市場に独走企業の存在が見え隠れする。全体の45％から65％の市場で首位企業が挑戦者を寄せ付けないと見てよかろう。市場奪取を目指すなら、慎重の上にも慎重を期すべきである。

　では、王者はいつ独走態勢に入ったのか。その答えは、高度成長期である。本巻の占有率データは1973年からスタートするが、これは第一次石油ショックによって高度成長が終わりを告げたタイミングと偶然にも一致する。それより前に企業間の序列が確定して独走が始まったと考えれば、全体の45％から65％の市場で首位企業が挑戦者を寄せ付けないというデータには納得がいく。

　逆転が1973年以降に起きた市場もあるにはあるが、そこ

では成長期が遅れてやって来た可能性が高い。日本では戦後の1950年頃に横並びで再スタートを切った市場が目立つものの、その後に立ち上がった市場も少なくない。クリアカットな63ケースを精査してみると、入れ子構造の末端市場が成長期を過ぎていたと思われるのはケース927、928、741、744、930、752、758、762あたりに限られ、ほかの55ケースは、入れ子構造の上位市場が成熟か衰退していても、伸びる下位市場を切り拓いたことでクリアカットな逆転を実現したものばかりなのである。

●論理

　新規顧客が市場に流れ込んでくるのは、事業ライフサイクルの成長期だけである。これは、新規顧客の流入が成長期の定義的要件と言い換えてもよい。ここでいう新規とは、競合他社にとっても新規であることが肝心で、自社にとって新規というだけでは足りない。第2部の解題部で触れたように、競合他社の既存顧客を奪いに出ると徹底抗戦に遭うことが必至となる。そうなってはクリアカットな逆転など望めないので、首位を目指すなら初めて市場に入ってくる顧客を囲い込んでしまう道を第一選択肢と考えるべきである。となれば、好機は事業ライフサイクルの成長期に限られる。

　成長期を逃すと好機が去ってしまうのは、新規顧客の流入が途絶えるからだけではない。成長期が終わる段階でコスト構造が確定してしまうため、企業間の序列も膠着状態に入りやすいのである。成長期には、投資に次ぐ投資を敢行し、増産競争に追随していかないと占有率を維持することすらできない。そして一連の投資内容に応じて設備規模や営業体制やサプライチェーンに非可逆的な差異が生じ、企業間にはコスト格差が定着してしまう。拙著『戦略不全の論理』の第4章で詳しく説明したように、成熟期以降の占有率は各社の相対コストを反映するに過ぎない。コスト構造を変える奇策でも

ない限り、成熟期以降に市場首位を正面から目指す発想は捨てたほうが賢明である。思い立った瞬間に首位奪取を目指すなど、無謀以外の何物でもない。

◉**指針**

市場首位を目指すなら、事業ライフサイクルの成長期に新規顧客を囲い込む競争に負けてはならない。その過程でリスクテイクは避けられないが、首位を死守したまま成熟期に突入すれば独走態勢を確立できるため、得失の釣り合いは取れると見てよい。

図終-1 **事業ライフサイクル**

残念ながら、本巻では1973年より前の占有率データが入手できていないため、高度成長期の熾烈な競争は視界の外にある。その暗闇を照らすために、番外編として独走事例を掘り下げてみる。選んだ市場は、誰にとっても馴染み深いパンである。『日本マーケットシェア事典』には1980年のデータから掲載されているが、初出時点から直近に至るまで山崎製パンが2位の敷島製パンに10％ポイント以上の差をつけており、絵に描いたような独走事例と言ってよい。

パンの攻防戦は、日本最大の東京市場を巡るローカル戦と、全国市場の覇権を巡るナショナル決戦の二段構えで決着を見た。第二段階では、大阪の神戸屋、名古屋の敷島製パ

ン、広島のタカキベーカリー（アンデルセングループ）などが東進して、西進する山崎製パンと進攻速度を競ったが、後発組の山崎製パンが競り勝っている。共にアウェーとなる大阪市場への工場進出は先発組の敷島製パンが1965年、山崎製パンは1966年で、敷島製パンが地の利を活かして先行していたが、山崎製パンが間髪をいれず1967年に名古屋に工場進出し、敷島製パンの本拠地を攻め立てた。後手に回った敷島製パンも1969年に不二家から東京の工場を買収したものの最新鋭とは言い難く、山崎製パンの本拠地を攻め立てるには至らなかった。全国制覇を目指す速度競争では、軍資金を捻り出すホームベース市場の大きさが明暗を分けたようである。

　そうなると、東京市場を制したことが山崎製パンの勝因と言ってよい。その首都決戦で立ちはだかったのは、同社より1年先に創業した第一屋製パンであった。両社間の攻防は成長期のダイナミズムに満ちているので、紙幅を割いて追跡してみる。

　戦後の食糧難に喘ぐ東京では、米国から支給された小麦を指定工場でパンにして、近隣の住民に配給するクーポンとパンを代位販売店で引き替える制度が1947年に立ち上がった。その機を捉えて大田区の仲六郷で創業したのが第一屋製パンである。代位販売店を経て15ヵ月後に指定工場となったが、2年足らずでパンが自由化されると、創業者一族の面々が1人1店舗を運営する形態で自ら小売に乗り出していった。

　それに対して山崎製パンは、千葉県の市川で1948年に創業している。手掛けたのは委託製パンであった。これは一般人が配給小麦を持ち込んでくると、パンと交換する業態である。山崎製パンは委託加工料を現物の小麦で受け取り、それで焼いたパンを直営店で売っていた。そして東京市場が自由化されるや否や江戸川を渡り、1951年に両国工場を立ち上げて、そこから卸売に乗り出している。

かくして1950年代前半の事業立地は、微妙に食い違っていた。第一屋製パンが蒲田周辺の製造小売であったのに対して、山崎製パンは東京一円をカバーする製造卸売に徹したのである。この時期は山崎製パンが売上高で先行した。

　出遅れた第一屋製パンは1956年に横浜工場を建設して、卸売に乗り出した。狙ったのは湘南方面への西進である。こうしてホームベースを拡張してから第一屋製パンは麻布、三鷹と東京でも工場を買収し、1950年代後半には山崎製パンを僅差で抜き去った。ここでもホームベース市場の大きさが明暗を分けている。

　抜かれた山崎製パンは、意を決したように怒濤の反攻に打って出た。1960年に杉並、1963年に武蔵野、1966年に松戸と、米国から最新鋭の設備を導入した大規模量産工場を次から次へと建設していったのである。山崎製パンの社史『ひとつぶの麦から』によると、武蔵野工場への投資が膨らむにつれ「ヤマザキは資金難に陥り、倒産寸前」という噂も流れたが、「満身創痍、まさに私財を投げ打って取り組んでいました」と幹部が形容する創業者が、粘りに粘って融資を取り付けたという。

　他方、第一屋製パンも当初は張り合ったが、同社の社史『第一パン45年のあゆみ』によると、創業者が「資金面において私は丁半ばくちは張りたくない」と口にして、1964年に投資競争から降りたという。山崎製パンの創業者は「セルフサービスの販売形態に移行しつつあり、メーカーはこれに適合する良品廉価な商品を提供することが絶対の条件となります。（中略）このような状況の中に企業の発展を期すためには（中略）徹底的に合理化された生産設備によって、優れた商品を市場に送り出す以外にありません」と自らの事業観を披露しており、投資競争を丁半ばくちと見ていなかったことは明らかである。

　ここが勝負の分かれ目で、冒頭に掲げた「リスクテイクは

避けられないが、首位を死守したまま成熟期に突入すれば独走態勢を確立できるため、得失の釣り合いは取れると見てよい」という指針の裏付けにほかならない。なお、第一段階で首位を争ったのが、東京市場に外縁から進攻した企業同士であったのは、偶然の一致ではない。東京の中心部に陣取っていた同業他社は物理的にも経済的にも拡張余地がなく、配給時代の零細規模のまま防戦一方に回ってしまったのである。誰でも市場首位を目指せるわけではないことが、ここに示唆されている。

　パンの覇権争いほど劇的ではないにせよ、投資競争は本巻のケースでも随所で起きており、競争戦略の普遍的なパターンと言ってよい。ただし、これは単なる我慢比べではない。事業観や財務政策の優劣を競い合う場であることを、正しく認識しておく必要がある。

● **忠言**

　占有率には、序章でも議論した「占有率→利益率」という誤った因果関係の想定が付きまとっている。占有率を上げれば自ずと利益率が上がるという根強い神話から、まずはともあれ自分自身を解き放つことである。そのうえで余力があれば、職場からも神話を追放するようお勧めしたい。

　神話の出所は明々白々である。事業ライフサイクルの成長期中にコスト優位を確立した企業は、市場占有率で首位に立つ。そのまま成熟期に移行すると首位の座は盤石となり、コスト優位が相対的な高収益まで約束する。現象としては高い占有率と高い利益率が両立することから「占有率→利益率」と早とちりする人が出てきて、神話を流布してしまうのである。

　流布するだけなら被害は少ないが、神話に基づいてヒトとカネを動かし始めると大きな実害が発生する。占有率を上げるために販売促進キャンペーンを打つ、新製品ラッシュを企

画する、廉価版を投入する、顧客接点を増やす、ブランド構築に走る、という類の施策が典型で、警戒したほうがよい。経営資源を投入しても見合う効果を生まないため、利益率の低下につながってしまうのである。

仮に占有率の現状に不満があっても、それが一種の均衡状態であることを忘れてはならない。占有率は相対コストポジションを反映する鏡であって、だからこそ変えにくい。この不都合な真実を無視して、下手に不満を口にしようものなら、湯水のように予算を浪費する口実を部下に与えるだけである。人は易きに就くもので、その習性を考慮すると、占有率は禁句にしたほうがよい場合も少なくない。

成熟期や衰退期に突入している事業では、むしろ矛先を変える道筋を探りたい。本シリーズ第1巻では高収益事業を調べてみたが、成熟事業を高収益化することに成功したケースは極めて少ない。同じヒトとカネを揺籃事業や成長事業に注ぎ込めば、首位奪取の機会に恵まれる。そこで成功すれば、貴社を取り巻く状況は一変する。そういう可能性に賭けてみようという方には、命題5を用意した。それでも成熟・衰退事業を捨てきれないという方は、命題4を参照していただきたい。

● **系譜**

神話の発端は、BCG（Boston Consulting Group）が発見した経験曲線と、それをベースに打ち出したPPM（Product Portfolio Matrix）理論にある。経験曲線自体はコスト優位に着目しており、その有効性は広く認められているうえ、BCGも占有率を成長期の入口段階における戦略目標と正しく位置付けていた。

占有率神話の拡散を助長したのは、むしろPIMS原則であろう。PIMSとは、Profit Impact of Market Strategiesの略称で、1972年にハーバード・ビジネス・スクールのマーケ

ティング部門の教員が立ち上げた研究プロジェクトのことである。彼らは企業からデータの提供を受けて研究を進め、占有率と利益率が連動することを見出した。それを「占有率→利益率」という因果関係に昇華させることはしていないが、誤解を戒める努力もしていない。

問題は、BCGやPIMSが付加することを忘れなかった但し書きを意図的に無視する論者の出現に求めるべきであろう。ともすればビジネス界では、読み書きより口頭のプレゼンテーションを重視して、長い説明を忌み嫌う人が偉くなる。その傾向に順応したコンサルタントやライターが、重要な但し書きを捨て去った。残ったのは単純な「占有率→利益率」という図式で、それが悲劇を量産した。

ウォール・ストリート・ジャーナル紙のヨーロッパ支局に所属したジャーナリスト、リチャード・ミニターは占有率神話に警鐘を鳴らす本を2002年に刊行している。ただし、彼のメッセージがビジネス界に届いたとは言い難い。

命題2 　市場首位をどこでも目指すことなど許されない

◉根拠

本巻の母数998市場のうち186市場は首位の交代が頻繁に起きる乱戦市場である。正確に表現するなら、データが存在する期間の半分を越えて首位に立ち続ける企業が見当たらない。逆転市場に分類した148市場も、精査してみると22市場では逆転後も接戦が続いている。全体の20％前後が安定しない市場と見なしてよかろう。不安定な市場では首位を奪取するのは容易でも、それが他社にも等しく当てはまることから、コストをかけて首位を目指すべきとは考えにくい。

数字だけではイメージを掴みにくいので、次ページに一例

表終-1 **食品市場の流動性分布**

中分類	独走系	中間	乱戦系
食肉加工品		ハム、ソーセージ	
乳製品	生クリーム、バター、チーズ	飲用牛乳、クリーミングパウダー	ポーションクリーム、アイスクリーム
水産加工品	魚肉ハム・ソーセージ、かまぼこ、揚かまぼこ、焼ちくわ、スモークサーモン、辛子明太子、加工海苔、かつお節	風味かまぼこ	
農産加工品	納豆、煮豆、凍豆腐	漬物、なめ茸	
砂糖	グラニュー糖、白砂糖、上白糖、中白糖、三温糖、角砂糖		中双糖
小麦加工品	パン、生麺、乾麺、市販パスタ、包装もち		
即席製品	袋物即席麺、カップ物即席麺、即席みそ汁、即席お吸い物、カップスープ、お茶漬け、ふりかけ、すしの素、インスタントカレー、市販用デザートの素	中華料理の素、レトルトカレー	
缶詰・瓶詰	食肉缶詰、コンビーフ、海苔佃煮、塩辛	水産缶詰、ジャム	
菓子	チョコレート、ビスケット、米菓、スナック菓子、チューインガム、洋菓子	豆菓子	キャンディ・キャラメル、デザート
酒類	甲類焼酎、乙類焼酎、ウィスキー、ブランデー	清酒、ビール	ワイン
飲料	インスタントコーヒー、業務用レギュラーコーヒー、市販用レギュラーコーヒー、ココア、緑茶、コーラ飲料、果実着色炭酸飲料、果肉飲料、濃厚乳性飲料、トマトジュース、野菜ジュース、ウーロン茶、栄養ドリンク	麦茶、透明炭酸飲料、コーヒードリンク	リーフ・ティーバッグ紅茶、天然果汁飲料、スポーツドリンク
食品加工油脂	市販用食用油、市販用マーガリン		
調味料	醤油、トマトケチャップ、マヨネーズ、ドレッシング、食酢、みりん風調味料、本みりん、核酸複合調味料、風味調味料、焼肉のたれ、スパイス、ぽん酢	味噌、ソース	めんつゆ

を表にして掲げておく。これは大分類が食品に該当する市場の一覧で、その下の中分類ごとに首位企業の安定度をカテゴリー分けしたものである。序章では市場を6分類したが、ここでは3分類に大括りした。載せたのは『日本マーケットシェア事典』に掲載された期間が20年以上に及ぶ市場だけである。一瞥すればわかるように、乱戦市場は少ないものの、確実に存在する。逆に不動の盟主が君臨し続ける市場は

圧倒的に多い。この傾向は、前段における産業全体の分析と一致する。

◉論理

　市場には、首位に立った企業を守る防壁の高低によるスペクトラムがある。一方の極には特定の絶対盟主が君臨し続ける市場があり、他方の極には盟主らしき企業など一切見当たらない市場がある。本巻の用語では、前者が独走市場、後者が乱戦市場に対応する。

　防壁に高低が生じる理由は複数ある。最大の防壁は設備投資で、その金額が売上に比べて大きいと、経済合理性の観点から生産能力に余剰を抱えることなど許されなくなる。特にコスト劣位にある企業は投資回収できる見込みが小さいので、上位企業に取って代わるだけの設備能力を持つことがそもそも許されない。となれば、企業間で序列が固定化するのも当然である。食品では、たとえば発酵を伴う製品は製造工程にとどまる時間が長くなるため設備投資が重くなり、独走企業が出現しやすい。逆に国内外から調達した原材料を包装しなおすだけに近い製品では、下克上が起きやすい。多品種をバッチ工程で造り分けるような製品も手間はかかるが設備投資が軽いため、企業間の序列は流動化しやすい。

　設備投資に並んで、販路も往々にして固定性を持つ。たとえば有力な問屋が特定のメーカーと組んでいるとする。問屋にしてみれば、メーカーを切り替えるとこれまで積み重ねた営業努力が無駄になりかねないし、自らコントロールできない要因で売れなくなる可能性も恐ろしい。さらに、切り替えが公知の事実となれば、メーカー側が取引関係に入ることを躊躇して、専業拡大に支障を来す恐れもある。選んだメーカーとの取引関係を維持していれば、これらのリスクはすべて回避できるうえ、自ら営業努力を強化して地道に取扱高を伸ばすシナリオも視野に入ってくる。それゆえ、取引関係は

非可逆的になりやすいのである。最終ユーザーに直販する事業では非可逆性を回避できるものの、代わりに物流投資や在庫投資が重くなるのであれば、結果は変わらない。

●指針

何の防壁もなく流動性が高い市場では、仮に成長期の直中であっても首位を目指す発想は捨てたほうがよい。防壁の高低が自明でなければ、占有率の過去データを取り寄せて、首位企業の交代頻度を調べることである。直近の10年内で2回以上の交代が起きていれば、流動性が高い市場と見て間違いなかろう。そういう市場では、首位を目指して費やす時間と予算と努力は、取り返すことが難しい。

逆に流動性が低すぎる市場でも首位奪取は断念したほうがよい。首位奪取に挑戦しても、盟主を守る防壁が高すぎて失敗に終わる確率が高いからである。多大な時間と予算と努力を費やしても、所期の目的を達成できる見込みが小さいのなら、別のターゲットに挑戦するほうが生産性は高くなる。

両極の中間に位置する市場では、首位奪取を狙いたい。ただし、成長期が終わっている場合は命題1が優先するので、その限りではない。

図終-2 **市場特性**

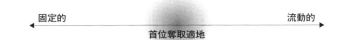

流動性が高い市場区分としては、以下のものが特に目立つ。防壁の低い市場だけでなく、技術的変化の速い市場も散見される点には留意したい。なお、コロンの左側は大分類、右側は中分類である。

一般機械工業：環境機械、食品加工機械、包装機械
精密機械：医療器械
電気機械器具：音響電子機器、電子部品
食品：菓子、飲料
繊維：繊維
紙：段ボール
医薬品：医家向け医薬品
レジャー産業：スポーツ用品

固定性が高い市場区分は、以下に列挙したとおりである。やはり防壁の高い市場が並んでいる。

鉄鋼：銑鉄、粗鋼、冷間仕上鋼材、表面処理鋼板
一般機械工業：冷凍機、ミシン、繊維機械
IT：事務用機器、金銭登録機
電気機械器具：非白物系家庭電器製品
金属製品：ガス機器、ばね
住宅：住宅
化学工業：溶剤、接着剤、香料、除草剤
食品：小麦加工品、食品加工油脂
雑貨：楽器

　いったん後れをとると落伍してしまうのが恐ろしいというロジックで、熾烈な販売促進競争や製品開発競争に加わり続ける企業が、日本では欧米に比べて異様なまでに目立つ。ヒット製品に恵まれたら首位奪取も可能と、まるで宝くじを買うような感覚なのであろうか。しかしながら、企業間競争の勝敗を分けるのは立地や構えに固有の防壁であることが普通で、製品が決め手になることは滅多にない。本巻で取り上げたケースを見ても宝くじを引き当てた企業など出ていないし、新製品一発で世紀の大逆転を呼び込んだ事例として引用

されることの多いアサヒビールの「アサヒスーパードライ」（以下「スーパードライ」）ですら、命題3で詳しく述べるように、宝くじとは縁がない。次から次へと目先を変えた新製品を開発して、マーケティング予算を投下する似非戦略には、終止符を打つべきである。

●忠言

　論理的に考えて見込みのない市場で首位奪取を試みるのは、B29に竹槍で対抗するようなもので、精神論も甚だしい。経営効率や生産性を上げたければ、成果が上がるはずのないところに経営資源を投下する悪弊を、何が何でも止めるべきである。特に日本企業の場合、大きな無駄を排除することが利益率の改善に欠かせないので、戦う市場と時期の選別は剣が峰と言っても過言ではない。

　こう書くと、読者諸氏の「自分はわかっている、上層部に説いてくれ」という声が聞こえてきそうである。しかしながら、ホールディングスや本社の経営陣から圧力がかかる場合も、本当の問題は事業幹部にあることが多い。本社経営陣にしてみれば、個別事業にかかわる権限を委譲した以上、全社一律の施策に注力するしかない。多様な現実があるなかで、そういう施策が理不尽と映る事業が出てくるのは承知のうえという面がある。悪いのは、安易に「わかりました」と応じるか、肝心なときに声を上げないで下を向いている事業幹部である。コミットメントを求められるなら、何にコミットするのかについて真剣に事前交渉してしかるべきであろう。

　立場を入れ替えて考えてみていただきたい。本社経営陣は誰を高く評価するのか。コミットすると言いながら未達に終わる幹部がCクラスというあたりは、自明であろう。しぶしぶコミットして満身創痍で達成する幹部がBクラスというあたりも議論の余地はない。後継指名に足るAクラス幹部は、状況を上手く説明するだけのコミュニケーション能力を持ち

合わせ、コミットする指標と数字について巧みに交渉できる人である。ともすれば本社経営陣は横暴に見えることもあろうが、一律に圧力をかけたときに誰が押し返してくるのかを見定めていることがあるので、そこは留意していただきたい。

◉系譜

　資本集約的な市場ほど企業の利益率が高い。これは、マイケル・ポーターが競争戦略論を打ち立てる前に、数々の産業経済学者が実証してきた命題で、それが防壁概念の土台となっている。ただし、設備投資ほど容易に計量化できない販路については、実証研究の蓄積が乏しい。そこについては本巻のケース群が重要性を余すところなく伝えている。

命題3　市場首位を目指すなら時機を待ち味方につけよ

◉根拠

　時機を巧みに捉えて逆転に至ったケースが本巻には頻出した。クリアカットな逆転劇に絞って列挙すると、ケース711、712、713、714、717、718、908、909、910、722、736、925、737、926、927、928、738、743、745、756、938、758、761あたりが該当する。全体に占める割合は36％である。

　悠長に構えて我が道を行った結果として首位奪取に至ったケースも続出しており、901、902、701、702、703、704、903、705、709、710、911、721、728、729、920、731、921、922、742、744、930、931、932、934あたりが該当する。全体に占める割合は38％である。

　いずれにしても、全体の4分の3に相当するケースでは、逆転のタイミングを事前に制御できる状況になかった点が注

目に値する。

　ちなみに、時機とは無関係に製品力だけで首位奪取に至ったケースは第3章の5ケース、第6章のケース934、935、746、747、763くらいなもので、全体の6分の1に満たない。

●**論理**

　市場と時期の選択が正しくても、逆転を成就させるには、首位企業が張り巡らせた防壁を乗り越えるために多大なエネルギーが要る。その所要エネルギーが一企業に賄える水準をはるかに越えるため、一般に逆転は頻繁に起こらない。だからこそ首位を目指す価値があるものの、首位を奪取するにはエネルギーギャップを何とかして埋める必要がある。

　時機を捉える戦略は、不足するエネルギーを社外から持ってくる選択肢と言ってよい。なかでも頼りになるのが世の中に渦巻く巨大な社会変革エネルギーで、それと方向を合わせると、あくせく走らなくても、依って立つ地面自体が勝手に前に進んでいく。あたかも風を背中で受けて、背後から押してもらうようなものである。

　我が道を行く戦略は、防壁を乗り越える労力を省くことにより、所要エネルギーの水準を下げる選択肢と言ってよい。楽ができる点はよいが、選ぶ道が悪ければ逆転に至らない。

　いずれの戦略においても、待つ覚悟は欠かせない。時機の到来を察知するのは事業幹部でも、時機の到来タイミングそのものは誰にも制御できないからである。

●**指針**

　市場首位を目指すには、市場と時期を正しく選択したうえで、期限を設けない配慮が肝心である。それゆえ有期の中期経営計画や年次事業計画で占有率をKPI（キー・パフォーマンス・インディケーター）に設定するのは愚の骨頂と考えたほうがよい。それは時機を捉えに行く場合も、我が道を行く

場合も同じである。

　命題1では時期、すなわち事業ライフサイクルのなかにおける特定タイミングの重要性を強調したが、命題3でハイライトしたいのは時機、すなわち社会変動のなかにおける不特定エネルギーの重要性で、それを象徴するケースが本巻にも登場したアサヒビールの「スーパードライ」である。

　これは新製品一発で逆転を呼び寄せたケースと喧伝されてきた。しかし、よく考えてみると、そうではない。「スーパードライ」の前にも後にも新製品は数え切れないほど投入されており、そのなかには「スーパードライ」と同一コンセプトの「アサヒ本生ドラフト」、通称コクキレビールも含まれている。しかも、競合他社が自社製品の風味を「スーパードライ」に近づけたこともあり、ブラインドテイスティングで「スーパードライ」を言い当てることは意外と難しいそうである。それなのに大ヒットしたのが「スーパードライ」だけというのは、なぜなのか。

　私の解釈では、「スーパードライ」の成功を紐解く鍵は時機に乗じた点にある。業界盟主の座にあったキリンビールは飲食店につながる業務用の販路を押さえ込んでいたが、バブル経済の崩壊後に業販は低迷し、家庭用の市場が伸びていった。新たな立地につながる販路を提供したのは酒類ディスカウントチェーン店で、やまやがディスカウント販売を開始したのも、カクヤスが株式会社に改組したのも1982年である。彼らが萌芽期から成長期に移行するタイミングで1987年に「スーパードライ」が登場した事実を見逃してはならない。

　アサヒビールの英断は、「スーパードライ」の初速を見て全工場の建て替えを決めて、容器を瓶から缶に切り替えていった点にある。これが他社を寄せ付けない防壁として力強く機能した。瓶は重いため、セルフサービス販売に向いていない。酒類ディスカウントチェーン店の主力となった容器は、缶だったのである。瓶詰めラインへの投資を強化してい

た競合他社は、缶入り「スーパードライ」が独走し始めても、横目で睨むしかなかったものと思われる。

面白いことに、「スーパードライ」がビール市場の首位に立ったのはデビューから10年以上経過してからのことである。これも新製品一発という解釈には反証となる。加えて、缶だけでは力不足だったこともわかる。

最後の決め手となったのは、瀬戸雄三社長が主導した全社運動、「フレッシュ・マネジメント」にほかならない。これは、ビールを本当においしくするのは材料でも酵母でも製法でもなく、鮮度であるという達観に基づいて、一次発酵の完了から消費までの経過時間を極力短くすることを狙っていた。それを実現するためには、出荷前工程、物流、卸売在庫、店頭在庫などを見直す必要があり、アサヒビールは文字どおり職能を横断する取り組みを行ったのである。

アサヒビールは管理の力を拠り所として最後は首位を奪取したが、上昇気流に乗る段階で時機を上手く掴まえた。その点はいくら強調しても強調しすぎることはない。もし1990年代の初頭時点で家庭用缶ビール市場の興隆を看過していたら、あの「スーパードライ」も一過性のスマッシュヒットに終わった可能性が高い。現に、1年早く世に出たコクキレビールは、スマッシュヒットに終わっている。

●忠言

本社経営陣が最終的に欲しいのは、足下の利益と中長期の成長シナリオである。そこさえ押さえていれば事業サイドがコミットする指標には選択の余地があるので、何が制御できて何が制御できないのかを考えに考え抜いたうえで、コミットする指標を選びたい。制御できない指標に対して安易に「わかりました」と口にすると、後になって一方的に責め立てられることになりかねない。

制御可能性に加えて考慮したいのは、指標のフレキシビリ

ティである。同じ数字に到達するルートが複数ある指標、たとえば利益額はフレキシビリティが高い。逆に特定のルートを突如として封鎖された瞬間にゲームオーバーとなる指標、たとえば特定市場の占有率はフレキシビリティが低い。

　先に述べたように時機の到来タイミングは制御できない。しかしながら、世の中には異なる時機が次から次へと訪れるもので、なかには乗じることができるものも多数ある。いきなり首位奪取は無理としても、スマッシュヒットを飛ばすくらいの機会なら意外と事欠かない。それをものにできるか否かは、ニュース報道に書かれていない波及効果や間接効果を読み取ることができるかどうかにかかっている。この読解力を上げるには過去の様々な因果関係を頭のなかで整理しておくことが最良の準備となるはずと考えて用意したのが『経営戦略の実戦』シリーズである。縦横無尽に使いこなしていただければ幸いである。

　本巻でも個別ケースの【時機】の項に、乗じるべき社会変革エネルギーの具体例がいくつも登場する。それを自分自身で掘り下げて調べてみると、深い洞察が身につくはずである。たとえば「スーパードライ」のケースでは、酒類ディスカウントチェーン店の台頭が飛躍の端緒となったが、その背後にバブル経済の崩壊に伴う店舗用地価格の下落や家計の引き締め、および日米構造協議の余波を受けた大店法の改正や酒類販売の自由化などが見えていた。十分に掘り下げると社会変革エネルギーという表現が妥当になるところが面白い。

●系譜

　ダイナミックという言葉を冠する流派も含めて、従来の戦略論には驚くほど時間の感覚がない。その最たるものがイゴール・アンゾフの戦略計画論で、そこに端を発する中期経営計画を最も律儀に実践するのが日本企業というのは、頭が痛い。緻密な計画を練り込めば練り込むほど、社員の意識は

社内進捗管理に向かってしまう。それでは時機が訪れても見逃すに決まっている。ちなみに、アンゾフの記念碑的な本が世に出たのは1965年、不確実性の時代と呼ばれた1970年代に突入する前だった。

　時代背景の重要性を説いた論者は、往々にして戦略論の外にいた。アンソニー・メイヨとニッティン・ノーリアはジェネラル・マネジメント、ナンシー・ケーンは経営史という具合である。残念ながら日本語では、戦略論の外に視野を広げても、これという教材が見当たらない。それゆえ日本の経営者は、「機が熟すのを待つ」知恵を歴史小説から取り込んできた。それはそれで悪くないが、ビジネスの現実に材を取ることができれば、そのほうが望ましい。

命題4　攻めるなら首位企業が反攻できない弱点を狙え

● **根拠**

　本巻には、競合が反攻せず、相手の快進撃を見守るだけというケースが多数登場した。該当するのはケース713、714、717、909、910、911、719、721、912、913、914、722、920、731、732、927、928、930、931、745、752、756あたりで、クリアカットな逆転劇の35％を占める。これに、総合力で反攻を封じ込めた第1章第2節、第4章第1節第3項、第5章第1節第3項の10ケース、および我が道を行って反攻を封じ込めた第1章第1節第1項と第4章第3節の10ケースを加えると、割合は全体の3分の2に跳ね上がる。

● **論理**

　収益率を上げるためには事業の設計要素が鍵を握るが、占有率を上げるためには競合との応酬が決め手となる。なかで

も相手の反攻を緩和する工夫は不可欠で、そこに配慮が足りないと多大な犠牲を強いられる羽目に陥り、せっかくの逆転劇もクリアカットにはなりにくい。

相手の出方を読んだうえで自分の打ち手を決める競争戦略はゲーム理論の守備範囲で、その教義に従うなら、相手にとって最も合理的な選択肢が「静観」となる状況を作り出せばよいことがわかっている。相手が静観するのは、反攻すると競争優位の源泉を自ら壊すことになりかねないからである。たとえば、優良顧客との信頼関係を保ったままの反攻が難しい、高効率設備の稼働率を維持したままの反攻が難しい、ブランド価値を守りながらの反攻が難しい、といったあたりが静観を呼び込む状況の典型である。

◉**指針**
相手を静観させるには、反攻が難しい攻め口を選ぶことである。およそ盟主は先行する過程で強みをどこかに築いているが、反攻するために旧来の強みを捨てなければならない状況に追い込まれると、反攻しようにも踏み切れないことが多い。したがって挑戦者は盟主の強みを弱みに転じる攻め口さえ見つければ、相手を金縛りにしたうえで一方的に攻めることができるのである。もちろん、理想的な攻め口は挑戦者による発見を待っているわけでもなければ、いつでも見つかるものでもない。やはり時機を捉えて、攻め口が生じる瞬間に動くことが肝要となる。

もう一つのパターンは、首位企業が自由に動けなくなった瞬間を捉えて攻めるものである。弱小事業を多数抱える首位企業ほど、どれかが社会問題化する可能性が高くなるので、一般に挑戦者にとっては待つ楽しみが倍加する。ただし、攻める際の投資先を間違えて火傷をした720のようなケースも出ているので、立地選択を誤らないよう常日頃から研究を進めておいたほうがよい。

首位企業が攻めに出てきた瞬間も、逆手をとる余地が生まれる。その典型例がケース745で、そこでは日産自動車が高率関税を回避すべく米国現地生産に踏み込んだのに対して、後手に回ったトヨタ自動車は現地生産工場では造れない車種を開発して、高率関税を払いながら日本から輸出した。現地生産工場を遊ばせるわけにはいかない日産自動車は、トヨタ自動車の快進撃を横目で睨むだけであった。これは、前段で説明したパターンのバリエーションと言ってよい。

　この事例を含めて、日本で最も忠実に競争戦略を使いこなすのはトヨタ自動車と思われる。先行した本田技研工業のオデッセイにイプサムをぶつけたり、同じく本田技研工業のステップワゴンにヴォクシーとノアで挟み撃ちをかけたり、日産自動車のエルグランドにアルファードをぶつけたり、挑戦者によるヒット作の独走を徹底して許さないディフェンスの姿勢にも目を見張るべきものがある。まさに「王者の戦略」で参考になる。

◉**忠言**

　競争戦略は予定調和の世界と相容れない。機を見るに敏であることが求められることから、一般に創業経営者や同族経営者の得意領域となりやすい。逆に言うと、操業経営者は幾多の機会を逃しているわけで、そこに飛躍の余地がある。

　そもそも「競合」を見ていなければ競争戦略など実行できるはずもないが、日本企業の技術者は「製品」、営業は「顧客」に入れ込んでしまっている。この問題を回避するためか、トヨタ自動車は車が趣味でない人を意識的に採用しているようである。競争戦略の根が採用まで及ぶとしたら、経営者は能天気に構えていられまい。

◉**系譜**

　マイケル・ポーターは、ゲーム理論の教義を現実に即して

翻訳した側面があり、それが奏効してビジネス・スクールの戦略論分野を制覇した。特に秀逸なのは、競合分析の方法を指南したあたりと言えようか。

相手の弱味を突く戦略はオフェンスで、そちらだけを本巻では取り上げているが、首位企業の防御力が強いのは、盟主企業がトヨタ自動車のようにディフェンスを巧みに使いこなしているからかもしれない。オフェンス側に特化した事例集には、山田英夫の『逆転の競争戦略』がある。ディフェンス側は、本シリーズを含めて研究が進んでいない。

命題5 攻めるより新立地を上位市場の系内で切り拓け

●根拠

本巻では、入れ子構造の上位市場で占有率が測定されており、そのなかで盟主企業とは異なる下位市場を伸ばすことによって挑戦者が逆転に漕ぎつけたケースが目についた。ケース901、902、701、702、703、704、903、705、711、909、910、721、912、913、914、722、728、920、731、921、922、745、932、934、746、756あたりが該当する。クリアカットな逆転劇に占める割合は41％になる。

●論理

事業立地を微妙にずらす策は、高収益事業を探求した本シリーズ第1巻にも頻出した戦略パターンである。このパターンが有効なのは、正面からぶつかる競合の数をゼロにできるからである。利益率の向上につながるのも理に適っている。わかりやすく言い換えるなら、これは「小さな池の大きな魚」の原理にほかならない。

事業立地をずらす戦略パターンが占有率の向上にもつなが

るのは、やはり「小さな池の大きな魚」の原理による。大きな下位市場に参画しても、参画するプレーヤーの総数が大きければ、一社あたりの取り分は小さくならざるをえない。小さな下位市場を切り拓いて占有すれば、市場全体が自社の取り分となる。上手く防壁を立てたあとに、切り拓いた市場が時機を得て成長すれば、上位市場の占有率において首位に躍り出ることも夢ではなくなる。

　一般に差異化というときは、製品次元で画策することを指す。それゆえ製品開発に従事する技術者やマーケッターは多忙を極めるが、見返りは意外と小さい。

　本物の差異化は、立地次元で狙うべきものである。強い競合他社と同じ土俵に乗るのではなく、孤高の土俵を打ち立てて、戦いの場をずらしてしまうのである。たとえばトヨタ自動車が世界に先駆けて開発したハイブリッドカーは、単なる技術革新ではない。強い競合に相当するドイツ車メーカーがアウトバーンを巡航するディーゼル車に賭けていたところ、トヨタ自動車は街中でブレーキを頻繁に踏むドライバーに照準を合わせて、ハイブリッドカーを投入したのである。誰を相手に何を売るという事業の立地を微妙にシフトさせたからこそ、大きな戦果を手にすることができたと言えよう。

◉指針

　市場区分を所与として、その盟主に戦いを挑むのも悪くはないが、それでは所要エネルギーが大きくて経営効率が上がりにくい。むしろ市場区分を創りにいくほうが、膠着状態を一変させる結果につながりやすい。

　新たな市場区分を創出するに際しては、技術は所与のままでよい。シフトさせたいのは技術の出口だけなので、必ずしも既存市場を捨てる必要はない。同じ上位市場の系の内側にとどまったまま、その下位レベルで枝分かれを狙うのである。

同じ技術でも、どういう形に落とし込むのか、誰に役立ててもらうのかという原点に立ち返ると、選択肢は意外と多いはずである。そこに自由闊達な発想を持ち込むことで、売り物と売り先で定義される事業の立地を微妙にずらす可能性が視野に入ってくる。

　または、旧来からある売り物に最新の技術を持ち込む「リ・インベンション」も市場区分のリニューアルに直結する。これも効果としては立地シフトと変わらない。

　「小さな池」は、掘るのに巨額資金を必要としない。まずは試作品を投入して、市場の反応を見ながら、徐々に生産体制や販売体制を整備すればよいので、事業リスクは意外と低い。従来の発想の限界を破るという一点においてハイリスクと見られがちではあるが、それは思い込みに過ぎない。思い込みを克服して、小さな挑戦を同時多発的に推進すれば、ローリスクでハイリターンの夢をみることができる。しかも夢は夢に終わらない。巨大企業のネスレは、このアプローチで実際に基幹事業の世代交代を実現してみせた。その詳細は、拙著『リ・インベンション』に収録してあるので、適宜参照していただきたい。

● **忠言**
　戦略は社歴の長い幹部陣の専権事項と信じる人々は多いが、それでは発想の自由を確保しにくい。命題5を実行に移すに際しては、社歴の浅い若手社員や中途採用を活用することを勧めたい。

　もちろん、同じ市場区分で戦い続けるなら知識と経験がものを言う。日本企業の人事制度は、それを前提に組まれており、一面の合理性を持ち合わせていることは事実である。しかしながら、同じ制度も変化の速い時代には合理性を失う。社歴が長ければ長いほど、旧来の市場区分を中心とした発想から抜け出すことが難しくなってしまうからである。

その意味で、ダイバーシティ重視の新潮流は歓迎すべきであるが、それだけでは若手登用が進まない。本田技研工業のS660など若手活用の事例はいくつか出ているが、それも製品開発の枠内にとどまっている。企業経営の枠組み自体が計画経営を前提とする限り、社歴重視が合理的になってしまうからであろう。そう考えると、日本企業のパフォーマンスを制約する隘路は、どうやら計画経営にある。そこを打破することが、飛躍につながるのではなかろうか。

● **系譜**
　市場における正面衝突を回避することで企業利益が増える傾向に最初に気づいたのは、経済学者のエドワード・チェンバリンである。それを彼は「製品差異化」と定式化して、ビジネス界ではマーケティングの時代を呼び込んだ。
　差異化する次元を製品から立地に掘り下げることで、より効果的に企業は正面衝突を回避することができる。それが私自身の貢献である。拙著『戦略不全の因果』では新たな事業立地に軸足を移すことを「転地」と呼んでいた。その段階では、入れ子構造の上位レベルだけを調べて企業の立地変遷をデータ化していたからで、それゆえ新旧事業立地間に距離がある事例しか捕捉できなかった。
　その後、本シリーズ第1巻では分析単位を事業セグメントに落とすことで、立地定義の微妙な相違が利益率に天地の差を生んだケースを大量に発掘した。そして本巻では、さらに分析単位を入れ子構造の下位市場に落とすことで、立地の微妙なシフトによって占有率を逆転した事例を数多く発掘した。もはや立地シフトの威力には疑いを挟む余地などない。

　経営の現実はmessであり、それを研究対象とする経営学もmessyとならざるをえない。Messとは「散らかった状態」を指す英単語で、形容詞のmessyには「複雑で扱いにくい」

とか「やっかいな」という意味がある。Manageする主体も対象も生身の人間である以上、経営がサイエンスを気取るのは馬鹿げている。

　Messに対処するには、とにかく大局に神経を集中することである。本シリーズでも、ケースの選別や配置から恣意性を排除する方法など存在しないので、取りあえず前に進んで、大きなパターンの把握に努めている。その代わり三桁のケースを俎上に載せて、恣意性に伴う弊害は薄めてある。正解など存在しない経営にしても、同様のアプローチが有効と思われる。

　その観点から本シリーズの第1巻と第3巻を通観すると、興味深い大構造が浮かび上がってくる。両巻に共通するケースが少ないのである。第3巻で首位奪取に成功して第1巻の高収益事業セグメントの基準を満たす中核市場を成すに至ったのは、ケース920の電縫鋼管（丸一鋼管）とケース722のカメラ用交換レンズ（キヤノン）あたりに限られる。直接比較に難があることを考慮するにしても、あまりに少ない。

　この事実は何を意味するのか。第1巻の高収益事業を改めて振り返ってみると、本巻の命題1と命題2に沿わないものは探すのに苦労する。要は、立ち上げ期から独走状態に入り、高い占有率を維持する事業だけが高収益となるのである。だから、事後の逆転を取り上げた第3巻に、第1巻の高収益事業はほとんど姿を見せない。そう考えると、すべて納得が行く。

　最後に命題間の関係をまとめておくと、命題1と命題2は利益率と占有率を同時に高めるための大前提と受け止めていただきたい。そして時期や適地を逃した事業では、知恵を絞って命題4を実行するか、命題3に従って時機を捉えるか、命題5に従って時期を取り返すか、いずれかしかないのである。

あとがき

　占有率は、経営管理指標としてリバイバルの兆しを見せている。グローバリゼーションの深化に伴って、世界規模で椅子取りゲームを繰り広げる市場が増えているからである。このゲームに勝てるか否かが日本企業の将来を大きく左右することは、ほぼ間違いない。

　しかしながら、決戦に臨む日本企業の態勢は盤石からほど遠い。日本のナショナルマーケットを巡る攻防戦は大半の市場で1970年代中盤までに終結しており、実戦経験を積んだ世代は引退してしまった。現役世代が知るのは、膠着した市場における小競り合いだけである。このような状態で、日本企業は世界の序列を決める攻防戦に立ち向かえるのであろうか。

　本巻は、この懸念を解消するために用意した面がある。闇雲に投資を重ねても墓穴を掘るだけということは、すでにわかっている。ケースは日本限定ながら、教訓には普遍性を持たせたつもりなので、グローバル占有率の攻防戦に役立てていただければ幸いである。

　本巻終章では事業立地を微妙にずらす戦略を推奨したが、それは奇しくも私自身が採ってきたアプローチと一致する。一般論として言うなら、社会科学の研究者は、サイエンスの漸進をもたらしてきた折り紙付きのアプローチを社会科学に持ち込むことを是としている。すなわち、最新の流行テーマに少しだけ新しい工夫を付加する研究に従事して、研究成果を学会もしくは学術雑誌で発表することに執心するのである。それはそれで価値あることなのであろうが、私は懸念を捨てきれない。経営学には、舵取りに悩む企業という患者がいるはずで、その学徒が「患者を診ない研究医」ばかりになっても研究を続けることなど許されるのであろうか。

そう考えて、私は同業者より実務家と向き合う「臨床医」を志すことにした。実務家を相手にして、時代の要請を半歩先取りした論考、そして究極的には戦略に関する体系的かつ包括的な理解を提供する。それが私の選んだ売り先と売り物、すなわち事業の立地である。微妙というよりは大胆にずらしてしまったので、もう10年以上も孤軍奮闘が続いているが、群れ合う集団からブレークスルーが生まれた例など聞いたこともないので、仲間が現れないのは良い兆候と受け止めている。

　研究の手法においても我が道を行く面がある。一般には当事者の話を聞くアプローチに頼る研究者が多いなかで、私はインタビューを避けている。積極的にフィールドに出るようにしていた時期もあるが、当事者の話を聞いてしまうと解釈の自由に制限がかかるうえ、アカデミズムとジャーナリズムの境界が曖昧になってしまう。苦しんだ挙げ句、図書館が充実している神戸大学に移籍したあとはライブラリー派に転向した。それ以来、個人的に接点のある企業のケースを書くときですら、公開情報ベースで私自身の解釈を述べるように心掛けている。

　ライブラリーワークについて言葉を足しておくと、研究環境は長足の進化を遂げている。2010年に刊行した『戦略暴走』では日経テレコンに頼り切っていたが、2015年に刊行した本シリーズ第1巻では国会図書館のデータベースで見つけた記事を全国各地の図書館から紙媒体で取り寄せる道が開けた。この第3巻では、国会図書館から直接ダウンロードできる記事が飛躍的に増えて、情報源の多様化を進展させることができた。マイクロフィッシュからプリントしていた有価証券報告書も、いまや電子ファイルで入手できるようになっている。

　こうしてみると、急速に向上する情報技術の恩恵を受ける最初の世代に、私は属しているのかもしれない。修士論文までは手書きながら、博士論文は初代IBM PCで書き、電子タイプライターで印字した。その直後から電話回線経由のアメリカオンラインをMacで使うようになり、先頭を切ってイン

ターネット、そして光ファイバーに切り替えた。もはやボトルネックは情報の不足ではない。有り余る情報を整理して使う側の目的意識と意欲の不足である。素晴らしい時代、そして恐ろしい時代が来たものである。

　そうは言うものの、我々の研究基盤は依然として書庫にある。『戦略不全の因果』では『会社年鑑』、今回は『日本マーケットシェア事典』をベースにケースを選別しており、基本は何ら変わっていない。冷暖房不完備、換気不十分の書庫で、重量級の年鑑類と格闘しつつ手作業でデータベースを作成するのは、いつもWDB株式会社から派遣していただく研究スタッフの仕事である。そして適任のスタッフを送り込み、後方支援するアテンダントの竹内京子氏には、もう10年以上もお世話になっている。文字どおり、頭が上がらない。

　この第3巻で出発点となるデータベースを作成してくださったのは、鈴木典子氏である。年鑑類の常ではあるが、時系列でデータを入力しようとすると、社名の変更、市場名の変更、企業間の合従連衡、市場分類の改訂など、次から次へと不規則事態に遭遇する。入力と言うと単純な事務作業を想起しがちであるが、実は臨機応変な対応が欠かせない。そういう知的判断を安心して任せることができる研究スタッフに恵まれたからこそ、本書があると言っても過言ではない。

　データベースを整備する段階では、『日本マーケットシェア事典』を刊行している矢野経済研究所にも何度か助けていただいた。分析対象期間が40年間にも及ぶので、担当者が定年を迎えてしまい詳細は不明という案件もあったが、社内調査を経て当方の疑問を解消していただいたことも一度や二度ではない。そしてその対応以上に、これだけの長期にわたり事典を刊行し続けてきた実績にも、併せて敬意を表したい。事典の存在は学生時代から知っており、適切な使途を見つけることができないまま年月だけが流れたが、今回は首位逆転という事象に注目することにより、事典を活かすという積年の宿題が一つ片付いた。

選ばれたケースを解釈する資料については、前述したように、国立国会図書館が不可欠であった。特に関西館のスタッフには、デジタルコレクションを含めた先端的な取り組みの数々を実地で紹介していただいて、これが税金の使途なら納得がいくと感心した次第である。社会科学の飛躍は、こうした未来形の図書館から生まれるに違いないと私は確信している。

　最終工程で本書を形にしてくださったのは、今回も東洋経済新報社の佐藤朋保氏である。複雑な組版が綺麗に仕上がっている背後には、有能な編集プロダクションが控えていることも追記しておきたい。

　最後に、私の洞察の源は常に実務家との対話である。企業の会長から30代の主任クラスまで、数え切れないほど多くの方々に向き合っていただいた。私の著作のどこかに影響を読み取ることができる方も少なくないと思われる。

　文筆に従事していると、思考を途切れさせてはいけないし、もがき苦しむ時間を確保しなければならないので、どうしても人づきあいは疎かになる。それにもかかわらずご厚情を賜った方々の芳名を想い起こしつつ、ここに万感の謝意を記したい。

　　　2018年4月

　　　　　　　　　　　　　　　　　　　　　　　　　　　　三品和広

【著者紹介】
三品和広(みしな　かずひろ)
1959年愛知県生まれ。82年一橋大学商学部卒業。84年一橋大学大学院商学研究科修士課程修了、89年ハーバード大学文理大学院企業経済学博士課程修了。同年ハーバード大学ビジネススクール助教授、北陸先端科学技術大学院大学知識科学研究科助教授等を経て、現在、神戸大学大学院経営学研究科教授。

著書：
『戦略不全の論理』（東洋経済新報社、2004年、第45回エコノミスト賞、第21回組織学会賞（高宮賞）、第5回日経BP・BizTech図書賞受賞）
『経営は十年にして成らず』（編著、東洋経済新報社、2005年）
『経営戦略を問いなおす』（ちくま新書、2006年）
『戦略不全の因果』（東洋経済新報社、2007年）
『戦略暴走』（東洋経済新報社、2010年）
『総合スーパーの興亡』（共著、東洋経済新報社、2011年）
『どうする？日本企業』（東洋経済新報社、2011年）
『リ・インベンション』（共著、東洋経済新報社、2013年）
『高収益事業の創り方（経営戦略の実戦(1)）』（東洋経済新報社、2015年）
『モノ造りでもインターネットでも勝てない日本が、再び世界を驚かせる方法』（東洋経済新報社、2016年）

市場首位の目指し方　（経営戦略の実戦(3)）
2018年6月28日発行

著　者━━三品和広
発行者━━駒橋憲一
発行所━━東洋経済新報社
　　　　〒103-8345　東京都中央区日本橋本石町1-2-1
　　　　電話＝東洋経済コールセンター　03(5605)7021
　　　　https://toyokeizai.net/
装　丁･････････････････橋爪朋世
本文デザイン・DTP･･････アイランドコレクション
印刷・製本････････････リーブルテック
編集担当･･････････････佐藤朋保
©2018　Mishina Kazuhiro　　Printed in Japan　　ISBN 978-4-492-53403-8

　本書のコピー、スキャン、デジタル化等の無断複製は、著作権法上での例外である私的利用を除き禁じられています。本書を代行業者等の第三者に依頼してコピー、スキャンやデジタル化することは、たとえ個人や家庭内での利用であっても一切認められておりません。
　落丁・乱丁本はお取替えいたします。